SOMMAIRE

CARTE DES PRINCIPALES C[...]

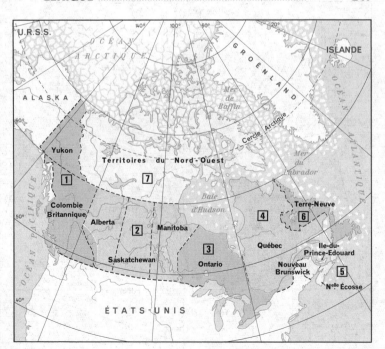

PRINCIPALES CURIOSITÉS

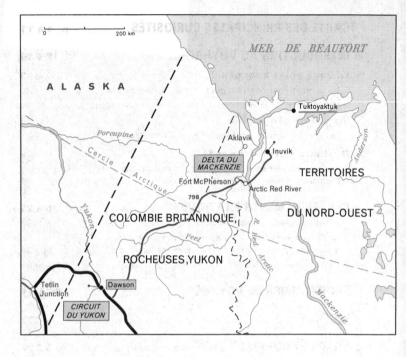

Signes conventionnels

Vaut le voyage ★★★

Mérite un détour ★★

Intéressant ★

Les noms noirs désignent les villes
et curiosités décrites dans ce guide.
Consulter l'index alphabétique.

●	Localité décrite
▲	Curiosités diverses
▬▬	Route décrite
	Route Transcanadienne
798	Distance en kilomètres
	Liaison maritime
	Voie ferrée

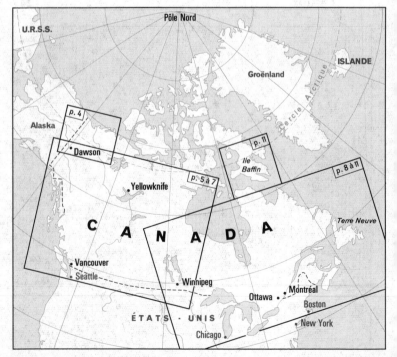

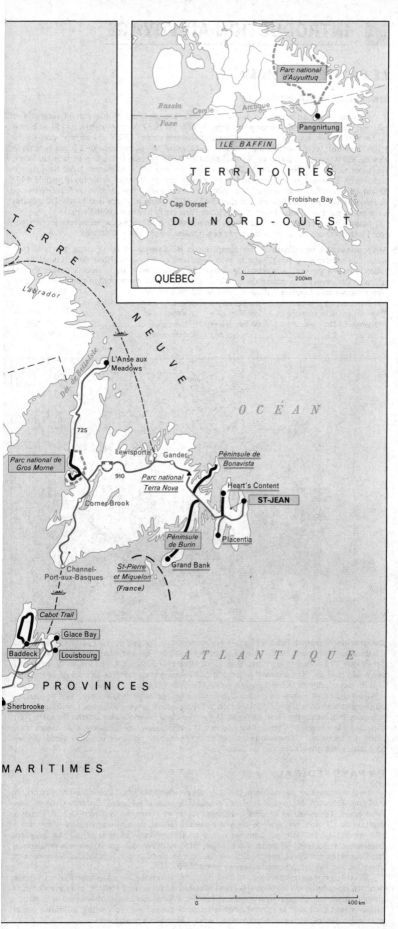

Parc national
d'Auyuittuq

Bassin   Cercle   Arctique

Foxe

Pangnirtung

ILE BAFFIN

T E R R I T O I R E S

Cap Dorset

Frobisher Bay

D U   N O R D - O U E S T

QUÉBEC

0   200km

T
E
R
R
E
-
N
E
U
V
E

Labrador

Dét. de Belle-Isle

L'Anse aux
Meadows

O C É A N

725

Parc national de
Gros Morne

Lewisporte   Gander

Péninsule de
Bonavista

910

Heart's Content

Parc national
Terra Nova

ST-JEAN

Corner Brook

Channel-
Port-aux-Basques

St-Pierre
et Miquelon

(France)

Péninsule
de Burin

Grand Bank

Placentia

A T L A N T I Q U E

Cabot Trail

Glace Bay

Baddeck

Louisbourg

P R O V I N C E S

Sherbrooke

M A R I T I M E S

0   400 km

INTRODUCTION AU VOYAGE

LE PAYS ET LES HOMMES

UN TERRITOIRE IMMENSE

« A mari usque ad mare », la devise du Canada (qui signifie « d'un océan à l'autre »), fait allusion à la naissance du Canada moderne à partir de 1867 *(voir les cartes p. 19)*, et clame sa fierté d'être en superficie le second pays du monde après l'URSS. Sa surface, près de 10 millions de km^2, sensiblement égale à celle de l'Europe, représente près de 20 fois celle de la France. En latitude il s'étend de 41° 47' Nord à l'île Pelée dans le lac Erié (la latitude Rome en Italie), à 83° 07' Nord au cap Columbia à la pointe de l'île Ellesmere (plus haut que le Spitzberg). En longitude il s'étire de 52° 37' Ouest au Cap Spear à Terre-Neuve jusqu'à 141° Ouest à la frontière de l'Alaska. La distance, à vol d'oiseau entre St-Jean de Terre-Neuve et la frontière de l'Alaska (Aklavik) est de 4 841 km. La seule frontière Sud bordant les Etats-Unis court sur 6 400 km, distance qui sépare Paris de la frontière de la Chine.

Malgré ces chiffres impressionnants l'énormité des distances canadiennes réserve toujours des surprises au touriste qui n'est pas familier du continent américain.

Un continent nordique. – La comparaison du Canada et de l'Europe met en relief l'étendue nordique du pays, dont la plus large part se trouve au Nord du 50ᵉ parallèle, la latitude de Vancouver. Aux effets de la latitude s'ajoute en outre la rigueur particulière du climat, plus sévère à la pointe de la baie James ou à celle de la grande péninsule Nord de Terre-Neuve qu'à Londres qui se trouve à la même latitude.

Comparons la situation de quelques villes canadiennes et européennes :

Toronto est à la latitude .... de Marseille
Montréal et Ottawa .... de Bordeaux
Québec .... de Nantes
Vancouver .... de Paris
Winnipeg .... de Dieppe
Edmonton .... de Hambourg

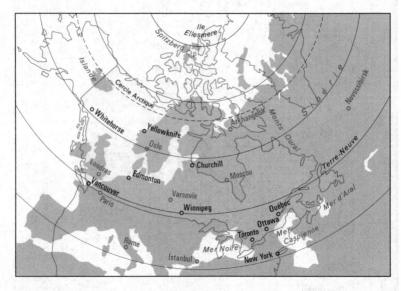

De grands espaces inhabités. – Pays immense, le Canada est peu peuplé : 24 millions d'habitants seulement, alors que l'Europe en compte 483 millions sans l'URSS, l'Union Soviétique 272 millions, les Etats-Unis 234 millions, la France 54 millions, et la Belgique à elle seule près de 10 millions. En outre la population est concentrée le long de la frontière Sud du pays, comme le fait apparaître l'emplacement des villes et des routes *(voir la carte générale qui accompagne ce guide)*. Des immensités restent vides, nature vierge et sauvage où règnent les rudes lois du climat et de la lutte pour la survie ; même si l'exploitation des richesses minières y imprime, çà ou là, la marque de la technologie moderne, le vaste Nord canadien est encore une terre d'aventuriers, d'explorateurs, de solitaires, d'amateurs d'exploits. La faune qui s'y trouve préservée et la richesse en poissons des lacs jamais pêchés font partie des grands attraits du pays.

UN PAYS FÉDÉRAL

Le Canada est un pays fédéral divisé en **dix provinces** (Alberta, Colombie Britannique, Ile du Prince-Edouard, Manitoba, Nouveau-Brunswick, Nouvelle-Ecosse, Ontario, Québec, Saskatchewan, Terre-Neuve) et **deux territoires** (Yukon et Territoires du Nord-Ouest). Ottawa, capitale du Canada est le siège du **gouvernement fédéral,** dont la compétence s'étend aux affaires étrangères, défense, commerce, transports, monnaie et droit pénal. Les questions intérieures et locales, la santé, l'éducation, etc., relèvent des **gouvernements provinciaux,** tandis que les **territoires,** malgré une représentation de la population locale, dépendent du ministère fédéral des Affaires Indiennes et du Nord.

Selon le principe britannique, le chef du parti majoritaire au parlement devient premier ministre (en anglais on distingue le **Prime Minister,** au parlement fédéral, et le **Premier** dans chaque province), et gouverne avec son cabinet. Monarchie constitutionnelle, le Canada a officiellement pour chef la reine d'Angleterre, symboliquement représentée à Ottawa par un **gouverneur général,** et dans les provinces par des **lieutenants gouverneurs.**

LE BILINGUISME

L'anglais et le français sont les deux langues officielles du pays. Depuis 1970, un vaste programme de cours de langues a été mis sur pied pour encourager les fonctionnaires fédéraux à apprendre « l'autre » langue.

Dans le Canada entier, tous les organismes qui relèvent du gouvernement fédéral sont bilingues : la Police Montée (appelée GRC en français et RCMP en anglais), les postes, les transports, la télévision de Radio-Canada, etc. Pour le reste, la langue est le plus souvent l'anglais.

Le Canada francophone. – Confondre le Canada francophone avec la province de Québec serait mal connaître la répartition géographique des 6 millions de francophones canadiens qui forment le quart de la population totale du pays. Si le Québec en rassemble 5 millions, il compte aussi 1 million d'anglophones, pour la plupart réunis sur l'île de Montréal, mais aussi dispersés, par exemple dans les Cantons de l'Est, sur la côte Sud de Gaspésie ou aux îles de la Madeleine.

Mais, en retour, les provinces anglophones abritent 1 million de francophones, qui souvent restent groupés en petites communautés : au Nouveau-Brunswick, seule province officiellement bilingue, où ils représentent 37 % de la population, en Nouvelle-Ecosse *(p. 189),* en Ontario (par exemple autour de North Bay ou à Penetanguishene), au Manitoba (à St-Boniface, *p. 100,* et dans la région rurale au Sud de Winnipeg où les villages portent des noms de saints), en Saskatchewan autour de Batoche *(p. 97),* en Alberta à St-Albert, banlieue d'Edmonton *(p. 89).*

LES HABITANTS

Le bilinguisme officiel ne rend pas compte de la diversité culturelle des Canadiens. Outre les 6 millions de francophones et les 300 000 autochtones (Indiens et Inuit), 9,6 millions d'entre eux descendent d'immigrants d'origine britannique (Anglais, Ecossais, Irlandais), 1,3 million sont d'origine germanique, 700 000 d'origine italienne, 600 000 d'origine ukrainienne, 400 000 d'origine hollandaise et autant de Scandinaves, 316 000 d'origine polonaise, etc.

Au lieu de se fondre comme ce fut le cas aux Etats-Unis, dès la première génération, dans une société canadienne unique, ces groupes ethniques ont gardé au Canada bien des traditions et des références culturelles avec leur passé. Leur présence est très sensible dans les grandes villes où ils se groupent parfois en quartiers, et dans des régions des Prairies où dominent les Ukrainiens, de Nouvelle-Ecosse où les Ecossais sont nombreux, dans certaines localités d'Ontario, des Prairies ou de Colombie Britannique nées de communautés allemandes, etc.

L'immigration continue à un rythme rapide ; en 1979 le Canada a accueilli 112 000 immigrants, soit 0,48 % de sa population. Autant dire qu'une grande partie (15 %) de la population actuelle sont des « néo-canadiens », venus comme immigrants d'Europe ou d'Asie, et naturalisés Canadiens (aujourd'hui on peut obtenir la nationalité canadienne après 3 ans de résidence dans le pays).

Vaste, peu peuplé, le Canada est accueillant, et bien souvent le visiteur s'entendra demander aimablement « Where are you from » ? (d'où êtes-vous ?) car c'est la première question que l'on pose dès que l'on fait connaissance.

LES CLIMATS

Les géographes divisent le Canada en grandes zones climatiques. *Pour les détails sur ses climats régionaux, voir les introductions des différentes parties du guide.*

Tout au Nord, sur l'archipel arctique et le long des côtes des Territoires du Nord-Ouest, règne le **climat polaire** aux conditions extrêmes de rigueur et de froid ; on n'y compte guère que 60 jours sans gelées par an. C'est une région de glaciers, de roc nu et de toundra, au sol gelé en profondeur (phénomène appelé pergélisol, *voir p. 231),* bordée par la banquise une grande partie de l'année.

Plus au Sud le **climat sub-arctique** couvre une très vaste zone qui du Yukon au Labrador s'étend vers le Sud jusqu'aux abords des régions habitées, et qui correspond grossièrement au territoire couvert par la forêt boréale et son prolongement nordique, forêt clairsemée qui fait transition avec la toundra *(voir la carte générale).* L'hiver y est long et rigoureux : les gelées commencent dès août et se prolongent jusqu'en juin ; la température atteint fréquemment – 35 °C à – 40 °C, parfois même – 50 °C ; mais en été les journées sont très longues et étonnamment chaudes, et enregistrent souvent + 24 °C en juillet, et même des pointes de + 35 °C.

Toute la région des cordillères de Colombie Britannique et du Yukon connaît le **climat de montagne,** où l'influence de l'altitude se conjugue à celle de la latitude. En montagne le temps change rapidement, et les précipitations, pluie ou neige, varient d'une vallée à l'autre, selon la disposition des chaînes qui arrêtent l'air chargé d'humidité et canalisent les vents.

Le long de la côte Pacifique, règne le **climat océanique tempéré.** Portée par les vents d'Ouest dominants, l'influence maritime se marque par une forte pluviosité et par la modération des températures ; il ne gèle guère en hiver, et en été le thermomètre dépasse rarement 32 °C. Ce climat favorise la croissance d'une forêt luxuriante aux essences spécifiques *(voir p. 33).*

Tout le reste du pays, soit la plus grande partie de la zone habitée, connaît un **climat continental** aux hivers froids (les pointes à – 40 °C n'y sont pas exceptionnelles) et aux étés chauds (il y fait fréquemment + 35 °C). Des variations régionales très sensibles différencient les Prairies, particulièrement sèches, de la région du St-Laurent beaucoup plus humide, ce qui se traduit par un fort enneigement en hiver et une atmosphère lourde et moite en été. La péninsule ontarienne, favorisée par sa latitude méridionale et entourée de grands lacs à l'influence modératrice, bénéficie d'un climat tempéré plus doux mais plus capricieux que le Sud du Québec, tout en subissant la même atmosphère lourde en été. Sur la frange atlantique enfin, l'influence humide de l'océan réduit l'écart des températures entre l'hiver et l'été mais apporte brouillards et tempêtes sur les côtes que le courant marin froid venu du Labrador ne laisse guère se réchauffer.

UN PEU DE GÉOGRAPHIE

LES GRANDES RÉGIONS NATURELLES

Le Bouclier canadien. – Socle de roches cristallines vieilles de 4 milliards d'années (antérieures à l'ère primaire), et parmi les plus anciennes du monde, le Bouclier canadien forme sur près de la moitié du territoire une large couronne autour de la baie d'Hudson. Il fut mis à nu par les **glaciers** qui, il y a 10 000 ans, couvraient encore presque tout le Canada. Cette énorme masse de glace en mouvement, épaisse de 2 000 m., a déblayé toutes les roches plus récentes, et profondément marqué le paysage : roc nu et lisse, bosselé, strié par l'avance du glacier, myriades de lacs, de marécages et de rivières au cours hésitant, « blocs erratiques » ou rochers transportés par le fleuve de glace et abandonnés au hasard de la fonte, sol mince et peu fertile que sauf dans la zone arctique les arbres agrippés au roc couvrent d'une forêt sauvage.

C'est grâce au Bouclier que le Canada concentre le quart des eaux douces du globe, richesse dont on commence à exploiter le potentiel hydro-électrique, par exemple dans le Labrador *(voir p. 220)* et au Québec sur la Côte Nord *(p. 158)* et à la baie James *(p. 152)*. Du Bouclier, on exploite également les forêts et les gisements miniers.

Basses terres des Grands Lacs et du St-Laurent. – A l'échelle du pays, elles semblent bien peu étendues ces plaines sédimentaires, formées au fond des mers il y a plus de 200 millions d'années, à l'ère primaire. A la fois fertiles, favorisées par le climat en regard de la plus grande partie du pays, bien desservies par voies d'eau et opportunément placées près des grands centres industriels américains, ces plaines sont la région la plus riche et la plus industrielle du Canada, et concentrent 60 % de sa population.

Les Appalaches. – Plissée à la fin de l'ère primaire, la chaîne des Appalaches s'étend de Terre-Neuve jusqu'en Alabama aux Etats-Unis. Massifs anciens, usés par le temps et les glaciers, les Appalaches ne sont plus au Canada que des hauteurs bosselées ne dépassant pas 1 248 m d'altitude, et couvertes de forêts. On y trouve pourtant quelques zones de plaines fertiles comme l'île du Prince-Edouard, la vallée d'Annapolis et celle de la rivière St-Jean *(voir p. 189)*. Les monts des Appalaches recèlent aussi des gisements de charbon et de divers minerais.

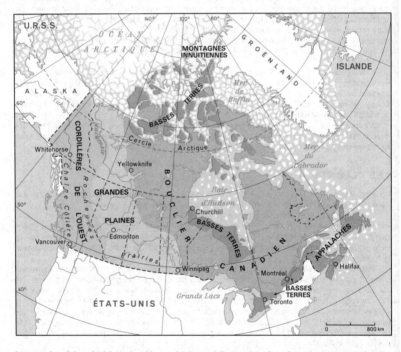

Les grandes plaines intérieures. – Vastes plaines sédimentaires formées aux époques primaire et secondaire, elles s'étirent depuis le delta du Mackenzie à travers tout le Canada jusqu'à la frontière américaine, et se poursuivent bien au-delà vers le Sud. Leur jonction avec le Bouclier canadien est soulignée de toute une série de grands lacs. Dans le Sud de la zone canadienne s'étendent les « Prairies », vastes terres à blé et à céréales, ou pour les plus sèches zones d'élevage extensif. De grands gisements de pétrole et de gaz naturel font actuellement avec l'agriculture la richesse de cette région.

Les cordillères de l'Ouest. – Montagnes jeunes, formées à l'ère tertiaire (il y a à peine 60 millions d'années), ces montagnes dressent une triple rangée de sommets aigus entre les grandes plaines et l'océan Pacifique : à l'Est sont les Rocheuses ; séparée de celles-ci par une série de plateaux, se dresse la Chaîne Côtière ; au-delà, à demi immergés, les chaînons insulaires forment une guirlande le long de la côte.

Montagnes Innuitiennes. - Ainsi nomme-t-on les montagnes de l'archipel arctique, à l'extrême Nord du pays. Plissées à l'ère secondaire, elles ont été, comme les Appalaches, très usées, mais portent encore des sommets de plus de 2 000 m.

Basses terres de l'Hudson et de l'Arctique. – Ce sont les restes des roches sédimentaires d'époque primaire qui jadis couvraient aussi le Bouclier canadien. L'extrême sévérité du climat n'y laisse guère croître que la toundra, et la forêt clairsemée dans le Sud de la baie d'Hudson.

Pays moderne et industrialisé, le Canada vit pourtant largement de l'exploitation de ses richesses naturelles, comme le montre l'éventail de ses exportations : environ 50 % de matières brutes et produits semi-finis (bois et ses dérivés, pétrole et gaz naturel, métaux), 38 % de produits finis (automobiles surtout), 11 % de produits alimentaires (blé pour près de la moitié).

Autre caractère essentiel de l'économie canadienne : les relations commerciales privilégiées avec les Etats-Unis, d'où viennent 70 % des importations et à qui sont destinées 68 % des exportations.

Les ressources naturelles. – Le commerce des **fourrures,** ressource traditionnelle, est encore une activité non négligeable dans les régions presque vides d'hommes du Nord du pays, et le Canada en est après l'URSS et les Etats-Unis, le 3e fournisseur mondial : castor, vison, renard bleu, rat musqué, loutre, etc.

Autre activité traditionnelle, la **pêche** industrielle : le Canada est devenu le 1er exportateur mondial de poissons ; en quantité plus de 85 % des poissons sont pêchés dans l'Atlantique, mais en valeur marchande le Pacifique fournit presque le tiers du total grâce au précieux saumon *(voir p. 44).*

L'agriculture. – Bien que les conditions de climat et de stérilité du sol réduisent les terres cultivées à 7 % de la superficie du pays, les vastes terres à blé des Prairies font du Canada un grand exportateur de céréales (avec une récolte d'environ 50 millions de tonnes par an il se classe au 5e rang des producteurs mondiaux) ; il produit également du tabac (en Ontario), des pommes de terre (dans les Provinces Maritimes), et un peu de légumes et de fruits dans les régions les plus abritées.

L'élevage du bétail pour la viande, surtout dans les ranches de l'Ouest, procure près du tiers des revenus agricoles, tandis que la production laitière est largement concentrée dans le Sud du Québec et de l'Ontario.

Exploitation forestière. – L'immense forêt canadienne, couvrant 35 % du pays et principalement composée de résineux, fournit selon les essences bois de construction, planches et contre-plaqué, ou bois de pulpe. Elle fait du Canada le premier producteur mondial de papier journal (35 % de la consommation mondiale), et l'un des principaux exportateurs de produits forestiers du monde.

Richesses minières. – De vastes gisements miniers sont exploités par tout le pays, et l'exploration se poursuit, en particulier dans le Nord aux ressources encore mal connues. On extrait surtout du minerai de fer, nickel, cuivre et zinc. Le Canada est le 1er producteur mondial de nickel, zinc et potasse ; le 2e d'amiante et uranium ; le 3e d'argent, d'or et de molybdène ; le 4e de plomb et cuivre. Ces minerais sont exportés pour plus de la moitié de la production, essentiellement vers les Etats-Unis.

Le Canada est également exportateur de **pétrole** et de **gaz naturel,** et les recherches se poursuivent activement, en particulier dans la mer de Beaufort, l'archipel arctique et au large des côtes du Labrador et de Terre-Neuve, pour assurer la relève des gisements actuellement exploités en Alberta *(p. 80),* tandis que l'on étudie les moyens, gazoducs et pétroliers brise-glace, d'acheminer ces précieux combustibles jusqu'aux lointaines régions consommatrices. Enfin la production de charbon, pour 90 % en provenance des trois provinces occidentales, augmente régulièrement.

Les grands barrages. – L'abondance et la puissance des cours d'eau offrent des possibilités exceptionnelles d'aménagement hydro-électrique. Les sites proches des centres urbains (rapides du St-Laurent, dénivellations entre les Grands Lacs) ont d'abord été équipés, et les nouveaux barrages, de plus en plus lointains et gigantesques, en viennent à inonder des régions immenses, ajoutant sans cesse de nouveaux lacs à l'incroyable semis de ce demi-continent *(voir WAC Bennett Dam p. 39 et le Québec p. 145).* Acheminée par lignes à très haut voltage (735 000 volts), l'électricité est consommée dans les grandes villes au Sud et exportée vers les Etats-Unis.

Transports et industrie. – L'immensité des distances et les rigueurs du climat donnent aux **transports** un rôle essentiel dans la mise en valeur du pays. La bande habitée, le long de la frontière des Etats-Unis, est dotée d'un réseau satisfaisant de voies ferrées et de routes depuis l'achèvement de la Transcanadienne en 1962 *(voir p. 69),* et bénéficie à l'Est de la Voie Maritime du St-Laurent *(p. 176)* qui relie les Grands Lacs à l'Atlantique. Dans le vaste Nord au contraire, ce réseau est réduit à de longues antennes de voies ferrées (au Labrador pour desservir les mines de fer, à Churchill pour ouvrir un port sur la baie d'Hudson) ou routières (par exemple la route de l'Alaska ouverte en 1942, et la route Dempster en 1979) qui laissent de grands vides. En été la voie navigable du Mackenzie est utilisée pour les transports pondéreux, mais dans l'ensemble la plus grande partie du transport se fait par avion.

L'industrie, surtout présente dans les régions peuplées du Sud, produit pour une grande part des produits semi-finis ; concentration du minerai, usines d'aluminium près de grandes centrales, industrie pétrochimique en Alberta et autour des grandes villes, pâte à papier et scieries, congélation de la viande et du poisson. Seule la grande région industrielle du Sud de l'Ontario et du Québec diversifie vraiment ses industries : assemblage automobile, construction d'avions, de locomotives, électronique, etc.

Visites d'usines

Nous décrivons dans ce guide quelques grands barrages, comme WAC Bennett Dam sur la Rivière de la Paix (p. 39) ou le barrage Daniel Johnson sur la Manicouagan (p. 158), mais bien d'autres barrages ou centrales sont accessibles au public, ainsi que de nombreuses usines, qui organisent en été des visites guidées pour les touristes curieux des techniques modernes : fabrication de l'aluminium ou de la pâte à papier, préparation du poisson pêché, stockage des grains dans les élévateurs, etc.

Les bureaux de tourisme provinciaux et locaux fournissent tous renseignements à ce sujet.

QUELQUES FAITS HISTORIQUES

LES PREMIERS OCCUPANTS

Ce n'est qu'à la fin de la dernière période glaciaire, pense-t-on (il y a 10 000 ans), que par vagues successives arrivèrent les premiers humains sur le continent américain ; venus des montagnes de Mongolie et des steppes sibériennes, ils franchirent le détroit de Béring alors émergé, puis se dispersèrent jusqu'en Amérique du Sud, et développèrent peu à peu des modes de vie adaptés à leur milieu. Ainsi se formèrent les groupes que les premiers Européens, se croyant parvenus aux Indes, baptisèrent « Indiens » *(1)*.

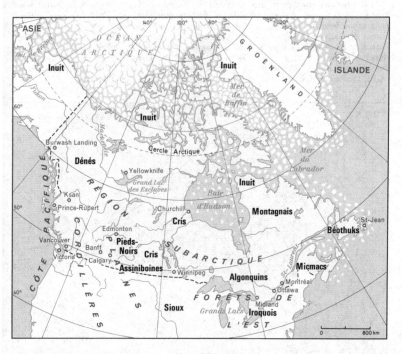

En bordure de l'océan Pacifique, les **Indiens de la Côte,** favorisés par les ressources de leur milieu naturel, ont pu développer une civilisation avancée *(voir p. 35)*. Plus à l'Est ceux des **Cordillères,** soumis à la contrainte d'un relief accidenté, ne comptaient que quelques tribus vivant de la chasse et de la pêche. Dans les plaines, plusieurs tribus, dont les **Pieds-Noirs,** les **Cris,** les **Assiniboines,** les **Sioux,** tiraient leurs ressources des troupeaux de bisons *(voir p. 81)*. Dans les forêts de l'Est, les **Micmacs,** les **Algonquins** et les **Iroquois,** chasseurs eux aussi, étaient à demi sédentaires et connaissaient une forte organisation sociale *(voir p. 104)*. Plus au Nord, dans l'immense région sub-arctique vivaient et, dans certains cas vivent encore *(voir p. 231)* des peuples chasseurs et nomades comme les **Béothuks,** les **Montagnais,** les **Cris** et les **Dénés.**

Enfin, derniers arrivés, les **Inuit** (Esquimaux) se sont fixés le long des côtes de part et d'autre du cercle arctique *(voir p. 232)*.

Grandes collections de culture et d'art indiens *(voir carte ci-dessus)*

Banff : Luxton Museum *(p. 49)*

Burwash Landing : Kluane Historical Society Museum *(p. 78)*

Calgary : Glenbow Museum *(p. 85)*

Churchill : musée esquimau *(p. 86)*

Edmonton : musée provincial *(p. 90)*

'Ksan : musée et villages indiens de la vallée du Skeena *(p. 58)*

Midland : Huron Indian Village *(p. 108)*

Montréal : musée McCord *(p. 169)*

Ottawa : musée national de l'Homme *(p. 124)*

Prince Rupert : musée *(p. 57)*

St-Jean : Newfoundland Museum *(p. 228)*

Vancouver : musées d'Anthropologie *(p. 62)* et du Centenaire *(p. 63)*

Victoria : musée provincial *(p. 68)*

Winnipeg : Art Gallery *(p. 100)*

Yellowknife : Prince of Wales Northern Heritage Centre *(p. 237)*

---

(1) Pour plus de détails, lire : « Histoire véridique des Indiens d'Amérique du Nord » par Royal B. HASS-RICK, Edition des Deux Coqs d'Or, et « Légendes indiennes du Canada » par Claude MÉLANÇON, Edition du Jour, Montréal.

Les premiers navigateurs. – Après les brefs séjours des **Vikings** vers l'an mil sur les côtes canadiennes *(voir p. 223)*, l'Europe oublia pour plusieurs siècles l'existence du continent américain. Mais au 15e s. les progrès de la technique et l'espoir d'un négoce lucratif lancèrent les grands navigateurs à l'assaut des océans, et quand en 1492 Christophe Colomb aborda aux Antilles, tous les souverains d'Europe voulurent se tailler leur part du Nouveau-Monde.

Les premiers envoyés royaux ne cherchent d'abord qu'une route vers la Chine : ainsi **Jean Cabot,** navigateur italien à la solde du roi d'Angleterre, qui dès 1497 débarque en terre canadienne *(voir p. 199 et 223)* ; **Verrazano,** un autre italien envoyé cette fois par le roi de France François 1er, qui en 1524 reconnaît le littoral américain de New York à l'île du Cap Breton, puis **Jacques Cartier** en 1534 qui débarque à Gaspé *(p. 161)* et l'année suivante remonte le St-Laurent *(p. 146)*. De même les Anglais qui cherchent un passage par le Nord-Ouest : **Martin Frobisher** en 1576, **John Davis** en 1585-1587, **Baffin et Bylot** en 1615-1616, tandis que **Hudson** (1610) et **James** (1631) explorent la baie d'Hudson.

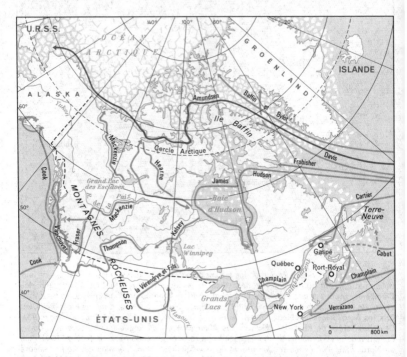

L'exploration du continent. – A force de chercher la Chine, les navigateurs avaient trouvé le Canada, et à défaut d'épices découvert d'autres richesses à exploiter : les fourrures. Pour asseoir le commerce français des peaux, **Samuel de Champlain** se fait colonisateur (Port-Royal est fondé en 1605, et Québec en 1608), et reconnaît le pays jusqu'au lac Huron en 1615. La Compagnie de la Baie d'Hudson envoie en éclaireur **Henry Kelsey** qui atteint les Prairies en 1691. A partir de 1731 **La Vérendrye** traverse les Prairies, et ses fils parviennent au pied des Rocheuses en 1743. Pour la Compagnie de la Baie d'Hudson encore, **Samuel Hearne** se rendit de Churchill au Grand Lac des Esclaves puis rejoignit l'océan Arctique par la rivière Coppermine de 1770 à 1772. En 1789 **Alexander Mackenzie,** de la Compagnie du Nord-Ouest, descend le fleuve qui porte son nom, et en 1793 atteint enfin le Pacifique, suivi de **Simon Fraser** en 1808 et **David Thompson** en 1811-1817.

Les côtes du Pacifique et de l'Arctique. – La reconnaissance de la côte de Colombie Britannique est due surtout à **James Cook** en 1778 et à **George Vancouver** qui explora les îles côtières de 1792 à 1794 *(voir p. 35)*. Enfin le fameux passage du Nord-Ouest *(voir p. 232)* à travers l'archipel arctique est franchi en 1903-1906 par **Amundsen** qui réalise ainsi le rêve des navigateurs du 16e s.

L'ÉPOQUE COLONIALE

La Nouvelle France. – La première, la France établit des colonies en terre canadienne, en Acadie *(voir p. 191)* et le long du St-Laurent *(voir p. 146)* ; ses colons défrichent les forêts et cultivent le sol tandis que s'organise peu à peu la traite des fourrures *(voir p. 148)*.

Mais très vite les Français se heurtent à la concurrence des britanniques établis plus au Sud le long de la côte atlantique. Venus de métropoles rivales en Europe, les colons et trafiquants des deux bords ne manquent pas une occasion de faire un raid chez leur voisin ; même les tribus indiennes sont engagées dans la lutte, depuis que Champlain s'est attiré la haine implacable des Iroquois, partenaires commerciaux des Anglais, en participant à une attaque huronne contre leurs villages *(voir p. 107)*.

Guerres et traités se succèdent entre la France et l'Angleterre *(voir p. 147)* : en 1713 le **traité d'Utrecht** cède à l'Angleterre Terre-Neuve, tout le bassin de la baie d'Hudson et l'Acadie péninsulaire ; la France conserve l'île St-Jean (île du Prince-Edouard) et l'île Royale (île du Cap Breton), où elle érige à grands frais la forteresse de Louisbourg pour contrôler l'accès au golfe du St-Laurent *(p. 208)*. La prise de Louisbourg en 1758 ouvre la voie de Québec qui tombe l'année suivante, et de Montréal prise en 1760. En 1763 toute la Nouvelle-France passe à la puissance britannique.

Le régime anglais. – L'administration anglaise prend pied progressivement en terre canadienne. Dès 1720, l'Acadie devenue anglaise est organisée en colonie de Nouvelle-Ecosse ; sa capitale est d'abord Annapolis Royal, jusqu'à la fondation d'Halifax en 1749. Après le traité d'Utrecht, le nouveau régime est étendu à la vallée du St-Laurent. Bientôt afflue dans les deux colonies toute une population anglophone, celle des réfugiés loyalistes fuyant les anciennes colonies américaines après la guerre d'Indépendance *(voir p. 105)*, qui conduit à la création de nouvelles colonies, celles de l'Ile du Prince-Edouard en 1769 *(voir p. 211)* et du Nouveau-Brunswick en 1784 *(voir p. 214)*, tour à tour détachées de la Nouvelle-Ecosse, puis celle du Haut-Canada en 1791.

Au cours du 19ᵉ s. la colonisation s'intensifie sur tout le continent nord-américain. Tandis que naissent de nouveaux Etats qui se joignent aux Etats-Unis, deux nouvelles colonies britanniques sont créées, sur l'île de Vancouver en 1849 *(voir p. 36)*, puis en 1858 sur le continent celle de Colombie Britannique *(voir p. 36)*, qui fusionnent en 1866 *(voir p. 67)*.

Pendant ce temps l'agitation politique qui s'empare du Haut et du Bas Canada *(voir p. 135, 136 et 147)* amène la fusion des deux colonies en une seule, le Canada-Uni, en 1841. Isolées, toutes ces colonies britanniques se sentent faibles face à l'expansion des Etats-Unis ; aussi, pour tenter de résoudre leurs difficultés politiques et économiques, et pour financer la construction d'un chemin de fer qui les relie entre elles, envisagent-elles de s'unir.

LA FORMATION DU PAYS

Ces projets d'union aboutissent à l'**Acte de l'Amérique du Nord Britannique,** qui fonde la naissance, le 1ᵉʳ juillet 1867, du Dominion du Canada, confédération de quatre de ces colonies, l'Ontario ①, le Québec ②, le Nouveau-Brunswick ③ et la Nouvelle-Ecosse ④.

En 1869 l'ancienne Terre de Rupert, domaine de la Compagnie de la Baie d'Hudson *(voir p. 98)* est cédée au Canada, et devient les Territoires du Nord-Ouest que le jeune dominion entreprend d'ouvrir à la colonisation.

La construction d'un chemin de fer intercontinental, achevée en 1885 *(voir p. 36),* favorise alors une nouvelle vague de peuplement et d'immigration, qui amène la formation de nouvelles provinces : ainsi dès 1870 naît le Manitoba ⑤ *(p. 98)*, minuscule portion de la province actuelle ; l'année suivante la colonie de Colombie Britannique ⑥ rejoint la Confédération, suivie en 1873 par l'Ile du Prince-Edouard ⑦.

Après le Canadien Pacifique est construit le Grand Tronc, chemin de fer qui dessert Saskatoon et Edmonton, achevé en 1896 ; c'est alors que les Prairies deviennent les provinces du blé et du bétail que nous connaissons aujourd'hui *(voir p. 80).* Ces nouvelles terres attirent de plus en plus d'immigrants : tandis que la ruée vers l'or du Klondike amène la création du Territoire du Yukon en 1898, dans les Prairies naissent en 1908 les provinces de Saskatchewan ⑧ et d'Alberta ⑨.

Enfin Terre-Neuve ⑩ , restée jusqu'alors colonie indépendante, rejoint la Confédération en 1949, 82 ans après la création de cette dernière.

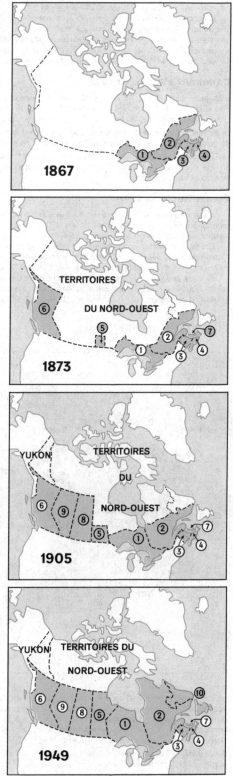

19

RENSEIGNEMENTS PRATIQUES

Les pages qui suivent s'adressent en particulier aux touristes venant d'Europe.

AVANT LE DÉPART

Le bureau parisien de l'**Office du Tourisme du Canada** *(37 av. Montaigne, Paris 75008,* 723 01 01) distribue brochures et documents publiés par ses services à Ottawa, ainsi que cartes routières et brochures fournies par les provinces canadiennes. On y trouve aussi la liste des voyages organisés, les tarifs de groupe, et tous renseignements sur différents types de séjour : de pêche ou de ski, vacances à la ferme ou dans un ranch, etc.

Au Canada, on trouve facilement sur place tous les renseignements dont on a besoin ; rien de plus simple que de réserver par téléphone une place d'avion, une chambre d'hôtel ou une voiture à louer ; les **bureaux de renseignements touristiques,** situés dans les aéroports, sur les grands axes routiers et dans les villes, dispensent gracieusement cartes routières, plans de ville, liste des hôtels et terrains de camping, etc.

Comment aller au Canada

En avion. – Air Canada, Air France, Sabena et Swissair offrent des liaisons directes de Paris, Bruxelles, Zurich à Montréal et Toronto. En outre Air Canada et CP Air relient directement Londres ou Amsterdam à Halifax, Winnipeg, Edmonton, Calgary et Vancouver.

En bateau. – Traversée au départ de Londres ou de Rotterdam par Polish Ocean Lines *(d'avril à octobre ; SOTRAMAT Voyages, 12 rue Godot-de-Mauroy, 75009 Paris,* 266.60.19).

Les forfaits. – Les agences de voyages proposent toutes sortes de forfaits, du voyage de groupe guidé à la formule « sur mesure », comprenant trajets en avion, hôtels payés par avance et voiture louée.

Formalités douanières

Avoir un **passeport** en cours de validité suffit pour les visiteurs français, belges, suisses, monégasques et luxembourgeois ; mais il faut présenter en outre son billet de retour et justifier de l'argent nécessaire à son séjour au Canada.

On peut apporter en **franchise** 1,1 litre d'alcool ou de vin, ou 8 litres de bière, mais l'introduction de **végétaux** est formellement interdite, y compris graines, fruits et légumes, de même que celle de **viandes** (sauf conserves industrielles).

Si vous envisagez de franchir la frontière des **Etats-Unis,** sachez qu'un visa est indispensable. *S'adresser à Paris aux Services des Visas, 2 rue St-Florentin, 75001 ; à Bruxelles, 27 boulevard du Régent,* 513.3830 ; *à Berne, 93/95 Jubilaumstrasse,* 437.011.

FUSEAUX HORAIRES

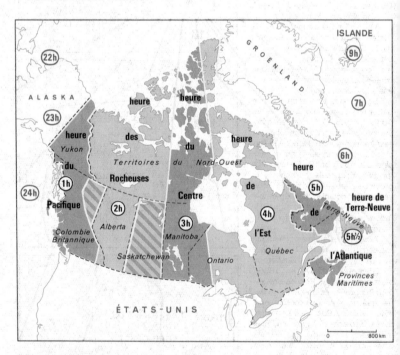

Le Canada est divisé en 6 fuseaux horaires, mais pour des raisons de commodité quelques localités frontalières s'alignent parfois sur l'heure d'une grande ville de la zone voisine. Ainsi en Colombie Britannique la vallée du Kootenay suit-elle l'heure des Rocheuses, et la limite en Saskatchewan est-elle fluctuante selon les années et les saisons *(voir les introductions régionales, en particulier p. 82 et p. 38).*

Heure d'été. – Sauf quelques restrictions locales, le Canada adopte l'heure avancée d'été *(en anglais : Daylight Saving Time)* du dernier dimanche d'avril au dernier samedi d'octobre, où le pays retrouve l'heure normale *(en anglais : Standard Time).*

Jours fériés

Jour de l'An (New Year's Day) .... 1ᵉʳ janvier
Vendredi Saint (Good Friday) .... le vendredi qui précède Pâques
Fête de la Reine Victoria (Victoria Day) .... un lundi proche du 24 mai
Fête du Canada (Dominion Day) .... 1ᵉʳ juillet
Fête du Travail (Labour Day) .... 1ᵉʳ lundi de septembre
Jour de l'Action de Grâce (Thanksgiving Day) .... 2ᵉ lundi d'octobre
Noël (Christmas Day) .... 25 décembre

A ces fêtes légales s'ajoutent dans la plupart des provinces le **Lundi de Pâques** (Easter Monday), l'**Armistice** (Remembrance Day, le 11 novembre), et l'**Après Noël** (Boxing Day, le 26 décembre), jours de congés mais où bureaux et magasins ne sont pas tous fermés.

En outre certaines provinces ont leurs fêtes propres :

Québec .... la St-Jean-Baptiste (24 juin)
Ontario, Manitoba,
   Territoires du Nord-Ouest Civic Holiday (1ᵉʳ lundi d'août)
Yukon .... Discovery Day (un vendredi proche du 17 août)
Terre-Neuve .... St-Patrick's Day (17 mars), St-George's Day (23 avril), Commonwealth Day (24 mai), Memorial Day (un lundi de juin), Orangeman's Day (12 juillet)

Transports

Les distances canadiennes sont l'un des éléments les plus déconcertants lors d'un premier voyage. A voir une carte d'ensemble du pays, on oublie que la route Transcanadienne, de Victoria à St-Jean de Terre-Neuve mesure 7 848 km (autant que Paris-Kaboul). De Montréal à Vancouver (4 861 km) on compte 70 heures de route, soit 8 à 9 jours en roulant 8 h par jour.

L'avion. – C'est le mode de transport privilégié pour les grandes distances et pour atteindre les localités isolées.

Air Canada, la compagnie nationale, et CP Air couvrent l'ensemble du Canada ; Eastern Provincial Airways dessert le Canada atlantique, Québecair et Nordair surtout le Québec, Transair le centre du pays et les Territoires du Nord-Ouest, et Pacific Western l'Ouest et les Territoires du Nord-Ouest.

Le train. – Le service de voyageurs VIA dessert tout le pays, de Terre-Neuve à Vancouver. A titre indicatif, le train qui part de Montréal le lundi soir arrive à Vancouver le vendredi matin. Le train dessert également quelques villes isolées (Churchill, *voir p. 82* ; Moosonee, *voir p. 106*), et peut être un bon mode de transport entre deux villes (Montréal-Toronto : 4 h 10 par le turbo au lieu de 6 h 30 par la route).

Il existe aussi des **voyages organisés** par le Canadien National (CN) qui combinent voyage confortable en train, visites guidées, et parfois brefs séjours dans des régions de villégiature : par exemple un circuit de 17 jours au départ de Montréal, avec visite de Vancouver, Victoria, les Rocheuses et Winnipeg. Des **forfaits** permettent un kilométrage illimité, pour une durée variant de 8 à 30 jours, sur l'ensemble du réseau ferré ou dans une région seulement.

L'autocar. – C'est le mode de transport le plus économique, et qui dessert le plus grand nombre de localités.

Il est très pratique sur une distance moyenne, et les liaisons entre grandes villes sont particulièrement nombreuses (souvent toutes les heures).

La compagnie Greyhound *(4 rue Cambon, 75001 Paris, ☎ 261 52 01)* propose des forfaits de 5 jours minimum, au kilométrage illimité, valables aux Etats-Unis et au Canada, à acheter en France avant le départ.

Parmi les principales compagnies citons aussi Acadian Lines à Halifax, Voyageur à Montréal, Gray Coach Lines à Toronto, et Pacific Coach Lines à Victoria.

Location de voiture. – Pour voyager à son propre rythme et en toute liberté, il est possible de combiner l'avion et une voiture réservée à l'arrivée (par Air Canada en particulier). Les principales compagnies, Avis, Hertz, Tilden (Europcar en Europe) et Budget ont des agences dans toutes les grandes villes et dans les aéroports.

En été, et pour de grandes distances, on appréciera une voiture équipée de la climatisation. Le mode de règlement le plus pratique est la carte de crédit, faute de quoi le loueur exigera une forte caution.

Le permis de conduire national à 3 volets est valable au Canada pour une durée variable selon les provinces (au moins 3 mois). Il est recommandé de souscrire l'assurance complémentaire proposée avec le contrat de location. Supplément pour laisser la voiture ailleurs que dans la ville de départ : très variable, par exemple prise à Vancouver et laissée à Calgary : $100.00 ; prise à Calgary et laissée à Vancouver ou Edmonton $40.00. Entre Montréal, Ottawa et Toronto : sans frais.

Les voitures de location sont souvent automatiques. Si vous n'en avez jamais conduit, sachez la signification des repères du levier de vitesse : R (marche arrière), P (parking : voiture bloquée), O (point mort), D (drive : marche avant), 1 et 2 (pour les côtes un peu raides). Certaines voitures n'acceptent que l'essence sans plomb (« unleaded »), parfois difficile à trouver sur les routes isolées.

La circulation se fait à droite, et le **code de la route** est le même qu'en Europe, à quelques détails près : il n'y a pas de priorité à droite. Quand un bus d'écoliers (toujours jaune) est arrêté clignotants allumés, toute circulation s'arrête impérativement dans les deux directions ; en ville, il faut s'habituer à ne pas s'arrêter au pied des feux tricolores, placés au centre du carrefour ; sauf indication contraire, la vitesse est limitée en ville à 50 km/h ; sur les routes la limitation est indiquée. Le port de la ceinture de sécurité, partout conseillé est obligatoire dans la plupart des provinces.

Durant l'**hiver,** tout est mis en œuvre pour que les grandes routes restent ouvertes à la circulation, même pendant les chutes de neige ; mais la rigueur du climat oblige à des précautions indispensables (avoir toujours dans le coffre une couverture chaude et une pelle pour dégager la neige, etc.), en particulier ne pas s'engager sur les routes si une tempête s'annonce. Les voitures garées dehors ont généralement besoin, pour démarrer, de se brancher aux prises prévues à cet effet dans les stationnements.

Métro et bus. – Dans les grandes villes, les transports urbains permettent de changer de véhicule (métro ou autobus) même plusieurs fois pour le prix d'un seul trajet, à condition de prendre un ticket de transfert (gratuit) et de continuer sa route dans la même direction. Dans l'autobus, il faut faire l'appoint.

Hébergement

La liste des hôtels, motels et terrains de camping de la province (en anglais : accommodations) fournit une description précise des établissements et des services qu'on y trouve, ainsi que des prix. Mieux vaut réserver par téléphone, mais soyez sûr d'être arrivé pour 18 h., après quoi la réservation n'est plus valable ; si vous prévoyez un retard, prévenez l'hôtel de votre heure d'arrivée. Dans certaines provinces, ces réservations se font gratuitement depuis les bureaux de tourisme ; certaines chaînes d'hôtels et de motels offrent également la réservation gratuite dans tous leurs établissements à travers le Canada.

Les tarifs hôteliers proposent trois formules : le **plan européen** (chambre seule, le plus courant), le **plan américain** (pension complète) ou le **plan américain modifié** (demi-pension).

En ville. – On trouve des **hôtels** de toutes catégories avec ou sans restaurant, bar, boutiques, piscine, sauna, etc. Certaines villes offrent en outre des **maisons de chambres** (en anglais : tourist rooms), maisons particulières dont le propriétaire loue quelques chambres à prix modique ; le confort est plus sommaire mais le décor et l'accueil souvent plus personnels que dans certains hôtels. Enfin dans les **motels,** situés le long des grandes routes et des voies d'accès aux villes, les chambres ont toujours une salle de bains et un accès direct sur l'extérieur ; le motel dispose parfois d'une cafétéria, d'un restaurant, voire d'une piscine.

En villégiature. – Il suffit d'un lac, et l'on sait qu'ils sont nombreux au Canada, pour que puisse s'y créer un lieu d'hébergement et de loisirs, que ce soit dans une région très touristique ou en un lieu isolé au cœur de la forêt. **Cabines** ou **chalets** sont des bungalows meublés situés au calme, près d'un plan d'eau (baignade, bateau, pêche) où pour un prix modique (celui d'une chambre de motel) on bénéficie de 2 chambres, salle de bains, grand séjour avec coin cuisine équipé, vaisselle comprise ; conçus pour séjourner en famille une ou deux semaines, ils peuvent aussi être une étape agréable d'une nuit. Le mot **lodge,** qui évoque un refuge en pleine nature, est appliqué à des établissements très divers, simple motel, villégiature de luxe ou camp de pêche isolé à rejoindre en hydravion.

On peut aussi prévoir des vacances dans un **ranch** ou **à la ferme** mais ces séjours doivent être organisés avant le départ.

Le camping. – Il connaît une stricte réglementation, mais il attire chaque saison le flot continu des amateurs de la nature ; ceux-ci disposent d'une abondance de terrains de camping parfaitement aménagés, dont les provinces publient la liste en précisant les facilités offertes. Toutes les formes de caravanes et camping-car (trailer, camper, motorhome) sont autorisées, à condition de séjourner sur les terrains qui leur sont dévolus.

Dans les parcs nationaux et provinciaux, on ne peut effectuer aucune réservation. Si vous comptez louer un camping-car au Canada, faites le réserver par une agence avant de partir, plusieurs mois à l'avance.

Nourriture

Il existe de nombreux restaurants exotiques dans les grandes villes (chinois, grecs, japonais) ou même des restaurants italiens et français (encore faut-il savoir que la cuisine chinoise n'a souvent rien à voir avec celle que l'on sert sous le même nom en Europe, mais que la cuisine italienne est délicieuse). Le **petit déjeuner** est un vrai repas : jus de fruits, crêpes épaisses (pancakes), avec beurre salé, confiture et sirop d'érable, et œufs avec pommes de terre, bacon ou saucisses, et même steack.

« Take Out ». – En ville ou au bord des routes on trouve des plats « à emporter » : sandwiches, hamburger, poulet frit, ou pizza. Ces plats bon marché sont également livrés à domicile, sur simple coup de téléphone (consulter les renseignements locaux dans chaque chambre d'hôtels ou de motels).

Cafétérias. – Dans les centres-ville, les supermarchés aussi, les cafétérias servent des repas légers (soupes, sandwiches, salades composées, desserts) sans boisson alcoolisée. On sert aussi des plats légers dans les **delicatessen** (charcuteries), souvent des spécialités juives.

Table d'hôte ou Smögesboerg. – Les restaurants d'hôtel adoptent souvent, surtout le dimanche soir, cette formule de buffet où l'on se sert à discrétion pour un prix fixe et raisonnable.

Restaurants. – Ils servent repas complets et boissons alcoolisées. Le repas comprend salade, puis « entrée », c'est-à-dire un plat de viande ou de poisson accompagné de quelques pommes de terre ou légumes, et dessert (voir lexique p. 247). Le décor de la salle est soigné et intime ; la musique douce joue en sourdine.

Les boissons alcoolisées. – La vente en est réglementée par les provinces (voir les introductions régionales), et souvent on ne peut les acheter que dans les magasins du gouvernement provincial, et les déguster dans les établissements licenciés seulement. En outre tout alcool est interdit dans les réserves indiennes. Les **bières** canadiennes sont variées et très bonnes ; c'est sans doute la boisson la plus généralement consommée.

Quelques prix (hors taxe)

Un café	. $0.50	Un repas complet (sans la boisson)	.. $12.75
Une bière	. $1.20	Une chambre à l'hôtel	. $45.00
Un repas léger	$4.15	Location de voiture (1 journée)	. $33.00

Divers

Argent. – Le dollar canadien (valeur : 6,48 FF au printemps 1984) se divise en 100 cents ; au Québec on dit aussi une piastre pour un dollar, et une cenne ou un sou pour un cent. Les **chèques de voyage** en dollars canadiens (à acheter avant le départ pour 1 % en plus de la somme demandée) sont acceptés partout comme de l'argent liquide, surtout pour les petites coupures ($10, 20 et 50). Mais le mode de paiement le plus répandu est la **carte de crédit** : chez les commerçants, dans les hôtels, les stations-service, les compagnies aériennes, etc. ; elle est souvent considérée comme une garantie (pour louer une voiture par exemple). Les cartes les plus courantes sont Chargex (Visa) et Master Charge (Eurocard) et dans les établissements d'un certain niveau American Express et Diner's Club. *Avant de partir, se renseigner sur la législation en cours pour l'utilisation de la carte de crédit à l'étranger.*

Les **banques** sont ouvertes normalement de 10 h à 15 h parfois 17 h sauf le samedi, le dimanche et les jours fériés.

Assurance médicale. – Les soins médicaux et surtout hospitaliers sont très coûteux pour les étrangers. Il est conseillé de souscrire au départ une assurance médicale, par exemple auprès d'A.V.A. *(29 rue du Pont 92522 Neuilly-sur-Seine, ☎ 758 12 40)*, Europ Assistance *(23 rue Chaptal 75445 Paris Cedex 09, ☎ 285 85 85)*, Mondial Assistance *(8 place de la Concorde 75008 Paris, ☎ 257 12 22)*.

Bilinguisme. – Tout ce qui dépend du gouvernement fédéral est officiellement bilingue, les renseignements sont donnés dans les deux langues, et une partie du personnel parle le français. Ainsi dans les services postaux, les compagnies nationales Air Canada et VIA, les parcs nationaux, etc.

Climat. – Pour les détails régionaux voir les introductions dans le corps du guide. Dans l'ensemble le pays est connu pour ses hivers rudes et longs. Mais quand vient l'été il fait normalement très chaud, et dans le Québec et l'Ontario surtout, la chaleur moite et lourde fait apprécier l'air climatisé.

Courrier. – Il faut compter 1 à 8 jours pour qu'une lettre postée au Canada parvienne à son destinataire au Canada (en 1ʳᵉ classe), et 8 à 15 jours pour qu'elle soit distribuée en France.

Électricité. – La tension est de 110 volts et 60 périodes ; pour utiliser les appareils français, acheter avant le départ un adaptateur à fiches plates.

Information touristique. – On peut trouver dans la même ville trois sortes de bureaux de tourisme : le bureau local (plan de ville, hôtels, restaurants, heures d'ouverture des curiosités, etc.), un bureau provincial (carte routière, renseignements sur les autres villes), et un bureau fédéral (renseignements sur les autres provinces et les parcs nationaux).

Magasins. – Les horaires d'ouverture sont fixés par arrêté municipal, et varient d'une ville à l'autre. Ils sont ouverts en général jusqu'à 17 h 30, et en nocturne jusqu'à 21 h un soir par semaine.

Système métrique. – Après avoir utilisé les mesures anglaises, le Canada se convertit au système métrique, maintenant en vigueur dans presque tous les domaines. De même les températures s'expriment en degrés Celsius.

Pourboires. – Il n'est jamais compris dans la note au café ou au restaurant : laisser 15 % de son montant pour le serveur ; de même chez le coiffeur ou dans un taxi.

Pour les bagages, dans les gares, aéroports ou hôtels, il convient de laisser au porteur 50 cents par bagage.

Saison touristique. – Elle s'étend de début juin à mi-septembre, et bat son plein en juillet et août ; mai et surtout juin et septembre peuvent être des mois très agréables. **En hiver,** de décembre à mars la neige et la glace se prêtent presque partout aux sports d'hiver, les grandes routes sont bien dégagées et les transports fonctionnent, mais il faut s'attendre à ce qu'une tempête de neige cause des retards, même aux trains et aux avions. **Mars ou avril** est le mois des « parties de sucre » en Ontario, Québec et Nouveau-Brunswick, célèbres aussi pour le flamboiement des couleurs en forêt aux premières gelées de l'automne (fin **septembre** - début **Octobre**).

Taxes provinciales. – Elles sont couramment perçues sur tout achat, note d'hôtel, billet d'avion etc. dont le prix indiqué est ainsi majoré d'une taxe variable selon les provinces *(voir nos introductions régionales)*. Seule l'Alberta n'applique pas de taxe, ni les territoires du Yukon et du Nord-Ouest.

QUELQUES LIVRES

- **Canada** par Robert HOLLIER *(Petite Planète, Ed. du Seuil - 1975)*
- **Le Canada** par Earle TOPPINGS *(Kümmerly-Frey - 1969)*
- **Les Canadiens** par Ogden TANNER *(Ed. Time-Life - 1978)*
- **Canada : les débuts héroïques** par Donald CREIGHTON *(Ed. Quinze, Montréal)*
- **Histoire du Canada** par Marcel GIRAUD *(Que Sais-je ? P.U.F. - 1971)*
- **Canada-Québec, synthèse historique** par LACOURSIERE, PROVENCHER, VAUGEOIS *(Éd. Renouveau Pédagogique, Montréal - 1970)*
- **Nouvelle Géographie du Canada** par KRUEGER-CORDER *(Holt, Rinehart et Winston Ltée, Montréal - 1971)*.
- **Les seigneurs de la faune canadienne** par FRISON-ROCHE *(Flammarion)*
- **Les mammifères du Canada** par A.W.F. BANFIELD *(Presses de l'Université Laval)*

Sur le Québec : *voir p. 152.*

Sur l'Acadie : *voir p. 192.*

Sur les Indiens : *voir p. 17.*

PARCS ET PARCS HISTORIQUES NATIONAUX

Pour tous renseignements, s'adresser à Parcs Canada, Ottawa, Ontario K1A 1G2.

Les parcs nationaux

Ils couvrent au total 130 000 km² (le quart de la France), accueillent 20 millions de visiteurs par an, et sont 29 répartis dans tout le pays. Créés pour préserver dans leur état naturel des sites exceptionnels, ils ont en même temps l'ambition de les rendre accessibles au public ; des équipes de naturalistes y organisent des promenades guidées à la découverte de la nature, expliquent la formation des roches ou du relief, les particularités du climat ou de la végétation, le mode de vie des animaux. On vient aussi dans les parcs nationaux pour en admirer les paysages et pratiquer toutes les activités de plein air. Les parcs nationaux sont ouverts toute l'année, mais les activités dirigées et les équipements ne fonctionnent généralement qu'en été.

Protégés par des règlements sévères, les animaux sauvages y sont nombreux et deviennent familiers, à la grande joie des visiteurs : il n'est pas rare d'y voir près des terrains de camping chevreuils, wapitis (grands cerfs d'Amérique du Nord) et de même des ours *(voir p. 25)*.

Orignal

Tarifs et abonnements. – Les voitures doivent acquitter un droit d'entrée dans la plupart des parcs : $1.00 pour une excursion d'une journée, ou $2.00 pour un séjour maximum de quatre jours. On peut aussi acheter pour $10,00 un permis annuel valide dans tous les parcs du Canada.

Règlements. – La chasse y est interdite, comme il est interdit de blesser ou de molester les animaux, de cueillir des fleurs ou de couper du bois. En revanche la pêche est autorisée, mais comme les parcs nationaux échappent au contrôle des provinces, règlements et permis de pêche sont spéciaux aux parcs nationaux, sauf en Ontario, où les parcs bordent des plans d'eau sous juridiction provinciale, Grands-Lacs et St-Laurent. On trouve tous renseignements aux bureaux d'information à l'entrée des parcs ainsi que des cartes localisant terrains de camping, lieux d'hébergement et services.

Logement. – Dans les terrains de camping la place est au premier arrivé, mais les parcs les plus aménagés offrent aussi chalets, lodges ou motels où l'on peut réserver.

Les parcs historiques nationaux

Ce sont des bâtiments ou des sites préservés, restaurés et aménagés pour expliquer telle période de l'histoire et le mode de vie des Canadiens d'alors. Certains n'ont conservé aucun vestige des temps anciens ; mais brochures bilingues, pancartes, parfois exposition et même reconstitution complète font revivre des épisodes du passé. Partout l'accent est mis sur la vie quotidienne dans telle couche de la société, si bien qu'il n'est pas de leçon d'histoire plus vivante ni plus concrète, surtout lorsque toute une population en costume d'époque anime cette minutieuse reconstitution *(voir Louisbourg p. 208)*.

Les villages reconstitués

Parc historique national de Louisbourg

Selon la même formule que certains parcs historiques nationaux, mais dépendant d'organismes locaux ou provinciaux, les villages reconstitués mettent en valeur diverses facettes de l'histoire : l'installation des Loyalistes en Ontario *(p. 143)*, la traite des fourrures *(p. 133)*, une mission au temps de la Nouvelle France *(p. 108)*, la ruée vers l'or des Cariboo *(p. 41)*, etc. Le souci de la vérité historique est poussé dans les moindres détails : on voit battre le blé à l'ancienne, fabriquer des canots d'écorce ou atteler la diligence et l'on peut même goûter le pain de ménage et tâter les fourrures...

SPORTS

La nature, les grands espaces, sont les atouts majeurs du Canada pour les touristes. On ne saurait ici qu'en présenter un aperçu et donner quelques renseignements utiles.

Les **parcs provinciaux** sont des terrains administrés par la province et aménagés ou préservés pour diverses activités de plein air ; il en existe de toutes tailles depuis l'aire de pique-nique au bord de la route, jusqu'à l'immense réserve, idéale pour descendre des torrents en canoë, aller camper dans la nature, pêcher dans les lacs, etc. Certains parcs sont équipés de chalets, d'autres offrent en outre un service hôtelier ; on y trouve parfois des canoës à louer. *Pour plus de détails s'adresser aux services provinciaux qui diffusent chaque année un répertoire complet des services publics et privés.*

En été. – Le **camping** est le moyen idéal de vivre dans la nature *(voir p. 22)*.

Les amateurs de **golf** trouveront partout de nombreux terrains ouverts pour un prix modique aux joueurs de passage.

Navigation de plaisance. – Très pratiquée dans les régions de villégiature, sur les lacs et les voies navigables. Les cours d'eau navigables dépendant de l'autorité fédérale, c'est elle qui édite les cartes fluviales *(disponibles au Service Hydrographique du Canada, Direction des sciences de la mer, Ministère de l'Environnement, Ottawa)*, alors que les canaux et voies navigables réservés à la navigation de plaisance relèvent de Parcs Canada.

Canoë. – Inventé par les Indiens des Forêts de l'Est, le canoë (ou canot) est fait pour les rivières du Bouclier canadien. S'il n'est plus un moyen de transport commercial comme au temps des « voyageurs » *(p. 148)*, il est devenu, de nos jours, un sport pour qui veut s'évader de toute civilisation et retrouver les routes anciennes le long de torrents coupés de rapides et de portages. Il exige de savoir choisir son parcours en fonction de son niveau, c'est pourquoi les services provinciaux publient une documentation très détaillée sur les difficultés de leurs cours d'eau.

Pour les amateurs d'émotion sans réelle fatigue, des agences organisent des **descentes de rapides** en radeaux pneumatiques *(voir p. 106 et p. 236)*.

Pêche sportive. – Quel paradis pour les pêcheurs que ces innombrables lacs et rivières ! L'abondance des poissons, leur taille impressionnante, leur combativité, attirent autant les passionnés, qui organiseront un voyage au Canada rien que pour un séjour de pêche, que le dilettante heureux de tremper le fil pour se délasser.

Sur les côtes du Pacifique et de l'Atlantique les rivières à **saumons** sont mondialement réputées, et les gouvernements provinciaux gèrent soigneusement cette richesse en les équipant d'échelles à saumons, de stations piscicoles et de frayères aménagées. Ailleurs on pêche la **ouananiche** (saumon d'eau douce) ; le **brochet** et le **maskinongé** (sorte de brochet), diverses espèces de **truites**, de l'ombre arctique (en anglais arctic char) à l'ombre de fontaine (brook trout), et de percidés (**doré, perchaude, achigan**), etc. Les règlements provinciaux fixent la saison de pêche, le nombre maximum et la taille minimum des prises, et délivrent les permis de pêche ; certains parcs provinciaux exigent en outre un permis spécial.

Les **pourvoyeurs** de chasse et de pêche, qui connaissent bien la nature (ce sont souvent des Indiens), organisent des expéditions de pêche, le transport en forêt par eau, terre ou air, et offrent gîte, couvert et généralement une embarcation ; dans certaines régions il est obligatoire d'avoir recours à eux. La liste en est fournie par les départements provinciaux de la chasse et de la pêche, ou par l'Office de Tourisme du Canada.

Chasse. – Grâce aux mesures de protection des animaux sauvages, le gibier dans certaines régions est plus abondant qu'au début du siècle : gibier d'eau, petit et gros gibier (orignal, ours, loup, chevreuil, wapiti), et en saison les oiseaux migrateurs (oie du Canada, canard, etc.). Certaines espèces sont totalement protégées (le bison par exemple, ou l'ours blanc que seuls Inuit et Indiens peuvent chasser), et les animaux dont la fourrure est commercialisée sont réservés à la trappe. Les règlements provinciaux déterminent les saisons de chasse et le nombre de prises autorisées ; il faut se munir d'un permis provincial approprié au gibier recherché ; et parfois en outre un permis cantonal (township), ou pour les oiseaux migrateurs d'un permis canadien *(en vente dans les bureaux de poste)*.

Quelques conseils. – N'oubliez pas les inconvénients et les dangers de la nature. Les **maringouins** (ou **moustiques**) sont si nombreux l'été en forêt et au bord de l'eau que tout amateur de plein air doit s'équiper en conséquence ; et ne croyez pas leur échapper en vous enfonçant dans les solitudes du Nord : au contraire ils ne vous y tourmenteront que davantage, au point que parfois les sportifs aguerris doivent porter une moustiquaire sur le visage pour s'en protéger. Fin mai et juin, c'est la saison des **mouches noires** (ou **brulots**), petits moucherons voraces qui peuvent fondre par centaines sur les malheureux promeneurs sans défense. Dans les deux cas on s'en protège en s'enduisant la peau et les vêtements d'un insecticide dont l'odeur les éloigne (le plus employé, « Off ! », se trouve dans les supermarchés au rayon des produits de toilette).

Les **ours bruns** sont assez nombreux en forêt pour y créer quelques problèmes dans les parcs nationaux et les terrains de camping, lorsqu'attirés par l'odeur de nourriture ils renversent les poubelles, éventrent les tentes où se trouvent les provisions, ou se donnent rendez-vous sur les dépôts d'ordures ; heureusement les accidents sont rares. Les parcs nationaux édictent à leur endroit des règlements sévères : interdiction de leur donner de la nourriture ou de laisser traîner les reliefs d'un repas. Autres conseils : ne jamais approcher un ourson, car la mère n'est pas loin et le protégera si elle le croit menacé ; signaler bruyamment sa présence quand on se promène dans la nature, car un ours surpris peut attaquer.

L'**herbe à la puce** (en anglais : **poison ivy**) est une plante tapissante des sous-bois d'aspect inoffensif, fréquente surtout de Québec aux Grands Lacs. Elle sécrète pourtant un suc extrêmement toxique qui peut causer, quelques jours après le contact, démangeaisons, éruption de boutons et forte fièvre. Ces symptômes peuvent apparaître même sans contact direct avec la plante : il suffit d'avoir touché un objet effleuré par son suc.

Les parcs nationaux où cette plante est répandue mettent en garde les visiteurs.

En hiver. – La neige offre ses plaisirs presque partout : **patin à glace** sur les lacs et certains canaux gelés, promenades en **ski de fond** ou **raquettes**, en ville dans les parcs publics, et dans les parcs provinciaux où l'on trouve pistes balisées et relais chauffés.

La **pêche sous la glace** est populaire dans les lacs d'Ontario et au Québec.

La **motoneige** (ou ski-doo), sorte de moto des neiges et moyen de transport très commun dans les régions isolées, se pratique surtout, en zone habitée, sur les pistes balisées des parcs provinciaux, où il faut acquitter un permis.

Ski alpin. – Les principales régions se trouvent dans les cordillères de l'Ouest *(voir la carte p. 37)* et au Québec *(voir p. 150)*. Dans les Rocheuses et les chaînes voisines, on pratique l'**héliski**, déposé par hélicoptère sur les pentes vierges de régions dépourvues de remontées mécaniques.

Autres sports. – Très populaires, les sports d'équipe professionnels font partie de la vie canadienne. Comme aux Etats-Unis, on se passionne pour les matches de **base ball** et de **football canadien** (à ne pas confondre avec le football européen appelé ici « soccer »), mais au Québec c'est le **hockey sur glace** qui transporte les foules dont l'idole est l'équipe des « Canadiens » de Montréal. Plus typiquement canadien, le jeu de la **crosse**, inventé par les Indiens, se joue avec une balle et un bâton recourbé muni d'un filet.

PROGRAMMES DE VOYAGE

Ces programmes constituent des canevas adaptables par chacun selon ses possibilités, son mode d'hébergement (hôtels, camping...) et ses sujets d'intérêt. *Lorsqu'un parcours emprunte un traversier, vérifiez les jours et heures de départ des bateaux, retenez votre place et prévoyez d'arriver à l'embarcadère au moins 1 h à l'avance.*

CÔTE DU PACIFIQUE ET ROCHEUSES

Par la Transcanadienne : De Vancouver à Calgary – *environ 2 700 km – 16 jours – Itinéraire vert, schéma ci-dessous.*

Ce parcours, l'un des plus célèbres du pays longe la luxuriante côte du Pacifique et traverse les paysages superbes de la Colombie Britannique et du Sud de l'Alberta.

1 – Vancouver★★★ et ses alentours – *216 km (3 jours - p. 59).*
4 – De Vancouver à Tofino – *233 km et traversier de Horseshoe Bay à Nanaimo (carte p. 65)* – parc national Pacific Rim★★ *(p. 67).*
5 – De Tofino à Victoria – *320 km :* la route 4★★ ; parc MacMillan★★ *(p. 66).*
6 – Victoria★★★ *(p. 67)* – *17 km :* le centre-ville et le Front de mer.
7 – De Victoria à Vancouver – *80 km et traversier :* Butchart Gardens★★★ *(p. 70), traversée du détroit de Géorgie de Schwartz Bay à Tsawwassen (carte p. 65).*
8 – De Vancouver à Cache Creek – *335 km :* parc historique national de Fort Langley★ *(p. 65),* canyon du Fraser★★ *(p. 43).*
9 – De Cache Creek à Revelstoke – *286 km :* vallée de la Thompson★★ *(p. 45)* et Eagle Pass★ *(p. 45).*
10 – De Revelstoke à Lake Louise – *228 km :* Revelstoke★★ *(p. 46),* Rogers' Pass★★ *(p. 46).*
11 – Région du lac Louise★★★ – *81 km – (p. 51).*
12 – De Lake Louise à Jasper – *233 km :* les Champs de Glace★★★ *(p. 52).*
13 – Région de Jasper★★★ – *167 km (p. 55).*
14 – De Jasper à Lake Louise – *233 km.*
15 – De Lake Louise à Calgary – *214 km :* Johnston Canyon★★ *(p. 50),* région de Banff★★ *(p. 48).*
16 – Calgary★★ *(p. 84).*

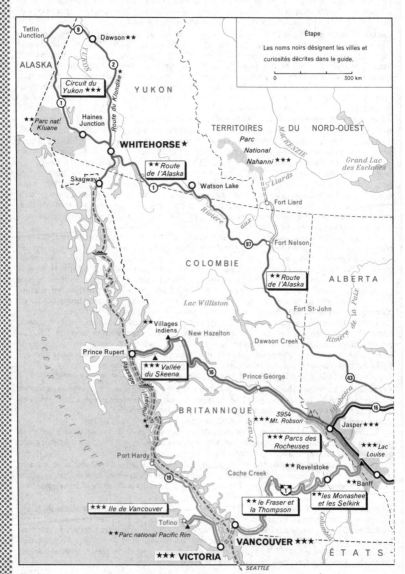

Colombie Britannique : Circuit au départ de Vancouver – *environ 3 650 km – 17 jours – Itinéraire bleu, schéma p. 26.*

Ce circuit parcourt, au Nord de la province, une région sauvage et peu fréquentée : le plateau intérieur, la Chaîne côtière, les villages indiens ; il se poursuit, en bateau, le long de la côte Pacifique montagneuse et boisée et l'île de Vancouver.

Consacrer 3 jours à la visite de Vancouver et des ses alentours (p. 59). Puis, de Vancouver à Jasper (journées 4 à 9), suivre le programme des jours 8 à 13 page 26.

10 – De Jasper à Prince George – *376 km :* la route 16★★ *(p. 56).*
11 – De Prince George à New Hazelton – *446 km :* 'Ksan★★ *(p. 58).*
12 – De New Hazelton à Prince Rupert – *295 km :* vallée du Skeena★★★ *(p. 57).*
13 – De Prince Rupert à Port Hardy - *en traversier (avec nuit à bord)* – Par le Passage intérieur★★ *(p. 57).*
14 – De Port Hardy à Tofino – *542 km :* la route 4★★ *(p. 66),* parc national Pacific Rim★★ *(p. 67).*
De Tofino à Vancouver (journées 15 à 17), suivre le programme des jours 5 à 7 page 26.

ROUTE DE L'ALASKA, YUKON, NORD DE LA COLOMBIE BRITANNIQUE

Circuit au départ d'Edmonton – *environ 5 300 km – 15 jours – Itinéraire bistre, schéma p. 26.*

Ce long trajet dans d'immenses contrées peu habitées retrouve les pas de chercheurs d'or, traverse la forêt boréale jusqu'à proximité du cercle arctique, et longe en bateau la côte déchiquetée du Pacifique.

1 – Edmonton★★ *(p. 89).*
2 – D'Edmonton à Fort St John – *665 km.*
3 – De Fort St John à Fort Nelson – *408 km – (p. 39).*
De Fort Nelson, on peut faire une excursion au parc national Nahanni★★★ (p. 236) - 1 journée.
4 – De Fort Nelson à Watson Lake – *546 km - (p. 40).*
5 – De Watson Lake à Whitehorse – *455 km – (p. 41).*
6 – Whitehorse★ – *18 km – (p. 72).*
7 – De Whitehorse à Dawson – *540 km* – route du Klondike★ *(p. 75).*
8 – Dawson★★ – *60 km – (p. 76).*
9 – De Dawson à Haines Junction – *744 km :* Top of the World Highway★★ *(p. 77),* lac Kluane★★ *(p. 77).*
10 – De Haines Junction à Whitehorse – *158 km :* Parc national Kluane★★ *(p. 78).*
11 – De Whitehorse à Prince Rupert – *180 km et 2 nuits en traversier* – Route de Whitehorse à Skagway★★★ *(p. 74-75).*
(De Prince Rupert, on peut par le traversier gagner Port-Hardy, voire Seattle aux Etats-Unis).
De Prince Rupert à Jasper (journées 12 à 14) suivre, en sens inverse, le programme des jours 12, 11, 10, en haut de page.
15 – De Jasper à Edmonton – *361 km* – vallée de l'Athabasca *(p. 57).*

PRAIRIES ET ROCHEUSES

Circuit au départ de Winnipeg – *environ 4 100 km – 20 jours – Itinéraire noir, schéma ci-dessous.*

La découverte fascinante des Prairies, l'histoire presque pacifique de la conquête de l'Ouest, le pays des ranches et des cow-boys, les célèbres Rocheuses avec leurs parcs nationaux, leurs grands sommets et leurs champs de glaces.

1 – Winnipeg★★★ *(p. 98).*
2 – De Winnipeg à Wasagaming – *265 km :* le parc national du mont Riding★★ *(p. 95).*
3 – De Wasagaming à Yorkton – *230 km* – Yorkton *(p. 102).*
4 – De Yorkton à Saskatoon – *331 km* - Saskatoon★ *(p. 96).*
5 – Saskatoon★ – *176 km :* excursion à Batoche★ *(p. 97)* et au parc national Prince-Albert★ *(p. 93).*
6 – De Saskatoon à Lloyminster – *276 km* – Battleford et North Battleford★ *(p. 83).*
7 – De Lloyminster à Edmonton – *248 km.*
8 – Edmonton★★ *(p. 89).*
9 – D'Edmonton à Jasper – *361 km* – vallée de l'Athabasca *(p. 57).*
De Jasper à Lake Louise (journées 10 à 12) suivre en sens inverse le programme des jours 13, 12, 11, page 26.
13 – De Lake Louise à Calgary – *214 km* – Johnston Canyon★★ *(p. 50),* région de Banff★★ *(p. 48).*
14 – Calgary★★ *(p. 84).*
15 – De Calgary à Elkwater – *432 km* – Parc provincial Dinosaur★★ *(p. 88).*
16 – De Elkwater à Swift Current – *239 km* – Parc provincial de Cypress Hills★★ *(p. 87),* parc historique de Fort Walsh★ *(p. 87)* et Centre d'interprétation faunique des Prairies★★ *(p. 93).*
17 – De Swift Current à Regina – *243 km* – Moose Jaw★ *(p. 92).*
18 – Regina★★ *(p. 93).*
19 – De Regina à Brandon – *423 km* – vallée de la rivière Qu'Appelle★ *(p. 95).*
20 – De Brandon à Winnipeg – *211 km* – Austin★ *(p. 83).*

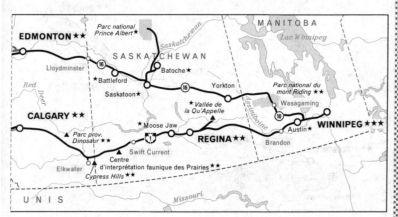

NORD ONTARIO

D'Ottawa à Winnipeg – *environ 2 350 km – 10 jours – Itinéraire noir, schéma ci-contre.*

Longue route à travers l'immense forêt et les paysages sauvages de lacs et de rivières aux cours hésitants du Bouclier canadien, ponctuée de quelques visites de villes.

1 – Ottawa★★★ *(2 jours – p. 121).*

3 – D'Ottawa à North Bay – *363 km :* visite de North Bay★ *(p. 119).*

4 – De North Bay à Sault-Ste-Marie – *427 km :* visite de Sudbury★★ *(p. 131).*

5 – Sault-Ste-Marie★★ – *52 km :* visite de la ville *(p. 129)* et excursion à Gros Cap★ *(p. 130).*

6 – De Sault-Ste-Marie à Thunder Bay – *705 km :* route du lac Supérieur★★ de Schreiber *(p. 130)* à Thunder Bay★★.

7 – Thunder Bay★★ *(p. 132)* – *12 km.*

8 – De Thunder Bay à Kenora – *569 km (route 11)* – la route longe le parc provincial Quetico.

9 – De Kenora à Winnipeg – *207 km.*

10 – Winnipeg★★★ *(p. 98).*

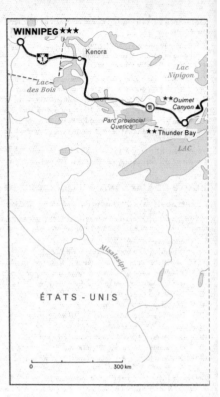

SUD ONTARIO

Circuit au départ de Toronto – *environ 2 400 km – 17 jours – Itinéraire bistre, schéma ci-contre.*

Variante : réduction de 2 jours en supprimant au départ de London les excursions (journées 7 et 8) au Parc National de la Pointe Pelée et à Windsor (1 913 km – 15 jours).

Ce circuit parcourt la région la plus peuplée et la plus active du Canada, où se mêlent campagnes riantes, tranquilles villégiatures, souvenirs historiques et villes trépidantes possédant de prestigieux musées.

1 – Toronto★★★ et, aux alentours, la McMichael Collection★★★ – *80 km (3 jours – p. 135 et 141).*

4 – De Toronto à Niagara Falls – *147 km :* visite de Hamilton★ *(p. 111).*

5 – Niagara Falls★★★ *(p. 116)* – *60 km :* Niagara Parkway Nord★★, canal Welland★★ *(p. 119).*

6 – De Niagara Falls à London – *209 km* – London★ *(p. 115).*

7 – De London à Leamington – *187 km :* parc national de la Pointe Pelée★★ *(p. 128).*

8 – De Leamington à London (par Windsor) – *295 km :* route 50★, Fort Malden★ et Windsor★ *(p. 144).*

9 – De London à Goderich – *140 km :* Stratford★ *(p. 130),* Goderich★ *(p. 110).*

10 – De Goderich à Midland – *249 km :* les routes 21 et 26, les Blue Mountains★ *(p. 109),* et Wasaga Beach★ *(p. 108-109).*

11 – Midland★ – *96 km :* Ste-Marie-aux-Hurons★★ *(p. 108),* Penetanguishene★ *(p. 108).*

12 – De Midland à Gravenhurst – *56 km* – Orillia★ *(p. 120),* Gravenhurst★, lacs Muskoka *(p. 110).*

13 – De Gravenhurst à Ottawa – *406 km :* le parc Algonquin *(p.106).*

14 – Ottawa★★★ *(2 jours – p. 121).*

16 – D'Ottawa à Kingston – *201 km :* Upper Canada Village★★★ *(p. 143),* les Mille Iles★★ *(p. 114).*

17 – De Kingston à Toronto – *269 km :* Kingston★★ *(p. 112),* Oshawa★★ *(p. 120).*

VILLES DU QUÉBEC ET DE L'ONTARIO

Circuit au départ de Montréal – *environ 2 200 km – 17 jours – schéma ci-dessous.*

C'est l'itinéraire le plus souvent choisi par les visiteurs européens lors d'une première visite au Canada. Il permet d'apprécier la vie urbaine colorée de mille facettes, le charme de Québec la « vieille capitale », les prestigieux musées des grandes villes de l'Est du pays, le St-Laurent et les célèbres chutes du Niagara.

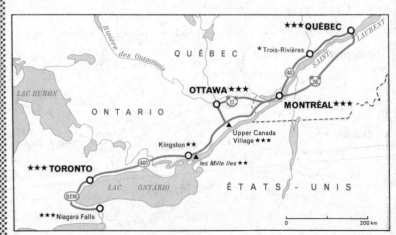

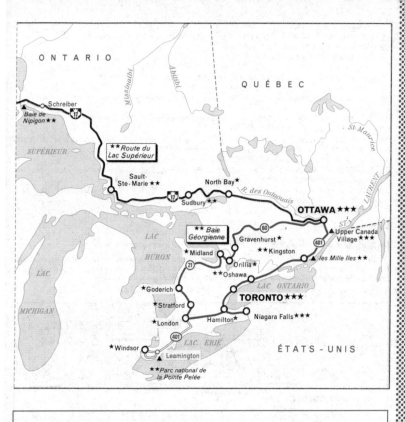

Les cartes et les plans de ville sont orientés le Nord en haut.

CIRCUIT DU QUÉBEC

La belle Province : Circuit au départ de Montréal – *environ 2 400 km – 16 jours – schéma ci-dessous.*

Tous les aspects des deux rives du St-Laurent se révèlent dans cet itinéraire : les grandes villes, les plaines agricoles, le rebord montagneux des Laurentides et les contreforts des Appalaches, l'atmosphère marine qui borde l'estuaire et le golfe du St-Laurent, et les paysages spectaculaires du Saguenay et de Percé.

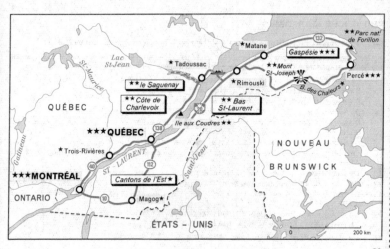

1 – Montréal ★★★ – (3 jours – p. 166).
4 – De Montréal à Québec – 277 km : la rive Nord du St-Laurent, Trois-Rivières ★ (p. 188).
5 – Québec ★★★ – (2 jours – p. 179).
7 – De Québec à l'île aux Coudres – 107 km et traversier : la côte de Charlevoix ★★ (p. 156), les chutes Ste-Anne ★★ (p. 156) et l'île aux Coudres ★★ (p. 157).
8 – De l'île aux Coudres à Tadoussac – traversier et 104 km – Tadoussac ★ (p. 187).
9 – Tadoussac – Croisière sur le Saguenay ★★ (p. 186).
10 – De Tadoussac à Matane – 204 km et traversier des Escoumins : parc de Métis ★★ et Matane ★ (p. 159).
11 – De Matane à Percé – 404 km : parc national de Forillon ★★ (p. 160), Gaspé ★ (p. 161).
12 – Percé ★★★ (p. 161).
13 – De Percé à Rimouski – 466 km : la baie des Chaleurs ★ (p. 163) : panorama du Mont St-Joseph ★★, musée d'histoire naturelle de Miguasha ★.
14 – De Rimouski à Québec – 312 km : le Bas St-Laurent ★★ (p. 152-153).
15 – De Québec à Magog – 275 km : les Cantons de l'Est ★★ (p. 154-155) : Arthabaska, Valcourt, Parc du Mont Orford ★, Magog ★.
16 – De Magog à Montréal – 210 km : les Cantons de l'Est ★ et la vallée du Richelieu ★ (p. 185) : Chambly ★, Fort Lennox ★.

QUÉBEC ET ACADIE

De Montréal à St-Jean (N.-B.) – environ 2 350 km – 19 jours – schéma ci-dessous.

Cet itinéraire offre un aperçu du Québec, la plus grande province canadienne, sa campagne paisible riche de traditions et d'histoire, son fleuve puissant le St-Laurent dont la vallée est l'axe vital du pays, ses plus beaux sites, et parcourt quelques régions acadiennes imprégnées de souvenirs.

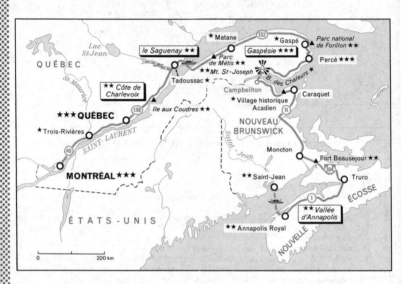

De Montréal à Percé (journées 1 à 12), suivre le programme du Québec, ci-dessus.
13 – De Percé à Campbellton – 299 km : la baie des Chaleurs ★ (p. 163) : panorama du Mont St-Joseph ★★, musée d'histoire naturelle de Miguasha ★ – Traversier de Dalhousie.
14 – De Campbellton à Caraquet – 184 km : Village Historique Acadien ★ (p. 218).
15 – De Caraquet à Moncton – 255 km : la côte acadienne : Moncton (p. 209).
16 – De Moncton à Truro – 184 km : Fort Beauséjour ★★ (p. 202), Springhill ★★ (p. 218), Truro (p. 218).
17 – De Truro à Annapolis Royal – 270 km : Windsor ★ (p. 195), vallée d'Annapolis ★★ (p. 194), Habitation de Port Royal ★★ (p. 196).
18 – D'Annapolis Royal à St-Jean (N.-B.) – 29 km et traversier.
19 – St-Jean ★★ (p. 214).

PROVINCES MARITIMES

Circuit au départ de Halifax – environ 4 400 km – 21 jours – schéma en haut de la p. 31.

Marées spectaculaires, pittoresques côtes rocheuses, pêche en mer et rivières à saumons, traditions acadiennes et folklore écossais, charme des villages de pêcheurs et douceur des villégiatures.

1 – Halifax ★★ – 146 km : la ville et les excursions – (2 jours – p. 204).
3 – D'Halifax à Antigonish – 261 km : Sherbrooke ★ (p. 217).
4 – D'Antigonish à Sydney – 212 km : Louisbourg ★★★ (p. 208).
5 – De Sydney à Ingonish – 127 km : Glace Bay ★★ (p. 204), la côte gaélique (p. 199).
6 – D'Ingonish à Baddeck – 233 km : Cabot Trail ★★ et parc national des Hautes-Terres du Cap-Breton ★★ (p. 197-199), Baddeck ★★ (p. 197).
7 – De Baddeck à Charlottetown – 263 km et traversier : Charlottetown ★ (p. 212).
8 – Charlottetown – 800 km : Routes touristiques de l'île du Prince-Edouard ★★ (3 jours - p. 211 à 213).
11 – De Charlottetown à Newcastle – 259 km et traversier : la côte acadienne.
12 – De Newcastle à Campbellton – 301 km : Shippagan ★ (p. 217), Village Historique Acadien ★ (p. 218).
13 – De Campbellton à Woodstock – 311 km : vallée de la rivière St-Jean ★★, Grand Falls ★★, Hartland ★ (p. 216-217).
14 – De Woodstock à Fredericton – 101 km : King's Landing ★★ (p. 216), Fredericton ★ (p. 202).
15 – De Fredericton à St-Jean (N.-B.) – 109 km : St-Jean ★★ (p. 214).
16 – De St-Jean à Alma – 143 km : parc national de Fundy ★★ (p. 203).

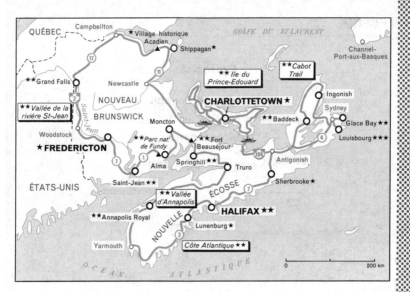

17 – D'Alma à Truro – **254 km** : Hopewell Cape★★ *(p. 207)*, Moncton *(p. 209)*, Fort Beauséjour★★ *(p. 202)*, Springhill★★ *(p. 218)*.

18 – De Truro à Annapolis Royal – **243 km** : Truro *(p. 218)*, Windsor★, vallée d'Annapolis★★ *(p. 194)*, Habitation de Port Royal★★ *(p. 196)*.

19 – D'Annapolis Royal à Yarmouth – **131 km** : Annapolis Royal★★ *(p. 195)*.

20 – De Yarmouth à Lunenburg – **311 km** : la Côte Atlantique★★ *(p. 201)*.

21 – De Lunenburg à Halifax – **176 km** : la Côte Atlantique★★ *(p. 200-201)*.

TERRE-NEUVE

Traversée par la Transcanadienne – *environ 2 100 km – 9 jours (accès à l'île non compris) – schéma ci-dessous.*

Terre-Neuve est la plus orientale, la plus isolée et la plus originale des provinces canadiennes. A la traversée de l'île, ce circuit ajoute des excursions dans les parcs nationaux et aux îles françaises de St-Pierre et Miquelon.

1 – De Port-aux-Basques à Wiltondale – **305 km**.

2 – Wiltondale – **191 km** : parc national de Gros Morne★★ *(p. 225)*.

3 – De Wiltondale à Gander – **356 km**.

4 – De Gander à Bonavista – **247 km** : parc national Terra Nova★ *(p. 230)*, péninsule de Bonavista★ *(p. 223)*.

5 – De Bonavista à Grand Bank – **371 km** : routes 210 et 220, péninsule de Burin★★ *(p. 224)*.

6 – De Grand Bank à St-Pierre – **4 km et traversier** : visite des îles françaises de St-Pierre★ et Miquelon *(p. 224)*.

7 – De St-Pierre à Harbour Grace – **366 km** : Heart's Content★ *(p. 226)*, routes littorales des baies de la Trinité et de la Conception.

8 – De Harbour Grace à St-Jean – **102 km** : St-Jean★★ *(p. 227)*.

9 – De St-Jean au traversier d'Argentia – **131 km** : Placentia★ *(p. 226)*.

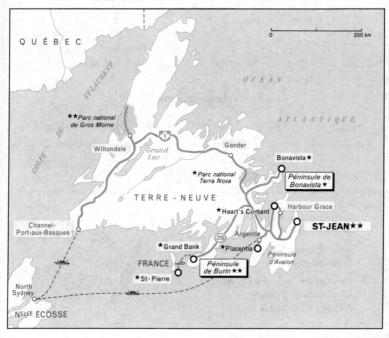

LÉGENDE

Curiosités

★★★ **Vaut le voyage**
★★ **Mérite un détour**
★ **Intéressant**

Itinéraire décrit, point de départ
sur la route   en ville

⧆ Panorama - Vue	▭ Bâtiment
⌁ Phare	⛪ ✝ Église
✪ Fort	◦ Fontaine
◡ ✕ Barrage - Mine	▪ Statue, petit bâtiment
→—→ Écluses	▨ Jardin, parc, bois
⌐ Parc national ou provincial	⛨ Cimetière
❧ Sanctuaire d'oiseaux	⬹ Bateau intéressant
▲ Curiosités diverses	**A** Lettre identifiant une curiosité

Autres symboles

♣ Transcanadienne	○ Yellowhead	⑩⑧ Numéro de route
═══ Autoroute, échangeur		✉ Poste principale
▬▬▬ Grand axe et sens de circulation		◌ ⚑ Stade - Golf
╪══╪ Rue piétonne		⚓ Port de plaisance
╪═══ Rue interdite - Escalier		✿ ⚑ Usine - Centre commercial
------- Sentier		🅸 🅸 Information touristique provinciale, locale
🚉 ‖ Gare de voyageurs - Passage à niveau		🅿 Parc de stationnement
•••••• Téléphérique, télésiège		🚌 ● Gare routière - Métro
⊺ 12 Distance en kilomètres		✈ Aéroport
→‡← 806 Col - Altitude en mètres		Transport maritime :
		⛴ Voitures et passagers
		⛴ Passagers seulement

Abréviations

c Chambre de commerce	J Palais de justice	T Théâtre
H Hôtel de ville	M Musée	U Université

Participez à notre effort permanent
de mise à jour.

Adressez-nous vos remarques
et vos suggestions

**Services de Tourisme Michelin
46, avenue de Breteuil
F-75341 Paris Cedex 07**

COLOMBIE-BRITANNIQUE ROCHEUSES YUKON

Un relief vigoureux, des paysages splendides, une diversité unique au Canada, tels sont les attraits de cette région, qui passe pour être la plus pittoresque et la plus attirante du pays.

C'est, à l'extrémité Ouest du pays, un énorme bourrelet montagneux comptant de nombreux sommets de plus de 3 000 m, dont le point culminant du Canada, le **mont Logan** (5 950 m) ; il comprend à l'Ouest la **Chaîne Côtière**, à demi-noyée dans l'océan, à l'Est un faisceau de chaînes dont la plus célèbre est celle des **Rocheuses**, et au centre une série de **plateaux**, larges par endroits de 200 km.

Ce territoire immense (une bande oblique d'environ 2 600 km sur 500 km de large) est encore peu sillonné de routes, les montagnes formant un obstacle naturel à la construction de grandes voies de communications.

La côte. – Dans son ensemble, la côte se présente comme une région sauvage, faite de hautes montagnes (la chaîne côtière culmine au mont Waddington, à 4 012 m) qui plongent directement dans l'océan Pacifique, découpées de fjords et d'une infinité de criques, de récifs et d'îlots, et recouvertes d'un extraordinaire manteau forestier.

La **forêt de la côte Pacifique** est une merveille de la nature, aux arbres géants à demi-millénaires *(voir île de Vancouver p. 65).* Elle doit sa luxuriance aux très fortes précipitations que reçoit la côte, soumise aux vents d'Ouest chargés d'humidité : il tombe à peu près partout plus de 2,50 m de pluie par an, soit autant qu'en zone équatoriale, et plus de 4 m sur les hauteurs bien exposées.

La température, modérée par les influences adoucissantes de l'océan et les effets du courant marin du Pacifique Nord qui vient réchauffer les côtes, est assez douce (environ 18 ºC en été et + 1,8º à Prince Rupert en janvier) ; toute la côte est ainsi libre de glaces en hiver.

Le **détroit de Géorgie**, entre l'île de Vancouver et le continent, baigne la zone la plus peuplée et la plus active de la province, autour des deux grandes villes de Vancouver et de Victoria. La région bénéficie à la fois d'une large plaine fertile, le delta du Fraser, et d'un climat protégé, moins pluvieux que le reste de la côte (65 cm d'eau par an à Victoria, dont seulement 1 cm en juillet) et plus doux (+ 3,7º en janvier à Victoria), qui en fait aussi une agréable région de villégiature estivale et de nautisme.

Forêt de la côte Pacifique

Les plateaux intérieurs. – En général, leur altitude dépasse 1 000 m. Au Nord ils sont couverts de forêts : Prince George, au confluent du Nechako et du Fraser, et au carrefour des routes de la rivière de la Paix et des Cariboo, est un important centre forestier.

Plus au Sud, la Chaîne Côtière arrête toute influence maritime et la sécheresse se fait sentir : sur le plateau du Chilcotin et des Cariboo *(p. 41)*, par exemple ou celui de Kamloops (vallée de la Thompson - *p. 45)*, encore plus aride, véritable steppe d'une beauté sauvage. Au Sud de la Thompson, les plateaux disparaissent au profit de petites chaînes de monta-gnes parallèles séparées par des vallées profondes ; l'une d'elles, celle de l'Okanagan *(p. 47)*, joint à un climat sec et ensoleillé la chance de posséder un grand lac, providence des vergers irrigués et des amateurs de sports nautiques.

Les montagnes de l'Est. – Tout au Nord les monts Mackenzie et Selwyn forment la frontière entre le Yukon et les Territoires du Nord-Ouest. Au Sud de la rivière aux Liards s'allongent les célèbres **Rocheuses** *(p. 48)*, bordées à l'Ouest d'un fossé continu, le **sillon des Rocheuses**, large à peine de 10 km, qu'empruntent tour à tour le Columbia, le Fraser et la rivière de la Paix. Vers le Sud, de nouvelles chaînes s'élèvent à l'Ouest du sillon : les **monts Columbia**, divisés au Sud de la Thompson du Nord en trois chaînes parallèles, les Purcell, Selkirk et Monashee *(p. 45)*, prolongées au Nord par les monts Cariboo dans la boucle du Fraser. Entre ces chaînes, au creux d'étroites vallées, s'étirent des lacs : lacs Arrow et lac Kootenay. Ce sont dans l'ensemble de hautes montagnes atteignant près de 4 000 m dans les Rocheuses et près de 3 500 m dans les Purcell, tandis qu'au Sud-Ouest, les Monashee se fondent progressivement dans le plateau de Kamloops.

Le climat et la végétation sont ceux des montagnes où grands froids et vents en altitude interdisent toute végétation ; aussi les sommets sont-ils de roche nue, ou couverts de glaciers ; dans les Rocheuses et les Selkirk par contre, les basses pentes et les vallées sont revêtues de forêts. Les vallées abritées du Kootenay permettent la culture d'arbres fruitiers autour de Creston.

Le Territoire du Yukon. – Créé en 1898 au temps de la ruée vers l'or *(p. 72)* le Territoire du Yukon compte aujourd'hui 23 155 habitants. Il est administré conjointement par un Commissaire, fonctionnaire dépendant du ministre fédéral des Affaires Indiennes et du Nord, et une Chambre législative élue, qui siège à Whitehorse.

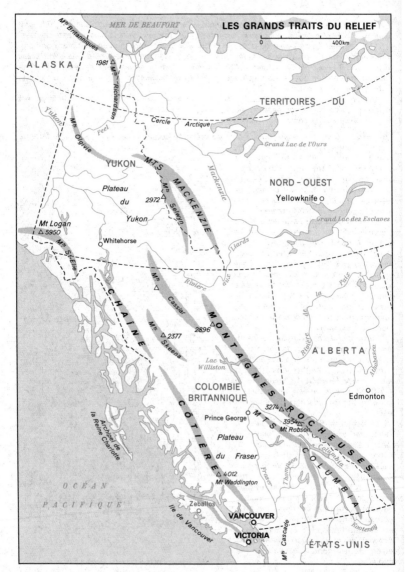

LES GRANDS TRAITS DU RELIEF

Le caractère du Yukon tient à son climat boréal et à son relief. Le centre est occupé par le large plateau du Yukon, drainé par le grand fleuve et compris entre les glaciers des monts St-Elie *(p. 78)*, à l'Ouest et les monts Selwyn et Mackenzie, à l'Est. Au Nord s'étend le plateau de la Peel, dont les eaux, tributaires du Mackenzie, rejoignent ce dernier à l'entrée du delta.

Le **climat** est sec (environ 30 cm d'eau par an), et extrêmement rigoureux ; on compte en moyenne 75 jours sans gel par an à Dawson. D'une année à l'autre, le temps varie selon les fluctuations des masses d'air froid venues du pôle et de l'air plus tempéré provenant du Pacifique Nord. Les températures moyennes en janvier sont de – 18 °C à Carcross, – 25 °C à Mayo et – 29 °C à Dawson, tandis qu'en été, elles atteignent + 10 ° à + 15 °C et que l'ensoleillement continuel, à ces latitudes proches du cercle polaire, fait éclore à foison toutes sortes de fleurs.

ÉCONOMIE

La **Colombie Britannique** est une province en pleine croissance, dont l'économie repose largement sur l'exploitation et le traitement des ressources naturelles. La **forêt**, d'abord, sa plus grande richesse, fournit 63 % du bois de sciage et 85 % du contre-plaqué canadien, ainsi que pulpe et papier, qui sont largement exportés vers les États-Unis, le Royaume-Uni et le Japon ; scieries et usines de pâte à papier et papier s'échelonnent le long de la côte (détroit de Géorgie surtout) et dans les plateaux intérieurs.

L'**industrie minière** vient au second rang, avec surtout cuivre et molybdène, en particulier près de Ashcroft, ainsi que zinc et plomb (près de Kimberley), tandis que l'amiante est exploitée à Cassiar, près de la frontière du Yukon ; l'industrie métallurgique est surtout développée à Trail (dans les Kootenay) et à l'usine d'aluminium de Kitimat, près de Prince Rupert. Au charbon des Kootenay (exporté surtout vers le Japon) s'ajoutent comme sources d'énergie le pétrole et le gaz naturel de la rivière de la Paix, et les grands barrages qui équipent en particulier la rivière de la Paix (Bennett Dam, *p. 39)* et le Columbia (Mica Dam).

Le **tourisme** rapporte à la province presque autant que les mines, suivi de loin par la **pêche,** principalement celle du saumon du Pacifique *(p. 44)*, ainsi que des harengs, flétans, crabes, huîtres, etc.

L'**agriculture** dans ce pays montagneux est nettement localisée, élevage laitier et volailles dans la basse vallée du Fraser, vergers des vallées de l'Okanagan et des Kootenay, ranches des Cariboo-Chilcotin, céréales dans la région de la rivière de la Paix.

Au **Yukon,** l'exploitation minière est, de loin, la principale ressource (zinc, plomb, amiante, cuivre, argent, or, cadmium, tungstène et charbon), dont le développement s'est accéléré dans les années 1970 avec l'ouverture de mines de plomb et zinc à Faro.

LES INDIENS DE LA CÔTE PACIFIQUE

Avant l'arrivée des Blancs, vivaient sur ces côtes hospitalières de prospères tribus indiennes. Elles se divisaient en plusieurs groupes linguistiques, connaissaient des modes de vie un peu différents selon qu'elles vivaient sur des îles ou retranchées dans l'arrière-pays, mais participaient toutes d'une civilisation élaborée, aux structures sociales fortement hiérarchisées, et produisaient des objets d'une très grande beauté plastique, dont on peut admirer des exemples aux musées de Vancouver et de Victoria.

On distingue au Nord les **Tlingit** (dans l'enclave de l'Alaska) dont une branche, les **Chilkat**, est connue pour ses couvertures tissées en poil de chèvre des montagnes *(illustration p. 57)*, les **Tsimshian** (vallée du Skeena), et les **Haïda** (îles de la Reine Charlotte) ; au centre les **Kwakiutl** (sur la côte et au Nord de l'île de Vancouver) et les **Bella Coola** (vallée du Bella Coola), et au Sud les **Nootka** (côte Ouest de l'île de Vancouver) et les **Salish** (bassin du Fraser et détroit de Géorgie). La nature généreuse leur permettait de vivre en villages importants sans pratiquer l'agriculture, en se nourrissant de crustacés, poissons (saumons, flétans, etc.), mammifères marins (phoques, otaries, loutres de mer, et même des baleines), gibier, baies et racines. Ils tissaient les fibres de cèdres pour confectionner leurs vêtements, les poils de chèvres des montagnes pour leurs couvertures, et tressaient des racines pour faire paniers et chapeaux de pluie.

Ils vivaient dans de grandes maisons communautaires en planches de cèdre, découpées dans les arbres géants à l'aide de coins de corne ou d'os, et souvent décorées de peintures ou de poteaux sculptés. Comme ils ignoraient l'écriture, tous les accords (mariages, ventes) étaient marqués solennellement par l'érection d'un **totem** *(voir p. 63)* ou l'organisation d'un **potlatch**, grande fête où le noble pouvait affirmer son rang en offrant à ceux qu'il voulait éblouir abondance de festins et de cadeaux précieux comme des couvertures ou des plaques de cuivre, voire en sacrifiant quelques esclaves ; chants, danses, représentations théâtrales retraçaient l'histoire du clan. Une telle libéralité assurait le prestige de l'hôte et constituait par ailleurs une bonne opération, car les invités étaient tenus de rendre, lors d'une prochaine fête, au moins le double des cadeaux reçus.

LES PREMIERS EUROPÉENS

Exploration de la côte. – Dès le 16e s. les Espagnols s'étaient installés en Californie, mais ils ne s'aventurèrent guère plus au Nord le long de la côte ; on sait par contre que l'Anglais **Francis Drake** fit un voyage dans cette direction en 1579, mais son itinéraire demeure incertain. Le premier Blanc connu pour avoir longé les côtes de Colombie Britannique fut l'Espagnol **Juan Perez** (1774), tandis que plus au Nord les Russes développaient, en Alaska, un prospère commerce de fourrures et descendaient le long des côtes septentrionales. En 1778 arriva **James Cook** ; lors de son troisième grand voyage, il atteignit Nootka Sound, sur l'île de Vancouver et longea la côte jusqu'au détroit de Béring ; retiré à Hawaï, pour l'hiver, il y fut tué par des indigènes. Un jeune aspirant qui l'accompagnait, **George Vancouver** (1757-1798) reçut en 1790 le commandement d'une nouvelle expédition à bord des bateaux « Discovery » et « Chatham » pour affirmer l'autorité britannique sur ces côtes ; ainsi furent explorés (1792-1794) le détroit de Géorgie et toutes les îles de la Colombie Britannique, dont celle qui porte son nom.

La traite des fourrures. – A la fin du 18ᵉ s. la Compagnie du Nord-Ouest cherche à étendre son réseau de traite à l'Ouest des Rocheuses : son premier émissaire, **Alexander Mackenzie,** atteint par voie de terre l'embouchure de la Bella Coola en 1793, juste six semaines après le passage, en bateau, de George Vancouver.

D'autres associés de la compagnie devaient poursuivre ces explorations et établir les premiers postes de traite ; ainsi le géographe **David Thompson,** qui traversa les Rocheuses par Howse Pass, reconnut le bassin du Columbia et y développa la traite des fourrures (1807-1811), et **Simon Fraser,** qui fonda les postes de Fort St. James (p. 42) en 1806, et Fort George (1807) et explora le fleuve qui porte son nom (1808) ; ce fut une équipée périlleuse et décevante car l'explorateur, qui ne put passer les rapides et canyons du fleuve qu'au prix de mille dangers, dut convenir qu'il ne s'agissait pas du Columbia, et que le nouveau fleuve n'était pas navigable.

A la même époque la compagnie américaine de **John Jacob Astor** établissait un poste de traite à l'embouchure du Columbia ; mais plus que cette rivale la compagnie canadienne eut bientôt à redouter l'arrivée de colons américains dans cette région alors appelée l'Orégon, car la colonisation sonnerait inéluctablement le glas de la traite des fourrures, et la région ne tarderait pas à être annexée aux États-Unis.

Il était temps de négocier une frontière entre le Canada et les États-Unis (voir p. 67). En 1849 l'île de Vancouver devenait colonie de la Couronne, tandis que sur le continent la Compagnie de la Baie d'Hudson restait pour quelques années maîtresse du territoire nommé New Caledonia.

Les mirages de l'or. – La découverte d'or en Californie en 1848 avait attiré vers l'Ouest des milliers d'hommes en quête de fortune ; la plupart n'y avaient trouvé qu'un labeur harassant. Certains abandonnèrent et se firent fermiers, mais d'autres continuèrent, toujours plus loin vers le Nord, à la recherche de nouveaux filons.

En 1858 on trouve de l'or dans le Fraser (p. 43) ; la petite ville de Victoria voit passer 20 000 chercheurs d'or : de quoi inquiéter le gouverneur de l'île, **James Douglas,** qui craint que bientôt le territoire continental ne soit annexé aux États-Unis ; il fait aussitôt créer sur le continent la colonie de Colombie Britannique (1858) dont il est nommé gouverneur. Quand en 1861 on découvre de l'or dans les Cariboo (voir p. 41), il fait tracer la fameuse route des Cariboo (illustration p. 43), pour mieux y affirmer le contrôle britannique. Après les Cariboo, la quête de l'or progresse toujours, et en 1896 George Carmack découvre de l'or au Klondike (voir p. 72), où une nouvelle ruée entraîne la création du Territoire du Yukon en 1898.

L'épopée du chemin de fer. – Le rail devait encore stimuler l'exploration. La Colombie Britannique n'était entrée dans la confédération canadienne, en 1871, qu'à la condition expresse d'être reliée à Montréal par chemin de fer avant dix ans. Le 5 janvier 1873, le gouvernement fait voter les statuts de la compagnie du **Canadian Pacific Railway** (CPR), chargée de réaliser le premier chemin de fer transcontinental canadien. C'est alors qu'éclate le **scandale du Pacifique :** la presse dévoile que pour obtenir le contrat Sir Hugh Allan, président du CPR, a versé de fortes sommes au parti du premier ministre ; le 5 novembre le gouvernement de **John A. Macdonald** est obligé de démissionner.

Les libéraux, désormais au pouvoir, sont hostiles au CPR, qu'ils considèrent comme une entreprise ruineuse et vouée à l'échec, et font traîner les choses ; la Colombie Britannique menace de faire sécession. Quand en 1878 de nouvelles élections ramènent au pouvoir les conservateurs, le projet ne peut plus attendre. En octobre 1879 le gouvernement fixe le terminus de la ligne à Burrard Inlet (p. 59) ; sur les conclusions de l'expédition Palliser, le tracé prévu passe alors par le Nord des Prairies et le col Yellowhead (schéma p. 79). Les premiers travaux commencent dans la Chaîne Côtière en 1880, quand l'entrepreneur américain Ondertonk installe son quartier général à Yale (p. 43) et commence à percer les tunnels à la nitroglycérine (produite sur la place au rythme de 1 tonne par jour) et à édifier ponts et chevalets.

Le 1ᵉʳ février 1881 le Parlement ratifie le nouveau contrat du CPR : la société s'engage à construire la voie de Montréal au Pacifique en 10 ans. A cette époque le gouvernement a abandonné le tracé par le Nord des Prairies et le col Yellowhead, trop long, mais on n'a pas encore trouvé une autre passe praticable dans les Rocheuses et les chaînes voisines. On y envoie le **major Rogers,** personnage haut en couleurs, surnommé « l'évêque » en raison de son langage peu canonique ; en 1881 il choisit de faire passer la voie par le col Kicking Horse, puis l'année suivante découvre enfin dans le Selkirk la passe qui porte son nom (p. 46).

En 1882-83, la voie ferrée avance à travers les Prairies ; mi-août 1883 elle est à Calgary ; à l'automne 84 elle a atteint le sommet du col Kicking Horse, et sur la difficile section au Nord du Lac Supérieur il ne reste plus que quelques tronçons à achever. L'année 1885 sera décisive : en juin 12 000 ouvriers arrivent de Winnipeg dans les Rocheuses ; pour économiser le temps et l'argent on construit en bois ponts et chevalets, et l'on adopte « provisoirement » à l'Ouest du col Kicking Horse une rude pente, à 4,5 % (voir p. 51), qui devait pourtant être utilisée jusqu'en 1909 ! La ligne franchit Rogers'Pass, puis Eagle Pass, et le 7 novembre 1885, Donald Smith plantait officiellement le dernier crampon à Craigellachie (p. 45), cinq ans avant la date fixée par le contrat.

En réalité ce chemin de fer faillit ne jamais voir le jour. Par le contrat de 1881 le gouvernement avait accordé une subvention de $25 000 000, et une concession de 25 millions d'acres (10 millions d'hectares) de terrain le long de la voie ferrée, pour financer les travaux. C'était beaucoup, et bien des parlementaires y voyaient un favoritisme honteux, mais ce n'était pas assez. Toute l'histoire du CPR n'est qu'une perpétuelle course aux emprunts, et aux expédients pour repousser les échéances ; plusieurs fois la compagnie fut au bord de la faillite. Pour la sauver ses administrateurs durent petit à petit engager toute leur fortune personnelle ; le financier **George Stephen,** son président, ancien directeur de la Banque de Montréal (plus tard baron Mount Stephen) et **Donald Smith,** son cousin, qui fit toute sa carrière à la Compagnie de la Baie d'Hudson (il en devint gouverneur en 1889), et était vice-président de la Banque de Montréal (il deviendra en 1897 baron Strathcona and Mount Royal). C'est à leur ténacité, et à celle du directeur général, **William Van Horne,** un technicien du chemin de fer célèbre pour son génie de l'organisation, que l'entreprise dut sa réussite, ainsi qu'à l'énergie de **Thomas Shaughnessy** qui se révéla un trésorier plein de ressources.

SPORTS ET LOISIRS

Les montagnes, lacs et rivières de toute la région en font avec les côtes de l'océan un paradis des activités de plein air. Randonnées, camping, pêche, baignade, ski de fond ou motoneige peuvent se pratiquer partout ; mais certains secteurs sont particulièrement fréquentés pour des activités déterminées. *Voir tableau et carte ci-dessous.* Pour plus de détails, et en particulier pour obtenir licences de chasse ou de pêche et connaître les règlements concernant saison, nombre de prises autorisées et guides, s'adresser aux services provinciaux *(voir aussi p. 38)* :

Colombie Britannique : Fish and Wildlife Branch, Ministry of Recreation and Conservation, Parliament Building, Victoria.

Yukon : Pour la pêche : Fisheries Services, Department of Environment, Federal Building 111 Main St., Whitehorse Y1A 2A7.

Pour la chasse : Department of Game Box 2703, Whitehorse, Yukon Y1A 2C6.

Alberta : *Voir p. 82.*

La licence de pêche ($4.00) dans les parcs nationaux est disponible dans le bureau des parcs. La chasse y est interdite.

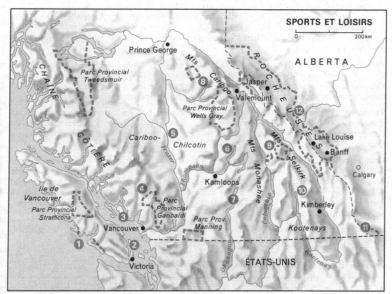

Grandes régions de plein-air et de villégiature

❶	**Parc national Pacific Rim** (p. 67)	Surf, navigation de plaisance, randonnée.
❷	**Gulf Islands**	Navigation de plaisance, voile.
❸	**Sunshine Coast**	
❹	**Parc provincial Garibaldi**	Ski alpin au mont Whistler, randonnées l'été.
❺	**Plateaux des Cariboo** (p. 41) et du **Chilcotin**	Vacances au ranch, randonnées à cheval.
❻	**Lac Shuswap** (p. 45)	Nautisme, location de house-boat.
❼	**Vallée de l'Okanagan** (p. 47)	Nautisme, voile, villégiature, ski alpin en hiver.
❽	**Monts Cariboo** (p. 41)	Héliski (près de Valemount).
❾	**Monashee et Selkirk** (p. 45)	Randonnées, alpinisme, ski alpin, héliski.
❿	**Vallées des Kootenay** (p. 45)	Nautisme sur les lacs, delta plane ; en hiver ski alpin, héliski dans les Purcell du Sud (près de Kimberley) et dans les Bugaboo (au Sud de Golden).
⓫	**Parc national des lacs Waterton** (p. 71)	Nautisme sur les lacs, golf, équitation, randonnées, ski de fond en hiver.
⓬	**Parcs nationaux des Rocheuses** (p. 48)	Escalade (surtout dans le parc de Yoho), baignade (sources chaudes), canoë, équitation. En hiver : stations de ski alpin près de Banff (Sunshine Village, Mt Norquay), de Lake Louise, de Jasper (Marmot Basin).

Pour organiser vos itinéraires :

Consultez d'abord la **carte p. 4 à 11.** Elle indique les régions touristiques, les principales villes et curiosités et les routes décrites dans ce guide.

Puis reportez-vous aux descriptions régionales : l'**index alphabétique** en fin de volume en précise la page.

COLOMBIE BRITANNIQUE, ROCHEUSES, YUKON

RENSEIGNEMENTS PRATIQUES

Hébergement, cartes routières. – La province de **Colombie Britannique** publie un réper-toire annuel (hôtels, motels, bungalows, campings provinciaux, etc), distribué gratuitement, comme la carte routière de la province, dans tous les bureaux de tourisme, ou directement à **Tourism British Columbia,** 117 Wharf Street, Victoria, British Columbia V8W 2Z2. ☎ *(604) 387 1642.*

Pour le **Yukon,** on se procurera la brochure annuelle « Yukon Vacation Guide » (liste des hôtels, motels, campings, postes d'essence), distribuée gratuitement par : **Tourism Yukon,** Box 2703 Whitehorse, Yukon Y1A 2C6.

Les renseignements concernant les **parcs nationaux** de Colombie Britannique et d'Alberta s'obtiennent auprès de :
Parcs Canada - Région Ouest, 220 4th Ave SE, Calgary, Alberta T2P 3H8.
Pour le parc Kluane :
Parcs Canada - Région des Prairies, 114 Gary St. Winnipeg, Manitoba R3C 1G1.
Pour d'autres renseignements et l'hébergement en **Alberta,** *voir p. 82.*

Les routes. – En Colombie Britannique et Alberta, les routes sont excellentes. En hiver cependant, l'enneigement en montagne demande de prendre quelques précautions *(voir Rogers' Pass p. 46).* Dans le Yukon les routes sont bonnes *(voir Route de l'Alaska p. 39).*
La vitesse est limitée : en Colombie Britannique à 80 km/h ; en Alberta à 100 km/h le jour, 90 km/h la nuit ; au Yukon à 90 km/h.
Le port de la ceinture de sécurité est obligatoire en Colombie Britannique, recommandée en Alberta et au Yukon.

Zones horaires. – *Voir carte p. 20.* L'Alberta et les Kootenay suivent l'**heure des Monta-gnes ;** la majeure partie de la Colombie Britannique et le Yukon appartiennent à l'**heure du Pacifique ;** ces deux zones observent l'heure avancée d'été. Enfin le Nord-Est de la Colombie Britannique s'aligne en hiver sur l'heure des Montagnes et en été sur celle du Pacifique.

Taxes. – La Colombie Britannique prélève une taxe de 7 % sur les notes de restaurant de plus de $7.00 et 6 à 8 % sur le montant des notes d'hôtel, 4 % sur la plupart des biens de consommation, et 7 % sur le tabac et les alcools ; l'Alberta et le Yukon n'appliquent aucune taxe.

Lois sur les alcools. – On ne peut servir d'alcool à un consommateur de moins de 18 ans en Alberta, de 19 ans en Colombie Britannique et au Yukon. En Alberta et en Colombie Britannique alcools et vins ne sont en vente que dans les magasins gouvernementaux, sauf le long de la route de l'Alaska où on les trouve dans les épiceries. Au Yukon on les trouve dans les magasins gouvernementaux et de nombreux points de vente licenciés. La bière est souvent vendue dans les hôtels.

Croisière sur le Yukon. – 5 jours de Whitehorse à Dawson. *S'adresser à GoldRush River Tours, BP 4835, Y1A 4N6 P* ☎ *(403) 668 2328, Whitehorse, Yukon.*

PRINCIPALES MANIFESTATIONS TOURISTIQUES

VILLE	DATE	NATURE DE LA MANIFESTATION
Abbotsford	août	Festival aérien.
Banff	mai-août	Festival of the Arts.
Dawson	août	Discovery Day *(voir p. 76).*
Howe Sound	juillet	B.C. Salmon Derby.
Kelowna	juillet	Régates internationales.
New Westminster	mai	Hyack Festival.
-	mai	Fraser River Canoe Marathon.
Penticton	juillet-août	Peach Festival *(voir p. 47).*
-	septembre-octobre	Harvest and Grape Fiesta (fête des ven-danges et du raisin).
Squamish	août	Logger's Sports Day.
Vancouver	juillet	Sea Festival (Festival de la mer, comprenant la célèbre course de baignoires de Nanaimo à Vancouver).
-	août-sept.	Pacific National Exhibition.
Victoria	mai	Victorian Days.
-	septembre	Fall Flower Show
Whitehorse	février	Sourdough Rendez-Vous *(voir p. 73).*
Williams Lake	juin-juillet	Stampede *(voir p. 41).*

ALASKA (Route de l') ★★ Colombie Britannique, Yukon, Alaska _____
Carte des Principales Curiosités p. 5 et 6.

1 474 km jusqu'à Whitehorse - compter 4 jours avec les visites.
2 451 km jusqu'à Fairbanks - compter 6 jours avec les visites.

Chemin du Nord et de l'aventure, la route de l'Alaska part des plaines fertiles de la région de la rivière de la Paix, à la frontière de l'Alberta, longe les Rocheuses, traverse les Cassiar, frôle le Nord de la Chaîne Côtière et du massif St-Élie avant d'entrer en Alaska. Malgré les petites localités qui jalonnent la route, l'impression dominante est celle d'un pays de montagnes et de lacs à la beauté sauvage encore inviolée.

Une route militaire. – Quand en décembre 1941 le Japon entra en guerre contre les Alliés, attaquant la flotte américaine à Pearl Harbour, débarquant des troupes sur les îles Aléoutiennes à la pointe de l'Alaska, on craignit une invasion des États-Unis par l'Alaska. Y envoyer des troupes par mer était périlleux car les sous-marins japonais abondaient dans l'océan : aussi la construction d'une route militaire reliant l'Alaska et le Yukon au réseau routier canadien et américain fut-elle décidée.

Ouvrir une route dans cette nature hostile aux hivers redoutables, à travers des territoires à peine explorés, n'était pas une petite affaire. Il fallait escalader des chaînes de montagnes, traverser des fondrières, jeter des ponts sur de puissantes rivières... L'armée commença les travaux en mars 1942, simultanément à Delta Junction (Alaska), Whitehorse et Dawson Creek ; en octobre, 8 mois plus tard, les équipes s'étaient rejointes après avoir construit 2 451 km.

Ouverte au trafic civil après la guerre, la route de l'Alaska est aujourd'hui une voie d'importance capitale pour l'économie du Yukon, permettant l'exploitation de ses richesses minérales et le développement touristique de la région.

Conseils pratiques. – C'est une route, bien entretenue, revêtue sur la plus grande partie de sa longueur, et qui ne présente pas de difficulté particulière ; mais l'isolement peut y transformer la moindre panne en problème grave. Aussi est-il recommandé de ne pas entreprendre ce voyage à la légère, de s'assurer avant le départ du bon état de son véhicule, et de suivre les quelques conseils de bon sens que nous donnons plus loin.

La route est ouverte toute l'année, mais la période recommandée aux touristes va de juin à octobre, pour éviter le froid extrême de l'hiver et le dégel du printemps ; la sécheresse, en été, peut causer quelques problèmes de poussière : on roulera vitres fermées en mettant en marche la ventilation.
Quelques précautions à prendre :
– faire le plein d'essence à chaque occasion ; peu de postes vendent de l'essence sans plomb. Les stations-service qui jalonnent la route à intervalles réguliers sont équipées pour effectuer les réparations courantes.
– vérifier la pression des pneus, à froid.
– les gravillons peuvent causer des dégats importants, en particulier dans les pare-brise : pour les éviter, ralentir en croisant un autre véhicule, habiller les phares d'un plastique (en vente le long de la route) et protéger le dessous du réservoir d'essence, par exemple par un revêtement de caoutchouc.

La vitesse est limitée à 80 km/h ; les phares doivent être allumés en permanence.
Il existe des motels et des lodges le long de la route, mais la plupart des touristes préfèrent s'arrêter dans les terrains de camping (*pour tout renseignement voir p. 38*).
La route est jalonnée de bornes kilométriques, et les localités désignées généralement par la distance qui les sépare de Dawson Creek.
Pour le climat voir *p. 34-35* et et pour l'heure légale *p. 38*.

Nombreux renseignements pratiques dans le guide « The Milepost », mis à jour chaque année, édité par Alaska Northwest Publishing Company (en anglais).

De Dawson Creek à Fort Nelson (C.-B.) - *483 km - compter 1 journée*

Dawson Creek (11 373 h.) marque le point de départ de la route de l'Alaska, et le centre de la **vallée de la rivière de la Paix** en Colombie Britannique. Cette région à l'Est des Rocheuses, qui s'étend aussi en Alberta autour des villes de Grande Prairie et Peace River, était parcourue depuis 1786 par les « voyageurs » pour la traite des fourrures ; mais ce n'est que depuis les années 1910 qu'elle est devenue une vaste zone agricole de 20 000 km², isolée très au Nord de la zone cultivée des Prairies *(voir la carte p. 79)*. La fertilité du sol et la longueur des journées d'été (nous sommes sur le 56ᵉ parallèle) y permettent la culture de céréales à courte saison de croissance. L'élevage et l'industrie forestière constituent les autres ressources de la région avec le gaz naturel, exploité depuis 1955 et acheminé par gazoduc vers Vancouver, l'État de Washington aux États-Unis, et vers Edmonton (production 6 milliards 4 millions de m³ en 1983).

Au km 58 la route traverse la rivière de la Paix, offrant juste avant le pont une vue sur la vallée et sur la localité de Taylor, sur la rive gauche de la rivière. **Taylor** et **Fort St. John**, 18 km plus loin, sont situées sur le gisement de gaz naturel et de pétrole. On voit le long de la route le pipe-line qui court dans les champs.

Excursion au barrage W.A.C. Bennett★★. – *234 km AR. 11 km après Fort St. John, prendre à gauche la route 29 - compter 1/2 journée.*
La route suit longuement la vallée de la rivière de la Paix, grimpant parfois sur le versant de la vallée, et offre alors de bonnes **vues★** sur le plateau et les champs cultivés.
La petite localité de **Hudson's Hope** fut d'abord un poste de traite fondé par Simon Fraser en 1805. *Quitter la route 29 pour la route du barrage (signalée).*
La route monte en lacets, découvrant des vues sur les sommets enneigés qui dominent le site.

Belvédère★★ (tourist lookout). – *22 km après Hudson's Hope, suivre les indications « restaurant ».*
Sur un rocher dominant le réservoir, le belvédère offre d'excellentes vues sur le barrage et son site. Construit de 1963 à 1967 à l'extrémité supérieure du canyon de la rivière de la Paix, le **barrage W. A. C. Bennett** est l'une des plus grandes digues de terre au monde : 180 m

de haut et 2 km de long. Le réservoir qu'il retient, **Williston Lake,** long de 360 km, est le plus grand lac de la province ; il occupe le long du sillon des Rocheuses une partie de la vallée des rivières Parsnip et Finley, et c'est de lui que naît la rivière de la Paix qui court se jeter dans la rivière des Esclaves à la pointe du lac Athabasca.

Le barrage est fait de l'ancienne moraine déposée à la dernière glaciation 6,5 km plus loin dans l'ancienne vallée de la rivière de la Paix ; à la fonte des glaces la rivière, bloquée par la moraine, ne put reprendre son cours préglaciaire : elle se creusa une nouvelle voie, le canyon actuel. Ainsi le matériau qui avait bouché la vallée il y a 15 000 ans est-il réutilisé pour le même usage aujourd'hui.

Centrale Gordon M. Schrum★ (Generating Station). – *Visite accompagnée tous les jours de mi-mai à mi-octobre ; le reste de l'année, en semaine seulement. Durée 1 h.* ☎ *(604) 783 5211.*

Départ de la réception, au 6ᵉ niveau de la station de contrôle, bâtiment gris et bleu en forme de transformateur. La visite comprend un film de 20 mn *(en anglais)* sur l'histoire du site et la construction du barrage, et un circuit dans les principales parties de la centrale : la salle de contrôle d'où les ordinateurs surveillent l'ensemble des opérations y compris les lignes à haute tension qui s'étendent jusqu'à Vancouver et la vallée du Fraser, à 800 km au Sud ; la salle des turbines, creusée dans le roc à 150 m sous terre ; enfin la galerie collectrice où l'on peut voir l'eau surgir des turbines avec un débit de plus de 800 m³/seconde, dans chacune des deux conduites. La centrale a une puissance de 2 730 000 kW, soit près du tiers des besoins énergétiques de la province.

West Side Lookout★. – *A 3 km, sur l'autre rive du barrage.*

Bonnes vues sur le lac Williston, le déversoir, et en aval sur le réservoir du second barrage de la vallée (Peace Canyon Dam - *centre d'information ouvert aux mêmes heures que la centrale Schrum*), dans le canyon de la rivière de la Paix.

Revenir sur la route de l'Alaska.

La route traverse une région plate et boisée, qui devient plus montagneuse à mesure que l'on s'approche des Rocheuses. Au col des **Trutch Pass** (1 250 m), au km 314, se découvre un large **panorama★** sur la vallée de la Minaker, affluent de la rivière Prophet, dominée au fond par la chaîne des Rocheuses ; les vues continuent après le col, interrompues de temps à autre par la forêt, jusqu'à **Fort Nelson,** centre d'exploitation forestière et pétrolière.

La route aux Liards qui mène à Fort Simpson (T.N.-O.), par Fort Liard, commence à cet endroit. Elle procure un accès au **parc national Nahanni★★★** *(voir p. 236).*

De Fort Nelson (C.-B.) à Whitehorse (YUK.)★★ – *991 km – compter 2 jours*

Après Fort Nelson (3 724 h.), la route se dirige vers les Rocheuses, offrant de nombreuses vues très dégagées sur les montagnes. Celles-ci présentent d'abord un relief de « tables » aux sommets plats, plus proches des « mesas » des Rocheuses du Sud des États-Unis que des sommets aigus de la région de Banff et Jasper. Plus loin, elles apparaissent couronnées de neige.

Parc provincial de Stone Mountain★. – *Km 627.* Stone Mountain est le nom d'une montagne au Nord du parc (altitude : 2 068 m). C'est une région au relief accidenté et dont les roches dénudées font penser à une carrière ; toutefois ce paysage singulier ne manque pas d'une sauvage beauté. Au **lac Summit★,** aux eaux vertes, on atteint le meilleur site du parc, avant de traverser la gorge rocheuse du ruisseau Macdonald.

Parc provincial de Muncho Lake★★. – *Km 688.* C'est l'une des plus belles sections de la route. On suit d'abord la vallée de la Toad River, région rocheuse et assez désolée, adoucie seulement par la couleur vert pâle de l'eau. Puis la vue s'élargit, révélant de plus en plus de montagnes, la plupart enneigées ; souvent dans cette région, des mouflons des Rocheuses viennent lécher le sel qui affleure non loin de la route. Le **lac Muncho★★,** le joyau du parc, *(46 km après l'entrée),* est d'une magnifique couleur d'aigue-marine, bleu clair nuancé de vert, due, dit-on, à de l'oxyde de cuivre dissous dans l'eau ; les sommets qui s'y reflètent dépassent 2 000 m d'altitude.

(D'après photo Office de Tourisme du Canada)

Mouflon de Dall

Au km 788, première vue sur la **rivière aux Liards,** puissante et sauvage, que la route suit pendant 240 km, offrant quelques belles vues. Principal affluent du Mackenzie, elle prend sa source dans les monts Pelly au Yukon, coule vers le Sud-Est entre les monts Mackenzie et les Rocheuses avant de bifurquer vers le Nord-Est pour y rejoindre, par le Mackenzie, l'océan arctique. Ainsi cette grande rivière unit le territoire du Yukon au bassin du Mackenzie, en franchissant l'une des grandes barrières montagneuses de l'Ouest Canadien.

Sources chaudes★ (Liard River Hot Springs Provincial Park). – *Km 799. Prendre la route à droite jusqu'au terrain de stationnement, puis suivre à pied le sentier de planches pendant 550 m. Cabines de bain.*

Ces sources chaudes (37 ℃) et sulfureuses forment un grand bassin naturel assez profond pour permettre la baignade, que le cadre boisé rend fort agréable.

On entre dans le territoire du Yukon en traversant le 60ᵉ parallèle *(km 947).* Cependant la route ne quitte pas définitivement la Colombie Britannique, car son parcours, suivant différentes vallées, franchit la frontière à plusieurs reprises. Belles vues sur les monts **Cassiar.**

Watson Lake. – *Km 1017.* Centre d'Information du Gouvernement du Yukon. Cette petite localité (748 h.), nœud de communications de la région des monts Cassiar, est connue pour sa collection de panneaux indicateurs. Le premier fut planté en 1942 par un soldat américain qui travaillait à la construction de la route ; sans doute pris du mal du pays, il y indiqua le nom de son village et la distance qui l'en séparait. Depuis, les touristes en ont fait une tradition et l'on peut voir aujourd'hui plus de 1 300 panneaux de formes et de couleurs variées, provenant de tout le continent, et même d'autres parties du monde.

Au km 1044 débouche la route 37 (Stewart-Cassiar Highway) qui relie le Yukon à la côte pacifique et à la vallée du Skeena par un parcours de 800 km. Après ce carrefour la route de l'Alaska entreprend la traversée des **monts Cassiar,** en procurant de belles vues sur leurs cimes enneigées.

Teslin Lake★. – Au km 1290, première bonne vue sur ce lac long de 115 km, dont le nom signifierait « longues eaux » dans le dialecte indien local. La route traverse la baie Nisutlin, un bras du lac, et longe la rive sur une cinquantaine de kilomètres, offrant de belles vues sur ce lac et les hauteurs du plateau du Yukon. Le long de la berge fleurissent en été les hautes grappes roses de l'épilobe, emblème floral du Yukon, et fleur très répandue aussi en Colombie Britannique : également connue sous le nom d'herbe-à-feu, elle est parmi les premières plantes à repousser après un incendie. A l'extrémité du lac la route traverse la rivière Teslin sur un pont à haut tirant d'air, prévu pour permettre le passage des bateaux à aubes, seul mode de transport du ravitaillement de Whitehorse à Teslin avant la construction de la route.

Excursion à Atlin★ (C.-B.). – *196 km AR au départ de « Jake's Corner » au km 1392.* Atlin est une petite localité minière fondée au temps de la ruée vers l'or. Elle occupe un **site★** charmant au bord de son lac entouré de montagnes.

Marsh Lake★★. – *Km 1408.* Ce magnifique lac bleu-vert, entouré de montagnes, est en fait un bras du lac Tagish qui s'étend vers le Sud et appartient au cours supérieur du Yukon. La proximité de Whitehorse fait que ce lac est plus fréquenté que les précédents ; de nombreuses maisons jalonnent ses rives. La route le longe sur 16 km, offrant de fort jolies vues, puis traverse le Yukon en enjambant un barrage.

Au km 1445, bonne **vue★** dominant les blanches falaises et les eaux limpides du Yukon. Le célèbre fleuve, qui prend sa source à 25 km de l'océan Pacifique, dans la Chaîne Côtière, entame à peine ici son cours, long de quelque 3 200 km, jusqu'à la mer de Béring.

La route de l'Alaska passe sur le plateau dans lequel le Yukon a creusé sa vallée ; la ville, bâtie au bord du fleuve, au pied du plateau, est de ce fait invisible de la route.

Au kilomètre 1462 une plaque signale que l'on franchit le 135e méridien : c'est que contrairement à l'opinion générale qui situe Whitehorse franchement au Nord de Vancouver, la capitale du Yukon se trouve bien à l'Ouest non seulement de la métropole colombienne (123e méridien), mais de toute l'Ile de Vancouver et même des îles de la Reine Charlotte (133e méridien).

Whitehorse★. – *Km 1474. Description 72.*

De Whitehorse à la frontière de l'Alaska★★ – *491 km – route décrite, en sens inverse, p. 77.*

Pour préparer votre voyage au Canada.
inspirez-vous des programmes de voyage p. 26 à 31,
qui proposent en un temps raisonnable
une visite rapide de chaque grande région.

Les CARIBOO ★ Colombie Britannique
Carte des Principales Curiosités p. 5 et 6.

Les **monts Cariboo,** maillon Nord de la chaîne Columbia situé dans la boucle du Fraser, se prolongent vers l'Ouest jusqu'au fleuve par le **plateau des Cariboo,** vaste espace de pâturages et de collines à demi arides, et zone de ranches immenses dont le centre est **Williams Lake.** Là se trouvent les plus grands parcs à bestiaux de la province et se tient chaque année, début juillet, un « stampede » *(voir p. 84)* très réputé.

Le tourisme est une activité importante de la région particulièrement renommée pour la pêche, la chasse, les vacances équestres dans les ranches et la visite de Barkerville, ancien témoin de la ruée vers l'or, puis ville-fantôme aujourd'hui restaurée.

La ruée vers l'or. – Après la Californie en 1848 et le Fraser dix ans plus tard *(p. 43)* les prospecteurs trouvèrent de l'or en 1861 dans les Cariboo, le long du ruisseau Williams. Mais c'est **Billy Barker** qui découvrit le filon : arrivé en été 1862, il s'installe nettement en aval des autres mineurs, et creuse : à 15 m de profondeur il trouve une couche fabuleusement riche, dont il tire en deux jours 1 000 dollars d'or ! Immédiatement ce fut la ruée, qui fit naître Barkerville. Billy Barker dilapida sa fortune dans les saloons de la ville, et en 1866 ce n'est que grâce à une collecte qu'il put payer la diligence pour quitter définitivement les Cariboo. Il mourut misérablement en 1894 dans un hospice de vieillards à Victoria.

La route des Cariboo. – Les Cariboo étaient alors une région entièrement sauvage, réservée à la traite des fourrures ; tout ce dont pouvaient avoir besoin les mineurs devait y être acheminé par convois de bêtes de somme, mules, bœufs, chevaux, et même des chameaux. La toute jeune colonie de Colombie Britannique, créée en 1858 *(voir p. 36)* décida donc de construire une route, avec l'aide de l'armée britannique et de compagnies privées ; elle partait de Yale, jusqu'où les bateaux remontaient facilement le Fraser, longeait le dangereux canyon en amont (un véritable exploit technique - *illustration p. 43*), pour rejoindre au Nord le tracé de l'actuelle route 97, que l'on appelle encore « Cariboo highway ». Dès lors, des services de diligence, dont le **Barnard Express** (ou B. X.), relièrent Yale à Barkerville (soit 640 km) en 5 jours. Des relais permettaient aux voyageurs de se nourrir, de se reposer, de changer de chevaux ; leur nom indique la distance qui les sépare de Lillooet (ancien point de départ de la route), ainsi 70 Mile House, 100 Mile House et 150 Mile House, qui ont donné naissance à de petites localités.

Les CARIBOO★

■ BARKERVILLE★★

De Quesnel, 90 km par les routes 97 et 26 ; postes d'essence à Quesnel et à Wells. Ouvert tous les jours. Durée : 2 h environ. ☎ *(604) 994 3209.*

La **route**★, fort pittoresque, monte progressivement vers la montagne au milieu d'une dense forêt de conifères ; sur le parcours se trouve **Cottonwood House** *(28 km de Quesnel - visite de juin à septembre),* ancien relais de la route des Cariboo (1864) à l'époque où la route de Quesnel à Barkerville demandait une journée de voyage. **Wells,** village minier joliment groupé sur une hauteur, exploite du quartz aurifère.

Promu parc historique, Barkerville offre l'image d'un long village-rue bâti dans la vallée du riche ruisseau Williams, dans un très joli **site**★ dominé par les hauteurs des Cariboo.

Musée. – *Ouvert tous les jours sauf les fins de semaine en hiver.*

Il présente la ruée vers l'or des Cariboo, Barkerville à cette époque, les méthodes employées par les mineurs *(voir p. 77),* etc. On peut y voir aussi un film *(en anglais)* qui est une bonne introduction à la visite du village *(durée 20 mn ; projection à heures fixes en été ; hors-saison, demander une projection spéciale).*

Les bâtiments. – A l'entrée du village pointe le clocher de la petite **église St-Saviour** *(en juillet et août sermon 2 fois par jour sauf mardi et mercredi).*

Le long des trottoirs de bois s'alignent les façades de tout ce qui faisait une ville minière au siècle dernier : magasins, saloons, hôtels, un bureau de titrage de l'or.

A l'autre bout de la rue se trouve le quartier chinois, autour de son temple maçonnique **(Chinese Masonic Hall)** ; les Chinois étaient arrivés de Californie à la suite des autres chercheurs d'or, mais ils ne se mêlaient pas à eux. Un peu plus loin encore se trouve le puits de Billy Barker.

En été la ville est animée par des guides costumés qui expliquent chaque détail, et l'on peut participer à diverses activités : chercher de l'or à la bâtée à Eldorado Mine *($2.50),* ou aller au **Theatre Royal** *(visite de fin juin à début septembre)* voir un spectacle du siècle dernier *(trois représentations par jour ; $5.50 ;* ☎ *994 3316).*

En continuant à pied la rue de Barkerville pendant 1,6 km on arrive à **Richfield,** autre ville minière. Chaque été *(tous les jours sauf le mercredi en juillet et août)* un acteur fait revivre le tribunal du célèbre **juge Begbie,** personnage peu ordinaire qui sut imposer l'ordre à la bouillante communauté des mineurs.

FORT ST. JAMES ★ Colombie Britannique ─────────

Carte des Principales Curiosités p. 5 – 163 km à l'Ouest de Prince George par les routes 16 et 27 – 2 284 h.

Dans un agréable site au bord du lac Stuart, Fort St. James est l'une des plus anciennes localités de la province.

Un poste de traite y fut fondé en 1806 par Simon Fraser *(voir p. 36),* pour le compte de la Compagnie du Nord-Ouest, au centre d'une vaste région sauvage appelée **Nouvelle Calédonie.**

Lorsqu'en 1858 une colonie fut créée sur ce territoire *(voir Les mirages de l'or p. 36),* le nom de Nouvelle Calédonie fut abandonné pour éviter la confusion avec les îles françaises de ce nom, au large de l'Australie.

Aujourd'hui la ville vit surtout de l'activité forestière.

Parc historique national du Fort St. James★. – *Situé en ville au bord du lac. Visite accompagnée (en français de mi-mai à août) de mi-mai à mi-octobre ; durée : 1 h 1/2.* ☎ *(604) 996 7191.*

Après la fusion en 1821 des deux grandes compagnies de fourrure, Fort St. James passa à la Compagnie de la Baie d'Hudson, qui y maintint un magasin de détail jusqu'à son installation dans des locaux plus modernes en 1971.

Ainsi plusieurs bâtiments construits entre 1884 et 1889 sont-ils parvenus jusqu'à nous : la résidence de l'intendant, la laiterie, la maison des hommes, ainsi que la cache à poisson où l'on entreposait les réserves de saumon qui, séché et fumé, était la principale nourriture des hommes du fort, et l'entrepôt général, où l'on peut voir les fourrures ramassées par le personnel du fort.

Ces deux derniers bâtiments sont construits sur le modèle « de la Rivière Rouge » *(voir St-Boniface p. 100),* largement répandu à cette époque, tandis que les autres sont assemblés en « queue d'aronde ».

Pour redonner au fort l'aspect qu'il avait vers 1890, on a reconstruit le comptoir de traite, garni de tout le matériel que vendait la compagnie, pièges, winchesters, couvertures, thé, quincaillerie, le bureau de l'administration, ainsi que le quai et la voie qui servaient au transbordement des denrées entre l'entrepôt et les bateaux de la Compagnie.

Le FRASER et la THOMPSON ★★ Colombie Britannique

Carte des Principales Curiosités p. 5 et 6.

480 km par la Transcanadienne - environ 1 jour 1/2.

De Vancouver à Chase, la Transcanadienne suit les vallées du Fraser et de la Thompson, particulièrement pittoresques et contrastées, à travers la large plaine du delta du Fraser, les montagnes boisées et les défilés de la Chaîne Côtière, et enfin les collines arides et sauvages du plateau intérieur.

L'or du Fraser et des Cariboo. – Exploré en 1808 par Simon Fraser *(voir p. 36)*, le grand fleuve s'était révélé trop tumultueux pour être navigable et servir de route aux cargaisons de fourrures. Mais le métal jaune devait y attirer les hommes et les obliger à apprivoiser la vallée impraticable : en 1858 on découvre de l'or à Hill's Bar, près de Yale ; c'est la ruée ; 25 000 prospecteurs accourent, fouillent chaque banc de sable, chaque méandre du fleuve. Trois ans plus tard on annonce un gisement bien plus riche, loin au Nord, dans les Cariboo *(p. 41)* : les chercheurs d'or s'y précipitent ; il fallut construire une route sommaire ; dans le canyon du Fraser, où les parois verticales dominent le fleuve tumultueux, ce fut une véritable prouesse.

Des rails dans les canyons. – A partir de 1880, la construction du Canadien Pacifique exigea de nouveaux exploits, avec les moyens de l'époque, pour aligner dans les gorges tunnels et chevalets malgré les crues dévastatrices et les éboulements meurtriers. En 1914, la voie du Canadian Northern (plus tard Canadien National) vient se glisser dans les mêmes vallées, puis c'est la Transcanadienne : la voie impraticable du début du 19ᵉ s., est devenue aujourd'hui la principale artère de la province.

(D'après photo BC Provincial Archives)

La route des Cariboo

■ DE VANCOUVER A HOPE★ – *141 km – environ 2 h – schéma p. 44.*

La basse vallée du Fraser est une vaste plaine qui s'enfonce comme un coin entre la Chaîne Côtière au Nord et des Cascades au Sud. C'est une plaine alluviale, fertile et agricole ; les cultures maraîchères sont surtout situées dans le delta et autour de Vancouver, tandis que, vers l'Est, Chilliwack est le centre d'une région d'élevage laitier.

Hope★. – 3 205 h. Les montagnes se rapprochent soudain ; fortement découpées et couvertes de forêts, elles forment pour la ville un cadre très agréable.

Excursion au parc provincial Manning★. – *26 km à l'Est de Hope par la route 3.* ☎ *(604) 840 8833.* Peu avant le parc la route passe devant le site d'un glissement de terrain **(Hope Slide)** qui, en 1965, combla un lac, refoula ses eaux, et obligea à reconstruire la route 45 m au-dessus de son niveau antérieur.

Dans cette région des monts Cascades croît une végétation très particulière : les flancs Ouest sont recouverts de la dense et humide forêt de la côte du Pacifique *(voir p. 33)*, tandis que le côté Est est une steppe à buissons de sauge, semi-aride, semblable au plateau intérieur de la province.

Des explications sont données par la **maison de la nature★** *(visite tous les jours sauf en avril, octobre et novembre).* Dans la montée vers le col Allison (1 341 m), remarquer une étendue de rhododendrons qui fleurissent à profusion en juin. *Une carte détaillée du parc (1/50 000) montre les sentiers de randonnée, les pistes de ski de fond, etc.*

■ LE CANYON DU FRASER★★

De Hope à Lytton – *109 km – environ 3 h 1/2 – schéma p. 44*

Après Hope, le fleuve, jusque là tranquille, devient un véritable torrent tandis que la vallée se rétrécit progressivement.

Yale★. – 239 h. Le petit village tranquille entouré d'impressionnantes falaises fut au temps de la ruée vers l'or une ville de 20 000 habitants, fort active ensuite comme charnière entre la partie navigable du Fraser et la route des Cariboo, puis comme centre des chantiers du Canadien Pacifique.

Le FRASER et la THOMPSON - Vallée de l'OKANAGAN

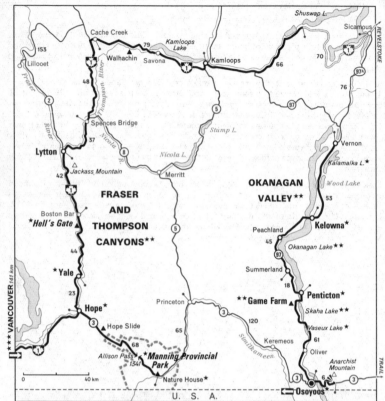

C'est au Nord de Yale et jusqu'à Hell's Gate que le **canyon**★★ est le plus spectaculaire : falaises verticales, vallée étroite, et nombreux tunnels perchés à mi-paroi au-dessus du fleuve bouillonnant. Sur la rive droite court la ligne du CPR dans sa section la plus difficile : de Yale à Spuzzum, il fallut percer à la dynamite 13 tunnels.

Hell's Gate★. – La route à cet endroit domine de plus de 150 m le niveau du fleuve qui s'engouffre avec violence dans le canyon, atteignant une vitesse de plus de 7 m par seconde. Ce sont les travaux du CN qui sont responsables de cette furie, quand en 1914 ils firent s'effondrer une partie de la falaise, obstruant partiellement le lit du fleuve. Les saumons du Fraser, incapables de remonter le courant, ne purent rejoindre leurs frayères, et dans les années qui suivirent leur pêche connut une chute catastrophique. Il fallut construire des couloirs de béton pour briser le courant et réduire sa vitesse.

Un téléphérique permet de descendre dans la gorge *(en service tous les jours de mars à octobre ;* ☎ *(604) 867 9277. Prix $5.50. Compter 1 1/2 h de visite, cafétéria).*
Les eaux boueuses et les tourbillons empêchent de voir les poissons emprunter les couloirs ; mais on peut jeter un regard sur la falaise abrupte au-dessous de la route et plus bas la ligne de chemin de fer.

Au bas du téléphérique, intéressante exposition et film *(20 mn, en anglais)* sur la vie des saumons et leur pêche.

Le cycle du saumon. – Le saumon naît dans les torrents de montagne, puis passe un ou deux ans dans un lac avant d'entreprendre sa descente vers l'océan ; il passe en mer une ou plusieurs années puis remonte vers sa frayère natale, le Sockeye prenant alors une extravagante « parure de noces », corps rouge et tête vert mordoré. Quand il a pondu, le saumon du Pacifique meurt, contrairement à son cousin de l'Atlantique, capable d'exécuter deux ou trois migrations.

On distingue cinq espèces de saumons dans les eaux du Pacifique : le **Sockeye,** très prisé en conserve pour sa chair rouge, qui vit 4 à 5 ans, le **Pink,** le plus petit (1,5 à 2 kg) qui ne vit que 2 ans, le **Chum** (appelé aussi Dog) qui vit 3 à 5 ans. Le **Coho,** (connu aussi sous le nom de Blue), qui peut dépasser 5 kg, est recherché pour la pêche sportive ; c'est la seule espèce qui soit consommée indistinctement fraîche, congelée, fumée ou en conserve ; enfin le géant, le **Chinook,** peut vivre 7 ans et pèse de 2 à 14 kg, cependant que certains spécimens (on les nomme alors King ou Tyee) atteignent 40 à 50 kg ; il est très apprécié des sportifs pour sa combativité.

La pêche commerciale se pratique en mer et dans les estuaires à la traîne ou au filet, mais de plus en plus avec un équipement de pêche à la ligne traînante. Une bonne partie des prises (50 à 60 %) est vendue pour la conserve (environ 25 500 tonnes en 1983).

Après Hell's Gate, les versants s'écartent et les arbres envahissent les parois rocheuses. Près de **Jackass Mountain** *(24 km au Nord de Boston Bar)* la route en corniche offre de belles **vues**★ sur la vallée très boisée.

Lytton. – 428 h. La localité est bâtie entre la Transcanadienne et la Thompson, au confluent du Fraser boueux et des eaux pures de la rivière. *Pour voir le confluent, prendre la route 12 sur 200 m.* L'été, on y enregistre régulièrement les températures les plus élevées du Canada ; le paysage trahit une certaine sécheresse et son tapis d'arbres clairsemé annonce la steppe semi-aride des plateaux intérieurs.

■ VALLÉE DE LA THOMPSON★★

De Lytton au lac Shuswap – 230 km – environ 4 h – schéma p. 44

Quittant le Fraser, la Transcanadienne s'engage dans le **canyon de la Thompson**★★, rocheux et encaissé, où la route serpente tantôt au bord de l'eau, tantôt à flanc de coteau, offrant de nombreuses vues sur la rivière.

Après Spences Bridge, la **vallée**★ s'élargit en collines semi-arides parsemées de buissons de sauge. C'est une région d'une beauté sauvage, où la grande route ne rompt pas l'impression de solitude. On y rencontre par endroits quelques ranches ou des champs de fourrage verdoyants, à force d'irrigation. Au lieu-dit **« Walhachin »** *(18 km après Cache Creek)* se trouvait vers 1910 une de ces exploitations florissantes ; les propriétaires disparurent lors de la Première Guerre mondiale, et depuis la nature a repris ses droits dans ce lieu désert.

En atteignant le **lac Kamloops,** la route offre de belles **vues**★, surplombant les eaux bleues cernées de collines arides, coupées par endroits de falaises dentelées par l'érosion. A l'extrémité Est du lac, on laisse à gauche **Kamloops** (64 048 h.), important centre régional, marché du bétail et des fruits et légumes. Laissant à Kamloops la Thompson du Nord, la Transcanadienne remonte la Thompson du Sud.

Lac Shuswap. – C'est ici que prend sa source la Thompson du Sud ; les nombreux bras du lac accueillent chaque année les saumons sockeye pour la reproduction. Ses rives sont fréquentées pour les sports nautiques. C'est une région de forêts et d'agriculture, verdoyante, qui contraste avec la zone aride du plateau de la Thompson.

Les **KOOTENAY** ★ Colombie Britannique _____
Carte des Principales Curiosités p. 6.

Dans la zone montagneuse du Sud-Est de la province traversée par le Kootenay, on distingue à l'Est la haute vallée de la rivière, avant son coude aux États-Unis, et à l'Ouest le lac Kootenay et le cours inférieur de la rivière jusqu'au Columbia. C'est une belle région de montagnes boisées, de vallées cultivées (vergers autour de Creston) et de lacs, en même temps qu'un riche pays minier : charbon, plomb, cuivre, zinc, argent, molybdène dont les minerais sont traités à **Trail,** le plus grand centre canadien de fonderie.

Premiers gisements. – On vint d'abord dans ces montagnes pour chercher de l'or. Quand, en 1864 on en découvrit dans le Wild Horse, une petite localité, **Galbraith's Ferry,** se forma au confluent du Kootenay, près de la boutique du passeur John Galbraith. De nouvelles découvertes minières (cuivre, plomb, charbon) dans les dernières années du siècle amenèrent une activité intense dans la région ; il fallut construire une route jusqu'à la capitale d'alors, New Westminster : ce fut le **Dewdney Trail,** du nom de l'ingénieur qui la réalisa. Aujourd'hui, la route 3 suit encore son tracé tortueux entre les montagnes.

Samuel Steele. – La vie était parfois violente à Galbraith's Ferry. En 1886, une vive tension entre mineurs et Indiens Kootenay fit appeler un détachement de la Police montée, sous les ordres de Samuel Steele. Le conflit apaisé, les policiers reprirent la route de Fort Macleod *(p. 91),* laissant à la ville son nom de **Fort Steele.**

Parc historique provincial de Fort Steele★. – *16 km au Nord de Cranbrook par la route 93-95.* ☎ *(604) 489 3351.*

Après son âge d'or Fort Steele végéta ; lorsqu'en 1898 le chemin de fer préféra passer à Cranbrook, ce fut le coup de grâce. Le parc provincial évoque une ville minière de la région vers 1900, dominée par la grande roue de bois qui en 1933 pompait l'eau d'infiltration des galeries de mine.

Dans ce très joli **site**★ au pied des monts Kootenay, on peut voir les bâtiments de la Police montée (1887), la boutique de John Galbraith (1870), etc.

Le **musée** *(visite de mai à octobre),* construit comme un hôtel de l'époque avec une gracieuse galerie *(à l'étage, salon de thé)* est particulièrement intéressant par sa présentation de l'histoire de la région.

On peut assister au spectacle du **Wild Horse Theatre** *(en juillet et août, sauf le vendredi ; entrée $4.00),* monter dans un ancien train à vapeur *(20 mn ; $3.00)* ou prendre la diligence *($2.00).*

Les **MONTS MONASHEE et SELKIRK** ★★ Colombie Britannique _____
Carte des Principales Curiosités p. 6.
219 km de Sicamous à Golden par la Transcanadienne – environ 6 h.

Les Selkirk et les Monashee appartiennent à la chaîne des monts Columbia, situés entre le sillon des Rocheuses et le plateau intérieur. La route franchit deux cols (Eagle Pass et Rogers' Pass) et offre sans discontinuer des paysages de montagne, pics rocheux et glaciers comme au Rogers' Pass, ou agréables vallées boisées à moindre altitude.

■ EAGLE PASS★

De Sicamous à Revelstoke – 71 km – environ 1 h 1/2 – schéma p. 46

La route est agréable, dans une vallée encaissée aux versants boisés. De **Sicamous** (1 057 h.), petite station de villégiature et de sports nautiques, bâtie entre les lacs Shuswap et Mara, la Transcanadienne remonte la vallée de la rivière Eagle, ainsi nommée car c'est en suivant le vol d'un aigle dans les montagnes que Walter Moberly, l'un des artisans de la fameuse « route des Cariboo » *(p. 41),* découvrit ce passage en 1865.

Après **Craigellachie** *(km 26),* où fut planté, le 7 novembre 1885, au terme d'une véritable épopée *(voir p. 36),* le dernier crampon du CPR, la vallée se resserre et la pente s'accentue. **Three Valley Gap**★ *(km 47)* jouit d'un fort joli **site**★ au bord du lac Three Valley où plongent des falaises abruptes.

Les MONTS MONASHEE et SELKIRK★★

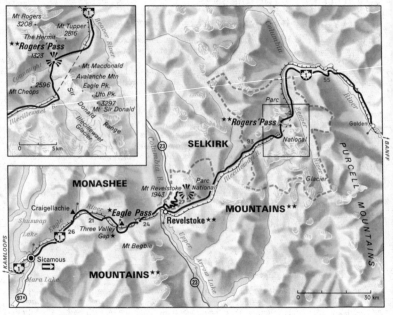

■ REVELSTOKE★★ – *schéma ci-dessus*

Au confluent du Columbia et de l'Illecillewaet, **Revelstoke** (5 544 h.) est une petite ville tranquille logée dans un joli **site**★ de montagnes, entre les Monashee à l'Ouest sur l'autre rive et les Selkirk à l'Est. Elle doit son nom à Lord Revelstoke, directeur d'une grande banque londonienne, qui intervint financièrement en 1885 pour aider à l'achèvement de la construction du chemin de fer Transcanadien. C'est un centre de villégiature d'hiver et d'été, grâce à la proximité du parc national, de ses pistes de ski et du tremplin de saut à ski Nels Nelson.

Route du mont Revelstoke★★. – *27 km de route de terre étroite et sinueuse, difficile pour les caravanes ; compter 45 mn pour la montée. Départ de la Transcanadienne 1,5 km à l'Est de l'embranchement de Revelstoke.*

Tracée dans le **parc national du mont Revelstoke** *(accès gratuit, pas de camping ; sentiers, ski)*, la route escalade le flanc Sud-Ouest du mont par une série de lacets en épingle à cheveux. Trois **points de vue**★ sont aménagés : le premier, à 5,5 km du bas de la route, et le plus spectaculaire, dévoile toute la ville de Revelstoke au bord du fleuve, dominé par le mont Begbie ; sur la droite, la Transcanadienne s'enfonce, par l'étroite vallée du Tonakwatla, vers Eagle Pass.

Au sommet (1 943 m), **vue**★★ générale et vaste panorama *(table d'orientation)* sur la vallée encaissée du Columbia, les pics dentelés et le glacier de la chaîne Clachnacudainn. De nombreux **sentiers** offrent des promenades parmi une végétation alpine typique de cette altitude, et qui contraste avec les forêts qui couvrent les pentes. Ici il n'y a plus que quelques épinettes et sapins de l'Ouest rabougris, tandis que le sol est tapissé de buissons ras et de fleurs aux vives couleurs.

■ ROGERS' PASS★★

De Revelstoke à Golden – *148 km – environ 3 h – schéma ci-dessus*

Ce parcours franchit les Selkirk, crêtes aiguës, pics en pyramides et vallées profondes, façonnées par une forte érosion glaciaire. Les abondantes chutes de neige que connaît cette région y alimentent de nombreux glaciers, et dans la zone de croissance des arbres favorisent une épaisse couverture boisée.

Un col dans les neiges. – Après avoir franchi les Rocheuses au col Kicking Horse, le chemin de fer devait suivre la tortueuse vallée du Columbia, car les Selkirk étaient réputées infranchissables ; c'est un arpenteur du CPR, le **major Rogers,** *(p. 36)* qui, en remontant la vallée de l'Illecillewaet, découvrit le col qui porte son nom, permettant à la voie ferrée de gagner 240 km sur le parcours prévu.

Les premières difficultés apparurent rapidement, car les Selkirk reçoivent, chaque année, d'énormes chutes de neige (9,40 m en moyenne, mais jusqu'à 18,40 m durant l'hiver 1966-67), causant de multiples avalanches le long des parois abruptes et dénudées qui dominent le col. On construisit des kilomètres de galeries de protection sur la voie ferrée, mais la lutte contre les éléments restait si coûteuse chaque hiver qu'il fallut en 1916 percer un tunnel de 8 km sous le mont Macdonald, pour écarter les trains de la zone la plus dangereuse.

En 1959 les travaux reprirent dans le col, cette fois-ci pour y faire passer la route : ce fut le tronçon le plus difficile à construire et le plus onéreux de toute la Transcanadienne ; ce fut aussi le dernier, et son achèvement en 1962 permit l'inauguration de la route. Le danger d'avalanches existe toujours, aussi le secteur est-il étroitement surveillé en hiver ; des pare-avalanches protègent la chaussée, et dès que nécessaire on ferme momentanément la route pour déclencher au canon la chute des plaques dangereuses. En été la circulation ne pose aucun problème.

La route★★. – La Transcanadienne remonte l'Illecillewaet à la vallée encaissée, boisée et fort pittoresque, pour bientôt pénétrer *(km 48)* dans le **parc national Glacier** *(traversée gratuite ; séjour : voir tarifs p. 24,* ☎ *(604) 837 6274)*. En face pointent les quatre principaux sommets de la chaîne Sir Donald : de gauche à droite le mont Avalanche, les pics Eagle et Uto, et la grande dalle inclinée du mont Sir Donald (3 297 m) que l'on aperçoit de loin, dominant la route.

Dans le col (1 323 m) un double arc de bois commémore l'achèvement de la Transcanadienne. De là, se découvre une **vue★** circulaire : au Nord sur les flancs dénudés du mont Tupper, strié par les couloirs d'avalanches, et par derrière sur le mont Rogers, à l'Est sur les dents aiguës de la chaîne Sir Donald ; au Sud on aperçoit le névé et le glacier Illecillewaet tandis qu'à l'Ouest s'impose la silhouette pyramidale du mont Chéops.

La descente s'amorce entre les monts Tupper et The Hermit, au Nord, et le mont MacDonald au Sud, dans la vallée du Connaugh, puis rejoint bientôt celle du Beaver qui sépare les pics aigus des Selkirk des pentes plus douces des monts Purcell, avant de rejoindre le Columbia au creux du sillon des Rocheuses.

OKANAGAN (Vallée de l') ★★ Colombie Britannique

Carte des Principales Curiosités p. 6.

Tout au Sud de la province, dans la zone aride de l'intérieur, la vallée s'étire autour du lac et de la rivière Okanagan, sous le nom de Okanogan, rejoint le Columbia au Sud de la frontière. La beauté des paysages autour du lac (110 km de long sur 3 km de large) et le climat ensoleillé font du tourisme la seconde industrie de la vallée, qui est avant tout réputée pour ses vignes et vergers. Grâce à l'irrigation, c'est la seconde région fruitière du Canada, après la pointe Sud de l'Ontario, produisant surtout des pommes, et, dans le Sud, à l'abri des gelées tardives, des fruits plus délicats : poires, cerises, abricots, pêches, prunes et raisins. Au printemps (mi-avril, mi-mai), tous ces arbres en fleurs offrent un spectacle inoubliable. En été, on peut acheter des fruits sur le bord de la route ; l'automne est doux, et l'hiver, enneigé, est propice au ski.

■ DE OSOYOOS A VERNON

177 km (par la route 97) - environ 6 h – schéma p. 44

Osoyoos★. – 2 738 h. Petite localité située au détroit du lac Osoyoos, juste à la frontière américaine ; sur les rives du lac verdoient les vergers formant un contraste brutal avec les collines arides des environs, où poussent cactus et buissons de sauge. Du mont **Anarchist** *(6 km à l'Est par la route 3)*, très belle **vue★★** sur toute la région.

D'Osoyoos à Oliver, continuent les vergers et les étals de fruits au bord de la route. En approchant du **lac Vaseux★** le paysage devient plus spectaculaire, avec d'énormes rochers et des pentes dénudées, tandis que les collines qui entourent le **lac Skaha★★** sont sablonneuses, couvertes de sauge et d'arbustes, formant un parfait contraste avec les eaux bleues de ce ravissant lac.

Okanagan Game Farm★★. – *Visite de mars à novembre ; $4.50 ; aires de pique-nique ;* ☎ *(604) 497 5405.*

Le paysage de collines arides dominant le lac Skaha est un beau cadre pour les girafes, chameaux, zèbres, etc., qui vivent ici dans de vastes enclos. On peut suivre à pied ou en voiture la route *(5 km)* qui fait le tour du zoo.

Penticton★. – 23 181 h. Située sur l'isthme entre le lac Skaha et le lac Okanagan, Penticton doit à ses plages et à son **site★** enchanteur une intense activité touristique. Sur la rive du lac Okanagan, le **SS Sicamous**, bateau à aubes du Canadien Pacifique en service sur le lac de 1913 à 1949, est devenu un restaurant. En août a lieu le festival des Pêches **(Peach festival)**.

Après Penticton, la route, longeant le **lac Okanagan★★** et épousant les contours sinueux du rivage, révèle à chaque virage de nouvelles vues sur ce paysage splendide. Jusqu'à **Summerland,** elle court au pied de spectaculaires falaises, frappantes par leur sécheresse ; en arrivant sur **Peachland** apparaissent sur la rive opposée les rochers obliques du parc provincial de Okanagan Mountain. D'après les légendes des Indiens Okanagan c'est dans ces parages que vit le monstre lacustre Ogopogo dont le corps offre la particularité de posséder des extrémités parfaitement identiques ; ce qu'exprime son nom, palindrome, lisible dans un sens ou dans l'autre.

Kelowna★. – 59 196 h. Un pont flottant sur le lac, avec partie levante pour le passage des bateaux, permet à la route de rejoindre Kelowna, sur la rive Est. Placé dans un très beau **site★** au pied de collines tourmentées, cet important centre d'expédition des fruits, de fabrication de vins et de scieries, profite de sa position au bord du lac pour organiser en août une grande fête nautique, « International Regatta ».

Quittant le lac Okanagan, la route rejoint le lac Wood, toujours dans une région fruitière, puis offre de fort belles vues en serpentant au bord du **lac Kalamalka★**. Les collines deviennent moins arides, et annoncent la verdoyante région d'élevage qui s'étend au Nord de Vernon (19 987 h.).

Aimer la nature,

c'est respecter la pureté des sources,
la propreté des rivières,
des forêts, des montagnes...

c'est laisser les emplacements nets de toute trace de passage.

ROCHEUSES (Parcs des) ★★★ Colombie Britannique - Alberta _____

Carte Générale **G 4, 5** – Cartes des Principales Curiosités p. 6 – *Schéma d'ensemble p. 52 et 53.*

Les Montagnes Rocheuses forment le bourrelet continental des grandes cordillères Nord-américaines sur environ 4 000 km, de la rivière aux Liards (Territoire du Yukon) à la frontière du Mexique.

Dans la section canadienne où de nombreux sommets dépassent 3 000 m (le plus élevé, le **mont Robson,** atteint 3 954 m), elles sont nettement séparées du reste des cordillères par le « sillon des Rocheuses » *(voir p. 34),* et se dressent au bord des Prairies en une barrière presque continue où seule la rivière de la Paix se fraye un passage ; au Sud de cette vallée, leurs crêtes forment la ligne de partage des eaux entre le bassin de l'océan Arctique et de la baie d'Hudson et celui de l'océan Pacifique.

Les principaux parcs des Rocheuses (parcs nationaux de Banff, Jasper, Yoho, Kootenay, et parc provincial du Mont Robson) sont groupés en un vaste ensemble long de 400 km et large de 80 km au maximum, situé en majeure partie dans la province d'Alberta. Egalement inclus dans les parcs des Rocheuses, mais plus au Sud, le parc national des lacs Waterton *(p. 71)* s'inscrit entièrement dans l'Alberta.

Paysages et vie animale. – Les parcs des Rocheuses sont célèbres pour leurs paysages alpestres, crêtes aiguës, vallées boisées de conifères, alpages en altitude, au-dessus de la limite de croissance des arbres, sommets aux neiges éternelles et glaciers avançant leur langue dans les vallées. De nombreux torrents dévalent les pentes en cascades spectaculaires, ou paressent entre leurs alluvions avant de s'engouffrer dans une gorge.

Si les Rocheuses canadiennes ressemblent aux Alpes par le relief et la végétation, elles s'en distinguent sur un point essentiel : elles ne furent pratiquement jamais habitées et forment une vaste étendue de nature, à peine modifiée par les quatre routes principales qui pénètrent dans les parcs ; dans cette immensité, les animaux sauvages sont nombreux : biches et wapitis sont fréquents, même au bord des routes ou aux abords des stations touristiques, et l'on peut rencontrer aussi ours bruns ou coyottes, exceptionnellement un grizzli.

Les règlements des parcs interdisent de donner de la nourriture aux animaux.

Renseignements pratiques. – *Voir prix de séjour et règlement p. 24.*

Très populaires durant l'été, les parcs des Rocheuses connaissent la foule en juillet et août.

Climat. – Le climat de montagne est surprenant, car la température varie avec l'altitude, l'exposition au soleil et l'orientation des vallées par où s'engouffre le vent ; d'autre part le temps peut changer d'un instant à l'autre, et les alpinistes savent bien qu'il ne faut pas partir en course, même par temps splendide, sans vêtements contre les orages et le froid. En été, lorsqu'il fait chaud, se produit le phénomène des brises : en fin de matinée l'air chaud des vallées remonte vers les hauteurs, où il crée des nuages autour des sommets ; en fin d'après-midi le phénomène s'inverse et la fraîcheur tombe immédiatement lorsque la « brise de vallée » fait place à la froide « brise de montagne. »

En hiver le froid très vif et l'air sec assurent aux skieurs une neige poudreuse excellente.

Logement et services. – Les parcs des Rocheuses offrent un grand choix de logements : hôtels ou motels, dans les localités (Banff, Jasper, Lake Louise, Radium Hot Springs), « lodges » ou chalets plus isolés dans la nature, et surtout, nombreux terrains de camping, *(voir p. 24) ;* on ne trouve de magasins d'alimentation que dans les localités. Les stations d'essence sont parfois distantes de 120 km, aussi est-il sage de faire le plein à chaque occasion.

Sports. – Les parcs offrent de nombreux sentiers, de promenade ou de randonnée, qui sont le meilleur moyen de découvrir la montagne ; ils permettent de pratiquer l'équitation, la pêche, de faire du canoë sur les lacs (location possible) ou de profiter des terrains de golf (à Banff et Jasper) et des baignades (sources chaudes de Banff, Miette et Radium). En hiver, ski alpin et ski de fond. *Renseignements aux bureaux d'information des parcs.*

Nous ne décrivons ici que les routes les plus spectaculaires et quelques sentiers d'accès aisé ; les amateurs de marche trouveront, aux bureaux d'information des parcs, ainsi qu'aux Chambres de Commerce de Banff et Jasper et au Château Lake Louise, tous renseignements complémentaires, ainsi que des cartes détaillées où figurent les sentiers de randonnée.

① RÉGION DE BANFF★★ *visite : 4 h*

Première station de villégiature des Rocheuses, Banff (altitude : 1 380 m ; 4 208 h.) offre tous les commerces et services souhaitables. On y trouve aussi **Banff Centre,** qui dépend de l'Université de l'Alberta et dont les cours d'été attirent des artistes de toutes disciplines venus de l'ensemble du Canada.

La ville s'est développée dans la vallée large et plate de la rivière Bow, ancienne vallée glaciaire, entre la rivière, la voie ferrée, et Tunnel Mountain. Tout autour se dressent des pics majestueux : au Nord le **mont Cascade** (2 998 m), aux formes massives, et à sa gauche le **mont Norquay** (2 522 m) sillonné de pistes de ski ; au Sud les **monts Sulphur** (2 450 m) et **Rundle** (2 949 m), silhouette imposante aux strates obliques violemment redressés vers le Nord-Est. La rivière s'est frayé un passage sur son flanc Nord, en détachant **Tunnel Mountain** (1 692 m) qui n'est plus aujourd'hui qu'une butte isolée ; ce nom lui fut donné par les géomètres du Canadien Pacifique qui pensèrent d'abord devoir y creuser un tunnel, mais réussirent à faire passer la ligne dans la vallée.

Du pont ou, mieux encore, des jardins de l'administration du parc, on ne peut manquer d'être frappé par la **vue★** vers le Nord sur le mont Cascade qui domine la perspective de Banff Avenue.

Des sources sulfureuses. – Banff eut d'abord une vocation thermale. L'expédition Palliser, en 1858 *(voir p. 51),* découvrit des sources chaudes au flanc du mont justement nommé Sulphur.

La construction de la voie ferrée (1883) rendit accessibles ces paysages grandioses. Pour les préserver, il fut décidé en 1885 de créer un parc national, le premier du Canada, de seulement 26 km² à l'époque. Dès 1886 les premiers curistes arrivèrent ; en 1888 CP ouvrait le grand hôtel de Banff Springs, et faisait venir de Suisse des guides de haute montagne pour accompagner ses clients jusqu'aux sommets environnants : Banff était alors une station mondaine.

Aujourd'hui, le thermalisme est oublié, mais chaque année plus de 3 millions de visiteurs fréquentent la région.

Mont Sulphur★★. – *4 km depuis le pont par la route de Upper Hot Springs – compter 1 h AR – schéma ci-dessous.*

Le téléphérique fonctionne tous les jours de mars à mi-novembre, les fins de semaine seulement le reste de l'année. $6.00. Au sommet : restaurant, salon de thé, souvenirs. Se munir de jumelles. ☎ (403) 762 2523.

Au pied du téléphérique se trouve l'établissement thermal de Upper Hot Springs ; on peut voir sur le rocher couler une petite cascade d'eau chaude, à 37° environ.

De la station supérieure du téléphérique, sur la crête du mont Sulphur, se développe une large **vue**★★ sur le site de Banff, la vallée de la Bow et les montagnes qui l'entourent. Au centre se détache, tout contre la ville, la petite butte de Tunnel Mountain ; à sa droite, de l'autre côté de la Bow, le mont Rundle ; à sa gauche l'imposant mont Cascade, et à l'extrémité gauche le mont Norquay et ses pistes de ski. Barrant l'horizon en face, la chaîne Palliser (mont Aylmer, 3 162 m) et à ses pieds le lac Minnewanka. A la jumelle se distingue, légèrement à gauche du mont Rundle, la falaise déchiquetée en « cheminées de fées » au bord de la rivière Bow.

Sur l'autre versant de la crête, la vue se développe, à gauche sur la vallée sauvage et entièrement boisée du Sundance, et à droite sur la vallée amont de la Bow, large et plate vallée glaciaire où court la Transcanadienne. A l'horizon se profilent les pics neigeux de Massive Range.

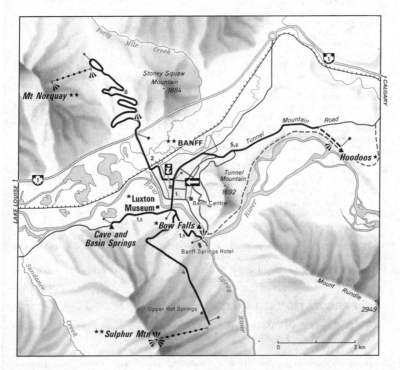

Mont Norquay★★. – *6 km au Nord de la Transcanadienne – compter 1 h 1/4 AR – schéma ci-dessus.*

Le téléphérique fonctionne de mi-juin à mi-septembre ; $4.50 ; au sommet : restaurant, salon de thé. ☎ (403) 762 4421.

La route d'accès, en lacets serrés, offre quelques belles vues sur la vallée. De la station supérieure du téléphérique, **vues**★★ à gauche sur la vallée sauvage et vierge du Fortymile, et à droite sur le site de Banff, la butte de Tunnel Mountain et surtout la puissante masse oblique du mont Rundle, à sa droite, la vallée de la Spray et le mont Sulphur. En hiver, le mont Norquay est un important centre de ski alpin.

Chute de la Bow★ **(Bow Falls)**. – *Rive Sud, à 1,5 km du pont ; suivre Spray Avenue sur 800 m, puis prendre à gauche (signalé) – schéma ci-dessus.*

Une belle promenade le long du rivage, au pied de l'hôtel Banff Springs, offre une large vue sur la rivière et son cadre sauvage ; à gauche la chute, tumultueuse ; en face, les rapides qui contournent le promontoire rocheux et boisé de Tunnel Mountain et s'éloignent vers les montagnes qui bouchent l'horizon ; à droite débouche la rivière Spray, petit affluent de la Bow.

Luxton Museum★. – *Au Sud de la rivière ; entrée le long de la rive - schéma ci-dessus.*

Visite toute l'année. $2.00. ☎ (403) 762 2388.

Abrité comme un fort derrière une haute palissade, le musée est consacré aux indiens des Plaines, qui fréquentaient parfois les vallées des Rocheuses. On y voit des objets indiens soigneusement choisis, et une évocation de la vie quotidienne des indiens à l'aide de dioramas grandeur nature.

ROCHEUSES (Parcs des)★★★

Cheminées de Fées★ (Hoodoos). – *Sentier de nature d'environ 800 m, départ sur Tunnel Mountain Road à 4,5 km de Banff - schéma p. 49.*

Au bord de la falaise qui domine la Bow l'érosion a sculpté ici de curieux piliers, plus résistants que la roche environnante. Tunnel Mountain Road qui surplombe la falaise offre une **vue★** sur ces cheminées de fées ainsi que sur la vallée de la Bow, fermée par le verrou de Tunnel Mountain et dominée par la masse imposante du mont Rundle.

Sources de Cave et de Basin (Cave and Basin Springs). – *1,5 km depuis le pont – schéma p. 49.*

C'est autour de ces sources que fut créée la première réserve, à l'origine du parc actuel. Les installations sont actuellement en cours de réaménagement. Elles réouvriront pour célébrer le centenaire des Parcs canadiens en 1985.

② DE BANFF A LAKE LOUISE★
59 km - environ 5 h - schéma p. 53

Suivre, à l'Ouest de Banff, la route (Transcanadienne) qui remonte la large vallée de la Bow, encadrée de montagnes aiguës. *Au km 23, tourner à droite.*

Johnston Canyon★★. – *30 km à l'Ouest par la Transcanadienne puis la route 1A - compter 4 h AR. Départ du sentier sur la rive droite du torrent, derrière la station-service, le long du salon de thé.*

Un sentier aménagé remonte le cours du torrent, tantôt en sous-bois, tantôt sur une passerelle accrochée à la paroi de l'étroit canyon. On arrive bientôt *(1/4 h)* au pied de la **chute inférieure★★**, haute cascade étroite et spectaculaire, entre les murs verticaux de la gorge ; un tunnel, creusé jadis par la furie des eaux, permet d'approcher de la chute... et de ses embruns !

Le sentier reprend *(1/2 h)*, longeant le torrent coupé de cascades, jusqu'à la **chute supérieure★★**, moins haute que la première, mais aussi impressionnante par ses roches en strates inclinées et l'étroite fente où s'engouffrent les eaux. Dans une prairie ouverte au-dessus du canyon *(environ 1 h)* sourdent sept sources baptisées **les Pots d'Encre**.

Peu après le lieu-dit Eisenhower Junction, se dresse sur la droite **Castle Mountain** (« le Château ») (2 766 m), reconnaissable à sa silhouette de forteresse.

Castle Mountain

Plus loin, sur la gauche se distingue le flanc profondément raviné du **mont Temple** (3 543 m), strié par les couches horizontales de quartzite et de calcaire.

Lake Louise. – Cette petite localité de la vallée de la Bow s'est développée autour de la voie ferrée et offre des facilités en tous genres (alimentation, poste, essence).

③ PARC NATIONAL KOOTENAY

De Banff à Windermere – *105 km de Eisenhower Junction (ALB.) à Radium Hot Springs (C.-B.) - environ 3 h - schéma p. 53*

La route 93, qui traverse le parc national Kootenay offre un pittoresque **paysage★** de moyenne montagne boisée. Elle quitte la Transcanadienne au lieu-dit Eisenhower Junction, escalade le col Vermilion (1 650 m) avant de descendre dans le bassin du Pacifique.

Marble Canyon★. – *17 km de Eisenhower Junction ; puis 1/2 h à pied AR.*

Le sentier, pittoresque, remonte en sous-bois la vallée du Tokumn, jusqu'à une faible chute. Au-delà, l'eau s'est creusé une gorge où affleurent çà et là des veines de marbre blanc.

Les Pots de Peinture★ (Paint Pots). – *20 km de Eisenhower Junction, puis 1/2 h à pied AR.*

Le sentier longe longuement un vaste terrain de glaise jaunâtre, les champs d'ocre, provenant des sources, nommées pots de peinture, d'où jaillit une eau fortement ferrugineuse. L'hématite (ou oxyde de fer) qu'elle charrie, amoncelant peu à peu un cratère autour de la source, a créé ce paysage étrange.

Cuite, réduite en poudre et mêlée à de l'huile de poisson, l'ocre servait aux Indiens pour les peintures de guerre ou la décoration des tipis et des vêtements. Au début du 20e s., les Blancs exploitèrent aussi ce gisement pour alimenter une usine de colorants de Calgary.

La route suit encore la vallée du Vermilion qui serpente sur son lit de galets jusqu'à celle du Kootenay, large et à fond plat entre ses versants boisés ; enfin par le **col Sinclair** (1 486 m) on rejoint la vallée du ruisseau Sinclair, jusqu'à son confluent avec le Columbia.

Vallée du Sinclair★ et sources chaudes. – La vallée du Sinclair est la section la plus pittoresque du parc : d'abord encaissée, puis bordée de falaises rouges (**Iron Gates**).

Au km 103 on atteint **Radium Hot Springs** où sourd une eau naturellement chaude (40 °C) et radioactive (complexe thermal). Juste après les sources *(1 km)* on traverse le **canyon Sinclair★** où, sur 15 m à peine, deux murailles abruptes enserrent la route comme dans un étau : à cet endroit le canyon était si étroit qu'il a fallu y construire la route par-dessus le torrent.

④ RÉGION DU LAC LOUISE★★★ *visite ; 6 h*

C'est l'un des points les plus célèbres et les plus visités des Rocheuses pour ses sites majestueux, ses routes pittoresques et ses nombreuses promenades. La petite localité de Lake Louise *(p. 50)* a su tirer parti de ces avantages.

Le Lac Louise★★★. – Alt. 1 731 m. *A l'Ouest de la localité de Lake Louise. Suivre la route 1A sur 2 km, puis prendre à gauche jusqu'au lac (1 km) - schéma ci-dessous.*

La route aboutit au massif hôtel du CP, **« Château Lake Louise »,** construit en 1924 face au lac ; en été des artistes peintres plantent leur chevalet au pied de ses jardins, où se concentre la foule des visiteurs. En face s'impose la puissante symétrie du site, encore renforcée par l'effet de miroir du lac aux eaux laiteuses : Fairview Mountain à gauche, The Beehive à droite encadrent les neiges éclatantes du glacier **Victoria** (3 464 m) dominant l'ensemble. Cerné de montagnes, le lac semble de petite taille, mais mesure en réalité 2 km de long sur 1 km de large. *Sentiers d'escalade menant à des chalets-salons de thé.*

Le Lac Moraine★★★. – *De la localité de Lake Louise suivre la route 1A pendant 1 km, puis prendre à gauche la route de Moraine Lake (12 km) - schéma ci-dessous.*

Au bord du lac, en été : salon de thé, restaurant, location de bateaux.

La **route d'accès★★** monte en corniche au flanc du mont Temple (3 543 m), offrant tout au long des vues superbes sur la **vallée des Dix Pics** ; par endroits des échappées entre les arbres découvrent le sommet enneigé du mont Temple dont la roche noire et profondément ravinée se dresse, abrupte, au-dessus de la route.

Le lac Moraine (alt. 1 890 m) jouit d'un cadre magnifique, bordé d'un côté par la barrière aiguisée des Dix Pics (on dit aussi les pics Wenkchemna, d'un mot indien signifiant dix), tachetés de neiges éternelles, et de l'autre par la forêt dense qui descend doucement jusqu'à la rive. Le lac est retenu par un énorme éboulis au pied de la **Tour de Babel** (2 313 m), dont la silhouette massive se détache à la jonction de la vallée des Dix Pics et de la vallée Consolation. *Sentiers d'escalade aux alentours.*

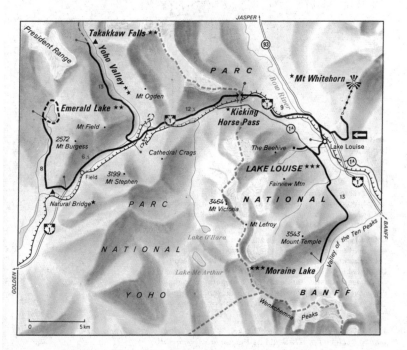

Le Whitehorn★. – *Schéma ci-dessus. Téléphérique de mi-juin à début septembre ; $5.00 ; montée 20 mn.* ☎ *(403) 522 3555.*

Du sommet, large vue sur les montagnes à l'Ouest de la Bow : vers le Sud les pics Wenkchemna et le mont Temple, au centre le mont Victoria et le lac Louise à ses pieds, et vers le Nord le col Kicking Horse.

Col Kicking Horse★. – *9 km de Lake Louise - schéma ci-dessus.* Le col « du Cheval qui Rue » doit son nom pittoresque à un incident dont fit les frais **James Hector,** le géologue de l'expédition Palliser, chargée vers 1858 d'explorer les Prairies *(voir p. 79)* pour juger de leur fertilité ; atteint par la ruade d'un cheval, Hector resta longtemps inconscient, au point que ses guides indiens, le croyant mort, s'apprêtaient à l'enterrer.

Le col marque l'entrée dans le **parc national Yoho,** réputé pour l'alpinisme. Sur son flanc Ouest la **descente★★** est raide le long de l'étroite vallée du Kicking Horse : lorsqu'en 1884 la voie ferrée franchit le col, elle descendait droit vers la vallée par une pente de 4,5 %, ce qui était hardi, voire téméraire : plusieurs trains déraillèrent. La montée était d'ailleurs tout aussi laborieuse : il fallait quatre locomotives pour atteindre la vitesse de 7 à 8 km/h. C'est pourquoi en 1909 furent creusés deux tunnels, réduisant la pente à 2,2 %. La voie dessine un 8, et c'est l'une des attractions favorites des visiteurs du parc de guetter le passage d'un train. Du stationnement sur la Transcanadienne, on voit l'orifice du tunnel inférieur (long de 900 m), creusé sous le mont Ogden, au Nord de la route ; belle **vue★** également, à gauche du tunnel, sur toute la vallée du Yoho, dominée au loin par le glacier Wapta et la cime enneigée du pic Yoho (2 760 m).

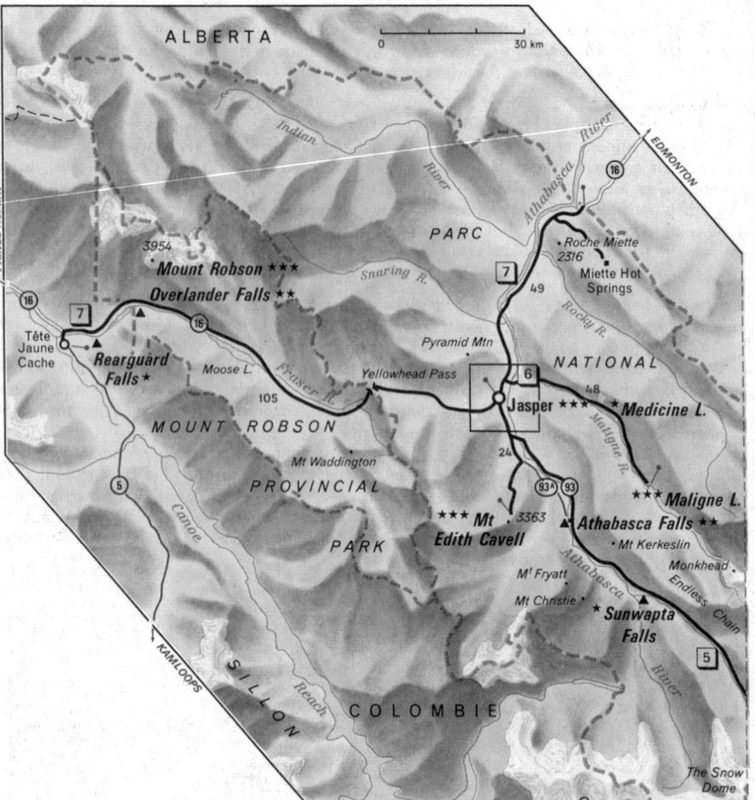

Vallée du Yoho★★. – 26 km AR
depuis la Transcanadienne - schéma
p. 51. Route étroite et en lacets serrés,
interdite aux caravanes ; environ 20 mn
de route pour l'aller.

La **route**★★ remonte la vallée du Yoho, s'é-
levant rapidement en corniche au-dessus du ruisseau ; les lacets offrent des aperçus spectaculaires
sur cette vallée boisée et très encaissée.

Chutes Takakkaw★★. – Elles sont parmi les plus hautes
du Canada (384 m) ; leur long jet vertical, coupé d'un
seul rebond, dévale la falaise qui domine la vallée du Yoho.
Un agréable sentier *(1/4 h à pied AR)* mène au pied de la chute
parmi les arbustes odorants de la végétation subalpine. Vers
l'aval, vue sur la silhouette massive du mont Stephen (3 199 m).

Des sentiers (environ 6 km) remontent encore le long du Yoho
jusqu'aux Twin Falls. Chalet.

Le lac Émeraude★★ (Emerald Lake). – *16 km AR depuis la Transcana-*
dienne - schéma p. 51. Salon de thé (en été seulement).

A 1,5 km du départ, vue sur le **pont naturel**★ (natural bridge) que le tor-
rentueux Kicking Horse a creusé sous un rocher qui barre son lit ; le **site**★ est
agréable, bordé par la forêt et dominé à l'Est par le mont Stephen, et à l'Ouest par
la chaîne Van Horne.

Le ravissant **lac Emeraude★★** doit son nom à la couleur des eaux où le limon glaciaire en suspension réfléchit les rayons verts du spectre lumineux. Derrière le lac se
dresse la chaîne du Président qui s'y reflète comme dans un miroir ; au Sud-Est, derrière
le salon de thé, c'est le mont Burgess (2 572 m) qui domine la scène. Agréable **sentier**★
(1 h 1/2 à pied) autour du lac.

⑤ CHAMPS DE GLACE★★★ (Icefields Parkway)

De Lake Louise à Jasper – *233 km - 1 journée - schéma ci-dessus*

Nous conseillons à ceux qui le peuvent de consacrer davantage de temps à cette prome-
nade et de la compléter par des excursions à pied.

Construite expressément pour mettre en valeur les splendeurs des Rocheuses, la route
93 est une large voie réservée au tourisme (les camions sont interdits), parallèle à l'axe des
Rocheuses, qui longe un chemin plus de cent glaciers.

L'ampleur des vallées, creusées jadis par d'énormes langues de glace, la majesté des
sommets et des glaciers actuels, la beauté des lacs et des cascades, ne peuvent manquer
d'impressionner le visiteur.

De nombreux points de vue sont aménagés sur la route.

La route s'élève rapidement au-dessus de la Transcanadienne, offrant de belles vues sur la chaîne Waputik à l'Ouest. Au km 17 on approche du **lac Hector**★ niché sous cette chaîne, le pic Bow et, à l'Est, le mont Hector.

Glacier Crowfoot★★. – On reconnaît sans peine ses deux énormes doigts de glace posés sur la muraille rocheuse ; en 1917 on pouvait encore voir le troisième doigt, aujourd'hui disparu, qui a fait nommer ce glacier « patte de corbeau ».

Lac Bow★★. – Il s'étale au pied du glacier le long de la route et par temps calme reflète magnifiquement les sommets environnants ; plus loin *(km 36)*, vue sur le glacier Bow suspendu au-dessus du lac, entre les monts Portal et Thompson. Quittant le lac, la route atteint le **col Bow** (2 068 m) au km 41.

Lac Peyto★★. – *Route d'accès au km 42, puis sentier jusqu'au belvédère.* Niché au pied du mont Mistaya, ce lac superbe est célèbre pour sa couleur bleu-vert profond au début de l'été, qui vire progressivement au turquoise à mesure que les eaux de fonte du glacier Peyto (sur la gauche) y mêlent leurs alluvions.

Du col Bow, la route descend dans la vallée de la Mistaya que noie une série de lacs ; en longeant le lac Upper Waterfowl *(km 56),* belle **vue**★ sur la forme pyramidale du mont Chephrem et à sa gauche Howse Peak.

Mistaya Canyon★. – *Km 72 ; sentier de 400 m.* La rivière Mistaya s'est creusé dans le calcaire une gorge étroite et sinueuse, fort pittoresque. Du stationnement, on remarque à l'Est le mont Murchison, et plus au Nord la paroi abrupte du mont Wilson.

ROCHEUSES (Parcs des)★★★

On débouche dans la vallée de la Saskatchewan du Nord. Un **point de vue**★ *(sentier au km 77, à côté du bureau de renseignements du parc)* s'ouvre sur la vallée de cette rivière, au lit encombré de graviers, et en face sur la vallée de la Howse, son affluent qui coule entre le mont Sarbach, à sa gauche, et la dent aiguë du mont Outram, derrière lequel pointe le mont Forbes (3 627 m). C'est la voie que suivit en 1807 l'explorateur **David Thompson** pour fonder le premier poste de traite à l'Ouest des Rocheuses *(voir p. 36).*

Après le carrefour de la route 11, ou « route David Thompson », on longe la paroi abrupte du **mont Wilson,** tandis que des vues se révèlent vers l'Ouest d'abord sur Survey Peak et le mont Erasmus, puis *(km 91)* sur le mont Amery, au sommet découpé en falaises, et à sa droite le double sommet des Castelets et la cime enneigée du mont Saskatchewan. La route longe le mont Cirrus *(km 105)* dont les falaises abruptes dominent la route de 610 m, puis escalade rapidement le col Sunwapta (on gagne 430 m d'altitude en une seule boucle) offrant près du sommet une **vue**★★ *(km 114)* spectaculaire sur toute la vallée de la Saskatchewan du Nord. Tout au fond la rivière et la route se coulent au pied de l'imposant **mont Cirrus,** dont on remarque la structure en synclinal (c'est-à-dire au creux d'un gigantesque pli) dont les couches dures redressées forment des falaises ; il fait partie

(D'après photo Musées Nationaux du Canada)

Ours brun

d'une série de massifs, appelés Castle Mountain Syncline, qui longent la vallée depuis Castle Mountain au Sud jusqu'au mont Kerkeslin au Nord dans le parc de Jasper.

Sentier de Parker's Ridge★★. – *Km 119 ; sentier de 3 km.*
Un chemin en lacet mène au sommet de la crête (2 000 m) qui domine le glacier Saskatchewan, en découvrant une **vue**★★ superbe ; sa langue blanche avance dans la vallée, divisée en deux par une moraine centrale. Au-dessus de la zone de forêt, les alpages sont couverts en été de fleurs aux vives couleurs.

Au sommet du col Sunwapta *(km 122)*, on pénètre dans le parc de Jasper.

Glacier Athabasca★★★. – Depuis le Columbia Icefield Chalet qui borde la route *(km 127)*, excellente **vue**★★★ sur le glacier qui avance sa langue de 7 km entre le sommet plat du mont Athabasca (2 491 m) à gauche et la pointe du Snow Dome (3 456 m) à droite, qui avec le mont Kitchener, encadre le petit Dome Glacier. Le glacier régresse sensiblement : il y a un siècle, il recouvrait l'emplacement de la route ; il fait partie du **champ de glace Columbia,** la plus imposante calotte glaciaire des Rocheuses, qui couvre plus de 300 km² et s'écoule en plusieurs directions, donnant naissance à la fois à la rivière Saskatchewan du Nord, qui se jette dans la baie d'Hudson, à l'Athabasca qui aboutit à l'océan Arctique, et à la Bush, un affluent du Columbia, qui mène au Pacifique. Au centre d'information à côté du chalet, intéressante projection *(10 mn)* sur le champ de glace Columbia.

On peut gagner à pied les abords de la langue de glace ; en été des amas de roches et de graviers bruns et nus la précèdent : c'est la moraine frontale, tandis que, de la glace maculée, s'écoulent des ruisselets qui forment un petit lac en contrebas.

Excursion en autochenille sur le glacier★★ (Snowcoach trip). – *De juin à septembre, en fonction des conditions climatiques ; durée 3/4 h ; $10.00. En juillet et août l'attente est parfois longue.* ☎ *(403) 762 2241.*
L'autochenille remonte le glacier *(commentaire en anglais)* et dépose ses occupants sur une épaisseur de 300 m de glace (on peut marcher sur la glace mais ne pas s'éloigner). L'excursion permet d'observer de près quelques crevasses ; belles vues sur les montagnes environnantes.

Laissant le glacier Athabasca, la route amorce une **descente**★★ spectaculaire le long de la falaise du mont Wilcox et traverse les cascades du **ruisseau Tangle** *(km 135)*, puis offre une **vue**★ à gauche sur une autre partie du champ de glace Columbia, le glacier Stutfield, suspendu au-dessus de la vallée. Devant la route se dresse l'imposante Endless Chain Ridge.

Chutes de la Sunwapta★. – *Au km 177 prendre à gauche la route d'accès (400 m).* La chute supérieure est toute proche du stationnement : après avoir contourné une petite île boisée, le torrent s'engouffre soudain dans un étroit canyon aux parois verticales avant de faire un brusque coude. Un chemin en sous-bois *(3/4 h à pied AR)* mène à la chute inférieure.

Peu après les chutes, la Sunwapta se jette dans l'Athabasca dont la route suit jusqu'à Jasper l'impressionnante vallée, dominée à l'Ouest par le mont Christie et par derrière les trois pics du mont Fryatt. Au Nord-Ouest, apparaît peu à peu le sommet enneigé du mont Edith Cavell, tandis qu'à l'Est de la route se dresse le mont Kerkeslin, dernier massif de la chaîne des synclinaux.

Chutes de l'Athabasca★★. – *Au km 200 prendre à gauche la route 93 A sur 0,5 km.*
Les eaux puissantes de l'Athabasca s'engouffrent en mugissant dans une gorge spectaculaire aux parois feuilletées. Au-dessus de la chute se dresse le mont Kerkeslin.

En approchant de Jasper, on aperçoit à l'Ouest le mont Whistlers et son téléphérique ; en face se dresse le mont Pyramid et à l'Est la pointe du mont Tekarra.

⑥ RÉGION DE JASPER★★★

La ville doit son nom à **Jasper Hawes** qui, vers 1801, fonda pour la Compagnie du Nord-Ouest un poste de traite au bord de l'Athabasca. Après l'ère des compagnies de fourrures vint celle du chemin de fer, dont les projets de construction amenèrent la création du parc national en 1907 ; le Grand Trunk Pacific atteint le parc en 1911, doublé en 1915 du Canadian Northern ; les deux compagnies devaient plus tard former le Canadien National.

Aujourd'hui Jasper est une station de villégiature importante (environ 3 260 résidents), offrant au visiteur toutes facilités : logement, commerces, administration du parc national et une gare.

Dominée au Nord par la pointe du mont Pyramid tandis qu'au Sud se dressent les pentes enneigées du mont Edith Cavell, Jasper est bâtie dans la vaste vallée de l'Athabasca, au confluent de la Miette ; ces vallées sont parsemées de nombreux lacs, dont certains, sur la rive droite, (tels les lacs Edith et Beauvert où se trouve Jasper Park Lodge, le luxueux hôtel du Canadien National) seraient les restes d'un vaste lac glaciaire qui aurait occupé toute la vallée sur 80 km après la dernière glaciation.

The Whistlers★★. – *Schéma ci-dessous. Accès par le téléphérique Jasper Tramway, de mi-avril à mi-octobre ; montée 7 mn ; $6.50 ; restaurant, cafétéria, souvenirs. ☎ (403) 852 3093. De Jasper prendre la route 93 sur 4 km, puis à droite pendant 3,5 km.*

Le mont Whistlers doit son nom au sifflement strident (whistle) des marmottes, nombreuses sur ses flancs.

Du sommet (2 469 m), on découvre une **vue**★★ spectaculaire sur le site de Jasper, 1 200 m plus bas, et les chaînes de montagnes qui l'entourent ; au premier plan à droite coule l'Athabasca, derrière se dresse Maligne Range et, au-delà, Queen Range ; sur la gauche se lovent les méandres de la Miette ; le fond des vallées, bosselé, est couvert d'alluvions glaciaires qui, sur la rive gauche de la Miette surtout, retiennent de nombreux lacs, comme les lacs Patricia et Pyramid situés entre Jasper et le mont Pyramid.

En gagnant le sommet du mont, 180 m plus haut *(chaussures de montagne nécessaires)*, on découvre, vers le Sud, le mont Edith Cavell, la face Nord en synclinal du mont Kerkeslin, et au loin le champ de glace Columbia. A cette altitude se développe une flore typiquement alpine, où dès la fonte des neiges fleurissent des multitudes de plantes de montagne.

Mont Edith Cavell et Angel Glacier★★★. – *27 km par les routes 93, 93A, et une route d'accès de 15 km, étroite, en lacet, très fréquentée en été – compter 20 à 30 mn pour la montée – schéma p. 52. En été : rafraîchissements et repas légers au sommet.*

La route en corniche remonte la vallée de l'Astoria, offrant peu avant le sommet une belle vue sur le lac Cavell en contrebas, et aboutit à un vaste cirque de haute montagne, dominé par l'impressionnante falaise enneigée du mont Edith Cavell (3 363 m). Jadis les « voyageurs » qui remontaient la rivière Whirlpool, juste au Sud, jusqu'au col Athabasca appelaient ce pic majestueux « la Montagne de la Grande Traverse » ; il fut rebaptisé, après la Première Guerre mondiale, du nom d'une infirmière anglaise, capturée et exécutée par les Allemands pour avoir aidé des soldats alliés à fuir la Belgique occupée.

Angel Glacier★★★. – Du sommet de la route, un sentier *(3/4 h à pied AR)* mène au pied du versant Nord du mont, face au « glacier de l'Ange » qui déploie sur la roche les ailes immaculées qui lui ont valu son nom.

Depuis le **lac Cavell**★★ *(redescendre la route sur 1,5 km puis suivre le sentier de Tonquin Valley sur 400 m),* joli petit lac aux eaux vertes provenant du glacier de l'Ange, belle vue sur le mont Edith Cavell. *Le sentier de Tonquin Valley (19 km) est une excursion très réputée des randonneurs à cheval.*

Route du lac Maligne★★★. – *48 km - compter 5 h AR - schéma p. 52.*

Maligne Canyon★★. – *6,5 km de la route 16. Salon de thé. 1/2 h à pied AR.*

C'est la plus longue et la plus spectaculaire des gorges de ces parcs nationaux, profonde (environ 50 m), étroite (moins de 3 m par endroits) et très pittoresque, qui s'ouvre soudain dans la forêt.

Un sentier et plusieurs ponts permettent d'en suivre les bords sur les deux rives, de voir les marmites de géants que les tourbillons ont creusées dans le rocher et les cascades qui jalonnent le cours de la rivière Maligne. Ce sont les « voyageurs », au temps de la traite des fourrures, qui ont ainsi nommé la rivière, pour les dangereux courants qu'elle crée en se jetant dans l'Athabasca au sortir de la gorge.

ROCHEUSES (Parcs des)★★★

Lac Medicine★. – *16 km après le canyon.*
La route longe sur 6 km ce joli lac dominé par Maligne Range au Sud et la crête en dents de scie de Colin Range au Nord ; il a la particularité d'être presque à sec à certaines périodes de l'année ; sans doute l'eau s'infiltre-t-elle dans le calcaire pour réapparaître plus loin dans la rivière Maligne et le lac Beauvert.

Lac Maligne★★★. – *Repas légers, location de bateaux à moteur ; en hiver location de skis de fond.*
La route s'arrête à la pointe Nord de ce lac tout en longueur (22 km de long, 1,5 km de large), l'un des plus célèbres des Rocheuses, qui baigne une chaîne aux crêtes enneigées. Le lac fut découvert en 1875 par Henry MacLeod qui cherchait alors un passage pour le Canadien Pacifique et, déçu, dut se rendre à l'évidence : il se trouvait devant un cul-de-sac. De la route, on remarque sur la droite les pics jumeaux des monts Unwin (3 329 m) et Charlton (3 217 m). Cependant les montagnes qui bordent l'extrémité Sud du lac sont bien plus belles ; on peut les admirer en faisant le tour du lac en bateau.

Le lac Maligne

Promenade en bateau★★★. – *De juin à septembre de 9 h 30 à 17 h ; durée : 2 h. $5.00.* ☎ (403) 852 3370.
On notera le changement de couleur de l'eau, verte à l'extrémité Nord du lac, et bleu-vert profond au Sud de Samson Narrows, détroit formé par les alluvions d'un petit torrent ; les quelques arbres de l'île Spirit qui pointent là fournissent aux amateurs de photographie un premier plan apprécié : c'est l'un des **sites★★★** les plus célèbres des Rocheuses, entouré des impressionnantes falaises des monts Mary Vaux, Brazeau, Warren et Monkhead qui dominent le lac de plus de 1 500 m.

⑦ LA ROUTE 16 dans les ROCHEUSES★★ (Yellowhead Highway)

De Tête Jaune Cache (C.-B.) à la porte Est du parc de Jasper -
154 km - environ 3 h - schéma p. 52 et 53

Tête Jaune Cache doit son nom à un employé de la Compagnie du Nord-Ouest, sans doute François Decoigne, un Iroquois blond surnommé Tête Jaune et qui tenait le poste de Jasper House en 1814 ; il avait une cache de peaux et de provisions près du col qui porte son nom, anglicisé : **Yellowhead Pass**, ainsi que la route, **Yellowhead Highway**, qui relie Winnipeg à Prince Rupert et est, avec la Transcanadienne, l'une des grandes voies de traversée de l'Ouest canadien.

Chutes Rearguard★. – *2 km à l'Est de Tête Jaune Junction - visite 1/2 h.*
Laissant derrière elle les monts Cariboo, la route remonte le long du Fraser vers les Rocheuses. Le fleuve, qui n'est ici qu'un torrent de montagne, coule tout près de la route ; un premier point de vue donne un aperçu des chutes depuis le bord de la route, mais le court sentier qui descend jusqu'à la rive aux roches usées par le frottement de l'eau dévoile bien mieux le site pittoresque, bordé d'arbres, où les chutes, plutôt une large cascade, font bouillonner les eaux turquoises du torrent, déjà large si près de sa source. Quelques saumons du Pacifique remontent jusqu'ici (ce point marque la limite extrême des frayères), à plus de 1 200 km de l'embouchure.

Mont Robson★★★. – *Km 18.* Dès l'entrée dans le parc provincial du mont Robson on voit, face à la route, le point culminant des Rocheuses canadiennes : 3 954 m, dont 3 000 m dominent directement la vallée. Ses flancs coniques, creusés de ravinements symétriques, semblent gaufrés. Malheureusement, en raison même de son altitude, la cime est souvent cachée par des nuages.
Le mont s'inscrit dans un site magnifique, entouré de montagnes où l'on remarque à gauche le mont Cinnamon (2 735 m) et à droite la chaîne Rainbow.

Chute Overlanders★★. – *Km 19. Sentier en sous-bois, 1/2 h à pied AR.*
Dans les années 1860, plusieurs groupes de chercheurs d'or, partis de l'Ontario et du Québec, entreprirent de traverser le pays pour se rendre dans les Cariboo *(voir p. 41)*, soit un voyage de 3 600 km à vol d'oiseau ! Ils traversèrent les Rocheuses par la vallée de l'Athabasca et le col Yellowhead ; on les appela « the Overlanders ».
Le site de la chute est spectaculaire, parmi les bois et les rochers de schiste feuilleté ; après la chute se crée un tourbillon qui s'engouffre dans une gorge étroite couronnée par le pic Cinnamon.
Plus loin, la route longe le **lac Moose** qui s'étire sur plus de 12 km ; vers l'Est le massif du mont Waddington ferme le paysage. A gauche de celui-ci se découvre bientôt le mont Fitzwilliam (2 911 m), pyramide irrégulière à la cime noircie. A sa gauche, apparaît ensuite

une majestueuse muraille jalonnée de tours : le mont Yellowhead (2 458 m), dominant le lac du même nom. Puis la route atteint le col (1 131 m) *(avancer les montres d'1 h)* et redescend par la vallée de la rivière Miette vers Jasper *(km 105).*

Jasper★★★. – Page 55.

A partir de Jasper, la route suit la large vallée glaciaire de l'Athabasca, qui roule vers le Nord ses eaux turquoises sur leur lit de gravier. A l'Est, se dresse la crête en dents de scie de Colin Range tandis qu'à l'Ouest la falaise massive appelée « the Palisade » borde la route. Plus loin, **vue★★** sur la silhouette hardie, en forme de dent isolée, de Roche Miette (2 316 m) qui devrait son nom à un « voyageur » qui en fit l'escalade, puis s'assit tranquillement au sommet pour fumer une pipe.

Après Roche Miette, une route à droite *(18 km de lacets ; route en mauvais état, ouverte l'été seulement)* mène à **Miette Hot Springs,** où jaillissent les sources sulfureuses les plus chaudes des Rocheuses (54 °C), particulièrement riches en calcium.

SKEENA (Vallée du) ★★★ Colombie Britannique

Carte Générale F 4 - Carte des Principales Curiosités p. 5.

Le Skeena prend sa source dans les monts Skeena, l'un des maillons de la Chaîne Côtière dans le Nord de la Colombie Britannique, avant de se jeter dans le Pacifique à Prince Rupert.

De l'embouchure à New Hazelton la route 16 (Yellowhead Highway, *voir p. 56*), en remontant la vallée du Skeena, traverse de beaux paysages sauvages de forêts et de montagnes.

Prince Rupert. – 16 197 h. *Liaisons par bateaux réguliers avec Port Hardy (île de Vancouver) par BC Ferries (voir plus loin), et par Alaska Marine Highway avec Skagway (tous les jours en été, les mardis et vendredis en hiver ; renseignements : A.M.H., Pouch R., Juneau, Alaska 99811).*

Bâtie sur l'île Kaien, non loin de l'embouchure du Skeena, à seulement 50 km de l'Alaska, Prince Rupert est un excellent port, libre de glaces toute l'année, qui, relié à Edmonton par le train (depuis 1914) et la route (depuis 1970 seulement) exporte bois, minerais, et blé des Prairies.

C'est avant tout un important port de pêche (saumon, hareng, morue, crabe et surtout flétan). Le flétan est un grand poisson plat en forme de losange, qui peut atteindre 2 m de long et peser jusqu'à 150 kg.

Musée de la Colombie Britannique du Nord★. – *Dans le bâtiment du bureau de tourisme. Visite tous les jours sauf les fins de semaine de septembre à mi-mai.* ☎ *(604) 624 3207.*

Les **totems** dressés devant le bureau de tourisme rappellent que la région n'était, naguère, habitée que par les Indiens Tsimshian sur le continent et Haida dans les îles de la Reine Charlotte *(voir p. 35)* ; 25 totems au total sont dispersés dans la ville.

Les deux salles du musée sont particulièrement intéressantes, par les témoignages qu'elles apportent sur la civilisation indienne, au moyen de maquettes de maisons, vêtements, photos, et par la va-

(D'après photo Otto Nelson, Denver Art Museum)

Couverture Chilkat

leur artistique des pièces exposées. Remarquer en particulier : sculptures d'argilite, pierre noire et lustrée au grain très fin, boîtes peintes, etc.

Le Passage Intérieur★★ (de Prince Rupert à Port Hardy). – *Parcours en traversier. Départ toute l'année, durée 20 h dont 1 nuit. Pour tous renseignements s'adresser à BC Ferry Office, 818 Broughton St., Victoria, BC V8W 1E4.*

En été, il est conseillé de réserver.

Ce parcours d'environ 430 km entre les îles de cette côte déchiquetée, ainsi préservée des houles de l'océan, traverse d'admirables paysages, sauvages et vierges, îles boisées et rivages montagneux, où de loin en loin la présence humaine se révèle par la découverte d'un petit port de pêche orné de quelques totems ou d'une usine de pâte à papier. Les forêts de cette côte doivent leur beauté à une forte pluviosité ; il n'est pas rare que brumes ou nuages cachent aux passagers une grande partie de ce paysage.

De Prince Rupert à Kitwanga★★. – *245 km par la route 16 - environ 3 h.*

On longe d'abord l'estuaire du Skeena, dans un paysage magnifique où montagnes et îles boisées se reflètent dans les plans d'eau, avant de serrer de près le fleuve, moins large et encombré de nombreux bancs de sable colonisés par la forêt omniprésente. Les rives du fleuve, escarpées, sont uniformément boisées, et les montagnes qui délimitent la vallée fortement marquées par les glaciers ; cirques glaciaires, vallées suspendues et quelques sommets enneigés composent dans cette solitude un paysage grandiose ; par endroits une cascade dévale la falaise abrupte qui domine la route.

La vallée s'élargit en arrivant sur **Terrace** *(km 145),* important centre forestier. Puis la route reprend son parcours de montagne ; au km 235, **vue★** sur la droite sur le massif aux 7 pics appelé « Seven Sisters » (2 786 m), ses sommets enneigés et son glacier.

SKEENA (Vallée du)★★★

Villages indiens★★. – De Kitwanga à New Hazelton *(50 km)*, la route 16 traverse une région de villages indiens, implantés dans de très beaux sites, et qui ont conservé de nombreux totems.

Les **Gitksan,** ou « peuple du Skeena », sont des Indiens de la côte Pacifique *(voir p. 35)* ; ils vivaient traditionnellement de saumons et de baies séchées, qu'ils échangeaient dans les villages côtiers contre des coquillages.

L'arrivée des Blancs, vers 1870, changea leur vie : ils se firent trappeurs pour les compagnies de fourrures ; pour extirper le paganisme, les missionnaires firent renverser les totems et interdire le « potlatch » *(voir p. 35)*. Ainsi s'éteignit une civilisation pourtant riche et prospère.

Grâce à leur isolement les Gitksan préservèrent un peu de leur culture ancestrale. Vers 1950, ils décidèrent de valoriser leur patrimoine en créant un musée vivant où leurs enfants pourraient apprendre les techniques traditionnelles de leur peuple. Ainsi naquit le village de **'Ksan** (c'est le nom indien du Skeena), à la fois centre culturel et attraction touristique.

Kitwanga★. – *Prendre à gauche la route 37, puis après le pont tourner à droite devant l'église.*

L'alignement des **totems**★ le long de la rue centrale est saisissant, dans ce cadre de hauteurs boisées couronnées à l'arrière-plan par un horizon de montagnes enneigées.

Kitwancool★. – *16 km au Nord de Kitwanga. Sur la route 37.* Très beaux **totems**★. L'un d'eux, percé à la base et délicatement sculpté, serait l'un des plus anciens totems en place.

Kispiox★. – *De New Hazelton, suivre la route de Hazelton sur 5,8 km, puis prendre à droite une bonne route de terre pendant 13 km.*

Le **site**★ du village est particulièrement beau, entouré de montagnes boisées. Regroupés dans un enclos les **totems**★ sont sculptés avec force et délicatesse ; certains ont gardé l'aspect lisse du tronc sur presque toute la hauteur, mais un oiseau très réaliste est perché à leur cime ; sur un autre on observe à la base un personnage qui laisse échapper de grosses larmes.

'Ksan★★. – *A l'entrée de Hazelton, 7 km de New Hazelton. Visite accompagnée (en anglais) de début mai à mi-octobre. Durée : 1 h. $3.00 -* ☎ *842 5544.*

Au confluent du Skeena et du Bulkley, le village reconstitué de 'Ksan occupe un joli **site**★, dominé par les sommets aigus du « Rocher Déboulé » (2 400 m). Les maisons sont des modèles réduits des grandes maisons communes traditionnelles, qui pouvaient loger des dizaines de familles et mesurer 20 m sur 30. La visite est guidée par une femme Gitksan qui explique la culture et le mode de vie de son peuple, ce qui donne à son témoignage une valeur authentique.

La **Maison des Arts d'Aujourd'hui** (Today House of the Arts), où sont en vente bijoux d'or et d'argent et sculptures d'argilite, de jade ou de bois, œuvres des artisans du village, est le point de départ de la visite guidée.

La **Maison du Passé Lointain** (Frog House of the Distant Past) est consacrée à la civilisation indienne avant l'arrivée des Blancs.

La **Maison des Ancêtres** (Wolf House of the Grandfathers) évoque le passé plus récent, où le mode de vie traditionnel s'est enrichi de techniques nouvelles, au contact des Blancs ; *en juillet, spectacle de danses traditionnelles le vendredi soir.*

La petite **Maison des Trésors** (Fireweed House of Treasure) est réservée aux matières premières qu'utilisaient jadis les Indiens (écorces, fibres, racines).

La **salle d'exposition** (Exhibition Centre) est un musée des objets anciens que les fondateurs de 'Ksan tenaient de leur famille : masques sculptés, capes décorées, etc.

Enfin la **Maison de la Sculpture de Tous les Temps** (Carving House of All Time) abrite l'atelier des artisans du village.

*En arrivant dans une localité
arrêtez-vous au bureau de tourisme local
qui procure gratuitement
plan de la ville
et tous renseignements touristiques
(possibilités de logement,
heures de visite des curiosités, etc.).*

*Avant de continuer votre voyage
dans le reste de la province,
voyez le bureau de tourisme provincial
qui fournit carte routière,
répertoire des hôtels, motels, terrains de camping,
et tous renseignements sur les parcs provinciaux
et les autres curiosités de la province.*

VANCOUVER ★★★ Colombie Britannique

Carte Générale **F 5** – Carte des Principales Curiosités p. 5 – *Schémas p. 59 et 64* –
Agglomération : 1 268 183 h. - Bureau de Tourisme : ☎ (604) 682 2222.

Métropole de la Colombie Britannique, centre de la troisième agglomération du Canada, Vancouver occupe un **site★★★** superbe, cerné de toutes parts par la mer et dominé par de hautes montagnes souvent enneigées : Grouse Mountain et ses pistes de ski, la double bosse des Lions (1 750 m), Sky Pilot Mountain (2 025 m) et Hollyburn Mountain se dressent juste au Nord de la rade, tandis qu'à l'Ouest de l'autre côté du détroit de Géorgie pointent les montagnes de l'île de Vancouver, et au loin au Sud-Est la chaîne des Cascades.

Le **climat** ici est une exception au Canada par sa douceur (en moyenne 6° en janvier ; 21° en juillet ; la neige en hiver est rare) et par son humidité (1 500 mm de pluie par an, surtout de novembre à janvier). Une petite pluie fine ou une brume persistante sont fréquentes, ce qui assure la luxuriance des jardins de la ville et des forêts environnantes.

Port et métropole. – En moins d'un siècle Vancouver est devenue le centre financier, commercial et industriel de la province, et le premier port canadien. Grain et potasse des Prairies, bois, charbon, soufre et minerais venant de l'intérieur de la province arrivent par train surtout et sont exportés principalement vers le Japon et d'autres pays de la côte Ouest du Pacifique. Outre les installations de Burrard Inlet, un nouveau port a été créé au Sud du delta du Fraser, à **Roberts' Bank.**

Cosmopolite comme toutes les grandes villes (40 000 Allemands dans la « cité », 83 000 dans l'agglomération ; 50 000 Italiens ; 15 000 Grecs), Vancouver se distingue par l'importance de sa communauté asiatique (40 000 Indiens, 36 000 Chinois) qui a créé au centre-ville un quartier chinois très vivant.

VANCOUVER agglomération

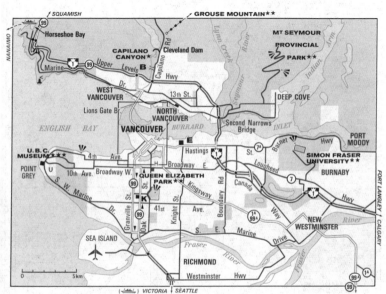

UN PEU D'HISTOIRE

Burrard Inlet, une rade idéale. – Quand en 1858 naquit la colonie de Colombie Britannique, on créa sa capitale, New Westminster, au bord du Fraser ; mais le fleuve gelait en hiver, alors que les eaux marines voisines restaient libres. Dès 1859, l'armée dut tracer une route jusqu'à la rade la plus proche : ainsi naquit Port Moody, tout au fond de Burrard Inlet, l'un des nombreux bras de mer qui entaillent profondément la côte de la province ; long de plus de 30 km, il offrait un excellent abri portuaire, mais personne alors n'y songeait et seules deux ou trois scieries débitaient les arbres géants de ses rives.

La ville du C.P.R. – Après avoir hésité entre plusieurs tracés, le Canadien Pacifique, premier chemin de fer transcanadien *(voir p. 36)* choisit en 1880 de faire arriver la voie à Burrard Inlet, pour la traversée jusqu'à Victoria. Aussitôt à Port Moody le prix des terrains se mit à monter vertigineusement. Autant pour éviter le piège des spéculateurs que pour disposer de plus vastes terrains, William Van Horne, directeur du CPR, décida en 1884 de prolonger la ligne le long de la rade jusqu'à la petite bourgade de **Granville** *(voir p. 62)*. Une ville était née. Forte de 1 000 habitants elle reçoit en avril 1886 le statut de « cité de Vancouver ». En juin un incendie la détruit totalement, mais aussitôt rebâtie, elle accueille le premier train de voyageurs le 23 mai 1887.

■ STANLEY PARK★★★ *visite : 2 h 1/2*

Ce vaste parc (405 ha), principale attraction de Vancouver, jouit d'un **site★★★** magnifique à l'extrême pointe de la péninsule qui ferme presque la rade au Premier Détroit **(First Narrows) ;** près du cœur de la ville, à l'entrée d'un port extrêmement actif, il offre un espace de nature et de détente avec ses plages et ses promenades parmi les arbres géants, restes de la forêt primitive qui couvrait jadis toute la région.

On y pratique toutes sortes de sports (natation, cyclisme, bateau, tennis, golf, cricket). *Restaurants, salons de thé, pique-nique.*

VANCOUVER★★★

Créé dès la naissance de la ville sur une ancienne réserve militaire qui occupait une situation stratégique de premier ordre à l'entrée de cette rade, Stanley Park est devenu si célèbre qu'un séjour à Vancouver ne se conçoit pas sans une promenade dans le parc et une visite à son aquarium.

Le tour du Parc★★★. – Une route-promenade, épousant les courbes du rivage *(10 km, compter 1 h en voiture)* offre de nombreux points de vue sur le port, le centre-ville, la rive Nord de la rade.

Non loin de **Brockton Point,** face au port de plaisance et aux gratte-ciel du centre-ville, sont dressés des totems des Indiens de la côte Pacifique, et présentés sous abri leurs longs canots de cèdre.

Plus loin un autre totem marque **Prospect Point,** au sommet de la falaise qui domine le Premier Détroit. De là on peut observer l'intense trafic portuaire, et, sur la rive Nord, voir Grouse Mountain (1 200 m environ), l'un des centres de ski alpin autour de Vancouver. La route s'écarte ensuite de la rive, mais on peut stationner pour descendre voir **Siwash Rock,** rocher qui se dresse comme un obélisque sur le rivage, et suivre à pied la côte. A **Ferguson Point** s'offre une vue toujours belle mais différente, dominant l'une des plages de la presqu'île (Third Beach) et ouverte sur English Bay et sur le large ; on distingue Point Grey, à l'entrée de la rade, et par temps clair les montagnes de l'île de Vancouver.

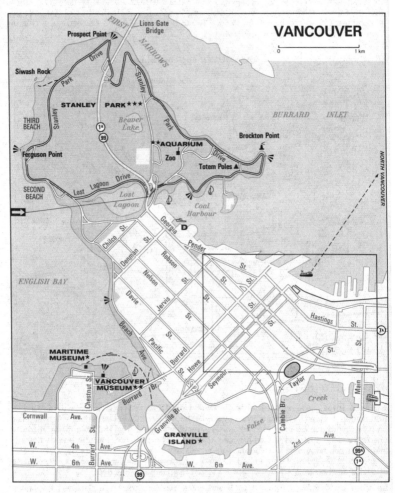

Aquarium★★. – Entourant l'aquarium, le **zoo** *(gratuit)* présente, dans des fosses, pingouins, ours blancs, loutres, flamants roses, etc., et dans de grandes cages des oiseaux exotiques.

L'**Aquarium** *(visite toute l'année. $4.50. Spectacles à heures fixes. Livres et souvenirs. ☎ 682 1118 ou 685 3364)* comprend plusieurs parties : les galeries, obscures et où la seule clarté vient des aquariums, et les bassins des mammifères marins, phoques et cétacés, à l'extérieur.

Dans la **galerie tropicale** se trouvent entre autres des piranhas, poissons carnivores des rivières amazoniennes réputés pour leur voracité, et conservé dans le formol un coelacanthe, espèce de poisson osseux qui existait il y a 300 millions d'années, à l'époque primaire ; il s'agit d'une espèce à mi-chemin entre poissons et reptiles, car elle est dotée en guise de nageoires de membres formés d'os et de chair. La galerie tropicale est prolongée par la **section des reptiles** (tortues, crocodiles).

Deux autres galeries sont consacrées aux eaux territoriales de Colombie Britannique : poissons de mer dans le **BC Hall of Fisches,** parmi lesquels figurent les poissons des grands fonds du détroit de Géorgie : flétan, lingue, pieuvre, etc., et saumon ; poissons d'eau douce dans le **Rufe Gibbs Hall :** esturgeon blanc du Fraser, perche du lac Okanagan, brochet (pike) du bassin de la rivière de la Paix, etc.

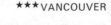
Spectacles d'épaulards. – C'est la section la plus populaire de l'aquarium ; on y voit des belugas (marsouin blanc ou baleine blanche) et des épaulards (ou orques), gros cétacés (jusqu'à 8 m de long et 9 tonnes pour les mâles) à la peau marquée de grands dessins noirs et blancs, et à la mâchoire munie de dents acérées ; animal vorace, il s'attaque même aux baleines dont il déchire la lèvre et dévore la langue, ce qui lui vaut son nom anglais de « killer whale », le cétacé tueur. Au cours des spectacles, le dresseur fait sauter l'animal hors de l'eau, le fait nager sur le dos... pour faire apprécier au public sa taille et sa puissance.

Epaulard

■ **CENTRE VILLE★★**

visite 5 h - plan ci-dessous

C'est sur l'isthme étroit qui sépare False Creek de Burrard Inlet que se pressent les gratte-ciel de verre et d'acier, banques, grands hôtels, bureaux, et immeubles d'habitation. Le cœur de ce quartier est marqué par le carrefour de la rue Georgia et de Granville Mall, où plusieurs centres commerciaux souterrains (Pacific Centre, Vancouver Centre) relient sous la chaussée les bâtiments voisins ; là règne l'animation des grandes villes.

Granville Mall, longue section piétonne de la rue Granville, mène à **Granville Square,** place pour piétons, d'où l'on domine les voies et les quais du Canadien Pacifique, et le quai du **Seabus,** traversier pour North Vancouver *(passagers seulement ; prix $0.75 ; départ toutes les 15 mn ; accès par la gare)*. Au Sud de Georgia se trouve la rue Robson, appelée **Robsonstrasse** entre les rues Burrard et Bute en souvenir des Allemands qui y furent les premiers résidents, et qui se distingue aujourd'hui par une série de petites boutiques et de restaurants.

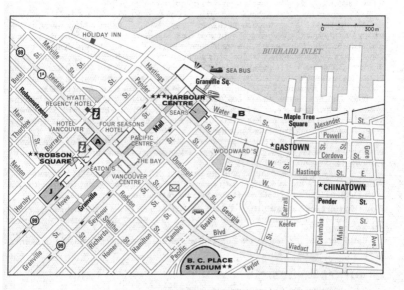

Harbour Centre★★★. – *Montée au belvédère : $1.50. Stationnement payant, cafétéria, restaurant tournant.* ☎ *689 0421.*

Au sommet de la tour de 167 m qui fait face à la gare, le belvédère (Observation Deck) offre une **vue★★★** incomparable sur le port, la ville et le site de Vancouver. On embrasse d'un coup d'œil les quais et l'activité portuaire, la rade de Burrard Inlet sillonnée de cargos, de bateaux de plaisance et d'hydravions, et la rive Nord de la rade où plongent les montagnes aux sommets parfois enneigés ; vers le Sud s'étendent à perte de vue les quartiers résidentiels et le plat delta du Fraser, couronné au Sud-Est, par temps clair, par le triangle enneigé du mont Baker, au Sud de la frontière américaine. Au pied de la tour, on reconnaît les artères du centre-ville et ses bâtiments les plus marquants.

Un **film** *(25 mn ; prix $1.75)* présente Vancouver, son histoire et sa vie actuelle.

Robson Square★★. – C'est une vaste esplanade qui couvre trois blocs entre les rues Georgia et Nelson : tantôt elle passe sous la rue Robson, prend le nom de **Robson Plaza,** et accueille en hiver une patinoire et en été des terrasses de café ; tantôt elle enjambe la rue Smithe pour rejoindre, en gradins couverts de jardins et de fontaines, l'entrée du **palais de justice (J)**, spectaculaire bâtiment de 7 étages revêtu d'une vaste verrière oblique, et dessiné par l'architecte Arthur Erickson, comme plusieurs autres remarquables réalisations modernes de la ville.

Tout au Nord de l'esplanade, la **galerie d'art de Vancouver (A)** *(visite tous les jours sauf le lundi ; $2.00 ;* ☎ *682 5621)* est aménagée dans l'ancien palais de justice dont l'architecture classique, à colonnes et fronton, caractérise l'époque de construction.

VANCOUVER★★★

B.C. Place Stadium★★. – *Visite accompagnée tous les jours (selon le programme des manifestations sportives) ; départ côté Nord de Terry Fox Plaza ; durée : 1 h ; $2.75 ;* ☎ *661 3664.*

Ressemblant à un grand chapiteau de cirque, le stade de Vancouver est actuellement le plus grand amphithéâtre du monde. Conçu par Philippe Barratt, il a été inauguré en 1983. Son toit en téflon et fibre de verre est gonflé par le souffle d'énormes ventilateurs et maintenu par des câbles d'acier. Le toit contient également des éléments chauffants pour faire fondre la neige en hiver ; il est auto-nettoyant grâce aux chutes de pluie, et translucide de sorte qu'il est rarement nécessaire de recourir à la lumière artificielle. Le stade peut contenir jusqu'à 60 000 personnes et ne comporte pas de piliers porteurs qui gêneraient la vue. Au niveau supérieur, un « balcon » offre une vue panoramique sur la ville.

Le stade fait partie d'un vaste projet de développement urbain appelé B.C. Place qui comportera un centre commercial, des logements et des hôtels et qui recevra l'Exposition Universelle en 1986.

Gastown★. – Le plus vieux quartier de la ville, l'ancienne Granville, devenue avec le temps un quartier d'entrepôts et de taudis, aujourd'hui restauré est maintenant un quartier chic, plein d'attraits pour le promeneur, avec ses façades de briques, ses rues pavées, ses lanternes à l'ancienne, ses courettes pittoresques où se cachent des boutiques originales, invitant à la flânerie et au lèche-vitrine. Le soir, les restaurants en font un quartier toujours vivant ; sur la rue Water, une étonnante **horloge à vapeur (B)** « siffle » comme un train l'heure, la demie et le quart.

Jack le bavard. – Sur Maple Tree Square, le centre de Gastown, se dresse la statue de John Deighton, plus connu sous le nom de Gassy Jack, ou « Jack le bavard ». C'était un personnage entreprenant et haut en couleurs qui, en 1867, arriva en ces lieux avec un tonneau de whisky, et s'installa aux portes d'une scierie, Hastings Mills. Les compagnies interdisaient la vente d'alcool sur leur propriété, aussi le nouveau venu eut-il un succès immédiat ; il parvint même à persuader les ouvriers assoiffés de bâtir eux-mêmes leur rudimentaire taverne ! Bientôt naquit alentour une petite localité qui reçut officiellement le nom de **Granville ;** mais pour tout le monde, elle resta **Gastown,** la « ville de Gassy ».

Chinatown★ (quartier chinois). – *Rue Pender entre la rue Carral et Gore Avenue.* Enseignes et affiches en caractères chinois, restaurants et magasins d'articles chinois caractérisent ce secteur où vit la communauté chinoise la plus nombreuse d'Amérique du Nord, après celle de San Francisco. On y fête chaque année le Nouvel An Chinois *(entre le 21 janvier et le 19 février)* avec défilé dans les rues autour d'un grand dragon de papier.

Les premiers immigrants chinois arrivèrent lors de la ruée vers l'or (vers 1871) et surtout comme employés à la construction du chemin de fer (1881-84). La plupart pensaient travailler au Canada quelques années et retourner dans leur pays une fois fortune faite ; aussi gardaient-ils leur costume, la natte traditionnelle, symbole de fidélité à la dynastie mandchoue, leurs coutumes et leur langue, sans songer à s'assimiler. Recrutés par équipes de 30 ouvriers, 2 cuisiniers et 1 comptable - lequel servait d'intermédiaire avec le contremaître blanc - ils vivaient entre eux, travaillant sans relâche dans les conditions les plus difficiles pour un salaire dérisoire : $1.00 par jour, au lieu de $1.50 pour les ouvriers Blancs.

L'hostilité des Blancs envers ces étrangers à la mentalité déroutante, et de surcroît brisant le marché du travail, s'organisa vite. Des associations antichinoises se créèrent, veillant à ce que la législation leur soit défavorable (jusqu'en 1947 ils n'eurent pas le droit de vote), organisant des expéditions punitives.

Malgré leur misère, et même à cause d'elle car ils étaient incapables de payer leur retour en Chine, beaucoup de Chinois s'installèrent à Vancouver, comme personnel d'hôtels, de restaurants, de teintureries, etc.

Une nouvelle vague d'immigrants les rejoignit après la Seconde Guerre mondiale. Aujourd'hui tout à fait intégrés, ils participent à la vie de la cité ; ils ont cependant gardé leurs journaux, leurs associations, et de nombreux restaurants dans leur quartier.

Tour du port en bateau★ (D). – *Départ de Coal Harbour face à la rue Denman (voir plan p. 60). De mai à septembre ; durée 1 h 1/4 ; prix $9.00 ; commentaire en anglais.* ☎ *687 9558.*

Cette agréable promenade offre un bon aperçu des installations portuaires de Burrard Inlet ainsi que de son site.

■ AUTRES CURIOSITÉS

Sauf indication contraire se reporter au plan p. 59.

Musée d'Anthropologie de l'Université de Colombie Britannique★★★ (UBC Museum). – *Visite l'après-midi. Fermé le lundi. $2.00,.* ☎ *228 5087.*

Situé au bout de la péninsule de Point Grey, face au détroit de Géorgie et aux montagnes de l'île de Vancouver, le musée est célèbre pour sa collection d'art des Indiens de la côte Pacifique.

Le **bâtiment★★** lui-même (1976) est un chef-d'œuvre de l'architecture contemporaine, dessiné par Arthur Erickson ; fait de béton et de verre il s'inscrit harmonieusement dans le site. Dès l'entrée le regard est attiré vers le fond du **grand hall★★** où l'on descend doucement : soudain la pièce prend de l'amplitude, s'élève, s'élargit et s'éclaire, tandis que le mur de verre, haut de 14 m, efface toute barrière entre la remarquable collection de totems et la nature, arbres, mer et ciel, qui composent leur site originel. Les pièces exposées sont magnifiques, totems Haida aux formes ramassées, ou Kwakiutl, souvent munis d'immenses becs ; on voit aussi un superbe ensemble à potlatch *(voir p. 35)* orné à chaque bout d'une figure tenant une cuillère dans la bouche.

Prolongeant d'un côté le grand hall, la **galerie des chefs-d'œuvre★★** (Masterpiece Collection, gallery 3) expose au contraire de petites pièces délicatement ciselées, bijoux, cuillers, sommets de coiffures (diadèmes), etc. en argent, en or, en corne, en bois incrusté de nacre, ou en argilite ; on y retrouve les mêmes motifs décoratifs que sur les totems.

Au fond de cette galerie on accède aux **réserves,** exposées dans des vitrines. Parmi des milliers d'objets provenant du monde entier, classés par continent et par civilisation, se trouvent de fort belles pièces.

Les totems. – Ces énormes troncs, sculptés le plus souvent sur toute leur hauteur, sont impressionnants à la fois par leur puissante stylisation de trait et par leur caractère énigmatique. Ils constituaient en quelque sorte les blasons des familles indiennes, et l'on y reconnaît ours, loup ou corbeau, les ancêtres mythiques des clans. On employait ces poteaux soit en piliers d'angles des maisons, ou en entrées décoratives, en les perçant d'un large trou à la base, soit isolés comme monuments de prestige ou funéraires.

Œuvres caractéristiques de la civilisation de la côte, les totems se multiplièrent lors des premiers contacts avec les Blancs, grâce à l'emploi d'outils de fer plus efficaces que la pierre ; ils connurent leur âge d'or dans les années 1860-1880 ; après un long déclin, la tradition semble renaître depuis peu. Les pièces exposées au musée sont des copies d'œuvres anciennes aujourd'hui dégradées.

Rive Nord★★. – Sur la rive Nord de Burrard Inlet plongent directement les versants boisés de la Chaîne Côtière, écrin du site de Vancouver ; si quelques banlieues résidentielles s'accrochent aux basses pentes, les hauteurs sauvages offrent à proximité de la ville des lieux de détente et de loisirs (ski alpin, etc.) et des vues superbes.

Parc provincial du Mont Seymour★★. – *31 km du centre-ville.* Le parc est réputé en hiver pour ses pistes de ski alpin, en été pour ses sentiers de randonnées, mais en tout temps la route d'accès offre d'excellentes vues sur le site de Vancouver : du premier belvédère *(8 km après l'entrée du parc)*, large **vue★★**, vers le Sud-Est, qui par temps clair porte jusqu'au mont Baker (3 277 m) dans l'État de Washington, qui pointe au-dessus des nuages, tandis qu'au premier plan on reconnaît les rives boisées d'Indian Arm, le village de Deep Cove, et au-delà l'Université Simon Fraser.

Plus haut sur la route, juste au-dessous du centre de ski, belle **vue★★**, vers l'Ouest, sur Vancouver et l'entrée de la rade, parfois jusqu'à l'île de Vancouver, et plus au Nord sur le moutonnement des crêtes montagneuses de la Chaîne Côtière. *Un télésiège fonctionne l'après-midi en juillet et août si le temps le permet ; $4.00.*

Grouse Mountain★★. – *7 km du centre-ville par Capilano Road. Le téléphérique fonctionne tous les jours sauf le 25 décembre ;* ☎ 984 0661. *$6.00 ; restaurant au sommet.*

La montée en téléphérique vers ce centre de ski alpin révèle d'excellentes **vues★★** sur la vallée du Capilano et le lac du même nom, puis en arrivant au sommet, sur Vancouver, Stanley Park, Burrard Inlet et au loin dans la brume l'île de Vancouver. Vers le Nord on voit pointer le double sommet des « Lions ».

Capilano Canyon★. – *Signalé sur Capilano Road ; accès tous les jours ; $2.75 ; restaurant ;* ☎ 985 7474.

Le célèbre **pont suspendu★ (B)** enjambe le canyon, 70 m au-dessus du ruisseau, dévoilant un à-pic impressionnant. Long de 137 m, le pont se balance à chaque pas ; de l'autre côté se dressent des arbres géants, cèdres de l'Ouest et sapins Douglas, hauts de plus de 50 m, comme dans la forêt sauvage qui couvrait tout le tour de la rade avant la colonisation de la région.

Capilano Canyon Park. – *En reprenant Capilano Road, tourner tout de suite à gauche.* Il offre des promenades et de jolies vues sur le canyon.

Plus loin encore sur Capilano Road, on arrive au **barrage Cleveland,** d'où l'on voit vers le Sud le début du canyon ; vers le Nord, par-delà le lac Capilano bordé de montagnes, **vue★** sur le double sommet des « Lions ».

Parc Queen Elizabeth★★. – *Angle Cambie Street et West 23rd Avenue. Restaurant, aires de pique-nique.*

Situé au centre géographique de la cité, le parc occupe un mamelon (« Little Mountain », altitude 150 m) d'où l'on a par temps clair une **vue★★★** panoramique sur la ville et les montagnes environnantes et jusqu'au sommet enneigé du mont Baker, dans l'État de Washington, à plus de 110 km. S'enroulant autour de la colline, la route d'accès traverse l'arboretum avant d'arriver devant la sphère de verre du **Conservatoire Bloedel★** *(ouvert toute l'année ; entrée $2.00)*, immense serre de 42 m de diamètre abritant un merveilleux jardin tropical, où vivent en liberté 70 oiseaux exotiques aux vives couleurs. En contrebas, **Sunken Garden★★**, pittoresque jardin de rocailles niché au creux d'une ancienne carrière, développe ses allées sinueuses au pied d'une cascade parmi les massifs de fleurs multicolores ; du pont sur la cascade, jolies vues sur le jardin et la ville.

Université Simon Fraser★★. – *A Burnaby, sur Gaglardi Way. Visite accompagnée en juillet et août, le dimanche seulement le reste de l'année ; durée 1 h ; stationnement payant ; restaurant.* ☎ 291 3111.

Dans un site remarquable, perché sur la « montagne de Burnaby » (360 m) et face aux montagnes de la rive Nord, les architectes Arthur Erickson et Geoffrey Massey ont conçu, au lieu des traditionnels bâtiments dispersés sur un vaste campus, un seul ensemble, réservé aux piétons, et structuré autour d'une vaste cour carrée (Academic Quadrangle) ; arbres, jardins et bassins apportent charme et agrément à ces bâtiments ultra-modernes.

Ouverte en 1965, cette Université est connue pour son enseignement d'avant-garde, et son organisation originale. Les cours y sont dispensés toute l'année, divisée en quatre trimestres indépendants, ce qui permet aux étudiants, selon le temps dont ils disposent, de s'inscrire pour un ou plusieurs trimestres ou pour l'année entière.

Musée de Vancouver★★ (Vancouver Museum). – *Voir plan p. 60. Visite toute l'année ; $2.00 ; cafétéria ;* ☎ 736 4431.

Devant la rotonde du musée, monumentale **fontaine★** d'acier, haute de plus de 6 m, représentant le crabe qui, selon les légendes indiennes, garde le port de Vancouver. De la cafétéria, excellentes **vues★★** par delà les jardins et False Creek sur le centre-ville et Stanley Park, couronnés de montagnes. Sous un dôme conique, se trouve le **Planetarium MacMillan** *(plusieurs représentations par jour sauf le lundi ; $3.00).*

Le musée comprend deux parties : avant et après l'arrivée de l'homme Blanc. La **section indienne,** avec des objets d'une grande beauté, vanneries de fibres de cèdre d'une extraordinaire finesse, sculptures d'argilite, fait revivre la culture des Indiens de la côte du Pacifique ; remarquer particulièrement un masque s'ouvrant pour laisser voir un visage humain, symbole de l'union étroite entre l'homme et le monde animal.

VANCOUVER★★★

La **section historique** évoque l'histoire de la région de Vancouver depuis l'arrivée des Européens par la reconstitution d'un magasin de la Compagnie de la Baie d'Hudson et de l'entrepont d'un bateau d'immigrants. Elle montre la naissance de Vancouver, village de bûcherons, et son développement lié à l'arrivée du « cheval de fer ». Plusieurs reconstitutions de l'époque 1910 illustrent la rapide croissance de la ville devenue métropole. Remarquer, dans le parc de stationnement, l'**Observatoire Southam** (Southam Observatory). *Les heures d'ouverture dépendent des conditions météorologiques.* Par temps clair, les visiteurs peuvent observer, grâce à un téléscope géant, le soleil, la lune, les planètes, les étoiles, etc...

Musée de la Marine★ (Maritime Museum). – *Voir plan p. 60. Visite toute l'année. $1.50.* ☎ 736 4431.

Le musée proprement dit, à gauche en entrant, possède une belle collection de maquettes de voiliers et de vapeurs. D'anciens bateaux sont souvent ancrés dans la baie, à côté du musée.

A droite de l'entrée, un bâtiment abrite le **St-Roch★** *(lieu historique national - visite accompagnée en anglais et français toutes les 1/2 h ; durée : 20 mn)*, bateau de la Gendarmerie Royale du Canada qui, dans les années 1940, franchit dans les deux sens le passage du Nord-Ouest.

Vanterm★ (E). – *A l'extrémité Nord de Clark Drive, emprunter le passage supérieur qui conduit au parc de stationnement des visiteurs. Ouvert du lundi au vendredi, visite accompagnée le dimanche en juin, juillet et août à 13 h, 14 h et 15 h ;* ☎ 666 6129.

On observe le fonctionnement d'un immense complexe de conteneurs, depuis le salon, d'où l'on domine les activités de chargement et de déchargement des navires, des camions et des trains avec, comme toile de fond, les montagnes de la rive Nord.

Ile de Granville★ (Granville Island). – *Plan p. 60. Accessible en voiture par le Granville Bridge et la West 4th Avenue ou par le traversier de False Creek qui part à côté du Vancouver Aquatic Centre sur Beach Avenue, ou encore en traversier depuis le musée de la Marine.*

Cette ancienne zone industrielle située sur l'île de Granville a été rénovée et abrite, à côté de quelques usines subsistant encore, des restaurants, galeries d'art, boutiques, théâtres, hôtels et maisons d'habitation. Le **marché★** *(ouvert du mardi au dimanche)* où les étals de produits frais rivalisent avec la production des groupes ethniques, constitue la principale attraction de ce quartier.

Van Dusen Botanical Garden (K). – *Sur 37th Avenue, à l'angle de Oak St. Ouvert toute l'année. $3.00.* ☎ 266 7194.

Ancien terrain de golf progressivement aménagé en jardin, c'est un vaste espace aux paysages divers ; les jardins les plus composés et les plus fleuris sont groupés autour du pavillon d'entrée, tandis qu'au-delà les plantes se succèdent par familles : pins, érables, bambous, magnolias, etc.

EXCURSIONS

Howe Sound★★★. – *66 km au Nord de Vancouver, jusqu'à Squamish.*

Ce bras de mer, entièrement bordé de montagnes abruptes (à l'Est le mont Brunswick, 1 785 m, et à l'Ouest le mont Elleswere 1 768 m), s'enfonce de 48 km vers l'intérieur.

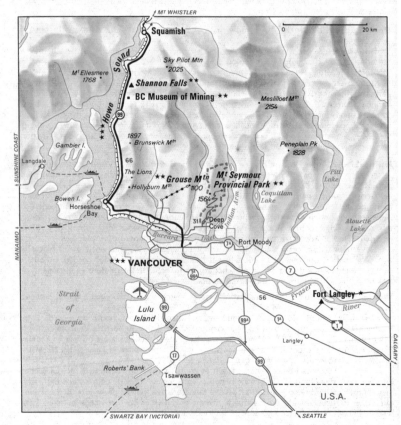

COLOMBIE BRITANNIQUE, ROCHEUSES, YUKON

Accrochée à flanc de montagne et dominant le golfe où plongent de puissantes falaises boisées, la route 99 offre des **vues**★★★ spectaculaires, depuis **Horseshoe Bay,** l'embarcadère des traversiers pour Nanaimo, sur l'île de Vancouver, et pour Langdale, sur la rive Nord de Howe Sound, d'où la route 101 longe la **Sunshine Coast** (Côte Ensoleillée), région de vacances et de plaisance renommée pour son climat privilégié.

Un train à vapeur, tiré par la **Royal Hudson**, relie North Vancouver à Squamish *(départ à 10 h 30, de mi-mai à début septembre ; durée : 1 journée ; prix $10.00 ; réservations ☎ 987 5211).*

Le retour à bord du MV Britannia *(de mi-mai à début septembre, les mercredis, vendredis et dimanches ; $34.00, comprenant le trajet en train ; ☎ voir ci-dessus).* Les vues des deux côtés du fjord sont excellentes et le bateau pénètre jusqu'au cœur du port de Vancouver.

BC Museum of Mining★★. – *Km 48. Visite tous les jours de mai à début septembre, les fins de semaines seulement en septembre. $4.50. Restaurant. ☎ 688 8735.*

Dans une ancienne mine de cuivre abandonnée en 1974, le musée et le film retracent l'histoire de l'industrie minière dans la province ; une visite commentée *(en anglais, durée 1 h 1/2)* montre les installations minières et l'usine voisine de concentration du minerai ; un bref parcours en train de mine permet de voir les différentes méthodes d'extraction employées *(se munir d'un chandail ou d'un imperméable léger car les galeries suintent).*

Shannon Falls★★. – *Km 60. Aires de pique-nique.*

Haute de 335 m, cette chute superbe impressionne par la puissance de la falaise qu'elle dévale, les énormes éboulis dispersés à ses pieds et les arbres géants qui complètent la beauté sauvage du site.

Squamish. – 10 272 h. Petit centre de l'industrie du bois, Squamish occupe un beau site de hautes montagnes enneigées, à la porte des champs de ski alpin du mont Whistler.

Parc historique national de Fort Langley★. – *56 km au Sud-Est de Vancouver par la Transcanadienne et 200th ou 232nd St. North. Visite toute l'année. $1.00. Restaurant. ☎ 888 4424.*

Du temps où la Compagnie de la Baie d'Hudson détenait le monopole de la traite des peaux dans cette région sauvage alors appelée l'Orégon, au début du 19e s., Fort Langley servait de poste de traite et de centre de ravitaillement, avec une ferme, des pêcheries et salaisons du saumon exporté jusqu'en Angleterre et Hawaï. C'est au Fort Langley que fut créée en 1858 la colonie de Colombie Britannique ; mais alors l'arrivée des chercheurs d'or annonçait une nouvelle époque et le déclin du fort *(voir p. 36).*

Derrière la palissade carrée entourant les bâtiments restaurés du fort, des guides en costume d'époque font visiter le magasin et sa collection de **fourrures**★ et de produits de traite, et la maison du chef de poste, où à l'étage on verra une **exposition**★ sur l'histoire du fort, de la traite des fourrures et de la colonisation de la côte.

Pour voyager au Canada,

les bureaux de tourisme provinciaux fournissent gracieusement carte routière de la province, répertoire annuel des hôtels, motels ou terrains de camping, et tous renseignements sur les parcs provinciaux.

VANCOUVER (Ile de) ★★★ Colombie Britannique

Carte Générale F 4, 5 - Carte des Principales Curiosités p. 5 – *Schéma ci-dessous.*

Avec 450 km de long sur 100 de large, soit 32 000 km² (plus que la Sicile), l'île de Vancouver est une grande île, serrée contre la côte, et surtout formée de montagnes (quelques sommets dépassent 2 000 m). La côte Ouest de l'île, profondément échancrée de multiples bras de mer, est ouverte aux assauts de l'océan, tandis que la côte Est, en pente douce, est bien protégée par les montagnes.

Le climat est tempéré (sauf en altitude), mais on y relève des différences sensibles : il tombe 65 cm de pluie par an à Victoria, mais jusqu'à 6,5 m à Zeballos, sur la côte Ouest *(carte p. 34).* Cette forte pluviosité favorise, comme sur toute la frange côtière de la province, la croissance d'une forêt géante et dense qui couvre toute l'île et constitue sa principale ressource.

La population est surtout concentrée à la pointe Sud-Est, autour de Victoria, la capitale provinciale, et le long du détroit de Géorgie qui sépare l'île du continent, voué surtout aux résidences de vacances et un peu à l'agriculture. De ce fait il y a peu de routes sur l'île, mais les compagnies forestières ouvrent au public certains de leurs chemins (« restricted roads ») en dehors des heures de travail.

Accès par traversier

1. Prince Rupert - Port Hardy Durée 20 h. *Voir p. 57.*
2. Powell River - Comox Durée 1 h 20.
3. Horseshoe Bay - Nanaimo Durée 1 h 30.
4. Tsawwassen - Swartz Bay Durée 1 h 30.
5. Anacortes - Sidney Durée 3 h environ.
6. Seattle - Victoria Durée 4 h 15, d'avril en octobre.
7. Port Angeles - Victoria Durée 1 h 1/2.

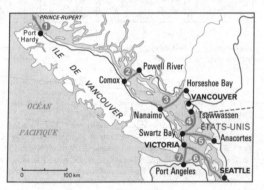

VANCOUVER (Ile de)★★★

Privilégié par son climat protégé des fureurs de l'océan, par les paysages pittoresques qu'y créent ses nombreuses îles rocheuses et boisées, et par la proximité des villes de Vancouver, Victoria et Seattle, le **détroit de Géorgie** est devenu l'une des grandes régions de loisirs de la province. Les multiples criques des côtes déchiquetées et des îles (Gulf Islands) accueillent maint chalet isolé dans une nature sauvage et superbe mais relié à la civilisation par les bateaux qui se balancent à son ponton. On les aperçoit au loin du pont des grands traversiers qui mènent à Swartz Bay ou Victoria.

■ **VICTORIA★★★** – Description p. 67.

■ **TRAVERSÉE DE L'ILE★★**

De Parksville au parc Pacific Rim – 154 km – compter 5 h 1/2 - schéma p. 66

La route 4, qui traverse les montagnes de l'île, est par endroits très sinueuse. Elle offre de beaux paysages et permet d'apprécier à la fois la beauté de la forêt préservée, et l'importance économique de la forêt exploitée.

Chutes de l'Englishman★. – A 5 km de Parksville, prendre à gauche une route de 8 km. Aires de stationnement et de pique-nique. Aux chutes supérieures, proches du stationnement, la rivière Englishman s'insinue dans un étroit et profond canyon. Puis le sentier (3/4 h à pied AR) mène, à travers la luxuriante forêt, jusqu'aux chutes inférieures, où deux jets jumeaux, hauts de plus de 30 m, plongent dans un très beau cirque rocheux.

Revenir sur la route 4, qui laisse la plaine côtière, et aborder la montagne. 21 km plus loin, prendre à droite vers les chutes de la Little Qualicum.

Chutes de la Little Qualicum★. – Un sentier (1/4 h à pied) dans la forêt mène directement aux **chutes supérieures★**, où deux cascades superposées se déversent chacune dans un bassin creusé dans le roc, avant que la rivière ne s'engage dans une gorge. De nombreux points de vue et promenades sont aménagés aux alentours. On peut revenir par un autre chemin (1/2 h à pied) longeant la rivière jusqu'aux **chutes inférieures** où le torrent traverse un chaos de rochers blancs encombrés de troncs d'arbres morts.

La route longe ensuite le lac Cameron, offrant de belles échappées à travers les arbres, et 30 km plus loin, traverse le parc MacMillan.

Parc MacMillan★★ (Cathedral Grove). – Promenade de 3/4 h environ. On pénètre à pied dans l'étonnante **forêt de la côte pacifique,** qui doit à ses arbres géants le surnom de « forêt-cathédrale ». Les troncs montent droits comme des fûts de colonne ; à leur pied le sous-bois est dégagé, mais il y fait humide et sombre comme dans une forêt équatoriale ; de longues mousses pendent des branches tandis qu'au sol poussent de grandes fougères. Cette partie de la forêt primitive fut préservée et donnée à la province par la compagnie MacMillan Bloedel Paper qui exploite sur l'île de vastes étendues de forêt. La plupart des arbres naquirent il y a 300 ans, après un incendie qui dévasta la région, mais certains sont bien plus anciens ; ainsi ce sapin Douglas, de 75 m de haut et 3 m de diamètre, vieux de 8 siècles.

Traversée de l'ILE et PACIFIC RIM

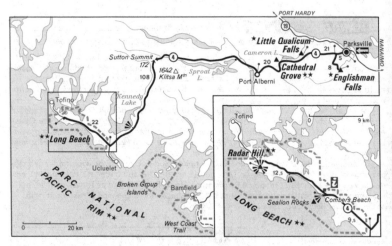

Descendre vers **Port Alberni**, important centre forestier et grande usine de pâte à papier. Il est situé sur la côte Ouest à l'extrémité d'un bras de mer si profond que 19 km seulement le séparent à vol d'oiseau de la côte Est de l'île.

Puis la route longe longuement le lac Sproat, où plongent des versants boisés ; belles vues sur le lac. Grimpant au flanc du mont Klitsa, on voit les traces de l'activité forestière, en traversant des zones entièrement abattues ou en cours de reboisement, et en croisant d'énormes camions qui charrient les troncs.

La route atteint bientôt le col (Sutton Summit, 172 m) puis entreprend, avec forces courbes et contre-pentes, sa descente le long de la rivière Kennedy vers le Pacifique.

Vue★ à gauche sur les sommets enneigés du mont Klitsa (1 642 m).

75 km après Port Alberni, première vue sur le **lac Kennedy,** bordé de hauteurs boisées, que l'on suit longuement en s'élevant par moments à flanc de colline, avant d'atteindre l'entrée du parc de Pacific Rim, non loin de la route d'accès à Ucluelet.

■ PARC NATIONAL PACIFIC RIM★★

Camping possible, renseignements ☎ (604) 726 7721 ; commerces à Tofino et Ucluelet. Bureau d'information ouvert tout l'été.

Son nom qui signifie « le bord du Pacifique » décrit bien le parc, étroite bande de littoral sur la côte Ouest de l'île qui s'allonge sur 130 km, de Port Renfrew à Tofino, en trois sections distinctes : au Sud **West Coast Trail**, un sentier de randonnée de 72 km accessible par la route à chaque extrémité ; au centre **Broken Group Islands** *(accès par MV Lady Rose de Port Alberni, ☎ 723 8313)*, une centaine d'îles et d'îlots rocheux qui se prêtent à la navigation de plaisance ; au Nord s'étire **Long Beach.**

Le climat est humide (3 m de pluie par an, dont 7 cm en août), et frais (température moyenne : 14 °C en juillet) ; la température de l'eau avoisine 10 °C. En été, on peut observer à la jumelle des baleines grises, des otaries, des phoques, voire des épaulards.

Long Beach★★. – Entre Tofino et Ucluelet, petits villages de pêcheurs, seuls centres habités, s'étend au pied des montagnes une longue plage de sable fin (11 km), saisissant contraste après la longue traversée des forêts de l'île. Les puissantes lames de l'océan en font un lieu exceptionnel pour le surf *(les courants peuvent rendre ce sport dangereux ; se renseigner au bureau d'information du parc).*

Plusieurs chemins, traversant brièvement la forêt aux troncs immenses, au sous-bois aéré, mènent à la plage où l'océan a déposé par endroits d'énormes troncs flottés ; de Combers Beach on aperçoit au large « l'île aux Otaries » (**Sealion Rocks**) où ces animaux aiment à se prélasser *(se munir de jumelles).*

Radar Hill★★. – *20 km après la route d'Ucluelet, prendre à gauche une route de 1,5 km.* D'une colline dominant les alentours, se découvrent par temps clair de belles **vues★★** *(longue-vue),* vers l'Est sur la forêt et au-delà sur le bras de mer qui enserre la presqu'île de Tofino, et vers l'Ouest sur l'océan, parsemé d'îlots rocheux ou boisés, et sillonné de larges ondes blanchies d'écume.
On distingue parfois au loin le souffle de baleines grises.

VICTORIA ★★★ Colombie Britannique ─────

Carte Générale F 5 – Carte des Principales Curiosités p. 5 – *Schémas p. 65 et 71* – Agglomération 233 481 h. – Office de Tourisme : ☎ (604) 382 2127.

Capitale de la Colombie Britannique, Victoria est la seconde ville de la province et la reine de l'île de Vancouver, dont elle occupe la pointe Sud, face aux côtes américaines. Ses principales activités découlent de son rôle de capitale provinciale, du port et de la base navale, qu'abritent les rades découpées d'**Esquimalt.** Son climat particulièrement doux et son calme y attirent en outre de nombreux retraités à la recherche d'une vie paisible, tandis que l'atmosphère très britannique qui règne en ville et les jardins qui la parent expliquent l'affluence des touristes américains avides de dépaysement. Une promenade dans le parc de **Beacon Hill** et le long des rives verdoyantes de **The Gorge,** étroit chenal qui relie Portage Inlet au port de Victoria, s'impose dès l'arrivée.

Victoria est une ville très touristique qui offre de nombreux éléments d'intérêt ; nous avons retenu ci-dessous ceux qui se rattachent à son site et à son histoire.

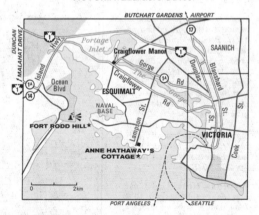

VICTORIA Quartiers Ouest

Un certain cachet britannique. – Victoria ne ressemble à aucune autre ville d'Amérique du Nord. Elle doit cette particularité à sa population essentiellement d'origine britannique, issue non pas de pionniers comme ailleurs mais de coloniaux. Ces employés de l'administration ou des forces navales britanniques ont recréé sur l'île une société mondaine typiquement britannique dont l'isolement, encore réel, malgré les liaisons régulières avec les villes canadiennes et américaines du continent, a préservé en partie le caractère original.

Le traité de l'Orégon. – Vers 1840, la colonisation américaine s'intensifiait dans l'Orégon, vaste territoire à l'Ouest des Rocheuses, et il devint évident que toute la région, de la Californie (alors mexicaine) à l'Alaska russe, serait bientôt annexée par les États-Unis si la Grande-Bretagne n'y prenait garde. On négocia donc une frontière à l'Ouest des Rocheuses. La Compagnie de la Baie d'Hudson était établie à Fort Vancouver à l'embouchure du Columbia (aujourd'hui la ville de Vancouver dans l'État de Washington), d'où elle risquait d'être chassée tôt ou tard ; elle résolut donc de s'installer au Fort Victoria, au Sud de l'île de Vancouver (1843). Coloniser la pointe de l'île, c'était y renforcer les droits britanniques lors du partage ; effectivement le traité de 1846 prolongea la frontière existante le long du 49e parallèle jusqu'à la côte, mais reconnut au Canada l'île entière.

Capitale. – Victoria comptait à peine 30 colons lorsqu'en 1849 l'île fut érigée en colonie de la couronne. En difficulté après les brèves flambées des ruées vers l'or *(voir p. 36),* la colonie de l'île et celle de Colombie Britannique, née en 1858 sur le continent, s'unirent en 1866, choisissant d'abord pour capitale New Westminster *(voir p. 59)* puis Victoria en 1869, où se développa la vie mondaine qui fait son cachet.

VICTORIA ★★★

■ **CENTRE VILLE**★★ *visite : 1 journée – plan p. 68*

Il fait bon flâner au cœur de Victoria, autour de James Bay, aux quais bordés de promenades fleuries où accostent les traversiers, et de Government Street, la rue commerçante où abondent restaurants et boutiques (porcelaine anglaise, lainage des Shetland, tissus écossais, artisanat des Indiens Cowichars, antiquaires...), ainsi que les quartiers piétons de **Bastion Square** et **Trounce Alley,** ou les centres commerciaux comme **Market Square** ou **Nootka Court.**

Musée Provincial★★★. – *Visite tous les jours sauf les 1ᵉʳ janvier et 25 décembre. Restaurant ; souvenirs.* ☎ *387 3701.*

Son architecture ultra-moderne (1968) tranche avec le classicisme du Parlement voisin. Le musée fait partie de Heritage Court, ensemble de bâtiments tous dédiés à l'histoire ; le **carillon des Pays-Bas (A),** clocher isolé qui domine l'esplanade, fut offert à la province par les Canadiens d'origine hollandaise *(concerts le dimanche toute l'année, et en été le mercredi, généralement à 15 h).*

Le musée est précédé au Nord d'une **galerie vitrée,** reliée au bâtiment principal par un passage couvert, où de fort beaux totems et sculptures indiennes sont offerts à l'admiration des passants.

Au rez-de-chaussée du musée, trône une impressionnante sculpture moderne en cèdre, représentant, grandeur nature, un équipage de huit Indiens Nootka à la chasse à la baleine, telle qu'ils la pratiquaient avant l'arrivée des Européens.

Le second niveau, consacré à l'**histoire naturelle,** présente en dioramas géants, enrichis de nombreuses explications, les différents types de végétation et d'habitat de la province, la forêt côtière aux arbres immenses, la côte et la vie marine.

Le 3ᵉ niveau comprend deux sections : celle d'**histoire moderne,** curieusement, a pris le parti de remonter le temps et mène le visiteur depuis 1970, avec ses avions et ses téléviseurs, à la reconstitution d'une ville vers 1900, puis aux premiers explorateurs de la province, avec la réplique grandeur nature de l'arrière du « Discovery » de George Vancouver.

Après le « Discovery », on pénètre dans la section d'**histoire indienne,** précédée d'un film d'introduction *(en anglais).* Une belle et vaste collection d'art indien, présentée en dioramas saisissants, explique le mode de vie indigène avant l'arrivée des Blancs et les changements qu'introduisirent ceux-ci dans le domaine de la santé et des coutumes. Les vedettes de la section sont les totems, ainsi que la maison de chef reconstituée.

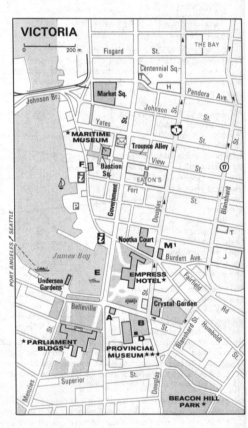

Parlement★. – Sa longue façade sur le port édifiée en 1897, décorée de clochetons et précédée de jardins soignés, ne manque pas de majesté. La nuit, illuminé de milliers d'ampoules qui se reflètent dans les eaux du port, on croirait voir un palais des mille et une nuits.

Visite guidée de l'intérieur (en anglais et en français), durée 1/2 h, tous les jours sauf les fins de semaine en hiver, ☎ *387 3046.*

Empress Hotel★. – C'est l'un de ces hôtels du CPR bâtis dans le style « château » au tournant du siècle (1905), et parmi les plus réussis. Sous sa façade couverte de vigne vierge, il a conservé son aspect cossu et réserve le même accueil attentif à qui ne réside pas à l'hôtel, mais se contente d'y venir prendre le thé servi traditionnellement au rez-de-chaussée *(il est prudent de réserver ;* ☎ *384 8111).* Si elle est devenue moins un rite mondain qu'une attraction touristique, cette cérémonie est toujours un thé somptueux, servi dans une vaisselle raffinée et accompagné de succulents gâteaux anglais.

Thunderbird Park★ **(B).** – Sur la pelouse qui longe le musée provincial, sont disposés une maison peinte, des totems et autres sculptures indiennes ; ce sont de fidèles copies d'originaux, renouvelées lorsque les intempéries les altèrent *(on peut parfois voir des sculpteurs au travail).*

Derrière les arbres du parc se cache **Helmcken House (D),** modeste maison de bois (1858), et une des plus anciennes de la province ; c'est ici que résida le docteur Helmcken, gendre de James Douglas, le premier gouverneur. *Visite tous les jours sauf les lundis et mardis en hiver, durée : 1/4 h.*

Musée de la Marine★ (Maritime museum). – *Visite tous les jours. $2.00.* ☎ *385 4222.*

Le musée occupe l'ancien palais de justice, à **Bastion Square**, le cœur de la vieille ville où se trouvait jadis le gibet ; c'est aujourd'hui une zone réservée aux piétons et animée de boutiques et de restaurants.

Le musée présente d'intéressants documents sur les explorateurs de la côte Pacifique, de nombreuses maquettes de bateaux et des appareils de navigation. Remarquer le Tilikum, une pirogue indienne qui, équipée, partit de Victoria pour gagner l'Angleterre de 1901 à 1904, ainsi que le Trekka, voilier de 6 m construit à Victoria et qui fit le tour du monde de 1955 à 1959 ; ce fut le plus petit bateau à entreprendre un tel voyage.

Galerie Emily Carr★ (Emily Carr Gallery) (F). – *Ouvert tous les jours en été, du mardi au vendredi en hiver. Fermé les jours fériés.* ☎ *387 3080.*

Cette galerie est consacrée à l'un des plus grands et des plus originaux peintres canadiens, Emily Carr (1871-1945), native de Colombie Britannique. Ses paysages de la côte Ouest et ses villages indiens sont saisissants.

La galerie expose, par roulement, les œuvres d'E. Carr et divers documents tels que lettres, manuscrits, articles de journaux, photographies concernant l'artiste.

Promenade en bateau (Harbour Tour) (E). – *Départ face à l'hôtel Empress, de mai à septembre. Durée : 1 h 1/4 . Prix $7.00. Commentaire en anglais.* ☎ *383 6824.*

C'est l'occasion de voir l'activité d'une partie du port, largement orientée vers l'industrie forestière ; le bateau pénètre aussi dans « the Gorge » dont les rives verdoyantes et paisibles contrastent avec les zones industrielles *(voir schéma p. 67).*

Crystal Garden. – *Visite tous les jours sauf le 25 décembre. $3.50. Restaurant, salon de thé.* ☎ *381 1213.*

Construite en 1925 pour la bonne société victorienne qui venait y écouter des concerts en prenant le thé, cette vaste serre rénovée abrite une luxuriante végétation tropicale animée d'oiseaux exotiques et de flamants roses en liberté ; d'autres oiseaux occupent les volières, et dans les vivariums se prélassent lézards et iguanes.

Undersea gardens (aquarium). – *Visite tous les jours sauf le 25 décembre. $4.00.* ☎ *382 5717.*

Installé sous les eaux du port, il permet de voir défiler devant les hublots toutes sortes de poissons, retenus dans une immense cage. La salle de spectacle donne sur un bassin séparé contenant poulpe, esturgeon, petit requin, etc. ; aux heures de spectacle *(toutes les 1/2 h en saison, toutes les heures hors saison)*, un plongeur les présente tour à tour devant les vitres tandis que l'on entend le commentaire enregistré *(en anglais et en français).*

Musée de voitures (Classic Car Museum) (M1). – *Ouvert tous les jours sauf le 25 décembre. $3.50.* ☎ *382 7118.*

Plus de 40 voitures dont la Detroit Electric (1915), la McLaughlin-Buick (1934) et plusieurs Packards, sont exposées.

■ **LE FRONT DE MER ★★**

13 km. Départ de Thunderbird Park ; prendre Douglas Street vers le Sud.

La route panoramique longe d'abord le grand parc de **Beacon Hill★**, agrémenté de massifs de fleurs, de petits lacs et de sentiers de promenade. Lorsque la rue Douglas rejoint Dallas Road qui longe la côte, remarquer, entourée de fleurs, la borne « 0 » **(F)** de la Transcanadienne, route longue de 7 848 km qui traverse tout le continent jusqu'à St-Jean, à Terre-Neuve ; décidée en 1848, elle ne fut achevée qu'en 1962, au col Rogers *(voir p. 46).*

Après le chemin de fer, la route illustrait désormais la devise du Canada : « A mari usque ad mare » (d'un océan à l'autre).

Prendre Dallas Road à gauche.

VICTORIA Front de Mer et Quartiers Est

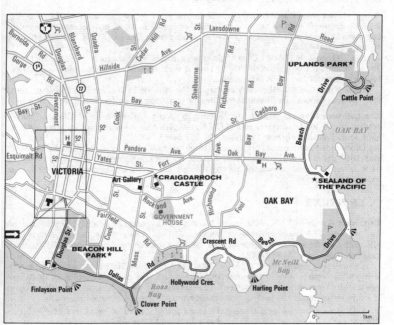

VICTORIA★★★

De **Finlayson Point** et **Clover Point,** par temps clair, **vues**★ étendues jusqu'aux monts Olympic, dans l'État de Washington, de l'autre côté du détroit de Juan de Fuca.

Ensuite la route suit la côte, offrant des vues sur la mer, le rivage déchiqueté, et les villas cossues agrémentées de jardins florissants qui ajoutent encore à la beauté du site. Des belvédères aménagés par endroits permettent d'apprécier la beauté des vues, en particulier à **Harling Point,** dominant la mer face aux Iles Trial, puis autour de **McNeill Bay** lorsque la route longe la plage où la marée rejette des troncs flottés.

Plus loin, du terrain de golf d'Oak Bay, on jouit de splendides **vues**★★ sur le détroit et les îles San Juan.

Sealand of the Pacific★. – *A côté de Oak Bay Marina, le port de plaisance. Visite tous les jours sauf le 25 décembre. $4.50.* ☎ *598 3373.*

C'est le domaine de la vie marine. Dans les aquariums géants, sous les eaux de la baie, évoluent oursins, étoiles de mer, poissons du Pacifique, épaulards mais aussi des otaries, des phoques et des oiseaux de mer (macareux, pingouins). *Spectacle toutes les heures ; durée : 15 mn.*

La route (Beach Drive) longe ensuite la baie jusqu'à **Uplands Park**★ ; dans le parc, prendre à droite la boucle de **Cattle Point** pour les vues en corniche qu'elle offre sur le détroit et ses îles, et par temps clair jusqu'au mont Baker dans la chaîne des Cascades.

■ AUTRES CURIOSITÉS

Craigdarroch Castle★. – *Voir plan p. 69. Accès par Rockland Avenue et Joan Crescent ; signalé. Visite toute l'année. $2.00.* ☎ *592 5323.*

Cette imposante demeure de pierres, toute hérissée de pignons pointus, de tourelles et de cheminées, fut construite dans les années 1880 par Robert Dunsmuir, industriel d'origine écossaise qui fit fortune grâce aux mines de charbon voisines de Nanaimo. Devant l'entrée, un porche permet de descendre de voiture à l'abri des intempéries ; la cage d'escalier, toute en bois, est coupée d'un palier où s'installaient les musiciens lors des réceptions. Le dernier étage est une immense salle de bal, et du haut de la tour, on aperçoit Victoria.

La famille Dunsmuir faisait partie de la haute société de Victoria : l'un des fils devint premier ministre puis lieutenant-gouverneur de la province.

Art Gallery. – *1040 Moss Street. Voir plan p. 69. Visite tous les jours sauf les jours fériés et le lundi en hiver. $2.00. Café ; boutique.* ☎ *384 4101.*

Admirer d'abord la maison, donnée par miss Sara Spencer, où est logée la galerie d'art ; construite en 1890, elle a gardé son vestibule entièrement lambrissé, quelques riches meubles chinois, et son jardin japonais propice à la méditation. Dans l'aile moderne est présentée la collection d'œuvres d'**Emily Carr,** qui était originaire de Victoria et peignit à profusion la dense forêt de la côte et les totems des villages indiens, et celles de **A. Y. Jackson,** peintre du « Groupe des Sept » *(voir p. 141).*

Fort Rodd Hill★. – *14 km à l'Ouest du centre ville - schéma p. 67.*

Suivre la route 1 puis 1A qui longe **« the Gorge »,** étroit bras de mer bordé d'agréables jardins. *Après 12 km prendre à gauche Ocean Blvd (signalé).*

Visite tous les jours sauf les 1ᵉʳ janvier, 25 et 26 décembre. ☎ *388 1601. Dépliants bilingues.*

Cet ancien fort, désaffecté depuis 1956, est, aujourd'hui, un **parc historique national.** Il commande l'entrée du port d'**Esquimalt,** base navale britannique à partir de 1864, reprise par le Canada en 1906. On peut visiter des trois batteries d'artillerie et lire d'amples explications sur les défenses du fort et de la côte. La côte est sauvage, bordée de rochers usés par les glaciers où poussent des genêts ; du **phare Fisgard,** qui, depuis 1860, guide les navires à l'entrée du port, belles **vues**★ sur le port d'Esquimalt, le détroit de Juan de Fuca, et par temps clair les monts Olympic aux États-Unis.

Anne Hathaway's Cottage★. – *429 Lampson Street, à Esquimalt - schéma p. 67. 4 km du centre de Victoria par Johnson Bridge et Esquimalt Road, puis tourner à gauche sur Lampson St. Visite accompagnée (1/2 h) en anglais toute l'année. $3.75. Restaurant, salon de thé.* ☎ *388 4353.*

Les bâtiments de l'hôtel « Olde England Inn » imitent les maisons d'un village anglais du 16ᵉ s., construites en « pans de bois » ; l'une d'elles reproduit la maison natale de Shakespeare, à Stratford on Avon (Angleterre).

On ne visite que **Anne Hathaway's cottage,** fidèle réplique de la chaumière où vécut, avant son mariage, l'épouse de Shakespeare ; devant la maison est reconstitué le jardin original.

Craigflower Manor. – *110 Island Highway (à l'angle de Craigflower et Admiral Roads) - schéma p. 67. Visite accompagnée (1/2 h) en anglais tous les jours sauf les jours fériés, le lundi toute l'année et le mardi en hiver.* ☎ *387 3067.*

La visite fait remonter à l'origine de Victoria, au tout début de la colonisation. Construit vers 1855 par la Compagnie de la Baie d'Hudson et doté de portes et fenêtres renforcées de peur de quelque attaque indienne qui n'eut jamais lieu, le manoir était le centre d'une vaste exploitation agricole.

ENVIRONS

Butchart Gardens★★★. – *21 km de Victoria par la route 17 et Keating Cross Road, ou par la route 17A (plus agréable) et Benvenuto Road. Visite toute l'année. Concerts et spectacles (illuminations) en juillet et août. $6.00. Compter 3 h pour la visite. Restaurants, cafétéria. Boutique.* ☎ *652 4422.*

Ces célèbres jardins furent créés en 1904 par Mrs Jennie Butchart, dont le mari possédait une cimenterie, dans une ancienne carrière de pierre à chaux. A force d'art et de soin elle transforma ce paysage dévasté en un lieu superbe qui depuis le début du siècle ne cesse d'attirer les visiteurs. Les jardins, admirablement entretenus, s'étendent sur 14 ha.

Dépliant en français et plan disponibles à l'entrée. Suivre le parcours fléché, ou commencer par la roseraie et terminer la visite « en beauté » par Sunken garden.

COLOMBIE BRITANNIQUE, ROCHEUSES, YUKON

Sunken garden★★★ (littéralement : jardin en contrebas) occupe le fond de la carrière ; on ne peut qu'admirer l'art avec lequel sont disposés massifs de fleurs, arbustes, arbres, pièces d'eau et pelouses, pour obtenir une telle harmonie de formes et de couleurs. Au fond du jardin, la fontaine Ross est animée en permanence de jeux d'eau sans cesse renouvelés commandés électroniquement.

Les jardins comprennent en outre une vaste pelouse où ont lieu les concerts, la **roseraie**★ (en pleine floraison début juillet), le **jardin japonais**★, avec ses cascades et son petit pont laqué, et le **jardin italien**★ autour d'un bassin allongé, orné de fontaines, de statues et de cyprès.

Malahat Drive★. – C'est une section de la Transcanadienne (route 1) qui commence à 24 km de Victoria et sur 19 km environ longe Finlayson Arm et Saanich Inlet.

Elle s'élève en corniche au flanc de Malahat Ridge et domine la rive de 200 à 300 m, offrant de belles **vues**★★ sur le bras de mer, les îles du golfe et, par temps clair, la côte du continent.

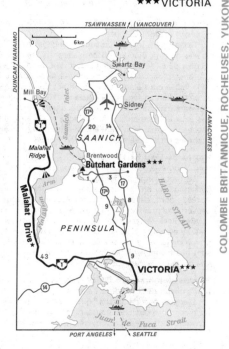

BC Forest Museum★. – *A Duncan, 65 km au Nord de Victoria par la route 1, et 2 km au Nord de la ville, à l'Est de la route. Visite de mai à mi-septembre. $3.50. Aires de pique-nique. ☎ 748 9389.*

Les énormes machines désuettes disposées dans la forêt, les sections de troncs géants avouant plus de 1 000 ans d'âge, les maquettes et les nombreuses photos du petit musée dressent un tableau impressionnant de l'industrie forestière de la Colombie Britannique à l'ère héroïque des attelages de bœufs et des machines à vapeur.

WATERTON (Parc national des lacs) ★★ Alberta _____

Carte des Principales Curiosités p. 6.

Camping, chambres ; golf, équitation, randonnée, bateau, ski de fond. La plupart des services ne sont offerts qu'en été. Voir tarifs p. 24.

Situé sur le versant Est des Rocheuses, le parc occupe l'angle Sud-Ouest de l'Alberta, à la limite de la Colombie Britannique et du Montana (États-Unis) dont il prolonge le parc Glacier ; les deux parcs ont fusionné en 1932 pour former le parc international de la Paix.

Deux traits saillants marquent le paysage du parc. D'abord sa situation à la limite de la prairie et de la montagne : à l'entrée du parc, les pâturages vallonnés viennent buter sur la muraille rocheuse, tapissée de forêts à sa base. Ensuite la forte empreinte des glaciers, qui y ont creusé de larges vallées, occupées aujourd'hui par des lacs, et abandonné d'importantes moraines.

Jadis fief des Indiens Pieds-Noirs, ces montagnes furent explorées en 1858 par Thomas Blakiston, de l'expédition Palliser *(voir p. 79)*, qui donna aux trois principaux lacs le nom d'un naturaliste anglais du 18e s., Charles Waterton.

Quelques années plus tard, on découvrait du pétrole dans les environs, et l'on forait le premier puits de la future province d'Alberta ; ainsi se créa **Oil City,** ville éphémère, qui mourut quand le puits se tarit. En même temps la région devenait réserve forestière (1895), puis parc national (1910).

■ PRINCIPAUX SITES

Nous ne citons ci-dessous que les lieux accessibles en voiture.

Pour les nombreuses promenades qu'offre le parc, se procurer au bureau d'information ou au bureau du parc, ☎ (403) 859 2262, une carte détaillée (échelle 1/50 000) signalant les sentiers, leur difficulté et le temps de parcours.

La station. – La petite station de Waterton est bâtie sur les alluvions du ruisseau Cameron, au bord du lac Waterton Supérieur. Le **site**★★ est agréable (on l'apprécie particulièrement de la route d'accès, ou du point de vue aménagé sur une hauteur, devant le grand hôtel Prince of Wales) : les trois lacs Waterton occupent en enfilade une majestueuse vallée glaciaire, dominée par les monts Bertha, juste derrière la ville, Richards, Campbell, et la silhouette déchiquetée de Citadel Peaks, tout au fond, au-delà de la frontière ; de l'autre côté du lac Supérieur se dressent le pic et la crête Vimy, tandis qu'au pied de l'hôtel Prince of Wales un détroit, pompeusement baptisé « Bosphore », relie les lacs Supérieur et Moyen, et qu'un peu plus loin les « Dardanelles » se situent entre les lacs Moyen et Inférieur. *Des croisières sont organisées de mi-juillet à mi-septembre sur le lac Supérieur jusqu'à son extrémité Sud aux États-Unis ; durée : 2 h ou 1 h 1/2. $5.00.*

À proximité de la station se trouvent les **chutes du Cameron** ou Cameron Falls, à l'endroit où la petite vallée torrentielle rejoint l'ancienne vallée glaciaire, beaucoup plus profonde. *Accès par Evergreen Avenue ou Cameron Falls Drive.*

WATERTON (Parc national des lacs)★★

Route du lac Cameron★★ (route Akamina). – *17 km. Départ entre l'hôtel Prince of Wales et la station.*

Cette route, fort pittoresque, s'engage parmi les bois dans l'étroite vallée du Cameron, qu'elle domine d'abord en corniche ; au bout de 8 km elle passe devant les vestiges du premier puits de pétrole de l'Ouest du Canada (c'est à Oil Springs, en Ontario, que fut faite la première découverte de pétrole en Amérique du Nord, en 1857). Puis elle rejoint le fond de la vallée qui s'élargit alors, montant doucement jusqu'au joli site du **lac Cameron★★**, logé au creux d'un ancien cirque glaciaire : au fond à droite se dresse Forum Peak (2 415 m) et la crête qui marque la frontière entre Alberta et Colombie Britannique, sur la ligne de partage des eaux entre le bassin du Pacifique et celui de la baie d'Hudson ; en face et légèrement à gauche, au-delà de la frontière des États-Unis, pointe le mont Custer (2 707 m) où s'accrochent les taches blanches du glacier Herbst.

Route de Red Rock Canyon★. – *19 km depuis la station. Sur la route de l'entrée du parc, tourner à gauche à 5 km, juste après le pont sur Blakiston Creek.*

La route longe d'abord le lac Waterton Moyen avant de s'engager sur les alluvions du Blakiston, qui ont presque entièrement comblé la vallée entre les lacs Moyen et Inférieur. Après le pont, belles **vues★** vers la station. La route remonte la vallée largement ouverte et couverte de prairies ; au fond se découpe la dent du pic Anderson.

Red Rock Canyon est une petite gorge atteignant 20 m de profondeur en amont du stationnement, mais seulement 3 m un peu plus loin. Elle doit son nom à la couleur rouge grenat de la roche, causée par la présence d'oxyde de fer ; les filets grisâtres qui s'y mêlent sont dus à une oxydation moins achevée. Un sentier *(1 h à pied AR)* le long du ruisseau offre une promenade dans ce site agréable.

Enclos des bisons★ (Buffalo paddock). – *Sur la route 6, à 400 m au Nord de l'entrée du parc ; circuit de 3 km dans l'enclos.*

L'enclos occupe un **site★** pittoresque sur un plateau bosselé, ancien dépôt morainique, au pied des premières hauteurs des Rocheuses. La végétation de prairie de cet endroit convient parfaitement aux bisons, qui se tiennent souvent dans les creux du terrain.

YUKON (Circuit du) ★★★ Yukon - Alaska

Carte des Principales Curiosités p. 5 - *Schémas p. 73 et 75.*

1 450 km environ - compter 1 semaine.

Pour les conseils pratiques, voir la Route de l'Alaska p. 39. Les postes d'essence sont parfois espacés ; faire le plein à chaque occasion.

Heure légale. – *Le Yukon relève de l'heure légale du Pacifique, alors que la partie de l'Alaska traversée par le circuit est régie par l'heure légale de l'Alaska, en retard de 2 h.*

C'est un circuit spectaculaire, dans une région lointaine et légendaire qui fascine par ses montagnes, ses fleuves puissants, ses vallées désertes, ses hivers interminables, son soleil de minuit, et les fantômes de la ruée vers l'or.

Le Klondike. – Le 17 août 1896, **George Carmack** et ses amis les Indiens Skookum Jim et Tagish Charlie découvrent de l'or dans le ruisseau Bonanza, un petit affluent du Klondike, qui, lui-même, se jette dans le Yukon. La nouvelle se répand dans le monde entier et bientôt près de 100 000 hommes, estime-t-on, bravant mille dangers *(voir p. 73)*, accourent vers **Dawson,** ville-champignon qui surgit à l'embouchure du Klondike *(p. 76).* Beaucoup ne parvinrent pas au but, et bien peu en fin de compte firent fortune, mais ils laissèrent tant de récits de leur odyssée qu'ils attirent aujourd'hui sur leurs traces de nombreux visiteurs, avides de connaître, eux aussi, « l'appel du Yukon ».

(D'après photo Tourism British Columbia)

Chercheur d'or à la batée

■ **WHITEHORSE★**

Bureau de tourisme : 208 Steele St. ;
☎ *(403) 667 5340.*

Capitale du territoire du Yukon, Whitehorse (14 814 h.) offre toutes les facilités d'une ville moderne. Elle est bâtie sur la rive gauche du Yukon, au pied de falaises abruptes et du plateau où se trouvent la route de l'Alaska et l'aéroport.

A l'Est, sur la rive droite, des hauteurs aux croupes blanchâtres s'élèvent doucement vers les montagnes de Big Salmon Range (mont Black : 2 148 m) ; au Sud et à l'Ouest on aperçoit la Chaîne Côtière.

Whitehorse est née pendant la ruée de 1898. Les chercheurs d'or, descendant le Yukon, se heurtaient aux dangers de Miles Canyon et des rapides de Whitehorse ; on construisit alors pour les contourner un tramway qui transportait le matériel, facilitant la manœuvre des bateaux allégés sur les eaux tumultueuses.

Dès 1900 est inauguré le chemin de fer à travers la Chaîne Côtière jusqu'à Skagway : en décidant d'arrêter là la ligne au lieu de la prolonger jusqu'à Dawson, la Compagnie White Pass and Yukon Route fit naître la ville au bord du Yukon. Ce fut bientôt un important centre de transbordement : l'été passagers et matériel y embarquaient sur les bateaux à aubes, et l'hiver ils gagnaient Dawson en traîneaux sur le fleuve gelé.

La construction de la route de l'Alaska en 1942 *(voir p. 39)* donna un nouvel essor à la ville, tandis que Dawson déclinait. Consacrant cette évolution, la capitale territoriale fut transférée à Whitehorse en 1953.

Aujourd'hui Whitehorse, la plaque tournante des transports et du tourisme au Yukon, est une ville résolument moderne par certains bâtiments comme l'édifice du Gouvernement Territorial ; mais elle a gardé de l'époque des pionniers quelques constructions de rondins, telles que la **vieille église** *(angle rue Elliott et 3rd Avenue)* qui date de 1900, les **« gratte-ciel »** à 2 ou 3 niveaux *(rue Lambert entre 2nd et 3rd Avenues)* bâtis vers 1949, et la gare *(à l'angle de Main Street et 1st Avenue)*.

Fière de son passé, Whitehorse le fait revivre chaque année, en février, lors du **« Sourdough Rendez-vous »** (rendez-vous des chercheurs d'or) ; durant toute la semaine la population se costume à la mode de 1898, tandis que se déroulent les festivités : courses de traîneaux à chiens sur la glace du fleuve, concours de porteurs de sacs de farine (où les hommes portent sur leur dos plus de 400 kg, et les femmes plus de 250 kg), french-cancan, parade des chercheurs d'or.

Miles Canyon★★. – Ce défilé tumultueux, long de plus d'1 km, était la terreur des premiers chercheurs d'or. Les parois du canyon, en basalte rosé, semblent faites de colonnes prismatiques ; c'est l'aspect que prend naturellement cette roche volcanique en se refroidissant lentement. Elles ne dominent plus aujourd'hui que d'une dizaine de mètres un flot assagi mais encore alerte et tourbillonnant au Devil's Whirlpool, car la construction d'un barrage en aval en 1926 a fait monter le niveau de l'eau, ralenti la vitesse du courant, et bien diminué les risques de la navigation.

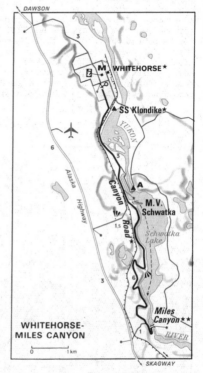

WHITEHORSE-MILES CANYON

0   1 km

Excursion en bateau★★. – *Embarcadère du M.V. Schwatka à 3 km au Sud de Whitehorse ; départs tous les jours en été ; durée : 2 h ; $10.00.* ☏ *668 3161.* Le bateau est un excellent poste pour apprécier la puissance du courant et les parois abruptes du canyon. Intéressant commentaire *(en anglais)* sur l'histoire du canyon durant la ruée vers l'or.

Canyon Road★. – *9 km.* La route suit la berge du lac Schwatka puis grimpe au-dessus du canyon, révélant de belles vues tout le long du parcours ; à son extrémité, un sentier offre de belles vues sur le canyon qu'une passerelle permet de traverser.

De retour à Whitehorse, prendre, sur la rive droite, la route du barrage (**A**), où des échelles à saumons permettent aux Chinooks de remonter (généralement en août) jusqu'à leurs frayères, à plus de 3 200 km de l'embouchure.

S.S. Klondike★. – *2nd Avenue, sur la berge près du pont. Lieu historique national. Visite accompagnée (en anglais, français, allemand) de juin à début septembre. Durée : 1/2 h.* ☏ *668 2116.*

C'est l'un des 200 bateaux à aubes qui reliaient Whitehorse à Dawson (700 km) de 1896 à 1955, transportant passagers et minerai. Le guide en explique le fonctionnement, fait visiter l'énorme chaudière et la salle des machines, et apprécier le luxe des 1res classes. Le trajet durait 40 heures, et le retour, à contre-courant, 96 heures.

Musée MacBride (M). – *Sur 1st Avenue entre les rues Steele et Wood. Visite de fin mai à mi-septembre. $2.00.* ☏ *667 2709.*

Ce bâtiment de rondins au toit de terre (1967), consacré à l'histoire régionale, abrite entre autres une intéressante collection de **photographies★** sur le Yukon ; elles illustrent des scènes de la ruée vers l'or, des aspects de Whitehorse au début du siècle, la construction du chemin de fer de la White Pass and Yukon Route et celle de la route de l'Alaska...

■ EXCURSIONS A SKAGWAY★★★

La route seule relie aujourd'hui Whitehorse à Skagway à travers la Chaîne Côtière, par le chemin le plus fréquenté de la ruée vers l'or. *Voir formalités douanières pour les États-Unis p. 20.*

L'enfer des chercheurs d'or. – Pour gagner le Klondike, plusieurs routes étaient possibles *(voir schéma p. 74)*. La plus sûre, et la plus longue, empruntait les bateaux de ligne de Vancouver à St-Michael en Alaska, à l'embouchure du Yukon ; de là, des bateaux à aubes remontaient le fleuve jusqu'à Dawson. La « route canadienne » venait d'Edmonton par des pistes hasardeuses à travers les Rocheuses.

Mais la plus fréquentée fut celle de **Lynn Canal** : pensant gagner du temps, les aventuriers du Klondike s'embarquaient en foule à Vancouver ou à Seattle (USA) sur tout ce qu'ils pouvaient trouver, remontaient le long de la côte de la Colombie Britannique et de l'Alaska jusqu'au fond de ce fjord, à plus de 1 500 km de Vancouver, par où le Pacifique s'insinue profondément dans la Chaîne Côtière ; là ils débarquaient sur deux criques voisines, Dyea ou Skagway, où les attendait la pire épreuve de ce voyage insensé, l'escalade des montagnes abruptes derrière lesquelles se trouvait leur rêve d'or.

YUKON (Circuit du)★★★

La plupart des chercheurs d'or, en route depuis l'été 1897, arrivèrent à Dyea au début de l'hiver ; de là ils devaient franchir le col du **Chilkoot** (1 062 m). De tous les chemins vers le Klondike, c'était le plus court, mais aussi le plus éprouvant. Sur les 6 derniers kilomètres, la piste montait, rectiligne, par une pente de 35°, entièrement glacée. Aucune bête de somme ne pouvait la gravir, et les hommes devaient y monter sur leur dos une tonne de matériel et de vivres. On tailla des marches dans la glace, on installa tout le long un câble où s'aggriper, et ce

(D'après photo Tourism Yukon)

Un bateau à aubes

fut une interminable et inhumaine procession d'hommes harassés, courbés sous leur fardeau dans la neige par des températures de − 50 °C. Malheur à celui qui trébuchait sur le sol gelé : il était expulsé de la file et n'avait plus qu'à reprendre une place au bas de la pente. Arrivé au sommet, il fallait redescendre prendre une nouvelle charge, et ainsi de suite 30 ou 40 fois jusqu'au transfert de toutes les provisions. Après quoi il fallait encore redescendre le chargement jusqu'au lac Bennett pour y attendre la fonte des glaces, avant de descendre au fil de l'eau les 960 km qu'il restait à parcourir jusqu'à Dawson, en affrontant de nouveaux dangers, comme Miles Canyon *(p. 73)* ou les rapides Five Fingers *(p. 75)*.

La ruée vers l'or

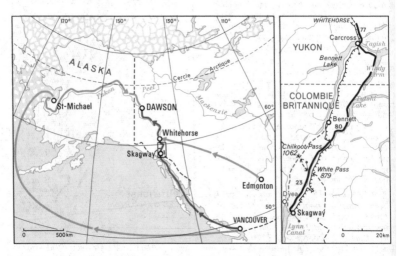

Ceux qui voulaient éviter le terrible Chilkoot débarquaient à Skagway et escaladaient le **White Pass** par un chemin plus long mais moins abrupt que celui de Chilkoot, et où ils pouvaient utiliser des bêtes de somme, chevaux, mules ou chèvres.

Au printemps 1898, y débuta la construction d'un chemin de fer qui, dès 1900, relia directement le port de Skagway à la partie navigable du Yukon en aval des rapides de Whitehorse.

Par la route★★★. – *180 km de Whitehorse à Skagway par les routes 1 et 2 ; environ 3 h. Route gravelée, ouverte seulement en été, peut être glissante ou détériorée par endroits ; la frontière est ouverte de 8 h à 24 h.*

Depuis l'ouverture de cette route en 1979 le White Pass n'a plus rien d'une équipée dangereuse ; c'est seulement l'occasion de traverser des paysages aussi spectaculaires que variés. La route s'enfonce d'abord dans les bois, bordée de la ligne rose vif des épilobes et des hampes aiguës des pins Lodgepoles, tandis que se découpent à l'horizon des crêtes montagneuses.

Après **Carcross**, petit village au bord du lac Bennett où repose sur la berge le bateau à aubes S.S. Tutshi, on longe successivement le **lac Tagish**, son prolongement **Windy Arm**, puis le **lac Tutshi**, bordés de majestueuses montagnes aux flancs lisses qui composent un paysage grandiose.

La route s'élève ensuite insensiblement et gagne une région de rocs rugueux et gris, à peine tachetés de lichen jaune et de conifères rampants, d'une impressionnante austérité : le **White Pass.**

Enfin sitôt le col franchi, se développent des vues vertigineuses sur les vallées encaissées de la rivière Skagway et les torrents qui l'alimentent. Lors de la ruée vers l'or quelque 3 000 chevaux de trait trouvèrent la mort au fond de ce précipice surnommé depuis « Dead Horse Gulch », le ravin du cheval mort.

Plusieurs belvédères laissent voir à loisir, sur le versant opposé à la route, la grande boucle de la voie ferrée et sa pente accusée.

Située au bord de Lynn Canal, un bras du Pacifique, dans un beau **site**★ entouré de montagnes, la petite ville de **Skagway** est aujourd'hui port minéralier et étape des croisières qui longent la côte depuis Seattle (Washington) ou l'île de Vancouver *(pour les lignes maritimes voir le Passage Intérieur p. 57)*. Avec ses trottoirs de bois, elle a gardé un charme d'autrefois, et conservé le souvenir de **Soapy Smith**, maître-escroc fort habile à alléger le porte-monnaie des chercheurs d'or ; l'artisanat local est original (sculpture et gravure sur ivoire de mammouth, de morse, etc.).

Par le train. – *Service suspendu depuis 1982. Se renseigner auprès de White Pass et Yukon Railway, P.O. Box 4070 Whitehorse, Yukon Y1A 3T1, ☎ (403) 668 7611 pour savoir si le trafic est rétabli.*

Construite dès le printemps 1898, cette ligne à voie étroite relia directement, à partir de 1900, le port de Skagway à la partie navigable du Yukon, en aval des rapides de White-horse. Sa construction fut un exploit technique, et particulièrement la section en pente raide de 27‰ en moyenne sur le flanc Sud du White Pass.

Routes du KLONDIKE et de l'ALASKA

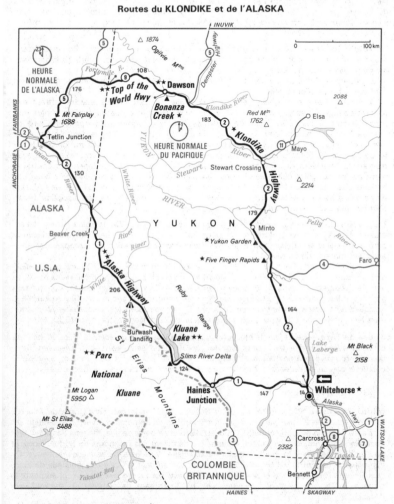

■ **ROUTE DU KLONDIKE**★ (Klondike Highway)

De Whitehorse à Dawson – *540 km par les routes 1 et 2 - compter 1 journée*

Ouverte en 1951 pour desservir les mines de Mayo, Elsa, etc., la route longe de loin le lac Laberge, où se déroule le célèbre poème de Robert Service, « The Cremation of Sam McGee », puis s'enfonce dans une région de collines arides couvertes de broussailles avant de rejoindre le Yukon à **Carmacks** *(km 178)*, qui doit son nom à l'heureux découvreur de l'or du Klondike. Traversant le fleuve, la route s'élève ensuite en offrant de belles vues. Au km 196 apparaissent quatre petites îles boisées, séparées par les cinq doigts des **Five Finger Rapids**★ dont le courant violent est toujours dangereux ; les bateaux à aubes y étaient halés à l'aide de câbles dans le chenal le plus étroit. Environ 15 km plus loin une autre série de petites îles appelées **Yukon Garden**★ occupent le milieu du fleuve.

Puis la route quitte le Yukon jusqu'à Dawson, s'engage sur le plateau central, traverse plusieurs grands affluents du Yukon, la Pelly, puis la Stewart. Laisser à droite la route 11 qui part vers Mayo, pour continuer le long de la Stewart.

Au km 483, un point de vue domine la vallée du Klondike, couronnée au Nord-Est par les monts Ogilvie, vallée que l'on suit jusqu'à Dawson, sans voir la rivière, le plus souvent cachée par les importants déblais laissés par les dragues. Au km 494 part sur la droite la route Dempster, qui mène à Inuvik, dans le delta du Mackenzie, environ 700 km au Nord. Au km 534, on traverse le fameux Bonanza Creek, puis le Klondike avant d'entrer à Dawson.

■ DAWSON★★

Centre d'Information, Front and King Streets ; ouvert de mi-mai à mi-septembre ; ☎ (403) 993 5566.

Entourée du moutonnement des Moosehide Hills, dominée par le Midnight Dome au flanc marqué d'un glissement de terrain, Dawson occupe la rive droite du Yukon, au confluent du Klondike. Cachées sous les arbres, ses maisons basses ne sont pratiquement visibles d'aucun point de vue. Elle compta plus de 30 000 h et fut en son temps la plus grande « cité » canadienne à l'Ouest de Winnipeg ; aujourd'hui sa population permanente ne dépasse pas 1 000 personnes (697 h. en 1981) ; mais l'été viennent de nombreux résidents temporaires et touristes. Les vieux bâtiments de bois rappellent l'époque d'une prospérité et d'une magnificence inouïes à cette latitude ; mais certains maintenant penchent vers le sol sous l'action du pergélisol *(voir p. 231)*. Une vaste opération a entrepris de redonner à l'ancienne capitale du Yukon un peu de son ancienne splendeur.

Durant l'été, à Dawson, la végétation luxuriante et l'abondance des fleurs, à 280 km du cercle polaire, sont frappantes en raison des étés chauds et ensoleillés offrant plus de 20 h de lumière par jour. On cultive fruits et légumes dans les jardins, tandis que les fleurs sauvages poussent à travers les brèches des vieilles maisons et le long des rues aux trottoirs de planches.

La reine du Klondike. – Dès que fut connue la découverte d'or dans Bonanza Creek, tous les prospecteurs éparpillés dans la région accoururent. Dès septembre 1896 un commerçant, **Joe Ladue**, pensant récolter plus d'or derrière son comptoir qu'au bord des ruisseaux, établit sa boutique au confluent du Klondike et du Yukon, bientôt imité par quelques confrères : Dawson était née.

Elle allait devenir en quelques années une ville de fastes et de plaisirs, offrant des spectacles dignes des grandes villes d'Amérique du Nord et dotée du confort le plus moderne (électricité dès 1900) ; elle comptait plus de bars qu'un homme ne peut en visiter en une nuit, et l'on y payait l'alcool en poudre d'or. L'afflux d'or et l'éloignement provoquèrent des prix vertigineux : le terrain se vendit jusqu'à 5 000 dollars le pied (30 cm) de façade sur la rue principale, les œufs valaient 1 dollar pièce, les clous 8 dollars la livre, mais on trouvait de tout, les meilleurs vins, les mets les plus fins, la mode de Paris... Cependant contrairement aux autres villes-champignons des diverses ruées vers l'or, le banditisme n'avait pas droit de cité à Dawson. La Police montée avait pris la précaution, à la frontière de l'Alaska, de ne pas laisser entrer les canailles notoires, et faisait régner en ville une discipline de fer, tout homme armé étant immédiatement expulsé.

Le déclin. – Ces beaux jours n'eurent qu'un temps ; dès 1904 les plus riches placers étaient épuisés (on avait alors extrait pour $100 millions d'or). Les mineurs individuels partirent, et Dawson délaissée par les aventuriers resta aux mains des compagnies, équipées de dragues puissantes.

Après la Seconde Guerre mondiale se développa Whitehorse *(p. 72)* à mesure que déclinait Dawson ; en 1953 l'ancienne capitale du Yukon perdit son rang au profit de sa rivale. La dernière compagnie cessa toute activité en 1966, et Dawson serait morte, comme tant d'autres villes minières, si le tourisme ne lui avait apporté son second souffle. Aujourd'hui, quelques prospecteurs vivent encore de l'or qu'ils trouvent dans les ruisseaux environnants, mais leur production est négligeable comparée aux $22 millions extraits en 1900.

Jours de fête. – Le **21 juin**, le plus long jour de l'année, celui du solstice d'été, le soleil se cache à peine derrière les monts Ogilvie. La 3e fin de semaine d'août (**Discovery Day**), Dawson retrouve son animation d'antan pour fêter la découverte de Carmack, avec défilé costumé, course de radeaux sur le Klondike et autres réjouissances « d'époque ».

CURIOSITÉS *visite : 1 jour*

Midnight Dome★★. – *8 km par King Street ; fortes montées.* Le « Dôme de Minuit » (884 m) éclairé le 21 juin par le soleil de minuit offre du sommet une **vue★★** splendide sur Dawson. Dans un paysage ondulé et couvert de forêts à perte de vue, les rues dessinent leur quadrillage au confluent du Yukon, large fleuve déroulant ses méandres du Sud au Nord, et du Klondike, petite rivière qui laisse une traînée claire dans les eaux boueuses du fleuve. On distingue nettement la vallée du Klondike et de son affluent le Bonanza, jonchées de monceaux de gravier, résidus des dragues. Vers l'Ouest, sur l'autre rive du Yukon, serpente la route n° 3 (Top of the World Higway, *voir p. 77*) courant de sommet en sommet vers l'Alaska.

La ville★★. – *Il faut commencer la visite par le Centre d'Information où des films et une exposition forment une bonne introduction à la visite.* C'est un plaisir de se promener le long des rues, d'y voir les maisons, les églises, les boutiques de la grande époque. On remarque particulièrement quelques édifices, comme la petite église anglicane de **St-Paul** (sur Front St.) construite en 1902. Un peu plus loin se trouve la **Canadian Bank of Commerce**, ornée de corniches, pilastres et frontons comme une maison de pierre de taille, et en fait simplement revêtue d'un placage de fer-blanc, selon un procédé courant à l'époque ; c'est ici que fut employé quelque temps le poète Robert Service *(voir p. 77)*. A l'étage dans la **salle de l'or** (gold room) *(visite accompagnée - 20 mn - de juin à mi-septembre)*, où le précieux métal était nettoyé, pesé et fondu en barres, sont disposés des trébuchets, un creuset, et des instruments de titrage de l'or. A côté est échoué le **SS. Keno** *(visite accompagnée en anglais et en français, de juin à mi-septembre ; durée : 1/2 h)* bateau à aubes restauré, construit en 1922 pour charrier le minerai de plomb, zinc et argent des mines de Mayo ; la visite montre la salle des machines, les cabines des passagers et, coiffant le tout, la cabine de pilotage d'où l'on a une belle **vue★** sur le fleuve.

Sur King St. se trouve le **Palace Grand Theatre**, fidèle reproduction du bâtiment de 1899, et l'une des façades les plus élaborées de Dawson. On y donnait des spectacles de toutes sortes, matches de boxes, opéras, bals, etc. ; aujourd'hui il accueille le vaudeville « **Gaslight Follies »**. *Représentations en été à 20 h sauf le mardi.* La visite guidée *(de juin à mi-septembre ; durée : 3/4 h)* donne accès au fastueux décor intérieur. En face, le

Federal Building se distingue par sa tourelle octogonale à l'angle de 3rd Avenue ; au rez-de-chaussée se trouvait le **bureau de poste ;** restauré aujourd'hui comme en 1901, il offre aux amateurs un guichet philatélique *(ouvert en été).* Au coin de Queen St. et 4th Ave se trouve **Diamond Tooth Gertie's Gambling Hall,** le seul casino autorisé au Canada, baptisé du nom de l'une des femmes les plus célèbres de Dawson, Gertrude « Dent de diamant » *(de 20 h à 2 h du matin en été, sauf dimanche).*

A l'autre bout de la ville (5th Ave) un ancien bâtiment administratif à la façade solennelle abrite le **Musée de Dawson City** *(visite de juin à mi-septembre ; $2.00),* qui présente une importante collection de souvenirs de la ruée vers l'or ; noter en particulier au 2e niveau le **Chilkoot Mining Hall** où est présentée la tonne de matériel que les chercheurs d'or devaient charrier jusqu'à Dawson *(voir le Chilkoot p. 74).*

Derrière le musée (8th Ave) se trouve la maison de **Robert Service,** bâtie de rondins et ornée d'un panache d'orignal. Né en Angleterre en 1874, Robert Service était un simple employé de la Banque de Commerce de Whitehorse, lorsqu'en 1904 il commença à écrire des poèmes sur la ruée vers l'or, qui connurent un succès immédiat. Muté à Dawson en 1908, il y garda 1 an son poste à la banque avant de se consacrer à la littérature. Célèbre chantre du Yukon, il quitta Dawson en 1912, épousa une Parisienne et s'établit en Bretagne, en France, jusqu'à sa mort en 1958. *En été, lecture en anglais de ses poèmes à 10 h et 16 h ; durée : 1/2 h.*

A côté la petite cabane de trappeur au toit couvert d'herbe abrita un autre écrivain, l'américain **Jack London,** futur auteur de Croc Blanc, venu tenter sa chance au Klondike dès l'hiver 1897, au bord du ruisseau Henderson d'où l'on a transporté sa cabane ; *lecture en anglais des récits de Jack London, en été, chaque jour à 13 h ; durée : 1 h.*

Route de Bonanza Creek★. – *22 km au Sud ; prendre la route 2, puis tourner à droite sur Bonanza Creek Road.*

La vallée du Bonanza (« le Filon »), où George Carmack découvrit ses premières pépites, est aujourd'hui défigurée par les énormes déblais laissés par les dragues.

Les concessions, ou « claims », y sont numérotées par rapport à celle de Carmack, appelée « discovery claim » ; ainsi A.D. (« above discovery ») signifie en amont, et B.D. (« below discovery ») en aval de la première concession enregistrée.

Les restes des installations minières parsèment la vallée, telle la **drague n° 4,** sur la concession 17 B.D., énorme machine en bois, montée sur barge flottante *(visite de juin à mi-septembre).* C'était dans son principe une machine simple : une chaîne sans fin à godets raclait les alluvions et les versait dans le concasseur-laveur, qui extrayait l'or et rejetait le rebut derrière la machine ; celle-ci se déplaçait au fur et à mesure du travail vers les terrains non encore exploités.

Aux concessions 13 et 14 B.D., **Poverty Bar,** chacun peut essayer de laver de l'or *($5.00, batée fournie),* de même à la concession 6 A.D. *(gratuit, pas de batée).*

Discovery Claim *(15 km de la route 3)* est simplement marqué d'une plaque ; 5 km plus haut on arrive à **Grand Forks,** ville jadis prospère et dont il ne reste rien, au confluent du Bonanza et de l'Eldorado, l'un des plus riches ruisseaux du Klondike.

L'exploitation de l'or. – Métal très lourd, l'or déposé dans les alluvions d'un cours d'eau s'enfonce par gravité jusqu'à la roche en place. Pour trouver l'or il faut creuser, puis « laver » les alluvions à l'eau courante, qui entraîne les matières les plus légères, sables et cailloux ; le lavage le plus simple se fait à la main avec une **batée,** sorte de plat de fer ; pour produire davantage on utilise une **rampe de lavage,** auge de bois où paillettes et pépites sont retenues par des tasseaux ; enfin à partir de 1903 les **dragues** mécanisèrent toutes les opérations d'extraction et de lavage.

■ ROUTE DE L'ALASKA ★★ (Alaska Highway)

De Dawson à Whitehorse – *905 km - compter 3 jours - schéma p. 75*

Un seul poste d'essence entre Dawson et la route de l'Alaska, 7 km après la frontière. Voir les formalités douanières p. 20.

Top of the World Highway : de Dawson à la frontière★★. – *108 km par la route 9 ; frontière ouverte en été de 9 h à 21 h (heure du Pacifique) ; la route est fermée en hiver.*

Sur la rive gauche du Yukon *(traversier gratuit, jour et nuit de mai à octobre),* large fleuve boueux, chargé d'alluvions, qui ne ressemble plus en rien aux eaux vertes et scintillantes qui traversent Whitehorse, la route s'élève *(5 km)* jusqu'à un premier **point de vue★** sur Dawson et son site ; au kilomètre 14 un second **point de vue** s'étend sur les monts Ogilvie et la vallée du Yukon.

Ensuite la route se déroule sur 90 km, de crête en crête, bien au-dessus de la zone boisée, et offre d'incessants panoramas.

Parcours en Alaska. – *306 km par les routes 5 et 2 ; zone horaire de l'Alaska (p. 72).*

La route 5 traverse bientôt la Fortymile, affluent du Yukon où l'on découvrit de l'or en 1896, avant de rejoindre à Tetlin Junction la route de l'Alaska, qui atteint la frontière canadienne en remontant la plate et marécageuse vallée du Tanana.

La route de l'Alaska : de la frontière à Whitehorse★★. – *491 km. Zone horaire du Pacifique. La route est jalonnée de bornes kilométriques numérotées depuis Dawson Creek (Colombie Britannique), que nous utilisons ci-dessous comme repères.*

Après avoir franchi la frontière au km 1 965, la route traverse plusieurs rivières issues des glaciers du massif St-Elie ; au pont de la rivière Donjek (km 1 810), chargée de limon glaciaire, première vue (et l'une des rares) sur les sommets des Icefiled Ranges, au cœur du parc national Kluane, généralement cachés par les monts Kluane qui bordent la route.

Le lac Kluane★★. – *Km 1 759.* A partir de Burwash Landing la route offre de belles **vues★★** sur cet immense lac *(prononcer Klouani)* qui s'étire entre les chaînes Kluane au Sud-Ouest et Ruby au Nord-Est ; leurs sommets se reflètent dans ses eaux glaciales au calme trompeur, qui peuvent en un instant se transformer en vagues furieuses. Comme le montre la végétation steppique (herbes et buissons), la région est aride, car les vents du Pacifique ont déchargé toute leur humidité sur les hauts sommets du massif St-Elie.

YUKON (Circuit du)★★★

A Burwash Landing, un bâtiment hexagonal, en rondins, abrite le **Kluane Historical Society Museum**★ *(visite en été ; entrée $1.00).* On y voit un diorama de la faune de la région, une maquette du massif St-Elie dans le parc Kluane, ainsi que de très beaux vêtements indiens : capes, mukluks (bottes), chapeaux, ceintures de peau et de fourrure etc.

Parc national Kluane★★. *– Km 1722. Camping, randonnée ; bureau à Haines Junction : voir ci-dessous.* Le parc occupe tout l'angle Sud-Ouest du Yukon et comprend une partie du **Massif St-Elie,** qui se prolonge au Sud en Colombie Britannique et en Alaska. Au centre du massif, **Icefield Ranges** (Chaîne des Glaciers) est un haut plateau de 2 500 à 3 000 m d'altitude, couvert d'un vaste glacier dont seuls émergent les sommets rocheux. Plusieurs de ces sommets dépassent 4 500 m, en particulier le mont St-Elias (5 488 m), à la frontière de l'Alaska, et le mont Logan (5 950 m), point culminant du Canada et le second d'Amérique du Nord après le mont McKinley dans la Chaîne de l'Alaska (6 193 m). Des langues glaciaires s'avancent dans les vallées, donnant naissance à autant de rivières, et parfois atteignent directement l'océan, comme à Yakutat Bay en Alaska et Glacier Bay, où ils libèrent des icebergs au fur et à mesure de leur progression. *Pour survoler la région de Glacier Bay, d'accès difficile, arrangements auprès de Arctic Institute sur le lac Kluane,* ☎ *(403) 841 4561, à Haines Junction ou avec Glacier Air Tours,* ☎ *(403) 633 3792.*

Icefield Ranges est bordée au Nord-Est par la dépression Duke et les **chaînes Kluane,** dont les sommets enneigés pointent à plus de 2 500 m et empêchent de voir de la route les glaciers et les hauts pics du cœur du massif.

Au km 1707, la butte aride de **Sheep Mountain** domine le lac Kluane ; elle doit son nom aux mouflons de Dall (Dall Sheep) que l'on y aperçoit parfois en hiver. Un sentier s'élève sur son flanc *(4 h à pied AR),* offrant une très belle **vue**★★ sur le lac Kluane et sur le delta de la rivière Slims qui rejoint le lac au pied du mont, laissant dans le bleu profond du lac la traînée blanchâtre des alluvions qu'elle charrie.

Haines Junction. *– Km 1 635.* Dans un joli **site**★ au pied de Auriol Range, la petite communauté est née au débouché de la route de Haines en Alaska, qui longe un temps le parc Kluane ; aux **bureaux du parc,** petit centre d'interprétation et présentation audiovisuelle *(*☎ *(403) 634 2251).*

La route de l'Alaska remonte vers l'Est la vallée de la Dezadeash, offrant, 13 km après le carrefour, une **vue**★ par temps clair sur deux pointes blanches qui émergent à l'Ouest au-dessus des chaînes Kluane et Auriol : ce sont les monts Hubbard et Kennedy, de Icefield Ranges. Le parcours en sens inverse présente continuellement de jolies **vues**★. Jusqu'à Whitehorse *(km 1 477),* la route de l'Alaska offre nombre d'agréables vues au Sud sur la Chaîne Côtière.

(D'après photo C.B.C.)

Ancienne locomotive du C.P.R.

PRAIRIES

Vastes, immenses, à perte de vue s'étendent les grandes plaines du centre du Canada. Leur surface unie, légèrement bosselée, coupée ici et là par une vallée semble écrasée sous un ciel trop grand, surhumain, sans cesse frissonnant sous la brise, sans cesse balayé de nuages changeants. Monotones, les Prairies ? Plutôt théâtre permanent d'un grand spectacle de lumière, d'espace et de vent...

Jadis des hardes de bisons y erraient librement dans un océan d'herbes. Aujourd'hui le quadrillage régulier des champs a recouvert la plaine, mais la vie sauvage n'a pas perdu ses droits, et l'on peut voir le long des routes s'envoler les canards ou se dresser, attentifs, puis fuir prestement, des dizaines de spermophiles, petits rongeurs peu farouches.

A proprement parler, les trois provinces (Alberta, Saskatchewan et Manitoba) que l'on réunit habituellement sous le nom de « Prairies », soit un vaste espace (environ 1 350 km d'Est en Ouest à la frontière américaine) assez peu peuplé (4 232 275 h.), débordent largement la prairie naturelle ; mais celle-ci en est le caractère le plus original, et correspond à peu près à la zone habitée.

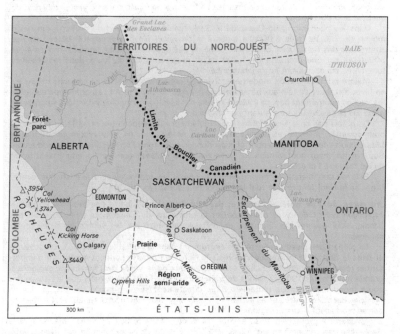

La Prairie et les grandes plaines. – Dans les grandes plaines qui s'étendent au centre du Canada entre les Rocheuses et le Bouclier canadien, tout le Nord est couvert par le grand manteau de la forêt boréale ; la prairie naturelle, avant sa mise en culture dans les années 1880, s'étageait en trois zones concentriques dans la partie Sud des provinces actuelles : au centre une région **semi-aride** d'herbe courte et clairsemée, devenue région de ranches et de cultures irriguées *(voir Cardston p. 86 et Lethbridge p. 92)* ; autour de cette zone un croissant de **prairie** aux herbes moyennes et hautes (jusqu'à l'épaule d'un homme dans le Sud du Manitoba), aujourd'hui grande zone céréalière – démenti à Palliser, qui explora ces régions durant les années sèches vers 1858, et les déclara arides et impropres à la culture. Plus au Nord, un croissant de **forêt-parc,** où des bosquets de trembles parsèment le paysage, qui convient aujourd'hui à l'agriculture mixte.

Buttes et collines. – Les grandes plaines forment un plateau, légèrement incliné du pied des Rocheuses (1 050 m à Calgary) vers l'Est (240 m à Winnipeg) ; il est coupé en trois paliers par le **coteau du Missouri** et l'**escarpement du Manitoba,** qui apparaissent mieux sur une carte que sur le terrain où ne pointent que quelques buttes isolées *(voir p. 96)*. Mais en bien des endroits d'anonymes vallonnements formés de sédiments glaciaires, ou quelques faibles reliefs comme les Cypress Hills (1 457 m, *voir p. 87)*, rompent la platitude du paysage, tandis que les vallées dessinent un relief « en creux » très caractéristique des Prairies, comme le large couloir de la rivière Qu'Appelle *(p. 95)*, ou les étonnants ravinements des « badlands » de l'Alberta *(voir p. 88-89)* et du Sud de la Saskatchewan.

Le climat. – Il est rude et fortement continental, avec des hivers longs et rigoureux et des étés chauds et secs, surtout dans le Sud-Ouest où par endroits l'herbe fait place aux buissons de sauge et aux plantes grasses des climats semi-arides. Les précipitations (300 à 400 mm par an seulement) tombent surtout en été, sous forme de violentes pluies d'orage. En hiver, le **blizzard,** soufflant du Nord, peut faire baisser la température jusqu'à – 60 °C, ou le **chinook,** vent chaud descendant des Rocheuses à la vitesse parfois de 100 km/h, élever la température de 20 °C en quelques minutes, faisant fondre la neige.

Terres à blé. – Le sol fertile de la Prairie, ses grandes étendues peu accidentées, se prêtent de façon remarquable à la culture des céréales et à une mécanisation poussée. Disposés en damiers réguliers, les champs couvrent 18 000 000 ha, dont plus de la moitié sont consacrés au blé. Le long du chemin de fer, à distance régulière, s'alignent les **élévateurs** où est entreposée la récolte avant de prendre le train pour les ports de Thunder Bay, Churchill, Prince Rupert ou Vancouver.

Elévateurs

Grand producteur de blé, le Canada en est aussi le second exportateur mondial (près de 21 millions de tonnes durant l'exercice 1982-83). Le blé des Prairies représente 97 % du blé canadien.

Ranches, cow-boys et rodéos. – La Prairie, c'est aussi le domaine du cow-boy, ce cavalier intrépide et taciturne que les westerns américains ont rendu célèbre. Ce n'est pas seulement une légende : au Canada comme aux États-Unis, les régions trop sèches ou trop accidentées pour la culture sont consacrées à l'élevage extensif, dans de vastes ranches, de quelque 900 000 bovins.

Dans les plaines du Sud-Ouest de la Saskatchewan et du Sud de l'Alberta, un ranch moyen de 700 ha (plus 5 000 ha loués à la province) élève environ 400 bêtes ; sur les contreforts des Rocheuses, où le relief exige de plus grands espaces, un ranch moyen élève 500 têtes sur une propriété de 1 300 ha et quelque 1 500 ha loués dans les réserves forestières qui accueillent la transhumance d'été.

Malgré la mécanisation moderne le cow-boy reste indispensable, et sa tache est rude : en hiver distribuer du foin aux bêtes lorsque la neige recouvre le sol ; au printemps surveiller les vaches qui mettent bas, et veiller à ce que dans les coups de blizzard et les tempêtes de neige les jeunes veaux ne meurent pas de froid.

Deux fois par an a lieu le grand rassemblement du troupeau (round-up) : au printemps pour compter, marquer et vacciner les veaux, et à l'automne pour recompter et trier le bétail, choisir les bêtes à vendre et sélectionner celles que l'on destine à la reproduction. Souvent les veaux sont vendus aux enchères à des emboucheurs qui les engraissent avant de les mener à l'abattoir.

Si la vie quotidienne au ranch manque de poésie, les rodéos au contraire (chaque localité organise le sien) font revivre tout le folklore de l'Ouest *(voir p. 84)*.

Au pays de l'or noir. – **Pétrole** et **gaz naturel** font de l'Alberta une province en pleine expansion *(voir Calgary et Edmonton)* et la plus riche du Canada, la seule qui n'ait pas besoin, pour assurer ses finances, de prélever une taxe sur les ventes au détail et les services.

La plupart des gisements exploités se trouvent dans le Sud et le centre de cette province et dans le Sud de la Saskatchewan, mais le Nord de l'Alberta contient également d'importantes réserves, comme les riches sables bitumeux de la vallée de l'**Athabasca,** exploités à grands frais depuis 1968 (2 usines de traitement à Fort McMurray), mais que la hausse des cours mondiaux a rendus rentables. Bâtie directement sur une poche de gaz, la ville de **Medicine Hat** utilise entre autres activités cette énergie bon marché pour chauffer d'immenses serres produisant fleurs et légumes.

L'Alberta a produit en 1983 environ 84 % du pétrole et 89 % du gaz canadiens, et la Saskatchewan respectivement 12 % et 2 %. Le reste de la production est assuré entre autres par la région de la rivière de la Paix *(p. 39)* et le centre de Norman Wells *(p. 232)* dans la vallée du Mackenzie. Le Canada – bien qu'orienté vers des sources d'énergie nouvelles – a cependant importé en 1983 un peu plus de 85 000 000 barils de pétrole brut et en a exporté 89 000 000 ; les exportations de gaz naturel sont évaluées à près de 20 000 000 m³.

La richesse minière des Prairies ne s'arrête pas là. La potasse de Saskatchewan – à **Esterhazy** *(carte générale* H 4) surtout et près de Saskatoon – couvre le quart des besoins mondiaux ; la production en 1983 atteint 6 203 000 tonnes. Au bord du lac Athabasca (H 4) se trouve l'un des principaux gisements d'uranium au monde ; on exploite le nickel à **Thompson** (I 4) et à **Lynn Lake** (H 4 - Manitoba), le cuivre, le zinc, le cadmium et le plomb à **Flin Flon** (H 4 - Manitoba) et **Snow Lake,** un peu plus à l'Est.

Les Indiens des Plaines. – Les films américains en ont familiarisé l'image stéréotypée : qui ne connaît l'Indien emplumé déterrant la hache de guerre, ou fumant le calumet de la paix devant son « tipi » ?

En fait ces guerriers étaient surtout des chasseurs. Bien que de langues diverses, Assiniboines à l'Est, Pieds-Noirs à l'Ouest, Cris au Nord le long des bois, Sioux au Sud avaient un mode de vie semblable : il vivaient du **bison**, le seigneur des prairies, qui leur fournissait vêtement, nourriture, et jusqu'aux **tipis,** ces tentes coniques, faciles à démonter, faites de mâts de bois tendus de peaux de bisons.

Avant la découverte de l'Amérique par les Blancs, ces nomades se déplaçaient à pied, en petites bandes isolées, chassant à l'arc ou parfois poussant le troupeau affolé vers des pièges, enclos ou précipice. L'apparition successive du cheval, du fusil et des colons, devait bouleverser cette vie traditionnelle.

Avec les Espagnols débarquèrent en Amérique les premiers chevaux. De quelques bêtes égarées naquit une nouvelle race sauvage, les **mustangs,** rapides et résistants ; du Sud au Nord des grandes plaines, les tribus indiennes apprirent à capturer et à monter ces animaux et devinrent des cavaliers hors pair. A la fois pour acquérir le précieux animal et pour faire preuve de bravoure, le vol de chevaux devint une tradition bien établie, cause de guerres sans fin entre tribus et de bien des conflits avec les Blancs.

Lorsqu'au 18ᵉ s. les compagnies de fourrure étendirent aux Prairies leur réseau de traite, les Indiens purent se procurer fusils et munitions. Avec chevaux et fusils, la chasse devenait un jeu, un jeu de massacre, jusqu'à la rapide disparition des bisons ; mais comment échapper à l'engrenage quand peaux, langues et pemmican *(voir p. 98)* étaient la seule monnaie d'échange contre les produits manufacturés et l'alcool *(voir p. 92)*.

La colonisation, qui devait ôter aux Indiens leurs territoires de chasse, ne suscita pas comme aux États-Unis une guerre sauvage, car les troupeaux avaient déjà disparu. Réduites à la famine, les tribus signèrent, de 1871 à 1877, sept traités avec le gouvernement canadien. Désormais les Indiens disposeraient de réserves pour s'adonner à l'agriculture et à l'élevage comme les colons.

Quelques grands chefs ont laissé leur nom dans l'Histoire : **Crowfoot,** chef des Pieds-Noirs, qui, voyant l'inutilité des guerres, sut préparer son groupe à signer le traité nᵒ 7 avec le commissaire-adjoint James Macleod *(voir p. 91)* ; **Sitting Bull,** chef des Sioux *(voir p. 87)* qui se lia d'amitié et d'estime réciproque avec l'inspecteur Walsh de la Police montée ; **Big Bear** et **Poundmaker,** tous deux chefs Cris ralliés à Louis Riel en 1885 *(voir p. 97)*.

Une mosaïque humaine. – La création de la province du Manitoba *(voir p. 98)* ouvrait les Prairies à la colonisation ; elles qui ne comptaient que 120 000 habitants en 1881 atteignaient 1 390 000 h. en 1911. Entre temps, dès 1905, étaient créées les provinces de Saskatchewan et d'Alberta. Les colons venaient du Canada de l'Est, des États-Unis et du Royaume Uni, mais, pour la quart d'entre eux, directement d'Europe continentale. C'est que la révolution industrielle y provoquait alors un exode massif, et que la révolution des transports, vapeurs maritimes et chemins de fer *(voir p. 36)* facilitaient le voyage. De son côté, le gouvernement canadien ne ménagea pas la publicité pour attirer les immigrants, distribuant pour $10.00 aux nouveaux venus des lots d'un demi-mille de côté (65 ha), leur payant une partie de la traversée et offrant à prix réduit le voyage en train. Ainsi les pionniers s'établissaient-ils, non pas, comme aux États-Unis quelques années plus tôt, en territoire sauvage où régnait la loi du plus fort, mais dans un pays déjà organisé sous l'autorité de la Police montée.

Arrivés souvent en groupes, les immigrants européens formèrent sur le sol vierge de petites colonies, conservant leur langue et leurs traditions. La plupart étaient Hongrois, Ukrainiens, Scandinaves, mais il y avait aussi des communautés religieuses persécutées en Europe, Hutterites et Mennonites *(voir p. 102)* de langue allemande, et Doukhobors d'origine russe.

Aujourd'hui encore cette diversité culturelle et religieuse est sensible dans les Prairies, où les églises à bulbes sont les gracieux ornements de bien des villes ; 23 % de la population sont de langue maternelle autre qu'anglais ou français (c'est le plus fort pourcentage du Canada), alors que les francophones ne représentent que 4 % des habitants, surtout réunis auprès de la rivière Rouge et de St-Boniface *(voir p. 100)*, et dans la région d'Edmonton.

PLEIN AIR ET LOISIRS

De nombreux parcs provinciaux et régionaux offrent des sites agréables aux amateurs de camping et de baignade, dans toute la région habitée *(voir leur emplacement sur les cartes routières provinciales)*.

En outre, chaque région offre des activités particulières. Dans le Sud-Ouest, les ranches accueillent les amateurs d'équitation ; toute la zone rurale propose des vacances à la ferme ; le Sud du lac Winnipeg est une région de plages et de villégiature **(parc provincial de Grand Beach)** enfin la zone boisée des plaines et le Bouclier canadien, immensité sauvage semée d'un nombre infini de lacs et de rivières, sont le domaine des pêcheurs (truites de lac, walleye, brochet du Nord), des chasseurs (ours noir, orignal et gibier d'eau), des amateurs de canoë et de tous les amoureux de solitude.

L'hiver offre tous les plaisirs de la neige, et même quelques pistes de ski alpin, par exemple aux **parcs Whiteshell** près de Winnipeg et du **mont Riding,** (MAN.), et à Saskatoon (SASK.). *Voir la carte p. 6 et 7.*

Les naturalistes verront, en saison, de nombreux oiseaux migrateurs : diverses espèces d'oies (à Regina), grand héron bleu (au lac Old Wives, Sud de la Saskatchewan), pélican blanc et grue Sandhill (au lac Last Mountain, au Nord de Regina). Tout au Nord de l'Alberta, le **parc national Wood Buffalo** préserve les derniers bisons en liberté, et la rare grue blanche qui y fait son nid en été. *Voir la carte p. 6.*

Sur tous ces sujets les services provinciaux publient chaque année des brochures très complètes : liste des terrains de campings, règlements de chasse et de pêche, parcours de canoë, stations de ski, etc.

Excursions en train. – *Voir la carte p. 7.* De Winnipeg à Churchill (et retour) le train met 7 jours. *Une fois par semaine de juin à mi-septembre, renseignements auprès de VIA Rail, 123 Main Street, Winnipeg (Manitoba) R3C 2P8.*

De Winnipeg à Grosse Isle par train à vapeur, le **Prairie Dog Central**. *De juin à septembre, le dimanche à 11 h 30 et 15 h ; 2 h AR ;* ☎ *(204) 284 2690. Départ de la CN St James St Station, 1661 Portage Avenue, près de St James Street.*

RENSEIGNEMENTS PRATIQUES

Hébergement, cartes routières. – Chaque province publie une carte routière mise à jour chaque année, la liste des hôtels, motels et terrains de camping, ainsi que tous renseignements touristiques, distribués gratuitement dans des kiosques ou disponibles aux adresses suivantes :

Alberta : Généralités : Travel Alberta, 10065 Jasper Ave, 14ᵉ niveau.
  Edmonton, Alberta T5J 0H4 – ☎ (403) 427 4321
  Pêche et chasse : Fish and Wildlife Division, Department of Energy and Natural Resources, 10363 – 108th Street Building, Edmonton, Alberta T5J 1L8
Saskatchewan : Tourism Saskatchewan 3211 Albert St.,
  Regina, Saskatchewan S4S 5W6 – ☎ (306) 565 2300
Manitoba : Travel Manitoba Department 4048, Legislative Building,
  Winnipeg, Manitoba R3C 0V8 – ☎ (204) 944 3777

Taxes provinciales. – Alberta : aucune.
  Saskatchewan : 5 % comme au Manitoba, sauf sur les notes de restaurant.
  Manitoba : 5 % (sauf sur la nourriture) et 5 % sur les notes d'hôtel et de restaurant.

Zones horaires. – Dans le Manitoba règne l'**heure normale du Centre,** avancée du dernier dimanche d'avril au dernier samedi d'octobre. L'Alberta vit à l'**heure normale des Rocheuses,** également avancée l'été *(voir p. 20).* Dans l'ensemble la Saskatchewan s'aligne en été sur l'heure de l'Alberta, et en hiver sur celle du Manitoba, sauf quelques localités frontalières qui suivent toute l'année l'heure de la province voisine.

Les routes. – Les grandes routes sont excellentes, mais les transversales des régions reculées n'offrent que de rares postes d'essence. Les routes secondaires en terre, « améliorées » *(improved),* permettent de rouler à environ 50 km/h de moyenne ; sur les chemins « non améliorés » *(unimproved),* souvent creusés d'ornières, ne pas compter dépasser une vitesse de 20 km/h. En Saskatchewan, le port de la ceinture de sécurité est obligatoire.

Réglementation des alcools. – La consommation des boissons alcoolisées est autorisée à partir de 18 ans au Manitoba et en Alberta, de 19 ans en Saskatchewan ; elle est interdite dans les lieux publics en dehors des établissements licenciés. Quelques hôtels et tavernes vendent de la bière à emporter, mais vins et alcools ne sont en vente que dans les magasins gouvernementaux ; dans les régions isolées au Nord des provinces ces produits sont vendus dans les épiceries licenciées.

PRINCIPALES MANIFESTATIONS TOURISTIQUES

LIEU ET DATE	NATURE DE LA MANIFESTATION
Austin (MAN.) .... Fin juillet	Manitoba Threshermen's Reunion *(voir p. 83).*
Brandon (MAN.) .... Août	Provincial Exhibition of Manitoba.
Calgary (ALB.) .... Début juillet	Stampede *(voir p. 84).*
Dauphin (MAN.) .... Fin juillet	Festival national ukrainien.
Edmonton (ALB.) .... Juillet	Klondike Days Exhibition.
Gimli (MAN.) .... Fin juil.-début août	Festival islandais.
Le Pas (MAN.) .... Fév.	Festival des Trappeurs, avec course de traîneaux à chiens sur 240 km.
Lethbridge (ALB.) .... Août	Whoop-Up-Days.
Norway House (MAN.) .... Août	York Boat Days.
Prince Albert (SASK.) .... Février	Winter Festival.
Regina (SASK.) .... Début août	Buffalo Days Exhibition.
- .... Novembre	Exposition agricole de l'Ouest canadien.
Saskatoon (SASK.) .... Juillet	Pioneer Days.
Selkirk (MAN.) .... Juillet	Manitoba Highland Gathering, fête écossaise.
Steinbach (MAN.) .... Début août	Pioneer Days.
Winnipeg (St Boniface) (MAN.) ... Fév.	Festival du Voyageur, avec course de raquettes.
- .... Début juillet	Red River Exhibition : parc d'attractions, concours de fanfares, exposition agricole.
- .... Juillet	Folk Festival.
- .... Août	Folklorama.
Yorkton (SASK.) .... Juillet	Saskatchewan Stampede and Exhibition.

AUSTIN ★ Manitoba _____

Carte des Principales Curiosités p. 7 – 416 h.

Austin se trouve entre Portage-la-Prairie et Brandon, au cœur de la prairie manitobaine, dans une région de blé, orge, colza, lin et betterave à sucre.

Manitoba Agricultural Museum★. – *Sur la route 34, à 2 km au Sud de la Trans-canadienne. Camping, pique-nique. Visite de mi-mai à début octobre. $1.50.* ☎ *(204) 637 2354.*

Ce musée en plein air comprend la reconstitution d'un petit village de pionniers à la fin du siècle dernier, avec son école, sa gare et son élévateur. Mais son principal attrait est l'importante collection de tracteurs et machines agricoles du début du siècle, présentés dehors ou rassemblés sous hangar. Ces monstres de fonte, en parfait état de marche, paradent et fonctionnent pendant la grande « Assemblée des Batteurs de grains » **(Threshermen's Reunion and Stampede)** qui a lieu chaque année fin juillet ; après la parade ont lieu des courses entre machines à vapeur, des concours de battage ou de mise en gerbes « comme jadis » puis un « stampede » (rodéo), *(voir p. 84),* et l'on danse tard dans la nuit au son de la musique « western ».

Les débuts de la mécanisation. – Dans la deuxième moitié du 19e s., les premières loco-mobiles (portable steam engi-nes) commencèrent à rem-placer les chevaux dans les travaux agricoles. Ces lourdes machines à vapeur, qui par une courroie actionnaient par exemple les batteuses, n'étaient mobiles que... tirées par des chevaux.

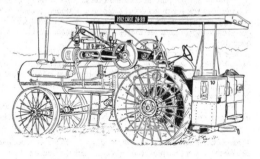

Tracteur à vapeur

Puis vinrent, vers 1880, les locotracteurs ou tracteurs à vapeur, monstres de 20 ou 30 tonnes, qui consommaient chaque jour une tonne de charbon et 9 000 litres d'eau, et crachaient une épaisse fumée noire. Leur emploi se développa jusqu'en 1910 ou 1915, tandis que dès 1900 apparais-saient les premiers tracteurs à essence, aussi lourds et imposants que leurs rivaux, qui faisaient un bruit infernal et dégageaient une odeur irrespirable. Peu à peu les modèles devinrent plus légers, plus maniables et moins coûteux, et l'emploi de machines agricoles se généralisa tout à fait avec la Première Guerre mondiale quand les bras manquèrent pour exploiter la terre.

BATTLEFORD et NORTH BATTLEFORD ★ Saskatchewan _____

Carte Générale H 4 – Carte des Principales Curiosités p. 6 – 3 565 et 14 030 h. – Office de Tourisme : ☎ (306) 445 6226.

Situées face à face de part et d'autre de la Saskatchewan du Nord, les deux villes sont indissociables, géographiquement et historiquement.

Battleford, au Sud, est la plus ancienne. En 1876, la Compagnie de la Baie d'Hudson et la Police montée fondaient chacune un fort au confluent de la Saskatchewan du Nord et de la Battle, sur la future ligne de chemin de fer alors à peine entreprise *(voir p. 36) ;* l'année suivante Battleford devenait capitale des Territoires du Nord-Ouest et espérait un brillant avenir. Mais l'histoire est ingrate. Le tracé Nord du Canadien Pacifique fut abandonné pour un itinéraire plus court par le col Kicking Horse *(voir schéma p. 79),* la capitale des Territoi-res fut transférée à Regina (1882) et la ville végéta. En 1903 quand arriva enfin le chemin de fer, le Canadian Northern, la compagnie préféra éviter Battleford et créer autour de la gare sa propre ville, **North Battleford,** dans un bien joli **site★** sur un plateau dominant la rivière, large, plate et encombrée de bancs de sable. La nouvelle localité se développa rapidement et reçut le statut de cité en 1913 ; c'est aujourd'hui le centre de distribution de tout le Nord-Ouest de la province.

■ **CURIOSITÉS** *visite : 3 h*

Parc historique national de Battleford★. – *Central Avenue, Battleford. Explications bilingues. Visite de mai à mi-octobre.* ☎ *937 2621.*

Désaffecté depuis 1924, l'ancien fort de la Police montée a conservé sa palissade et plusieurs bâtiments d'origine : la résidence du commandant, seul bâtiment maçonné et d'allure bourgeoise, la prison, l'infirmerie vétérinaire et le logement des officiers évoquent la vie des policiers au fort à la fin du 19e s.

Hors de l'enceinte, la caserne n° 5 abrite un intéressant **musée,** bien présenté, qui raconte l'histoire du fort, de la ville, et de la rébellion de 1885, durant laquelle le fort joua un rôle central, comme quartier général de la police dans la région et refuge des 500 colons des alentours ; on y voit des cartes, des photos d'époque, et des objets, telle la mitrailleuse Gatling, du modèle utilisé par l'armée à la bataille de Batoche *(voir p. 97).*

Western Development Museum★. – *North Battleford, routes 40 et 16. Aires de pique-nique ; restaurant ; souvenirs. Rafraîchissements.*
Visite de mai à début septembre tous les jours ; le reste de l'année du lundi au vendredi seulement. $1.50. ☎ *445 8033.*

Ce musée du développement de l'Ouest comprend deux parties. Un vaste hangar est consacré au matériel agricole et aux moyens de transports ; on y remarque en particulier des voitures anciennes, dont le fameux « modèle T » de Ford, la première voiture populaire, un wagon bâché des années 1900, et un imposant traîneau à vapeur utilisé pour l'exploitation forestière, capable de tracter sur route gelée 32 traîneaux chargés de troncs.

Au dehors est reconstitué un « village pionnier » *(fermé en hiver)* vers 1925, comprenant un train, artère vitale des prairies, avec son wagon de luxe au salon moquetté et sa « caboose » ou fourgon de queue réservé au personnel de la Compagnie ; des trottoirs de bois relient boutiques, ateliers d'artisans et maisons ; on remarque la multiplicité des religions (églises anglicane, catholique, orthodoxe) et des ethnies, avec la maison de canadiens français et la pimpante chaumière d'immigrants ukrainiens, à l'intérieur décoré d'icônes fleuries et de tissus savamment brodés.

CALGARY ★★ Alberta

Carte Générale G 4 - Carte des Principales Curiosités p. 6 – 592 743 h. – Bureau de tourisme : ☏ (403) 263 85 18.

Bâtie en terrain plat au confluent de la Bow et de l'Elbow, entourée de collines peu à peu submergées par les quartiers résidentiels, Calgary, devenue l'une des deux métropoles de la province, se signale de loin par la gerbe de tours qui jaillissent au centre ville, tandis qu'à l'horizon se découpent les crêtes des Rocheuses. De Calgary part la principale route d'accès à Banff.

Sa prospérité nouvelle, sa richesse, son développement fulgurant, Calgary les doit au pétrole, depuis la découverte, en 1914, d'un gisement à Turner Valley, au Sud-Ouest de la ville, et surtout depuis le récent développement pétrolier de la province *(voir p. 80)*. La ville est devenue le siège des grandes compagnies pétrolières et le théâtre d'une activité sans cesse croissante.

Pourtant Calgary, au cœur de la région des ranches et des cow-boys, est restée un important centre d'élevage et de conditionnement de la viande, comme le révèle chaque année, la 2ᵉ semaine de juillet, la grande fête du « Stampede ».

Des débuts modestes. – A l'origine de la ville se trouve le fort de la Police montée, Fort Brisebois, rebaptisé plus tard Fort Calgary, fondé en 1875 ; un petit hameau s'était créé autour du fort.

Mais en 1883 arriva le chemin de fer, et avec lui une marée de colons ; la terre fut divisée en vastes ranches, et les éleveurs (beaucoup venaient des États-Unis) y conduisirent leurs troupeaux avides de pâturages frais : commençait l'ère des cow-boys et des rodéos dont la tradition est toujours vivante.

■ CURIOSITÉS
visite : 1 journée 1/2

Au pied de la célèbre tour, s'étend au Nord le quartier des boutiques, des banques et des compagnies pétrolières, où sans cesse s'élèvent de nouveaux gratte-ciel dont le plus haut abrite le siège de **Petro-Canada (B)**.

Le long de 8th Avenue est aménagé un **mail** interdit aux voitures, tandis que les passerelles qui relient la plupart des édifices font du centre ville le domaine des piétons. Le quartier déborde d'activité pendant le Stampede, lorsque les cuisines roulantes distribuent au petit déjeuner crêpes et bacon reconstituants à la foule des cowboys et de leurs admirateurs.

Le « Stampede★★★ ». – En anglais le mot stampede évoque un troupeau emballé ; c'est dire que la grande fête de Calgary est la fête du bétail (grande foire agricole), du cheval et du cow-boy.

C'est pendant dix jours un spectacle continu, qui attire des milliers de visiteurs.

Dans les rues de la ville, chacun arbore une tenue « western » (blue-jean de rigueur accompagné

(D'après photo Lawson Graphics Pacific Ltd)

Scène de stampede

d'un large Stetson blanc, le chapeau des cow-boys, et si possible de superbes bottes pointues) ; à l'ouverture des festivités la grande **parade** se déploie pendant trois heures dans les rues en un impressionnant défilé de chars, à la gloire des races Hereford ou Charolais, d'orchestres, de majorettes et de groupes équestres où les Indiens en grand costume de cérémonie alternent avec les clubs de rodéo.

Le rodéo. – Au parc des expositions (Exhibition Grounds) se tiennent, l'après-midi et en soirée, les spectaculaires compétitions qui font la renommée du Stampede. Concours à dos de chevaux sauvages (bronco riding), avec ou sans selle, où le cavalier doit rester huit secondes en se tenant d'une seule main, malgré les ruades frénétiques de l'animal ; capture d'un veau au lasso (calf roping), où le cavalier lance son lasso, saute à terre, retourne le veau et lui lie trois pattes, tandis que son cheval, merveilleusement dressé, tire sur le lasso, le tout en moins de dix secondes. Citons enfin la course de cuisines roulantes (chuck-wagon race), jadis soutien indispensable des cow-boys durant la longue transhumance de l'été ;

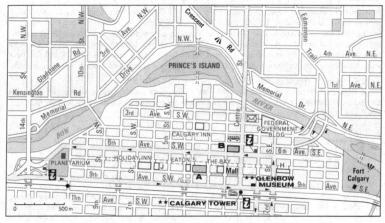

allégées pour la course de presque tous leurs accessoires (casseroles, provisions, réserve d'eau), les carrioles attelées à quatre pur-sang sont accompagnées de quatre cavaliers ; au signal l'escorte jette dans la voiture les piquets, la tente et le « poêle » (une caisse de bois qui symbolise le poêle de campagne), tandis que l'équipage décrit un 8 sur l'aire de départ avant de s'élancer sur la piste. La précipitation du départ et la difficulté des manœuvres font tout le sel de cette épreuve.

Calgary Tower★★. – *Visite toute l'année de 7 h 30 à 24 h (23 h le dimanche). $2.25. Restaurant. ☎ 266 7171.*

Longtemps point de mire de la ville, la tour est semblable à un champignon géant (191 m), dont le chapeau abrite un restaurant panoramique tournant (accomplissant sa révolution en 1 h) et à l'étage supérieur une galerie d'observation.

Galerie d'observation★★ (Observation Terrace). – Elle permet de découvrir le tracé des rues de la ville, les vertes frondaisons de ses parcs, et dans le lointain vers l'Ouest la longue rangée de crêtes aiguës des Rocheuses.

Glenbow Museum★★. – *Visite tous les jours sauf les lundis, 25 et 26 décembre et 1ᵉʳ janvier. $2.00. ☎ 264 8300.*

Outre la galerie d'art et les autres expositions temporaires, le musée est surtout connu pour la **section indienne★★** (au 3ᵉ niveau). Autour d'un grand « tipi », la tente des Indiens des plaines, une vaste collection de vêtements et d'objets évoque la vie, les mœurs et les arts des différents groupes indiens d'Amérique du Nord, surtout ceux des Prairies, et des Inuit. La **section historique** qui fait suite raconte la colonisation de l'Ouest et du Nord : la révolte des Métis *(voir p. 97)*, le rôle des missionnaires, de la Police montée et du chemin de fer, celui des explorateurs, avec l'expédition malheureuse de Franklin *(voir p. 232)*, et la mise en culture des Prairies.

Au 4ᵉ niveau se trouve, à côté de la galerie de minéralogie, une **collection d'armes** et de tenues militaires qui va des armures européennes du 15ᵉ s. ou de celles des Samouraïs jusqu'à la Seconde Guerre mondiale.

Belvédère de Crescent Road★★. – Dominant la vallée de la Bow, juste en face du centre-ville, on voit le quartier des gratte-ciel et, au premier plan, la rivière bordée de verdure et le parc de Prince's Island.

Devonian Gardens★ (A). – *Toronto Dominion Centre, 4ᵉ niveau ; entrée par Eaton's ou après fermeture des magasins par un ascenseur sur 8th Avenue.*

Entre les tours de verre noir du TD Centre, les grandes verrières obliques envahies de verdure signalent du dehors ce vaste jardin couvert, agrémenté de fontaines et de bassins, qui tombe en cascade vers les 7th et 8th Avenues.

Heritage Park★. – *Visite de mi-mai à début septembre tous les jours ; de septembre à début octobre, les samedis, dimanches et jours fériés seulement. $3.50. Restaurant, cafétéria. ☎ 255 1182.*

Des bâtiments de l'époque des pionniers, provenant des environs, ont été réunis dans un agréable **site★** au bord du réservoir Glenmore pour former une sorte de village du passé.

On y voit entre autres l'hôtel, avec sa galerie surmontée d'un balcon, l'opéra (1896) où se donnent des spectacles, la gare avec son train à vapeur et l'élévateur le long des voies, ainsi qu'un derrick en bois de forage pétrolier du début du siècle.

CALGARY★★

Zoo★★. – *Entrée principale sur Memorial Drive ; accès à pied depuis Fort Calgary en empruntant la passerelle et le parc du bout de l'île St-George. Visite tous les jours sauf le 1er janvier et le 25 décembre. $3.50. Cafétéria.* ☎ *265 9310.*

Installé en partie sur la rive Nord de la Bow, en partie sur l'île St George, ce vaste zoo abrite fauves et animaux du monde entier : léopards, singes, ours blancs, rhinocéros, etc. Une section est réservée à des animaux aujourd'hui disparus, les dinosaures *(voir p. 88)*. On peut voir, fidèlement reconstituées en béton, les espèces les plus variées de ces temps anciens.

Fort Calgary. – *Visite du mercredi au dimanche.* ☎ *290 1875.*

À côté de l'emplacement de l'ancien fort de la Police montée, dont le plan est apparent sur le sol, le **centre d'interprétation** raconte l'histoire du fort et des débuts de la ville. Du parc, **vue★** sur les rives verdoyantes de la Bow.

CARDSTON Alberta

Carte des Principales Curiosités p. 6 – 76 km au Sud de Lethbridge par la route 5 – 3 267 h.

Située non loin de la frontière du Montana, Cardston fut créée en 1887 par un groupe de mormons, venus de l'Utah sous la conduite de Charles Ora Card, gendre de Brigham Young. Ils introduisirent dans la région l'irrigation et la culture de la betterave à sucre qui constitue encore aujourd'hui sa principale activité. Cardston est le plus grand centre mormon au Canada, construit autour de son imposant temple de granit blanc *(angle 3rd street W et 3rd Avenue - centre d'accueil ouvert tous les jours sauf le 25 décembre, films)*.

Les mormons. – Fondée en 1830 par Joseph Smith, l'Église des Saints des Derniers Jours s'établit d'abord en Illinois, où son chef fut assassiné en 1844, puis, sous la direction de Brigham Young, dans l'Utah où ses fidèles fondèrent Salt Lake City. La doctrine repose sur le Livre de Mormon, dont Joseph Smith eut la révélation en 1827, gravé sur des plaques d'or dévoilées par un messager céleste.

CHURCHILL ★★ Manitoba

Carte Générale I 4 – Carte des Principales Curiosités p. 7 – *Schéma p. 79* – 1 304 h.

Accès. – Par avion : s'adresser à la compagnie Pacific Western Airways *(700 2nd Street SW, 7th Floor Calgary, Alb. T2P 2W1)*. Par le train : *voir p. 82.*

Churchill, le port de mer le plus septentrional du Canada, se trouve au bord de la baie d'Hudson, à l'embouchure de la rivière du même nom. Située dans la toundra, une vingtaine de kilomètres au Nord des derniers arbres, Churchill est pourtant entourée d'une riche vie animale : ours polaires dont les visites, spécialement en octobre, sèment parfois le trouble en ville, bélugas qui s'ébattent l'été dans les eaux de la rivière, et au printemps myriades d'oiseaux migrateurs. D'autre part, la fréquence particulière des aurores boréales a fait choisir ce site comme centre de recherches météorologiques sur ces étranges phénomènes qui embrasent le ciel en hiver.

La ville doit son nom au **fort Churchill,** fondé en 1685 par la Compagnie de la Baie d'Hudson dont le gouverneur était alors John Churchill, futur duc de Marlborough (celui de la chanson) et ancêtre de l'homme d'État britannique.

La ville moderne est un port céréalier, relié par chemin de fer à Le Pas, qui exporte vers l'Europe le blé et l'orge des Prairies ; les navires gagnent deux jours par rapport à la route du St-Laurent, mais le détroit d'Hudson n'est navigable que trois mois par an, de fin juillet à fin octobre. Un **centre communautaire** moderne construit le long de la plage rassemble tous les services de la ville, centre de soins, école, bibliothèque, théâtre, piscine, salles de sports, etc., apportant le confort moderne sous les rigueurs du climat arctique.

Musée esquimau★★. – *Visite en semaine le matin et l'après-midi ; le dimanche toute la journée.* ☎ *(204) 675 2252.*

Outre ses précieuses pièces archéologiques des cultures Dorset et prédorset collectées par les missionnaires Oblats, le musée expose une collection de sculptures récentes, sur pierre, sur ivoire ou sur os, remarquables pour leur beauté plastique, et pour leur intérêt documentaire que met en valeur le commentaire enregistré *(en anglais)* ; ainsi découvre-t-on les techniques de la chasse au phoque ou à l'ours, les légendes, les jeux et les saisons, et aussi les nouveautés apportées dans la vie des Inuit par les Blancs, comme l'avion ou la motoneige.

Bureau de Parcs Canada. – *Ouvert tous les jours sauf les dimanches toute l'année et les samedis hors saison.* ☎ *(204) 675 8863.*

Présentation de films sur la région, sa faune et sur le fort Prince of Wales.

Fort Prince of Wales★. – *Parc historique national ; visite guidée bilingue, s'adresser en ville au bureau de Parcs Canada ; accès par bateau de mi-juin à mi-septembre.*

Situé sur la rive gauche de la rivièe Churchill, sur un promontoire qui en commande l'embouchure, cet imposant fort de pierre fut bâti, dans l'espoir d'éviter toute attaque des Français, de 1731 à 1771. Malgré son mur d'enceinte à redents, épais de 10 m, et ses canons pointés vers la mer, la puissante forteresse, indéfendable avec seulement 39 hommes, céda sans coup férir à la première attaque, en 1782, devant le célèbre navigateur français La Pérouse.

L'excursion en bateau sur la rivière est l'occasion d'approcher les bélugas qui viennent jouer autour de l'embarcation.

Pour voyager au Canada,

les bureaux de tourisme provinciaux fournissent gracieusement carte routière de la province, répertoire annuel des hôtels, motels ou terrains de camping, et tous renseignements sur les parcs provinciaux.

Les CYPRESS HILLS ★★ Alberta - Saskatchewan

Carte des Principales Curiosités p. 6.

Dans le Sud des prairies canadiennes, à cheval sur la frontière entre les provinces d'Alberta et de Saskatchewan qui y ont créé chacune un parc provincial, la région des Cypress Hills s'étend à l'écart des grandes routes sur environ 130 km. Dominant les plaines de 600 m, plus arrosées que les alentours, ces collines tranchent avec la plate et monotone prairie par leurs vallonnements et leur végétation.

Seule zone boisée dans une vaste région, elles sont plantées de pins lodgepoles dont les Indiens faisaient leurs mats de tipi ; ce sont les Métis, prenant ces arbres pour les pins gris de l'Est ou « cyprès » (sans rapport avec le cyprès méditerranéen), qui ont donné son nom à la région.

Dans ces vastes espaces de ranches, le bovin est roi, et la route de terre franchit de loin en loin une clôture par une de ces « portes texanes » où des rouleaux métalliques empêchent le bétail de passer ; ici on comprend la nécessité toujours actuelle de capturer les bêtes au lasso.

Le parc provincial de Cypress Hills★★ (ALB.). – *Pique-nique, camping, motel. Certaines routes de terre peuvent être coupées en cas de fortes pluies. Centre d'information à Elkwater, ouvert de mai à fin août. ☎ (403) 893 3778.*

Appelé aussi « Elkwater Park », du nom d'un de ses lacs, le parc albertain occupe la zone la plus élevée (1 400 m) et l'une des plus accidentées et pittoresques des collines. Contrairement aux chemins avoisinants, ses routes sont bonnes et offrent un accès facile à ces paysages de douces montagnes où les troupeaux se déplacent librement.

Depuis le lac Elkwater, prendre la route de Horseshoe Canyon (belle vue) pour rejoindre **Head of the Mountain,** le sommet du parc, d'où les vues s'étendent jusqu'aux Sweet Grass Hills dans le Montana.

Puis revenir vers l'Est par la route du lac Reesor qui offre de jolies vues sur le lac et plus loin sur la vallée du Battle Creek.

Parc historique national de Fort Walsh★ (SASK.). – *55 km au Sud-Ouest de Maple Creek – environ 1 h de route. Accessible aussi depuis le parc albertain : 15 km depuis la frontière provinciale, soit 1/2 h de piste médiocre. Visite de mi-mai à début septembre. Pique-nique. Explications bilingues. ☎ (306) 299 4414.*

Poste de la Police montée fondé en 1875 pour supprimer le trafic du whisky, florissant dans les collines *(voir p. 92),* le fort Walsh joua un rôle capital dans les rapports entre le gouvernement canadien et les Indiens des plaines. Quartier général de la police de 1878 à 1882 jusqu'à son transfert à Regina, le fort fut recréé en 1942 pour abriter le haras de la police, et désaffecté en 1968.

On visite les bâtiments du haras ; un petit musée et des pancartes évoquent le premier fort et la ville qui s'était créée alentour.

L'arrivée des Sioux. – Après la bataille de Little Big Horn aux États-Unis en 1876, où les Sioux exterminèrent les troupes du général Custer, les Indiens s'attendaient à de terribles représailles ; ils vinrent nombreux au Canada chercher la protection de la « Grande Mère Blanche », la reine Victoria. La police devait veiller à la paix entre Sioux et tribus canadiennes, et empêcher que d'éventuels raids contre les Etats-Unis n'engendrent des tensions diplomatiques. Cependant le bison, principale ressource des Indiens et raison de leur lutte pour leur indépendance, disparaissait rapidement ; les Sioux durent se résigner à regagner leurs réserves américaines ; en 1881, après un hiver de famine, les derniers Sioux menés par Sitting Bull, le chef de la résistance, quittaient le Canada.

Poste de traite de Farwell★. – *Accès depuis le fort par minibus toutes les 1/2 h. Visite guidée 1/2 h.*

En 1873 se trouvait ici un poste de traite tel qu'on peut le voir aujourd'hui : la palissade, les grossiers bâtiments de rondins au toit de terre, le crâne de bison au-dessus de l'entrée, tout évoque la vie rude de ces commerçants aventuriers qui fournissaient aux Indiens toutes sortes de marchandises, amenées depuis Fort Benton sur le Missouri (Montana) par de longs convois de chars à bœufs.

En mai, cette année-là, arriva du Montana un groupe de chasseurs de loups. On leur avait volé des chevaux ; ils accusaient les Indiens qui campaient sur la colline voisine. Le whisky aidant, la querelle dégénéra en bagarre sanglante , une vingtaine d'Indiens furent tués. Apprenant le « massacre de Cypress Hills » le premier ministre,

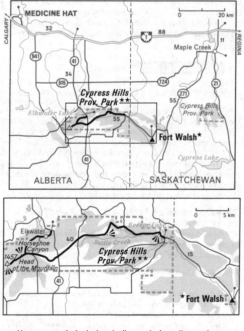

John A. Macdonald, craignit un soulèvement général des Indiens si de telles scènes se reproduisaient.

Le 25 septembre 1873 étaient décidés, pour faire régner l'ordre dans les Territoires du Nord-Ouest, la création et le recrutement immédiat d'une Police montée qui devait devenir célèbre *(voir p. 95 et 96).*

PRAIRIES

DINOSAUR (Parc provincial) ★★ Alberta _____

Carte des Principales Curiosités p. 6 - 45 km au Nord de la Transcanadienne.

Prendre vers le Nord, à la hauteur de Brooks, la route 873 sur 10 km, puis à droite la 544 jusqu'à Patricia, puis à gauche la 551. Camping. Pique-nique. ☎ (403) 378 4587.

C'est une région de ranches, sèche et presque déserte. La rivière Red Deer y a creusé jadis une vallée étrange, quasi lunaire, appelée **badlands,** ou mauvaises terres, car à peu près stériles. Des buttes à nu, ravinées par l'eau de ruissellement, dévoilent la superposition des couches de sédiments ; par endroits des couches plus résistantes ont protégé de l'érosion des sortes de piliers appelés **« cheminées de fées ».** Cette roche, schistes et grès, s'est formée à l'ère secondaire (qui dura 140 millions d'années et s'acheva il y a environ 60 millions d'années), se déposant lentement au fond des mers qui recouvraient alors cette partie du globe.

Les dinosaures. – En grec, ce nom signifie « terrible lézard », car les dinosaures étaient des reptiles à sang froid et pondant des œufs. Les uns étaient herbivores, armés de lourdes cuirasses et se déplaçant à quatre pattes, ou bien dressés sur leurs pattes arrière ils pouvaient fuir facilement ; parmi les carnivores, le plus gros, le tyrannosaure, atteignait 15 m de long, 5,5 m de haut, et pesait 8 tonnes. Ils vivaient sous un climat tropical, dans de vastes marécages, où certains, rapidement envasés à leur mort, ont été fossilisés. L'érosion des badlands les fait peu à peu apparaître à la surface du sol ; les premiers squelettes furent découverts au début du 20ᵉ s.

(D'après photo Alberta Provincial Museum)
Dinosaures

VISITE

En bus ; 1 à 3 h tous les jours. S'adresser au personnel du parc.

Le parc provincial occupe un site particulièrement riche en fossiles de dinosaures ; pour protéger les fossiles en place, seule une petite partie du parc est d'accès libre à tout visiteur et le reste n'est ouvert qu'aux expéditions scientifiques et aux visites guidées.

Juste à l'entrée du parc un excellent **point de vue**★★ dévoile 3 000 ha de badlands.

Circuit en voiture★. – *5 km - environ 1 h.* La région doit sa beauté austère à son isolement et à son caractère sauvage et intact. Un circuit routier offre un aperçu de ce paysage désolé, et conduit à trois points (dinosaur displays) où sont présentés, dans des vitrines, des squelettes de dinosaures tels qu'ils furent découverts.

Un **sentier de nature** *(1 h à pied AR)* permet d'observer le travail de l'érosion, la végétation rase des badlands (buissons de sauge aux feuilles argentées, cactus, etc.), et d'entendre crisser les nombreux insectes qui s'y cachent.

A l'entrée du circuit, avant le petit pont, se trouve la **cabane de John Ware,** qui jadis avait un ranch dans la vallée ; elle est aménagée en petit musée de l'élevage.

DRUMHELLER ★ Alberta _____

Carte des Principales Curiosités p. 6 - 130 km au Nord-Est de Calgary par la route 9 - 6 508 h. – Office de Tourisme : ☎ (403) 823 2593.

Comme le parc provincial Dinosaur, Drumheller est située dans la vallée de la rivière Red Deer, au creux de spectaculaires badlands. Mais le plateau, qui domine la ville de plus de 100 m, frappe par sa richesse, car ce sont des terres à blé, où ça et là parmi les champs une pompe aspire doucement le pétrole tandis qu'au loin brûle une torchère.

Les premiers colons s'installent dans la région vers 1900. En 1910, Samuel Drumheller crée le lotissement qui porte son nom ; l'année suivante s'ouvre une première mine de charbon, prélude à une exploitation florissante qui atteint son zénith en 1947 avec une production de 2 millions de tonnes ; la découverte de gaz et de pétrole amène vers 1962 le déclin du charbon, dont les mines ferment peu à peu.

Dinosaur Museum★ (M). – *335 1st Street East - schéma p. 89. Visite d'avril à octobre. $1.00.* ☎ *823 2593.*

Intéressant petit musée sur la géologie régionale, la création des gisements de charbon, et divers fossiles découverts dans la région. A la place d'honneur figure le squelette d'un dinosaure « à bec de canard », l'edmontosaure.

Dinosaur Trail★ **(route des dinosaures).** – *51 km sur ~~route de terre~~ - environ 2 h - schéma p. 89.*

C'est un long circuit, souvent sur le plateau, qui n'atteint des paysages vraiment sauvages qu'aux points de vue sur la vallée. Le premier, **Horse Thief Canyon**★ *(km 17),* offre une large vue sur la vallée du Red Deer et les buttes ravinées des badlands. Puis le circuit traverse la rivière sur un bac rustique, Bleirot Ferry *(km 26),* retenu par un câble jeté en travers de la rivière ; belles vues en remontant sur le plateau. *Au km 31, prendre à gauche un chemin non signalé sur 0,5 km.* De ce point, un **panorama**★ étendu embrasse toute la vallée dont les falaises arides contrastent avec les pâturages qui bordent les eaux vertes du Red Deer. De retour sur la route, on a de belles **vues** en redescendant au pied des falaises *(km 34),* puis en longeant la rivière.

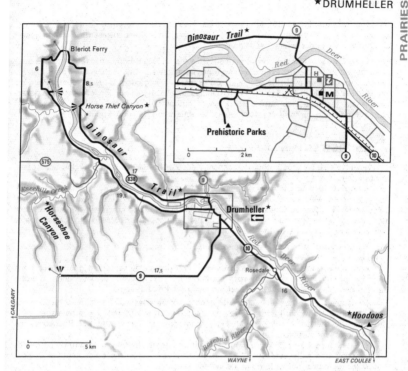

Prehistoric Parks. – *Accès par chemin de terre (1 km). Visite d'avril à mi-octobre. $2.50. Rafraîchissements, souvenirs.*

Le bâtiment d'entrée cache une vallée étroite, où sont disposés des dinosaures de béton, grandeur nature, tels que les ont reconstitués les paléontologues. Un sentier va de l'un à l'autre parmi les collines de boue séchée piquées de cactus et de conifères rampants.

Horseshoe Canyon★. – *18 km au Sud-Ouest sur la route 9 - schéma ci-dessus.* L'une des meilleures vues des badlands de Drumheller.

Cheminées de fées★ (Hoodoos). – *16 km à l'Est par la route 10 - schéma ci-dessus.* L'érosion a sculpté dans les talus ravinés au bord de la route ces pittoresques piliers naturels.

EDMONTON ★★ Alberta

Carte Générale **G 4** - Carte des Principales Curiosités p. 6 - 657 057 h. – Office de Tourisme : ☎ (403) 422 5505.

Dominant les méandres encaissés de la Saskatchewan du Nord, qui creuse une saignée de verdure au cœur de la ville, la capitale de l'Alberta est une ville dynamique qui se construit de jour en jour. Porte du Nord grâce aux nombreuses dessertes aériennes vers le Nord de la province, les Territoires du Nord-Ouest et le Yukon, Edmonton doit en outre sa prospérité actuelle au pétrole ; le derrick du puits n° 1, dressé aujourd'hui sur la route 2 à l'entrée Sud de la ville, commémore la découverte du premier gisement à **Leduc** en 1947. L'exploitation des gisements de pétrole des alentours (Leduc, Redwater, Pembina), celle des sables bitumineux d'Athabasca près de **Fort McMurray** *(435 km au Nord)*, alimentent le plus gros centre de raffineries et de pétrochimie du Canada.

La traite des fourrures. – Les deux compagnies rivales, la Compagnie de la Baie d'Hudson et celle du Nord-Ouest, avaient leur poste de traite sur la rivière dès 1795. Bientôt le double fort devint le

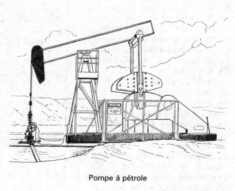

Pompe à pétrole

centre stratégique du vaste district de la Saskatchewan, qui s'étendait de Cumberland House, en Saskatchewan (près de Le Pas), à Rocky Mountain House, au pied des Rocheuses. Jusqu'à la colonisation et la création de la province d'Alberta (1905), ce fort connut une intense activité.

Le Père Lacombe. – Arrivé en 1852 auprès de Fort Edmonton, cet infatigable missionnaire catholique s'attira aussitôt, par son dévouement, ses sages conseils, et le rayonnement de sa personnalité, la profonde sympathie de tous : Métis, Cris, et même leurs ennemis traditionnels les belliqueux Pieds-Noirs le traitaient en ami. Sa mission de St-Albert (aujourd'hui banlieue d'Edmonton) et ses fréquents séjours auprès des tribus nomades contribuèrent à préparer dans la paix la colonisation des Prairies. Lors de la construction du

EDMONTON★★

Canadien Pacifique (1881-85), les Pieds-Noirs, inquiets de cette intrusion dans leurs territoires de chasse, se faisaient menaçants ; il sut les apaiser. Reconnaissante, la Compagnie lui octroya à vie la gratuité sur ses lignes.

Klondike Days. – Chaque année, pendant 10 jours fin juillet, Edmonton fête le temps des chercheurs d'or, quand les aventuriers en route pour Dawson City *(schéma p. 75)* affluaient dans la jeune localité avant de s'élancer sur les pistes hasardeuses du Nord-Ouest. Pour un temps, filles de saloon aux bas de résille, dandies en gilet, rudes mineurs et joueurs de poker envahissent les rues ; les batées se pressent autour d'un ruisseau aurifère dressé tout exprès, tandis que sur la rivière d'inimaginables rafiots font la course pour rire (« sourdough river craft race »).

■ CURIOSITÉS *visite : 1 jour 1/2*

Le centre-ville se situe autour de Jasper Avenue et de Sir Winston Churchill Square, au Nord de la rivière.

Au bord de la falaise sont les grands hôtels (Château Lacombe et son restaurant panoramique tournant, Macdonald dans le style « châteaux », Edmonton Plaza) ; autour de la vaste pelouse de Sir Winston Churchill Square donnent le centre commercial Edmonton Centre ainsi que l'hôtel de ville (H) et l'ensemble des bâtiments publics : palais de justice (J), poste, police, bibliothèque (L) et le théâtre Citadel (T).

Musée provincial★★. – *Schéma ci-dessous. Visite tous les jours sauf le 25 décembre.* Cafétéria. Librairie. ☎ 427 1730.

Le musée est agréablement situé, auprès de la résidence du lieutenant-gouverneur, dans un grand jardin qui offre une large **vue★** sur la rivière. Il est divisé en deux sections : à droite de l'entrée, celle d'histoire naturelle, et à gauche celle d'ethnologie.

Histoire naturelle. – Le rez-de-chaussée rassemble des **dioramas★** où les animaux de l'Alberta sont présentés dans leur cadre naturel, ce qui donne un aperçu des divers paysages de la province : coyote des prairies, chèvres des montagnes sur les pentes des Rocheuses, oiseaux migrateurs au bord d'un lac, etc.

A l'étage, la salle de géologie montre les gisements de charbon, de gaz et de pétrole de la province ; une salle est consacrée aux dinosaures ; les autres présentent les régions naturelles de la province et le mode de vie des animaux.

Ethnologie. – Après une première salle consacrée au commerce des fourrures, avec une maquette de Fort Edmonton vers 1846, tout le rez-de-chaussée est occupé par la **section indienne★★**, qui est la partie la plus spectaculaire de ce musée, et en même temps une excellente présentation des Indiens des plaines, de leur mode de vie et de leur civilisation. De fort beaux objets tout brodés de perles voisinent avec l'explication de diverses techniques, comme le montage des « tipis », le transport par **travois** (sorte de chariot sans roue fait de deux pieux croisés sur le cou du cheval et traînant à terre derrière lui), ou l'empaquetage des vêtements et nourriture dans les **parflèches**, sacs de peau à l'épreuve des plus fortes pluies, utilisés pour voyager à cheval. La salle consacrée à la religion, montrant le déroulement des cérémonies (danse du soleil) et leur signification symbolique, fournit la meilleure introduction à ce sujet.

Au second niveau, la **section historique★** a trait aux colons de l'Alberta, à leurs méthodes agricoles, à leur vie quotidienne, aux premiers modes de forage et d'exploitation minière ; on peut admirer la boutique du sellier, voir la machinerie d'un bateau à aubes ou retrouver les plaisirs des pianos mécaniques. La salle réservée aux nombreuses traditions religieuses et culturelles des nouveaux colons fait sentir la riche diversité ethnique de la province.

Fort Edmonton Park★★. – *Accès par Fox Drive à l'Est de Whitemud Fwy - schéma ci-contre. Visite de mi-mai à début septembre toute la journée ; de septembre à la mi-octobre, les samedis et dimanches seulement l'après-midi. $3.75. Cafétéria.* ☎ 436 5565.

Installé dans la verte vallée de la Saskatchewan du Nord, le parc est un projet d'envergure partiellement achevé ; à terme, l'ensemble fera revivre les grandes étapes du passé d'Edmonton. La rue de 1905, à l'époque où la ville est enfin desservie par le chemin de fer, *(travaux prévus jusqu'en 1985)* sera recréée ; seules sont complètes les deux sections les plus reculées : la rue de 1885 et le fort de traite.

La rue de 1885. – La jeune localité est alors typique des petites villes des Prairies : une très large rue boueuse où passent les chariots, des trottoirs de bois et deux rangées de modestes bâtiments, parmi lesquels le bureau du cadastre, le poste de la Police montée, l'imprimerie du journal local, et la petite église McDougall, première chapelle protestante, qui fut construite en 1873 et qui en 1976 se trouvait encore au cœur de la ville moderne.

Le Fort Edmonton. – C'est une vraie place-forte, ceinte d'une haute palissade avec chemin de ronde et tours d'angles : ainsi se présentait vers 1845 le fort de traite de la Compagnie de la Baie d'Hudson ; il est sis à quelques méandres seulement de son emplacement originel, sur les jardins du Parlement actuel.

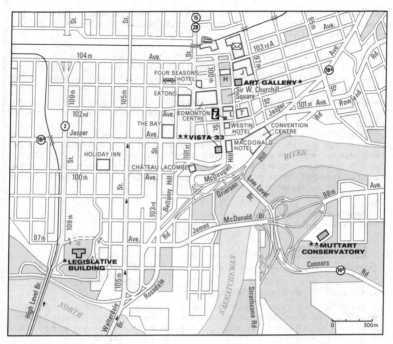

A l'intérieur, les solides bâtiments de bois s'ordonnent autour de « Rowand's House », imposante bâtisse à étages et galerie extérieure, résidence du chef facteur John Rowand. Un nombreux personnel en costume d'époque lui donne vie en se livrant aux activités d'alors.

Vers 1845, le fort comptait environ 130 personnes, occupées outre au ravitaillement et à la vie quotidienne, à la construction des bateaux d'York. Car chaque printemps il fallait transporter les ballots de fourrure jusqu'à York Factory sur la baie d'Hudson ; au retour, on abandonnait les bateaux en surnombre pour en reconstruire de nouveaux l'hiver suivant. Les femmes étaient plus particulièrement chargées de préparer le pemmican *(voir p. 98)* et de tailler dans les peaux vêtements et mocassins.

Muttart Conservatory★★. – *Visite tous les jours sauf le 25 décembre. $2.00.* ☎ *428 3664.*

Ce sont des serres dont les quatre audacieuses pyramides de verre invitent au voyage à travers le monde entier. Trois d'entre elles reconstituent autant de zones climatiques et leur végétation distincte (cactus des déserts, végétation luxuriante des régions tropicales, plantes des pays tempérés), tandis que la quatrième est réservée aux présentations florales.

Vista 33★★. – *Visite l'après-midi. Fermé les 1er janvier, Vendredi saint et 24, 25 et 26 décembre. $0.50.* ☎ *425 3978.*

Au sommet de cette tour au bord de la falaise, siège social de la compagnie Alberta Government Telephones, le 33e niveau offre une **vue★★** panoramique sur le site de la ville et les méandres de la rivière, et sur les constructions du centre ville où l'on reconnaît les grands hôtels et les bâtiments publics. A l'Est se profile l'importante zone industrielle et ses raffineries de pétrole (Chemical Row).

Art Gallery★. – *Visite tous les jours sauf le matin des dimanches et jours fériés, les 1er janvier et 25 décembre. $2.00.* ☎ *422 6223.*

C'est une visite intéressante pour tout amateur d'art ; on y présente des expositions sans cesse renouvelées, puisées en partie dans la collection permanente. Le bâtiment bénéficie de l'éclairage naturel par le bel escalier central qui dessert l'étage supérieur.

Parlement★ (Legislative Building). – *Visite accompagnée (3/4 h) tous les jours sauf les 1er janvier, Vendredi saint et 25 décembre. Fermé le matin des samedis, dimanches et jours fériés de septembre à avril. Restaurant, cafétéria.* ☎ *427 7362.*

Ce majestueux édifice de pierre ocre, aux façades ornées de colonnades, est coiffé d'un élégant dôme à lanternon ; sa construction date de 1912. On visite la salle de l'Assemblée, tendue de moquette rouge, ainsi que la bibliothèque qui garde la masse d'armes, symbole de l'autorité de l'Assemblée. Il ne faut pas manquer de voir, au 5e niveau dans la galerie circulaire qui surplombe le vestibule, l'intéressante série de panneaux qui racontent l'histoire de la province et figurent ses hommes célèbres.

A l'emplacement des jardins, qui descendent jusqu'à la rivière, se trouvait, jusqu'en 1915, le fort de la Compagnie de la Baie d'Hudson qui donna naissance à la ville *(p. 90).*

FORT MACLEOD ★ Alberta

Carte des Principales Curiosités p. 6 - 44 km à l'Ouest de Lethbridge - 3 139 h.

La ville naquit autour du premier fort de la Police montée dans l'Ouest, après la terrible marche forcée de l'été 1874 *(voir p. 95).* Le commissaire-adjoint Macleod choisit pour les quartiers d'hiver de la troupe un site au bord de la rivière Oldman, entouré de bons pâturages pour refaire les chevaux et de bosquets pour fournir du bois de construction. Ainsi naquit le fort Macleod. C'est aujourd'hui un centre agricole dans une région de ranches et de cultures irriguées (céréales).

PRAIRIES

FORT MACLEOD★

Fort reconstitué★. – *En ville, le long de la route 3. Rafraîchissements. Visite de mai à mi-octobre. $2.50. Représentation des manœuvres des policiers : en juillet et août du mercredi au dimanche, à heures fixes.* ☎ *(403) 553 4703.*

Ce fort est une évocation de la vie dans la région vers 1875. Un bâtiment abrite un musée de la Police montée, avec maquette du fort original abandonné en 1904. Dans un autre bâtiment (Centennial Building), un diorama et des diapositives *(1/4 h)* sur le précipice à bisons de Head-Smashed-In, constituent une excellente introduction à la visite de ce site *(voir ci-dessous)*.

Head-Smashed-In Buffalo Jump. – *16 km à l'Ouest par les routes 2 et 516 (route de Spring Point). Visite accompagnée (3/4 h) de fin mai à début septembre. Commentaires en anglais.*

Durant 5 millénaires, les bisons ont été conduits à la mort du haut de cette falaise. Le bison procurait aux indiens la plus grande partie de ce qui leur était nécessaire : viande, peaux pour les vêtements et les abris, os pour les racloirs et les aiguilles. La pile d'ossements de 9 m de haut est la plus étendue de tous les « précipices à bisons » de l'Amérique du Nord. Les projets concernant la région environnante comprennent la création d'un centre d'accueil avec une exposition sur de tels précipices.

Promeneurs, campeurs, fumeurs... soyez prudents !
Le feu est le plus terrible ennemi de la forêt.

LETHBRIDGE ★ Alberta

Carte Générale **G 5** - Carte des Principales Curiosités p. 6 - 54 072 h.

Renseignements touristiques : route 5 (Mayor Magrath Drive) face 7th Avenue S., et route 3, entrée Ouest de la ville. ☎ *(403) 329 6777.*

Née en 1870 sur une mine de charbon (son premier nom fut Coalbanks), Lethbridge est aujourd'hui la troisième ville de la province et le centre d'une riche région agricole. Le climat, adouci par le chinook *(voir p. 80)*, et l'irrigation, pratiquée sur une grande échelle dès 1900, permettent la culture du blé et de la betterave sucrière ; néanmoins les ranches sont importants aussi dans la région et l'on peut voir parfois dans un corral au bord de la route quelques cow-boys s'entraîner pour le rodéo.

Jardin japonais★ (Nikka Yuko Centennial Garden). – *En ville, accès par Mayor Magrath Drive et Parkside Drive. Visite de fin mai à début octobre. $1.75. Explications en anglais.* ☎ *328 3511.*

A l'entrée en guerre du Japon, en 1941, quelque 22 000 personnes d'origine japonaise étaient établies autour de Vancouver. Considérées comme ennemies elles furent déportées en camps de travail à l'intérieur du pays, entre autres à Lethbridge. Après la guerre beaucoup s'installèrent sur place. Créé en mémoire de ces déportés, le jardin symbolise l'apport des Japonais au Canada.

Le pavillon japonais, où est préparée la cérémonie du thé, s'ouvre sur un « jardin des moines » sans plantes, conçu pour la méditation, où le sable blanc soigneusement ratissé et quelques rochers disposés avec art composent un harmonieux paysage abstrait.

Au-delà s'étend le vaste parc, qui dégage un sentiment de sérénité. Bien que privé des plantes japonaises qui n'auraient pu s'acclimater, il s'ordonne traditionnellement autour de l'étang, doté d'une île et d'un pont, et de la cascade symbolisant une montagne.

Fort Whoop-up★. – *Indian Battle Park. Souvenirs. Accès par route signalée (1,5 km) au carrefour de 6 th Avenue S., Scenic Drive et Whoop-up Drive. Visite de mi-mai à début septembre. $1.75.* ☎ *329 0444.*

Une palissade carrée où flotte le drapeau de la compagnie de traite entoure la reconstitution de ce fort. Construit en 1869, fort Whoop-up fournissait aux Indiens armes, marchandises diverses et whisky de contrebande en échange de peaux, surtout de bisons. Les marchandises venaient de fort Benton, au Montana, en longs convois de charettes à bœufs. Fondée pour mettre fin au trafic du whisky *(voir p. 87)* et aux incursions américaines, la Police montée arriva le 9 octobre 1874, après une marche forcée de 3 mois à travers les Prairies : elle n'y trouva pas une goutte d'alcool ; les trafiquants, prévenus, n'entretenaient plus qu'un innocent commerce de peaux. Cependant, pour augmenter leurs bénéfices, ces derniers n'hésitaient pas à vendre aux Indiens une mixture qui n'avait que peu de rapport avec le whisky écossais et pouvait contenir, suivant la recette, divers adjuvants destinés à corser le goût, augmenter les effets excitants ou améliorer la couleur.

MOOSE JAW ★ Saskatchewan

Carte Générale **H 4,5** - Carte des Principales Curiosités p. 7 - 71 km à l'Ouest de Regina - 33 941 h.

Troisième ville de la province, Moose Jaw, créée par le Canadien Pacifique en 1882, est un grand centre ferroviaire, au cœur d'une plate région à blé ; elle groupe minoteries, élévateurs et marché de bétail.

Western Development Museum★. – *A la jonction de la Transcanadienne et de la route 2. Visite tous les jours sauf les 1ᵉʳ janvier et 25 décembre. Fermé le matin des samedis, dimanches et jours fériés de mi-septembre à mi-mai. $1.50. Restaurant ; aires de pique-nique.* ☎ *(306) 693 6556.*

Le musée est consacré aux moyens de transport au début du siècle dans les Prairies. La section sur la navigation fluviale rappelle l'histoire du « Northcote », vapeur d'approvisionnement de l'armée pendant la Rébellion du Nord-Ouest *(voir p. 97)*. La section ferroviaire possède une locomotive, une gare reconstituée et une Buick de 1934 aménagée pour rouler sur les rails et utilisée pendant 20 ans pour inspecter les voies. Une intéressante collection d'automobiles forme la section routière. La partie aérienne montre plusieurs avions canadiens, dont un Red Pheasant de 1927, qui fut le seul de son genre au Canada, et une salle sur l'école de l'air du Commonwealth.

92

PRAIRIES (Centre d'interprétation faunique des) ★★ Saskatchewan

Carte des Principales Curiosités p. 6.

A 150 km à l'Est de la frontière de l'Alberta sur la Transcanadienne, près de Webb. Ouvert de mi-mai à mi-octobre. ☎ *(306) 674 2287.*

Ce centre permet de mesurer combien la Prairie mérite d'être justifiée de la réputation de monotonie qui la poursuit. Des sentiers tracés à travers une prairie naturelle d'herbe courte, des champs de céréales, des pâturages, un ravin au bord d'un lac alcalin et une fondrière, constituent une remarquable introduction à la région. Exposition, films et explications fournies par les naturalistes rehaussent l'intérêt de la visite.

PRINCE ALBERT (Parc national) ★ Saskatchewan

Carte Générale H 4 - Carte des Principales Curiosités p. 6 - 56 km au Nord de Prince Albert.

Canoë, plage, golf, tennis, sports d'hiver, randonnées pédestres ; camping ; hébergement à Waskesiu (en été excursion sur le lac : $4.50). Tarifs d'entrée et règlements voir p. 24. Carte du parc au centre d'information. ☎ *(306) 663 5322.*

Le parc se trouve à la jonction de la prairie (limitée à une étroite bande tout au Sud, dans la vallée de la rivière Sturgeon), de la forêt-parc ou zone de transition, et de la forêt boréale. Le paysage vallonné, parsemé de lacs, fut modelé par la dernière glaciation, qui prit fin il y a 10 000 ans et déposa d'épaisses moraines tantôt plates tantôt formant des collines.

Centre d'interprétation. – *A Waskesiu. Ouvert de mai à septembre.*

Parmi les animaux naturalisés on remarque un huart à collier (ou plongeon) au dos noir tacheté de blanc, dont le cri résonne parfois le soir au bord des lacs solitaires. Le centre évoque aussi la mémoire de **Grey Owl** (Hibou Gris) : après avoir longtemps vécu du piégeage, ce personnage s'émut de voir le castor menacé d'extinction ; dès 1927 il fit campagne pour la protection de cet animal et de la nature en général. En 1931 il devint naturaliste au parc national Prince Albert, où il se construisit une cabane et vécut avec les castors qu'il avait apprivoisés. Articles, livres, conférences en Europe le rendirent célèbre. Il se disait né au Mexique d'une mère Apache ; quand il mourut à Prince Albert en 1938, on découvrit qu'il était Anglais, et portait le nom de Archibald Belaney. Il est enterré près de sa cabane, au bord du lac Ajawaan ; on peut s'y rendre par un sentier depuis la rive Nord du lac Waskesiu *(20 km de route au Nord-Ouest de Waskesiu - compter 2 jours de marche ; ou accès par bateau sur le lac Kingsmere, puis 4 km à pied jusqu'au tombeau - compter 1 jour).*

REGINA ★★ Saskatchewan

Carte Générale H 4, 5 - Carte des Principales Curiosités p. 7 - 164 313 h. – Office de Tourisme : ☎ (306) 527 6631.

C'est une ville plate, créée en 1883 le long du chemin de fer naissant. Capitale de la province, quartier général et centre d'entraînement de la Police montée, c'est aussi le centre d'une vaste plaine à blé.

Un tas d'os. – « Pile of Bones », ainsi s'appelait l'endroit avant la création de la ville alors que dans la vaste prairie erraient d'immenses troupeaux de bisons. Chaque année Indiens et Métis organisaient une chasse pour renouveler leurs provisions de pemmican et de cuir *(voir p. 98)* ; les bêtes tuées, on campait sur place pour préparer la viande et les peaux. Les os étaient soigneusement rassemblés à proximité, car les bisons, pensait-on, n'abandonnaient pas les os de leurs congénères, aussi reviendraient-ils l'année suivante. Ainsi s'éleva peu à peu une pile d'ossements atteignant 1,80 m de haut et 12 m de diamètre. Le site prit le nom de « tas d'os », en indien Oskunah, ou **Wascana**, et le nom passa au ruisseau voisin. Dans les années 1880 le bison se fait rare, mais la colonisation avance ; pour mettre en culture les terres vierges, on utilise alors les os de bisons comme engrais. Ainsi disparut le tas d'os, vendu aux fermiers au prix de 6 dollars la tonne.

Regina, capitale. – Lorsque fut arrêtée la construction du chemin de fer au Sud des Prairies, au lieu du tracé Nord prévu *(voir p. 83)*, la capitale des Territoires du Nord-Ouest, Battleford, se trouva isolée. On décida de créer la nouvelle capitale « au point où la voie ferrée traverse le Wascana » ; la princesse Louise, épouse du gouverneur général du Canada et fille de la reine Victoria, baptisa la future ville « Regina » en l'honneur de sa mère, et le 23 août 1882 était célébrée en grande pompe l'arrivée du chemin de fer.

Le procès de Louis Riel. – Après la défaite des Métis à Batoche *(voir p. 97)* et l'arrestation de leur chef Louis Riel, son procès à Regina divisa l'opinion publique : pour les Canadiens Français qui le comptaient comme un des leurs (catholique et francophone, il avait fait ses études à Montréal), Riel était un patriote qui s'était battu pour les droits de son peuple ; les Ontariens au contraire, et surtout les Orangistes, ne voyaient en lui qu'un rebelle et le meurtrier impuni de Thomas Scott *(voir p. 99).*

93

REGINA★★

La défense choisit de plaider la folie de Riel, et son irresponsabilité : il est vrai que le chef métis était un exalté, se disait inspiré de Dieu et se faisait appeler David ; mais l'accusé rejeta lui-même cet argument et revendiqua la responsabilité de ses actes : le jury le condamna à mort.

Le Premier Ministre, Sir John A. Macdonald, pouvait encore le gracier ; il fut assailli de pétitions des partisans et des adversaires de Riel, tenta de temporiser, mais la pression orangiste l'emporta et Louis Riel fut pendu au poste de police de Regina, le 16 novembre 1885.

Chaque été la pièce **« The Trial of Louis Riel »**★★, écrite d'après les minutes du procès, retrace cet épisode ; comme le procès, la pièce se déroule en anglais, coupée des dépositions, en français, des témoins qui appuient la cause des Métis. *A Government House, Dewdney Avenue West, de mi-juin à fin août les mardis, mercredis et vendredis à 20 h 15. Entrée $3.00 ; réservation à l'Office de Tourisme.*

■ CURIOSITÉS

visite : 1 journée

Musée d'Histoire Naturelle★★. –

Visite tous les jours sauf le 25 décembre. Explications en anglais. ☎ 565 2815.

La présentation du musée, très claire, en fait une excellente introduction à la visite de la province. A l'entresol se trouvent les départements de géologie et paléontologie, les ressources naturelles de la province et la zoologie ; parmi les spécimens exposés figure la plus grosse truite de lac pêchée en Amérique du Nord (46 kg).

A l'étage, une série de **dioramas**★★, qui présente les animaux de la province dans leur cadre naturel, sont autant de paysages de Saskatchewan.

Wascana Centre★. –

Ce vaste parc proche du centre ville englobe plusieurs bâtiments publics, (hôpital, université, centre des arts, outre les bâtiments décrits ci-dessous). *Pique-nique sur Willow Island, accès par traversier en été, de 12 h à 16 h : $1.00.*

A l'Ouest de Broad Street le parc est soigneusement dessiné et entretenu ; il apparaît plus sauvage et naturel à l'Est. Au centre se trouve le **lac Wascana,** créé dès 1883 pour fournir, dans cette région sèche, l'eau nécessaire à la ville ; il constitue un agréable élément du paysage et le lieu d'accueil, en été, de nombreux oiseaux migrateurs, surtout dans les marais qui s'étendent à l'Est de Waskana Parkway (réserve de faune et de flore, sanctuaire d'oiseaux). *Visite de mai à octobre.*

Par un phénomène particulier (une centrale thermique est construite sur la rive), le lac ne gèle pas l'hiver, si bien qu'une colonie peu farouche d'oies du Canada, renonçant aux migrations, s'est fixée sur ses rives.

Parlement★ (Legislative Building). –

Visite accompagnée (3/4 h) tous les jours sauf les 1er janvier, 25 décembre et pour Buffalo Days. ☎ 565 5357.

C'est un majestueux bâtiment (1909-1912) de style classique, à l'entrée ornée d'une colonnade à fronton, et coiffé de la traditionnelle coupole centrale. Il jouit d'un **site**★ bien choisi, parmi les jardins symétriques « à la française » et face au lac.

On peut admirer à l'intérieur plusieurs galeries de portraits ; en particulier au rez-de-chaussée, dans « Assiniboine Gallery » de très beaux portraits de chefs indiens, parmi lesquels Big Bear et Poundmaker, par Edmund Morris, et dans « Athabasca Gallery », des portraits d'hommes qui furent célèbres dans la province à divers titres, accompagnés d'un résumé de leur vie. La visite guidée permet de voir la Chambre de l'Assemblée Parlementaire.

Diefenbaker Homestead. –

Visite accompagnée (20 mn) de fin mai à début septembre, commentaires en anglais, ☎ 522 3661.

Dans cette modeste cabane de pionniers, alors située aux environs de Saskatoon, logeait la famille de John George Diefenbaker qui devait devenir Premier ministre du Canada *(voir p. 97).*

(D'après photo Musées Nationaux du Canada)

Oie du Canada

Quartiers de la Gendarmerie Royale★ (A). – *Plan p. 93. Visite accompagnée (1/2 h) tous les jours sauf le 25 décembre.* ☎ *359 5838.*

La Police montée est devenue une image touristique symbole du Canada, largement popularisée par les films d'Hollywood. Elle joua un rôle essentiel dans l'histoire du pays, et poursuit son activité dans la société actuelle, où sous le nom de Gendarmerie Royale du Canada ou G.R.C. (en anglais : Royal Canadian Mounted Police ou R.C.M.P.) elle fait respecter la loi fédérale et, en dehors de l'Ontario et du Québec, sert aussi de police provinciale. Son **carrousel** (Musical Ride) est un spectacle renommé, dans la grande tradition de l'art équestre, rehaussé par l'éclat du célèbre uniforme à la veste écarlate.

Dans les casernes de Regina se déroule le stage de formation des nouvelles recrues ; la visite montre, selon les activités du moment, différentes phases de leur entraînement.

Musée ★. – *Visite tous les jours sauf le 25 décembre.* ☎ *359 5838.*

Il évoque toute l'histoire du corps policier depuis un siècle. Créée en 1873 pour établir et faire respecter la loi dans l'Ouest canadien, la Police montée du Nord-Ouest, après une brève formation au Fort Garry *(p. 101)*, sur la rivière Rouge, eut d'abord à traverser les Prairies à marche forcée durant l'été 1874, pour mettre fin au trafic de l'« eau-de-feu » avec les Indiens *(voir p. 87)* ; elle négocia avec les tribus indiennes les traités qui permirent une colonisation pacifique des Prairies, réprima la Rébellion du Nord-Ouest *(voir p. 97)*, surveilla la ruée vers l'or du Klondike *(voir p. 76)* ; plus récemment elle reçut mission d'établir le « passage du Nord-Ouest » à bord du « St-Roch » en 1940-42 *(voir p. 232)*.

EXCURSION

Vallée de la Rivière Qu'Appelle★. – La Qu'Appelle, affluent de l'Assiniboine, doit son nom à l'écho que renvoie la vallée dans les méandres. D'après la légende que raconte un poème de Pauline Johnson *(voir p. 109)*, un Indien, entendant crier son nom, lança « Qui appelle ? », mais seul le silence lui répondit ; il sut plus tard qu'au même instant sa fiancée avait rendu l'âme.

Cette vallée, vaste sillon verdoyant au fond plat et aux versants abrupts qui s'ouvre soudain à la surface du plateau, est caractéristique des vallées des Prairies. Au vrai ce couloir large de plus de 2 km et profond d'environ 150 m fut creusé, il y a 11 000 ou 12 000 ans, par un puissant cours d'eau provenant de la fonte des glaciers.

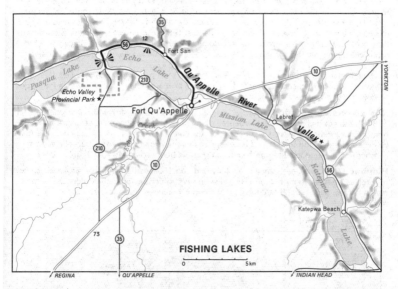

Fishing Lakes★. – *73 km de Regina à Fort Qu'Appelle par les routes 1 et 10 – environ 4 h.*

La meilleure façon de voir la vallée de la Qu'Appelle est de longer les lacs appelés Fishing Lakes, restes du grand fleuve glaciaire, où s'est développée une région de villégiature.

De la petite station de **Fort Qu'Appelle,** suivre la route 56 *(12 km)* qui longe la rive Nord du lac Echo, offrant de belles **vues** sur le lac et la vallée. Placé sur l'isthme entre les lacs Echo et Pasqua, le **parc provincial d'Echo Valley★** *(ouvert de mi-mai à début septembre ; voiture $4.00 ;* ☎ *332 5615 ; équipements de camping)* offre des plages sur chacun d'eux et permet d'apprécier le charme et la quiétude de la vallée.

RIDING (Parc national du mont) ★★ Manitoba

Carte des Principales Curiosités p. 7 – 20 km au Sud de Dauphin par la route 10.

Tarifs d'entrée et règlements : voir p. 24. Pêche, canotage, plage ; golf, tennis ; randonnées pédestres ; camping. En hiver : ski de fond, raquettes, ski alpin (mont Agassiz), pêche sous la glace. Logement et restauration à Wasagaming, près de l'entrée Sud du parc. Carte disponible au bureau du parc ; ☎ *(204) 848 2811.*

Le mont Riding est une butte dominant la plaine à l'Est et au Nord-Est ; son sommet est un plateau vallonné et parsemé de nombreux lacs, souvenirs des glaciers qui en se retirant il y a environ 12 000 ans, déposèrent d'épaisses moraines au creux desquelles nichent les points d'eau. Largement boisée, cette butte contraste avec la plaine agricole voisine ; d'autant plus qu'elle se trouve au point de jonction de trois types de végétation : la forêt de conifères, la forêt de trembles et de peupliers, et la prairie.

RIDING (Parc national du mont)★★

L'escarpement du Manitoba. – Le mont Riding (756 m) appartient à une série de buttes alignées du Nord au Sud (monts Porcupine, 823 m et Duck 831 m, point culminant de la province) qui forment l'escarpement du Manitoba *(carte p. 79)*. Les sédiments déposés dans les grandes plaines à l'ère secondaire (il y a 200 à 60 millions d'années) furent légèrement basculés vers l'Ouest lors de la formation des Rocheuses ; l'érosion, en déblayant les couches les plus tendres, fit saillir les plus résistantes, tandis que les rivières, se frayant leur chemin vers l'Est, morcelaient cette crête en buttes distinctes. Le rebord abrupt et boisé de l'escarpement est nettement visible de la route 5 qui longe le flanc Est du parc.

Le parc national. – Le réseau des sentiers et le « programme d'interprétation » organisé chaque été permettent une connaissance approfondie du parc, dont les principales caractéristiques se résument en trois points :

Centre d'interprétation★★. – *A Wasagaming. Ouvert de fin mai à début septembre. Explications bilingues.* On y explique l'histoire géologique du mont Riding, ainsi que la flore et la faune du parc, illustrée par un grand nombre d'animaux naturalisés, parmi lesquels un glouton (ou carcajou), détesté des trappeurs dont il saccage les pièges.

Sur demande, intéressant film *(en anglais)* sur le parc.

Belvédère★. – *Sur la route 19, à 21 km à l'Est de la route 10 (ou 5 km de l'entrée Est du parc).*

Situé en pleine forêt d'épinettes noires, sur le bord de l'escarpement, le belvédère domine de façon abrupte la plaine du Manitoba qui s'étend vers l'Est.

Enclos des bisons. – *De Wasagaming suivre la route 10 vers le Nord sur 15 km, puis prendre à gauche (23 km).* La route d'accès traverse une forêt de bouleaux avant d'atteindre la « plaine d'Audy », prairie naturelle qui doit son absence d'arbres à un sol sableux qui ne retient pas l'eau. Une route dans l'enclos *(4 km)* et un belvédère permettent d'apercevoir les bisons dans un repli du terrain. Dans le belvédère : exposé sur le mode de vie des bisons.

SASKATOON ★ Saskatchewan

Carte Générale **H 4** – Carte des Principales Curiosités p. 6 – 154 210 h. – Bureau de Tourisme : ☎ (306) 242 1206.

Saskatoon doit son nom à la baie d'amélanchier (saskatoonberry), abondante dans la région. Bâtie sur les rives de la Saskatchewan du Sud et le long de la route Yellowhead, c'est la deuxième ville de la province, et le centre d'une riche région agricole (blé, colza, élevage) et minière (potasse). C'est aussi depuis 1909 la première ville universitaire de la province. La région à peine ondulée est dominée par la pointe du mont Blackstrap, butté artificielle édifiée en 1971 le long de la route 11, au Sud de la ville, pour les amateurs de ski alpin.

Malgré son développement rapide, Saskatoon n'offre pas l'image d'une ville industrielle. Elle a su mettre en valeur les **rives★** de la rivière par d'agréables jardins (Kiwanis Park), des plages et des aménagements nautiques.

Des colons anti-alcooliques. – Les 35 premiers colons arrivèrent à Saskatoon en 1883. C'étaient des méthodistes, adeptes d'une société de tempérance, et fuyant les tentations d'un Ontario perverti. La construction du chemin de fer en 1890, amenant de nouveaux immigrants, mit fin aux vertueux espoirs des premiers occupants ; mais elle apporta la prospérité à la jeune localité, qui connut un grand « boom » vers 1910-1913.

Pioneer Days. – Une semaine en juillet, durant l'exposition agricole **Saskachimo**, fait revivre les premiers temps de la ville ; chacun revêt alors des costumes d'époque et participe à la fête, avec parade et courses d'anciennes machines agricoles, etc...

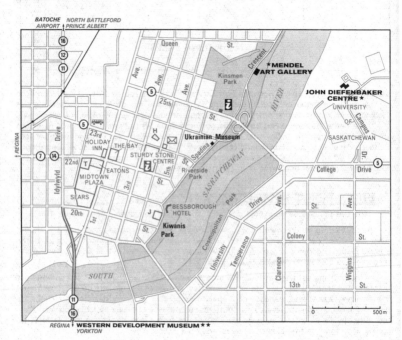

■ CURIOSITÉS *visite : 1/2 journée*

Western Development Museum★★. – *2610 Lorne Avenue South - Visite tous les jours sauf le 25 décembre. Fermé le matin des samedis, dimanches et jours fériés de mi-septembre à mi-mai. $1.50. Restaurant ; boutique ; aires de pique-nique.* ☎ *931 1910.*

Un très vaste bâtiment de plain-pied abrite l'ensemble du musée. On pénètre d'abord dans **« Boomtown »,** ville-champignon comme il en existait des dizaines dans les Prairies vers 1910 ; tout y est minutieusement reconstitué, l'hôtel avec son balcon, inspiré de celui de Saskatoon à l'époque, le « Palace Theatre » cinéma à l'étage du café, copie de celui de Rosetown, l'école avec ses toilettes extérieures, la banque avec sa façade néo-classique, etc. Par contre l'église a été transportée telle quelle au musée, avec tout son mobilier. La petite ville comprend en outre une blanchisserie chinoise, dotée d'une machine à laver à gaz venue de la dernière boutique de ce genre à Saskatoon, la pharmacie, le maréchal-ferrant, et la gare. Le long des trottoirs de bois attendent divers véhicules, parmi lesquels l'omnibus, qui transportait les voyageurs entre la gare et l'hôtel.

De part et d'autre de la ville des pionniers, est disposée une vaste collection de véhicules divers et d'anciennes automobiles, tous en état de fonctionnement, ainsi que des machines agricoles, tel cet attelage impressionnant composé d'une moissonneuse poussée par un tracteur à vapeur qui tire une batteuse, d'où le grain est soufflé directement dans un tombereau attelé à deux chevaux.

Mendel Art Gallery★. – *Visite tous les jours sauf le Vendredi saint et le 25 décembre.* ☎ *664 9610.*

Au bord de la rivière, face au campus de l'Université, le bâtiment abrite à la fois des expositions florales dans la serre et d'excellentes expositions temporaires, de tableaux ou de diverses œuvres d'art, dans les galeries. Une partie des cimaises est réservée à la collection permanente du musée, réunie en partie par **Fred Mendel,** qui créa à Saskatoon une prospère industrie de conditionnement de la viande. On peut y voir, selon les accrochages, de grands peintres européens (Chagall, Dufy, Vlaminck, Utrillo) ou canadiens (Groupe des Sept, *voir p. 141*), ainsi que des œuvres contemporaines.

Centre John Diefenbaker★. – *Dans l'Université de Saskatchewan, accès par Campus Drive. Visite en semaine toute la journée ; les samedis, dimanches et jours fériés l'après-midi. Fermé les 1er janvier, Vendredi saint, 25 et 26 décembre.* ☎ *343 3427.*

Né en Ontario mais venu très jeune en Saskatchewan où il fit toute sa vie, John Diefenbaker (1895-1979) fut chef du parti conservateur de 1956 à 1967 et premier ministre fédéral de 1957 à 1963.

Par testament, il laissa à l'Université de Saskatchewan, où il fit ses études, sa bibliothèque et ses documents personnels archivés dans ce centre. Photos, caricatures de journaux, souvenirs et un film de 20 mn retracent sa carrière et forment un véritable sanctuaire de l'homme politique.

Musée Ukrainien. – *Visite l'après-midi. Fermé le lundi toute l'année, le samedi de mi-septembre à mi-juin et le 25 décembre. $1.00. Boutique.* ☎ *244 3800.*

Costumes ukrainiens rehaussés de broderies et nombreux objets d'art populaire.

EXCURSION

Batoche★. – *86 km au Nord – environ 3 h 1/2. Prendre la route 11 jusqu'à Rosthern, puis à droite la 312 Est (15 km) ; après le pont sur la Saskatchewan du Sud, prendre à gauche la 225 le long de la rive jusqu'à Batoche (10 km). Au retour, continuer la route jusqu'au bac et retrouver la route 11 à Duck Lake. Lieu historique national ouvert de mai à octobre ;* ☎ *423 6100.*

Dans un site sauvage et tranquille de nos jours, sur la rive sableuse de la Saskatchewan du Sud, parmi les prés et les bosquets, sont restés intacts les vestiges de la dernière bataille des Métis. L'**église** et le **presbytère,** marqués de quelques impacts de balles, sont toujours là, et l'on peut voir à 100 m, sur la falaise qui domine la rivière, le petit cimetière métis et la tombe de Gabriel Dumont. Un centre d'accueil *(ouverture prévue en 1985)* exposera le déroulement de la bataille de Batoche.

Un peu au Sud *(0,5 km par la route)* se trouvait le camp du général Middleton, d'où s'offre une très bonne **vue★★** sur les méandres de la rivière.

La Rébellion du Nord-Ouest. – A la création de la province du Manitoba *(voir p. 98)* les Métis avaient obtenu des titres de propriété de leurs terres. Mais ils ne purent se faire à la vie d'agriculteurs et quittèrent le Manitoba trop colonisé pour les vastes espaces libres de l'Ouest, vivant de la chasse au bison et du transport de marchandises, en bateau et charrettes de la rivière Rouge *(p. 101)*. Cependant le progrès les poursuivait ; trop chassé, le bison disparaissait, et avec le chemin de fer arrivaient de nouveaux colons. Se sentant menacés, les Métis allèrent chercher **Louis Riel** aux États-Unis.

Celui-ci pensa renouveler son exploit de 1870. Le 19 mars 1885, il instaure à Batoche un gouvernement provisoire, et s'allie aux Indiens Cris de Big Bear. Mais en quinze ans la prairie a bien changé : la Police montée, créée en 1873, s'oppose aux Métis à **Duck Lake** le 26 mars, et perd une douzaine d'hommes dans la bataille ; le lendemain, le télégraphe apprend la nouvelle aux villes de l'Est ; on envoie aussitôt 4 000 hommes sous la direction du général Middleton. Par le train, les soldats sont à Qu'Appelle en une semaine, alors qu'en 1870 il avait fallu trois mois aux troupes pour atteindre la rivière Rouge.

Pendant ce temps, Louis Riel a renforcé la défense du village de tranchées et de trous de tirailleurs ; quand arrivent les troupes du général Middleton, elles se trouvent devant un véritable camp retranché. Le combat dure quatre jours, du 9 au 12 mai. A court de munitions, les Métis doivent céder ; Riel se rend le 15 mai *(voir p. 93)*. Gabriel Dumont, le chef des troupes métisses, réussit à échapper aux soldats, gagne les États-Unis où il se joint au « Wild West Show » de Buffalo Bill, et parcourt avec lui l'Amérique et l'Europe ; amnistié, il revint vivre à Batoche, où il mourut le 19 mai 1906.

WATERTON (Parc national des lacs) ★★ *Description p. 71.*

WINNIPEG ★★★ Manitoba

Carte Générale I 4, 5 - Carte des Principales Curiosités p. 7 - 584 842 h. - Office de Tourisme : ☎ (204) 943 1970 ou 944 3777.

Winnipeg doit son nom au lac immense qui s'étend environ 55 km au Nord de la ville, et que les Indiens Cris appelaient « l'eau boueuse ». Très peu profond (3 m seulement sur une grande partie, et environ 10 m en moyenne), il connaît des tempêtes redoutables. Située à l'orée des Prairies, la capitale du Manitoba est la capitale du blé canadien, et le siège d'une bourse de marchandises très active. C'est une grande ville industrielle (construction ferroviaire) et commerciale ; une importante industrie de la viande s'est développée à St-Boniface, à l'Est de la rivière Rouge.

La population de Winnipeg reflète la diversité culturelle de la province, les Ukrainiens y forment la deuxième minorité linguistique, qui marque la ville de ses églises à bulbes, après les Allemands et suivis par les francophones, concentrés surtout à St-Boniface.

Cathédrale orthodoxe ukrainienne de la Ste-Trinité

UN PEU D'HISTOIRE

La Compagnie de la Baie d'Hudson. – Médard Chouard, sieur des Groseilliers, et son beau-frère **Pierre-Esprit Radisson** n'étaient pas des aventuriers au petit-pied : ils eurent l'idée de concurrencer le drainage des peaux de castor vers le Saint-Laurent *(voir p. 166)* en fondant des postes de traite sur la baie d'Hudson. Ne trouvant pas de capitaux français pour arriver à leurs fins, ils s'adressèrent à Londres où l'on se montra plus compréhensif ; le 3 juin 1668 ils quittaient les bords de la Tamise à bord du « Non Such » ; ils jetèrent l'ancre au fond de la baie James le 29 septembre, récoltèrent les peaux pendant l'hiver, et le 11 octobre 1669 étaient de retour à Londres avec leur précieux chargement. Devant le succès de l'expédition, les financiers qui l'avaient patronnée fondèrent la **Compagnie de la Baie d'Hudson** (2 mai 1670) ; une charte royale lui concéda le monopole de la traite sur l'immense territoire drainé par les fleuves qui se jettent dans la baie et que l'on appela bientôt **Terre de Rupert.** Aujourd'hui plus que tricentenaire, la grande Compagnie, toujours active dans les régions sauvages du Nord du Canada, est surtout connue dans les grandes villes du pays par ses grands magasins à rayons. Depuis 1970, son siège social a quitté Londres pour Winnipeg (*A, plan p. 99*).

La colonie de la Rivière Rouge. – Philantrope ému par la misère des fermiers écossais *(voir p. 213)*, **Lord Selkirk** acheta la majorité des parts de la Compagnie de la Baie d'Hudson puis se fit autoriser à fonder une colonie dans le vaste domaine d'Assiniboia. C'était aussi pour la compagnie l'occasion d'affirmer son monopole officiel face à la traite pratiquée de longue date par la Compagnie du Nord-Ouest *(voir p. 167)*. Débarqués à York Factory au bord de la baie d'Hudson, les colons arrivèrent aux « Fourches » de la rivière Rouge en 1812, après un voyage mouvementé. Les rigueurs de l'hiver, les inondations, les invasions de sauterelles, et surtout la lutte sourde que leur livraient les employés de la Compagnie du Nord-Ouest ne vinrent pas à bout de leur opiniâtreté. Vers 1850, cinq mille personnes environ vivaient le long de la rivière, Écossais, mais aussi Anglais, Canadiens Français et Métis.

Les Métis. – Issus d'employés de la Compagnie du Nord-Ouest et d'Indiennes, ils formaient un peuple à part, pour la plupart catholique et francophone ; ils vivaient en semi-nomades, parcouraient en canot les rivières pour la compagnie de traite, et surtout lui fournissant le ravitaillement de ses commis : le pemmican. Le **pemmican** est fait de viande de bison séchée et réduite en poudre, puis mélangée de graisse ; c'est un aliment très nourrissant sous un faible volume, et qui se conserve presque indéfiniment ; sans lui les « voyageurs » n'auraient pu payager des mois pour acheminer les fourrures.

Deux fois par an, les Métis se réunissaient pour une grande chasse au bison. C'était une véritable expédition, comprenant souvent plus de mille hommes, femmes et enfants, et presque autant de chevaux et de charrettes. Après des jours ou des semaines de voyage, on signale un troupeau, des milliers de bêtes ; plusieurs centaines d'hommes prennent position, puis au signal s'élancent au galop vers le troupeau en tirant au fusil. Avant que le troupeau n'ait pris la fuite, ils ont abattu plus de mille bêtes. Alors commence le dépeçage : la viande pour le pemmican, le cuir pour les couvertures, sacs, lanières et chaussures, les tendons pour le fil à coudre ; la langue était mise de côté comme mets de choix.

Naissance du Manitoba. – Dans les années 1860, la colonie n'était plus un poste isolé ; de nouveaux colons arrivaient sans cesse d'Ontario, et d'importants échanges commerciaux s'étaient établis avec St-Paul (Minnesota) sur le Mississipi, soit par « trains » de charrettes à bœufs, soit par les nouveaux bateaux à vapeur. Pour éviter l'annexion par les États-Unis, le jeune Dominion du Canada, né en 1867, racheta à la Compagnie de la Baie d'Hudson la Terre de Rupert, aussitôt rebaptisée Territoires du Nord-Ouest, et en entreprit l'administration ; des arpenteurs vinrent d'Ontario tracer les lots des futurs colons, sans tenir compte des terres déjà occupées par les Métis. Ceux-ci, inquiets, se regroupèrent sous l'autorité de **Louis Riel,** âgé de 25 ans, de retour au pays après une solide éducation reçue au collège de Montréal ; son aisance à manier l'anglais comme le français ajoutait à son autorité naturelle auprès de ses congénères.

Louis Riel s'empare de Fort Garry *(voir p. 101)*, organise un gouvernement provisoire, et présente au gouvernement fédéral la « liste des droits » réclamés par les Métis ; le gouvernement cède, et le 15 juillet 1870 est signée la Loi du Manitoba, créant une nouvelle province, dotée d'une assemblée élue ; les propriétés des Métis sont reconnues, ainsi que l'usage des deux langues, française et anglaise, pour les actes officiels et dans les tribunaux. Les Métis ont eu gain de cause, mais une péripétie de la rébellion sera lourde de conséquence : au cours de la prise de Fort Garry, Louis Riel fit quelques prisonniers, bientôt relâchés ; l'un d'eux **Thomas Scott,** un jeune orangiste ontarien *(voir p. 116)* fut si provocant que, pour faire un exemple, Louis Riel le fit juger par une « cour martiale » qui le condamna à mort. Jamais les ontariens ni les orangistes ne pardonnèrent à Riel cette exécution, qu'il devait payer de sa vie *(voir p. 93)*.

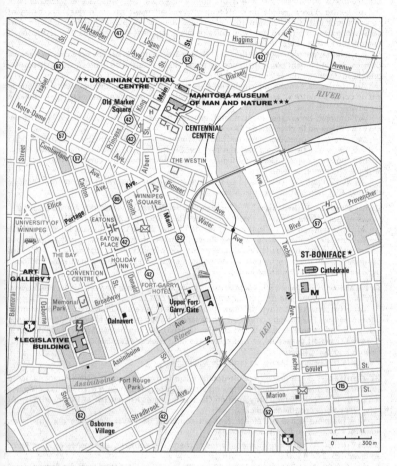

■ CENTRE VILLE *visite : 2 jours*

Au croisement des rues **Portage** et **Main,** que l'on dit le carrefour le plus venteux au Canada, bat le cœur de la ville. Là s'élèvent les gratte-ciel des banques et des grands hôtels, tandis que des galeries marchandes souterraines (Winnipeg Square) traversent le carrefour et que, le long de Portage, s'alignent boutiques et grands magasins à rayons. A peine plus au Nord, le vieux quartier de **Old Market Square** connaît une nouvelle jeunesse avec boutiques originales, restaurants, et l'été le marché en fin de semaine ; les bâtiments de ce secteur, entrepôts et maisons de commerce datant des années 1880 à 1910, se signalent par leurs façades remarquablement ornées d'arcades, de médaillons, voire d'un décor gothique ou Renaissance. Un peu à l'écart, au Sud de l'Assiniboine, **Osborne Village** est également un secteur animé de galeries marchandes, cafés et restaurants.

Manitoba Museum of Man and Nature★★★. – *Visite tous les jours sauf le 25 décembre. Fermé le matin des dimanches toute l'année et des jours fériés en hiver. $2.00. Boutique, cafétéria.* ☎ *956 2830.*

Le musée fait partie de l'important Centre du Centenaire **(Centennial Centre),** qui comprend un théâtre **(Manitoba Theatre Centre),** une salle de concerts **(Concert Hall)** où se produisent le Winnipeg Symphony et le Royal Winnipeg Ballet, de réputation internationale, ainsi qu'un **planetarium** *(plusieurs spectacles par jour ; $3.00 ;* ☎ *943 3142).*

Ce grand musée a choisi une présentation qui frappe l'imagination ; ainsi le diorama de la chasse au bison qui accueille les visiteurs. La section suivante **(earth history gallery)** est consacrée à la géologie, de la formation de notre univers à l'histoire géologique du Manitoba. Puis on passe à la présentation des grandes régions naturelles de la province, à la fois sous l'aspect du climat, de la végétation, de la faune, de l'histoire humaine et de la technologie moderne. La première région présentée est la région arctique **(arctic - subarctic gallery),** avec ses aurores boréales, les ours polaires, la toundra, les moustiques et les caribous, les Indiens Chipewyan. Puis vient la forêt boréale **(boreal forest gallery),** région où vivent les Indiens Cris, avec ses tourbières, ses falaises de granit, ses cours d'eau, et le cri solitaire du huart à collier. La Prairie (**grasslands gallery**) est la section la plus développée, car chargée d'histoire humaine : Indiens Assiniboines, colonie de la rivière Rouge, les vagues d'immigrants après 1870, les méthodes agricoles. Enfin la section urbaine (**urban gallery**) reconstitue une scène de rue à Winnipeg vers 1920, montrant les différentes activités et les origines diverses des habitants.

La salle du **Nonsuch★★★** *(accès entre boreal forest et grasslands gallery)* renferme la réplique grandeur nature du premier bateau à avoir fait le commerce de la fourrure par la baie d'Hudson. Il est fort bien présenté dans l'ambiance d'un port anglais du 17ᵉ s., avec boutiques et tavernes aux portes basses et fenêtres à petits carreaux.

Legislative Building★. – *Visite accompagnée (1/2 h) de mi-juin à début septembre. Commentaires en français.* ☎ *944 3700. Entrée face Nord, vers Broadway et Memorial blvd.*

Au centre d'un agréable parc à l'anglaise, le Parlement est un majestueux bâtiment néo-classique (1913-1919), remarquable par ses volumes, rehaussés d'un décor sobre mais sans sécheresse. La pierre, un beau calcaire jaspé, provient du Manitoba : on la reconnaît dans d'autres bâtiments de la ville.

Au sommet de la coupole se dresse le **Golden Boy**, statue de bronze doré due au français Charles Gardet ; il tient d'une main une gerbe de blé, la richesse de la province, et de l'autre, brandit le flambeau qui éclaire son avenir.

Au fronton de l'entrée principale, un beau haut relief à l'antique représente le Canada « d'un océan à l'autre » ; au centre trône le Manitoba « clé de voûte » et centre géographique du pays.

A l'intérieur, un escalier monumental, encadré de deux bisons, symbole de la province, mène à l'étage de la chambre de l'Assemblée.

Des statues dispersées dans les jardins illustrent la variété ethnique de la province : Robert Burns, poète écossais nationaliste, Jon Sigurdsson, écrivain islandais, Taras Shevchenko, poète ukrainien, Georges-Etienne Cartier, homme politique canadien-français, et, à la place d'honneur, la reine Victoria.

Au Sud du parc, de l'autre côté de l'avenue Assiniboine, s'élève un monument à la gloire de Louis Riel, héros et martyr des Métis.

Centre culturel ukrainien★★ (Ukrainian Cultural Centre). – *Visite tous les jours sauf les lundis et jours fériés. Fermé le matin des dimanches. Boutique.* ☎ *942 0218.*

Au 5ᵉ niveau du centre culturel, le **musée★★** fait sentir la vitalité de la communauté ukrainienne au Manitoba et la richesse de son patrimoine culturel ; on y voit de superbes vêtements brodés, des œufs de Pâques peints (ou *pysanky, voir illustration p. 102*), des pains de fête au décor recherché. D'intéressants commentaires font connaître les traditions ukrainiennes et leurs variantes locales.

Art Gallery★. – *Plan p. 99. Visite tous les jours sauf les lundis et jours fériés. Restaurant, cafétéria ; boutique ; pas de stationnement.* ☎ *786 6641.*

Dû à l'architecte Gustavo da Roza, professeur à l'Université du Manitoba, ce bâtiment ultra-moderne (1971) aigu comme un fer de lance, frappe par la pureté et la vigueur de ses lignes. La collection permanente compte des tableaux, surtout flamands et italiens du 15ᵉ s. (**Lord and Lady Gort Collection**), et des sculptures Inuit (**Mulder's Esquimo Collection**) qui font la célébrité de cette galerie.

Sur la terrasse, se trouve un jardin de sculptures.

St-Boniface★. – La paroisse de St-Boniface, sur la rive droite de la rivière Rouge, a gardé son caractère marqué de quartier francophone. Son origine remonte à 1818, aux premiers temps de la colonie, lorsqu'arrivèrent de Québec les pères Provencher et Dumoulin, bientôt suivis de colons canadiens-français.

Une première église fut élevée face au confluent de l'Assiniboine, ce qui amena de nombreux Métis à se fixer aux alentours.

Musée★ (M). – *Visite toute l'année. Fermé le matin des samedis, dimanches et jours fériés en hiver.* ☎ *247 4500.*

Situé dans la verdure, face à la rivière, le musée occupe l'**ancien couvent des Sœurs Grises**, vaste bâtiment de bois blond percé de fenêtres à la française, à volets de bois ; construit en 1846, c'est avec Lower Fort Garry l'un des bâtiments les plus anciens de l'Ouest canadien. A l'intérieur, on peut examiner le mode de construction particulier de la colonie de la Rivière Rouge : des poteaux constituent l'armature dans laquelle sont glissés de solides madriers horizontaux.

Le musée présente des meubles et des souvenirs historiques, sur la vie des premières religieuses à St-Boniface, et sur **Jean-Baptiste Lagimodière** (1780-1850), célèbre pour être allé porter à Montréal un message important, en plein hiver 1815-1816, au prix de cinq mois de marche en forêt ; au retour, il fut fait prisonnier par les Indiens. On y voit aussi des souvenirs de Louis Riel, petit-fils de Lagimodière ; en lisant quelques pages de sa correspondance, on appréciera l'aisance de son style.

Cathédrale. – Orgueil de la paroisse, la cathédrale de pierre blanche, ravagée par un incendie en 1968, ne dresse plus derrière le cimetière qu'une façade béante, derrière laquelle se cache l'église moderne.

Dans le **cimetière**, on remarque la tombe de Mgr Provencher, celle de Louis Riel, simple stèle entourée d'un muret circulaire, et celle de Jean-Baptiste de La Vérendrye, fils aîné du grand explorateur (*voir p. 18*), qui fut tué par les Indiens en 1736.

De l'avenue Taché, belle **vue** sur le confluent de la rivière Rouge et de l'Assiniboine.

Dalnavert. – *Plan p. 99. Visite accompagnée (1 h) les mardis, mercredis, jeudis, samedis et dimanches, mais l'après-midi seulement hors-saison ; les fins de semaine en janvier et février. $2.00. Restaurant ; stationnement gratuit.* ☎ *943 2835.*

Cette demeure victorienne cossue (1895) fut construite pour le fils de Sir John A. Macdonald, **Sir Hugh J. Macdonald,** qui s'établit à Winnipeg en 1882 et fut premier ministre de la province en 1899.

Parée selon le goût de l'époque de sombres boiseries et de lourdes tentures, elle était pourvue du confort le plus moderne : chauffage central, lumière électrique, eau courante, etc. Sir Hugh réservait une partie du sous-sol à l'hébergement des vagabonds.

■ AUTRES CURIOSITÉS

Monnaie★ (The Mint). – *Plan ci-dessous. Visite du lundi au vendredi. Explications bilingues.* ☎ 257 3359.

Inaugurée en 1976, la succursale de Winnipeg de la Monnaie canadienne dresse comme un signal sur la plaine ses facettes de verre rose reflétant le ciel ; sa conception est due à l'architecte Etienne Gabory. Depuis le hall d'accueil orné d'un jardin exotique, l'itinéraire de visite expose l'historique de la Monnaie au Canada et les procédés de fabrication des pièces, avant de mener le long des ateliers vitrés où l'on voit fonctionner les machines. L'usine produit les pièces canadiennes courantes, ainsi que certaines monnaies étrangères.

La maison Riel (Riel House). – *A St. Vital, 330 River Road, un peu au Sud du boulevard Bishop Grandin. Plan ci-dessous. Parc historique national. Visite de mi-mai à mi-octobre.* ☎ 257 1783.

Construite en 1880-81 pour la mère de Louis Riel et ses 11 enfants, cette modeste maison de bois est restée propriété de la famille jusqu'en 1968. Elle témoigne d'une époque tragique : on y lira la vie des parents du chef Métis, des détails sur les fermes de la Rivière Rouge et la façon dont les Métis ont ressenti la prise de possession de la colonie par le Dominion du Canada en 1870, et qui fut à l'origine du drame de Louis Riel *(voir p. 98)*.

Seven Oaks House. – *Signalée sur Main Street. Plan ci-contre. Visite accompagnée (3/4 h) de mi-juin à début septembre tous les jours ; de mi-mai à mi-juin les fins de semaine seulement. $1.00.* ☎ 339 5627.

Située sur la paroisse de West-Kildonan où s'établirent dès 1814 les colons écossais envoyés par Lord Selkirk, la maison de Seven Oaks fut bâtie en 1851-53 par John Inkster, négociant prospère et père de 9 enfants. On visite la spacieuse demeure familiale, ceinte d'une véranda, garnie de meubles d'époque dont certains viennent de la famille Inkster ; elle a été habitée jusqu'en 1954.

A côté se trouve, dans une maison basse plus rustique, le magasin général tenu par le maître de céans et son épouse.

Upper Fort Garry Gate. – *Plan p. 99.* L'ancienne porte d'enceinte en pierre de Upper Fort Garry est aujourd'hui isolée dans un petit jardin public au pied de l'hôtel Fort Garry. Après l'inondation de 1826 qui ruina le poste bâti sur ce site, la Compagnie de la Baie d'Hudson s'installa plus bas sur le fleuve, et construisit en 1831-33 Lower Fort Garry *(voir ci-dessous)*, mais décida bientôt de revenir aux « Fourches » (le confluent de l'Assiniboine). Ainsi s'éleva à partir de 1835 Upper Fort Garry, qui allait devenir un magasin général et le siège de la Compagnie au Canada, plus qu'un véritable poste de traite. Devenus inutiles, ses murs et ses bastions furent détruits en 1882.

Zoo. – *Dans le parc Assiniboine. Plan ci-dessus. Accès des voitures par Wellington Crescent et Corydon Avenue. Ouvert toute l'année. Cafétéria.* ☎ 888 3634.

Ce vaste zoo présente des animaux du monde entier, dont beaucoup sont nés ici-même. Dans la grande serre de **Tropical House,** des oiseaux exotiques s'ébattent librement parmi la végétation exubérante.

EXCURSIONS

Lower Fort Garry★★. – *32 km au Nord de Winnipeg, par la route 9. Parc historique national, ouvert toute l'année. $1.25. Explications bilingues. Restaurant, cafétéria ; aires de pique-nique.* ☎ 482 6843.

Excursions en bateau depuis Winnipeg, de mai à septembre ou octobre ; $10.75 ; renseignements ☎ 669 2824 ou 589 4318.

Construit en 1831, Lower Fort Garry servit de poste de traite jusqu'en 1911. On y entreposait les fourrures achetées aux Indiens, que les « bateaux d'York », lourdes barques de bois, emportaient chaque été jusqu'à York Factory, sur la baie d'Hudson où accostait le navire annuel de la compagnie. Le navire apportait des vivres et du matériel de traite (quincaillerie, tissus, outils, armes) vendu aux Indiens dans les forts. Vers 1850 s'organisa une liaison vers St-Paul (Minnesota) en longs convois de « charrettes de la rivière Rouge » ; rustiques et terriblement grinçantes, elles étaient capables de traverser les bourbiers, ou bien, roues démontées et attachées sur la caisse, de se transformer en bateaux pour passer une rivière.

On verra au **centre d'accueil** un film *(en français ou en anglais, durée 20 mn)* sur l'histoire du fort.

Dans son enceinte carrée aux angles renforcés de bastions, le fort a peu changé au fil des ans. On y voit au centre la **grande maison,** confortable et coquette avec sa véranda, que se fit construire en 1832 le gouverneur George Simpson, mais où il ne vécut qu'un hiver.

L'ameublement de la maison reconstitue son état vers 1850, lorsqu'y résidait le gouverneur Eden Colville. Parmi les bâtiments du fort noter, côté Sud, l'**entrepôt des fourrures,** où l'on a pris soin de présenter des peaux de castor, renard, loup, vison, etc., ainsi que les diverses denrées en magasin dans le fort.

A l'Est de l'enceinte un sentier mène à la rivière, où débarquaient les bateaux d'York.

Mennonite Village Museum. – *Au Nord de Steinbach - 61 km au Sud-Est de Winnipeg par les routes 1 puis 12. Visite de mai à septembre. Fermé le matin des dimanches. $2.00. Explications en anglais. Installations de pique-nique.* 🕾 *326 9661.*

Le village reconstitué comprend en particulier un moulin à vent, copie de celui que construisirent les premiers immigrants en 1877, et une ferme mennonite originale par la disposition des pièces autour du four de brique (qui fait ainsi office de chauffage central) et par l'accès direct à la grange.

Le **musée,** grande salle moderne, rassemble de nombreux souvenirs de ces pionniers au passé errant ; d'anciennes machines agricoles sont exposées en plein air.

Les mennonites sont les disciples de **Menno Simons** (mort vers 1560), prédicateur ana-baptiste (secte issue de la réforme luthérienne) ; ils se distinguent par une foi profonde, le souci de ne laisser aucun gouvernement extérieur diriger leurs affaires et le refus obstiné de prendre les armes. A l'origine ils formaient des communautés rurales actives et efficaces, pratiquant largement l'entraide, dispersées en Europe (Pays-Bas, Suisse, et delta de la Vistule, région disputée entre la Prusse et la Pologne) ; leur esprit d'indépendance les obligea à s'expatrier à plusieurs reprises, mais à travers leurs pérégrinations ils conservèrent leur langue allemande, leur écriture gothique et leur mode de vie.

Les colons de la région de Steinbach venaient pour la plupart de Pologne, via l'Ukraine ; les premiers arrivèrent vers 1874, avec la promesse – pas toujours tenue – d'être exempts du service militaire et de jouir d'écoles confessionnelles indépendantes ; une seconde vague, chassée par la révolution russe, arriva après 1923.

Excursion en train jusqu'à Churchill. – *Description p. 82.*

Prairie Dog Central. – Train à vapeur jusqu'à Grosse Isle. *Voir p. 82.*

YORKTON Saskatchewan _____

Carte Générale **H 4** - Cartes des Principales Curiosités p. 7 - 185 km au Nord-Est de Regina - 15 339 h.

Les premiers colons vinrent en 1895 du comté d'York (Ontario). Atteinte en 1890 par le chemin de fer, la localité reçoit alors de nombreux colons d'origines diverses, dont beaucoup d'Ukrainiens. C'est le centre d'une riche région agricole, produisant céréales, viande de boucherie, volailles et œufs.

Western Development Museum. – *Sur la route 16 à la sortie Ouest de la ville. Visite tous les jours sauf les 1ᵉʳ janvier et 25 décembre. $1.50. Aires de stationnement et de pique-nique ; souvenirs.* 🕾 *(306) 783 8361.*

Le musée brosse un tableau éclectique de la vie dans la région au début du siècle : présentation de la flore et de la faune (animaux naturalisés), dioramas et panneaux illustrés de la vie des Indiens (Athapascans, Algonquins et Sioux), les Métis et la chasse au bison, les demeures des premiers colons ukrainiens, allemands, suédois, anglais et américains, ainsi que du matériel agricole, dont de lourds tracteurs à vapeur des années 1910, exposés en plein air.

ONTARIO

L'Ontario est le cœur du Canada, sa province la plus riche et la plus peuplée (8,6 millions d'habitants, soit plus du tiers de la population totale) ; centre culturel du Canada anglophone, il domine le pays économiquement et financièrement, fournissant 40 % du produit national et près de 50 % des produits finis canadiens. Dans le Sud, on verra des villes modernes et dynamiques, des souvenirs historiques, et une campagne paisible ; dans le Nord, les immensités sauvages du Bouclier canadien dont les paysages ont été si bien rendus par les peintres du « Groupe des Sept » (voir p. 141).

La péninsule ontarienne. – Comme dans toutes les provinces, la grande majorité de la population est massée dans le Sud, ici une péninsule oblique toute cernée de lacs et de rivières : baie Géorgienne, lacs Huron, Erié et Ontario, St-Laurent et rivière des Outaouais. C'est une riche plaine sédimentaire semée de douces ondulations, dépôts alluvionnaires laissés par les glaciers, dont le seul relief marquant est l'escarpement du Niagara (voir schéma p. 104 et 105). Région la plus méridionale du Canada, la péninsule ontarienne bénéficie d'un climat assez doux, dû à l'influence modératrice des Grands Lacs, aux étés longs mais parfois humides, aux hivers moins sévères qu'ailleurs : en janvier, les moyennes des maximums diurnes sont de – 6 °C à Ottawa, et – 1 °C à Toronto, située 200 km plus au Sud. Aussi l'agriculture est-elle florissante : tabac, maïs, soja, betteraves à sucre, riches cultures maraîchères, surtout dans la péninsule de Windsor, (tomates autour de Leamington), vergers (pêches, cerises) dans la péninsule du Niagara autour de St. Catharines, où l'on cultive aussi les fraises et où la vigne a fait naître une prospère industrie vinicole ; l'élevage et les produits laitiers occupent les rives du lac Ontario et toute la péninsule entre celui-ci et le lac Huron.

En même temps que le jardin du Canada de l'Est, la péninsule ontarienne est la plus grande région industrielle du pays, desservie par de grands ports sur la Voie Maritime du St-Laurent, comme Hamilton (p. 111), et proche des grands centres industriels américains (voir Windsor p. 144). Véhicules à moteur et pièces détachées viennent au premier rang en valeur de production, suivis par la métallurgie lourde, la pétrochimie, l'industrie alimentaire et l'équipement. La plupart de ces industries sont concentrées autour de Toronto et de Hamilton, dans ce qui constitue la plus vaste zone industrielle du Canada (« Golden Horseshoe »), à la pointe Ouest du lac Ontario.

L'Ontario du Nord. – Le vieux socle cristallin du Bouclier canadien (voir p. 14), aux paysages de forêts sauvages, de lacs et de rivières au cours hésitant, se confond dans l'ensemble avec le Nord de la province, bien qu'une large bande sur la côte de la baie d'Hudson soit recouverte de sédiments primaires, et que le Bouclier pénètre dans le Sud à la hauteur des Mille-Iles (p. 114). Le climat se caractérise par des hivers rigoureux, longs, froids et secs (moyenne des maximums diurnes, en janvier : – 12 °C à Kapuskasing (carte générale J 5), et – 8 °C à Thunder Bay (J 5) ; les étés sont ensoleillés, avec des journées chaudes (23 °C de moyenne à Thunder Bay) et des nuits fraîches. Tout au Nord de la baie d'Hudson, la rigueur du climat s'accentue et la forêt laisse place à la toundra.

Riche de gisements miniers de toutes sortes, le Bouclier assure à l'Ontario une production enviable pour le cuivre, et la première place parmi les provinces pour la production des principaux minerais métallifères : nickel, zinc, mais aussi or, argent, platine, uranium, magnésium, cadmium. Les villes minières y fleurissent : ainsi le **Bassin de Sudbury** (carte générale J 5), grand centre d'exploitation et de traitement du nickel, qui fournit 71 % de la production canadienne de ce métal, 32 % du cuivre canadien et surtout la totalité du platine ; dans la région de **Kirkland Lake** et **Timmins (J 5)**, après avoir produit de l'or on extrait zinc, cuivre, plomb et fer ; il faut rappeler aussi la richesse du sous-sol de **Manitouwadge** (J 5) en cuivre, zinc et argent et l'uranium d'**Elliot Lake** (schéma p. 104). Au total, l'industrie minière est si essentielle à l'Ontario qu'à la bourse de Toronto les intérêts miniers concurrencent les intérêts industriels.

Largement couvert de forêts, le Bouclier fournit en abondance bois de charpente et bois de pulpe pour lesquels la province vient au troisième rang après la Colombie Britannique et le Québec. Enfin la capture des animaux à fourrure, ressource la plus ancienne de la province, se pratique toujours (voir p. 119).

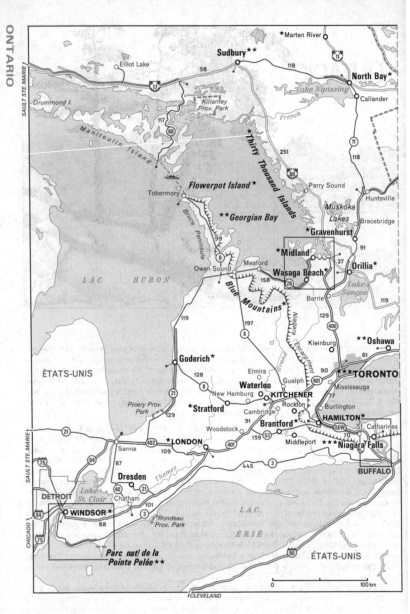

UN PEU D'HISTOIRE

Algonquins et Iroquois. – A l'arrivée des Blancs, vivaient auprès des Grands Lacs des **Indiens des Forêts de l'Est** *(voir carte p. 17)*, divisés en deux familles linguistiques, Algonquins et Iroquois, mais dont le mode de vie, adapté au même milieu, présentait de nombreux points communs.

Les **Algonquins** vivaient surtout au Nord des lacs Supérieur et Huron. Ils étaient avant tout chasseurs et pêcheurs, bien que certaines tribus aient pratiqué un peu d'agriculture, et logeaient dans les huttes d'écorce, en villages semi-sédentaires. Ils se déplaçaient en canot d'écorce de bouleau, ou l'hiver marchaient sur la neige les pieds chaussés de raquettes, utilisant aussi de petits traineaux appelés « toboggans » ; au printemps ils récoltaient le sirop d'érable : toutes techniques que les premiers explorateurs et colons Blancs adoptèrent immédiatement.

Les **Iroquois** occupaient les régions autour des lacs Erié et Ontario ; eux aussi chassaient et utilisaient canots d'écorce et raquettes, mais ils étaient bien plus sédentarisés et pratiquaient l'agriculture : maïs (le « blé d'inde »), fèves, courges, tabac, tournesol, etc. Quand la terre était épuisée, au bout de 10 ou 15 ans, on allait défricher un peu plus loin et construire un autre village, où derrière la palissade protectrice s'alignaient les « longues-maisons » ; couvertes d'écorce, celles-ci pouvaient atteindre 50 m de long sur 10 m de large, et loger une douzaine de familles. La maison et les champs appartenaient aux femmes, très influentes dans cette société matriarcale ; ce sont elles qui choisissaient les chefs, et à qui revenaient la charge et l'honneur de travailler la terre tandis que les hommes quittaient le village pour la chasse ou la guerre. Guerriers organisés, les Iroquois assirent leur puissance sur la Ligue des Cinq nations (qui devint, après 1722, la Ligue des Six Nations lorsque les Tuscaros eurent rejoint les Mohawks, Onondagas, Senecas, Cayugas et Oneidas), confédération guerrière qui tenta d'exterminer les premiers colons français et réussit à détruire les Hurons, groupe iroquois qui n'appartenait pas à la Ligue. Parmi les sociétés secrètes actives chez les Iroquois, il faut citer la Société des Faux-Visages aux masques de bois grimaçants et garnis de vrais cheveux : taillés sur l'arbre vivant, ces masques avaient la propriété magique d'éloigner les mauvais esprits des bois, causes des maladies.

En vert sur la carte : routes pittoresques non décrites.

Les Loyalistes. – Largement exploré au temps de la Nouvelle France *(voir p. 146)*, l'Ontario actuel n'était alors que zone de traite et pays de mission *(voir Ste-Marie-aux-Hurons p. 107-108)* ; la colonisation ne commença qu'après la guerre d'Indépendance américaine (1775-1783). Dans les « 13 colonies » régnait la guerre civile, bien des colons britanniques, très attachés à la mère patrie, refusant de se joindre aux rebelles ; on les appelait « **Tories** », c'est-à-dire conservateurs, pour leur refus du changement, ou encore « **Loyalistes** » pour leur fidélité au roi George III. A la victoire des révolutionnaires, et malgré les assurances données au gouvernement britannique lors des pourparlers de paix, bien des loyalistes furent persécutés, tantôt couverts de goudron et de plumes, tantôt jetés en prison ou menacés de mort et contraints de fuir ; plusieurs États votèrent même des lois qui confisquaient leurs biens et les privaient du droit de vote.

Le gouvernement britannique ne pouvait rester insensible au sort de ses loyaux sujets ; il décida de leur offrir gratuitement de nouvelles terres au Canada, d'abord en Nouvelle-Ecosse (c'est-à-dire les Provinces Maritimes actuelles), puis dans les cantons de l'Est *(voir p. 154)*, la vallée du St-Laurent en amont de Montréal et la péninsule du Niagara, qui accueillirent au total 80 000 personnes. Parmi ceux qui s'établirent en Ontario, tous n'étaient pas anglo-saxons ; sous les ordres de leur grand chef **Joseph Brant** les Indiens de la ligue des Six Nations avaient combattu aux côtés des Britanniques : à ce titre, ils reçurent des terres près de Brantford *(p. 109)*, ainsi que le titre glorieux de « Loyalistes de l'Empire Uni », qui distinguait ceux qui avaient pris effectivement les armes contre les rebelles.

L'arrivée de cette vague de colons, un des plus grands mouvements de population de l'époque, amena dès 1791 la création de la colonie du **Haut-Canada,** avec pour capitale d'abord Niagara-sur-le-Lac puis York (Toronto). Aujourd'hui le nombre des nouveaux immigrants de toutes origines dépasse de loin celui des descendants des Loyalistes en Ontario, mais la province porte encore la marque de ses premiers pionniers.

La guerre de 1812-1814. – De fortes tensions subsistaient entre la Grande-Bretagne et ses anciennes colonies, devenues les États-Unis, qui voyaient dans le Canada une gêne à leur expansion sur le continent. Tandis que la métropole était engagée dans les guerres napoléoniennes, les Américains envahirent le Canada, sûrs de bénéficier du soutien de ses habitants ; quelle ne fut leur surprise de se trouver en face d'une population unie, sinon par sa fidélité à la Grande-Bretagne, du moins par son aversion des États-Unis ! La guerre se déroula surtout dans le Haut-Canada : combats dans la péninsule de Niagara *(voir p. 118-119)*, mise à sac de Toronto, batailles navales sur les Grands Lacs *(voir p. 109)* au cours desquelles la flotte britannique fut anéantie ; quelques engagements en outre eurent lieu le long du St-Laurent, à Crysler Farm *(voir p. 144)* et Châteauguay *(voir p. 178)*. Dans l'ensemble, les opérations militaires restèrent indécises, mais les Américains furent contenus hors des frontières, et, en Ontario du moins, un esprit national était né.

Pour voyager au Canada,

les bureaux de tourisme provinciaux fournissent gracieusement
carte routière de la province,
répertoire annuel des hôtels, motels ou terrains de camping,
et tous renseignements sur les parcs provinciaux.

SPORTS ET LOISIRS

Avec ses kilomètres de rivages le long des Grands Lacs, ses milliers d'îles, de lacs et de rivières, l'Ontario est un paradis pour les amateurs de nautisme.

Les régions de villégiature les plus fréquentées sont équipées de toutes sortes d'hébergement (cabines à louer, terrains de camping) et pour toutes activités de plein-air ; citons la **baie Géorgienne** *(p. 107)*, la région des **lacs Muskoka** près de Gravenhurst *(p. 110)*, **Haliburton Highlands** *(p. 111)*, région de lacs au Sud du parc provincial Algonquin, les **lacs Kawartha** au Nord de Peterborough, et les **Mille-Îles** *(p. 114)*. *Pour tous renseignements, s'adresser à Ontario Travel (voir ci-dessous).*

Navigation de plaisance. – Outre les régions citées ci-dessus, d'anciennes voies commerciales désaffectées constituent deux itinéraires très appréciés des plaisanciers : le **canal Rideau** qui relie Ottawa à Kingston en 200 km *(voir p. 121 et 123)*, et le **canal Trent-Severn** qui mène de Trenton sur le lac Ontario à la baie Géorgienne en quelque 380 km.

Canoë. – L'Ontario peut offrir toute la gamme des plans d'eau, depuis les lacs tranquilles jusqu'aux rivières torrentueuses : le **parc Algonquin** possède 1 600 km de routes de canoë ; dans le **parc provincial Quetico** *(carte p. 8)* passe la « Boundary Waters Fur Trade Canoe Route » *(523 km et 43 portages)*, l'ancien chemin des « voyageurs » *(voir p. 133)* que l'on retrouve encore le long de la **Rivière des Français** (French River) et du **lac Nipissing** *(schéma p. 105)*.

Descente de rapides. – La descente de la rivière des Outaouais et celle de la rivière Petawawa en grands canots de caoutchouc réservent des émotions. *S'adresser à l'agence Wilderness Tour, Box 89, Beachburg, Ontario K0J 1C0, ☎ (613) 582 3351 ; réservation indispensable.*

Sentiers de randonnée. – Le plus réputé est le **Bruce Trail** qui suit l'escarpement du Niagara *(p. 107)* sur 692 km. Dans le parc national Pukaskwa au bord du lac Supérieur *(carte p. 9)*, sauvage et isolé, le **Sentier Côtier** offre un type de randonnée très différent. *Voir aussi la brochure « Camping » du ministère du Tourisme.*

Pêche. – Tous les plans d'eau se prêtent à la pêche, mais surtout les lacs et rivières du Nord. Tous les non-résidents doivent se procurer un permis de pêche *(s'adresser dans les magasins d'articles de sport, auprès de Travel Ontario, ou auprès du Ministère des Ressources Naturelles, 99 Wellesley Street West, ☎ (416) 965 2000, Toronto M7A 1W3, qui donnent tous renseignements sur les saisons de pêche et les règlements).*

Sports d'hiver. – Les parcs provinciaux offrent un grand nombre de pistes de ski de fond. Malgré le relief général assez plat, on trouve aussi quelques pistes de ski alpin, à Thunder Bay, dans les Blue Moutains *(p. 109)* et à Calabogie, à l'Ouest d'Ottawa.

Polar Bear Express. – Excursion en train de 300 km à travers la toundra, **de Cochrane à Moosonee** sur la baie James *(voir carte p. 9)*, qui s'adresse aux chasseurs d'oies sauvages et aux touristes. On peut faire le voyage aller et retour en une journée *(de fin juin à début septembre, tous les jours sauf le vendredi et les jours fériés)* en découvrant la toundra, sa « brousse » et ses tourbières ; à **Moosonee** on a le temps de visiter le poste de la Compagnie de la Baie d'Hudson, **Moose Factory**, fondé en 1673 sur une île de la rivière Moose. *Renseignements et réservations : Ontario Northland Transportation Commission, 805 Bay Street., Toronto M5S 1Y9 - ☎ (416) 965 4268.*

RENSEIGNEMENTS PRATIQUES

Hébergement, carte routière... – La carte routière de la province, mise à jour chaque année, ainsi que des brochures contenant la liste des hôtels, motels et cabines à louer **(Ontario Accommodations)**, la liste des terrains de camping **(Camping Guide)**, celle des voies d'eau et ports de plaisance **(Boating Guide)**, règlements de pêche et de chasse **(Fishing and Hunting)**, sports d'hiver **(Winter)** etc., publiées par le Ministère du Tourisme, sont disponibles gratuitement dans les centres d'information touristique ou au Ministère de l'Industrie et du Tourisme, auprès de : Ontario Travel, *Queen's Park, Toronto, Ontario M7A 2E1 - ☎ (416) 965 4008.*

Les routes. – Le réseau routier est excellent en toutes saisons. Le conducteur et les passagers sont tenus de boucler leur ceinture de sécurité si le véhicule en est équipé. Sous réserve d'indications particulières, la vitesse est limitée à 100 km/h sur les grandes routes, et 80 km/h sur les routes secondaires.

Fuseaux horaires. – La plus grande partie de la province suit l'**Heure de l'Est**, avancée d'une heure en été comme dans tout le pays *(voir p. 20)* ; seule la région à l'Ouest de Thunder Bay, et plus précisément à l'Ouest de la longitude 90°, suit l'**Heure du Centre** comme le Manitoba.

Taxes. – Tous les biens de consommation, sauf l'alimentation, sont soumis à une taxe provinciale de 7 %. Il existe une taxe de 5 % sur les notes d'hôtels. Une taxe de 10 % s'ajoute aux additions de restaurant de plus de $6.00. Une taxe de 10 % est perçue sur les alcools.

Lois sur les alcools. – L'âge minimum légal pour consommer les boissons alcoolisées est de 19 ans. Vins, bières et spiritueux ne peuvent être consommés dans les lieux publics que si ceux-ci possèdent la licence de vente ; le dimanche, on ne vous servira de boissons alcoolisées qu'avec un repas ; de même, lors d'une élection fédérale, on ne peut vous servir pendant les heures d'ouverture des bureaux de vote ; dans quelques villes ou régions, les établissements licenciés sont rares. On peut acheter des alcools et du vin dans les magasins agréés par le Liquor Control Board ; les vins locaux sont disponibles chez les détaillants, et aux heures réglementées dans les grands magasins et super-marchés ; la bière est vendue dans les débits appelés Brewers Retail.

LIEU ET DATE	NATURE DE LA MANIFESTATION
Brantford .... Août	Six Nations Indian Pageant (parade indienne).
Elmira .... Mars	Maple Syrup Festival.
Guelph .... Avril-mai	Spring Festival of Arts and Music.
Ile Manitoulin .... Août	Wikwemikong Indian Pow-Wow (fête indienne).
Kitchener-Waterloo .... Octobre	Oktoberfest (p. 114).
Maxville .... Août	Glengarry Highland Games (fête écossaise).
Muskoka .... Septembre-octobre	Muskoka Cavalcade of Colours.
New Hamburg .... Mai	Mennonite Auction Relief Sale.
Niagara Falls .... Mai	Blossom Festival.
Niagara-on-the-Lake .... Mai à octobre	Shaw Festival (p. 119).
Ottawa .... Mai	Festival du printemps.
– .... Juillet	Festival Ottawa.
– .... Août	Exposition du Canada Central.
St-Catharines .... Août	Royal Canadian Henley Regatta (Régates).
– .... Septembre	Niagara Grape and Wine Festival.
Stratford .... Juin-octobre	Stratford Festival (p. 130).
Sudbury .... Août	Rockhound Festival (p. 132).
Thunder Bay .... Juillet	Great Rendez-Vous Pageant (à Old Fort William, voir p. 133).
Toronto .... Juin	International Caravan (p. 135).
– .... Août	Caribana (voir p. 135).
– .... Août-septembre	Canadian National Exhibition (grande foire).
– .... Novembre	Royal Agricultural Winter Fair (foire agricole).
Windsor .... Juin-juillet	International Freedom Festival.

BAIE GÉORGIENNE ★★ (GEORGIAN BAY)

Carte Générale J 5 - Carte des Principales Curiosités p. 9 - Schéma p. 104.

Cette immense baie (environ 360 km de long), presque un lac en elle-même, séparée du lac Huron par la péninsule Bruce et l'île Manitoulin, sauvage et rocheuse le long de sa rive Est, est si déchiquetée, jalonnée d'une telle poussière d'îlots (parfois un simple rocher piqué de quelques pins balayés par le vent) qu'on les appelle « les 30 000 îles » (Thirty Thousand Islands).

Quand on parle de la baie Géorgienne, c'est cette région que l'on évoque, et ce paysage si bien peint par le Groupe des Sept (p. 141). En contraste total avec ces rivages rocheux et ceux de l'escarpement de Niagara, la péninsule de Midland est sablonneuse, en particulier la région de Wasaga Beach, connue pour sa plage de sable blanc longue de 14 km. Une telle variété de paysages fait de la baie Géorgienne une région de villégiature très populaire : de nombreux chalets d'été bordent les côtes et les îles, où l'on pratique beaucoup la voile et tous les sports nautiques. Mais ce n'est pas seulement un pays de vacances, car Owen Sound, Collingwood, Midland et Parry Sound sont des ports commerciaux dotés d'élévateurs à grains, et des villes industrielles (chantiers navals de Collingwood).

L'Escarpement du Niagara. – Parmi les sédiments qui composent la plaine du Sud de l'Ontario, une couche calcaire exceptionnellement résistante forme une crête presque continue, redressée ici vers l'Est et plongeant doucement vers l'Ouest, qui dessine un arc autour du bassin du Michigan.

De la frontière américaine où il donne naissance aux célèbres chutes du Niagara, cet escarpement passe à Hamilton, s'étire le long de la péninsule Bruce, après une brève immersion affleure à nouveau dans l'île Manitoulin, et se prolonge dans la péninsule qui sépare le lac Michigan de Green Bay sur son flanc Ouest. Un sentier de grande randonnée, le Bruce Trail (690 km) permet de suivre l'escarpement de Queenston Heights (p. 118) à Tobermory, à la pointe de la péninsule Bruce (schéma p. 104).

La Huronie. – Les Hurons étaient un peuple semi-sédentaire, établi auprès du lac qui porte leur nom. Partenaires de traite des Français, ils étaient leurs alliés effectifs depuis qu'en 1609, sur les bords du lac Champlain, quelques coups d'arquebuse du chef de la Nouvelle France avaient mis en déroute une troupe iroquoise.

En 1610, ils accueillirent chez eux le premier Blanc, Etienne Brûlé, jeune éclaireur de Champlain ; en 1615 arriva le premier missionnaire, chargé de convertir ces Indiens amicaux mais, comme ce n'est pas émouvait Champlain, « vivant sans Dieu et sans religion, comme bêtes brutes ». Les Jésuites vinrent en 1634 y remplacer les Récollets ; leur mission de Ste-Marie, élevée au cœur du pays Huron, se transforma vite en un vrai village, grossi d'une communauté de laïcs « donnés » aux Jésuites, ainsi que d'artisans et de marchands : on y compta jusqu'à 66 Français, soit le cinquième de toute la population de la Nouvelle France de l'époque ! C'était aussi un pôle d'attraction où les Hurons christianisés trouvaient service religieux et soins pour leurs malades.

Pourtant un sort dramatique devait anéantir la mission en pleine prospérité : dix ans après sa fondation, elle brûlait de fond en comble. Les Iroquois des Cinq-Nations (p. 104), depuis toujours ennemis des Hurons, entreprirent de les exterminer : ils dévastèrent le pays, emmenant en captivité plus de 2 000 Hurons, massacrant après d'atroces tortures plusieurs Jésuites ; il ne restait plus aux survivants qu'à chercher refuge près de Québec, à l'île d'Orléans, en brûlant la mission derrière eux.

BAIE GÉORGIENNE★★

■ LIEUX HISTORIQUES

Midland★. – *Schéma ci-dessous*. 12 132 h. Ville active et petit centre régional, Midland est au cœur d'une région riche de souvenirs historiques.

Ste-Marie-au-Pays-des-Hurons★★. – *5 km à l'Est par la route 12. Visite de fin mai à mi-octobre. $2.00. Visite accompagnée (2 à 3 h) en français. Restaurant ; pique-nique.* ☎ *(705) 526 7838.*

Reconstitution fidèle de la mission jésuite (1639-1649), Ste-Marie-aux-Hurons, protégée par sa haute palissade, évoque ce qu'était la vie en Nouvelle France au 17e s., au tout début de la colonie. On verra d'abord un excellent film *(28 mn)* qui présente l'histoire de la mission. A l'intérieur de la palissade la chapelle, les ateliers, les logements, construits en pierre ou en troncs équarris, sont tels qu'au 17e s., et animés par toute une population en costume d'époque ; remarquer la nette séparation entre les bâtiments des missionnaires, ceux des laïcs et l'enclos des Indiens.

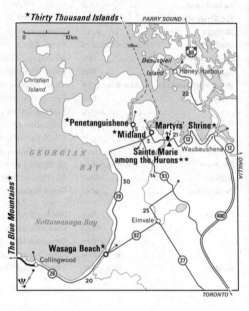

★*Thirty Thousand Islands* ⋅ PARRY SOUND

★*Penetanguishene* ⋅ ★*Midland* ⋅ *Martyrs' Shrine*★ ⋅ *Sainte Marie among the Hurons*★★ ⋅ Waubaushene

GEORGIAN BAY

The Blue Mountains★

Nottawasaga Bay

Wasaga Beach★ ⋅ Collingwood

Elmvale

TORONTO

Hors enceinte, le **musée★★**, très bien présenté, développe certains événements, replacés dans leur contexte historique : la vie en France, les premiers pas des Français au Canada, la traite des fourrures et les voyages en canots d'écorce, le mode de vie des Indiens, la Compagnie de Jésus et le rôle politique du clergé au 17e s.

A côté de Ste-Marie, le **centre d'interprétation faunique du marais Wye** propose des sentiers d'observation de la nature à travers le marais, ainsi que des films et diapositives *(de fin mai à mi-octobre)*.

Sanctuaire des martyrs canadiens★ (Martyrs' Shrine). – *Visite de fin mai à début octobre ; visite accompagnée en français ; durée : 1 h 1/2 ; stationnement $2.00 ; cafétéria.* ☎ *(705) 526 6121.*

Dressant fièrement ses deux clochers, la chapelle fut édifiée en 1926 à la mémoire des martyrs de la Nouvelle France, tombés sous les coups des Iroquois entre 1642 et 1649, et béatifiés en 1930 : ce sont les pères Jésuites Jean de Brébeuf, Gabriel Lalemant, Garnier, Daniel, Chabanel, Jogues et Goupil, et le laïc Jean de la Lande. A l'intérieur, remarquer l'inhabituelle forme en accolade de la voûte tapissée de bois, qui évoque un canot d'écorce renversé.

De l'observatoire sur la colline, au bout du Chemin de Croix, bonne **vue★** sur la mission de Ste-Marie-aux-Hurons et les méandres de la rivière Wye.

Huron Indian Village★. – *A Midland, sur King Street, dans Little Lake Park. Visite tous les jours de fin mai à mi-octobre. $1.50. Visite accompagnée en anglais : 3/4 h.* ☎ *(705) 526 8757.*

Comme les Iroquois *(voir p. 116)* les Hurons étaient des semi-nomades, cultivateurs, pêcheurs et trappeurs ; quand leurs champs étaient épuisés, ils allaient plus loin défricher des terres vierges et installer un nouveau village. Un film présente les Hurons d'hier et d'aujourd'hui, tandis que derrière la palissade on montre la reconstitution d'un de ces villages : les « longues-maisons » couvertes d'écorce où ils vivaient en communauté et où séchaient peaux et récoltes, quelques silos, la case du sorcier, le bain de vapeur, la fabrication des canots d'écorce.

Près du village, le **musée de Huronie** (Huronia Museum) montre des objets indiens et meubles victoriens. *Visite de fin mai à mi-octobre. $1.50, billet combiné avec le village $2.50.* ☎ *(705) 526 2844.*

Penetanguishene★. – *Schéma ci-dessus*. 5 315 h. « Penetang », selon une abréviation courante, l'une des plus vieilles localités d'Ontario, figure déjà sur une carte de 1793. C'était alors un poste de traite des fourrures ; la guerre de 1812 y amena la création d'un établissement naval ; des forts britanniques établis à l'Ouest du lac Huron furent conquis par les Américains et abandonnés : leurs habitants refluèrent à Penetang, et parmi eux nombre des « coureurs de bois » *(voir p. 148)* francophones. Aujourd'hui encore, la communauté francophone de Penetang reste vivante.

Etablissements navals et militaires★. – *A l'extrémité de Church Street ; signalés. Visite de fin mai à début septembre ; visite accompagnée (2 à 3 h) en français. $1.25. Restaurant ; pique-nique.* ☎ *(705) 549 8064.*

Bâti à flanc de coteau, dominant la baie, l'arsenal fut occupé, par la marine et l'armée britanniques, jusqu'en 1856. Parmi les 17 bâtiments, restaurés, meublés, et animés de guides en costume d'époque, on verra les chantiers navals, un entrepôt, des logements, le quartier des officiers, la caserne. *Manœuvres militaires.*

Wasaga Beach★. – *Schéma ci-dessus*. 4 705 h. Très populaire station balnéaire au bord de la baie de Nottawasaga, connue pour son immense plage de sable fin.

Nancy Island Historic Site★. – *A l'intérieur du parc provincial de Wasaga Beach, Mosley Street, près de la route 92. Visite de fin mai à début septembre ; stationnement : $2.50. Pique-nique.* ☎ *(705) 429 2516.*

L'île Nancy, dans la rivière Nottawasaga, est formée d'alluvions agglomérées autour de l'épave du Nancy, coulé pendant la guerre de 1812-1814. Dernier bateau britannique en service sur les Grands Lacs après la destruction de la flotte sur le lac Erié en septembre 1813, réquisitionné pour assurer le ravitaillement des troupes, le Nancy, poursuivi par trois navires américains, cherchait dans la rivière un abri précaire quand il fut découvert et coulé. Son épave, dégagée en 1927, est exposée devant le musée. Celui-ci montre surtout la navigation à voile sur les Grands Lacs, et les batailles navales de la guerre de 1812.

Sur l'île voisine (Tower Island) une réplique de l'ancien phare de Collingwood offre une belle vue sur la rivière et jusqu'à la baie de Nottawasaga.

■ CURIOSITÉS NATURELLES

Les Trente Mille Iles★ (Thirty Thousand Islands). – Trois croisières permettent d'apprécier les beautés naturelles de la baie Géorgienne, depuis Midland *(☎ 526 6701 ou 5438),* Penetanguishene *(☎ 549 7795),* ou Parry Sound *(schéma p. 105 ;* ☎ *746 2311). De juin à début septembre ou mi-octobre (se renseigner) ; durée 3 h.*

Flowerpot Island★. – *Schéma p. 104. Circuit autour de l'île en bateau-taxi depuis Tobermory : $5.00 à $10.00 ; durée 2 h ;* ☎ *596 2233.*

A l'extrême pointe de la péninsule Bruce, cette île est une miette de l'escarpement du Niagara ; elle doit son nom à deux piliers rocheux près du rivage, dont la forme en « pot de fleur » vient d'une couche supérieure de calcaire résistant, isolée sur un pied de grès plus fiable rongé par les vagues. Elle fait partie du **parc national des îles de la Baie Géorgienne** *(bureaux à Honey Harbour)* qui compte de petites îles dans la baie. Sur la plus grande, l'**île Beausoleil,** sentiers de promenade et centre d'interprétation *(ouvert l'après-midi de mi-juin à début septembre et de janvier à fin mars les samedis et dimanches seulement ; film commenté en anglais et français ;* ☎ *756 2415 ; accès à l'île par bateau-taxi depuis Honey Harbour : prix $10.00 à $15.00 par voiture).*

The Blue Mountains★. – *35 km de Collingwood à Meaford par la route 26.* C'est un agréable parcours qui longe les eaux de la baie Géorgienne, juste au pied des Blue Mountains aux pentes boisées. Point culminant de l'escarpement du Niagara (alt. 460 m), celles-ci offrent quelques-unes des rares pistes de ski alpin de l'Ontario.

En quittant Collingwood, prendre Mountain Road sur 3 km. Le télésiège (Blue Mountain Chairlift) fonctionne de mi-juin à mi-octobre. ☎ *(705) 445 0231.*

Au cours de la montée et de la crête de l'escarpement, belle **vue★** sur la baie.

BRANTFORD ★

Carte des Principales Curiosités p. 9 – *Schéma p. 104* – 74 315 h. – Bureau de Tourisme : 77 Charlotte Street ; ☎ (519) 753 2617.

La ville industrielle de Brantford doit son nom, littéralement « le gué de Brant », à **Joseph Brant** (1742-1807), chef des Indiens des Six Nations. Alliés des Anglais durant la guerre d'Indépendance américaine, et donc traités comme les autres Loyalistes à la fin de la guerre, les Indiens durent fuir les États-Unis, et reçurent du gouvernement britannique en 1784 une vaste concession dans la vallée de la Grand River ; en reconnaissance envers ses sujets indiens, le roi George III fit élever en outre la **chapelle des Mohawks** *(sur Mohawk Street, à 3 km du centre-ville ; ouverte tous les jours en juillet et août),* la plus ancienne église d'Ontario (1785). En 1830, des colons blancs rachetèrent la terre aux Indiens pour fonder Brantford ; mais la réserve existe toujours et fait revivre chaque année son histoire et sa culture, au cours du **Six Nations Indian Pageant** *(les trois premières fins de semaine d'août).*

Bell Homestead★. – *94 Tutela Heights Road. Du centre ville, prendre Market Street vers le Sud, puis l'expressway jusqu'à Mt Pleasant Street que l'on prendra à gauche, puis tourner encore à gauche sur Tutela Heights Road. Parc national d'enseignement. Visite tous les jours sauf le lundi hors saison ainsi que les 25, 26 décembre et le 1ᵉʳ janvier. Restaurant.* ☎ *756 6220.*

Ici vécut **Alexander Graham Bell** (1847-1922), inventeur du téléphone. Venu d'Ecosse avec ses parents en 1870, le jeune homme entreprit de poursuivre la carrière de son père, inventeur d'une méthode d'enseignement pour les sourds appelée le « Langage visible ». Il s'installa à Boston où il enseigna, à l'Université, la physiologie vocale et le mécanisme du langage, afin de former des professeurs pour les sourds. Il s'intéressait aussi à l'électricité et à son usage pour la transmission des sons. C'est à Brantford en 1874, tandis qu'il était en vacances chez ses parents, qu'il conçut l'idée du téléphone, mais ce n'est qu'en mars 1876 qu'il put, à Boston, transmettre par ce moyen le premier message intelligible. L'été suivant, il réalisa la première liaison interurbaine, entre Brantford et la ville voisine de Paris, et put reconnaître la voix de son père. Devenu riche, Bell se consacra à la recherche dans les voies les plus variées, dans sa résidence de Baddeck en Nouvelle-Écosse (p. 197).

La maison, meublée comme à l'origine, abrite une exposition sur la vie de Bell, ses inventions et ses recherches. A côté, transporté du centre-ville, se trouve le bâtiment qui accueillit le premier bureau de téléphone au Canada ; à l'intérieur, on verra l'un des premiers standards téléphoniques et une petite exposition sur le développement du téléphone.

Museum of the Woodland Indian. – *184 Mohawk Street. Visite toute l'année. $0.75.* ☎ *759 2650.*

Intéressante collection d'objets indiens illustrant le mode de vie des Indiens des Forêts de l'Est *(voir p. 104)* dont font partie les Indiens des Six Nations.

Chiefswood. – *A Middleport, 11 km de la route 54. Visite accompagnée (1/2 h) de fin mai à début septembre, sauf les samedis et dimanches. $0.75.* ☎ *752 1329.*

Construite en 1853 par le chef indien Johnson pour son épouse anglaise, c'est la maison natale de la poétesse **Pauline Johnson,** leur fille (1861-1913). La maison est meublée dans le style de 1870 et possède des manuscrits de la poétesse.

DRESDEN

120 km au Nord-Est de Windsor – *Schéma p. 104* – 2 550 h.

Les premiers colons de la région furent d'anciens esclaves noirs qui avaient fui les États-Unis. En usage au Canada jusqu'en 1793, l'esclavage n'y fut aboli officiellement qu'en 1833 ; mais dès les lendemains de la guerre de 1812, les esclaves noirs du Sud des États-Unis avaient compris qu'au Nord de la frontière, ils trouveraient asile et liberté. Environ 30 000 esclaves, estime-t-on, passèrent dans la colonie britannique, surtout dans les années 1840 et 1850 ; beaucoup retournèrent aux États-Unis après l'abolition de l'esclavage en 1865 ; mais de cette époque, subsistent dans le Sud de l'Ontario quelques localités noires.

Musée de la Case de l'Oncle Tom★ **(Uncle Tom's Cabin Museum).** – *1,5 km à l'Ouest de la route 21 (Park Street) ; signalé. Visite de mai à octobre. $2.50. Cafétéria ; pique-nique ; boutique de souvenirs ;* 🕾 *683 2978.*

Josiah Henson, ancien esclave fuyant le Kentucky avec sa famille, arriva sur ces terres en 1830 ; avec l'aide de ligues anti-esclavagistes, il y fonda un refuge où ses compagnons purent cultiver leurs propres terres et faire instruire leurs enfants. Henson, qui ne savait pas écrire, dicta l'histoire de sa vie (« La vie de Josiah Henson, ancien esclave ») qui impressionna tant Harriet Beecher Stowe qu'elle s'en inspira pour son célèbre roman **« La case de l'Oncle Tom ».**

Le musée occupe un site agreste sous les pommiers, à la lisière de Dresden. On y voit l'église où prêchait Henson, qui était pasteur méthodiste, une maison de colons frappante par sa simplicité, et un petit musée de l'esclavage *(commentaire enregistré en anglais).*

Josiah Henson est enterré devant le musée, près de la route.

GODERICH ★

Carte des Principales Curiosités p. 9 – 75 km au Nord-Ouest de Stratford par la route 8 – *Schéma p. 104* – 7 322 h.

Petite ville bâtie sur la falaise au-dessus de l'embouchure de la Maitland dans le lac Huron, Goderich doit son charme singulier à ses rues bordées d'arbres et à son urbanisme particulier. Fondée en 1828 au bout de Huron Road, route tracée de Guelph au lac Huron pour y encourager la colonisation, elle fut construite selon un plan en étoile, les rues rayonnant autour du palais de justice du comté.

Aujourd'hui le port accueille les immenses bateaux des Grands Lacs (« lakers ») venus charger les céréales de l'arrière-pays agricole et le sel gemme extrait sur place d'une veine qui plonge sous le lac.

Huron County Pioneer Museum. – *110 North Street. Visite d'avril à octobre. $1.50.* 🕾 *(519) 524 9610.*

Ce vaste musée rassemble tout ce qui a trait à la vie des pionniers, faune régionale, ameublement, costume, cabinet de dentiste, etc. Il présente en particulier des maquettes de travaux agricoles et une collection de véhicules à chevaux et à moteur.

Huron Historic Jail. – *Extrémité Nord de Victoria Street. Visite de mai à août ; en septembre et octobre, l'après-midi des samedis et dimanches. $1.50.* 🕾 *(519) 524 6971.*

L'ancienne prison du comté, en usage de 1842 à 1972, est un étonnant petit bâtiment de pierre au plan octogonal, où les cours des prisonniers rayonnent, comme les rues de la ville, autour d'un élément central.

GRAVENHURST ★

Carte des Principales Curiosités p. 9 – 160 km au Nord de Toronto – *Schéma p. 104* – 8 532 h.

Station touristique élégante depuis la fin du 19ᵉ s., Gravenhurst est une jolie petite ville victorienne au Sud de la pittoresque région des **lacs Muskoka,** la principale région de villégiature d'Ontario. Sur les rives déchiquetées et les nombreuses îles des lacs Joseph, Rosseau et Muskoka, où les privilégiés d'avant-guerre possédaient de somptueuses résidences d'été, le nautisme est roi. La région est animée surtout en juillet et août, et à l'arrière-saison lorsque l'automne flamboyant est le prétexte de nombreuses fêtes locales. De Gravenhurst, une excursion en bateau permet d'apprécier la beauté de la région *(de juin à mi-octobre ; durée variable ;* 🕾 *687 5811).*

Bethune Memorial House★. – *Parc historique national. 235 John Street. Visite tous les jours sauf les jours fériés hors saison.* 🕾 *(705) 687 4261.*

La maison natale de Norman Bethune (1890-1939), meublée dans le style 1900, est devenue un musée consacré à la vie et à l'œuvre de ce fervent promoteur de la médecine sociale. A l'étage, dans le **centre d'interprétation**★, les explications sont données en trois langues (anglais, français et chinois), car le lieu est fréquemment visité par des délégations chinoises.

Fils d'un pasteur presbytérien, Norman Bethune se fit chirurgien. Trouvant peu d'écho à ses idées généreuses au Canada, il partit combattre aux côtés des Républicains dans la guerre civile espagnole, et y créa la première unité mobile de transfusion sanguine pour les soldats blessés au combat. En 1938 il se rendit auprès de l'armée communiste chinoise dont il organisa le service médical. Par son désintéressement et le soutien qu'il apporta à la cause communiste, il est devenu en Chine un personnage vénéré.

Pour organiser vos itinéraires :

Consultez d'abord la carte p. 4 à 11. Elle indique les régions touristiques, les principales villes et curiosités et les routes décrites dans ce guide.

Puis reportez-vous aux descriptions régionales : l'index alphabétique en fin de volume vous en précisera la page.

HALIBURTON (Monts d') ★

Carte des Principales Curiosités p. 9 - *Schéma p. 105.*

Des lacs entourés de collines boisées font des monts d'Haliburton (Haliburton Highlands), dans le centre de l'Ontario, une région de villégiature appréciée dont les principaux centres sont Minden et Haliburton. L'une des activités sportives favorites est le canoë, car la plupart des lacs sont reliés entre eux et les rivières coulent vers le Sud pour rejoindre les lacs Kawartha. Au Nord se trouve le parc **Algonquin**, d'une impressionnante sauvagerie, célèbre pour ses nombreux itinéraires en canoë et pour avoir inspiré le peintre Tom Thomson *(p. 141).*

Musée du canot de Kanawa★. – *A Camp Kandalore, 32 km au Nord de Minden par la route 35. Ouvert de mi-avril à septembre ; $2.00 ;* ☎ *(705) 489 2644.*

Une série de bâtiments en bois abrite une importante collection d'environ 600 canots de tous genres provenant de tout le continent américain. On y voit des embarcations utilisées par les tribus indiennes : des pirogues de la côte Ouest, des kayaks Inuit, un canoë Kutenal du centre de la Colombie Britannique. Remarquer un bateau fait de roseaux du lac Titicaca au Pérou, version réduite de l'embarcation utilisée par le norvégien Thor Heyerdahl lors de son expédition *Ra II.*

HAMILTON ★

Carte Générale **K 5** - Carte des Principales Curiosités p. 9 - *Schéma p. 104* - Agglomération 542 095 h. - Bureau de Tourisme : 100 Main Street East. ☎ (416) 526 4222.

Capitale de l'industrie sidérurgique canadienne, Hamilton, à la pointe Ouest du lac Ontario, jouit d'une vaste rade séparée du lac par un cordon littoral ; un canal y laisse entrer les bateaux de la Voie Maritime chargés de minerai de fer pour alimenter ses aciéries. La ville s'étend au pied de l'escarpement du Niagara *(p. 107)* ainsi que sur le plateau qui ici domine la plaine de 75 m. Sur le bord de l'escarpement, plusieurs parcs offrent de jolies **vues** sur la ville, ainsi que les rues qui franchissent cette côte, par exemple James Street (route 6 Sud).

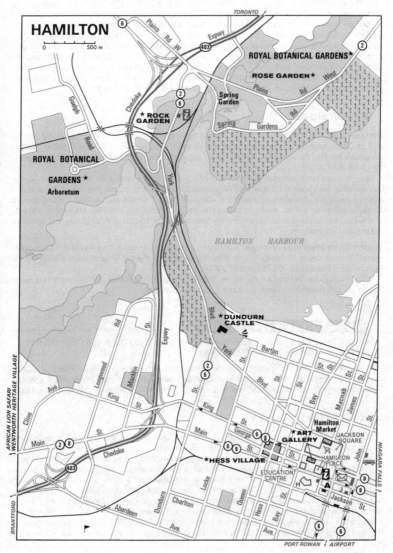

ONTARIO

HAMILTON★

Centre ville★. – Plusieurs bâtiments modernes, administratifs et culturels, marquent le centre ville : City Hall (H), Education Centre, Art Gallery et Hamilton Place qui contient salles de concert et de théâtre. Un peu à l'Ouest *(à l'intersection de Hess et George Streets)* se trouve **Hess Village★**, quartier de vieilles maisons joliment restaurées et fleuries, où nichent boutiques d'art, restaurants et cafés. **Hamilton Market** *(York Street, les mardis, jeudis, vendredis et samedis)*, l'un des plus grands marchés fermiers d'Ontario, écoule les produits fruitiers de la péninsule du Niagara.

Art Gallery★. – *Visite tous les jours sauf le dimanche matin, le lundi et les jours fériés. Restaurant ; boutique.* ☎ 527 6610.

Son originale structure de béton anime le fond de la plaza qui fait face à l'hôtel de ville ; les vastes espaces intérieurs présentent des expositions itinérantes ou tirées de la collection permanente.

Whitehern (A). – *41 Jackson Street. Visite accompagnée (3/4) l'après-midi. Fermé le 1ᵉʳ janvier et le 25 décembre. $1.60.* ☎ 522 5664.

Dans ce quartier moderne, tranchent l'agréable petit jardin et le style géorgien de cette maison cossue où vécut une famille aisée de 1840 à 1959. Les **McQuestern,** établis à Hamilton depuis le début du 19ᵉ s., furent des pionniers de la sidérurgie qui est aujourd'hui la grande activité de la ville, et participèrent largement à la vie publique ; ils furent à l'origine des jardins botaniques de la ville, de l'Université McMaster, du Niagara Parkway *(p. 118)*. Les meubles sont d'origine.

Dundurn Castle★. – *Visite tous les jours l'après-midi. Fermé le 1ᵉʳ janvier et le 25 décembre. $2.65. Restaurant.* ☎ 522 5313.

Sur la colline dominant la rade, se dresse l'élégant château de pierre blanche construit de 1832 à 1835 par **Sir Allan Napier MacNab,** brillant soldat, juriste et homme politique lié au « Family Compact » *(voir p. 135)*, et premier ministre du Canada-Uni de 1854 à 1856. La richesse et la puissance des familles privilégiées du 19ᵉ s. s'étalent dans cette somptueuse demeure où l'on est accompagné par des guides en costume d'époque ; le sous-sol, réservé à l'armée de serviteurs nécessaires à une maison de cette importance, est intéressant.

Les pelouses du jardin *(concerts en été)*, offrent une belle **vue** sur Hamilton et sa baie.

Royal Botanical Gardens★. – *Centre d'information sur la route 2 et 6 ; demander un plan. Ouvert du lever au coucher du soleil. Salon de thé en été.* ☎ 527 1158. *Reprendre la voiture pour se rendre d'un jardin à l'autre.*

Sur un terrain de plus de 800 ha, en grande partie laissé à l'état naturel et sillonné de sentiers de nature, sont aménagés plusieurs jardins aux styles divers. Face au centre d'information, de l'autre côté de la route, le **jardin de rocailles★** (Rock Garden) a transformé une ancienne carrière en pittoresque paysage agrémenté d'un pavillon de thé. Le **jardin de printemps** (Spring Garden) varie les expositions florales selon la saison : iris, tulipes, pivoines, lys, asters, etc. Plus loin sur la route 2 la **roseraie★** (Rose Garden) fleurit de mai à juin. Plus à l'Ouest dans l'arboretum, le **vallon des lilas** (Lilac Dell) est splendide fin mai.

EXCURSIONS

African Lion Safari★. – *32 km à l'Ouest près de Rockton par les routes 8, 52 North, et 7 th Concession Road (signalé). Visite de mi-mars à octobre tous les jours, début mars et novembre les fins de semaine seulement. $6.50. Cafétéria. Voitures décapotables interdites.* ☎ (519) 623 2620.

Le parcours pour voitures *(durée 1 à 2 h)* traverse divers enclos où s'ébattent en liberté des animaux sauvages d'Afrique et d'Amérique du Nord, lions, tigres, éléphants, bisons, etc. *(Les visiteurs ne doivent pas sortir de voiture)*. Dans l'enclos des singes, 100 babouins africains grimpent sur les voitures pour voler ce qu'ils peuvent (souvent les essuie-glaces) ; le « water safari » est une excursion en bateau sur le bassin des phoques qui viennent quémander du poisson.

Wentworth Heritage Village. – *24 km à l'Ouest par la route 8 ; près de Rockton sur la route 52 juste avant le Safari. Visite d'avril à décembre. Fermé le lundi (sauf fêtes). $4.00. Restaurant ; boutiques.* ☎ (519) 647 2874.

D'authentiques bâtiments du siècle dernier (maison, magasins, église) sont regroupés autour du pré communal dans un cadre boisé très agréable.

■ KINGSTON et les MILLE ILES ★★

Carte Générale K 5 - Carte des Principales Curiosités p. 9 - *Schéma p. 105* - 52 616 h. - Bureau de Tourisme, ☎ (613) 548 4415.

Kingston, à la pointe Nord-Est du lac Ontario où débouche la rivière Cataraqui, est un centre touristique réputé, inséparable des Mille Iles et de la région pittoresque des lacs Rideau *(navigation de plaisance)*. Les parcs au bord de l'eau composent un agréable décor.

■ KINGSTON★★ *visite : 4 h*

Située à la naissance du St-Laurent, la ville joua, au cours de son histoire, un double rôle de centre commercial et stratégique. En 1673 s'y établit un comptoir de traite des fourrures, appelé Fort Cataraqui ou Fort Frontenac. Abandonnée à la chute de la Nouvelle France, la région fut recolonisée plus tard par les Loyalistes qui donnèrent à leur communauté son nom actuel. Ce fut bientôt une importante base navale britannique et un arsenal, qui se fortifia durant la guerre de 1812. Après la guerre, la construction du canal Rideau *(voir p. 121)* qui la reliait à Montréal par la rivière des Outaouais, et celle de Fort Henry, puissante forteresse de pierre, augmentèrent l'importance de la ville qui, entre 1841 et 1844, fut capitale du Canada-Uni. Elle demeure un important centre militaire, avec le Collège militaire Royal du Canada (dans le Fort Frederick), le Collège d'État-Major de l'Armée Canadienne et le Collège de la Défense nationale.

112

La ville, aux rues bordées d'arbres, est semée de bâtiments publics construits dans le grès local : l'**hôtel de ville★** (City Hall), sur le port, qui fut initialement construit pour abriter le Parlement canadien avant que la reine Victoria ne choisisse Ottawa pour capitale ; le **palais de justice★** (Court House) avec fronton, portique et coupole comme l'hôtel de ville ; la **cathédrale St-George,** dont le style rappelle les églises londoniennes de Christopher Wren ; le Grant Hall de Queen's University et plusieurs bâtiments du Collège militaire Royal.

Old Fort Henry★★. – Signalé sur la route 2. Visite de mi-mai à mi-octobre ; visite guidée 1 h (en français, 2 fois par jour). $3.40. Snack bar. Manœuvres militaires tous les jours en été, et cérémonie complète de la descente des couleurs en juillet et août le mercredi et le samedi à 19 h 30 : se renseigner. ☎ 542 7388.

Situé sur une presqu'île à la naissance du St-Laurent, le fort fut construit entre 1832 et 1835 pour défendre la base navale et l'arsenal ainsi que l'accès au canal Rideau. La citadelle, équivalente pour le Haut-Canada à celle de Québec, est renforcée surtout au Nord pour protéger l'accès terrestre à l'arsenal sur la pointe Frederick, son accès naval devant être gardé par une série de tours Martello *(voir p. 207)* construites vers 1846. Mais les relations avec les États-Unis s'améliorèrent et le fort ne fut jamais attaqué ; la garnison, permanente jusqu'en 1870, n'y vint plus qu'à l'occasion, puis le fort fut abandonné.

Aujourd'hui c'est un musée vivant de la vie militaire vers 1867, que recrée la **Garde du Fort Henry.** Elle est constituée d'étudiants, qui se retrouvent durant l'été pour former un régiment entraîné avec précision, exécutant les manœuvres, portant l'uniforme et l'équipement des régiments Royal Garnison Artillery et British Line en 1867 ; ils animent les visites guidées et présentent les parades.

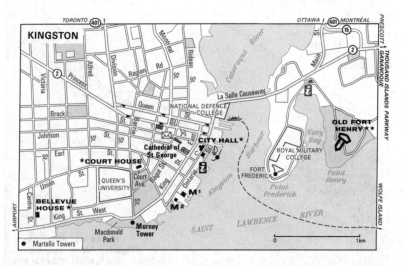

Villa Bellevue★. – *Parc historique national. 35 Centre Street. Visite tous les jours sauf les jours fériés en hiver. ☎ 542 3858. Expositions et projection de diapositives au centre d'accueil.*

Son style « italien » (par la tour carrée et les balcons) fit sensation à Kingston quand fut construite cette villa en 1840, et les sobriquets les plus divers lui furent attribués, comme Muscovado Cottage (la cassonade) ou Tea Caddy Castle (la boîte à thé), allusion à l'épicerie que tenait son propriétaire. Elle fut habitée en 1848 et 1849, par **Sir John A. Macdonald,** qui tenait alors un cabinet d'avocat à Kingston et devait devenir premier ministre du Canada dès la naissance de la Confédération, de 1867 à 1873, puis de 1878 à 1891. Né en Écosse, mais élevé à Kingston où il fit ses études, Macdonald connut une brillante carrière politique à la tête du parti conservateur ; on lui reconnaît le mérite d'avoir été l'un des principaux artisans de la Confédération canadienne, et d'avoir soutenu la réalisation du chemin de fer Canadien Pacifique *(voir p. 36)*, l'un de ses grands rêves et à ses yeux artère vitale de son immense pays.

La maison est meublée dans le goût de l'époque où y résidait Macdonald.

Musée de la navigation des Grands Lacs★ (M1). – *Ouvert d'avril à mi-décembre ; fermé le lundi en novembre et décembre ; $2.25 ; ☎ 542 2261.*

Installé dans un ancien chantier naval, le long du lac Ontario, ce musée est consacré aux différents navires à voile et à vapeur, qui sillonnent ou qui ont sillonné les Grands Lacs. La ville fut l'un des principaux centres de construction navale des Grands Lacs au 19e s. Présentations audio-visuelles et expositions temporaires font connaître certains aspects de la navigation.

Murney Tower. – *Dans le parc Macdonald. Visite tous les jours en juin, juillet et août et les fins de semaine en mai. $0.50. ☎ 542 4687.*

C'est l'une des tours Martello construites en 1846 pour protéger le port ; ronde et trapue, renforcée de solides voûtes, maçonnée de belles pierres, elle abrite un musée sur la vie des pionniers et illustre les activités de la garnison.

Pump House Steam Museum (M2). – *23 Ontario Street. Visite de mi-juin à début septembre. $1.50. ☎ 546 4696.*

Ce musée des machines à vapeur loge dans l'ancienne station de pompage de Kingston construite en 1849, où sont restées les deux énormes pompes à vapeur d'origine ; toutes les machines présentées, restaurées dans leur état de 1897, sont à même de fonctionner ; de nombreuses maquettes complètent l'exposition.

■ LES MILLE ILES★★ (Thousand Islands)

A sa sortie du lac Ontario, le St-Laurent est encombré d'un millier d'îles et d'îlots sur près de 80 km, là où le socle granitique du Bouclier canadien se prolonge jusqu'aux monts Adirondack, aux États-Unis, par l'« axe Frontenac ». Le roc affleure, rochers nus, petites îles portant quelques pins dégarnis ou plus grandes et recouvertes d'une épaisse végétation.

Les eaux scintillantes, bordées de forêts, et les rochers de granit rose doucement érodés par les glaciers attirent les habitants des deux pays dont la frontière passe entre les îles ; c'est l'une des plus anciennes et des plus populaires régions de vacances du Nord-Est du continent, tout naturellement consacrée au nautisme.

Excursion en bateau ★★. – *Départ de Gananoque (Customs Dock)* (**A**) : *tous les jours de mi-mai à mi-octobre ; durée 3 h ; prix $8.00 ; excursions plus courtes en juillet et août ; rafraîchissements à bord ;* 📞 *382 2144. Des excursions sont également organisées depuis Ivy Lea* (**B**) *(*📞 *659 2295) et Rockport* (**D**) *(*📞 *382 4129).*

C'est une promenade de détente à travers le dédale des îles. Les vues d'arbres, d'eau et de rochers sont agrémentées çà et là de chalets ou de résidences d'été, depuis la simple cabane sur un îlot rocheux jusqu'aux extravagants palaces du « Millionaire's Row » sur l'île Wellesley. Le long de la rive américaine passent les grands navires de la Voie Maritime du St-Laurent, tandis qu'entre les îles s'égaient une nuée de bateaux de plaisance, yachts et simples canots. On peut faire escale à l'Ile Heart *(voir les formalités pour débarquer aux États-Unis p. 20)*, pour visiter **Boldt Castle,** château resté inachevé que s'était fait construire le richissime propriétaire du Waldorf Astoria.

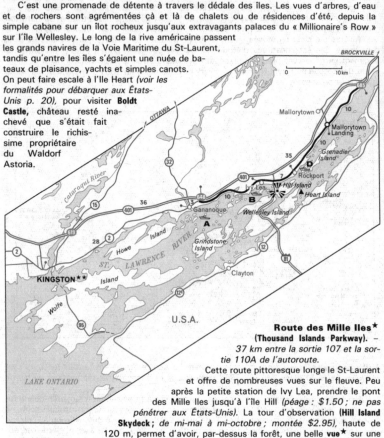

Route des Mille Iles★ (Thousand Islands Parkway). – *37 km entre la sortie 107 et la sortie 110A de l'autoroute.*

Cette route pittoresque longe le St-Laurent et offre de nombreuses vues sur le fleuve. Peu après la petite station de Ivy Lea, prendre le pont des Mille Iles jusqu'à l'île Hill *(péage : $1.50 ; ne pas pénétrer aux États-Unis).* La tour d'observation (**Hill Island Skydeck ;** *de mi-mai à mi-octobre ; montée $2.95),* haute de 120 m, permet d'avoir, par-dessus la forêt, une belle **vue★** sur une partie des Mille Iles intensément boisées.

Revenir sur la route qui longe le fleuve jusqu'à **Mallorytown Landing,** où se trouve l'administration du **parc national des îles du St-Laurent** *(ouvert de mi-mai à mi-octobre),* qui comprend plusieurs îles accessibles seulement par bateau *(nautisme, pêche, camping) ;* le centre d'interprétation du parc mérite une visite.

KITCHENER - WATERLOO

Carte Générale J 5 - Carte des Principales Curiosités p. 9 - *Schéma p. 104* - Agglomération 287 801 h. - Bureau de Tourisme : 67 King Street East, Kitchener. 📞 (519) 576 5000.

Cités jumelles nettes, ordonnées et agréables, elles furent fondées vers 1800 par des **Mennonites,** secte protestante de langue allemande persécutée en Europe *(voir p. 102),* dont une partie émigra en Pennsylvania au 17ᵉ s. Là encore leur pacifisme devait leur attirer des ennuis pendant la guerre d'Indépendance, et beaucoup s'installèrent alors avec les Loyalistes *(voir p. 105)* en Ontario où ils reçurent des terres dans la région de Kitchener. Les Mennonites de stricte observance mènent une vie de fermiers, simple et frugale, n'utilisent ni voitures, ni téléphone, ni machines modernes. On peut parfois les rencontrer dans la campagne environnante, les hommes en costume noir et large chapeau, les femmes en robe à la cheville et bonnet serré ; ils se déplacent en boghei à chevaux qui porte à l'arrière, seule concession au 20ᵉ s., un triangle fluorescent.

Au 19ᵉ s., d'autres groupes de langue allemande s'installèrent dans la région, où l'influence germanique reste forte. Ainsi trouve-t-on encore des spécialités allemandes au marché de Kitchener (**Farmers' Market,** *à l'angle des rues Frederick et Duke, toute l'année le samedi matin et de mai à décembre le mercredi matin),* ainsi que les produits frais apportés en ville par les Mennonites. Chaque automne, l'**Oktoberfest** est l'occasion de déguster bières et spécialités gastronomiques au son d'orchestres bavarois.

Woodside. – *528 Wellington Street North à Kitchener. Parc historique national ; signalé. Visite tous les jours sauf les jours fériés en hiver.* ☎ *742 5273.*

Située dans un agréable parc, cette maison du 19ᵉ s. abrita quelques années la famille de **William Lyon Mackenzie King,** qui devait devenir premier ministre du Canada *(voir p. 126).* Remeublée dans le style victorien, la maison montre au sous-sol une intéressante **exposition**★ largement illustrée sur la vie de cet homme politique qui subit fortement l'influence de son grand-père, William Lyon Mackenzie le rebelle *(voir p. 135).*

Maison de Joseph Schneider. – *466 Queen Street South. Visite de fin mai à début septembre tous les jours ; le reste de l'année du mercredi au dimanche ; fermé le dimanche matin en hiver, les 1ᵉʳ janvier et 25 décembre ; $1.25 ;* ☎ *742 7752.*

Cette maison à pans de bois de style géorgien fut construite vers 1820 par Joseph Schneider, fondateur de Kitchener. Elle a été restaurée et meublée dans le style des années 1850.

EXCURSION

Doon Pioneer Village. – *10 km. Suivre l'autoroute 401, sortie 275, et continuer en direction de Kitchener pendant 3 km. Visite de mai à décembre ; l'après-midi seulement à partir de début septembre. $3.50.* ☎ *893 4020.*

D'anciens bâtiments de la région, réunis ici et remis à neuf, évoquent le temps des pionniers. Citons entre autres la maison victorienne (gingerbread house) où sont présentés à l'étage une collection de jouets et l'histoire du Père Noël vu par les Allemands (Santa Claus ou Saint Nicolas) ; la maison communale (Township Hall) avec, au sous-sol, une exposition sur les Mennonites ; le musée qui possède des documents intéressants sur les premiers colons et sur les Indiens indigènes.

LONDON ★

Carte Générale J 5 - Carte des Principales Curiosités p. 9 - *Schéma p. 104* - Agglomération 283 668 h. - Bureau de Tourisme : 738 King Street. ☎ (519) 672 1970.

En 1792 **John Graves Simcoe,** lieutenant-gouverneur du Haut-Canada, choisit le site d'une nouvelle capitale car, pense-t-il, Niagara-sur-le-Lac qui jusqu'alors en tenait lieu est trop proche des États-Unis ; il nomme la ville London, comme la capitale britannique, et Thames la rivière qui l'arrose. Mais les autorités refusent son choix et désignent York (la future Toronto) comme capitale.

London se développa néanmoins à partir de 1826.

Ville industrielle dynamique et centre d'une riche région agricole, c'est également un centre universitaire réputé (University of Western Ontario) ; le centre-ville moderne dresse ses gratte-ciel sur Wellington Street, non loin de l'animation de Dundas Street, la rue principale.

Galerie d'Art★★. – *Visite l'après-midi sauf le lundi et le 25 décembre. $1.00. Restaurant.* ☎ *672 4580.*

Dominant les rives de la Thames, cet étonnant édifice, œuvre de l'architecte contemporain Raymond Moriyama *(voir p. 137),* utilise au maximum la lumière du jour tout en évitant un éclairage trop cru sur les œuvres présentées (expositions temporaires) ; de grandes baies ouvrent des perspectives sur la rivière et sur le parc qui descend vers ses rives.

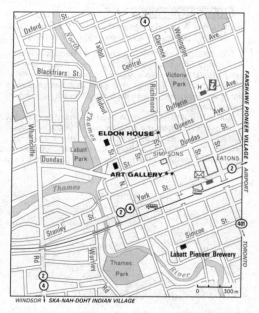

Eldon House★. – *481 Ridout Street North. Visite de mars à novembre l'après-midi. $1.00.* ☎ *433 6171.*

Eldon House, la plus vieille maison de la ville, édifiée en 1834, se trouve au Nord d'une rangée de maisons victoriennes remises en valeur ; c'est une belle demeure, bâtie par John et Amelia Harris pour leur nombreuse famille (ils avaient huit filles et quatre fils) et habitée par leurs descendants jusqu'en 1960.

Au siècle dernier y brillait un foyer de vie sociale et culturelle, comme en témoignent les vastes pièces de réception. Il est intéressant de visiter la maison, garnie de beaux meubles de famille et d'objets raffinés, comme dans la bibliothèque cet écran brodé qu'utilisaient les dames au coin du feu pour préserver le maquillage de cire de leur visage.

Labatt Pioneer Brewery. – *150 Simcoe Street (à côté de la brasserie moderne). Visite de juin à début septembre l'après-midi.* ☎ *673 5211.*

Réplique de la première brasserie de London (1828), la « brasserie des pionniers » montre la fabrication de la bière au 19ᵉ s., lorsque la compagnie Labatt produisait 300 barils par an ; l'usine moderne en produit aujourd'hui 1 200 000.

EXCURSIONS

Fanshawe Pioneer Village. – *15 km au Nord-Est dans Fanshawe Park. Accès par Clarke Road. Visite de mai à septembre tous les jours, d'octobre à décembre en semaine seulement. $3.00.* *451 2800.*

Au bord du lac Fanshawe qui régularise le cours de la Thames, le village reconstitue une localité d'avant l'ère des chemins de fer, animée durant l'été par des guides en costume. Transportés depuis le voisinage, les divers bâtiments comptent maisons, ateliers (forgeron, sellier), boutiques, grange en troncs équarris, etc. On notera spécialement l'église presbytérienne, le local des pompiers et celui des **Orangistes** (Orange Hall), association de protestants radicaux dont l'influence en Ontario fut considérable *(voir le procès de Louis Riel p. 93)* ; à l'origine, au 17ᵉ s., l'association soutenait l'accès au trône d'Angleterre de Guillaume d'Orange contre le catholique Jacques II, d'où son nom.

Ska-Nah-Doht Indian Village. – *35 km environ au Sud-Ouest par la route 2, dans Longwoods Conservation Area. Visite en janvier, février et de fin mai à début septembre tous les jours ; le reste de l'année du lundi au vendredi. Fermé certains jours fériés. $2.50 par voiture.* *264 2420.*

Reconstitution d'un village habité par des Indiens Iroquois avant l'arrivée des Blancs. Les Indiens se nourrissaient de cultures et du produit de leur pêche *(voir p. 104)*. Protégé derrière une haute palissade traditionnelle, le village compte des « longues maisons » où vivaient plusieurs familles, le wigwam du sorcier, un bain de vapeur, sorte de sauna, un canot en écorce de bouleau, les claies pour fumer la viande, etc.

Hors de l'enceinte, sont entretenues les cultures des Indiens : maïs, tabac, haricots, courges, tournesol.

Au centre d'interprétation, un programme audiovisuel *(en anglais)* apporte des explications détaillées.

*En arrivant dans une localité
arrêtez-vous au bureau de tourisme local
qui procure gratuitement
plan de la ville
et tous renseignements touristiques
(possibilités de logement,
heures de visite des curiosités, etc.)*

NIAGARA FALLS ★★★

Carte des Principales Curiosités p. 9 - *Schéma p. 104* - Bureau de Tourisme (416) 356 6061 ; Niagara Park Commission, (416) 356 2241.

Mondialement célèbres, les chutes du Niagara attirent chaque année plus de 12 millions de visiteurs, dont beaucoup de jeunes mariés car, comme Venise en Europe, Niagara Falls est la ville des voyages de noces. Leur hauteur (50 m environ) n'est pas exceptionnelle, mais leur ampleur et la puissance des eaux qui s'y engouffrent ne peuvent manquer d'impressionner ; on reste fasciné devant le spectacle sans cesse renouvelé de cette eau rugissante.

Sur la rive américaine de la rivière, s'étend la grande ville industrielle de Niagara Falls, tandis que son homonyme canadienne (70 960 h.) est vouée à l'industrie touristique. Hôtels, motels, restaurants et attractions de toutes sortes aux enseignes voyantes se pressent surtout le long de la rue Clifton Hill. Nous ne décrivons ici que l'essentiel, les chutes et les parcs qui les bordent, abords préservés où l'on oublie l'agitation et les néons bigarrés de la ville.

(D'après photo Niagara Parks Commission)

Les chutes du Niagara

Les chutes sont aussi belles l'hiver, parées de stalactites de glace, qu'en été, mais la vraie saison touristique s'étend de fin avril à début septembre ; juillet-août est l'époque des foules. En dehors des établissements hôteliers, on peut loger chez l'habitant dans de coquettes maisons pleines de charme.

Niagara, ou « Tonnerre des eaux ». – Il y a 25 000 ans, estime-t-on, le Niagara, déversoir du lac Érié dans le lac Ontario, dévalait l'escarpement du Niagara *(p. 107)* à la hauteur de Queenston ; rongeant les tendres roches schisteuses à la base de la falaise, puis sapant la couche de calcaire dur du sommet, l'érosion a depuis fait reculer la chute de 11 km, creusant la gorge que nous voyons aujourd'hui.

La première relation de l'existence des chutes nous vient du Père Louis Hennepin, un Récollet qui en 1678 accompagnait l'explorateur Cavelier de La Salle sur le lac Ontario ; intrigué par un grondement lointain, il remonta jusqu'aux chutes. Si aujourd'hui la rumeur de la cataracte ne porte plus si loin, la cause est peut-être imputable aux aménagements modernes qui captent, en amont des chutes, 50 à 75 % selon l'heure des eaux de la rivière, pour alimenter les centrales hydro-électriques tant américaine que canadienne. La prise d'eau présente en outre l'avantage de ralentir le recul inexorable des chutes : on a calculé qu'à leur rythme naturel, elles seraient rendues à mi-chemin du lac Érié... dans 100 siècles !

Téméraires cascadeurs. – La fin du 19ᵉ s. vit une floraison de casse-cou en quête de gloire défier la mort sur le Niagara, devant un public amateur de frisson. Le premier fut en 1859 le funambule français **Blondin,** qui sur un fil tendu au-dessus des rapides transporta son impressario sur ses épaules, puis revint se faire cuire un repas avant de traverser la gorge à bicyclette et de revenir les yeux bandés... On se souvient aussi de l'Italienne **Maria Spelterina,** elle aussi funambule, qui s'était fait emprisonner les pieds dans des paniers. D'autres tentèrent, sans toujours éviter la noyade, de traverser les rapides à la nage ou de les descendre dans des tonneaux. Les plus hardis, ou les plus inconscients, voulurent sauter les chutes dans des embarcations spécialement conçues, mais la plupart n'y survécurent pas. Désormais la police interdit toute tentative de cet ordre.

■ **LES CHUTES et leurs abords★★★**

L'île américaine de Goat Island divise la rivière en deux bras : à l'Est passent les chutes américaines, larges de 300 m, et à l'Ouest des chutes « en fer à cheval » (Horseshoe Falls), qui s'étalent sur 800 m. Éclairées le soir de lumières multicolores, gelées en hiver, les chutes sont un spectacle permanent.

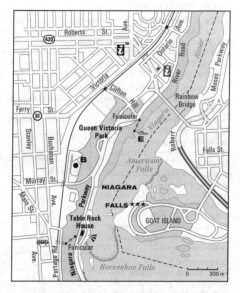

Promenade★★★. – Très en beauté en avril à la saison des jon-quilles, le **parc Queen Victoria** est une agréable promenade qui sur plus d'1 km fait face aux chutes, amples, majestueuses et étrange-ment apaisantes ; de Table Rock, au bord de la chute canadienne, la vue est particulièrement impres-sionnante.

Vue panoramique★★★. – La meilleure vue sur les chutes, la gorge en aval et en amont s'offre de la tour **Skylon (B ;** *montée par ascenseur et plate-forme d'obser-vation $3.25 ; stationnement $1.00 ; restaurant tournant ;* ☎ *356 2651),* face à Goat Island, qui s'élève à 236 m au-dessus de la rivière ; ses ascenseurs vitrés ajoutent de multiples angles de vi-sion au panorama que l'on décou-vre du sommet.

Maid of the Mist★★★ (E). – *Excursion en bateau de mi-mai à fin octobre ; durée 1/2 h ; départ toutes les 1/2 h. Prix $4.40. Accès par funiculaire, prix $0.55.* ☎ *358 5781.*

Du bateau, qui longe la chute américaine avant de s'immobiliser devant le « fer à che-val » au milieu de tourbillons furieux, la formidable puissance de la cataracte est saisissante, tandis que les imperméables des passagers ruissellent sous les embruns.

Table Rock House. – Du restaurant à l'étage supérieur, vue sur les chutes. De vastes ascenseurs descendent les visiteurs, dûment bottés et encapuchonnés, jusqu'aux trois **tunnels★** *(entrée : $3.50)* qui aboutissent au bord de l'immense mur d'eau ; derrière lui, le spectacle de la chute est peut-être moins surprenant que celui, insolite, des dizaines de touristes, méconnaissables sous l'imperméable uniforme, errant dans les couloirs humides.

■ **NIAGARA PARKWAY NORD★★**

Des chutes à Niagara-on-the-Lake – *excursion de 26 km - environ 1/2 journée - schémas p. 118*

Du lac Érié au lac Ontario, la route qui longe la rive canadienne est bordée de parcs, de jardins et d'aires de pique-nique, ce qui en fait une agréable promenade. La section Nord est riche de vues et de visites intéressantes. Après Queenston, au pied de l'escarpement, la région est connue pour ses vergers, dont les produits, en saison, sont en vente au bord de la route.

NIAGARA FALLS★★★

Great Gorge Trip★★. – *Accès de mai à octobre. $2.25.* ☎ *356 0904.*

L'ascenseur mène au fond de la gorge du Niagara ; à l'arrivée un petit **musée** est consacré aux exploits des funambules qui franchirent la gorge, ou aux catastrophes comme l'effondrement du pont Honeymoon ; on peut voir exposées plusieurs des embarcations qui franchirent les chutes. Puis on accède à la passerelle de bois qui longe les **rapides★★** où se déchaîne le torrent furieux, large et puissant du Niagara dans l'étroit chenal de la gorge.

Le tourbillon★★ (Whirlpool). - *de mi-avril à octobre. $2.50.* ☎ *354 5711.*

Le brusque coude de la rivière où se forme un tourbillon marque le départ d'un ancien chenal délaissé par les eaux. Suspendue à un câble, la nacelle métallique de l'« aérocar » amène les visiteurs au-

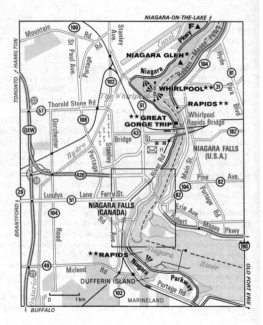

dessus du courant, d'où s'offrent de belles **vues★★** sur les gorges.

En poursuivant la route sur 1,5 km, on atteint le point opposé de la rive, qui permet d'avoir une bonne **vue★** sur le tourbillon.

Niagara Glen★. – Un escalier de bois amorce la descente le long de la falaise jusqu'au bord de l'eau furieuse *(3/4 h AR).*

École d'Horticulture★ (F). – *Bureau d'information sur la route.*

La Commission des Parcs du Niagara dispense ici un cours d'horticulture en trois ans. Les jardins, entretenus par les élèves, sont variés : allées d'arbres, massifs symétriques « à la française », etc. La **roseraie★** est en pleine floraison début juillet.

Bientôt la route traverse une petite zone industrielle, proche des centrales américaine et canadienne ; un peu plus loin, une grande horloge florale décore le bord de la route.

Queenston Heights★. – *Site historique national.*

Voici le bord de l'escarpement que jadis dévalaient les chutes. Un parc y entoure la colonne élevée à la mémoire de **Sir Isaac Brock,** qui, durant la guerre de 1812, fût l'âme de la défense contre les Américains, et mourut ici-même, en octobre 1812, tandis que ses troupes repoussaient une attaque américaine. Du sommet du monument *(fin mai à début septembre les fins de semaine - 235 marches étroites)* la vue, quelque peu gênée par les arbres, s'étend sur la vallée du Niagara.

Queenston★. – Ce charmant village aux jolies maisons noyées de verdure, est l'une des plus anciennes localités de la péninsule.

Maison de Laura Secord. – *Sur Queen Street. Visite accompagnée (1/2 h) de juin à début septembre les vendredis, samedis, dimanches et jours fériés. $0.75. Boutique.* ☎ *262 4851.*

Dans cette maison de bois cachée sous les arbres, vécut l'héroïne du Haut-Canada. Devant la maison est expliquée l'histoire de Laura : en 1813, quand Queenston était occupée par les troupes américaines, elle courut par les taillis à travers les lignes ennemies pour prévenir l'armée britannique, à 30 km de là, qu'une attaque surprise se préparait.

NIAGARA FALLS Excursions

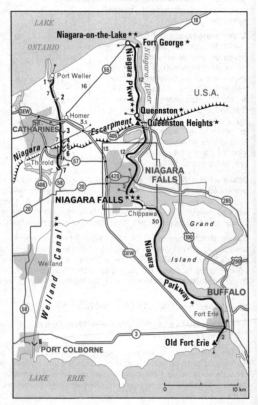

Niagara-on-the-Lake★★. – 12 186 h. On croirait un pittoresque village d'Angleterre, posé par magie à l'embouchure du Niagara sur le lac Ontario. Fondée par les Loyalistes, première et éphémère capitale du Haut-Canada en 1792, reconstruite après avoir été rasée par les Américains en 1813, la ville semble n'avoir pas changé depuis ; ses gracieuses demeures du 19ᵉ s. entourées de jardins, ses rues bordées d'arbres, en font une agréable villégiature d'été (navigation de plaisance). Niagara-on-the-Lake abrite le **Festival Shaw** (de mai à octobre, sauf le lundi ; ☎ 468 3201) consacré au théâtre de George Bernard Shaw (1856-1950).

La **rue principale**★ (Queen Street) incite à la promenade ; près de la tour de l'horloge se groupent de charmantes boutiques, salons de thé, restaurants, hôtels, et une authentique pharmacie de 1866, **Niagara Apothecary** (ouverte l'après-midi de mi-mai à début septembre). Le théâtre principal, à l'angle de Queen's Parade et de la rue Wellington, est une construction de brique au bel intérieur de bois.

Fort George★. – Parc historique national. Sur River Road. Visite de mi-mai à octobre ; visite guidée (1 h à 1 h 1/2) bilingue. $1.00. Restaurant. ☎ 468 4257.

Construit par les Anglais peu avant 1800, il eut une histoire mouvementée durant la guerre de 1812-1814, où il fut tour à tour pris par les Américains et repris par les Britanniques. Retranché derrière un talus herbeux aux angles renforcés de bastions, le fort comprend le carré des officiers, la forge, la poudrière, le corps de garde, et trois blockhaus de bois équarri abritant des expositions militaires.

■ CANAL WELLAND★★

Excursion de 17 km de Niagara Falls par QEW jusqu'à St. Catharines et sortie sur Glendale Avenue que l'on suit jusqu'au canal ; ou 16 km de Niagara-on-the-Lake par Niagara Stone Road (route 55) que l'on quitte après Homer pour rejoindre Glendale Avenue - schéma p. 118. Traverser le canal par le pont-levant et prendre la voie de service (Government Road) sur la rive gauche du canal.

Ouvert en 1829, le premier canal Welland permettait à la navigation de relier les lacs Erié et Ontario. Élargi, redressé, le canal actuel fait partie de la Voie Maritime du St-Laurent (voir p. 176) ; il est long de 45 km et compte 8 écluses pour franchir au total une dénivellation de 99 m entre les deux lacs.

Route le long du canal★★. – 14 km du lac Ontario à Thorold sur Government Road. La route longe 7 des 8 écluses du canal, et permet d'apprécier l'intense trafic de la Voie Maritime et la taille des navires qui l'empruntent. Juste au Sud du pont de Homer, à l'écluse n° 3, se trouve une **plate-forme d'observation**★ (tous les jours de mai à septembre) et un bureau d'information où sont affichés les horaires de passage des bateaux, à vrai dire très fréquents ; il leur faut 1 heure pour passer une écluse. Plus au Sud, à Thorold, les écluses 4, 5 et 6 franchissent l'escarpement du Niagara.

■ NIAGARA PARKWAY SUD★

Des chutes au vieux fort Erié – excursion de 32 km - environ 1 h - schémas p. 118.

Au départ, la route longe les **rapides**★★ qui précèdent les chutes, spectacle impressionnant par sa puissance et son ampleur. Puis elle traverse l'**île Dufferin**, où un parc agréable offre sentiers, ruisseaux, baignade avant de longer les digues qui détournent l'eau du Niagara vers les centrales en aval ; la rivière s'étale largement, plate et calme, en contraste total avec son cours inférieur.

Agréables vues sur la rive américaine à la hauteur de Grand Island. Après le pont de la Paix (Peace Bridge), qui relie la ville de Fort Erié (24 096 h.) à Buffalo, s'offrent de belles **vues**★ sur la grande ville américaine.

Le vieux fort Erié (Old Fort Erie). – 2 km après le pont de la Paix. Visite de mai à mi-octobre. $2.00. ☎ 871 0540.

C'est la reconstitution du troisième fort construit en cet endroit, juste à la naissance de la rivière Niagara, et qui avait été détruit par les Américains en 1814. On pénètre dans ce fort de pierre renforcé de bastions, par un pont-levis, et l'on peut visiter quartier des officiers, casernes, corps de garde et poudrière, tandis que des étudiants, costumés en militaires du début du 19ᵉ s., exécutent des manœuvres et guident les visiteurs.

■ NORTH BAY ★

Carte Générale K 5 - Carte des Principales Curiosités p. 9 - Schéma p. 104 - 51 268 h. - Bureau de Tourisme : ☎ (705) 472 8480.

Centre d'une région réputée pour la pêche et la chasse sportive, North Bay est aussi une agréable station au bord du lac Nipissing. Jadis les « voyageurs » (voir p. 133), sur la route des fourrures, remontaient la rivière des Outaouais, puis la Mattawa et par le portage de La Vase rejoignaient le lac Nipissing, d'où la rivière des Français (French River) les conduisait à la baie Géorgienne. Aujourd'hui tous ces cours d'eau font le bonheur des plaisanciers.

North Bay est aussi le centre d'un prospère commerce des fourrures. Cinq fois l'an (décembre, janvier, mars, avril et juin) l'Association des Trappeurs de l'Ontario y organise une vente aux enchères des fourrures récoltées pour la plupart dans l'arrière-pays. Ces ventes, parmi les plus importantes du monde, sont ouvertes au public ; castor, martre et rat musqué y fournissent les peaux les plus prisées.

En été, des **croisières** sont organisées sur le lac Nipissing et la pittoresque rivière des Français (De Government Dock, sur Main Street, départs réguliers de mi-mai à mi-septembre les mercredis, vendredis et dimanches, plus fréquents en juillet et août ; durée : 6 h ; prix $12.60. ☎ 472 4500 poste 371). Rafraîchissements à bord.

NORTH BAY★

EXCURSIONS

Marten River★. – *64 km au Nord de North Bay par la route 11.* Le **musée des trappeurs★** (Trappers' Museum), *(juste au Nord de Marten River ; visite de mai à octobre. $1.00,* ☎ *892 2386)* est une présentation intéressante de cette activité mal connue. On y apprend quelle est la vie du trappeur et l'organisation de la profession dans la province, et l'on y voit différents pièges utilisés, les peaux préparées, et les animaux à fourrure de l'Ontario dans leur habitat naturel.

Callander. – Petite station de vacances au bord du lac juste au Sud de North Bay. Ici naquirent en 1934 les **sœurs Dionne,** célèbres quintuplées qui tournèrent dans leur enfance de nombreux films publicitaires et furent connues dans le monde entier.

Musée des quintuplées (Quints' Museum). – *3 km au Nord de Callander, ou 10 km au Sud de North Bay, sur la route 11. Visite de mi-mai à septembre. $1.50.*
La maison natale des sœurs Dionne est meublée de souvenirs : les landeaux, les vêtements, et de nombreuses photos de Cécile, Annette, Émilie, Yvonne et Marie.

ORILLIA ★

Carte des Principales Curiosités p. 9 - *Schéma p. 104* - 23 955 h.

Située à l'étranglement qui sépare le lac Simcoe du lac Couchiching, Orillia est une petite ville industrielle et touristique très fréquentée par les plaisanciers du canal Trent-Severn *(voir p. 106)*. Elle est célèbre pour avoir servi de modèle à Mariposa, la petite ville décrite par Stephen Leacock dans « Sunshine Sketches of a Little Town ».

Maison de Stephen Leacock★. – *Old Brewery Bay, près de la route 12 B. Visite accompagnée (1 h en anglais) de mi-juin à début septembre. $1.00. Restaurant ; librairie.* ☎ *(705) 326 9357.*
Cette belle et grande maison dans un agréable parc au bord du lac fut conçue en 1908 par Stephen Leacock qui y passa désormais tous les étés. Cet étonnant personnage, à la fois professeur de sciences politiques à l'Université McGill de Montréal et auteur humoristique connu dans la littérature anglaise, aurait, à l'en croire, préféré avoir écrit « Alice au pays des Merveilles » que l'Encyclopédia Britannica ; il débordait d'un humour fantasque et absurde, qui règne encore dans la maison.

OSHAWA ★★

Carte des Principales Curiosités p. 9 - *Schéma p. 104* - Agglomération 154 217 h. - Bureau de Tourisme : 48 Simcoe Street South. ☎ (416) 728 1683.

Oshawa est l'un des principaux centres de l'industrie automobile canadienne. Cette grande industrie naquit de la petite entreprise artisanale de Robert McLaughlin (1836-1921), fabriquant de voitures à chevaux, qui en 1907, se mit avec son fils Robert Samuel à construire des automobiles, les **McLaughlin-Buick,** dotées d'un moteur Buick. Rachetée par General Motors en 1918, l'entreprise devint la branche canadienne de la grande firme américaine, avec pour président l'ancien fondateur, R. S. McLaughlin.

Parkwood★★. – *270 Simcoe Street North, à 2,5 km au Nord de la route 401. Visite accompagnée (1 h) de la maison et de la serre de juin à début septembre, sauf le lundi et le matin des dimanches et jours fériés ; horaires réduits le reste de l'année. Fermé de décembre à mars. Commentaires en français. $3.00.* ☎ *579 1311.*
Parkwood est une élégante résidence construite en 1917 par **R. S. McLaughlin** (1871-1972), industriel fortuné et grand philanthrope, qui laissa le planétarium de Toronto, et des dons au musée de Kleinburg et la galerie d'art d'Oshawa. A sa mort il fit don de Parkwood à l'hôpital général d'Oshawa, qui ouvrit au public cette demeure somptueuse garnie avec goût de meubles anciens venus du monde entier. Les plus beaux bois, travaillés par les meilleurs artisans, des tapis, des tableaux contribuent au charme et à l'élégance des lieux.
Le **parc** qui l'entoure *(mêmes horaires d'ouverture que la Maison : voir ci-dessus ; entrée $1.00)* est l'un des plus beaux de l'Est canadien ; ses grands arbres, ses pelouses soignées, ses massifs d'arbustes, ses jardins à la française, ses statues et ses fontaines sont artistement disposés.
Le plaisir de la visite est renforcé par une halte au charmant **pavillon de thé** *(repas légers, thé),* au bord d'un bassin animé de jets d'eau.

Canadian Automotive Museum★. – *99 Simcoe Street South. 1,5 km au Nord de la route 401. Visite tous les jours sauf les 1er janvier, Vendredi saint et 25 décembre. $2.50. Restaurant ; aire de stationnement.* ☎ *576 1222.*
Beaucoup plus qu'une simple exposition de vieilles voitures, cet intéressant petit musée explique l'histoire de l'industrie automobile au Canada (photograhies, illustrations, maquettes). On y voit environ 70 véhicules datant de la période 1898-1930 et plus particulièrement la Redpath Messenger de 1903, construite à Toronto, le seul exemple de ce genre, et la McLaughlin-Buick de 1912.

Jardin Cullen. – *A Whitby, 5 km au Nord de la route 401 par la route 12 et la Taunton Road. Ouvert tous les jours sauf le 25 décembre ; $4.00 ;* ☎ *(416) 668 6606.*
Cet agréable jardin, qui s'étend sur 20 ha, rassemble des parterres de fleurs, une roseraie, des étangs, une rivière et des reproductions en miniature de demeures historiques, magasins, églises, fermes de tout l'Ontario.

Nous vous recommandons, avant d'entreprendre un déplacement important,
de demander confirmation des horaires et des tarifs,
voire de réserver, par téléphone auprès de l'organisme intéressé lui-même
ou du bureau de tourisme local.

OTTAWA ★★★

Carte Générale K 5 - Carte des Principales Curiosités p. 9 - *Schéma p. 105* - 295 163 h. (agglomération : 717 978 h.) - Bureau de Tourisme : ☎ (613) 237 5150.

Capitale fédérale du Canada, Ottawa, plus qu'une grande métropole parée de monuments imposants ou de perspectives grandioses, est une tranquille cité de parcs où l'on voit l'hiver les fonctionnaires venir travailler en patins à glace ; les habitants font du ski de fond le long du canal sur les pistes où, l'été, passent les coureurs et les cyclistes.

A la mi-mai fleurissent partout les tulipes, offertes par la Hollande dont la reine passa les années de guerre à Ottawa. La ville est aussi un centre culturel, avec de nombreux musées nationaux et le Centre National des Arts où se donnent ballets, concerts et pièces de théâtre ; juillet est la saison la plus animée, quand **Festival Canada** célèbre par toute une série de manifestations l'anniversaire de la Confédération *(Renseignements, ☎ 237 5158).*

Mais Ottawa est surtout la ville des parlementaires, des diplomates et du gouvernement ; et comme toute l'administration fédérale se doit d'être bilingue, Ottawa est sans doute la ville qui s'applique le plus au bilinguisme. Située sur la rivière des Outaouais où passe la frontière entre l'Ontario et le Québec, la ville forme avec sa voisine **Hull** (56 225 h.) sur la rive québécoise une seule agglomération, administrée par la Commission de la Capitale Nationale. Les gratte-ciel abritent des ministères et autres services gouvernementaux, comme en témoigne la Place du Portage, à Hull, par exemple.

UN PEU D'HISTOIRE

Bytown. – La guerre de 1812 *(voir p. 105)* mit en évidence la fragilité des communications entre Montréal et le Haut-Canada ; le St-Laurent, seule voie praticable, était éminemment vulnérable, puisque tout navire s'y trouvait à portée de canon de la rive américaine, sans parler des dangers occasionnés par les rapides. Aussi dès la fin de la guerre le duc de Wellington fit-il étudier un chemin plus sûr ; le tracé retenu remontait la rivière des Outaouais et la rivière Rideau, puis par une série de lacs rejoignait la Cataraqui et la base navale de Kingston sur le lac Ontario. Le lieutenant-colonel **John By** fut chargé de construire les canaux et écluses nécessaires ; il s'établit en 1826 sur le site actuel d'Ottawa au débouché de la rivière Rideau, où bientôt se développa une colonie florissante baptisée Bytown. En 1832 les travaux étaient achevés, mais ils avaient coûté si cher que By rentra en Angleterre ruiné.

Les forêts de l'Outaouais. – Jusque-là, la vallée n'avait été qu'une voie de passage pour les Indiens Outaouais et les « voyageurs », mais vers 1800, elle vit arriver ses premiers colons. C'était un groupe d'Américains dirigé par **Philemon Wright** ; ils s'installèrent aux chutes de la Chaudière, à l'endroit qui devint Hull. Cultivateurs, ils se firent également bûcherons, et en 1807 leur premier train de bois flottait jusqu'à Québec. L'industrie forestière devait faire merveille dans les vallées de l'Outaouais et de la Gatineau, surtout entre 1835 et 1900, et tandis que tombaient les magnifiques pins rouges et blancs (aujourd'hui disparus) si recherchés en Angleterre, Bytown devenait le centre de tout le commerce du bois et le marché de l'embauche des bûcherons et « cageux » *(voir p. 148)*.

Après 1840, le marché s'orienta surtout vers les États-Unis, les scieries se multiplièrent dans la région, et le canal Rideau se couvrit de bateaux chargés de planches à destination du Sud. Le dernier radeau descendit l'Outaouais en 1908, mais l'exploitation du bois n'a pas totalement cessé, et l'on peut encore voir flotter sur la rivière les troncs d'épinette destinés aux usines de pulpe et papier.

La Westminster des bois. – Dans les années 1850 Québec, Montréal, Toronto et Kingston se disputaient l'honneur d'être la capitale du Canada nouvellement uni. La querelle était si vive que le gouvernement demanda à la reine Victoria de se prononcer : elle choisit Bytown, qui aussitôt adopta le nom anglais de la rivière, Ottawa. Les critiques accablèrent la jeune capitale : « c'est le village de bûcherons le plus proche du pôle Nord ! », écrivait l'illustre Goldwin Smith de Toronto *(voir p. 137)*, et la presse américaine ajoutait avec humour qu'Ottawa avait tout de même un argument en sa faveur, c'est que même l'envahisseur le plus déterminé serait incapable de prendre la ville : il se perdrait dans les bois avant de la trouver ! Sans prêter attention à ces railleries, les travaux des édifices parlementaires débutèrent en 1859, et lorsque naquit la Confédération en 1867, c'est sans objection qu'Ottawa en fut reconnue la capitale et que les nouveaux parlementaires prirent possession des locaux à peine achevés.

La colline parlementaire vue de la pointe Nepean

■ LA COLLINE PARLEMENTAIRE et ses environs★★ *visite : 1/2 journée*

Au sommet de la falaise qui domine de près de 50 m l'Outaouais et le canal Rideau, d'où le nom de « colline », se dressent majestueusement les trois bâtiments du Parlement canadien. Construits en grès local, dans un style néo-gothique, ils furent achevés en 1876, mais le bâtiment central, incendié, dut être reconstruit en 1920. L'édifice de l'Ouest loge les bureaux des parlementaires ainsi que celui de l'Est flanqué d'une étrange tour où les fenêtres dessinent les traits d'un visage ; dans l'édifice central, dominé par la tour de la Paix, siègent les Communes et le Sénat.

En été se tiennent devant le Parlement des membres de la Police montée arborant leur fameux uniforme de cérémonie : chapeau à larges bords, veste rouge, culotte de cheval ; on peut voir aussi, spectacle très populaire, la **relève de la garde★★**, en uniforme rouge et bonnet à poils, accompagnée de musique militaire *(en juillet et août chaque matin à 10 h, sauf par mauvais temps ; durée 1/2 h).*

En pénétrant dans les jardins remarquer sur l'allée centrale la **Flamme du Centenaire (A)**, sur une fontaine entourée des douze écussons des provinces et territoires canadiens et portant leur date d'entrée dans la Confédération. Inaugurée en 1966 elle célèbre le 100e anniversaire de celle-ci.

De l'allée qui passe derrière l'édifice central, se découvre une belle **vue★** sur la rivière et sur Hull, dont les traditionnelles industries de pâtes à papier et papiers cèdent rapidement la place aux vastes édifices gouvernementaux ; remarquer à l'arrière du Parlement la gracieuse rotonde gothique de la **bibliothèque du Parlement★**, qui ressemble au chevet d'une cathédrale, seule partie du bâtiment originel à avoir échappé à l'incendie de 1916.

Le long de la promenade, les statues qui agrémentent les jardins, pour la plupart œuvres du sculpteur québécois Philippe Hébert, représentent des premiers ministres et la reine Victoria.

La Police Montée

Edifice central★. – *Visite accompagnée (1/2 h) tous les jours sauf le 1er janvier et le 25 décembre. Commentaire bilingue.* ☎ 992 4793.

La visite montre la Chambre des Communes, le Sénat, la Salle de la Confédération aux voûtes en palmiers et la bibliothèque. Du sommet de la **tour de la Paix,** on jouit d'un vaste **panorama★** sur la capitale et les rives de la rivière des Outaouais.

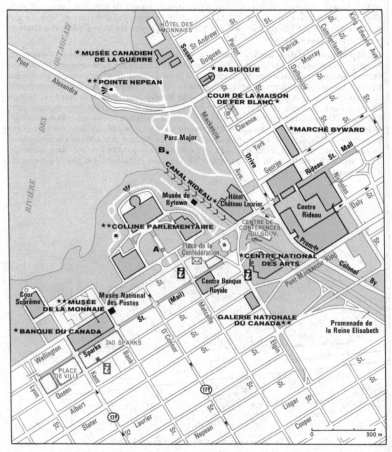

Les séances des Communes et du Sénat sont publiques *(en semaine de mi-octobre à mi-juillet),* et toujours solennellement ouvertes par la procession conduite par l'Orateur depuis le Hall d'Honneur jusqu'à la salle des séances.

Edifice de l'Est★. – *Visite accompagnée (1/2 h) en juillet et août tous les jours ; le reste de l'année, les samedis et dimanches seulement.*

Dans ce bâtiment construit au milieu du 19ᵉ s., quelques bureaux sont décorés de meubles d'époque tels que les utilisaient le Premier Ministre d'alors, Sir John A. Macdonald ; son collègue québécois et « Père » de la Confédération, Georges-Etienne Cartier ; le gouverneur général, Lord Dufferin et le Conseil Privé.

Promenade sur l'Outaouais★★. – *Excursion en bateau. Départ du quai Hull dans le parc Jacques Cartier ; voir plan p. 126 ; tous les jours de mi-mai à mi-octobre, à partir de 11 h, dernier départ à 19 h 30 ; durée 1 h 1/2. Commentaires bilingues. $6.00.* ☎ *733 5186.*

Cette promenade en bateau permet d'apprécier la taille et la majesté de la rivière, de voir sous leur meilleur jour la colline parlementaire, les tours effilées de la basilique Notre-Dame, les chutes Rideau et les belles résidences de la promenade Sussex, en particulier celle du Premier ministre *(voir le plan p. 125),* qui s'accrochent à la rive boisée.

Avant de faire demi-tour devant l'île Kettle, le bateau passe devant **Pointe Gatineau,** joli village sur la rive québécoise à l'embouchure de la Gatineau, où l'on remarque l'estacade ou chaîne de bois qui retient les troncs flottants au terme de leur descente de la rivière, traités à l'usine de pâtes à papier et papiers voisine, cachée dans la verdure. La promenade est particulièrement agréable à la douce lumière du soir.

Canal Rideau★. – *Parc historique national.* Percé à des fins militaires pour lesquelles il ne servit jamais, le canal a même cessé d'être une voie commerciale depuis que le pays possède un bon réseau routier. Les quelque 200 km de voie navigable qui relient le lac Ontario à la rivière des Outaouais sont aujourd'hui réservés à la navigation de plaisance et aux loisirs. En été, on fait sur le canal du canoë ou du bateau et en hiver du patin à glace ; sur les promenades qui le bordent, on pratique selon la saison bicyclette, course ou ski de fond.

Les écluses★. – De la rue Wellington, un escalier discret descend dans la tranchée où huit écluses successives, manœuvrées à la main, permettent au canal de franchir la falaise. Le lieu, pourtant proche de la circulation urbaine, est paisible, entre les arbres et l'eau ; on verra le long des écluses le plus ancien bâtiment de pierre d'Ottawa, l'**ancien Commissariat** construit par le colonel By en 1826-27 pour servir de dépôt militaire et de trésorerie, et qui aujourd'hui abrite le **musée de Bytown** *(fermé jusqu'en 1985).*

En amont sur la rive droite se dresse la silhouette médiévale de l'hôtel **Château Laurier,** construit en 1912 dans le style caractéristique des grands hôtels des compagnies de chemin de fer. Un peu plus loin s'élève le **Centre Rideau,** complexe de boutiques, hôtel et centre de Congrès.

Promenade sur le canal. – *Départ du Centre de Conférences du Gouvernement, tous les jours de mi-mai à mi-octobre ; durée 1 h 1/4. Prix $5.00. Commentaire bilingue.*

Agréable parcours bordé de parcs.

Centre National des Arts★. – Logé entre la place de la Confédération et le canal, ce bâtiment aux lignes basses (1969) est au cœur de la vie culturelle d'Ottawa ; aux salles de spectacle (ballets, concerts, pièces de théâtre) s'ajoutent divers restaurants, et, en été, un agréable café-jardin au bord de l'eau.

Rue Sparks. – Aménagée en mail garni d'arbres et de parterres fleuris, c'est une longue allée piétonne bordée de commerces de luxe et de terrasses de café. Remarquer le long de la rue le bâtiment du **Centre Banque Royale** et plus loin l'harmonieux ensemble de la **Banque du Canada★,** dessiné par Arthur Erickson *(voir p. 61).* Le bâtiment (1980) est flanqué de deux tours de 12 étages recouvertes de verre teinté et de cuivre oxydé. Dans la cour agrémentée d'arbres et d'un bassin, se trouve le musée de la Monnaie *(p. 126).*

Cour Suprême. – *Visite accompagnée (20 mn) du lundi au vendredi ;* ☎ *995 4330.*

La Cour fut créée en 1875, mais elle ne devint « Cour Suprême » qu'en 1949 lorsque furent abolis les recours au Comité judiciaire du Conseil Privé en Angleterre. Elle est composée de neuf juges. Le public peut assister aux débats lorsque la Cour est réunie et visiter deux autres salles.

La Basse Ville. – Alors que sur la rive gauche du canal la « Haute Ville » devenait le quartier des notables et plus tard des parlementaires, sur la rive droite se développait ce quartier populaire où au siècle dernier s'arrêtaient bûcherons et cageux ; ils s'y retrouvaient dans les tavernes, et en automne s'équipaient à crédit, avant leur départ pour les « chantiers », et y revenaient payer leurs dettes après la saison de coupe.

C'est là que s'illustra le grand **Jos Montferrand** (1802-1864), héros des bûcherons canadiens-français, géant de 6 pieds 4 pouces (1,93 m) réputé pour sa force herculéenne et surtout pour son agilité prodigieuse. N'avait-il pas coutume, d'une formidable détente, d'aller imprimer la marque de son talon au plafond des auberges ? Sa légende le présente comme un homme doux, mais qui savait faire usage de sa force pour défendre l'innocent, en particulier contre les odieux « Shiners », bande de bûcherons irlandais rivale des Canadiens français, qui faisaient régner la terreur dans la Basse Ville. On raconte qu'en 1829, attiré dans un guet-apens sur le pont de Hull, Jos se vit encerclé d'Irlandais bien décidés à lui donner une leçon ; s'emparant de l'un d'eux, il en fit des moulinets et mit en fuite ses 140 agresseurs !

Aujourd'hui la Basse Ville présente deux aspects, l'animation fébrile qui règne dans le quartier commerçant autour de la **rue Rideau,** la rue des grands magasins à rayons, et le calme des rues un peu plus au Nord où flotte le souvenir du passé.

Marché Byward★. – Héritier d'une longue tradition (il existe depuis 1846), ce marché haut en couleurs, avec ses étals de fleurs, de fruits, d'animaux, etc., qui débordent à la belle saison dans les rues avoisinantes, est aussi le lieu le plus cosmopolite d'Ottawa, où viennent flâner des acheteurs de toutes races et de toutes nationalités et des diplomates en poste au Canada.

123

OTTAWA★★★

Cour de la Maison de Fer-blanc★ (Tin House Court). – C'est une tranquille place piétonne, ornée d'une fontaine et de réverbères à l'ancienne, qui intrigue par l'étrange décor accroché à bonne hauteur sur un mur aveugle. C'est la façade d'un ferblantier, qui avait ainsi revêtu sa modeste maison de bois d'un placage richement ouvré, donnant noblesse à l'édifice et servant d'enseigne à l'habileté de l'artisan. Comme la maison se détériorait, on voulut en sauvegarder la façade, témoin d'un art du début de ce siècle et aujourd'hui disparu.

Basilique Notre-Dame★. – Reconnaissable de loin à ses flèches jumelles délicatement ajourées, la cathédrale catholique d'Ottawa fut consacrée en 1846. Admirer à l'intérieur les **boiseries★** d'acajou sculptées par Philippe Parizeau, et les statues de Philippe Hébert représentant les prophètes, les apôtres et les quatre évangélistes.

Pointe Nepean★★. – C'est un petit cap dominant la rivière et aménagé en parc. Au point le plus haut se dresse une statue de **Samuel de Champlain**, qui remonta la rivière des Outaouais en 1613 et en 1615. Juste au-dessous est aménagé un théâtre de plein air où l'on donne des concerts en été. Au pied de la statue, s'offre une **vue★★** splendide sur la colline parlementaire, la rivière Hull, et au loin sur les collines de la Gatineau.

Revenir vers la colline parlementaire par le **parc Major**, où le **canon de midi** (B), un ancien canon de bateau, tonne depuis 1869 chaque jour, à 12 h en semaine, mais à 10 h le dimanche pour ne pas troubler le service religieux. *Ne pas s'approcher : le bruit est assourdissant et peut s'entendre jusqu'à 22 km.*

■ LES MUSÉES★★★

A sa fonction de capitale, Ottawa doit d'être pourvue d'un grand nombre de musées nationaux de grand intérêt. *Dans les musées nationaux toutes les explications sont bilingues, et l'entrée gratuite.*

Musée national de l'Homme★★★. – *Plan p. 125 ; rue McLeod, en face de la rue Metcalfe, aile Ouest du bâtiment. Visite tous les jours sauf le lundi de septembre à avril et le 25 décembre. Plan du musée à l'entrée. Cafétéria ; librairie. ☎ 992 3497.*

Créé en 1842, profondément remodelé vers 1970, ce passionnant musée présente avec les techniques les plus modernes, accompagnements sonores, dioramas, films, diapositives, les divers aspects de la vie de l'Homme au Canada des origines à nos jours. Il est célèbre pour ses sections sur les civilisations indigènes, complètes et très riches, qui constituent une excellente introduction à la connaissance de leurs modes de vie et de leurs mentalités.

Le rez-de-chaussée est consacré à l'évolution de l'Homme à partir des hominiens, et à son arrivée sur le sol canadien.

Au second niveau **« Les chasseurs de bison »** traite de la vie des Indiens des Plaines ; on y voit un tipi et un bison grandeur nature, des explications sur le rôle de la chasse et de la religion.

« Le peuple des Longues Maisons » est consacré aux tribus iroquoises de la région des Grands Lacs et du St-Laurent ; la maquette d'un village montre les « longues maisons » de branchages et d'écorce où ils vivaient ; quelques masques iroquois au sourire grimaçant étaient portés au cours des cérémonies des sociétés secrètes ; enfin une section est réservée à la grande ligue des Cinq puis des Six Nations *(voir p. 104)*.

« Les Inuit » présente en dioramas saisissants la vie des habitants des côtes arctiques *(voir p. 232)* ; on y voit la reproduction d'un kayak grandeur nature ainsi que l'intérieur reconstitué d'un igloo.

Au 3ᵉ niveau, les salles les plus spectaculaires, consacrées aux **« Enfants du Corbeau »**, concernent les riches tribus indiennes de la côte Pacifique, qui avec un art exceptionnel sculptaient aussi bien d'immenses totems que de délicats petits objets *(voir p. 35)*.

Le 4ᵉ et dernier niveau évoque l'histoire du Canada depuis l'arrivée des premiers Blancs (« Quelques arpents de neige »), et une exposition sur les traditions de tous les peuples qui font le Canada d'aujourd'hui (« Notre patrimoine »).

Musée national des sciences naturelles★★. – *Plan p. 125. Rue McLeod, en face de la rue Metcalfe ; aile Est du bâtiment. Visite tous les jours sauf le lundi de septembre à mai et les jours fériés. Plan du musée à l'entrée. Cafétéria ; librairie, films. ☎ 996 3102.*

Au rez-de-chaussée, la salle de la **géologie** offre d'intéressantes sections sur la formation des océans et des continents, et des explications détaillées sur celle du sol et du relief du Canada. Plus loin sont exposées les origines de la vie sur la terre, « La vie dans le temps », avec une salle impressionnante sur les **dinosaures★★** où sont reconstitués plusieurs squelettes complets.

Le 2ᵉ niveau présente des **dioramas★★** de la faune canadienne dans son milieu naturel, accompagnés de films d'un grand intérêt ; d'un côté les **mammifères** (bœufs musqués dans l'arctique, orignal dans un paysage du Nouveau-Brunswick, mouflon de Dall au parc Kluane), de l'autre les **oiseaux** (les oiseaux de mer, des marais dans les Prairies, les migrateurs), offrent un raccourci de tous les paysages du Canada.

Les 3ᵉ et 4ᵉ niveaux présentent la vie animale sous un angle plus général ; au 4ᵉ niveau également, intéressante section sur la **vie végétale.**

Galerie nationale du Canada★★. – *Plan p. 122. Visite tous les jours sauf le lundi de septembre à mai et le 25 décembre. Cafétéria, librairie. Visite guidée (en français). ☎ 992 4636.*

Connue pour la richesse de ses collections de peinture, dont la relative exiguïté des locaux ne permet de présenter qu'une partie, la Galerie nationale est surtout réputée pour ses sections d'art canadien et européen.

L'art européen★★. – Au fil des salles, se compose un vaste panorama des grands noms et des grands courants de la peinture européenne, du 14ᵉ au 20ᵉ s. L'Italie de Véronèse, la Hollande de Lucas Cranach l'Ancien ou de Rembrandt, l'Espagne du Gréco et de Murillo, occupent les premières salles ; on atteint bientôt le 18ᵉ s. en Angleterre (Gainsborough, Reynolds et « La mort de Wolfe » de Benjamin West, qui fut maintes fois copié) et en France (David, Chardin), puis le 19ᵉ s. (Turner, Delacroix). Les impressionnistes sont bien représentés, tout comme les cubistes et peintres abstraits du début du 20ᵉ s. (Picasso, Dali, Mondrian).

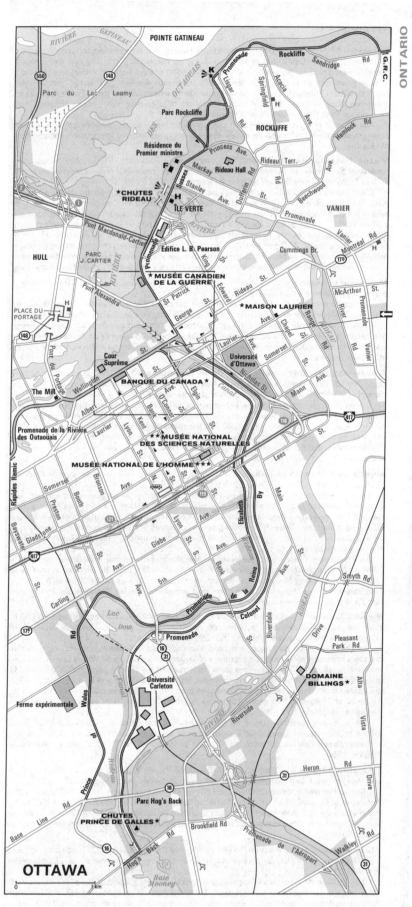

ONTARIO

POINTE GATINEAU

RIVIÈRE GATINEAU

Parc du Lac Leamy

Rockcliffe

Parc Rockcliffe

Résidence du Premier ministre

ROCKCLIFFE

Princess Ave.

Rideau Hall

Rideau Terr.

VANIER

★ CHUTES RIDEAU

ÎLE VERTE

Pont Macdonald-Cartier

HULL

PARC J. CARTIER

Edifice L. B. Pearson

Cummings Br.

★ MUSÉE CANADIEN DE LA GUERRE

PLACE DU PORTAGE

St. Patrick

George

★ MAISON LAURIER

McArthur St.

Université d'Ottawa

Cour Suprême

Pont Alexandra

BANQUE DU CANADA ★

The Mill

Promenade de la Rivière des Outaouais

★★ MUSÉE NATIONAL DES SCIENCES NATURELLES

Rapides Remic

MUSÉE NATIONAL DE L'HOMME ★★★

Somerset

Glebe

Smyth Rd

Promenade

Lac Dow

Promenade

DOMAINE BILLINGS ★

Université Carleton

Ferme expérimentale

Parc Hog's Back

★ CHUTES PRINCE DE GALLES ★

Brookfield Rd

Promenade de l'Aéroport

OTTAWA

0   1 km

Baie Mooney

Dans les guides Michelin
les cartes et les plans de ville sont orientés le Nord en haut.

125

Art canadien★★. – Particulièrement complète, la collection d'art canadien retrace l'évolution de la peinture canadienne depuis le 18ᵉ s. jusqu'au milieu du 20ᵉ s. On voit des statues religieuses du Québec ; les peintres Cornélius Krieghoff et Paul Kane sont bien représentés ; mais le point fort de la collection est la salle du **Groupe des Sept** *(voir p. 141)* et de leur précurseur Tom Thomson, dont la Galerie possède le fameux tableau des « Feuilles rouges », le premier dans le style de cette école. Parmi les œuvres plus récentes, se trouvent des tableaux de Paul-Emile Borduas et d'Harold Town.

Aux 4ᵉ et 5ᵉ niveaux se trouve l'art contemporain (expositions temporaires) et au 6ᵉ les **estampes et dessins**. La Galerie nationale abrite aussi quelquefois d'importantes expositions itinérantes.

Musée National de l'aviation★★. – *Aéroport de Rockcliffe. Plan p. 127. Accès par boulevard St-Laurent et Hemlock Road. Visite tous les jours sauf le lundi de septembre à avril et le 25 décembre. Notice bilingue à l'entrée.* ☎ 993 2169.

C'est l'une des meilleures collections aéronautiques du monde, où plus de 50 aéronefs retracent l'histoire de l'aviation et surtout son développement au Canada depuis 1909. Les avions les plus anciens, petits et frêles, sont les plus attachants. On verra une réplique du « Silver Dart », mis au point à Baddeck *(voir p. 197)*, qui réussit le premier vol canadien en 1909, ainsi que des avions de combat des deux guerres mondiales, un Nieuport 17 et un Sopwith Snipe de la RAF pendant la Grande Guerre, un Hawker Hurricane et un bombardier Avro Lancaster de la Seconde Guerre, ainsi que des avions allemands. La collection compte aussi quelques-uns des premiers hydravions qui permirent la pénétration du Nord Canadien.

Musée de la Monnaie★★. – *Plan p. 122. Visite tous les jours sauf le lundi de septembre à avril, les 1ᵉʳ janvier et 25 décembre.*

Ce musée présente l'histoire de la monnaie depuis la Chine ancienne, Rome, Byzance, l'Europe du Moyen Age et de la Renaissance, jusqu'à son introduction en Amérique du Nord. L'évolution de la monnaie canadienne est illustrée par des ceintures de wampum indiennes, des cartes à jouer de la Nouvelle France, des jetons de la Compagnie de la Baie d'Hudson, les premiers billets de banque, la naissance de la Banque du Canada et l'adoption de l'unité monétaire décimale.

Musée national des sciences et de la technologie★. – *1867 boulevard St-Laurent. Plan p. 127. Visite tous les jours sauf le lundi de mi-septembre à mi-mai et le 25 décembre. Cafétéria jusqu'à 17 h ; boutique de souvenirs. Brochure à l'entrée.* ☎ 998 4566.

Conçu pour que chacun puisse expérimenter lui-même la technique exposée, spécialement dans la **salle de physique**, le musée comporte aussi des sections d'astronomie, de météorologie, et de télécommunication. Les **transports** sont traités en détail : voiture à cheval, traîneaux, tramways et trains *(excursion d'une journée en train à vapeur de juillet à début octobre jusqu'à Wakefield au Québec ; ☎ 992 4401)* ; belle collection de **voitures anciennes**.

Musée canadien de la guerre★. – *Plan p. 122. Visite tous les jours sauf le lundi de début septembre à fin avril. Films.* ☎ 992 2774.

Le rez-de-chaussée du bâtiment principal traite les armes et les guerres, qui eurent lieu au Canada ou avec la participation des Canadiens, de la préhistoire à 1918 ; la présentation est intéressante et les explications claires sur différentes opérations militaires et les hommes qui s'y sont illustrés : siège de Québec, guerres contre les États-Unis, guerre des Boers, etc ; on y voit la reconstitution grandeur nature d'une tranchée de la Première Guerre mondiale avec effets sonores.

Le 2ᵉ niveau est réservé à la Seconde Guerre, illustrée d'un diorama du débarquement de 1944 en Normandie *(montage audio-visuel, 1/4 h)*, et de la voiture de Goering, le chef de la Luftwaffe, importante Mercedes blindée pouvant atteindre la vitesse de 200 km/h.

L'**annexe★★** est consacrée à l'histoire de l'armement, depuis l'époque des forteresses jusqu'à la guerre aérienne moderne.

Maison Laurier★. – *335 Est, Avenue Laurier. Plan p. 125. Visite accompagnée (1/2 h) tous les jours sauf le lundi, le dimanche matin et les 1ᵉʳ janvier, Vendredi saint et 25 décembre. Commentaires en français.* ☎ 992 8142.

La grande maison de brique, entourée d'une véranda, rappelle le souvenir de trois des premiers ministres canadiens. Le premier est le Canadien-français **Sir Wilfrid Laurier**, Premier ministre de 1896 à 1911, qui vécut dans cette maison de 1897 à sa mort. Sa veuve en fit don à William Lyon Mackenzie King, petit-fils du rebelle dont il porte le nom *(voir p. 135)*, qui après Laurier prit la tête du parti libéral et fut lui-même Premier ministre en 1921-1926, 1926-30 et 1935-48 ; à sa mort, il légua sa maison à la nation ainsi que son domaine de la Gatineau, Moorside *(p. 128)*.

On visite le cabinet de travail de Mackenzie King, sa chambre, la salle à manger, deux pièces consacrées au souvenir de Laurier, et pour finir une reconstitution de la bibliothèque de **Lester Bowles Pearson,** qui reçut le Prix Nobel de la Paix en 1957 et fut Premier ministre de 1963 à 1968.

Domaine Billings★. – *Plan p. 125. 2100 Cabot Street. Visite de mi-mai à début septembre tous les jours sauf le matin des samedis, dimanches et jours fériés.* ☎ 563 3015.

Cette charmante maison de bardeaux blancs aux fenêtres mansardées est l'une des plus anciennes d'Ottawa. Construite en 1828 par Braddish Billings, elle fut habitée par quatre générations de sa famille avant de devenir propriété de la ville en 1975. A l'intérieur, on peut voir de nombreux documents, objets, photographies et mobilier se rapportant aux quatre générations.

Musée national des Postes. – *180 Wellington Street. Plan p. 122. Visite tous les jours sauf le lundi de début septembre à fin avril, le dimanche matin et le 25 décembre.* ☎ 995 9904.

Les milliers de timbres de la collection nationale sont présentés dans des tiroirs verticaux, ce qui en facilite la consultation. Un historique de la poste de 1604 à nos jours accompagne cette collection, avec la reconstitution d'un bureau de poste du 19ᵉ s., et un second bureau dans le style 1930, qui propose aux acheteurs des enveloppes Premier Jour ou des cartes postales portant le sceau spécial du musée.

■ PROMENADES EN VOITURE★★

Les parcs qui longent le canal et la rivière des Outaouais, ainsi que les collines de la Gatineau, font le charme et la renommée de la ville. C'est là que se retrouvent, à pied, à ski ou à bicyclette, les amateurs de sport.

Promenade Sussex et Rockcliffe★★. – *11 km AR depuis la place de la Confédération - environ 1 h 1/2. Plan p. 125.*

Le parcours longe la rivière des Outaouais et traverse le quartier résidentiel élégant de Rockcliffe, noyé de verdure, habité surtout par des hommes politiques, de hauts fonctionnaires et des diplomates.

On traverse d'abord la Basse Ville et l'on passe devant la basilique Notre-Dame et le musée de la guerre *(p. 126)* ; juste après le pont Macdonald-Cartier, se dresse la silhouette caractéristique, rayée de béton et de verre teinté, de l'**édifice Lester B. Pearson** qui abrite le Département des Affaires Extérieures.

La route traverse ensuite l'Ile Verte, entre les deux bras de la rivière Rideau, où se trouve l'**hôtel de ville** d'Ottawa (**H**), belle **vue**★ du dernier étage, *(accessible aux heures de bureau).*

Les chutes Rideau★. – *Laisser la voiture près de l'ambassade de France* (**F**).

En se jetant dans la rivière des Outaouais de part et d'autre de l'Ile Verte, la rivière Rideau forme deux chutes auxquelles elle doit son nom. Elles sont particulièrement pittoresques au printemps, quand elles sont plus abondantes, ou en hiver lorsqu'elles sont gelées. Des passerelles qui franchissent les chutes, rendues glissantes par les embruns, belles vues sur la rivière des Outaouais et Hull.

En reprenant la Promenade Sussex, on atteint bientôt au n° 24 la résidence officielle des premiers ministres canadiens, demeure de pierre grise cachée par les arbres et qui domine la rivière. Presque en face, c'est la grille de **Rideau Hall,** résidence officielle du Gouverneur Général, chef du gouvernement canadien.

On traverse ensuite le **parc Rockcliffe** ; la route y est d'abord à sens unique et les vues sur la rivière ne se révèlent que sur le chemin du retour ; mais un peu plus loin les deux chaussées se rejoignent, et un belvédère (**K**) offre d'excellentes **vues**★★ sur la rivière Gatineau et son barrage à bois, et les collines dans le lointain.

La GRC. – La promenade s'achève à la division « N » de la GRC, qui abrite en particulier le carrousel et l'orchestre de la Gendarmerie Royale du Canada *(voir p. 95).* Les écuries sont ouvertes au public *(visite du lundi au vendredi)* ; occasionnellement, représentations de la troupe *(renseignements :* ☎ *993 2723).*

Promenades du canal Rideau★. – *9 km depuis la place de la Confédération, sur chaque rive du canal - environ 1 h - plan p. 125.*

La **promenade de la Reine Elizabeth** longe la rive Ouest du canal, et la **promenade Colonel By** la rive Est ; l'une et l'autre sont bordées de parcs verdoyants particulièrement attrayants à la saison des tulipes (mi-mai). En toutes saisons, le canal est un centre de sports (bateaux de plaisance en été, patinage en hiver).

Peu après le départ, on aperçoit sur la gauche l'**Université** d'Ottawa, seule Université bilingue du Canada.

Autour du **lac Dow**, où le canal s'élargit *(location de barques et de pédalos)* s'étalent en saison de superbes parterres de tulipes ; puis la promenade de la Reine Elizabeth quitte la rive pour pénétrer dans la **Ferme Expérimentale Centrale** où se trouvent le siège du ministère de l'Agriculture et nombre de ses centres de recherches *(visite des serres, des étables, de l'arboretum et du jardin d'ornement - toute l'année :* ☎ *995 5222).*

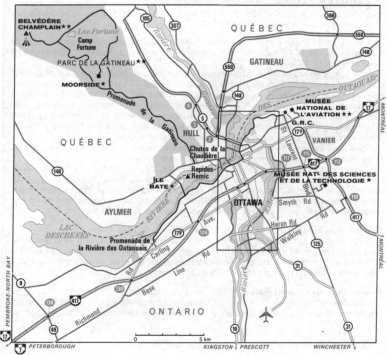

Sur l'autre rive, la promenade Colonel By longe l'**Université Carleton,** autre Université d'Ottawa, jusqu'au parc Hog's Back, offrant des vues d'un côté sur les chutes Prince de Galles, et de l'autre sur les dernières écluses du canal qui débouche sur la rivière Rideau dans la **baie Mooney** ; un peu au Sud sur la baie, se trouve l'une des principales zones de loisirs d'Ottawa *(plage, pique-nique ; accès par Riverside Drive).*

Chutes Prince de Galles★. – *Stationnement gratuit dans le parc Hog's Back.* C'est un endroit pittoresque et sauvage où, après les chutes, la rivière s'engouffre dans une petite gorge rocheuse et bordée de bois, parfois appelée le Trou du Diable. C'est à partir de là que la rivière Rideau cessait d'être navigable, et qu'il fallut creuser le canal jusqu'à la rivière des Outaouais.

Promenade de la Rivière des Outaouais★. – *11 km depuis la place de la Confédération - environ 1 h - plans p. 125 et 127.*

Prendre la rue Wellington, bordée de bâtiments officiels comme le musée national des Postes, la Banque du Canada, rhabillée d'une très moderne façade de verre, et l'édifice de la Cour Suprême ; la promenade commence après le pont du Portage. Suivre la signalisation **« The Mill »**, vieux moulin de pierre (1842) qui fut à la fois scierie et moulin à farine ; il domine un ancien glissoir à bois qui permettait aux trains de bois de descendre la rivière sans être broyés dans les chutes de la Chaudière. Restauré, le moulin accueille aujourd'hui un restaurant géré par la Commission de la Capitale Nationale.

La route continue le long de la rivière, bordée de verdure ; plusieurs belvédères offrent des vues sur les **rapides Remic,** mais le meilleur point de vue se trouve sur l'**île Bate★** *(prendre le pont Champlain vers Hull et sortir sur l'île),* île-parc qui émerge de la houle des rapides.

Parc de la Gatineau★★. – *Circuit de 55 km depuis la place de la Confédération par le pont du Portage puis la route 148 où l'entrée du parc est signalée - environ 3 h - plan p. 127.*

Le parc, qui s'étend longuement dans les collines de la **Gatineau,** au Québec, est une vaste région de forêts et de lacs, en grande partie à l'état sauvage ; quelques sites sont consacrés à diverses activités de plein-air : camping, natation, pêche, bicyclette, ski alpin et ski de fond. *Renseignements :* ☎ (819) 827 2020. **Camp Fortune,** le centre de ski alpin, accueille en été du théâtre de plein air ; la villa d'été officielle du Premier ministre se trouve sur le lac Mousseau (Harrington Lake), plus au Nord au centre du parc.

La promenade de la Gatineau ne traverse que la partie Sud du parc, dans des bois soigneusement entretenus *(sentiers de randonnée, pique-nique)* où le mélange de conifères et d'arbres à feuilles caduques crée en automne une palette féérique.

Belvédère Champlain★★. – *26 km de l'entrée du parc.* C'est le meilleur endroit pour apprécier le site des collines de la Gatineau, croupes du rebord du Bouclier canadien qui contrastent par leur relief et leur couverture boisée avec la vaste plaine largement cultivée qui vient butter à leurs pieds, et où s'étale paresseusement la rivière des Outaouais.

Moorside★. – *Visite de fin mai à mi-octobre l'après-midi. Visite guidée (1 h) en français à 15 h.* ☎ *(819) 827 2364.*

Ancienne résidence d'été de William Lyon Mackenzie King *(voir p. 126),* cette simple maison de bois, coquettement peinte de blanc, abrite un **salon de thé** et un petit musée. Dans le parc, Mackenzie King avait érigé une romantique collection de ruines provenant du Parlement d'Ottawa qui brûla en 1916, et du Parlement britannique bombardé en 1941.

POINTE PELÉE (Parc national de la) ★★

Carte des Principales Curiosités p. 9 - 75 km au Sud-Est de Windsor ou 10 km au Sud de Leamington - *Schémas p. 104 et 144.*

Ouvert toute l'année. Sentiers, baignade, aires de pique-nique ; location de canoës et de bicyclettes. Entrée $2.00 par jour et par voiture d'avril à début septembre ; carte du parc à l'entrée. ☎ *(519) 326 3204.*

Une longue pointe de sable façonnée par les vents et les courants s'avance dans le lac Érié, à l'extrême Sud du Canada (c'est la latitude de Rome). Le parc y protège un environnement unique au Canada, où la véritable **forêt de feuillus,** qui jadis couvrait une partie de l'Amérique du Nord, existe encore à l'état presque primitif. On y trouve le noyer noir, jadis fort commun dans cette région et devenu très rare et recherché en ébénisterie, ainsi que sassafras, magnolias, sycomores, cornouillers et micocouliers. Grâce à la douceur du climat, il pousse aussi dans un parc un cactus rampant, le figuier de barbarie.

Rare zone sauvage du Sud ontarien par ailleurs largement cultivé *(voir p. 103),* le parc attire les **oiseaux,** et deux courants migratoires s'y rencontrent.

Les migrations de printemps *(de mi-mai à début juin)* et d'automne *(à partir d'août)* peuvent être spectaculaires ; plus de 300 espèces ont été signalées dans le parc, dont une centaine de sédentaires. Fin septembre, les arbres de la pointe du parc disparaissent littéralement sous une couche compacte de **papillons Monarques,** qui se rassemblent avant leur envol vers le Texas, où ils passent l'hiver avant de revenir pondre au printemps.

Centre d'interprétation★★. – *Ouvert toute l'année.* ☎ *326 1124.*

Exposition sur la flore et la faune du parc et schémas sur la formation de la presqu'île, illustrés de films et de diapositives. De là, un petit train *(de 9 h à 21 h ; gratuit)* mène à la pointe du parc, crête de sable sans cesse remodelée par les eaux, et qui s'enfonce doucement dans le lac où elle se poursuit sur des kilomètres.

Promenade des marécages★. – *Près de l'entrée du parc – 1/2 h à pied AR.*

Derrière les cordons de dunes se sont formés des marais, refuges de nombreux animaux aquatiques dont un sentier de planches et deux belvédères permettent l'approche.

PRESCOTT ★

90 km au Sud d'Ottawa - *Schéma p. 105* - 4 670 h.

Prescott se développa au bord du St-Laurent en amont d'une série de rapides qui longtemps interdirent la navigation sur le fleuve jusqu'à Montréal. C'est aujourd'hui le seul port d'eau profonde sur la Voie Maritime *(voir p. 176)* entre Montréal et Kingston.

Fort Wellington★. – *Parc historique national, sur la route 2 à l'Est de la ville. Visite de mi-mai à fin octobre. Restaurant ; aire de stationnement.* ☎ *(613) 925 2896.*

Construit après 1812 pour protéger les communications entre Montréal et Kingston d'une éventuelle attaque américaine, ce petit fort retranché derrière de solides talus de terre ne subit aucune attaque. On y visite le massif réduit de pierre, où est évoquée la vie militaire des années 1840, et le quartier des officiers. Chaque année, *(3ᵉ fin de semaine de juillet)* se déroule dans le fort une parade militaire (historic military pageant) des régiments britanniques et américains en costume d'époque.

A l'Est *(1,5 km)* du fort, entre la route 2 et le fleuve, un phare occupe l'ancien moulin à vent où, en 1838, se retranchèrent des partisans de W.L. Mackenzie *(voir p. 135 et 136)* et leurs sympathisants américains ; il fallut pour en venir à bout un rude assaut, connu sous le nom de « bataille du moulin à vent ». Dans le phare, exposition sur la bataille ; agréable **vue**.

SAULT-STE-MARIE ★★

Carte Générale **J 5** - Carte des Principales Curiosités p. 9 - 82 697 h. - Bureau de Tourisme : ☎ (705) 949 7152.

Face à son homonyme américaine dans l'État du Michigan, Sault-Ste-Marie (communément appelée « The Soo » en anglais) garde les rapides de la rivière Ste-Marie, qui relie le lac Supérieur au lac Huron. C'est une ville tranquille, malgré d'importantes industries (pâtes à papier, papiers et surtout sidérurgie) et l'intense navigation qui emprunte les écluses. Car le passage entre les deux lacs est l'un des plus fréquentés de la Voie Maritime *(voir p. 176)* ; on y compte une moyenne annuelle de 80 bateaux par jour (parfois 2 ou 3 en avril, mais jusqu'à 220 en juillet), ce qui représente au total plus de 100 millions de tonnes de marchandises par an. Sault-Ste-Marie est connue également comme base des « Firebirds », pompiers aériens qui luttent contre les incendies de forêts, et comme porte de l'**Algoma,** région sauvage de lacs et de forêts qui s'étend vers le Nord.

Il suffit de regarder une carte d'Amérique du Nord pour comprendre l'importance historique du site de Sault-Ste-Marie. Si les Indiens Ojibways n'y venaient que pour pêcher le corégone, tous les explorateurs de la Nouvelle France y passèrent à la recherche d'une hypothétique route commerciale vers la Chine, ou simplement de nouvelles sources de fourrures : dès 1622, arrive **Etienne Brûlé,** l'éclaireur de Champlain, qui fut le premier Blanc à atteindre le lac Supérieur ; à sa suite, arrivèrent Nicolet, Radison et Groseilliers, Jolliet, La Salle, La Vérendrye et ses fils, etc. L'endroit fut baptisé par le père Marquette qui y établit en 1668 la mission jésuite de Ste-Marie-du-Sault.

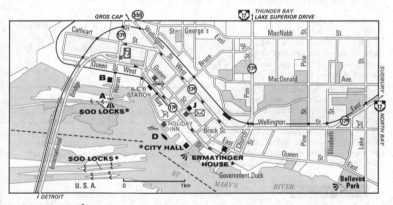

■ **CURIOSITÉS** *visite : 2 h*

Les écluses★ (Soo Locks). – Quatre écluses géantes sur la rive américaine et une plus petite du côté canadien assurent le passage des navires. Une **plate-forme d'observation (A)** est aménagée au bout de Huron Street, face à l'écluse canadienne ; non loin de là est reconstituée la première écluse du Sault **(B)**, construite en 1797-98 par la Compagnie du Nord-Ouest pour faciliter le passage de ses canots d'écorce chargés de fourrures. Une **excursion en bateau** emprunte l'une des écluses américaines, puis la canadienne, longe la promenade de l'Hôtel de ville et descend la rivière jusqu'au parc Bellevue. *Départ de Norgoma Dock près de Holiday Inn de fin mai à début octobre. Durée 2 h. Prix $9.00.* ☎ *253 9850.*

Hôtel de ville★ (City Hall). – L'édifice moderne, en verre mordoré, de l'hôtel de ville est bordé d'une agréable promenade au bord de l'eau, offrant un aperçu sur la rivière Ste-Marie. Le **M.S. Norgoma (D)**, mouillé à quai en permanence, fut le dernier paquebot de passagers en service sur les Grands Lacs. *Visite accompagnée (1/2 h) de juin à octobre ; $2.50.*

Ermatinger House★. – *831 Queen Street East. Visite de juin à septembre tous les jours ; en avril et mai en semaine seulement ; en octobre et novembre l'après-midi du lundi au vendredi.* ☎ *949 1488.*

Charles Oakes Ermatinger, prospère traficant de fourrures, fit bâtir en 1814 cette jolie maison de pierre au portique géorgien pour son épouse Charlotte, une princesse Ojibway.

Le rez-de-chaussée est décoré selon le goût de l'époque, avec des meubles d'origine, tandis qu'à l'étage un intéressant musée raconte l'histoire de la famille Ermatinger et celle de Sault-Ste-Marie.

Parc Bellevue. – Jolies **vues★** sur la rivière.

EXCURSIONS

Gros Cap★. – *26 km par la route 550 – schéma ci-dessous.*
Cette courte excursion mène au pied du cap, au ras de l'eau, où s'offre une **vue★** impressionnante face à l'immense lac Supérieur.

Agawa Canyon. – *183 km en train (Algoma Central Railway) – schéma ci-dessous. Départs de mi-juin à mi-octobre tous les jours à 8 h ; durée : 9 h ; $25.50 ; train de neige en janvier, février et mars les fins de*

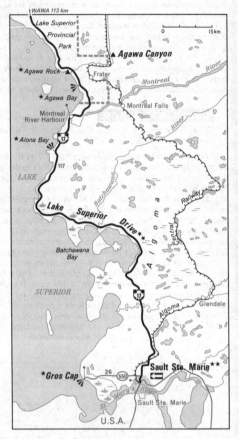

semaine. $24.00. Possibilité de repas. Réserver la veille à la gare ; ☎ *254 4331.*

Le parcours traverse le paysage accidenté de l'Algoma, dont la forêt dense parsemée de lacs est caractéristique du Bouclier canadien ; l'excursion est particulièrement belle fin septembre lorsque l'automne y déploie sa palette colorée. Le train s'arrête dans la vallée de l'Agawa *(arrêt de 11 h 30 à 13 h 30 en été)* ; du belvédère, belle **vue★** de la rivière et de sa vallée encaissée.

Route du lac Supérieur★★. – *230 km par la Transcanadienne (route 17) jusqu'à Wawa – schéma ci-contre.*

La traversée de l'Algoma fait découvrir la beauté sauvage du Bouclier canadien. A partir de la baie de Batchawana, la route longe longuement la rive du lac Supérieur, tantôt en corniche et tantôt au niveau de l'eau, et offre les vues les plus variées sur les caps, les anses, les îles, les rochers, et les hautes falaises de granit que viennent battre les eaux du plus profond des Grands Lacs (406 m). Les sections les plus pittoresques se remarquent autour de la **baie d'Alona★** (vue au km 108) et de la **baie d'Agawa★** (vue au km 151) ; belvédères, aires de pique-nique et de camping et baignades sur les plages de sable jalonnent la route.

Sur 84 km, la route traverse le **parc provincial du Lac Supérieur,** région accidentée bordée de falaises qui plongent dans le lac. On ira voir l'une d'elles, **Agawa Rock★** *(au km 153 prendre une route latérale jusqu'au stationnement, puis suivre le sentier (1/4 h à pied) aménagé mais parfois difficile).* Le sentier mène en sous-bois jusqu'aux falaises de la rive, décorées de petits **pétroglyphes,** dessins mystérieux tracés sur la roche par les Indiens il y a peut-être deux siècles ; en débouchant sur le lac, très jolie **vue★** sur l'eau transparente, bordée de falaises et d'îles boisées.

STRATFORD ★

Carte des Principales Curiosités p. 9 - 145 km à l'Ouest de Toronto - *Schéma p. 104 -* 26 262 h. - Bureau de Tourisme : 38 Albert Street, ☎ (519) 271 5140.

Centre d'une prospère région agricole, Stratford est connue pour le **Festival Shakespeare,** l'un des événements théâtraux les plus importants des pays de langue anglaise, où l'on accourt chaque été de toute l'Amérique du Nord et même d'autres parties du monde. L'histoire a commencé un peu comme un conte de fées.

Il était une fois, en 1830, un aubergiste qui s'installa sur la route de Goderich ; il inscrivit sur l'enseigne « The Shakespeare Inn ». La localité qui grandit autour prit le nom de Stratford, comme la ville natale du fameux dramaturge, et la rivière fut nommée Avon comme celle qui arrose la ville anglaise. En 1952, un journaliste local rêva de célébrer les œuvres du poète dans « sa » ville ontarienne, et l'année suivante le premier festival se tenait sous la tente.

Aujourd'hui Stratford est un centre culturel d'importance. Durant la saison du festival *(de juin à octobre),* trois théâtres présentent toutes sortes de pièces et des concerts, où la place d'honneur revient naturellement au théâtre de Shakespeare, attirant chaque année près de 500 000 spectateurs *(pour tous renseignements, s'adresser à Stratford Festival, P.O. Box 520 Ontario N5A 6V2* ☎ *273 1600).*

Le Théâtre du Festival. – Sa forme ronde rappelle le chapiteau du premier festival ; sa scène avancée, entourée par le public sur trois côtés, témoigne du parti-pris, dans les années 1950, de renoncer aux décors compliqués et de revenir à la simplicité du théâtre élisabéthain.

Devant le théâtre, un agréable parc descend jusqu'à la rive du lac Victoria, un élargissement de l'Avon où glissent des cygnes gracieux ; les soirs d'été, avant le spectacle, les pelouses et les îles du lac sont envahies de pique-niqueurs qui reviendront à l'entracte, foule élégante, se promener autour des parterres de fleurs.

SUDBURY ★★

Carte Générale **J 5** - Carte des Principales Curiosités p. 9 - *Schéma p. 104* - 91 829 h. (agglomération : 149 923 h.) - Bureau de Tourisme : Civic Square, West Tower, Brady Street, ☎ *(705) 673 4161.*

Situé sur le plus grand gisement de nickel du monde, Sudbury est un des principaux bassins miniers du Canada. Ses richesses minérales (platine, cuivre, cobalt, argent, or et nickel) proviennent de la formation géologique connue sous le nom de **Bassin de Sudbury**. Cette dépression, d'environ 60 km de long sur 27 km de large, a peut-être été créée, il y a des millions d'années, par un immense météorite ou à la suite d'une gigantesque éruption volcanique. Les opinions des géologues sont partagées à ce sujet.

Les richesses minérales du bassin furent découvertes en 1883 lors de la construction du chemin de fer Canadien Pacifique *(p. 36).* Un forgeron, Thomas Flanagan, remarqua un morceau de roche de couleur rouille, en travaillant dans une tranchée récemment minée, à l'Ouest de la ville actuelle. Une plaque commémore cet événement (sur la route 144 près de la mine Murray). La ville possède ainsi le plus grand complexe intégré d'extraction, de fonderie et de raffinage au monde, surmonté par une énorme cheminée, **Super Stack**, qui domine de 380 m la campagne environnante.

En dépit de son importance industrielle et de sa réputation de pollution, la région de Sudbury présente un paysage typique du Bouclier canadien. Plusieurs lacs se trouvent dans les limites mêmes de la ville, notamment le lac Ramsey, suffisamment riche en brochetons pour satisfaire les pêcheurs, et bordé de plages à quelques minutes du centre de la ville. L'extrémité Ouest du lac est aujourd'hui dominée par les bâtiments de Science Nord *(voir ci-dessous).*

Sudbury est aussi l'un des principaux centres de la culture francophone en Ontario. Les franco-ontariens représentent environ un quart de la population de cette région qu'ils préfèrent appeler le Nouvel Ontario plutôt que l'Ontario du Nord. L'**université laurentienne** qui regroupe les étudiants de la partie Nord-Est de la province est bilingue. Il existe également des organisations culturelles et des festivals de langue française.

(D'après photo Science North.)

Science Nord

■ CURIOSITÉS *visite : 1/2 journée*

Science Nord★★. – *A environ 1,5 km au Sud de la Transcanadienne par Paris Street sur la route du lac Ramsey. Ouverture en 1984. Visite toute l'année. Restaurant, cafétéria, souvenirs.* ☎ *522 3700.*

Cet impressionnant centre scientifique, perché sur un rocher dominant le lac Ramsey fut conçu par **Raymond Moriyama** *(voir p. 137)* avec le concours d'architectes locaux. Le pavillon des expositions en forme de flocon de neige (cet aspect symbolise l'action glaciaire qui a formé le Nord de l'Ontario) a été construit au-dessus d'une caverne creusée dans le roc (formation d'un cratère probablement dû à un météorite).

Les visiteurs entrent d'abord dans le pavillon d'accueil, puis par un **tunnel** pénètrent dans l'impressionnante **caverne rocheuse** de 9 m de haut sur 30 m de diamètre *(film d'introduction).* Ils montent ensuite aux étages d'expositions par une rampe en spirale qui passe au-dessus de la **faille Creighton**, fracture géologique du Bouclier canadien de plus de 2 milliards d'années qui a laissé à cet endroit un sillon de 4 m de profondeur. Par les murs vitrés, belles vues sur le lac.

Les expositions mettent l'accent sur l'expérience scientifique directe et la technologie des régions du Nord. Elles concerneront la biologie, le progrès humain, le développement industriel, l'informatique, les phénomènes électro-magnétiques, l'astronomie et la géophysique. On pourra voir cinq petits « théâtres à objets » illustrant, de façon concrète, les différents aspects de la science, et une forge en activité. D'autres expositions seront consacrées à la biosphère (zoo d'insectes), l'atmosphère (station météorologique), le relief terrestre. Un personnel qualifié et des guides pourront aider les visiteurs à réaliser des expériences.

ONTARIO

SUDBURY★★

Mine Big Nickel★★. – *Sur la Transcanadienne à l'Ouest de la ville. Visite accompagnée (1/2 h) de début mai à début octobre. $3.00. Atelier lapidaire, boutique de souvenirs ; cafétéria ;* ☎ *673 5659.*

Cette mine est la seule authentique en Ontario ouverte au public. Les visiteurs descendent à 21 m de profondeur dans la cage de la mine jusqu'aux galeries souterraines où ils pourront observer le travail des mineurs (forage, placement des explosifs, déblaiement, etc.).

A la surface, un magasin d'échantillons renferme les spécimens de minerais provenant de différentes mines canadiennes qui, une fois achetés, peuvent être taillés et polis dans l'atelier. En août a lieu chaque année le **festival du Minerai** (Rockhound Festival).

Près de la mine, on voit le fameux **Big Nickel**, réplique de la pièce commémorative de cinq sous frappée au Canada en 1951, mesurant 9 m de haut et 0,6 m d'épaisseur.

Sentier de la Découverte. – *Départ deux fois par jour de fin juin à début septembre ; durée 2 h 1/2 ; $8.00.*

Un circuit en autobus fait voir aux visiteurs les principaux sites géologiques de Sudbury.

Pouvez-vous situer l'île Victoria ? Fond-du-Lac ? La rivière aux Feuilles ?
Le Détroit d'Hécate ?
Voyez la carte générale du Canada jointe à ce guide et son index alphabétique.

Pour préparer votre voyage au Canada,
inspirez-vous des programmes de voyage p. 26 à 31,
qui proposent en un temps raisonnable
une visite rapide de chaque grande région.

THUNDER BAY ★★

Carte Générale **J 5** - Carte des Principales Curiosités p. 8 - Agglomération : 121 379 h. - Office de Tourisme : ☎ (807) 623 2711.

Au bord du lac Supérieur, à l'extrémité Ouest de la rive canadienne, le nom de Thunder Bay désigna d'abord une vaste baie fermée par une péninsule longue de 40 km, et appelée **Sleeping Giant** (le géant endormi) à cause de son étendue, dessinant un profil de chef indien. Depuis 1970 c'est aussi le nom de la ville née de la fusion de Port Arthur et de Fort William, dont le double noyau urbain marque encore la ville.

Bien que presque au cœur du sous-continent canadien, Thunder Bay est le 2e port du pays, avec en 1983 un tonnage record de plus de 23 millions de tonnes ; il le doit à la situation qu'il occupe, à l'extrémité du parcours canadien de la Voie Maritime du St-Laurent *(voir p. 176).* De nombreuses lignes de chemin de fer y déversent toutes sortes de marchandises à acheminer vers l'Est, parmi lesquelles vient en tête le blé des Prairies.

La vocation commerciale de ce lieu remonte à l'époque de la Compagnie du Nord-Ouest, quand Fort William était la plaque tournante d'un immense réseau de traite des fourrures, où se rassemblaient chaque année 2 000 personnes lors du grand Rendez-Vous. Lors de la fusion avec la Compagnie de la Baie d'Hudson en 1821, la réorganisation de la traite supprima le Rendez-Vous, mais le commerce des fourrures persista à Fort William jusqu'à la fin du 19e s.

■ CURIOSITÉS

visite : 1 journée

Tour du port en bateau★★. – *Sur le M. V. Welcome. Départ de Port Arthur Marina, face à Red River Road, de mi-mai à début octobre. Durée 2 h. Commentaires en anglais. $7.50.* ☎ *344 2512.*

Cette intéressante promenade est la seule façon d'apprécier, car on les longe de près, le gigantisme des élévateurs à grains et des « lakers », ces bateaux des Grands Lacs et de la Voie Maritime ; ils atteignent 222 m de long sur 23 de large et peuvent contenir 1 million de boisseaux de grain, soit la récolte de 20 650 ha et la cargaison de 5 trains.

Les quinze élévateurs à grain, qui sont les plus grands monuments de la cité, représentent une capacité de plus de 2 millions de tonnes ; l'un d'eux, le Saskatchewan Pool Terminal nº 7, qui peut contenir 362 650 tonnes, est le plus grand du monde. *Pour visiter les élévateurs (en juillet et août, les jours de semaine), voir l'office de tourisme.*

THUNDER BAY

On voit aussi le port minéralier, où sont chargés les minerais qui font la richesse du Nord de l'Ontario, les chantiers navals et cales sèches, les usines de pâtes à papier et papiers, et le poste des garde-côtes dont l'aéroglisseur est utilisé en hiver comme brise-glace. De longues jetées protègent le port des terribles tempêtes du lac Supérieur, fréquentes en automne, et dont les vagues peuvent atteindre jusqu'à 12 m de haut. En été, le lac est plus calme, et le théâtre chaque semaine de courses de voiliers, tant dans le port qu'au large.

Old Fort William★★. – *Prendre la route 61 jusqu'à Broadway Avenue, puis la route du fort (signalée) sur 6 km - schéma p. 134. Accès par bateau de Port Arthur Marina (de mi-mai à début octobre ; durée 2 h ; $8.50).* ☎ *344 2512.*

Visite de mi-mai à fin septembre. $3.00. Visites guidées (1 h 1/2) en anglais et en français. Restaurant. ☎ *577 8461.*

C'est une excellente reconstitution de l'ancien fort de traite, au bord de la Kaministikwia, sur la route des canots vers le Nord-Ouest.

Un film *(en anglais ; toutes les 1/2 h)* apporte une introduction indispensable à la visite. Puis un sentier à travers bois mène à la haute palissade qui protégeait cette petite ville fortement organisée que font revivre aujourd'hui les guides en costume d'époque : les Associés discutent affaires dans la grande maison du conseil, McTavish annoncé par un joueur de cornemuse fait l'inspection des bâtiments ; les magasins sont remplis de fourrures et de marchandises de traite ; plus loin à la ferme on s'affaire à préparer de quoi nourrir les « voyageurs » présents, tandis qu'aux ateliers on répare les canots d'écorce. *Reconstitution du Rendez-Vous au début de juillet.*

Le grand Rendez-Vous. – De l'Athabasca à Montréal, les fourrures devaient parcourir quelque 5 000 km ; or les canots, qui couvraient environ 1 600 km par mois, ne disposaient que de 5 mois de navigation sur les rivières pour faire l'aller et retour. C'est ainsi que la compagnie créa le Rendez-Vous de Fort William. Les « hivernants » qui avaient fait la traite avec les Indiens durant l'hiver, descendant les rivières dès la débâcle, y retrouvaient en juillet les équipes venues de Montréal les approvisionner en marchandises de traite, armes, munitions, alcool, thé, et autres produits manufacturés ; après deux semaines de réjouissances, et aussi pour les responsables de discussions sur l'attitude à observer, vis-à-vis de la rivale Compagnie de la Baie d'Hudson *(voir p. 98)*, chacun retournait de son côté, les hivernants dans leur léger et rapide « canot du Nord », les autres dans leur grand canot chargé de ballots de fourrure, afin de rentrer avant que l'hiver ne fige les cours d'eau.

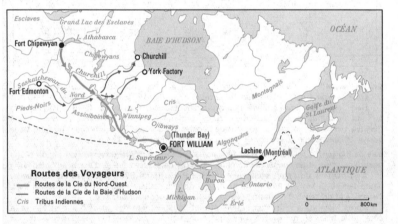

La vie des « voyageurs ». – C'était le plus souvent des francophones qu'employaient les Associés et « bourgeois » écossais qui dirigeaient la compagnie. Petits et secs, ils étaient d'une endurance à toute épreuve, pagayant pendant des mois sans relâche, 16 à 18 heures par jour, coupées de courtes pauses (juste le temps de fumer une pipe), sautant les rapides, obligés aux portages de mettre pied à terre et de porter à dos d'homme le canot et les quelque 2 tonnes de marchandises qu'il transportait, par charges de 80 kilos (ou plus) à la fois. Mais ni la fatigue, ni la nourriture monotone (invariablement soupe aux pois, *voir p. 149*, et pemmican, *voir p. 98*) n'altéraient leur entrain ; c'est à pleins poumons qu'ils chantaient en ramant, pour soutenir le rythme, « A la claire fontaine », « C'est l'aviron » ou « Alouette, gentille alouette ».

Points de vue★. – *Plan p. 132.* Deux points offrent par temps clair de belles vues sur la ville, le port et ses élévateurs, et au loin sur le « Sleeping Giant » et les îles qui ferment la baie.

Ce sont à l'Ouest **Hillcrest Park★** *(accès sur High Street)*, et au Sud le **mont McKay★** au sommet plat (488 m ; station de ski). Le belvédère est sur une corniche à 180 m d'altitude *(suivre Mountain Road sur 5,5 km ; réserve indienne : péage $3.00 par voiture).*

EXCURSIONS

Chutes de la Kakabeka★★. – *29 km à l'Ouest par la Transcanadienne - schéma p. 134. Parc provincial. Camping.*

De larges dalles de schiste sombre forment un escalier géant où la rivière dévale au total 39 m. C'était jadis, sur la route des « voyageurs », le premier obstacle à franchir au retour de Fort William. Les espaces verts, les rives boisées et la tranquillité du lieu ajoutent à la grandeur et à la beauté des chutes ; du pont qui enjambe la rivière, belle vue sur la gorge qui s'éloigne vers Thunder Bay.

THUNDER BAY★★

De Thunder Bay à Schreiber★★. – *211 km à l'Est par la route 17 (Transcanadienne) - schéma ci-dessous.*
La région offre par endroits des paysages très spectaculaires.

Parc provincial de Sibley★. – *Au km 51 prendre à droite la route 587 (32 km). Sentiers. Camping.* ☏ *933 4332.* Cet agréable parc occupe presque toute la péninsule du « Sleeping Giant » qui ferme la baie de Thunder Bay ; on y trouve de hautes falaises et de belles **vues**★ sur le lac Supérieur. Au bout de la route, subsistent les restes du village de **Silver Islet,** sur un îlot près du rivage où l'on découvrit en 1868 un riche filon d'argent ; ce filon vertical rapporta 3 millions de dollars jusqu'en 1884, lorsque le puits, qui avait atteint 400 m de profondeur, fut inondé.

Mine d'améthyste. – *Au km 56, prendre à gauche East Loon Road (signalée) sur 8 km. Visite de mi-mai à mi-octobre. $1.00. Boutique de souvenirs.* ☏ *622 6908.*
L'améthyste est une pierre précieuse très utilisée en joaillerie pour sa belle couleur violette. C'est une variété de quartz très répandue sur la rive Nord du lac Supérieur ; ici, la mine, à ciel ouvert, est la plus importante d'Ontario. On peut librement y ramasser les améthystes en payant un droit à la sortie *($1.00 la livre).*

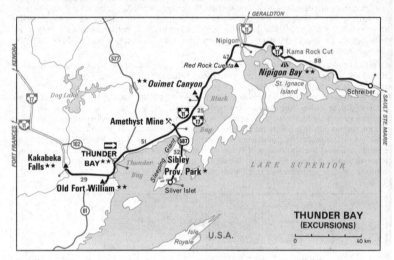

Ouimet Canyon★★. – *Au km 76, prendre à gauche une mauvaise route de terre (signalée) sur 12 km - environ 1 h AR. Attention au vertige : aucune protection au bord de la falaise.*
Dans le plateau boisé s'ouvre soudain un spectaculaire canyon aux falaises verticales et au fond tapissé de rocailles. Large de 150 m, profond de 100 m, il s'étire sur 1,5 km, longé quelque temps par un sentier au bord de l'abîme. Le froid et l'ombre règnent au fond de la gorge, où seules quelques plantes arctiques s'accrochent à la roche nue.

Baie de Nipigon★★. – *Sur les 100 derniers kilomètres,* la route traverse une région d'une beauté sauvage et aménagée de nombreuses aires de pique-nique et d'accès aux plages.
A la hauteur de l'embranchement de Red Rock (route 628) se dresse une longue et haute falaise (3 km sur 210 m de haut), qui doit sa couleur rouge, et son nom **(Red Rock Cuesta),** à la présence d'hématite, oxyde naturel de fer couleur de sang.
Après Nipigon, la route suit la rive, offrant constamment des **vues**★★ sur les îles et la côte de la baie, où rochers et conifères composent un paysage typique des rives du lac Supérieur. Au lieu-dit Kama Rock Cut, une **vue**★★ sur la baie de Kama *(27 km après Nipigon)* est particulièrement belle ; à cet endroit, il a fallu tailler la route dans le roc : cette section de la Transcanadienne *(voir p. 69)* date de 1960 seulement, et l'on peut imaginer les difficultés qu'eurent à surmonter les ingénieurs du CPR *(voir p. 36)* pour y asseoir la voie ferrée à la fin du siècle dernier.

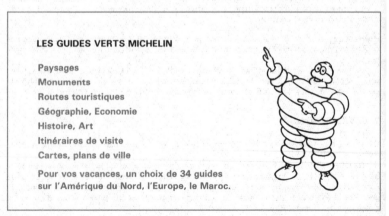

LES GUIDES VERTS MICHELIN

Paysages
Monuments
Routes touristiques
Géographie, Economie
Histoire, Art
Itinéraires de visite
Cartes, plans de ville

Pour vos vacances, un choix de 34 guides
sur l'Amérique du Nord, l'Europe, le Maroc.

TORONTO ★★★

Carte Générale **K 5** - Carte des Principales Curiosités p. 9 - *Schéma p. 104* - Agglomération : 2 998 947 h. - Bureau de Tourisme : ☎ (416) 979 3143.

Première ville du Canada depuis 1977, important port de la grande région industrielle qui, d'Oshawa à Hamilton, dessine un large croissant à la pointe du lac Ontario, grand centre financier, Toronto est une ville d'une intense activité et en pleine expansion.

Entourée de ses banlieues, elle s'étale largement au bord du lac Ontario où un groupe d'îles lui dessine une rade bien protégée ; à 5 km du rivage environ, une terrasse (soulignée par la rue Davenport, *voir plan p. 139)* marque l'ancienne rive du lac Iroquois, le lac glaciaire qui précéda le lac actuel : cette falaise, et les ravins creusés par les rivières comme la Humber à l'Ouest et le Don à l'Est *(voir plan p. 142),* sont les seuls reliefs d'une ville plate et régulièrement quadrillée.

La ville est fière de son système de transports en commun (le plus ancien métro canadien et un réseau de tramways ou « streetcars »), de ses parcs dans les îles et les vallées, des nouveaux gratte-ciel du centre bancaire ; la mise en valeur de quartiers au cachet ancien, effectuée en parallèle, sans nuire au magnétisme de la ville, l'imprègne du parfum de l'histoire.

Le grand attrait de Toronto est son rang de centre culturel du Canada anglophone ; les musées sans équivalent dans le pays, la vitalité des théâtres qui présentent aussi bien des pièces expérimentales que le répertoire traditionnel, les orchestres symphoniques, des troupes renommées comme le National Ballet et la Canadian Opera Compagny en témoignent. Mais Toronto n'est plus la ville anglo-saxonne, bastion du puritanisme, qu'elle était encore vers 1940 ; l'afflux récent d'immigrants l'a métamorphosée ; plus de la moitié de ses habitants sont aujourd'hui des néo-Canadiens. Italiens, Allemands, Ukrainiens, Néerlandais, Polonais, Antillais et francophones l'ont enrichie d'une vivifiante diversité culturelle ; plusieurs quartiers leur doivent leur couleur locale particulière : Chinatown, le quartier chinois, est situé sur Dundas Street ; les Italiens se regroupent sur College Street à l'ouest de Bathurst ; **Kensington Market** doit son pittoresque et ses nombreux étals bariolés à la communauté portugaise.

La tour du CN

Toronto est aussi une ville animée le soir, dans des quartiers comme **Yorkville** (p. 137), **Markham Village,** juste au Sud de la rue Bloor *(plan p. 139),* où de jolies maisons anciennes logent restaurants et magasins d'art ou **Cabbagetown** *(plan p. 139).* En outre, de grandes manifestations attirent de nombreux visiteurs : citons **Canadian National Exhibition** (CNE, *mi-août)* au parc des expositions, qui serait la plus grande exposition annuelle au monde ; **Metro International Caravan,** festival culturel des différents groupes ethniques de la ville *(fin juin)* ; **Dragon Mall,** fête chinoise *(en août) ;* **Caribana,** fête antillaise *(en août).* Détails au bureau de tourisme.

UN PEU D'HISTOIRE

« Muddy York ». – Le poste français de Fort Rouillé (ou Fort Toronto), poste de traite des fourrures créé en ce lieu vers 1720, ne connut qu'une brève existence : il fut incendié par sa propre garnison pour ne pas tomber aux mains britanniques à la chute de la Nouvelle France. La future ville ne devait naître que plus tard. Sur un terrain acheté en 1787 aux Indiens Mississauga, le lieutenant-gouverneur **Simcoe,** après avoir vainement tenté de créer London *(voir p. 115),* fonda en 1793 la nouvelle capitale de la colonie, qui succédait à Niagara-sur-le-Lac ; la ville fut baptisée York en l'honneur du duc d'York, fils de George III. Malgré de grandes réalisations, comme la rue Yonge, route tracée par Simcoe jusqu'au lac qui porte son nom, la ville se développait peu, et vers 1812 elle n'était guère encore qu'un village au disgracieux sobriquet de « York la boueuse ».

Éclate la guerre ; en avril 1813, une flotte américaine arrive devant la ville, s'en empare, et met le feu à l'Assemblée et aux quelques autres bâtiments importants. Par représailles, en 1814, les troupes britanniques attaquent Washington qu'elles brûlent en partie ; pour cacher les dégâts de la fumée sur le palais présidentiel, on le badigeonnera de peinture blanche, d'où le nom de la Maison Blanche.

La rébellion du Haut-Canada. – A York, le pouvoir était exercé par un petit groupe d'hommes riches aux fortes attaches britanniques, le **« Family Compact »,** élite très fermée qui choisissait en son sein tous les responsables de postes officiels. Mais York se développait, grossie des vagues d'immigrants qui fuyaient les difficultés économiques nées en Grande-Bretagne des guerres napoléoniennes, et les nouveaux arrivants entendaient participer au pouvoir. Ainsi un bouillant Écossais, **William Lyon Mackenzie,** fondateur du journal « Colonial Advocate », élu en 1828 à l'Assemblée Législative, devint-il le chef de l'aile radicale du parti Réformateur, et l'adversaire désigné du « Family Compact ». Expulsé de l'Assemblée par ce dernier, réélu et expulsé de nouveau cinq fois, il fut même déclaré inapte à siéger. Mais en 1835, la population l'élisait premier maire de la cité de Toronto, née l'année précédente, et il retrouvait son siège. Victoire de courte durée : l'année suivante, le gouverneur dissolvait l'Assemblée, et les élections cette fois virent la défaite des Réformateurs.

Ceux-ci en appellent à Londres pour obtenir un gouvernement responsable : en vain. Alors Mackenzie passe à la révolte armée. En décembre 1837, profitant de l'absence de la garnison, appelée au Bas-Canada, il réunit ses partisans à la Taverne Montgomery, près de l'actuel carrefour des rues Yonge et Eglinton *(plan p. 142)*, et marche sur la ville : il veut s'emparer de l'hôtel de ville et créer un gouvernement provisoire. En ville, on arme en toute hâte la milice que l'on poste sur la rue Yonge. Mais à la première escarmouche, la milice détale, tandis que de son côté la troupe rebelle s'affole et se disperse ; la situation en resta là jusqu'à l'arrivée de renforts gouvernementaux qui achevèrent la déroute des rebelles. Mackenzie se réfugia aux États-Unis ; vingt rebelles furent exécutés.

Coïncidant avec la révolte des Patriotes au Bas-Canada *(voir p. 147)*, la rébellion de Mackenzie réussit à attirer l'attention de Londres et sa première conséquence fut l'Acte d'Union, signé en 1841, qui créa le Canada-Uni. Il fallut attendre l'administration de **Lord Elgin** pour voir enfin mettre sur pied, en 1847, un véritable gouvernement responsable comme le réclamait Mackenzie. Celui-ci d'ailleurs rentra au Canada en 1849 après la loi d'amnistie, et y fut réélu député.

■ PRINCIPALES CURIOSITÉS *visite : 2 jours*

Tour du CN★★★ (CN Tower). – *Plans p. 138 et 139. Accès au Nord par Front Street (stationnement $2.50 face à Simcoe Street), et au Sud par John St. Montée au « Sky Pod » $4.00, puis $1.00 pour le « Space Deck ». Restaurant tournant (réserver), cafétéria ; boutique de souvenirs. Animation avec expositions.* ☎ *360 8500.*

Haute de 553 m au sommet de l'antenne, la tour de Toronto, achevée en 1976, se flatte d'être « la plus haute tour à structure auto-portante au monde », dépassant celle de Moscou (533 m). Construite au milieu des voies ferrées par la compagnie de chemins de fer du Canadien National, la tour est d'abord une gigantesque antenne de radio et de télévision, équipée également d'un système de micro-ondes pour les télécommunications. Son gigantisme et sa forme audacieuse, effilée comme une fusée, en font aussi la première attraction touristique de la ville, voire son symbole.

Quatre ascenseurs extérieurs vitrés mènent en 60 secondes jusqu'à la **nacelle** (Sky Pod), à 350 m de hauteur, où se trouvent le restaurant tournant et une première galerie d'observation offrant d'excellentes vues sur la ville et les îles.

De là on monte au **Belvédère★★★** (Space Deck), à 447 m, d'où, lorsque l'air est très pur, ce qui n'est pas toujours le cas en été, la vue embrasse un rayon de 120 km alentour, jusqu'au-delà de Niagara Falls et de Buffalo. Cette vue aérienne de la ville met en évidence le grand nombre de parcs que compte Toronto, et fait ressortir le contraste entre l'agitation des autoroutes et de la ville industrielle juste au-dessous de la tour, et le calme du lac et des îles proches.

Roy Thomson Hall★★. – *Plan p. 138. Visite accompagnée les mardis, jeudis et samedis à 12 h 30.* ☎ *593 4822.*

De forme circulaire, cet édifice dont la robe de verre reflète le ciel et se fait transparente la nuit aux lumières, a été dessiné par l'architecte A. Erickson *(voir p. 61)*. Centre de concerts, la salle a été conçue pour obtenir les meilleurs résultats acoustiques : des pans de tissu colorés peuvent s'élever ou s'abaisser selon les vibrations.

Royal Ontario Museum★★★. – *Plan p. 138. En cours d'agrandissement et de rénovation, le musée ne sera complètement terminé qu'en 1990. Aussi, la description ci-dessous suit les grandes lignes de la future présentation et décrit la situation telle qu'elle est actuellement.*

La taille du musée ne permet pas une visite complète en une seule journée. Fermé le 1ᵉʳ janvier et le 25 décembre.

Renseignements : ☎ *978 3692. Pas de stationnement.*

Par la richesse de ses collections, mais surtout par la très grande diversité de ses sections (plus de vingt départements dans les domaines de l'art et des sciences naturelles), le R.O.M. est le plus grand musée du Canada et compte parmi les prestigieux musées internationaux.

Extrême-Orient. – *Ouverture partielle*. Ces salles retraceront le développement de la Chine et illustreront d'autres cultures d'Extrême-Orient.

La section chinoise est la plus célèbre du musée, et l'une des plus importantes collections d'art chinois au monde ; elle embrasse plus de 3 millénaires, depuis la dynastie Chang (vers 1520 avant J.-C.), à l'âge du bronze, jusqu'au renversement de la dynastie Ts'ing ou Mandchoue en 1912.

Ces vastes collections comptent un nombreux **mobilier funéraire**, figurines de céramique formant tout un peuple, courtisans, serviteurs, danseuses, acrobates, soldats, chevaux, enterrés avec le défunt ; cet art atteint son apogée à la période T'ang (618-906 de notre ère) avec des statues d'une délicatesse et d'une expression remarquables.

De l'époque **Ming** (1368-1644), le musée possède, entre autres ornements de temples, une statue en céramique de **Yen Lo Wang**, l'arbitre des Enfers, d'un style puissamment baroque ainsi qu'une **tombe Ming**, tumulus précédé d'une allée monumentale, gardée par une succession de lions, de portes et de chameaux.

(D'après photo R.O.M.)

Yen Lo Wang

Autre partie spectaculaire de la section chinoise, les monumentales fresques de temples ; la plus grande d'entre elles, « Maitreya ou Bouddha du Futur », date vraisemblablement de 1320.

Sciences de la Terre. – *Fermé*. Ces salles abriteront une exposition sur la géologie et la minéralogie comprenant la magnifique collection de pierres précieuses ainsi qu'une section d'astronomie.

Sciences de la Vie. – *Ouverture partielle*. Des dioramas présentent de nombreux animaux de toutes les parties du monde. Intéressante exposition sur les fossiles invertébrés et vertébrés. Remarquer en particulier les squelettes des Dinosaures de l'Alberta *(voir p. 88)* présentés ici dans la reconstitution de leur milieu naturel, souvent une végétation arborescente accompagnée d'éclairages savants.

Collections. – Le musée expose par roulement les pièces les plus marquantes telles que des spécimens de roches, des momies égyptiennes, des masques d'Afrique de l'Ouest, des armes, etc...

Préhistoire. – *Fermé*.

Le monde méditerranéen. – *Ouverture partielle*. Cette suite de salles donne un aperçu du développement de la civilisation en Egypte, au Proche-Orient et dans le monde gréco-romain autour du bassin méditerranéen : naissance de l'écriture, origine du monothéisme, développement de l'industrie et du commerce au temps de la Rome Impériale. La section d'art islamique se distingue particulièrement avec la reproduction d'une maison et d'un bazar du Moyen-Orient.

Mobilier européen. – *Ouverture partielle*. Meubles et objets décoratifs formant des reconstitutions de salles d'époques diverses. Une salle sera consacrée au costume présentant les tendances de la mode en Occident de 1700 à nos jours.

Le Nouveau Monde. – *Fermé*. Ces sections se rapporteront aux différentes cultures indigènes et à la vie des premiers Européens au Canada.

Salle de découverte. – *Heures d'ouverture variables ; se renseigner à l'entrée ; nombre restreint de visiteurs.*

Cette salle contient une série d'objets et de spécimens que l'on peut toucher ou examiner de près au microscope.

En face du R.O.M., se trouve le **musée de la céramique George R. Gardiner (B)** *(ouverture en 1984,* ☎ *593 9300).*

Yorkville★★. – *Plan p. 138*. Récemment restauré, c'est le quartier de boutiques de luxe, galeries d'art et restaurants réputés, qui entoure la rue Yorkville entre Avenue Road et Yonge Street. Sous l'ombrage paisible des grands arbres, les maisons victoriennes pleines de charme et des aménagements modernes de qualité en font un endroit agréable, fréquenté par la jeunesse à la mode, et animé surtout en été lorsque fleurissent les terrasses de café et que mimes et musiciens y donnent des représentations. On notera spécialement, au coin de Yorkville Avenue et Avenue Road, **York Square,** où les boutiques encadrent une agréable cour intérieure, et par derrière l'élégant centre commercial **Hazelton Lanes★** ; de l'autre côté de la rue, **Cumberland Court** forme un passage jusqu'à Cumberland Street.

Bibliothèque de Toronto★★ (Metro Toronto Library). – *789 Yonge Street. Ouverte tous les jours sauf le dimanche toute la journée en été et le matin en hiver.* ☎ *928 5150.*

Achevée en 1979 juste au bout de la rue Yorkville, cette étonnante construction est un des chefs-d'œuvre de l'architecte Raymond Moriyama, également auteur de l'Ontario Science Centre et Scarborough Civic Centre. Derrière la banale façade de brique sur la rue Yonge, s'ouvre un vaste espace central qui s'élève sur les 5 niveaux du bâtiment, tout garnis de balcons drapés de verdure, tandis que l'épaisse moquette orange qui couvre sols et parois étouffe les bruits et préserve l'atmosphère studieuse de l'endroit.

Art Gallery of Ontario★★. – *Plan p. 138. Visite tous les jours sauf les lundis, 1ᵉʳ janvier et 31 décembre. $3.50, y compris l'entrée à The Grange. Restaurant, cafétéria.* ☎ *977 0414.*

Peintures européennes★★. – Elles occupent le centre du musée, disposées autour d'une cour carrée, Walker Court, où se trouvent de très beaux bronzes de Rodin, Degas, Bourdelle, etc. Les peintures (commencer, à droite de la cour, par la rotonde Fudger, et poursuivre dans le sens inverse des aiguilles d'une montre) comprennent des œuvres de maîtres anciens (Brueghel le Jeune, le Tintoret, Chardin, Rembrandt, Ruysdaël, etc.) et une très intéressante collection de tableaux de la fin du 19ᵉ s. et du début du 20ᵉ s., surtout impressionnistes (Bonnard, Sisley, Pissaro, Degas, Renoir, Gauguin...).

Collection Henry Moore★★. – L'aile gauche du musée a été construite spécialement pour abriter la quinzaine de grands plâtres originaux donnés à la ville de Toronto par le célèbre sculpteur anglais contemporain ; ces plâtres, façonnés par l'artiste, servirent à couler les statues de bronze qui ornent places et jardins dans le monde entier. Noter dans ces œuvres les influences contradictoires de la plastique antique, du cubisme et de l'abstrait, et le jeu du lisse et du rugueux dans le travail de la matière. A cette collection, se joignent une foison de petits bronzes, petits plâtres, études, dessins et lithographies qui montrent un large aspect de l'art de Moore.

Peintures canadiennes★. – L'aile droite, ajoutée en 1977, est consacrée aux œuvres du Groupe des Sept *(voir p. 141)* et d'Emily Carr *(voir p. 142)* ainsi qu'aux artistes contemporains dont la galerie possède une importante collection.

The Grange★. – *Entrée par la Galerie d'Art (au sous-sol) ou par Grange Road. Visite l'après-midi sauf le lundi. Billet jumelé avec la Galerie d'Art (voir p. 137).*

Comme le laisse entendre son nom qui signifie manoir et non grange, c'est une très élégante demeure géorgienne, construite en 1817 au milieu d'une propriété qui s'étendait entre les actuelles rues Queen et Bloor.

D'abord résidence de la famille Boulton, Loyalistes de Nouvelle-Angleterre qui devinrent les leaders du « Family Compact » (l'un d'entre eux, Henry John, fut l'un des principaux adversaires de W. L. Mackenzie), elle jouait un rôle de premier plan dans la vie mondaine et politique du Haut-Canada. Lorsqu'en 1875 la veuve de H. J. Boulton épousa Goldwin Smith, célèbre universitaire professeur à Oxford, « The Grange » devint un foyer de vie intellectuelle. A la mort de Smith, sa demeure abrita le tout jeune Art Museum of Toronto, devenu Art Gallery of Ontario.

Restaurée dans le style des années 1830, la maison recrée la grande époque du « Family Compact » ; on verra au sous-sol les cuisines comme en possédaient les riches demeures du 19ᵉ s. ; remarquer dans l'entrée l'escalier à la courbe gracieuse.

TORONTO★★★

Quartier de l'Hôtel de ville★★. – *Plan p. 138.* Inauguré en 1965, l'**Hôtel de ville★** était, avant la construction de la tour du CN, le monument le plus audacieux de la ville et son symbole. Ses deux bâtiments incurvés comme des parenthèses autour de la rotonde centrale, dessinés par l'architecte finlandais Viljo Revell, sont originaux ; à ses pieds le **square Nathan Phillips** est une place animée avec son grand bassin qui devient patinoire en hiver, mais les gratte-ciel qui se sont construits alentour écrasent quelque peu l'ensemble.

La **visite guidée** *(du lundi au vendredi sauf les jours fériés ; départ du hall principal ;* 👁 *947 7341)* fait pénétrer dans les bâtiments et permet de voir la salle du conseil qui occupe le sommet de la rotonde.

On remarque aux alentours l'ancien hôtel de ville (**Old City Hall**) au style « château », et de l'autre côté, caché derrière les arbres, **Osgoode Hall,** où siège la Cour Suprême de l'Ontario. Construit à partir de 1829, ce dernier bâtiment fut entouré d'une grille pour empêcher les chevaux et les vaches de pénétrer sur les pelouses.

Juste derrière, se trouve le **Palais de Justice (J).**

Du grand **hôtel Sheraton,** une galerie marchande souterraine, « The Lanes », mène au quartier des banques.

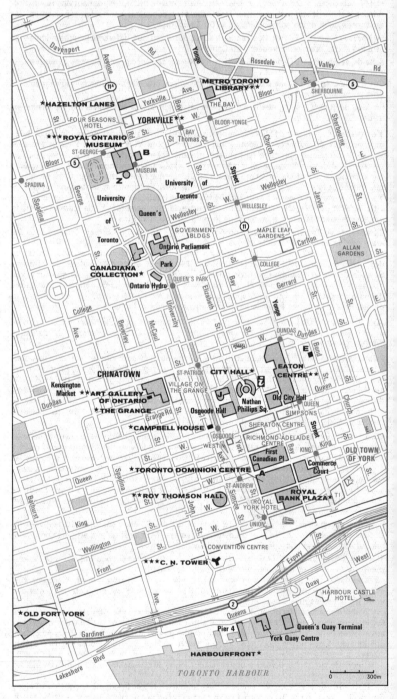

Pour bien lire les cartes et plans, voyez la légende p. 32.

Eaton Centre★★. – *Ouvert du lundi au samedi ; ☎ (416) 598 2322.*

L'immense centre commercial ultra-moderne s'étale sur plusieurs blocs ; coiffé d'un toit gigantesque de verre et d'acier, le centre est largement éclairé par la lumière naturelle, et décoré à l'intérieur d'arbres, de plantes et de jets d'eau. Magasins et restaurants occupent trois niveaux ; le reste abrite le siège de la société T. Eaton, qui installa son premier magasin à Toronto en 1869, et aujourd'hui possède une chaîne de grands magasins à rayons implantés dans toutes les grandes villes du pays.

Relié au Centre Eaton par une passerelle, le magasin rival **Simpson** (au Sud de Queen Street), qui ouvrit à Toronto en 1871, a lui aussi connu un beau développement au Canada. Tous deux longent la rue Yonge (prononcer « young ») ; tracée dès 1795 par le gouverneur Simcoe, cette grande artère est maintenant connue pour son secteur interlope entre les rues Dundas et Gerrard.

Quartier des banques★★. – *Plan p. 138.* Le carrefour de King et Bay Streets est un peu la Wall Street du Canada : là se trouve la **Bourse (A)** la plus active du pays, entourée des bureaux des principales banques aux gratte-ciel audacieux, reliés entre eux par des galeries marchandes souterraines ; pourtant Bay Street portait jadis le nom de Bear Street, car on y rencontrait des ours aux premiers temps de la ville.

Toronto Dominion Centre★. – Dessinées d'après une idée de l'architecte Mies van der Rohe, ces tours de miroirs sombres abritent le siège de la banque Toronto Dominion et en bas boutiques et restaurants.

Royal Bank Plaza★. – Deux tours triangulaires de verre mordoré encadrent le hall de verre, haut de 40 m, où se déroulent les opérations bancaires de la principale agence de la Banque Royale en Ontario.

Magasins en sous-sol.

Commerce Court. – Siège de la Banque de Commerce Impériale Canadienne, l'ensemble comprend, comme le TD Centre voisin, quatre bâtiments disposés autour d'une cour centrale dont la tour principale (57 étages) revêtue d'acier inoxydable est l'œuvre de l'architecte Mario Pei.

Galeries marchandes au sous-sol.

First Canadian Place. – Une tour de 72 étages loge les bureaux ontariens de la Banque de Montréal, et une seconde de 36 étages abrite la Bourse de Toronto. Elles sont reliées par une plaza aux magasins élégants garnie d'une cascade. La plaza donne accès aux galeries marchandes du centre Richmond-Adelaïde, appelées « The Lanes », qui se poursuivent au Nord jusqu'à l'hôtel Sheraton.

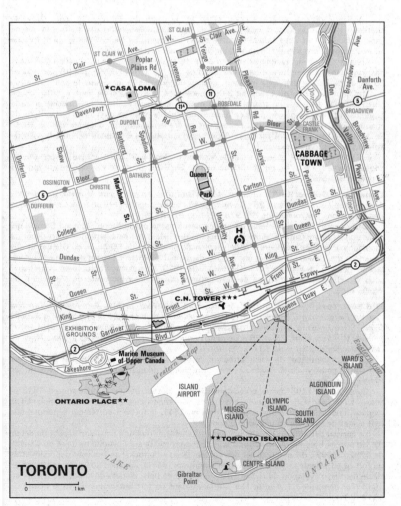

TORONTO★★★

Ontario Place★★. – *Plan p. 139. Accès par Lakeshore Boulevard (stationnement payant) ou par Exhibition Grounds (stationnement gratuit en dehors des périodes d'expositions). Visite tous les jours de début mai à début septembre. $4.00. Restaurants, boutiques de souvenirs.* ☎ *965 7711.*

C'est un vaste parc de loisirs, construit sur des îles artificielles dans le lac Ontario ; on y trouve de tout : port de plaisance, jeux pour enfants, pédalos, restaurants, jardins, spectacles, rencontres culturelles...

La **Cinésphère** projette des films sur son écran parabolique haut de 6 étages ; cinq îlots sur pilotis présentent spectacles et films variés ; plus à l'Est, le **Forum** est un théâtre en plein air où l'on peut voir un ballet, un opéra, écouter l'orchestre symphonique de Toronto ou un concert de musique « pop » ; plus loin encore le **Village des enfants** est un immense terrain de jeu avec une pataugeoire garnie de jeux aquatiques.

A quai on visite le **HMCS Haida** *(de début mai à début septembre ; $0.75)*, destroyer qui fit la Seconde Guerre mondiale et la guerre de Corée. De la marina, excursions en bateau dans les îles et le port *(tous les jours en été ; mêmes prix que ci-dessous)*.

Le port et les îles en bateau★★. – *Plan p. 139. Départ au pied de Yonge Street : tous les jours de mai à octobre ou de York Street tous les jours de juin à début septembre, les fins de semaine jusqu'à fin octobre ; durée 1 h ; $6.95.* ☎ *364 2412.*

L'agréable promenade parmi les îles offre d'excellentes **vues**★★ sur le centre-ville et un aperçu des docks.

Les îles★★. – *Accès en traversier (piétons seulement). Départ au pied de Yonge Street, de mi-mai à mi-septembre (sauf en cas de mauvais temps). Durée de la traversée : 1/4 h. $1.50. Sur les îles : rafraîchissements, location de bicyclettes.*

Formées de sable arraché aux falaises de Scarborough *(voir p. 143)*, ces îles étaient jadis une presqu'île protégeant le port de Toronto ; c'est en 1853 qu'une violente tempête a emporté l'isthme, creusant la brèche appelée Eastern Gap. Perpétuellement remodelées par les courants (le phare de Gibraltar Point était jadis sur la rive), les îles furent longtemps réservées aux résidences secondaires ; aujourd'hui cet archipel boisé accessible à tous est une oasis de fraîcheur et de paix, qui s'anime pourtant durant la fête Caribana. Excellentes **vues**★★ sur le centre-ville.

■ AUTRES CURIOSITÉS

Casa Loma★. – *Plan p. 139. Accès par Spadina Avenue et Austin Terrace. Visite tous les jours sauf les 1ᵉʳ janvier et 25 décembre. $3.00. Cafétéria. Boutique de souvenirs.* ☎ *(416) 923 1171.*

« Mélange de manoir écossais du 17ᵉ s. et de décor de Hollywood », cet incroyable château de conte de fées, dressé au bord de la crête de Davenport qui marque la rive de l'ancien lac Iroquois, est né de la fantaisie d'un milliardaire, Sir Henry Pellatt, qui fit fortune en exploitant, entre autres, l'hydro-électricité des chutes du Niagara.

Epris à la fois de technique moderne et de châteaux médiévaux, il réunit ses deux passions dans sa somptueuse demeure, bâtie de 1911 à 1914. Elle compte 98 pièces dont 38 salles de bains, téléphone intérieur, ascenseur, grandes orgues dans le hall central au plafond haut de 20 m, où il recevait 3 000 personnes, serre au sol de marbre, bibliothèque pour 100 000 volumes, un tunnel de 250 m pour aller aux écuries... tout oscille entre le grandiose et l'extravagance, mais ce gigantisme n'altère pas l'harmonie des proportions de chaque pièce. Pourtant ces excès finirent par perdre le milliardaire : dans les années 1920, Sir Henry ne pouvait faire face aux dépenses d'entretien. Le château échut à la ville de Toronto pour impôts impayés.

En pénétrant dans chaque salle, le visiteur déclenche le commentaire enregistré *(en anglais, durée : 1 h 1/4)*, ou plutôt l'accueil de Sir Henry et de son architecte qui font les honneurs des lieux.

Canadiana Collection★. – *Plan p. 138. Visite tous les jours sauf le matin des dimanches. Fermé les 1ᵉʳ janvier et 25 décembre. Visite accompagnée (1 h) en français. Exposition des collections par roulement.* ☎ *978 3711 ou 978 6738.*

Cette vaste collection, réunie en grande partie par le philanthrope Sigmund Samuel qui en fit don au Royal Ontario Museum, comprend des pièces d'ameublement et d'art décoratif canadiens. Parmi les intérieurs d'époque coloniale provenant de l'Ontario, du Québec et des provinces maritimes, remarquer une pièce entièrement lambrissée venant de la maison Boniface Bélanger à St-Jean-Port-Joli (Québec), vers 1820. La collection compte en outre beaucoup d'aquarelles, de gravures et de peintures canadiennes (portraits de Montcalm, de Wolfe, etc.).

Old Fort York★. – *Plan p. 138. De Lakeshore Boulevard, prendre vers le Nord Strachan Avenue juste devant l'entrée du parc des expositions, puis prendre la première rue à droite (Fleet Street) puis la première à gauche (Garrison Road). Visite tous les jours sauf les 1ᵉʳ janvier, Vendredi saint, 25 et 26 décembre. Fermé le matin des dimanches et jours fériés de début décembre à fin avril. $3.00.* ☎ *366 6127.*

Entouré maintenant de voies ferrées et de routes express, le vieux fort est toujours sur son site original, mais les alentours ont bien changé depuis le temps où les eaux du lac léchaient ses murs.

Construit en 1793 par le gouverneur Simcoe, détruit par les Américains en 1813 et aussitôt reconstruit, le fort perdit ensuite de son importance à mesure que s'éloignait la menace américaine ; abandonné par l'armée en 1841, le fort est un témoin historique que font visiter des soldats en uniforme d'époque.

Le **quartier des officiers** est soigneusement meublé et restauré dans son aspect du début du 19ᵉ s. ; les Blue Barracks abritent un intéressant **musée** sur l'histoire militaire du Canada de 1792 à 1967 ; dans le quartier des soldats (Men's Barracks) se trouvent des maquettes du fort et un **plan** de la ville d'aujourd'hui montrant, par la superposition avec son tracé au siècle dernier, l'évolution du rivage ; dans un fortin de bois, **diorama** de la bataille d'York en 1813 *(sur demande ; 1/4 h)* et **film** sur la vie dans un fort britannique après la guerre de 1812 *(20 mn)*.

Campbell House★. – *Plan p. 138. Visite accompagnée (40 mn) toute l'année du lundi au vendredi le matin et l'après-midi ; de mi-mai à mi-octobre l'après-midi des fins de semaine. $1.00.* ☎ *597 0227.*

Cette belle maison géorgienne appartint à Sir William Campbell, président de la Cour Suprême du Canada de 1825 à 1829. Déplacée en 1972, restaurée par la Société des Avocats d'Ontario, la maison montre au sous-sol une intéressante exposition photographique sur ce déplacement ; le reste de la maison contient du mobilier d'époque, et le 2ᵉ niveau une exposition consacrée à l'histoire locale.

Planétarium R.S. McLaughlin★ (Z). – *Plan p. 138. Situé à côté du Royal Ontario Museum. $2.75. Spectacles sauf le lundi à heures fixes (les spectacles ont lieu les lundis fériés).* ☎ *978 8550.*

Outre le spectacle à projeté à heures fixes, on y voit une vaste galerie qui explique l'histoire de l'astronomie (depuis Platon et Copernic).

Parlement. – *Plan p. 138.* Le Parlement provincial est installé au centre de **Queen's Park,** parmi les arbres et les pelouses ; une exposition y est organisée qui concerne la naissance du parlementarisme et de la responsabilité ministérielle au Canada. *Visite accompagnée (1/2 h) tous les jours sauf les jours de fêtes légales. Fermé les fins de semaine de début septembre à mai.* ☎ *965 4028.*

Les abords de Queen's Park★★ (Queen's Park area). – A l'Est de Queen's Parc, s'étendent jusqu'à Bay Street les bureaux gouvernementaux ; à l'Ouest se trouve le campus de l'**Université de Toronto,** l'une des plus célèbres du pays. Au Sud remarquer l'élégante façade concave, toute revêtue de miroirs, du siège de la compagnie **Ontario Hydro** ; son système de chauffage utilise uniquement l'énergie dégagée par la lumière artificielle, les machines et... le personnel.

Musée maritime du Haut-Canada (Marine Museum of Upper Canada). – *Dans le parc des expositions. Plan p. 139. Visite tous les jours sauf les 1ᵉʳ janvier, Vendredi saint, 25 et 26 décembre. Fermé le matin des dimanches et jours fériés. $1.50. Restaurant.* ☎ *595 1567.*

Logé dans l'ancienne caserne Stanley qui en 1841 remplaça le vieux fort York, ce vaste musée retrace l'histoire de la navigation sur les Grands Lacs et le St-Laurent, depuis la traite des fourrures jusqu'aux bateaux à aubes et aux vapeurs.

Parmi les maquettes, remarquer au rez-de-chaussée celle du « Nancy » *(voir p. 109)* ; à l'étage supérieur, une salle est réservée à l'histoire de Toronto, avec un grand plan de la ville en relief, une autre aux premiers canaux sur le St-Laurent, qui précédèrent la création de la Voie Maritime.

Harbourfront★. – *Plan p. 138. Accès par York Street et Spadina Avenue ; autobus 77 B à partir de la station de métro Union ; centre d'information au 235 Queens Quay West ;* ☎ *364 5665.*

Le port *(aménagement en cours)* offrira à terme une longue promenade pédestre au bord du lac. Actuellement les sections aménagées sont animées, surtout en été, par des manifestations culturelles, cafés, restaurants et procurent des vues sur le lac. Le **York Quay Centre** est le centre des activités de Harbourfront avec studio-théâtre, galerie d'art, boutiques d'artisanat. Le **Queen's Quay Terminal** est un édifice complètement rénové comprenant des bureaux, des logements, une série de boutiques et de restaurants et au 3ᵉ étage le Premiere Dance Theatre. Une agréable terrasse fait face au port de plaisance et aux magasins d'articles maritimes du **Quai 4** (Pier) ; les dimanches d'été s'y tient un marché d'antiquités en plein air.

Mackenzie House (E). – *82, Bond Street. Plan p. 138. Visite tous les jours sauf les 1ᵉʳ janvier, Vendredi saint et 25 décembre. Fermé le matin des dimanches et jours fériés. $1.50.* ☎ *595 1567.*

Mackenzie y vécut à son retour d'exil et jusqu'à sa mort en 1861. Cette modeste maison, offerte par des amis, est restaurée dans le style des années 1850 ; on y voit une exposition sur la vie des Mackenzie, ainsi que la presse où il imprimait le « Colonial Advocate ».

EXCURSIONS

McMichael Canadian Collection★★★. – *A Kleinburg. 40 km au Nord du centre-ville. Plan p. 142. Visite tous les jours sauf le lundi en hiver et le 25 décembre. $2.50. Restaurant.* ☎ *893 1121.*

Des bâtiments rustiques, en bois à peine équarri, cachés dans les bois de la vallée de la Humber, composent un site admirable pour cette exceptionnelle collection de tableaux, inspirés pour la plupart par des paysages canadiens tel celui où se trouve ce musée.

Le Groupe des Sept. – Lawren Harris, A.Y. Jackson, J.E.H. MacDonald, Franklin Carmichael, Arthur Lismer, Frederick Varley et Franck Johnston, qui fondèrent le Groupe des Sept en 1920, d'autres comme A.J. Casson, Edwin Holgate et LeMoine Fitzgerald qui les rejoignirent, et surtout l'inspirateur et le précurseur du groupe, **Tom Thomson,** qui mourut noyé en 1917 dans le parc Algonquin qu'il aimait tant, apparaissent aujourd'hui comme les créateurs de la peinture typiquement canadienne. Rompant avec la tradition de la peinture européenne, ils voulurent, comme les impressionnistes, peindre la nature comme ils la voyaient, c'est-à-dire sauvage et puissante, peuplée de rochers et de torrents, de tourbières et de neige. Ainsi naquit cet art vigoureux et coloré qui reflète si bien les paysages du Bouclier canadien. Comme les impressionnistes encore, leur tentative fut d'abord accueillie par les sarcasmes de la critique, avant d'être officiellement reconnue à l'Exposition de l'Empire Britannique de Wembley en Angleterre en 1924.

Les McMichael. – Robert et Signe McMichael se firent construire, après 1952, cette maison rustique qu'ils décorèrent de paysages canadiens. En 1964, leur collection était devenue si célèbre qu'ils décidèrent de l'ouvrir au public ; le gouvernement provincial acheta les terrains voisins pour protéger le cadre, et des donateurs comme R.S. McLaughlin *(voir p. 120)* ont achevé d'en faire une collection exceptionnelle.

La collection★★★. – Une grande place est réservée à **Tom Thomson**, à **A.Y. Jackson** (on verra l'« Erable Rouge » de Jackson qui, avec les fameuses « Feuilles Rouges » de Thomson – aujourd'hui à la Galerie nationale d'Ottawa –, fut l'une des premières œuvres dans le style du groupe) et à **Lawren Harris** (1885-1970), l'âme du groupe et longtemps chef de file de l'art canadien ; vers la fin de sa vie Harris devint un peintre abstrait, comme en témoignent ses superbes toiles : « Icebergs » et « Mt Lefroy ».

Le musée compte également des œuvres de peintres proches du Groupe des Sept bien qu'ils n'en aient pas fait partie, comme **Emily Carr** (1871-1945), qui peignit la côte Pacifique, ses forêts géantes et ses villages indiens *(voir p. 70)*, **David Milne** (1882-1953), à la touche parfois pointilliste ou **Clarence Gagnon** (1881-1942). Une salle expose des sculptures indiennes ; une autre des estampes indiennes, et en particulier des œuvres de **Norval Morrisseau**. Une section réunit sculptures et lithographies inuit.

Dans le parc se trouve la cabane, apportée de Toronto, où Tom Thomson peignit une grande partie de ses paysages.

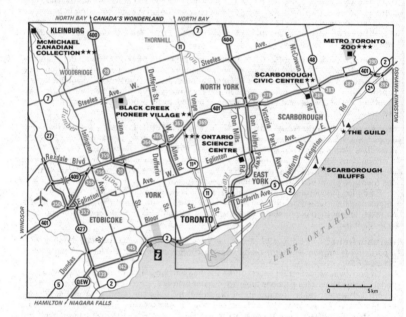

Ontario Science Centre★★★. – *11 km du centre-ville ; 770 Don Mill Road. Plan ci-dessus. Visite tous les jours sauf le 25 décembre. $3.00 ; stationnement $1.00. Restaurant, cafétéria.* ☎ *429 4100.*

Construit dans le ravin du Don par l'architecte canadien Raymond Moriyama, ce vaste centre (1969) est fait de plusieurs bâtiments, reliés par une série de passerelles et d'escaliers roulants, qui épousent la pente de la colline. A peine un quart de la surface est réservé à l'histoire des sciences, le reste étant consacré aux sciences et techniques d'aujourd'hui : de l'atome à l'espace en passant par les sciences naturelles, la biologie, l'optique, les transports, les ordinateurs, etc.

Très populaire, le centre est fait pour les touche-à-tout, petits ou grands : c'est en pressant les boutons, en actionnant des leviers, que l'on démontre soi-même les lois mathématiques ou physiques qui sont exposées.

Films ou diapositives présentent les sujets les plus divers, et à heures fixes *(s'informer à l'entrée)* ont lieu des démonstrations sur le rayon laser, l'imprimerie, la météorologie ou la télévision. Noter en particulier la mezzanine « Canadian Resources », spécialement consacrée à des sujets canadiens.

Black Creek Pioneer Village★★. – *29 km du centre-ville ; 1 000 Murrey Ross Parkway. Plan ci-dessus. Visite de mars à décembre. $4.00. Restaurant de spécialités ; pique-nique possible.* ☎ *661 6610.*

Au début du 19e s., un pionnier allemand de Pennsylvanie, Daniel Stong, établit sur ce site une ferme prospère : sa maison et cinq bâtiments de ferme forment aujourd'hui le cœur de ce village où l'on a regroupé 25 autres bâtiments anciens pour recréer une communauté ontarienne du milieu du 19e s. Malgré la proximité d'autoroutes et de l'Université d'York, ce village est un endroit tranquille qui semble avoir échappé au temps.

Parmi les bâtiments les plus intéressants du village, noter le **moulin Roblin,** grande bâtisse de pierre de quatre étages où les visiteurs voient moudre le blé, la **grange Dalziel,** énorme construction de bois qui est un parfait exemple de l'architecture des Allemands de Pennsylvanie en Ontario, et **Half-Way-House,** ancien relais de diligences entre Toronto et Kingston, qui sert des repas préparés comme au siècle dernier *(en période d'affluence, réserver dès l'arrivée au village).*

Metro Toronto Zoo★★★. – *A Scarborough, 40 km au Nord-Est du centre-ville ; signalé sur la route 401. Plan p. 142. Visite tous les jours sauf les 24 et 25 décembre. $3.50, stationnement $2.00. Restaurant, cafétéria, aires de pique-nique ; boutiques.* ☎ *284 8181.*

Situé dans un vaste domaine de la vallée de la Rouge River, ce zoo présente des animaux du monde entier ; il met en scène la nature en recréant l'habitat naturel de ses pensionnaires, en plein air chaque fois que possible ou à couvert pour les animaux qui ne peuvent s'adapter au climat canadien. Pour guider le visiteur quatre sentiers balisés sont proposés.

Le **sentier bleu** (*environ 3 h, recommandé par mauvais temps*) parcourt rapidement les différentes sections et visite tous les pavillons abrités ; le plus grand et le plus intéressant d'entre eux, le pavillon africain, est une vaste serre de bois et de verre tapissée d'une végétation luxuriante où s'ébattent bruyamment des oiseaux multicolores.

Le **sentier violet** (*Lion Trail, 2 h 1/2 environ, à suivre par beau temps d'été*) côtoie éléphants, zèbres, gnous, girafes et lions, ainsi que les pavillons indo-malaisien et africain.

Le **sentier jaune** (*Tiger Trail, 2 h 1/2*) visite l'Europe, le Nord de l'Asie et l'Australie : kangourous, chameau, tigre de Sibérie, renne.

Enfin le **Domain Ride** est un circuit en petit train climatisé (*environ 20 mn, $1.00*) à travers la faune canadienne en liberté : bisons, loups, wapitis, orignaux, grizzlis.

Scarborough Civic Centre★★. – *35 km au Nord-Est du centre-ville. Quitter la route 401 vers le Sud à McCowan Road. 150 Borough Drive. Plan p. 142. Visite tous les jours sauf le 25 décembre ; visites guidées possibles (en anglais), toutes les 1/2 h.* ☎ *296 7212 ou 296 7216.*

Scarborough est la plus étendue et probablement la plus riche des six municipalités qui forment le Toronto métropolitain. Son Hôtel de ville est l'une des principales curiosités architecturales de l'agglomération ; construction futuriste, blanche et brillante, il fut conçu par l'architecte Raymond Moriyama et inauguré en 1973. L'intérieur est remarquablement lumineux, clair et aéré : les cinq niveaux de bureaux débouchent sur le vaste hall central par autant de balcons en amphithéâtre ; les arbres poussent près du bassin central, la verdure envahit les balcons ; la salle du conseil est au sous-sol, pour ne pas couper les lignes aériennes du bâtiment.

Il faut visiter le centre pendant les heures de bureau, lorsqu'il fourmille de vie.

La **place Albert Campbell,** qui sépare l'Hôtel de ville du centre commercial voisin, est souvent le cadre de concerts, de films et de divers spectacles artistiques.

Falaises de Scarborough★ (Bluffs). – *Plan p. 142.* C'est à ces pittoresques falaises que Scarborough doit son nom, car elles rappelaient à l'épouse du gouverneur Simcoe la ville du même nom, en Angleterre. Relief le plus marquant de Toronto, découpées par endroits de cheminées de fées, elles s'étendent sur 16 km le long du lac Ontario ; dans leurs couches alternées de sable et d'argile, déposées à la dernière glaciation, les géologues viennent déchiffrer les péripéties de cette époque reculée.

Scarborough Bluffs Park★. – *De Kingston Road (route 2), prendre Midland Avenue vers le Sud, puis tout de suite à droite sur Scarborough Cres. Stationner au bout sur Drake Cres.*

Bonne vue sur les hauts piliers détachés de la falaise et sur Bluffers Park à ses pieds.

Bluffers Park★. – *Reprendre Kingston Road vers l'Est jusqu'à Brimley Road que l'on suit jusqu'au bout.*

La route descend au pied de la falaise jusqu'à une péninsule artificielle construite pour protéger la falaise de l'érosion ; agréable parc au bord du lac.

The Guild★ (collection d'architecture historique Spencer Clark). – *Plan p. 142. Sur les terrains de Guild Inn, 201 Guildwood Parkway à partir de Kingston Road. Ouvert toute l'année.* ☎ *261 3331.*

Ce parc surplombant les falaises de Scarborough renferme d'importants éléments architecturaux provenant d'une soixantaine d'édifices de Toronto qui ont été démolis lors de la reconstruction du centre-ville. Remarquer la façade en marbre blanc de la Banque Impériale du Canada (démolie en 1972) et les colonnes et chapiteaux corinthiens de la Banque de Toronto (démolie en 1966), assemblés ici pour former un théâtre grec.

Cette collection est l'œuvre de Rosa et Spencer Clark qui fondèrent ici en 1932 un centre d'accueil pour les artistes et les artisans, appelé « la guilde de tous les Arts ».

Canada's Wonderland. – *A Vaughan. 30 km au Nord-Ouest par la route 400 et Rutherford Road. Visite de juin à août tous les jours ; en mai et septembre les fins de semaine seulement. $15.95 ; stationnement $3.00 par voiture. Restaurants ; boutiques.* ☎ *669 6400.*

Ce Disneyland présente une série d'expositions par thèmes : rue Internationale et Foire Médiévale ; l'Exposition Internationale de 1890 ; le Pays merveilleux de Hanna-Barbera et le Festival International. Il offre un choix de distractions : spectacles et boutiques ; promenades à cheval, ou sur une montagne spécialement construite, que l'on peut escalader.

Autres excursions. – Toronto est un centre d'excursions vers les grandes curiosités du Sud de l'Ontario : les **Chutes du Niagara★★★** (p. 116) ; **Parkwood★★** (p. 120) ; **Royal Botanical Gardens★** (p. 112).

UPPER CANADA VILLAGE ★★★

Carte des Principales Curiosités p. 9 – 75 km au Sud-Est d'Ottawa par les routes 31 et 2 ; 11 km à l'Est de Morrisburg sur la route 2 – Schéma p. 105.

Dans Crysler Farm Battlefield Park. Visite de mi-mai à mi-octobre. Compter 1/2 journée de visite. $4.40. Restaurant, cafétéria ; aire de stationnement. ☎ *(613) 543 2911.*

La construction du barrage de Cornwall, en faisant monter les eaux du St-Laurent, noya huit villages. La région, colonisée par les Loyalistes à la fin du 18e s., possédait des bâtiments anciens que l'on résolut de préserver en les réunissant près de Morrisburg. Ainsi naquit Upper Canada Village, communauté typique du Haut-Canada avant 1867 ; c'est l'un des villages restaurés les plus connus du Canada et une attraction touristique très populaire. Animé de personnages en costume d'époque, cultivateurs ou artisans, domestiques ou bourgeois raffinés, ce musée vivant de l'Ontario ancien montre l'évolution du mode de vie des premiers colons ; la rétrospective va de la cabane rustique du pionnier à la ferme solide et prospère, à l'élégant raffinement de la maison French-Robertson, la richesse et le luxe de Crysler Hall.

On visite aussi l'école, l'église, la maison du médecin, le magasin du village (souvenirs, artisanat), la taverne ; l'hôtel Willard sert quelques plats typiques de 1850 ; on verra des démonstrations de travaux de la ferme, de fabrication de fromages ou de pain ; une scierie et une filature actionnées à l'énergie hydraulique montrent l'industrialisation progressive, manifeste vers 1867 *(démonstrations à heures fixes)*. Le musée du fleuve et celui de l'agriculture développent les aspects de la vie de cette époque. Le Prince of Wales Theatre donne des représentations chaque jour *(horaire à l'entrée)*. Les visiteurs peuvent aussi faire une promenade sur le canal en bateau tiré par des chevaux sur le chemin de halage.

A côté du village, un monument commémore la **bataille de Crysler Farm** où, en 1813, une petite troupe canadienne et britannique mit en déroute une troupe américaine pourtant plus importante qui tentait de couper Montréal du renfort des troupes de Kingston. Du monument, au bord du fleuve, belle **vue** sur le site de la ferme aujourd'hui inondé ; à sa base, un petit **musée** relate la bataille et la guerre de 1812 *(voir p. 105)*.

Auto Wonderland. – *2 km à l'Ouest d'Upper Canada Village sur la route 2. Visite de mi-mai à mi-octobre ; $2.50 ;* ☏ *(613) 537 2105.*

Parmi cette collection d'automobiles, on remarquera une locomobile à vapeur de 1898, un buggy international à hautes roues, une voiture de tourisme Durant de 1923 et une voiture amphibie de 1962.

WINDSOR ★

Carte Générale **J 5** – Carte des Principales Curiosités p. 9 – *Schéma p. 104* – Agglomération : 246 110 h. - Bureau de Tourisme : ☏ (519) 255 6530.

A la pointe du Sud ontarien, au bord de la rivière Détroit qui la sépare de la grande ville américaine du même nom, Windsor est une ville industrielle dont l'activité repose, depuis 1858, sur l'usine de whisky Hiram Walker, et plus récemment sur la construction automobile ; les grandes marques de Détroit ont à Windsor des usines de montage d'où les voitures sont expédiées ensuite dans tout le Canada. Windsor est aussi un port de la Voie Maritime *(voir p. 176)*.

Chaque année, début juillet, les deux villes célèbrent conjointement le Festival International de la Liberté, regroupant les fêtes nationales des deux pays, les 1ᵉʳ et 4 juillet.

Dieppe Gardens★★. – La **vue★★** sur les gratte-ciel de Détroit est le grand attrait de ce parc aménagé au bord de l'eau, à l'Ouest de la rue Ouellette, la grande artère de la ville ; sur la rivière Détroit, passent sans cesse de gros navires de la Voie Maritime à destination des ports du lac Supérieur ou du St-Laurent.

Art Gallery★. – *445 Riverside Drive West. Visite tous les jours sauf le dimanche matin, le lundi et les jours fériés. Cafétéria.* ☏ *258 7111.*

Installée dans un ancien entrepôt rénové, la galerie présente par roulement sa collection où figurent des toiles du Groupe de Sept *(voir p. 141)*, des sculptures inuit, et une collection d'art asiatique. Du 3ᵉ niveau, belles vues sur la rivière et la ville de Détroit.

EXCURSIONS

Fort Malden★. – *29 km au Sud. A Amherstburg. Schéma ci-dessous. Parc historique national. Visite tous les jours sauf les 1ᵉʳ janvier, 25 et 26 décembre. Restaurant ; aires de pique-nique.* ☏ *736 5416.*

Lorsqu'en 1796 les Britanniques abandonnèrent Détroit aux Américains, ils installèrent ce fort au meilleur endroit pour contrôler la navigation, forcée de longer la rive canadienne (c'est le chenal qu'aujourd'hui encore emprunte la Voie Maritime). Le **site★** est très agréable, parmi les pelouses et face à la rivière aux rives boisées. Il reste du fort quelques talus recouverts d'herbe, et une caserne restaurée. Dans le **centre d'interprétation**, un film *(en anglais et en français ; durée 6 mn)* raconte l'histoire du fort et de la région ; des documents rappellent l'alliance anglo-indienne durant la guerre d'Indépendance américaine, et la rébellion de W.L. Mackenzie en 1837 *(p. 135)* dont le drapeau (deux étoiles blanches sur fond marine) est exposé dans une pièce.

Route 50. – *31 km de Malden Centre à Kingsville.*

Cette route tranquille, qui longe le lac Erié sur environ 20 km jusqu'à Kingsville, offre de belles échappées sur le lac et ses rives marécageuses où vivent de nombreux oiseaux, des hérons par exemple ; on peut en même temps apprécier l'importance des cultures de l'arrière-pays : fleurs, légumes, vergers, asperges, tabac, etc.

Refuge d'oiseaux Jack Miner (Bird Sanctuary). – *A Kingsville, sur la route 18. Visite de mi-octobre à mi-mai sauf le dimanche.* ☏ *733 4034.*

Fondé par Jack Miner (1865-1944), qui se voua à la protection de la nature, le refuge sert de halte aux oiseaux migrateurs. Fin mars, et fin octobre - début novembre, l'endroit connaît une très grande activité, quand environ 40 000 oies et canards viennent y chercher pâture *(surtout entre 15 h 30 et 17 h)*.

Parc national de la Pointe Pelée★★. – *65 km par les routes 3 et 33. Description p. 128.*

LE QUÉBEC

Le Québec se distingue d'abord des autres provinces canadiennes par sa population francophone (5,3 millions de francophones sur 6,4 millions d'habitants), consciente et fière de ses particularismes, et pourvue d'un certain goût d'indépendance, qui depuis plus de deux siècles résiste à l'assimilation anglo-américaine. Peuple accueillant et chaleureux, les Québécois savent l'art de la parole, de la fête, et de la joie de vivre.

La plus grande province canadienne. – Le Québec couvre 1 640 000 km², soit trois fois la France. La plus grande partie de son territoire appartient au vieux socle rocheux du Bouclier canadien qui s'étend de la plaine du St-Laurent au détroit d'Hudson, plus de 2 000 km au Nord de Montréal.

A la frontière Sud de la province, des Cantons de l'Est à la Gaspésie, s'élève le rebord des Appalaches ; c'est une région plissée, aux sommets arrondis et boisés, coupée de plaines cultivées.

Entre ces massifs rocheux s'étire la vallée du St-Laurent, depuis toujours l'axe vital du pays, qui s'élargit entre Hull et Québec en une plaine fertile ; c'est là que se concentre la population de la province, l'agriculture et une grande partie de ses industries, et que se trouvent ses principales villes, Montréal la grande métropole et Québec la capitale.

Forêts, mines et barrages. – Ce sont les grandes ressources du Québec. La **forêt** fournit 25 % de la production provinciale, sous forme de bois de sciage mais surtout de pâtes à papier et papiers (le Québec produit le tiers des pâtes à papier et la moitié du papier journal du Canada).

Le Bouclier canadien recèle des gisements de **métaux :** fer à Schefferville *(voir p. 158),* cuivre, zinc, molybdène et or près de la frontière ontarienne, en Abitibi. Les Appalaches contiennent aussi d'imposants gisements d'amiante dans les Cantons de l'Est *(p. 154).*

Les **barrages** fournissent le tiers de l'hydro-électricité canadienne (soit 80 à 103 milliards de kWh en 1981) ; après l'équipement du puissant St-Laurent, la province a entrepris d'exploiter le réseau fluvial du Bouclier canadien, avec le complexe Manic-Outardes *(p. 158)* et le complexe La Grande sur le bassin de la baie James, mis en service à partir de 1979 *(voir p. 152).*

L'**agriculture,** qui fut l'une des premières activités des colons, joue encore un rôle important dans la vallée du St-Laurent, surtout dans la plaine de Montréal (qui alimente la moitié de la population), les Cantons de l'Est, la Beauce, la région du lac St-Jean, et sur la rive Sud du fleuve.

Le Nouveau Québec. – Ainsi nomme-t-on la partie Nord de la province à partir de la baie James, vaste étendue faiblement peuplée (en tout quelque 18 000 personnes, Indiens nomades et le long de la côte quelques communautés Inuit), dont on commence à exploiter les richesses minières ou hydro-électriques. La plus grande partie du Nouveau Québec s'étend dans la zone subarctique aux arbres rabougris et clairsemés ; à l'extrême pointe, dans la péninsule d'Ungava qui subit le climat arctique encore plus rigoureux, le sol gelé en permanence ne laisse pousser que la toundra *(voir p. 231),* nourriture des caribous et des bœufs musqués.

Le climat. – Dans l'étroite zone habitée, au Sud de la province comme dans la plus grande partie du pays, le climat est fortement continental *(voir p. 13),* marqué, comme le chante Gilles Vigneault, par un **hiver** « trop long » : les gelées commencent tôt en automne ; la neige arrive à partir de novembre ou décembre, s'installe en permanence de janvier à mars, couvrant le sol et les lacs gelés, pour ne fondre que courant avril, saison des sucres d'érable, caractérisée par ses gelées nocturnes. Montréal reçoit en moyenne 2,80 m de neige et Québec 3,15 m, mais par grand froid le ciel radieux et le givre scintillant invitent aux plaisirs de la neige.

L'**été** est chaud et souvent moite et étouffant surtout à Montréal, où l'on apprécie alors l'air climatisé ; par contre, plus à l'Est, le long de l'estuaire et du golfe, l'air marin rafraîchit la température.

L'**automne** est célèbre, au Québec comme dans toute la zone de la forêt laurentienne, pour sa féérie des couleurs : éphémère magie, qui dépend de la précocité du froid qui avive les couleurs, et de la force du vent qui fait tomber les feuilles ; cette saison, qui dure généralement 1 à 2 semaines, se situe fin septembre ou courant octobre.

LA NOUVELLE FRANCE

Découverte et colonisation. – **Jacques Cartier** fut le premier explorateur à remonter le St-Laurent. Après un premier voyage en 1534 *(voir p. 161)* où il explora le golfe du grand fleuve, il revint (1535-36), poussa jusqu'à l'île de Montréal, hiverna à Québec *(voir p. 183)*. Lors d'un troisième voyage (1541-42) il tenta un début de colonisation, un peu en amont de Québec, à Charlebourg Royal. Mais François 1er, qui avait ordonné ces expéditions, en guerre contre l'Espagne et l'Angleterre, arrêta là ses tentatives.

En montant sur le trône, Henri IV reprit la politique colonisatrice de François 1er ; après la création d'une première colonie en Acadie *(voir p. 195 et 196)*, **Samuel de Champlain** quitta Honfleur en 1608, à bord du « Don de Dieu », avec une trentaine de personnes qui fondèrent l'« habitation » de Québec. Ainsi naquit la « colonie de Nouvelle France, vulgairement appelée Canada », qui peu à peu se développa le long du St-Laurent. Trois-Rivières fut fondée en 1634, Montréal en 1642 ; la petite colonie autour de ces trois pôles pratiquait l'agriculture pour subsister et la traite de fourrures pour s'enrichir.

Le régime seigneurial. – Issu du vieux système féodal que connut la France jusqu'en 1789, le régime seigneurial était en fait tout différent à la fois par ses bases juridiques et par le fonctionnement de ses institutions. Le seigneur obtenait son titre par contrat et non par naissance : l'administration de la colonie lui concédait une terre, à charge pour lui d'y bâtir son manoir, d'y construire et entretenir un moulin à farine et d'y établir des colons ; ceux-ci devaient lui payer le cens et les rentes, lui verser un droit de mouture pour l'usage du moulin etc. En outre le seigneur rendait la justice pour les petites affaires ; il avait aussi droit à certains honneurs, comme un banc réservé à l'église et sous lequel il se ferait inhumer.

Situées le long du fleuve, seule voie de communication à l'époque, les seigneuries étaient divisées en longues bandes, perpendiculaires à la rive pour que chacun y ait accès ; leur alignement formait le **rang**. En se peuplant, la seigneurie développait un second, puis un troisième rang derrière le premier ; ainsi naquirent les champs longs et étroits si typiques de la campagne québécoise.

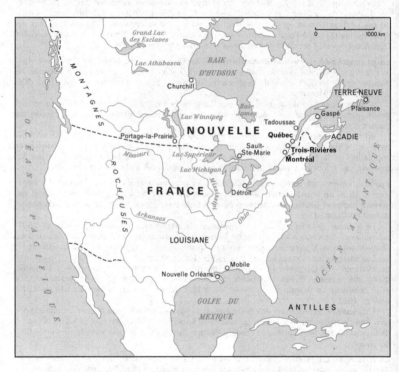

Un territoire immense. – Missionnaires et « coureurs des bois » *(voir p. 148)* parcourent et découvrent des espaces immenses. En 1634, l'explorateur Jean Nicolet atteint le lac Michigan ; en 1671, l'interprète Nicolas Perrot traite avec les Indiens de Sault-Ste-Marie, tandis que le Père Albanel atteint la baie James ; en 1672-73, le marchand Louis Jolliet et le jésuite Jacques Marquette descendent le Mississipi jusqu'à l'Arkansas ; en 1682, Robert Cavelier de La Salle *(voir p. 178)* qui avait déjà exploré le cours de l'Ohio et la région des Grands Lacs, poursuit sur les traces de Marquette jusqu'au golfe du Mexique, où, en 1699, Pierre Le Moyne d'Iberville fonde le premier établissement de Louisiane (qui devient colonie à part entière en 1731). Cherchant le castor, Pierre Gaultier de la Vérendrye pousse vers l'Ouest, et de 1731 à 1741, établit des forts de traite jusqu'à l'actuelle Portage-la-Prairie, laissant ses fils poursuivre jusqu'aux contreforts des Rocheuses (1743).

Les guerres franco-anglaises. – Malgré son étendue, la Nouvelle France, peu peuplée, est vulnérable. Rivales en Europe où elles se livrent guerre sur guerre, la France et l'Angleterre s'affrontent en Amérique sur le marché des fourrures. Les Anglais établissent des postes de traite sur la baie d'Hudson *(p. 98)* tandis qu'au Sud leurs colonies américaines, favorisées par le climat pour l'agriculture et le commerce maritime (leurs ports ne sont pas bloqués en hiver), sont florissantes et beaucoup plus peuplées : 50 000 habitants en 1641 contre 300 seulement en Nouvelle France, et 65 000 en 1754 contre 1 000. Ce sont les métropoles qui déclarent la guerre et signent les traités : aussi les conquêtes anglaises sont-elles parfois éphémères ; mais, peu à peu démembrée, la Nouvelle France sera définitivement anglaise en 1763.

En Europe		En Amérique du Nord
1613		Des colons anglais détruisent les établissements d'Acadie *(p. 195).*
1629		Prise de Québec par les frères Kirke *(p. 179).*
1632	Traité de St-Germain	Le Canada est rendu à la France.
1654		Prise de Port-Royal par les Bostonnais *(p. 195).*
1667	Traité de Bréda	L'Acadie revient à la France.
1689-97	Guerre de la Ligue d'Augsbourg (1ʳᵉ guerre inter-coloniale)	Phips, commandant une flotte de Nouvelle Angleterre, s'empare de Port-Royal mais échoue devant Québec *(p. 179).* Le Moyne d'Iberville s'empare de forts anglais sur la baie d'Hudson et de St-Jean de Terre-Neuve.
1697	Traité de Ryswick	Retour aux possessions d'avant-guerre.
1701-13	Guerre de Succession d'Espagne (2ᵉ guerre inter-coloniale)	Prise de Port-Royal par les Anglais en 1710.
1713	Traité d'Utrecht	L'Angleterre obtient Terre-Neuve, l'Acadie péninsulaire, le bassin de la baie d'Hudson, et le protectorat de l'Iroquoisie.
1740-48	Guerre de Succession d'Autriche (3ᵉ guerre inter-coloniale)	1745 : première prise de Louisbourg *(p. 208).*
1748	Traité d'Aix-la-Chapelle	Retour à la situation d'avant-guerre.
1756-63	Guerre de Sept-Ans (1754-60 : 4ᵉ guerre inter-coloniale)	1755 : déportation des Acadiens *(p. 192).* 1758 : victoire de Carillon, deuxième prise de Louisbourg *(p. 208).* 1759 : reddition de Québec *(p. 180).* 1760 : reddition de Montréal *(p. 167).* 1762 : prise de St-Jean de Terre-Neuve par les Français.
1763	Traité de Paris	Toute la Nouvelle France passe à l'Angleterre : l'Acadie, l'île Royale (Cap Breton), le Canada, la Louisiane (sauf la rive droite cédée à l'Espagne en 1762), et Terre-Neuve sauf St-Pierre et Miquelon.

LE SENTIMENT NATIONAL

La révolte des Patriotes. – En divisant la colonie en deux provinces, le Haut et le Bas-Canada (aujourd'hui respectivement Ontario et Québec), l'**Acte Constitutionnel** de 1791 y établit une Assemblée élue mais sans pouvoir réel face au gouverneur, à son Conseil Exécutif, et au Conseil Législatif choisi par la Couronne parmi l'aristocratie. Comme dans le Haut-Canada *(p. 135),* l'Assemblée du Bas-Canada réclama un gouvernement responsable devant les électeurs : mais ici la lutte constitutionnelle se doublait de l'exaspération nationaliste des Canadiens Français, le Conseil étant composé surtout de négociants Écossais bien établis.

Elu en 1815 président de l'Assemblée, **Louis Joseph Papineau** fut le champion de la cause des Canadiens. Ses partisans, les **Patriotes,** allèrent jusqu'à dénoncer le gouvernement britannique et à prôner l'établissement d'une République amie des Américains. L'agitation monta, des groupes armés se constituèrent, tandis que la population anglaise s'organisait en milices de « volontaires » pour soutenir l'armée. Finalement plusieurs batailles éclatèrent, dans la vallée du Richelieu et autour de Montréal, en novembre et décembre 1837. Après une première victoire à St-Denis, les Patriotes furent défaits à St-Charles puis écrasés à St-Eustache.

Les plus extrémistes d'entre eux, réfugiés aux États-Unis, tentèrent sous le nom de « Frères Chasseurs » de relancer l'insurrection en novembre 1838, mais furent vite arrêtés et dispersés ; douze d'entre eux furent exécutés. Papineau, après plusieurs années d'exil, regagna la colonie en 1845, où il n'exerça plus qu'une activité politique modeste.

La « révolution tranquille ». – Après la Seconde Guerre mondiale, la province fut gouvernée pendant 15 ans par **Maurice Duplessis**, jouissant à la tête de l'Union Nationale d'une autorité incontestée. Après sa mort (1959) les Libéraux furent bientôt portés au pouvoir. Ce changement politique marqua le début de la « révolution tranquille », comme on appela ces années de réformes politiques (assurance hospitalisation gratuite, nationalisation de l'électricité) et de bouleversement des mœurs : les Québécois abandonnèrent en grand nombre la pratique religieuse, après avoir vécu dans une société jusque-là dominée par l'Église catholique ; et la natalité chuta brutalement, alors que la génération précédente comptait encore fréquemment des familles de 10 à 20 enfants ; dans le même temps, se développait un extraordinaire floraison artistique, chansons et films qui firent connaître le Québec dans tout le monde francophone.

En même temps grandissait le nationalisme. En 1968, René Lévesque créait le Parti Québécois indépendantiste, avant d'être élu Premier Ministre du Québec en novembre 1976, et reporté au pouvoir en avril 1981.

LA QUÊTE DES FOURRURES

Avant même la fondation de toute colonie, les premiers contacts des Français avec les Indiens se firent sous le signe du commerce des peaux : dès 1600, un poste de traite était créé à Tadoussac.

Le castor. – Gros rongeur à la queue plate et puissante, le castor se nourrit d'écorce et construit sur les cours d'eau des barrages de branches où il installe sa hutte *(illustration p. 230)*. Le barrage élève suffisamment le niveau de l'eau pour que, l'hiver venu, l'accès à la hutte soit en eau libre, sous la glace.

Au 17e s. les peaux de castor étaient très recherchées en Europe, où l'on utilisait leur poil particulièrement résistant et adhérent pour fabriquer un feutre de toute première qualité. Ce feutre était indispensable aux chapeaux que l'on portait alors, de formes diverses selon les modes et les catégories sociales : chapeaux de médecins, d'ecclésiastiques ou de militaires, bicornes, tricornes, hauts de forme, etc. La vogue en dura jusqu'à l'apparition des chapeaux de soie au 19e s.

Jadis répandu dans tout le territoire canadien, le castor, trop chassé, faillit disparaître au début du 20e s. *(voir p. 93)*. L'espèce, aujourd'hui protégée, est à nouveau présente dans toutes les forêts et sa chasse, très réglementée, est des plus profitables.

Coureurs des bois et « voyageurs ». – Les Indiens venaient vendre leurs peaux de castor aux postes de Tadoussac, Québec, Trois-Rivières et Montréal ; mais des hommes aventureux et entreprenants s'enfoncèrent dans la forêt pour pratiquer un commerce indépendant : on les appelait **« coureurs des bois ».** Ils apprirent des Indiens à fabriquer les canots d'écorce de bouleau pour remonter les rivières, à survivre en forêt, à marcher sur la neige à l'aide de raquettes, etc. Partageant le mode de vie des Indiens, ils passaient l'hiver à trapper avec eux et revenaient au printemps chargés de fourrures (1).

Plus tard, sous le régime anglais, les commerçants se groupèrent en compagnies pour pratiquer une traite organisée et de grande envergure *(voir la Compagnie du Nord-Ouest p. 167)*. Les **« voyageurs »** (2) étaient leurs employés, infatigables rameurs parcourant des milliers de kilomètres sur leur canot d'écorce *(voir p. 133)*.

(D'après une œuvre de Frances Hopkins, Archives Publiques du Canada C-13585)

Canot de « voyageurs »

CAGEUX, DRAVEURS ET PITOUNE

L'exploitation forestière, aujourd'hui mécanisée et pratiquée à très grande échelle, était déjà au 19e s. la principale activité économique de la province, supplantant le commerce des fourrures. La Grande-Bretagne, client privilégié de ses colonies, subit alors, en Europe, les effets du blocus continental et des guerres napoléoniennes ; elle a besoin de bois, dans l'immédiat pour renforcer sa flotte, et plus tard s'approvisionner en bois de mine et traverses de chemin de fer. Alors descendent l'Outaouais *(voir p. 121)* et le St-Laurent de véritables trains de bois appelés « cages », faits parfois de 100 radeaux articulés. Une équipe d'une trentaine d'hommes, les **cageux,** dirigeait l'ensemble, hissant la voile pour profiter du vent si possible, ramant quand nécessaire, évitant les écueils, empruntant les « glissières » aménagées sur la rivière aux points difficiles. Le voyage jusqu'à Québec durait plusieurs semaines, et la vie à bord s'organisait autour de la cuisine, vaste foyer abrité d'un auvent. Parmi les héros des bûcherons et cageux de l'Outaouais, Jos Montferrand est resté dans toutes les mémoires *(voir p. 123)*.

Sur les plus petites rivières et pour le bois de scierie ordinaire et de pulpe, point de trains de radeaux : les billots ou **« pitoune »** flottaient librement du camp des bûcherons jusqu'au barrage de l'usine. Parfois les troncs s'emmêlaient, bloquant la rivière. Alors les **draveurs,** avec de longues gaffes et en prenant soin de n'être pas emportés par le courant, devaient démêler ce « bouchon » qui sautait alors d'un seul coup. Plus loin en aval, dans des eaux plus calmes ou sur des lacs, les troncs flottants étaient encerclés d'une chaîne de bois et ainsi remorqués jusqu'à l'usine. De nos jours encore, on peut voir de tels attelages sur l'Outaouais ou la St-Maurice.

---

(1) Pour plus de détails, lire : « La vie traditionnelle des coureurs des bois aux 19e et 20e s. » par Normand Lafleur (Ed. Leméac, Montréal).

(2) Pour plus de détails, lire : « Les routes des Voyageurs : hier et aujourd'hui » par Eric W. Morse (Direction des parcs nationaux et lieux historiques, Ottawa).

TRADITIONS QUÉBÉCOISES

Gigues et violoneux. – La joie de vivre au Québec transparaît aussi bien dans la gentillesse quotidienne que dans le goût des fêtes, danses, veillées, chansons, contes, etc. De tout temps dans les campagnes, on passait les veillées à raconter des histoires ou à danser, comme le chante Gilles Vigneault :

> « Quand on danse à St-Dilon.
> Il faut bien suivre le violon... »

et encore
> « Moi quand j'ai connu la musique,
> Elle était en habit rustique,
> S'appelait encore cotillon,
> Quadrille et gigue et rigodon... »

Gigues et violoneux participent toujours à la fête, même si les musiques et les danses modernes y ont aussi leur part.

La chasse-galerie. – De tous les contes des veillées, celui de la chasse-galerie est sans conteste le plus original. L'hiver, les jeunes gars des campagnes s'engageaient souvent dans les camps de bûcherons ; la rude vie du chantier était peu propice à la rêverie, mais à la veille du jour de l'an, plus d'un se sentait du vague à l'âme, si loin des siens. Alors Satan lui proposait un pacte : il rentrerait en canot d'écorce, naviguant dans les airs à une vitesse prodigieuse, et pourrait retrouver sa « blonde » pour la veillée ; mais s'il proférait le moindre sacre ou blasphème, l'imprudent risquait l'enfer. Las ! bien souvent le héros du conte, dans l'euphorie de son équipée, laisse échapper un mot malheureux sur le chemin du retour ; d'ordinaire, il est quitte pour une grande frayeur et un brutal atterrissage dans la neige à quelques lieues du camp.

Le temps des sucres. – C'est en mars ou avril que se situe la saison des sucres, quand l'alternance des températures, gel de nuit et dégel de jour, fait monter la sève sucrée de l'érable. On entaille alors l'écorce : l'« eau » récoltée, mise à bouillir, se transforme en **sirop d'érable ;** en poursuivant la cuisson, on obtient la **tire** plus pâteuse et enfin le **sucre** qui sera coulé dans des moules avant de se solidifier. Très courantes au Québec, les « parties de sucres » sont l'occasion de joyeuses fêtes en famille et entre amis à la « cabane à sucre », où l'on déguste le sirop tout chaud et la tire figée sur la neige. Les érablières de la Beauce, des Cantons de l'Est ou de Lanaudière organisent des parties de sucres ouvertes au public. *Renseignements auprès de Tourisme Québec.*

Aujourd'hui, la récolte artisanale est presque abandonnée ; survivent surtout les exploitations automatisées, la sève coulant directement, par des tuyaux de plastique reliés à la cabane, dans l'évaporateur réglé par thermostat.

Artisanat. – L'artisanat traditionnel est encore pratiqué, surtout sur les rives du fleuve (Bas St-Laurent, Côte de Charlevoix, Gaspésie), aux îles d'Orléans et aux Coudres, ainsi qu'en Beauce. On y fabrique **courtepointes** (couvre-lits faits d'un assemblage de petits morceaux de tissus), **catalognes** (tapis tissés de lanières de tissus divers, utilisés aussi en tentures), **tapis crochetés, couvertures boutonnées** à motifs traditionnels, et toutes sortes de tissages et tricots. Les **ceintures fléchées,** larges ceintures multicolores qu'au 19ᵉ s. les hommes portaient souvent par-dessus le manteau, sont fabriquées à nouveau. A St-Jean-Port-Joli sont réunis des sculpteurs sur bois *(p. 153, illustration p. 164).*

L'artisanat des Indiens et Inuit est en vente dans les réserves indiennes et, en ville, dans les Centrales d'artisanat, comme dans les boutiques spécialisées.

Gastronomie. – Les plats traditionnels rappellent souvent la cuisine régionale française, vendéenne ou normande, adaptée au pays. Il faut citer le **ragoût de boulettes** et celui de **pattes de cochon,** la **tourtière** (hachis de viandes en croûte), les **cretons** (proches des rillons angevins), la **soupe aux pois** (faite de haricots blancs comme ceux que l'on appelle mojettes en Vendée), la **soupe à la gourgane** (fève) et le **cipailles** ou **six-pâtes,** pâté de gibier mêlé de couches de pâte et de pommes de terre. Le long de l'estuaire et du golfe du St-Laurent, il faut déguster la friture d'**éperlans,** les **crevettes** (de Matane) et les **pétoncles,** sortes de coquilles St-Jacques à la coquille lisse, généralement servies en beignets.

D'autre plats typiques sont à base de **sirop d'érable.** Ainsi la tarte à la farlouche (cassonade), la tarte au sucre, ou les œufs frits au sirop.

ARTS ET LETTRES

Littérature. – « Les Anciens Canadiens » (1863), roman historique de Philippe Aubert de Gaspé, est considéré comme l'ancêtre du roman canadien. Viennent ensuite les œuvres de Laure Conan (Angéline de Montbrun, 1884), Louis Fréchette (La légende d'un peuple, 1887), Louis Hémon (Maria Chapdelaine, 1914 *(voir p. 187).* Mais c'est surtout après 1935 que se développe le roman, avec les classiques Claude-Henri Grignon (Un homme et son péché, 1933, *voir p. 164),* Félix-Antoine Savard (Menaud, maître draveur, 1937), Léo-Paul Desrosiers (Les engagés du Grand Portage, 1938) Ringuet (Trente Arpents, 1938). Parmi les auteurs contemporains citons Anne Hébert (Kamouraska), Gabrielle Roy (qui reçut le prix Fémina en 1947 pour « Bonheur d'occasion »), Marie-Claire Blais (prix Médicis 1966 pour « Une saison dans la vie d'Emmanuel ») ; Michel Tremblay qui connut le succès comme auteur dramatique (Les Belles-Sœurs, A toi pour toujours ta Marie-Lou), Réjean Ducharme (L'Avalée des Avalés), Gaston Miron (L'homme rapaillé).

Chanson. – Depuis Félix Leclerc le précurseur (1950) et surtout depuis les années 1960, la chanson québécoise a conquis le monde francophone. Elle exprime l'âme et la conscience québécoise par les voix d'auteurs tels que les « chansonniers » Gilles Vigneault, Claude Léveillée, Jean-Pierre Ferland, George Dor, Yvon Deschamps, Robert Charlebois, etc., ou d'interprètes comme Pauline Julien, Monique Leyrac, Louise Forestier, Dyane Dufresne ou Fabienne Thibault.

Cinéma. – Depuis les années 1960 le cinéma québécois a connu une diffusion internationale avec des cinéastes comme Gilles Carle (La vraie nature de Bernadette), Gilles Groulx, Claude Jutra (Mon oncle Antoine, Kamouraska), Denis Arcand (La maudite galette), Jean Beaudin (J.-A. Martin photographe), et parmi les acteurs Geneviève Bujold, Carole Laure, Daniel Pilon.

FÊTES ET MANIFESTATIONS TOURISTIQUES

La **St-Jean,** le 24 juin, depuis toujours fête des Canadiens Français, devenue officiellement celle du Québec, est l'occasion de manifestations de joie, particulièrement spectaculaires à Montréal, avec de grandes fêtes de plein air animées par les chanteurs les plus populaires et des fêtes de quartier auxquelles participent de nombreux citoyens.

On trouvera ci-dessous les manifestations les plus connues dans la province.

LIEU ET DATE	MANIFESTATION
Chicoutimi .... Février	Carnaval-souvenir *(p. 186).*
Drummondville .... Juillet	Festival mondial de folklore.
de **Lachute** à **Hull** .... Février	Marathon de ski de fond.
La Pérade .... Mi-décembre fin février	Pêche sous la glace au poulamon.
La Tuque - Trois - .... Fin de semaine **Rivières** de la Fête du Travail	Classique internationale de canot de la Mauricie (course de canots en trois étapes de 160 km).
Magog .... Juillet-août	Festival Orford des Jeunesses Musicales du Canada *(p. 155).*
Mistassini .... Début août	Festival du bleuet du lac St-Jean.
Montréal .... De juin à la Fête du Travail	Terre des Hommes *(p. 173).*
- .... Juin	Grand Prix du Canada (course automobile).
de **Péribonka** à **Roberval** .... Début août	Traversée du lac St-Jean à la nage *(p. 187).*
Québec .... Février	Carnaval *(p. 179).*
- .... Début juillet	Festival d'été.
Rimouski .... Octobre	Festival d'automne.
St-Tite .... Mi-septembre	Festival western (rodéos).
Trois Rivières .... Septembre	Grand Prix « Molson », course automobile dans les rues de la ville.
Valleyfield .... Début juillet	Régates internationales.

SPORTS ET LOISIRS

Tous renseignements sur ces sujets, les aménagements des parcs provinciaux, les règlements de chasse et de pêche et la liste des pourvoyeurs, sont fournis par Tourisme Québec, qui publie une série de brochures détaillées mise à jour chaque année (voir p. 152).

À l'attention des sportifs, les nombreux parcs et réserves, situés pour la plupart sur le Bouclier canadien, offrent aux amateurs de pêche, de canot, de camping et de randonnée de larges espaces sauvages dont la superficie totale représente 3 fois celle de la Suisse, tandis que les régions de villégiature se prêtent parfaitement aux vacances familiales.

Canotage et canot-camping. – Ils se pratiquent beaucoup dans les parcs du Bouclier canadien, où fourmillent lacs et torrents de toutes difficultés, et en particulier dans le parc national de la Mauricie *(p. 188)* et le parc provincial de la Vérendrye *(voir la carte p. 10).*

Navigation de plaisance. – Nombreux sont les plaisanciers aux abords de l'île de Montréal, ou le long de la voie navigable ininterrompue qui, du lac Champlain, suit le Richelieu, rejoint le St-Laurent puis remonte la rivière des Outaouais, et par le canal Rideau aboutit au lac Ontario. D'autres sillonnent les lacs des Laurentides ou des Cantons de l'Est, le lac St-Jean ou la rivière St-Maurice.

Pêche. – Les rivières à **saumons** de Gaspésie sont particulièrement réputées, tandis que dans les lacs du Bouclier canadien, on pêche ouananiche (saumon d'eau douce), truite, brochet, doré ou achigan. En hiver, la pêche au **poulamon** (ou « petit poisson des chenaux ») fait naître traditionnellement à La Pérade et à Batiscan (près de Trois-Rivières) de véritables villages sur la glace, à l'embouchure des rivières ; de plus en plus populaire, la pêche sous la glace se pratique aussi sur de nombreux lacs, surtout dans la région de Montréal.

Ski de fond, raquettes, motoneige. – Sports de l'hiver par excellence, ils se pratiquent dans toute la province où de nombreuses pistes sont aménagées. La motoneige n'est autorisée que sur les pistes spécialement tracées.

Ski alpin. – Les principales stations se trouvent dans les Laurentides, les Cantons de l'Est, l'Outaouais (Lac Ste-Marie, La Pêche) et aux environs de Québec (parc du Mont-Ste-Anne près de Beaupré).

Villégiature. – Outre les Laurentides et les Cantons de l'Est, principales régions fréquentées en toutes saisons, la province offre bien d'autres ressources. L'Outaouais et la Gatineau *(cartes p. 9 et 105),* réputés pour leurs forêts flamboyantes à l'automne, accueillent les canoteurs dans le parc de la Vérendrye, et les plaisanciers sur les plus grandes rivières ; à Montebello, l'ancien manoir de Louis-Joseph Papineau est aménagé en luxueuse villégiature. La **Beauce**, vallée de la rivière Chaudière au Sud de Québec *(carte p. 155),* est une région largement agricole célèbre pour son artisanat, ses vacances à la ferme, et surtout ses érablières. La région de Lanaudière, entre les Laurentides et la Mauricie *(carte p. 154),* présente le visage accueillant du Québec traditionnel aux petites auberges familiales (artisanat, ski, érablières). Les autres régions sont décrites dans ce guide : le Bas-St-Laurent, la Côte de Charlevoix , la Gaspésie, les Iles de la Madeleine, la Mauricie.

Vacances à la ferme. – Pour participer à la vie de la ferme, mieux connaître le Québec rural et ses habitants, s'adresser à la **Fédération des Agricotours,** 525 Av. Viger, 2ᵉ étage, Montréal H2L 2P1. ☎ (514) 288 8121.

QUELQUES EXPRESSIONS QUÉBÉCOISES

A côté d'expressions québécoises dont la connaissance pourra être précieuse à des touristes francophones venus d'Europe, on en trouvera ci-dessous quelques autres, qui ont conservé la saveur de la langue des explorateurs et des premiers immigrants, aux 16e et 17e s.

à l'année longue	toute l'année	magasin à rayons	grand magasin
barrer	fermer	magasiner	faire des courses
batture	bande de terre à fleur d'eau, découverte à marée basse	maringouin	moustique
		mêlé (être tout)	avoir perdu le fil
un **bicycle**	une bicyclette	mêler	embrouiller, embarrasser
bienvenue	je vous en prie		
cadran	réveil	moulin	usine (souvent : scierie), machine
canceller	annuler	une **piastre**	un dollar
carrosse	voiture d'enfant	plancher	étage
un **caucus**	assemblée politique	poigner	attraper, saisir
une **cenne**, un **sou**	un cent, $0.01	(prononcer pogner)	
chambre n° 2 (dans une administration)	bureau n° 2	poudrerie	neige fine, poudreuse, chassée par le vent
char (ou voiture)	voiture	tabagie	marchand de tabac
claques, caoutchoucs	couvre-chaussures, portés en hiver pour marcher dans la neige fondante, en ville	touage (zone de)	zone où les voitures sont enlevées par la police (ne pas stationner)
		touer	remorquer
correct (c'est)	d'accord	traîne sauvage	luge
croche	tordu, courbe, de travers, malhonnête	traversier	bac
		valise	coffre de la voiture
s'écarter	se perdre	vente	soldes
épinette	épicéa	une **verge** (en anglais : yard)	90 cm (3 pieds)
gaz	essence		
lumière	feu tricolore de circulation	waiter	garçon de café
		waitress	serveuse

A boire et à manger

déjeuner	petit déjeuner	de la draffe	bière à la pression
dîner	déjeuner	fèves	haricots
souper	dîner	sous-marin	long sandwich (25 cm)
breuvage	boisson (thé, café)		
boisson	alcool	la tire	caramel de sirop d'érable
liqueur (douce)	boisson gazeuse, soda		
soda	eau gazeuse		

Vêtements

bas-culotte	collant	jaquette	chemise de nuit
collet	col (de chemise)	mitaines	moufles
gilet	veste	une **tuque**	bonnet de laine
veste	gilet		

Au téléphone

engagé (c'est)	la ligne est occupée	longue distance	inter-urbain
local 821 (en anglais : extension 821)	poste 821	renverser les charges, appeler collect	téléphoner en PCV

ABRÉVIATIONS DES PROVINCES ET TERRITOIRES CANADIENS

en français			en anglais	
Colombie-Britannique	C.-B.	B. C.	British Columbia
Alberta	ALB.	ALTA.	Alberta
Saskatchewan	SASK.	SASK.	Saskatchewan
Manitoba	MAN.	MAN.	Manitoba
Ontario	ONT.	ONT.	Ontario
Québec	QUE.	QUE.	Quebec
Nouveau-Brunswick	N.-B.	N. B.	New Brunswick
Ile du Prince-Édouard	I. P.-E.	P. E. I.	Prince Edward Island
Nouvelle-Écosse	N.-E.	N. S.	Nova Scotia
Terre-Neuve	T.-N.	NFLD.	Newfoundland
Territoires du Nord-Ouest	T. N.-O.	N. W. T.	Northwest Territories
Yukon	YUK.	YUK.	Yukon

LE QUÉBEC

RENSEIGNEMENTS PRATIQUES

En Europe. – La **Délégation Générale du Québec** *(66 rue Pergolèse 75116 Paris ;* ☎ *502 14 10, et Avenue des Arts, 46, 7ᵉ étage 1040 Bruxelles ;* ☎ *512 0036)*, et **l'Office Franco-Québécois pour la Jeunesse** *(5 rue de Logelbach 75017 Paris ;* ☎ *766 04 76)* fournissent toute documentation.

Hébergement, cartes routières. – La brochure « Hébergement Québec » (liste complète des hôtels de la province, publiée chaque année), cartes routières, dépliants régionaux sont disponibles gratuitement auprès de :
    Tourisme Québec, Case Postale 20 000 Québec, Canada G1K 7X2
ou en se rendant dans un kiosque d'information du ministère de l'Industrie, du Commerce et du Tourisme.

Sur la route. – Sauf indication contraire, la vitesse est limitée au Québec à 100 km/h sur autoroute, 90 km/h sur route et 50 km/h en ville. Le port de la ceinture de sécurité est obligatoire.

Zones horaires. – La plus grande partie de la province dépend de l'**Heure Normale de l'Est,** avancée d'1 heure en été *(voir p. 20)* ; seule l'extrémité de la Côte Nord (à l'Est du Havre-St-Pierre) et les Iles de la Madeleine dépendent de l'**Heure Normale de l'Atlantique.**

Taxes. – Une taxe de 9 % s'ajoute à tout achat (sauf vêtements, nourriture, chaussures, meubles, appareils ménagers). Au-dessus d'un montant de $3.26, les notes de restaurant sont soumises à une taxe de 10 %.

Législation des alcools. – La consommation des boissons alcoolisées n'est autorisée que dans les lieux « licenciés » et seulement à partir de 18 ans. Bière, vin et alcools sont en vente à la Société des Alcools (magasins gouvernementaux) et chez les « dépanneurs » (épiceries).

Excursion à la baie James

Le chantier du complexe hydro-électrique de la baie James, le plus grand chantier du monde, est accessible au public en voyage organisé à partir de Montréal. *Voyage de 2 jours : s'adresser à Nortour, 310 rue Ste-Catherine Ouest, Montréal H2X 2A1* ☎ *(514) 875 7400. Voyage d'1 journée : s'adresser à l'Agence Marco Polo, 1117 Ste-Catherine Ouest Suite 903, Montréal H3B 1H9* ☎ *(514) 281 1481.*

QUELQUES LIVRES

Québec par Philippe MEYER *(Petite Planète, éd. du Seuil)*
Le Québec, par Pierre GEORGE *(Que sais-je ? PUF)*
Au Québec *(Guides Bleus, Hachette - 1976)*
Les Québécois par Marcel RIOUX *(Éd. du Seuil, Paris 1974)*
Québec ou la Presqu'Amérique *(petite collection Maspéro - 1979)*
La question du Québec par Marcel RIOUX *(Éd. Parti Pris - 1980)*
Si le Québec m'était conté par Ambroise LAFORTUNE *(Éditions Scriptomedia Inc. 1977)*
La vie quotidienne en Nouvelle France par R. DOUVILLE et J. CASANOVA *(Hachette - 1964)*
De Québec à St-Boniface, récits et nouvelles du Canada Français par Gérard BESSETTE *(Macmillan - Toronto 1972)*
Légendes indiennes du Canada par Daniel BERTOLIMO *(Ed. du Chat Perché A2 - Flammarion - 1982)*
La littérature québécoise par Laurent MAILHOT *(Que sais-je ? PUF)*
Le Québec sur le pouce par Yannick VILLEDIEU *(La Documentation Québécoise/Éditeur officiel du Québec - 1978)*
Guide Montréal par Cécile GRENIER et Joshua WOLFE *(Libre Expression)*

Le BAS ST-LAURENT ★★

Carte des Principales Curiosités p. 10.

Contrairement à la côte de Charlevoix *(p. 156)* sur la rive opposée du fleuve, abrupte, boisée et sauvage, la côte Sud offre un paysage très doux, agricole, semé de fermes (élevage et produits laitiers).

Large au Sud, la plaine littorale se rétrécit vers le Nord, coincée entre le fleuve et les collines boisées qui forment les premiers contreforts des Appalaches ; par endroits même une barre rocheuse s'intercale entre la route et la rive, comme entre Trois-Pistoles et Bic. À ce terroir agricole la proximité du fleuve, depuis toujours voie de transport et lieu de pêche, ajoute une forte note maritime ; on pêche au large (morue, crevette) ou à quai (éperlan, maquereau), tandis que des fascines (pièges à poissons – *voir p. 163)* sont disposées le long du rivage.

Les **battures** (plages marécageuses, inondées à marée haute) et les îles qui bordent la rive, réputées pour leur gibier d'eau, accueillent par milliers, en saison, les oiseaux migrateurs (oies, outardes, canards). Toutes ces particularités ont attiré depuis la fin du siècle dernier de nombreux estivants et ont fait naître de nombreuses stations de villégiature (Cacouna, Trois-Pistoles, Bic, etc.).

Fréquentée avant la venue de Jacques Cartier par les Basques pêcheurs de baleines *(voir p. 186)* (l'île aux Basques, face à Trois-Pistoles, porte encore les traces de leur passage), la région est habitée depuis longtemps.

Dès 1672, étaient créées les premières seigneuries *(voir p. 146)*. Certaines traditions séculaires sont toujours vivantes, comme l'artisanat (bois, textiles), en vente durant l'été dans les bureaux de tourisme, et l'on voit nombre de maisons anciennes, qui n'ont pas toutes 300 ans mais qui se remarquent par leur élégant toit au bord relevé et percé de fenêtres en saillie.

De Lévis à Ste-Flavie – *329 km – compter 2 jours – schéma p. 156-157*

En quittant Lévis, la route offre de belles vues sur l'île d'Orléans et les îlots qui jalonnent la rive de cette région surtout agricole, mis à part le centre industriel de Montmagny.

L'Islet-sur-Mer. – 774 h. Installé dans un ancien couvent (1877) au bord de la route, le **musée maritime Bernier** *(visite tous les jours sauf les 1ᵉʳ janvier et 25 décembre ; projections de films ; $2.50 ;* ☎ *247 5001)* expose les objets ayant servi autrefois à la navigation, phares, etc. Une salle est consacrée à **Joseph-Elzéar Bernier** (1852-1934), l'un des nombreux marins nés à l'Islet ; capitaine au long cours qui consacra les années 1904-1927 à naviguer dans l'archipel arctique, il se rendit célèbre en 1908-1909 en prenant possession de toutes les îles de l'archipel au nom du Canada. Derrière le musée, il est possible de monter à bord du brise-glace Ernest Lapointe, construit en 1940, et du Bras d'Or, un hydroglisseur qu'utilisa la marine de guerre canadienne de 1968 à 1972.

St-Jean-Port-Joli★. – 3 420 h. Capitale de l'artisanat québécois, ce village aux jolies maisons traditionnelles marque aussi le point jusqu'où remonte l'eau salée de l'océan.

Près de 50 boutiques d'artisans s'échelonnent le long de la route, de l'Islet-sur-Mer à St-Roch-des-Aulnaies *(le bureau d'information touristique distribue un dépliant situant chaque boutique).* Le **musée des Anciens Canadiens ★★** *(près du centre d'artisanat ; visite toute l'année ; $1.00* ☎ *(418) 598 3392)* expose les œuvres des artisans qui depuis 1930 ont fait la renommée de St-Jean-Port-Joli : sculptures sur bois des frères Bourgault, personnages aux attitudes familières, bateaux miniatures d'Eugène Leclerc, tissages de Mme Edmond Chamard. *Voir illustration p. 164.*

Au centre de la localité, l'**église** impose sa silhouette gracieuse, ses deux fins clochers et ses toits rouges qui s'évasent autour de l'abside. Construite en 1779 sur les plans de Jean et Pierre Baillargé, elle abrite la pierre tombale de Philippe Aubert de Gaspé (1786-1871).

La route longe le rivage et offre de jolies vues sur les hauteurs boisées de la Côte de Charlevoix, qui s'entr'ouvrent à l'embouchure de la rivière du Gouffre où se cache Baie-St-Paul.

St-Roch-des-Aulnaies. – 218 h. C'est l'un des rares villages au Québec qui dispose d'une seigneurie comportant un manoir et un moulin banal. La **Seigneurie des Aulnaies** *(sur la route 132 ; visite accompagnée (1 h) de fin juin à début septembre ; $2.00 ;* ☎ *(418) 354 2800)* fut construite de 1850 à 1853. Le moulin est en bon état de marche et son fonctionnement est expliqué aux visiteurs *(farine en vente).*

La Pocatière★. – 4 560 h. Important centre d'enseignement agricole. Sur la terrasse qui domine la plaine côtière est perché le **musée François-Pilote ★** *(derrière le collège Ste-Anne ; accès par les routes 230, 132, ou en venant de l'autoroute 20 par la rue du Quai). Visite tous les jours sauf le dimanche matin, le samedi hors saison et les jours fériés. $2.00.* ☎ *(418) 856 3145.* La visite de cet ensemble important, réparti sur trois étages, demande plusieurs heures si l'on veut tirer profit des commentaires accompagnant les objets exposés. Noter surtout, au 1ᵉʳ étage (l'entrée est au 2ᵉ), la section réservée à la récolte et préparation du sucre d'érable, la salle des voitures à chevaux, celle sur les camps de bûcherons et le travail du bois ; au 3ᵉ étage, l'intéressante série de pièces meublées (salon bourgeois, maison rurale 1900) ; enfin au 2ᵉ étage les oiseaux et mammifères naturalisés.

Kamouraska★. – 442 h. Jolie localité au bord de l'eau ; une route secondaire mène au rivage d'où la **vue★** embrasse la Côte de Charlevoix, de l'île aux Coudres à St-Siméon.

Rivière-du-Loup★. – 13 459 h. Important centre industriel, commercial et culturel, au carrefour de la route côtière, de la transversale vers le Nouveau Brunswick (route 185), et du traversier de St-Siméon, la ville doit son nom aux loups marins (phoques) qui autrefois venaient nombreux sur la rive. L'étroite plaine bordant le fleuve est une zone de loisirs et de villégiature (port de plaisance, camping, plages), tandis que la ville, ses rues commerçantes et ses petites maisons blanches à galerie de bois grimpent à l'assaut de la terrasse qui domine la côte, et que la rivière dévale en une **chute★** de 30 m de haut *(en ville ; accès par la route 185 puis prendre à gauche la rue Frontenac (signalée).*

Bic★★. – 2 994 h. Villégiature renommée pour la beauté de sa **baie★★**, flanquée à l'Ouest d'un chaos de collines et d'îlots boisés de l'effet le plus pittoresque.

Rimouski★. – 29 120 h. Au bord d'une belle et ample **baie★**, Rimouski est la métropole du Bas St-Laurent, son centre industriel, commercial, administratif, religieux et universitaire, et jouit à Pointe-au-Père d'un port océanique ouvert toute l'année. A l'Ouest de la ville, se trouvent les **chutes★** de la rivière Rimouski qui dévale en torrent entre les rochers, tandis que dans un cadre boisé un barrage de bois retient un petit lac aménagé pour la baignade *(à 5 km du centre-ville – prendre le boulevard de la Rivière sur 2 km, à droite l'avenue Tessier sur 2 km, puis à droite la direction « cité de Rimouski »).*

L'arrivée à Ste-Flavie marque l'entrée dans la Gaspésie *(p. 159).*

CABANO

Carte des Principales Curiosités p. 10 – 65 km au Sud-Est de Rivière-du-Loup – *Schémas p. 157 et 190* – 3 291 h.

Centre industriel et commercial (industrie forestière), Cabano jouit d'un joli **site★** au bord du lac Témiscouata. Dès l'époque de la Nouvelle France, passait ici une importante voie de liaison entre l'Acadie, par la Madawaska et la rivière St-Jean, et Québec, par le « grand portage » (que suit à peu près l'actuelle route 185) et le St-Laurent.

Fort Ingall. – *2 km de la ville par la route 232 (signalé). Visite de fin juin à début septembre tous les jours sauf le lundi ; le reste de l'année en semaine seulement. Fermé de mi-novembre à début avril. Entrée $1.25. Restaurant.* ☎ *(418) 854 2052.*

Dans un beau **site★** dominant le lac, on a reconstruit la haute palissade de ce fort et quelques bâtiments en troncs équarris. L'original fut bâti en 1839 devant les revendications de l'État du Maine, qui menaçait d'annexer la région et de couper ainsi la route du grand portage. On y logea 200 soldats ; mais un accord fut signé en 1842 sans qu'un seul coup de feu n'ait été tiré. Expositions sur la région, sur le célèbre Grey Owl *(voir p. 93)* qui y vécut quelque temps, et sur l'artisanat local.

Les CANTONS DE L'EST ★

Carte des Principales Curiosités p. 10 – *Schéma ci-dessous.*

Cette région à l'Est de Montréal (on l'appelle aussi Estrie) fut peuplée à la fin du 18ᵉ s. par des Loyalistes *(voir p. 105)* réfugiés de Nouvelle Angleterre après la guerre d'Indépendance des États-Unis (1775-1783). Des terres leur furent distribuées en « franc et commun soccage », c'est-à-dire libre de la tenure seigneuriale *(voir p. 146)* qui avait toujours été la règle en Nouvelle France, et divisées en lots carrés au lieu des « rangs » de bandes longues et étroites du régime français. La toponymie reflète d'ailleurs largement l'origine anglo-saxonne du peuplement. Aujourd'hui, les francophones représentent 85 % de la population.

Connus aussi pour les mines d'amiante à ciel ouvert d'Asbestos et de Thetford Mines (90 % de la production canadienne et 40 % environ de la production mondiale), les Cantons de l'Est sont une région de vallonnements boisés très pittoresques au charme rural. Vers le Sud, le long de la frontière américaine, s'élèvent les premiers contreforts des Appalaches, montagnes boisées dont les vallées abritent une série de lacs ravissants, comme les lacs Brome, Memphrémagog, Magog et Massawippi ; c'est une zone de villégiature d'hiver et d'été, peuplée de résidences secondaires ; des pistes de ski alpin équipent les principaux sommets (Mt Sutton, Mt Orford) ; le printemps est la saison des sucres, l'été celle de la baignade dans les lacs, et l'automne celle de la magie des feuillages. Durant l'été se multiplient les manifestations culturelles, avec le festival de musique au Centre d'Arts du Parc du Mt-Orford et celui de théâtre à North Hatley.

Sherbrooke (74 075 h.), capitale de la région, est un centre industriel et universitaire.

VISITE

Magog★. – 13 604 h. Ville industrielle (textile), Magog est aussi un centre de villégiature dans un joli **site★** au bord du lac Memphrémagog que surplombent les hauteurs des Appalaches. Une jolie **route★** *(23 km)* dominant le lac mène à l'abbaye bénédictine de **St-Benoît-du-Lac**, célèbre pour ses offices accompagnés de chants grégoriens et pour le fromage que fabriquent les moines.

En bateau sur le lac★. – *En juillet et août, départ tous les jours à 13 h 30 ; durée 2 h 1/2 ; $5-7.00 ; en juin le dimanche seulement ;* ☎ *(819) 843 8068.*

Ce long lac étroit qui s'étire jusqu'au Vermont est bordé à l'Ouest de montagnes et à l'Est d'une rive plus douce, agrémentée de jolies résidences d'été.

Parc du Mont-Orford★. – Le mont Orford, en bordure des Appalaches, domine de ses 853 m une grande partie de l'Estrie. Le parc provincial du même nom est voué aux loisirs *(golf, équitation, camping, ski alpin ;* ☎ *843 6233) ;* c'est en été un haut-lieu culturel où les Jeunesses Musicales du Canada organisent cours, concerts et récitals.

Les Cantons de l'Est et les Laurentides

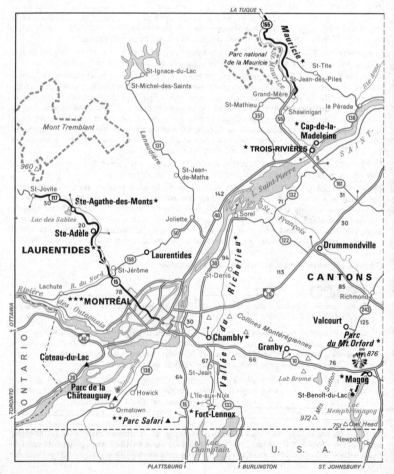

Belvédère★★. – *Accès par télésiège (20 mn) tous les jours en juillet, les fins de semaine seulement de mi-juin à mi-octobre. $5.50.* ☎ *843 6548.* Du sommet des pistes, **vue**★ étendue vers le Sud jusqu'au lac Memphrémagog, les pistes de Owl Head et les hauteurs du Vermont.

De là un sentier monte au relais de télévision, d'où se découvre un vaste **panorama**★★ sur les monts Sutton, le lac Brome, les collines montérégiennes *(p. 172)* et le plateau cultivé qui contraste avec les collines boisées des Appalaches. Au sommet, l'odeur des résineux envahit l'atmosphère, car la végétation étage ses essences suivant l'altitude et les pins ont remplacé les feuillus qui poussent au pied du mont.

Compton★. – 728 h. Dans ce paisible village naquit **Louis-Stephen Saint-Laurent** (1882-1973), homme politique et Premier ministre du Canada de 1948 à 1957. Fervent nationaliste, Saint-Laurent était respecté de tous et familièrement appelé « oncle Louis ».

Parc historique national Louis-S. Saint-Laurent★. – *6, rue Principale Sud. Ouvert de mi-mai à début septembre le matin et l'après-midi du lundi au vendredi, toute la journée sans interruption les samedis et dimanches ; de début septembre à début octobre du mercredi au dimanche le matin et l'après-midi ;* ☎ *(819) 835 9222.*

La visite de la maison natale de Saint-Laurent et du magasin général ayant appartenu à son père, permet de découvrir le milieu dans lequel il passa son enfance et sa jeunesse. Dans l'entrepôt du magasin, une animation audio-visuelle *(20 mn)* illustre sa carrière juridique et politique ainsi que les principaux événements qui ont marqué cette époque.

Granby. – 38 069 h. Active ville industrielle au cœur d'une région d'élevage laitier.

Zoo★. – *347 avenue Bourget, bien signalé. Visite de mai à octobre. $5.50.* ☎ *272 9113.*
Agréable zoo garni d'arbres, où l'on peut voir singes, lions, tigres, éléphants, rhinocéros, hippopotames, surtout à l'heure de leur repas *(15 h 30).*

Musée de voitures. – *En face du zoo ; visite de début mai à mi-octobre. $3.00.*
Plus de 50 voitures de 1900 à 1930, en excellent état et accompagnées de mannequins en costume d'époque.

Valcourt. – *Route 222.* 2 601 h. La petite ville est dominée par une importante usine de motoneiges. En 1907, naquit à Valcourt **Armand Bombardier,** mécanicien et inventeur, qui en 1935 mit au point une machine à roue motrice et chenilles, pour tracter sur la neige. Ce n'était pas la première motoneige (les premiers modèles datent des années qui suivirent la Première Guerre mondiale), mais la machine de Bombardier devait la première connaître le succès et une production à grande échelle. Après avoir construit des automobiles, des tracteurs industriels, forestiers et militaires, Bombardier créa des modèles plus petits destinés aux loisirs, dont le célèbre **Ski-doo** (1958-59). Il existe dans le monde 1,5 million de motoneiges, dont plus de la moitié ont été fabriquées par la compagnie Bombardier.

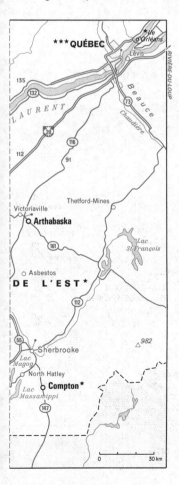

Musée J. Armand Bombardier★. – *Derrière l'usine, rue J. A. Bombardier. Visite tous les jours l'après-midi. Fermé les jours fériés.* ☎ *(514) 532 2258.*

Consacré à l'histoire de cet homme hors du commun et à ses inventions, il expose de nombreux modèles de motoneiges. On voit aussi le premier garage bâti par son père lorsque le jeune inventeur consacrait ses loisirs à la mécanique.

Arthabaska. – *Route 161, à 8 km au Sud de Victoriaville.* 6 827 h. Joliment située au pied du **mont St-Michel,** cette petite localité est au cœur de la région des **Bois-Francs,** pays de forêts où abondent érables, érablières, et où se pratiquent des parties de sucre au printemps *(voir p. 149).*

Musée Laurier★. – *16 rue Laurier Ouest. Visite de mi-janvier à mi-décembre, le matin et l'après-midi du mardi au vendredi, l'après-midi seulement les samedis et dimanches. Fermé les lundis et jours fériés. $2.00.* ☎ *(819) 357 8655.*

C'est, dans un cadre charmant, une maison victorienne que se fit construire en 1876 Sir Wilfrid Laurier *(voir p. 164),* qui exerçait alors à Arthabaska la profession de juriste. Après son élection comme Premier ministre, il y séjournait encore chaque été, heureux de s'y délasser des fatigues de sa charge. Plusieurs pièces ont gardé leur mobilier originel, et l'on peut voir une intéressante projection de diapositives *(15 mn)* sur la vie de Laurier à Arthabaska.

Drummondville. – 27 347 h. Centre industriel sur la rive gauche de la rivière St-François, spécialisé dans la confection.

Village Québécois d'Antan. - *Rue Montplaisir, 3 km de la Transcanadienne (route 20) sortie 181. Visite de juin à août. Fermé le lundi. $5.00.* ☎ *(819) 478 1441.*

Des bâtiments du 19e s., rassemblés au bord de la rivière, composent un agréable village reconstitué où des guides en costume d'époque expliquent la vie quotidienne du siècle dernier.

CHARLEVOIX (Côte de) ★★

Carte des Principales Curiosités p. 10.

Elle s'étend de la côte de Beaupré *(p. 184)* au Saguenay *(p. 186),* et doit son nom au jésuite François-Xavier de Charlevoix (1682-1761), auteur du premier ouvrage historique publié sur le Canada (1744).

C'est une côte accidentée et pittoresque sur toute sa longueur, où les Laurentides, c'est-à-dire le rebord du Bouclier canadien, plongent directement de 500 à 600 m dans le St-Laurent.

Ces croupes boisées, ces falaises spectaculaires, les chutes impressionnantes des cours d'eau sur cette brusque rupture de pente, la succession des montées et descentes le long de la route offrant autant de vues sur le fleuve, les villages où les traditions anciennes de la vie communautaire et de l'artisanat se sont conservées jusqu'à nos jours, font le charme de cette région.

Sauvage, peu habitée, la région vit surtout de l'agriculture, de l'exploitation forestière, et du tourisme, car la beauté des paysages y attire en été les amateurs de calme, de pêche, ou de promenade en forêt.

De Beaupré à Baie-Ste-Catherine

173 km – compter 2 jours – schéma ci-dessous

Dès qu'elle a franchi la rivière Ste-Anne-du-Nord, la route grimpe sur le rebord du Bouclier canadien.

Chutes Ste-Anne★★. – *Signalées sur la route, 4 km après Beaupré. Visite de mi-mai à fin octobre. $2.25. Pique-nique.* ☎ *(418) 827 4057.*

Dans un cadre sauvage et grandiose de rochers et de forêt, la rivière Ste-Anne dévale plus de 100 m en une série de rapides et de chutes spectaculaires. Un parcours aménagé sur les deux rives et doté de plusieurs belvédères permet de jouir des différentes vues sur le gouffre et le torrent écumant.

La route 138 s'éloigne des montagnes pour rejoindre la côte à Baie-St-Paul ; dans la descente, se découvre une **vue**★★ superbe sur la vallée.

Baie-St-Paul★. – 3 961 h. La localité se situe dans une vallée agricole, large et profonde, où coule la rivière du Gouffre. Une promenade le long du quai, où voisinent bateaux de pêche et de plaisance, offre une jolie vue sur la baie peu profonde, fermée par l'île aux Coudres. Rendez-vous des artistes, Baie-St-Paul compte de nombreux peintres et artisans.

Au Nord de Québec

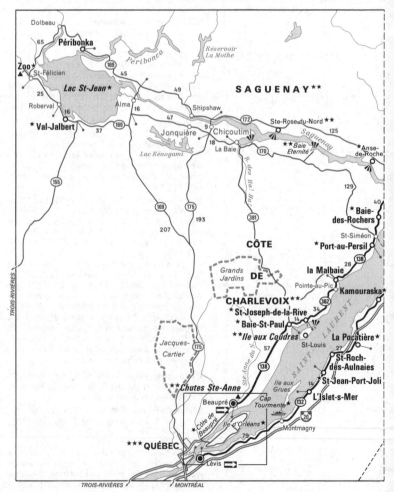

Une belle **vue**★ s'offre encore en quittant la ville par la route 362. *Plus loin prendre à droite vers St-Joseph-de-la-Rive.*

St-Joseph-de-la-Rive★. – 247 h. Petite station de villégiature, St-Joseph-de-la-Rive occupe un agréable site boisé ; sa fabrique artisanale de papier (Société St-Gilles), est la seule au Canada où le papier soit fait à la main. C'est aussi l'embarcadère pour l'île aux Coudres ; du quai, belle **vue**★ sur l'île, la baie de Baie-St-Paul et au Nord les falaises.

Ile aux Coudres★★. – 1 505 h. *Traversier toute l'année, service réduit en hiver ; départ de St-Joseph-de-la-Rive (chaque 1/2 de l'heure) et de l'île (chaque heure) ; durée 1/4 h ; prix $2.75 (voiture et chauffeur) et $1.10 par personne supplémentaire.* ☎ *(418) 438 2743.*

L'île doit son nom aux coudriers (noisetiers) que Jacques Cartier y trouva en grand nombre lors de son voyage de 1535.

Cette île plate, d'environ 9 km sur 4 km, doit beaucoup de son charme à l'isolement et à l'atmosphère marine qui la baigne. On peut y loger en hôtel familial ou en chalet, goûter la cuisine locale (anguilles, éperlans, soupe aux gourganes), se promener le long des battures *(voir p. 152)*, et faire connaissance avec la vie des insulaires.

Héritiers d'une longue tradition (l'île est peuplée depuis 1728), les habitants sont encore agriculteurs (pommes de terre, fraises et pommes), mais furent aussi, naguère, constructeurs de goélettes, pêcheurs et excellents marins, nécessité vitale jusqu'à la mise en service d'un traversier quotidien dans les années 1960 ; auparavant passagers et sacs de courrier passaient, en hiver, sur de solides barques de bois renforcées de patins de fer ; parmi les courants et les remous, l'équipage devait, à grand péril, contourner les glaces charriées par le fleuve ou hisser le canot sur ces plaques mouvantes. Remis au goût du jour, ce difficile métier d'antan est aujourd'hui devenu un sport de compétition et l'une des grandes attractions du Carnaval d'hiver de Québec.

Une autre tradition de l'île, l'artisanat (tissages, catalognes) est toujours à l'honneur.

Visite. – A St-Louis, au Sud-Ouest de l'île, le **bateau Mont St-Louis,** échoué sur la grève, l'une des dernières goélettes qui furent si nombreuses sur l'île et la côte de Charlevoix, est transformé en un petit musée des Voitures d'Eau *(visite en été ; $3.00 ; commentaire enregistré ;* ☎ *(418) 438 2208).* Non loin de là se dressent les deux **moulins Desgagnés,** à vent *(visite en été ; $2.00)* et à eau, construits au 18ᵉ s.

A la Baleine sur la côte Sud de l'île, la **maison Leclerc** (1780) est garnie de meubles anciens, vieux rouets, haute horloge à buffet, et divers objets comme ce minot qui servait à mesurer la dîme du curé *(sur le boulevard Leclerc ; visite de fin juin à début septembre ; $1.00).*

La route qui contourne l'île offre par temps clair d'agréables vues sur les deux rives du St-Laurent en particulier depuis **Pointe-du-bout-d'en-bas**★★, à la pointe Nord de l'île, et depuis l'**Islet**★, à son extrémité Sud.

Reprendre la route 362 vers La Malbaie.

La Malbaie. – 4 030 h. C'est un centre de villégiature de bon ton, dans un beau site boisé (un peu au Sud, à Pointe-au-Pic, se trouve le Manoir Richelieu, célèbre et luxueux hôtel). La Malbaie fut baptisée ainsi par Champlain qui en 1608 s'y trouva échoué à marée basse.

Emprunter à nouveau la route 138, que l'on quitte un moment pour descendre vers la rive à Port-au-Persil.

Port-au-Persil★. – Petit hameau maintenant inhabité, réputé pour son pittoresque site rocheux qui a inspiré de nombreux peintres. Jolies **vues**★ sur l'île aux Lièvres et la rive Sud du fleuve.

Revenir sur la route 138.

Baie-des-Rochers★. – *Prendre sur la droite un étroit chemin signalé (3,5 km) ; à mi-parcours le chemin forme cul-de-sac ; poursuivre à pied.*

Le sentier débouche sur une pittoresque petite crique au charme tranquille avec son vieux quai abandonné.

Baie-Ste-Catherine. – 209 h. La descente vers le Saguenay offre une très belle **vue**★ sur l'embouchure de la rivière et le site de Tadoussac *(voir p. 187).*

Traversier jour et nuit pour Tadoussac (durée 1/4 h).

La CÔTE NORD ★

Carte des Principales Curiosités p. 10 – *Schéma p. 157.*

La Côte Nord désigne la rive gauche du St-Laurent, le long des 1 250 km qui séparent le Saguenay du détroit de Belle-Isle. Côte accidentée au rebord du plateau laurentien, recouverte par la forêt boréale de conifères, défavorisée par un climat rude interdisant l'agriculture, la Côte Nord est restée longtemps isolée et sauvage, jalonnée seulement de quelques missions indiennes et de petits villages de pêcheurs abrités au fond des criques.

La partie Ouest de la côte, reliée par la route à Tadoussac, a commencé à se développer vers 1920, grâce à l'exploitation forestière ; mais ce sont les années 1950 qui marquèrent l'essor de la région, avec le début de l'aménagement hydro-électrique et de l'exploitation minière.

Aujourd'hui, l'équipement des rivières Betsiamites, rivière aux Outardes et Manicouagan, avec une puissance installée de plus de 6 millions de kW, a fait du Québec une province exportatrice d'électricité ; l'ilménite, minerai riche en oxydes de fer et de titane, près de Havre-St-Pierre, et surtout le fer de la **« fosse du Labrador »**, principal gisement canadien qui s'étire de 300 à 600 km au Nord de Sept-Iles et sur lequel se sont créées les villes minières de Labrador City (Labrador) et Schefferville (Québec) *(carte générale* **L 4)**, ont amené la création des grands ports de Sept-Iles et Port-Cartier, respectivement second et troisième ports canadiens après Vancouver.

Sept-Iles (29 262 h.), la métropole de la Côte-Nord, occupe un **site★** remarquable au creux d'une baie quasi circulaire qui forme un excellent port, actif toute l'année ; le minerai, acheminé par train depuis les mines de Schefferville et de Labrador City, y est concentré puis embarqué pour les centres sidérurgiques des Grands Lacs.

Port-Cartier (8 191 h.), port minéralier construit en 1955 au débouché du chemin de fer de Gagnon, est en outre équipé d'élévateurs à grains, où les océaniques qui viennent des ports des Grands Lacs moyennement chargés, du fait du tirant d'eau de la Voie Maritime *(voir p. 176)*, peuvent compléter leur chargement.

Baie-Comeau (12 866 h. – *schéma p. 160)*, au bord d'une agréable **baie★**, est également un grand centre portuaire, doté d'élévateurs, et une ville industrielle (aluminium et papier journal).

■ LA MANICOUAGAN

L'aménagement des deux rivières parallèles (Manicouagan et rivière aux Outardes) a demandé des travaux gigantesques qui durèrent 20 ans (1959-1978) et furent en leur temps le plus grand chantier du monde. Le « complexe Manic-Outardes » comprend 7 centrales et une série de barrages et de réservoirs qui représentent une puissance installée de 5 517 010 kW. Pour transporter cette énergie jusqu'aux centres de consommation (Québec, Montréal et les États-Unis) on installa le premier réseau au monde de lignes à très haute tension : 735 000 Volts.

Excursion à Manic 5★★. – *432 km AR – 1 journée ; cafétérias et postes d'essence près de Manic 2, 3 et 5 ; motel à 1 km de Manic 5* ☏ *(418) 584 2301 ; camping près de Manic 2. Pour les visites guidées des centrales et barrages, s'adresser au Centre d'information* ☏ *(418) 296 7902, mis en service en été au carrefour des routes 138 et 389.*

La route est longue et monotone, malgré le paysage accidenté, à travers l'immuable forêt du Bouclier canadien, mais les vues sur la rivière et l'intérêt des visites justifient l'excursion.

Manic 2. – Au km 19, peu avant la centrale, belle **vue★** sur la rivière, ses rives abruptes et les croupes boisées environnantes.

Barrage Daniel-Johnson★★. – Manic 5. *Visite accompagnée (1 h 30) de mi-juin à début septembre à 11 h, 13 h, 14 h et 15 h ; renseignements* ☏ *(418) 296 7902 ; un film de 20 mn présente le complexe Manic-Outardes et la construction du barrage.*

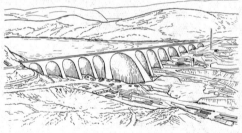

(D'après photo Hydro-Québec)

Barrage Daniel-Johnson

Achevé en 1968, ce barrage est le plus imposant de la série, à la fois par sa taille et par son site. C'est un grand barrage de béton à voûtes multiples dont l'arche centrale, haute de 214 m, pourrait encadrer la tour de la Place Ville Marie à Montréal. Un autobus circulant sur sa crête y semble une fourmi. L'immense réservoir que retient le barrage (1 950 km²) permet de régulariser l'alimentation en eau de toutes les centrales bâties en aval sur la rivière.

Participez à notre effort permanent de mise à jour.

Adressez-nous vos remarques et vos suggestions

Services de Tourisme Michelin
46 avenue de Breteuil
F-75341 Paris Cedex 07

GASPÉSIE ★★★

Carte des Principales Curiosités p. 10.

Itinéraire de 752 km – environ 5 jours.

La Gaspésie est une vaste péninsule bordée par le bas estuaire et le golfe du St-Laurent, et au Sud par la baie des Chaleurs. Au centre, les monts Chic-Chocs, pointe extrême des Appalaches, en forment l'épine dorsale : ce sont des croupes rocheuses couvertes de forêts denses et inhabitées, où naissent une multitude de petits fleuves côtiers réputés pour la pêche au saumon.

La côte au contraire, baignée d'une atmosphère marine, est une étroite plaine littorale bordée d'un chapelet de villages de pêcheurs ; c'est là que réside la plus grande partie de la population. La pêche est la grande activité gaspésienne (morue, hareng, capelan, éperlan, flétan), accompagnée de l'exploitation forestière, d'un peu d'agriculture et surtout du tourisme.

Le Rocher Percé

Longtemps isolée (la route côtière ne date que de 1929), la Gaspésie reçut ses premiers touristes au début du 20e s. : quelques privilégiés séduits par la beauté des paysages et la vie simple qu'on y menait.

De nos jours, les visiteurs sont plus nombreux, mais la Gaspésie reste un peu un « bout du monde » qu'évitent les gens pressés. On y vient admirer les falaises battues des flots, escalader les crêtes pour jouir du panorama, observer le ballet incessant des mouettes, ou goûter le poisson pêché du jour, visiter stations piscicoles ou conserveries, pêcher au large ou en rivière. Une visite en Gaspésie doit être l'occasion de déguster la **bouillabaisse gaspésienne,** plat de poissons et de coquillages en sauce servi avec du pain aillé. L'**artisanat,** toujours vivant, propose au visiteur catalognes, tricots, etc., ou encore ces maquettes des voiliers de jadis, tout en bois, qui se vendent en plein air le long de la route *(1)*.

■ ESTUAIRE DU ST-LAURENT★★

De Ste-Flavie au parc national de Forillon - *351 km – compter 1 journée – schéma p. 160-161*

Parc de Métis★★. – *Visite de début juin à début septembre ; restaurant : spécialité de plats traditionnels canadiens. Stationnement $3.25. Aires de pique-nique.* ☎ *775 2221.*

Situés entre Grand Métis et Métis-sur-Mer, ces agréables **jardins★★** sont coupés d'espaces boisés ; pelouses, parterres, jardins de rocailles, roseraie, pivoines, lilas et rhododendrons y étalent savamment leur floraison durant toute la saison. Les rudes hivers de la région font de ce parc une sorte de miracle, créé à partir de 1922 grâce aux soins, à la science et à l'obstination de Mme Reford, qui en 1929 devint membre de la Royal Horticultural Society de Londres. Il est aujourd'hui entretenu par le ministère du Tourisme du Québec.

Au centre du domaine, la villa des Reford abrite au rez-de-chaussée le restaurant et une boutique d'artisanat, et à l'étage le **« musée »,** pièces remeublées dans le style de l'époque.

Matane★. – 13 612 h. Centre industriel régional (exploitation forestière, conserveries de crevettes), Matane est reliée par deux traversiers à la Côte Nord (Baie Comeau, Godbout). Juste derrière l'hôtel de ville, une **passe migratoire★** a été pratiquée dans le barrage Mathieu d'Amours ; on peut y observer, derrière une vitre, le passage de quelques-uns des 2 000 saumons qui chaque année, de mi-juin à début octobre, viennent frayer dans la rivière Matane.

Après Matane, bordant la large plaine côtière agricole, apparaissent les hauteurs boisées des monts Chic-Chocs ; de temps à autre, elles s'avancent jusqu'à la rive en caps rocheux (Grosses Roches, Cap Chat) qui offrent d'agréables vues plongeantes ; ailleurs les cultures recouvrent des terrasses marines étagées en pente douce jusqu'au plateau. Les villages se nichent dans de jolis sites au débouché des rivières ; jusqu'à Ste-Anne des Monts, se profile à l'horizon, comme une mince ligne bleue, la rive Nord du St-Laurent jusqu'au Cap de Pointe-des-Monts.

Parc de la Gaspésie★. – *Excursion de 39 km. Hôtel-restaurant (Gîte du Mont-Albert) - Chalets, camping, pêche, randonnée pédestre.* ☎ *763 3301.*

Le parc s'étend, à l'intérieur de la péninsule, sur les principaux sommets des monts Chic-Chocs (**monts Jacques Cartier,** 1 268 m, point culminant du Québec, et **Richardson,** 1 173 m). Leur relief vigoureux, comme bousculé, couvert de forêts denses, contraste avec la côte et sa lisière agricole. Sur les sommets, que dénude la rudesse du climat, apparaissent par endroits, même en été, des taches de neige.

---

(1) Pour plus de détails, lire « La Gaspésie, Itinéraire Culturel », collection des Guides Pratiques, Beauchemin Ed. officiel du Québec.

Au Gîte du Mont Albert, le **centre de nature,** (ouvert de mi-juin à fin août, l'après-midi ; ☏ 763 2288) présente succinctement le parc dont les sommets appartiennent à une masse de roches granitiques, entourée de roches métamorphiques qui recèlent des gisements de cuivre (Murdochville). L'épaisse forêt de conifères qui couvre les flancs des monts cède la place au sommet à la toundra alpine, composée d'arbustes rampants, de mousses et de lichens. Créé en 1937 pour protéger le caribou des bois qui fréquente ses sommets, le parc abrite également chevreuils et orignaux. Projection de films ou diapositives. Possibilité d'excursions à pied avec un naturaliste, aux monts Albert ou Jacques Cartier ; durée 1 journée, ☏ 763 3039.

Revenir à Ste-Anne-des-Monts.

De St-Joachim-de-Tourelle à Gros-Morne le paysage agricole et doux fait place à une **côte★★** escarpée, rocheuse et boisée, très pittoresque. La route épouse le pied de chaque cap, et à chaque rivière pénètre un instant dans une douce vallée aux flancs couverts de forêt sombre. A **Mont-St-Pierre,** d'impressionnantes falaises de schiste encadrent la baie. A l'Anse Pleureuse, la station piscicole élève des saumons de 1 mois 1/2 à 4 ans.

Puis le relief s'atténue, mais la route reste sinueuse, les crêtes rocheuses venant mourir en oblique sur la rive. Peu avant le village de **Grande Vallée** une halte routière offre une jolie vue sur le village et la baie ; au centre de la localité, le pittoresque **pont couvert** en bois, comme il en existe encore beaucoup au Québec, date de 1923 ; il est toujours en service.

On rencontre beaucoup d'artisanat dans ce secteur, et parfois au bord de la route un four à pain, encore utilisé comme autrefois. Sur la grève apparaissent les **vigneaux,** longues tables en treillis où sèchent les morues. **Rivière-au-Renard** est le plus important centre de pêche du Québec : morue, perche, plie, etc.

La route côtière longe à l'Est le parc national de Forillon, jusqu'à Cap-des-Rosiers. De là, **vue★** sur la baie du cap Bon Ami et le cap Gaspé.

■ **PARC NATIONAL DE FORILLON★★** – schéma p. 161

Camping ; pique-nique ; baignade ; randonnées avec naturalistes ; excursions en mer. Permis de circulation $1.00 pour la journée sur la route du Cap Bon Ami (et du centre d'interprétation) et celle du Cap Gaspé. Voir tarif p. 24. ☏ (418) 368 5505.
La péninsule de Forillon borde au Nord la baie de Gaspé. Une crête étroite, qui parcourt le centre du parc et pointe en mer au Cap Gaspé, y crée un relief accidenté ; la côte de la baie de Gaspé, moins verticale que la rive Nord du parc mais encore abrupte, est découpée de minuscules anses. En été, oiseaux migrateurs et oiseaux de mer abondent sur les falaises ; les phoques approchent des rochers du rivage, et des groupes de baleines pénètrent parfois dans la baie. Le **centre d'interprétation** (près de Cap des Rosiers, ouvert toute l'année ; stationnement $1.00 ; ☏ (418) 892 5572) présente le parc et sa faune terrestre et marine.
Continuer la petite route du Cap Bon Ami, d'où un sentier mène à la plage : **vue★★** saisissante sur le **Cap Bon-Ami,** dont les falaises plongent de 150 m dans la mer.
Sur la côte Sud de la péninsule, la route de l'Anse aux Sauvages offre de jolies **vues★** sur la baie de Gaspé.

■ **GASPÉ**★ – *schéma ci-contre*

Cette ville (17 261 h.), la plus grande de Gaspésie, cumule les fonctions de centre industriel, administratif, commercial et touristique, grâce à la proximité de l'aéroport. Elle jouit d'un joli **site**★ à flanc de colline, dans la baie abritée où se jette la rivière York.

C'est ici que, en juillet 1534, Jacques Cartier jetait l'ancre et prenait symboliquement possession du territoire au nom du roi de France en y dressant une croix de bois. Il avait quitté St-Malo le 20 avril, sur ordre de François 1ᵉʳ, à la recherche du « royaume des Terres Neuves où l'on dit qu'il doit se trouver grande quantité d'or et autres riches choses ».

Musée d'Histoire et de Traditions Populaires★ (M). – *Visite tous les jours sauf les samedis et jours fériés de septembre à juin. $1.50.* ☎ *368 5710.*

Dans un beau **site**★ face à la baie et au parc Forillon, le musée présente avec clarté l'histoire et la vie de la péninsule : les voyages de Jacques Cartier, le peuplement de la côte (où s'établirent tour à tour Français, Anglais, Jersiais, Irlandais, Loyalistes et Acadiens), la pêche à la morue, l'industrie baleinière, l'exploitation des forêts. Des projections *(sur demande)* présentent le folklore gaspésien : musique, chansons et contes.

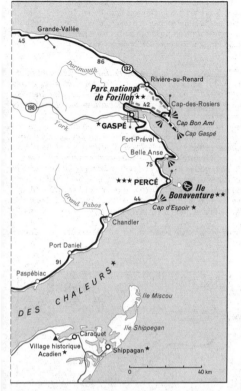

Sur l'esplanade devant le musée, fichées dans le sol et polies comme des galets géants, se dressent les stèles du **monument à Jacques Cartier**★ (1976) *(lieu historique national)* de Pier et Jean-Julien Bourgault, sculpteurs à St-Jean-Port-Joli ; elles portent d'un côté de délicats bas-reliefs, de l'autre des extraits du journal du grand navigateur. L'ensemble s'inscrit de façon harmonieuse dans le site et les collines environnantes.

Cathédrale du Christ-Roi★(A). – C'est une église moderne (1964), toute revêtue de bois, remarquable pour ses lignes audacieuses.

Croix de granit. – *Rue du Monument, en contrebas de la cathédrale.* Presque dissimulée sous les arbres d'un petit jardin public, cette croix fut érigée en 1934 en souvenir de celle qu'avait dressée Cartier 400 ans plus tôt.

En quittant Gaspé, la **route**★★ de Percé *(75 km)* offre de jolies vues sur le cap Gaspé, en particulier depuis l'Auberge Fort-Prével. Puis la route 132 vers le cap Belle Anse offre des **vues**★★ sur la baie de Malbaie, sur le Rocher Percé et l'île Bonaventure. En se rapprochant de Percé, la route monte et descend, et développe de nombreux lacets, avant d'engager une descente sur le village. La première **vue**★★ sur Percé est saisissante.

■ **PERCÉ**★★★ – *schéma p. 162*

Jadis petit village de pêcheurs vivant de la morue, Percé (4 839 h.) est devenue, avec l'amélioration des transports, une station réputée pour son **site**★★★ exceptionnel et ses restaurants gastronomiques. Malgré l'affluence de visiteurs en juillet et août, elle a gardé son charme bon enfant, qui invite à flâner le long du quai où à se mêler à la joyeuse animation qui règne auprès des cafés, des boutiques d'artisanat, du Centre d'art (théâtre en été).

Les alentours proposent de nombreuses promenades, toutes à recommander pour la variété des points de vue.

La côte★★★. – Chaque cap, chaque côte, révèle un nouvel aspect de ce paysage bousculé et complexe. Sur la côte dentelée, alternent criques et falaises orgueilleuses, superbement éclairées au soleil levant, qui inclinent doucement vers l'intérieur leurs pentes gazonnées. Dans le prolongement du Mont Joli, s'avance dans les flots le Rocher Percé, se profilant comme un navire à l'ancre, tandis qu'au-delà émerge, ronde comme une grosse tortue, l'île Bonaventure.

Plusieurs belvédères aménagés permettent d'apprécier la variété des points de vue et la beauté du site de Percé :

Le **Belvédère**★ *(sur la route 132)* offre une vue sur la dent du Pic de l'Aurore, et au Sud sur la falaise Rouge du Mont Blanc. Du **Cap Barré**★★, le regard embrasse le triple feston des Trois Sœurs, l'Anse du Nord, le Mont Joli et le Rocher Percé. Du **Mont Joli**★★ *(route d'accès en ville, non loin de l'hôtel de ville)*, au pied de la croix, s'offre une large vue panoramique ; des escaliers descendent du stationnement vers la plage du Nord.

Au Sud de Percé, la **Côte Surprise**★★ ménage une vue d'ensemble sur le village et sur le rocher. Enfin plus loin, au **Cap d'Espoir**★ *(11 km au Sud - schéma ci-dessus)*, vue générale sur le site de Percé et l'île Bonaventure.

161

GASPÉSIE★★★

Le **Rocher Percé★★**, qui donne son nom au site, est une imposante masse de calcaire (433 m de long, 88 m de haut et autant de large), percé par l'usure des vagues. Des gravures du 18ᵉ s. le représentent avec 2 arches ; la seconde s'écroula en 1845, laissant à sa proue un pilier isolé, l'« obélisque ». Le pied du rocher est relié par un isthme à celui du Mont Joli (aux grandes marées d'automne cet étroit passage peut être submergé) ; à marée basse, on peut s'aventurer à pied sec le long du Rocher *(voir horaires aux centres d'information touristique)*.

Excursion à l'île Bonaventure★★. – *Départ du quai (Anse du Sud), de juin à mi-octobre, de 8 h à 17 h ou 18 h (tous les 1/4 h en juillet et août ; toutes les heures les autres mois). Prix AR $8.00.* ☎ *(418) 782 2974. Les bateaux contournent l'île, s'arrêtent au débarcadère, et reviennent à Percé en 1 h ; jusqu'à 14 h on peut débarquer sur l'île et rentrer par un bateau suivant. Se munir de jumelles.*

À 3,5 km au large, l'île est comme le Mont Ste-Anne un bloc de conglomérat d'environ 3 km de diamètre, bordé de hautes falaises. Lorsqu'on en fait le tour en bateau, c'est sous les tournoiements et les piaillements assourdissants des milliers d'oiseaux qui nichent dans les anfractuosités de la roche : goélands, mouettes, cormorans à aigrettes remarquables par leur plumage noir d'encre et leur long cou, godes au bec puissant, marmettes à tête noire et plastron blanc, guillemots à miroir, plus petits, et de très rares macareux, qui portent en été un énorme bec tricolore. Sanctuaire d'oiseaux, l'île est surtout connue pour ses 50 000 fous de Bassan, la plus importante colonie du monde ; ces grands oiseaux blancs à l'œil fardé de noir nichent sur le rebord supérieur de la falaise, où l'on accède depuis le débarcadère par le sentier principal *(3/4 h à pied AR)*.

Promenades guidées sur l'île avec naturaliste ; voir aussi au centre d'interprétation faunique.

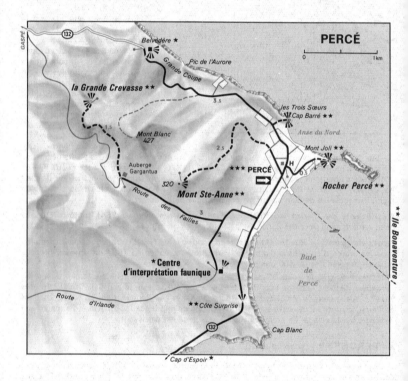

Mont Ste-Anne★★. – *2 h AR à pied par la rue de l'Église ; sentier escarpé mais sans difficulté.*

Les roches rouges du Mont Ste-Anne s'élèvent sur trois côtés en falaises abruptes, dominant le site de Percé ; du sommet du mont (320 m) où se dresse une statue de sainte Anne, la mère de la Vierge, s'offre un superbe **panorama★★★** sur toute la côte. C'est l'endroit idéal pour admirer le lever de soleil derrière le Rocher Percé.

Grande Crevasse★★. – *1 h 1/4 à pied AR depuis l'Auberge Gargantua, sur la route des Failles ; départ signalé devant le restaurant.*

Longeant la crête qui domine le flanc Ouest du Mont Blanc, cet agréable sentier en sous-bois débouche soudain sur une profonde fissure, la Grande Crevasse, vertigineuse mais facile à franchir, puis à quelques pas sur un **panorama** s'ouvrant sur les vallonnements et les forêts des monts Chic-Chocs vers l'Ouest, et vers le Nord jusqu'à la route 132 et l'anse du Coin du Banc et Barachois. On se trouve en haut de la falaise de conglomérat du Mont-Blanc, roche friable faite de graviers de tailles diverses, qui doit sa teinte rouge à l'oxyde de fer *(aucune protection ; déconseillé aux enfants et aux personnes sujettes au vertige).*

Centre d'interprétation faunique★. – *Visite de fin juin à fin août,* ☎ *(418) 782 2240.*

Belle **vue★★** sur le site de Percé et le Rocher. Le centre fournit d'intéressantes explications sur la géologie du site, les différentes roches des falaises et leur formation, et sur la vie animale que l'on peut y observer (oiseaux, mollusques, poissons, etc). *Excursions sur la plage et à l'île Bonaventure sous la conduite de naturalistes.*

■ BAIE DES CHALEURS★

De Percé à Matapédia – *284 km – environ 5 h – schéma p. 160-161*

Les deux paysages de cette côte contrastent avec les falaises de la région de Percé ; la plaine littorale remonte vers l'arrière-pays en terrasses couvertes pour moitié de bois et de prés ; des fermes s'éparpillent le long de la route tandis que les criques abritent de petits ports de pêche.

On verra par endroits des **barachois,** bancs de sable fermant une lagune où les pêcheurs échouent leurs barques, et des **fascines,** pièges faits de branches tressées plantées non loin du rivage et où les poissons se trouvent pris à marée basse.

Ici l'alternance est frappante entre les localités francophones, souvent créées par des Acadiens réfugiés après 1755 *(voir p. 192),* et anglophones, peuplées par des Loyalistes *(voir p. 193),* Irlandais, Écossais ou Jersiais entreprenants dont les compagnies de pêche, monopolisant le commerce de la morue, devaient au 19ᵉ s. dominer la côte gaspésienne jusqu'au Nord de Forillon.

Bonaventure. – 2 950 h. A la tête du pont, non loin de l'église, le **musée acadien** *(visite de fin juin à début septembre. $1.50, ☎ 534 2550)* rassemble meubles et souvenirs rapportés de Beaubassin *(p. 202)* par les 12 familles acadiennes qui fondèrent Bonaventure : rouets, métier à tisser, excellents portraits au fusain.

Carleton. – 2 710 h. Agréable ville de villégiature, au port presque fermé par une double flèche de sable, Carleton vit aussi de la forêt, de la pêche et de l'élevage.

Il faut monter admirer le **panorama du Mont St-Joseph**★★, par la rue de la Montagne, route en corniche *(6 km)* offrant de belles vues sur la côte, qui mène à l'Oratoire Notre-Dame au sommet du mont (altitude 605 m), d'où la vue s'étend sur la côte jusqu'à Bonaventure, sur les champs de la plaine et les moutonnements boisés de l'arrière-pays. *Longues vues.*

A Nouvelle, prendre à gauche sur 5 km, puis tourner à droite sur 1 km.

Musée d'histoire naturelle de Miguasha★. – *Visite accompagnée (1 h 30) de juin à début septembre ; ☎ (418) 794 2475.*

Les falaises de schistes et de grès près desquelles est construit le musée sont célèbres pour leur richesse en fossiles, restes minéralisés de poissons de l'époque dévonienne (il y a 350 millions d'années, à l'ère primaire) dont l'espèce a disparu.

Des guides interprètes, étudiants en géologie et en biologie, font visiter la salle où sont exposés quelques fossiles, en expliquant la faune du Dévonien et le processus de fossilisation, le laboratoire où des spécialistes les dégagent patiemment de leur gangue rocheuse, et mènent les visiteurs intéressés jusqu'au dépôt fossilifère *(par beau temps seulement ; durée 1 h).*

Revenir sur la route 132.

Au-delà de la pointe de Miguasha qui marque le fond de la baie des Chaleurs, la route remonte l'estuaire de la Restigouche, puis sa vallée au paysage ample et doux, au fond de prairies et de fermes entre des hauteurs boisées.

Matapédia★. – 845 h. Au confluent de la Restigouche et de la Matapédia, ce petit village jouit d'un **site**★ sauvage encaissé dans les flancs des Chic-Chocs aux forêts sombres. L'endroit est renommé pour la pêche sportive au saumon.

GATINEAU (Parc de la) ★★ – *Voir schéma p. 105 et description p. 128.*

Les LAURENTIDES ★★

Carte des Principales Curiosités p. 10 – *Schéma p. 154.*

Au sens géographique, les Laurentides désignent tout le rebord du plateau laurentien, de la rivière des Outaouais au Saguenay. Mais, dans l'usage courant, le mot s'applique à la populaire région de villégiature qui s'étend au Nord de Montréal, autour de la rivière du Nord (à distinguer du parc provincial des Laurentides, au Nord de Québec).

Appréciée des citadins depuis le début du siècle pour ses paysages et sa facilité d'accès, c'est une région de montagnes de granit, usées par les millénaires, puis recreusées de vallées en auges par les glaciers qui y ont laissé un semis de lacs.

Les quatre saisons. – L'épaisse forêt qui couvre ces croupes est particulièrement attrayante à l'**automne,** quand au vert des conifères se mêle tout le registre des ors et le rouge vif des érables.

En **hiver,** l'excellent enneigement se prête à tous les sports et permet de grandes randonnées à ski de fond ou à raquettes. Longtemps en service, le « p'tit train du Nord », popularisé par une chanson du compositeur Félix Leclerc, a dû abandonner sa longue carrière : construit en plusieurs étapes, à partir de 1875, à l'initiative du curé Labelle, il déposait et reprenait ses voyageurs en fin de semaine, le long de la rivière du Nord. De nombreuses pistes de ski alpin dévalent les collines et surtout les flancs du Mont Tremblant (960 m), le plus haut sommet des Laurentides, où la dénivellation des pistes atteint 670 m ; des kilomètres de pistes sont aménagées en outre pour le ski de fond et la motoneige.

Le **printemps** est l'époque des « sucres » *(voir p. 149),* et l'**été** celle du camping, des joies du nautisme, du canot, de la pêche, etc. Les principales stations, Ste-Adèle et Ste-Agathe-des-Monts, sont aussi connues pour leurs activités culturelles, théâtre, cinéma, boîtes à chansons, et pour la qualité gastronomique de leurs restaurants.

Le curé Labelle. – Nommé curé de St-Jérôme en 1868, Antoine Labelle était une force de la nature (1,83 m, 150 kg), doué d'un esprit d'entreprise à la mesure de sa carrure. Navré de voir ses compatriotes aller chercher du travail aux États-Unis, il fut l'apôtre et l'organisateur de la colonisation des Laurentides, où il établit des dizaines de paroisses. Mais l'agriculture ne devait pas réussir sur ces sols acides, et fut abandonnée avant la Seconde Guerre mondiale, quand la région avait déjà trouvé sa vocation touristique.

Les LAURENTIDES★★

VISITE

Autoroute des Laurentides★★. – *80 km de St-Jérôme à St-Jovite par l'autoroute 15 jusqu'à Ste-Agathe puis par la route 117*. Non seulement l'autoroute 15 permet un accès rapide à la région depuis Montréal, mais elle suit en outre un tracé parfois aérien, offrant une agréable promenade à travers d'attrayants paysages ; à partir de St-Jérôme, alternent collines boisées et vallées semées de coquettes villégiatures.

Ste-Adèle. – 4 675 h. Cette petite localité est agréablement située au bord du lac Rond, sur les pentes de la montagne du même nom. Elle attire des écrivains et des artistes et constitue un lieu de séjour.

Village de Séraphin★. – *4 km au Nord par route 117. Visite de mi-mai à début octobre. Fermé les jeudis et vendredis jusqu'au 23 juin et à partir de septembre ; stationnement $1.50 ; entrée $3.75. Cafétéria (cuisine paysanne), pique-nique.* ☎ *(514) 229 4777.* C'est une reproduction assez fidèle de Ste-Adèle à la fin du siècle dernier, dont les détails sont inspirés du populaire roman de Claude-Henri Grignon, « Un homme et son péché » (1933). Ici dans un cadre agréable, au milieu de la forêt, on retrouve la vie paysanne à l'époque de la colonisation des Laurentides, avant 1900.

Ste-Agathe-des-Monts★. – 5 641 h. Principale station des Laurentides, Ste-Agathe jouit d'un très joli **site★** autour du lac des Sables, bordé de promenades soignées.

Excursion en bateau★. – *De mi-mai à octobre, 8 départs par jour en été ; durée 50 mn ; prix $5.50* ☎ *(819) 326 3656.* C'est un agréable circuit autour du lac, bordé de fort belles résidences et de jardins.

Laurentides. – 1 947 h. *26 km à l'Est de l'Autoroute des Laurentides, sortie 39.*

C'est dans cette petite ville que naquit Sir Wilfrid Laurier, Premier ministre du Canada de 1896 à 1911, et premier Canadien Français à ce poste ; il consacra sa vie à la cause de l'unité canadienne. Le Canada connaissait alors une croissance vertigineuse ; le gouvernement de Laurier organisa le peuplement des Prairies par une immigration massive *(voir p. 81).* Il voyait pour son pays un avenir sans limites, disant : « le 18e s. fut celui de la Grande-Bretagne, le 19e celui des États-Unis ; le 20e sera celui du Canada ».

Maison de Wilfrid Laurier★. – *Parc historique national ; ouvert de mai à début septembre le matin et l'après-midi.* ☎ *(514) 439 3702.*

Auprès de cette petite maison, meublée comme à l'époque de l'enfance de Laurier, le **centre d'interprétation★** donne d'intéressants détails sur sa vie et son œuvre, et sur le Québec de l'époque.

Le vieux Québec

son histoire,

ses traditions,

sa vie littéraire

et artistique :

Lisez les pages

146 à 149 de ce guide

(D'après photo Musée des Anciens Canadiens, St-Jean-Port-Joli)

Scène du vieux Québec

██ MADELEINE (Iles de la) ██ ★★

Carte Générale L 5 – Carte des Principales Curiosités p. 10 – *Schémas p. 165 et 191. Zone horaire de l'Atlantique, en avance d'1 h sur le reste de la province.*

Accès. – *Par traversier depuis Souris (Ile du Prince Édouard), tous les jours sauf mardi en été ; départs moins réguliers le reste de l'année (pas de service en février-mars) ; durée 5 h ; pas de réservation ; longues files d'attente en saison. Depuis Montréal 1 fois par semaine d'avril à mi-décembre ; durée 2 jours. Renseignements : Coopérative de Transport Maritime, Cap-aux-Meules,* ☎ *(418) 986 2214, ou Montréal,* ☎ *(514) 527 8361.*

Par avion : relié à Gaspé par Québecair et à Charlottetown par Eastern Provincial Airways.

Les îles de la Madeleine sont isolées au centre du golfe du St-Laurent, mais plus proches de l'île du Cap Breton (88 km) ou de celle du Prince Edouard (100 km) que de Gaspé (250 km). Elles plutôt plates, battues des vents, attirent durant l'été les vacanciers venus goûter la vie paisible et particulière des îles, forgée par près de trois siècles d'isolement, l'accueil chaleureux des habitants, les paysages à la fois doux et sauvages, bordés de longues plages de sable fin et de falaises rouges et tourmentées.

Un bon moyen d'apprécier les îles consiste à loger chez l'habitant *(voir bureau de tourisme à l'aéroport et à Cap-aux-Meules),* et se promener à bicyclette, aller pêcher en mer, ramasser les coquillages sur les plages, visiter conserveries et boucaneries, ou faire le tour de l'île en minibus *(en juin, juillet et août ; départ à 9 h ; minimum 8 personnes ; durée : 1 journée, prix $20.00 ;* ☎ *937 2763).*

L'archipel comprend 7 îles principales, dont 6 sont reliées par des cordons de dunes qui s'étirent sur 80 km. Les îles du Sud (Havre-Aubert, Cap-aux-Meules, Havre-aux-Maisons), les plus habitées, offrent des paysages agricoles, champs et vaches au pré, semés de maisons blanches ; les îles du Nord au contraire (Grosse-Ile, Ile de l'Est et Grande-Entrée) sont plus sauvages. Les 14 000 Madelinots, pour la plupart descendants d'Acadiens déportés de Grand-Pré ou de Miquelonais fuyant l'agitation révolutionnaire en 1793, comptent aussi 700 anglophones, d'origine écossaise, groupés à Grosse-Île et à l'île de la Grande Entrée.

Le tourisme naissant (surtout depuis 1971) et la mise en exploitation d'une mine de sel apportent un complément de ressources à une économie depuis toujours axée sur la pêche : morue, petoncle (sorte de coquille St-Jacques), crabe, moule, et surtout homard *(du 10 mai au 10 juillet)* et hareng. Celui-ci est traditionnellement fumé dans les boucaneries, enfilé sur des baguettes suspendues en rangs serrés jusqu'au toit ; sur le sol, on allume des feux de bois qui doivent se consumer lentement pour sécher le poisson sans le cuire ; l'opération dure environ 3 mois *(de juillet à fin septembre, mais ces établissements traditionnels deviennent très rares).* Mars est l'époque de la chasse aux loups marins (phoques) ; les femelles viennent du Groenland mettre bas sur la banquise, à quelques kilomètres des îles ; les petits, camouflés par leur pelage blanc, y restent un mois avant de pouvoir prendre la mer. Alors les chasseurs partent à leur recherche sur les glaces, dans la brume glaciale et à la merci des vents, qui peuvent détacher de grandes plaques de la banquise et les entraîner au large. Cette chasse séculaire, controversée par les défenseurs de la nature, fournit aux pêcheurs un revenu d'appoint à une époque creuse de l'année *(1).*

VISITE *(2)*

Île du Cap-aux-Meules★★. – Le village de Cap-aux-Meules est le centre commercial de l'archipel, et aussi son port le plus actif, où les traversiers et les cargos côtoient bateaux de pêche et voiliers. Au centre de l'île, de la **Butte du Vent**, son point culminant, splendides **vues**★★ sur l'archipel entier *(de l'église de La Vernière sur la route 199, prendre vers le Nord le Chemin de l'Église, puis à gauche le Chemin Arsène).* Sur la côte Ouest, à l'Étang-du-Nord, spectaculaires **rochers**★★ sur le rivage *(accès par le Chemin du Phare).*

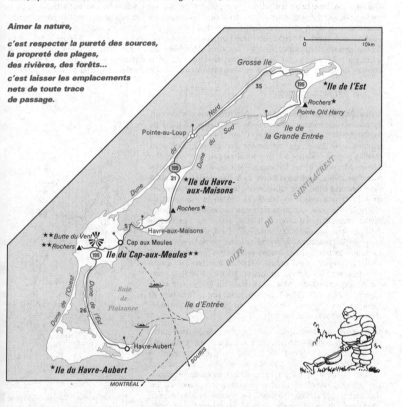

Aimer la nature,

c'est respecter la pureté des sources,
la propreté des plages,
des rivières, des forêts...

c'est laisser les emplacements
nets de toute trace
de passage.

Île du Havre–Aubert★. – Dans le petit port de Havre-Aubert, le **musée de la mer**★ *(visite toute l'année ; l'après-midi seulement les fins de semaine et jours fériés ; $1.50 ; ☎ 937 5711),* axé sur la vie locale, explique les méthodes de pêche au homard ou de chasse au loup marin ; projection de diapositives sur la vie aux îles *(toutes les heures).*

Non loin du musée se trouve le quai des pêcheurs, bordé de magasins d'agrès, boucanerie, restaurants, centre d'artisanat, etc.

Île du Havre-aux-Maisons★. – Sur cette île en partie cultivée, on pourra voir des **« baraques »,** ces toits mobiles, particuliers aux îles de la Madeleine, qui protègent du vent les meules de foin. Sur la dune du Sud, pittoresques **rochers**★ rouges dominant la mer.

Île de l'Est★. – La pointe Old Harry présente encore de curieux **rochers**★ sculptés dans la falaise par les vagues.

(1) Pour plus de détails, lire « La grande mouvée » de Pol CHANTRAINE, Éditions Mengès (France) et Éditions Héritage Inc. (Montréal) - 1980.

(2) Pour plus de détails, lire « Les Îles de la Madeleine, itinéraire culturel » de Pierre RASTOUL et Gilles ROUSSEAU, Ed. France-Amérique Editeur officiel du Québec, 1979.

LE QUÉBEC

MONTRÉAL ★★★

Carte Générale **K 5** – Carte des Principales Curiosités p. 10 – *Schéma p. 154* – Agglomération : 2 828 349 h. – Bureau de Tourisme : ☎ (514) 871 1595.

Sur la grande île de Montréal dans le St-Laurent (près de 50 km de long à vol d'oiseau, *schéma p. 177),* Montréal est le quatrième port du Canada et une grande métropole moderne. Première ville du Québec, et jusqu'à ces dernières années du Canada (rang que lui a ravi Toronto), c'est aussi la seconde ville francophone du monde après Paris.

Si elle a gardé de son histoire un grand nombre d'églises et de communautés religieuses, ce sont les gratte-ciel des banques qui aujourd'hui dominent son paysage urbain. Autant que de ses gratte-ciel, Montréal est fière de sa ville souterraine et de son métro sur pneus, moderne et silencieux, qui relie directement nombre de grands hôtels, bureaux, théâtres et centres commerciaux et de nombreuses galeries piétonnes : commodité bien appréciée en hiver *(pour toute information concernant le métro, téléphoner en composant A.U.T.O.B.U.S.).*

Le soir, Montréal est la ville de la joie de vivre, autour des rues Ste-Catherine, Crescent, St-Denis, Prince-Arthur et de la place Jacques-Cartier, qui durant l'été et en fin de semaine, connaissent une nouvelle vie à partir de 10 h du soir.

Une ville coupée en deux. – Grande ville francophone, Montréal est le foyer vivant de la culture québécoise contemporaine : le théâtre, l'édition, la télévision y ont leur centre ; enfin la **St-Jean-Baptiste** (24 juin), la principale fête du Québec, y prend une ampleur inégalée, avec toutes sortes de spectacles, de chansons et de danses populaires.

Pourtant Montréal compte aussi un tiers d'anglophones qui longtemps formèrent une communauté totalement distincte, vivant dans les quartiers élégants, dirigeant les milieux d'affaires et occupant le haut de l'échelle sociale, tandis que les francophones occupaient les quartiers populaires. La séparation géographique des deux cultures s'est estompée, encore qu'elle nourrisse la créativité culturelle de cette grande cité ; mais leur coexistence reste sensible.

Où le soleil se lève au Sud. – L'usage à Montréal veut que le St-Laurent indique le Sud de la ville, sans doute parce que l'on a pris l'habitude de distinguer sur tout le parcours du fleuve la rive Nord et la rive Sud comme s'il coulait franc Est. Cet usage peut dérouter un visiteur non averti. Il faut savoir que l'on vous situera le port au « Sud », le Mont-Royal et la rivière des Prairies au « Nord » ; les rues parallèles au fleuve sont divisées en tronçons « Est » et « Ouest » par le boulevard St-Laurent, où commence leur numérotation dans chaque direction. Mais le soleil se lève néanmoins derrière le fleuve *(plans p. 168 à 177).*

UN PEU D'HISTOIRE

Ville-Marie de Montréal. – Montréal fut d'abord un établissement missionnaire, né du grand élan de piété de la Contre-Réforme en France. C'est l'époque de saint Vincent de Paul ; de nouveaux ordres religieux sont fondés ; les « Relations » des jésuites ont fait connaître l'île de Montréal et les Indiens païens qui l'habitent. Deux hommes pieux, **Jérôme le Royer de la Dauversière** et l'**abbé Jean-Jacques Olier,** ont chacun une vision leur enjoignant de fonder une ville ; en 1639, ils créent la « Société de Notre-Dame pour la conversion des sauvages » qui organisera la mission. Le premier bateau arrive sur l'île en mai 1642 ; sous la direction du dévôt Paul de Chomedey, sieur **de Maisonneuve,** la petite colonie compte une quarantaine de personnes, toutes animées d'un zèle ardent. Mais les Iroquois sont moins disposés à entendre l'Évangile qu'à détruire la mission, qui risque de gêner leur commerce de fourrures entre la rivière des Outaouais et la région des Grands Lacs, d'une part, et, par le Richelieu et l'Hudson, le comptoir hollandais de la Nouvelle Amsterdam (New York) d'autre part.

Le « péril » iroquois. – De fait, avec de courts répits, cette menace pesa longtemps sur la jeune communauté ; on ne se risquait hors de la palissade qui fortifiait le bourg, pour cultiver les champs par exemple, qu'armé, et encore au péril de sa vie exposée au supplice du scalp. Un épisode sanglant illustre ces rapports avec les Indiens. En 1660, les Iroquois préparent la destruction complète de la Nouvelle France et rassemblent leurs troupes sur le Richelieu ; un jeune soldat de Montréal, **Dollard des Ormeaux,** décide d'aller avec 16 compagnons tendre une embuscade aux bandes qui doivent descendre

(D'après photo Délégation Générale du Québec)

Monsieur de Maisonneuve

la rivière des Outaouais, chargées de peaux de castor ; mais l'ennemi est plus nombreux que prévu, 300 hommes, bientôt renforcés par 500 guerriers du Richelieu ! Les Français pourtant tiendront tête plusieurs jours, avant d'être écrasés par le nombre. La bravoure de cette poignée de jeunes gens aurait-elle impressionné les Iroquois ? Toujours est-il que la colonie ne fut pas attaquée, et Adam Dollard des Ormeaux est considéré depuis comme le héros à qui elle doit son salut. Cependant les attaques reprendront plus tard *(voir le « Massacre de Lachine » p. 178).*

Le commerce des peaux. – Avant-poste de la Nouvelle France et admirablement placée sur la route des fourrures, Montréal devint vite un important comptoir de traite où les « coureurs des bois » *(voir p. 148),* qui s'enfonçaient en pays sauvage pour traiter avec les Indiens, rapportaient de riches ballots de castor. En même temps, ils exploraient un territoire immense encore inconnu. Ainsi partirent de Montréal par exemple Cavelier de La Salle qui découvrit la Louisiane, et Pierre Gaultier de **la Vérendrye** et ses fils, qui poursuivirent le castor jusqu'au pied des Rocheuses (1743).

166

La reddition de Montréal. – Après la chute de Québec devant les Anglais en septembre 1759 et l'inutile bataille de Ste-Foy en avril suivant *(voir p. 180)*, les troupes françaises ne tiennent plus que Montréal où convergent les trois armées anglaises : celle du général Murray venant de Québec, celle de Haviland qui descend le Richelieu, et celle d'Amherst venu du lac Ontario. Voyant que toute résistance est inutile, le gouverneur Vaudreuil capitule le 8 septembre 1760. Désormais toute la Nouvelle France est conquise, conquête que ratifiera le traité de Paris en 1763.

La Compagnie du Nord-Ouest. – Sous le régime anglais, Montréal se peupla d'Écossais qui formèrent la souche de « l'autre » communauté raciale de la ville. Entreprenants et persévérants, ils lui donnèrent un considérable essor économique en développant le commerce des fourrures, qui prit sa plus grande expansion à la fin du 18ᵉ s. et au début du 19ᵉ s. En 1783, se créa la Compagnie du Nord-Ouest, association de marchands indépendants mettant en commun leurs ressources pour dominer le marché. Ces « associés » comptèrent parmi les principales figures de leur temps et beaucoup furent aussi de grands explorateurs : Simon McTavish, Joseph Frobisher, William McGillivray, Alexander Henry, Peter Pond qui explora l'Athabaska, David Thompson, Simon Fraser, et Alexander Mackenzie, explorateur du grand fleuve qui porte son nom, et premier blanc à avoir atteint par l'intérieur la côte du Pacifique en 1793.

Pour drainer vers Montréal les fourrures de l'immense territoire canadien, la compagnie organisa un puissant réseau commercial jalonné de forts. Chaque année, les brigades de canots d'écorce partaient pour Fort William *(voir p. 133)*, et rapportaient les fourrures à Montréal, d'où elles étaient exportées en Europe.

Les principaux membres de la compagnie créèrent à Montréal en 1785 le **Beaver Club,** célèbre pour ses dîners fastueux ; il était réservé aux marchands ayant passé au moins un hiver dans les postes de traite.

Lorsqu'en 1821 la Compagnie du Nord-Ouest dut fusionner avec sa rivale, celle de la Baie d'Hudson *(voir p. 98)*, qui dirigeait ses peaux vers les ports de cette baie, Montréal perdit sa prééminence dans la traite des fourrures, sans toutefois cesser cette activité. Aujourd'hui encore, Montréal y joue un rôle important (vente aux enchères des peaux, haute mode).

■ **CENTRE VILLE★★**

plan p. 168-169

C'est un vaste secteur compris à peu près entre les rues St-Denis, Sherbrooke, Guy, et St-Jacques. Trop vaste et trop divers pour faire l'objet d'un parcours suivi, il est présenté ci-dessous par centre d'intérêt.

Place Ville-Marie et la ville souterraine★★. – Au cœur du vaste réseau souterrain de passages pour piétons et de galeries marchandes, Place Ville-Marie est un ensemble de quatre bâtiments dominés par la caractéristique tour cruciforme de la **Banque Royale★★**, l'un des principaux gratte-ciel de la ville ; l'esplanade qui relie l'ensemble, animée durant l'été par des terrasses de cafés, est déserte en hiver quand la vie s'enterre dans les boutiques, restaurants et cinémas en sous-sol.

De là des galeries mènent à l'**hôtel Reine Elizabeth,** puis à la **Place Bonaventure,** autre complexe de boutiques et de bureaux couronnés par l'hôtel Bonaventure, d'où l'on peut rejoindre **Place du Canada** et l'**hôtel Château Champlain.**

Un court passage extérieur jusqu'à l'hôtel Régence Hyatt, puis on gagne sous terre **Place Victoria★**, la tour de 47 étages où loge la Bourse ; c'est un bâtiment de verre sombre serti sur toute sa hauteur (190 m) par quatre cornières de béton.

Square Dominion★. – En été, cette vaste place est l'un des centres de la ville ; c'est ici que se trouve le bureau municipal d'information touristique, et le point de départ des cars pour une visite commentée de la ville, ainsi que des calèches à chevaux pour les amateurs de romantisme. Et cependant, au siècle dernier, c'était un quartier très excentré au point que, en 1855, lorsque Mgr Bourget arrêta le projet d'y élever sa nouvelle cathédrale, un véritable tollé s'éleva chez les Montréalais qui ne voulaient pas aller « si loin » pour assister aux offices.

Cathédrale Marie Reine du Monde★. – Finalement inaugurée en 1894, la cathédrale est une réplique de la basilique St-Pierre de Rome, réduite de moitié ; si elle n'a pas la grandeur de son modèle, elle en a la façade surmontée de statues, le dôme, et à l'intérieur sous la coupole une reproduction du célèbre baldaquin de Bernin. Ses proportions sont harmonieuses, mais l'édifice est écrasé aujourd'hui par les gratte-ciel qui l'entourent.

Au pied de la **Banque de Commerce,** haute tour de verre, c'est l'animation du centre-ville : juste en face, sur le square Dominion, se dresse en escalier l'édifice **Sun Life,** le premier « gratte-ciel » de Montréal construit en 1933, et aujourd'hui largement dépassé par ses voisins ; on reconnaît la tour cruciforme de Place Ville-Marie, la cathédrale Marie Reine du Monde, Place Bonaventure aux murs massifs comme une forteresse, au-delà la tour noire de Place Victoria, et sur la droite celle de l'hôtel Château Champlain, trouée d'alvéoles arrondies.

Rue Ste-Catherine★. – C'est la grande rue commerçante, animée aussi la nuit autour des restaurants et cinémas. Selon les quartiers traversés, elle change de caractère.

De part et d'autre de Ste-Catherine, dans les petites rues de **la Montagne** et **Crescent** à l'Ouest, se trouvent les boutiques élégantes, les restaurants chers, pubs et terrasses de cafés, que fréquente une clientèle très diverse.

Plus loin jusqu'à la rue Aylmer, c'est le quartier des grands magasins à rayons (Ogilvy, Simpson, Eaton et la Baie), où la foule est dense, la circulation embarrassée, les vitrines voyantes et rehaussées de néons bigarrés.

On remarque à gauche de Eaton l'agréable centre commercial **« les Terrasses »,** relié au métro « McGill », et un peu plus loin, dans une oasis de verdure, la gracieuse façade et le fin clocher de la cathédrale anglicane, **Christ Church★** (1859) dont il faut voir à l'intérieur le beau **retable★** sculpté dans la pierre qui surmonte l'autel.

MONTRÉAL★★★

Plus loin vers l'« Est » on atteint **Place des Arts★**, complexe culturel comprenant deux théâtres et une salle de concerts (**salle Wilfrid Pelletier★**).

En face, s'élève le **Complexe Desjardins★** (hôtel, bureaux, boutiques, cinémas) dont les quatre tours sont reliées par un vaste hall vitré formant une promenade couverte, avec arbres et fontaines ; au « Sud » de cet ensemble, sur le boulevard Dorchester, se trouve **Place Guy Favreau** abritant les services du gouvernement fédéral.

Boulevard St-Laurent★. – En anglais, on dit « Main Street » et souvent en français « la Main ». Point de départ des rues « Est » et « Ouest », le boulevard marque aussi la limite traditionnelle entre quartiers anglophones, à l'Ouest, et quartiers francophones, à l'Est ; cette distinction n'est plus aussi nette que jadis, encore que les maisons et les rues situées à l'Est présentent un caractère différent, la rue St-Denis par exemple.

De part et d'autre de la rue Ste-Catherine, on trouve de nombreuses boutiques cosmopolites ; plus au Sud, autour de la rue de La Gauchetière, c'est le **quartier chinois,** limité à quelques petites rues mais très vivant avec ses nombreux restaurants ; là se retrouvent, pour les fêtes de la Lune d'automne, une partie des 30 000 Chinois dispersés dans les quartiers excentrés de la ville.

Rue St-Denis★. – C'est le « quartier latin » de Montréal, avec tous ses cafés d'étudiants autour de l'Université du Québec à Montréal aux modernes bâtiments de brique rose (1978) enchassant un vieux clocher.

La rue a conservé beaucoup de ces maisons à escaliers de fer, typiques des quartiers français de Montréal, qui dans

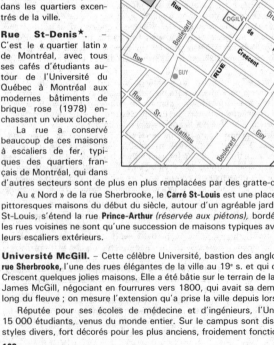

d'autres secteurs sont de plus en plus remplacées par des gratte-ciel de verre et de béton.

Au « Nord » de la rue Sherbrooke, le **Carré St-Louis** est une place rectangulaire bordée de pittoresques maisons du début du siècle, autour d'un agréable jardin ; à l'« Ouest » du carré St-Louis, s'étend la rue **Prince-Arthur** (réservée aux piétons), bordée de petits restaurants ; les rues voisines ne sont qu'une succession de maisons typiques avec leurs couleurs vives et leurs escaliers extérieurs.

Université McGill. – Cette célèbre Université, bastion des anglophones, se trouve sur la **rue Sherbrooke,** l'une des rues élégantes de la ville au 19ᵉ s. et qui conserve autour de la rue Crescent quelques jolies maisons. Elle a été bâtie sur le terrain de campagne de James McGill, négociant en fourrures vers 1800, qui avait sa demeure principale en ville le long du fleuve ; on mesure l'extension qu'a prise la ville depuis lors.

Réputée pour ses écoles de médecine et d'ingénieurs, l'Université compte plus de 15 000 étudiants, venus du monde entier. Sur le campus sont dispersés les bâtiments aux styles divers, fort décorés pour les plus anciens, froidement fonctionnels pour les récents.

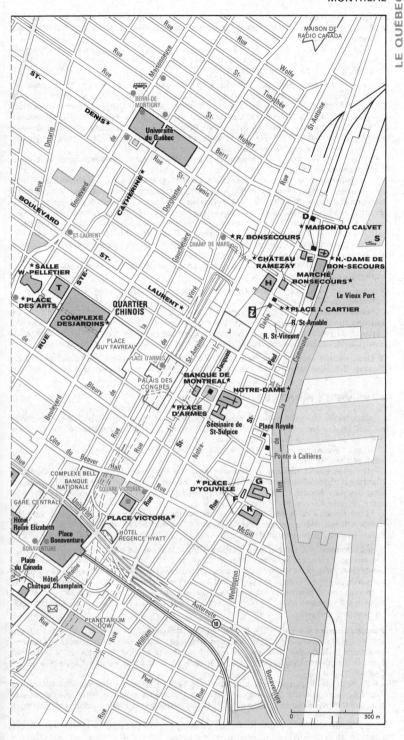

Musée McCord★★. – *690 Sherbrooke Ouest. Visite du mercredi au dimanche. $1.00.*
☎ *392 4778.*

C'est un agréable petit musée consacré à l'histoire du Canada et surtout du Québec, où la très haute qualité des pièces exposées retient l'attention. On remarque spécialement la **section des Indiens et Inuit** (rez-de-chaussée) aux objets en petit nombre mais superbes : en particulier des sculptures de la côte Ouest, et au même niveau une très belle collection d'aquarelles et de croquis.

Au 2e niveau est présentée l'**histoire de Montréal** depuis l'arrivée des Blancs, avec une très belle section sur le commerce des fourrures et la Compagnie du Nord-Ouest ; le **musée du costume** expose quelques-unes des 500 pièces de sa collection. Diverses expositions sur des aspects de la vie au Québec occupent le reste du 2e et le 3e niveau, tandis que le sous-sol présente une partie des 700 000 photographies du musée dont bon nombre sont dues à William Notman qui parcourut tout le Canada dans la seconde moitié du 19e s.

MONTRÉAL ★★★

Musée des Beaux Arts★★. – *1 379 Sherbrooke Ouest. Visite tous les jours sauf les lundis et jours fériés. $2.00. Pas de stationnement. Librairie. Cafétéria. ☎ 285 1600. Un plan du musée est disponible à l'entrée.*

C'est le plus grand musée de Montréal ; ses collections concernent les arts de toutes les époques et de toutes les parties du monde ; chaque section présente quelques chefs-d'œuvre, groupés par époque ou par pays.

1er étage. – Une large place est réservée à l'**art canadien** : meubles, argenterie, sculpture et peinture illustrent les débuts de l'art au Québec, avec des œuvres du sculpteur François Baillargé (1759-1830), des peintres Antoine Plamondon (1804-1895) et Cornélius Krieghoff (1815-1872). On y voit aussi des œuvres de Paul Kane (1810-1871), Suzor-Coté (1869-1937), quelques toiles du Groupe des Sept *(voir p. 141),* et des peintres modernes : Paul-Emile Borduas (1905-1960) et Jean-Paul Riopelle (né en 1923). Une salle est consacrée au peintre montréalais James Wilson Morrice (1865-1924).

D'un intérêt particulier, l'**art amérindien et inuit** présente surtout des sculptures inuit, dont de remarquables ivoires.

Le reste de l'étage regroupe les sections **17e et 18e s. en Europe,** avec quelques meubles et des œuvres signées Rembrandt, Ruysdael ou Gainsborough, dominées par l'imposant tableau de Rubens, « les léopards » ; le **Moyen-Age,** représenté par un petit nombre de pièces de qualité : fibule mérovingienne, vitraux et ivoires gothiques ; la **Renaissance,** où l'on remarque le superbe « Portrait d'un jeune homme » de Hans Memling, le « St-François en extase » du Greco, et les tableaux de Lucas Cranach et Pierre Brueghel le Jeune. L'**antiquité** est évoquée (pyramides d'Egypte, vases grecs, mosaïque romaine) et une salle spéciale réservée aux **estampes et dessins.**

La section d'**art islamique** offre un grand nombre de céramiques, depuis les « azulejos » espagnols jusqu'à la Perse sassanide.

2e étage. – Ici se trouve l'**art précolombien,** avec de nombreuses poteries et des objets en or provenant du Mexique, du Pérou et de Costa Rica ; la salle consacrée à l'**Afrique noire et l'Océanie** rassemble masques sculptés et autres très beaux objets rituels ; la section d'**art asiatique** montre porcelaines, personnages funéraires de la Chine antique, sculptures de l'Inde et du Pakistan ; enfin la dernière partie, consacrée au **19e s.,** recèle une intéressante collection de porcelaines anglaises (1745-1860) assortie de meubles et de tableaux.

3e étage. – Deux salles y sont réservées à l'art moderne, avec entre autres des œuvres de Picasso, Salvador Dali, Vasarely, des sculptures d'Henri Moore et un mobile de Calder.

■ LE VIEUX MONTRÉAL★★ *plan p. 168-169*

Ce quartier, compris entre les rues St-Antoine, Berri, le port et rue McGill est long tout au plus de 1,3 km ; on s'y promène à pied à moins de prendre une calèche, sur la Place d'Armes ou rue Notre-Dame près de la rue Bonsecours.

C'est l'ancien cœur de la ville, naguère délaissé et envahi d'entrepôts, aujourd'hui restauré et plein de vie.

Dans les vieilles maisons remises en valeur, se sont installés restaurants et boutiques d'artisanat ; bâtiments historiques et utilitaires voisinent avec plus ou moins de bonheur au long des rues étroites ; mais l'atmosphère de détente et de flânerie, surtout autour de la place Jacques Cartier, séduira le visiteur.

Côté « Nord » de la rue Notre-Dame, commence un quartier plus affairé, avec les bâtiments officiels (Hôtel de ville, Palais de justice) et bancaires (rue St-Jacques) qui fait la liaison avec le centre-ville moderne.

Un peu d'histoire. – A son arrivée sur l'île en 1642, Maisonneuve s'établit en cet endroit avec ses premiers compagnons. Plus tard, en 1717, la petite ville, étirée le long du fleuve, fut fortifiée de pierres pourtant indéfendables en raison de la fragilité des murs et de leur manque d'élévation qui permettait les tirs rasants de l'artillerie. Ces remparts n'empêchèrent pas la ville de se rendre sans résistance aux Anglais en 1760, puis pour un bref hiver aux Américains en 1775-76 *(voir p. 180).* Démoli vers 1820, ce haut mur reste visible en quelques endroits.

Place Jacques Cartier★★. – En été, la place Jacques Cartier est le lieu où se retrouvent les jeunes. Terrasses de cafés, musiciens des rues, restaurants et boutiques artisanales retiennent la foule des chalands ; le marché aux fleurs occupe le centre de la place, les peintres s'installent dans la petite rue St-Amable, et les chansonniers rue St-Vincent ou rue St-Paul.

En haut de la place, trône la colonne de l'amiral Nelson, vainqueur des Français à Trafalgar ; en apprenant la victoire et la mort de l'amiral survenues le même jour, la population de Montréal éleva ce monument dès 1809, bien avant la célèbre colonne de Trafalgar Square à Londres.

De l'autre côté de la rue Notre-Dame, sur la droite, s'élève l'**Hôtel de ville** (1872) **(H),** bel exemple de style néo-Renaissance. C'est du balcon qu'en 1967, le général de Gaulle a prononcé l'apostrophe devenue célèbre : « vive le Québec libre ».

A l'autre extrémité de la place, un parc appelé le **Vieux Port** s'étend jusqu'à la rive du St-Laurent *(ouvert en été seulement).* Il fait partie d'un grand projet du gouvernement fédéral dont le but est de réutiliser l'espace du port de Montréal pour donner à la population « une fenêtre sur le fleuve » *(☎ 283 5256 pour plus ample information).*

Expéditions sur les rapides de Lachine★★**(S).** – *Départ du quai Victoria au bas de la rue Berri ; de 9 h à 19 h toutes les 2 heures de mai à septembre ; durée : 1 h 1/2 ; $25.00 ; ☎ 284 9607 en semaine ou 843 4745 en fin de semaine. Des vêtements de protection sont fournis.*

Cette excursion qui permet de remonter le St-Laurent jusqu'aux rapides de Lachine *(p. 177)* procure les émotions les plus vives. Cette formidable masse d'eau forme des vagues impressionnantes alors que le fleuve s'abaisse d'environ 6 m. Le bateau franchit plusieurs fois les rapides permettant aux participants d'apprécier la force du fleuve... et des embruns. Très belles **vues**★★ sur la ville.

Château Ramezay★. – *290 rue Notre-Dame Est. Visite tous les jours sauf les lundis, jours fériés et du 23 décembre au 3 janvier. $1.00.* ☎ *861 7182.*

Il faut imaginer le bâtiment sans la tour de gauche, ajoutée après 1900. C'est un long rez-de-chaussée de pierre, surmonté d'une rangée de fenêtres en saillie sur le toit, que se fit construire en 1705 le gouverneur de Montréal, Claude de Ramezay. En 1745, il devint le siège de la Compagnie des Indes, qui détenait le monopole du commerce des peaux, et y logea bureaux, entrepôts et résidence ; à partir de 1764, il devint la résidence officielle des gouverneurs britanniques ; durant l'hiver 1775-76, lors de l'occupation de Montréal par les Américains, Montgomery y installa son quartier général et Benjamin Franklin sa mission de propagande, tâchant sans grand succès de gagner les Canadiens à la cause du Congrès Continental.

Le château est aujourd'hui transformé en musée. Une salle est parée des superbes **lambris★** d'acajou sculpté (1725) qui ornèrent à Nantes (France) le grand salon d'un armateur de la Compagnie des Indes. Les autres pièces présentent des tableaux, des vues anciennes des villes du Canada, et la reconstitution d'un intérieur du 18e siècle, où auraient pu vivre Mr et Mme de Ramezay.

Au sous-sol, aux épaisses voûtes de pierre, on peut voir parfois cuire le pain dans le grand four des cuisines ; en outre y est évoquée la vie des Indiens qui jadis habitaient la région de Montréal.

Maison de Georges-Etienne Cartier (D). – *30 rue Notre-Dame Est. Restauration en cours par Parcs Canada.*

Ici vécut, de 1858 à 1867, Georges-Etienne Cartier, l'un des Pères de la Confédération *(voir p. 211)* et co-dirigeant du gouvernement Macdonald-Cartier (1857-62).

Rue Bonsecours★. – C'est l'une des plus jolies rues de la vieille ville, qui descend de la rue Notre-Dame vers la rue St-Paul.

Au n° 440, se trouve la **maison Papineau** (E) ; elle date de 1752 et présente des murs de moellons recouverts d'une façade de bois imitant la pierre de taille ; ici vécurent six générations de Papineau, dont Louis-Joseph Papineau (1785-1871), avocat, homme politique et chef de l'insurrection de 1837 *(voir p. 147).*

Maison du Calvet★. – *N° 401, à l'angle de la rue St-Paul.*

Construite vers 1725, cette jolie maison de pierre, remarquable par la large cheminée qui, à la mode bretonne, prolonge le pignon, est l'un des meilleurs exemples subsistant de l'architecture en Nouvelle France.

Elle fût bâtie par Pierre du Calvet, marchand huguenot établi à Montréal à la fin du régime français ; à la conquête anglaise, il put, étant huguenot, prêter le serment du Test qui nie la foi catholique, et accéder ainsi à la fonction de juge de paix ; en 1775, sous l'occupation américaine, il offrit ses services aux nouveaux maîtres et leur fournit leur ravitaillement ; mais cette fois il avait mal joué : les Américains partirent dès le printemps sans le payer, et aussitôt les Anglais le jetèrent en prison. Libéré en 1784, il se rendit à Londres pour protester contre son emprisonnement, puis à New York pour tenter de recevoir son dû des Américains ; c'est en repartant pour Londres qu'il périt dans un naufrage.

Notre-Dame-de-Bon-Secours★. – *Fermée le lundi ;* ☎ *845 9991.*

Bien en vue au bout de la rue, gracieuse avec son clocher et ses pinacles effilés, c'est l'un des monuments les plus célèbres de Montréal.

La première église fut construite par sœur Marguerite Bourgeois (1620-1700), recrutée par Maisonneuve pour fonder la première école de Ville-Marie. Elle arriva en 1653 et bientôt entreprit de bâtir cette église. Toute dévouée à la jeune communauté, elle soignait les malades, accueillait les « filles du Roi » *(voir p. 177)* tout en enseignant ses premiers élèves. Son œuvre se développant, elle fonda en 1671 la **« Congrégation Notre-Dame »**, communauté de sœurs enseignantes et premier ordre religieux fondé au Canada.

L'église actuelle, reconstruite en 1772 après l'incendie de la première, fut dotée au 19e s. d'une tour au-dessus du chœur ; là se dresse une grande statue de la Vierge dominant le port, bras étendus en un geste protecteur. Car Notre-Dame-de-Bon-‑Secours fut longtemps la « chapelle des Matelots », comme l'attestent à l'intérieur les lampes votives en forme de bateaux offertes par des marins sauvés du naufrage.

(D'après photo Office de Tourisme du Canada)

Notre-Dame-de-Bon-Secours

Par un escalier extérieur on monte à la **tour** *(entrée $0.75 pour la tour et le musée),* au pied de la statue, d'où l'on découvre une intéressante **vue★** sur le port, le fleuve et l'île Ste-Hélène.

Le petit **musée★**, au sous-sol *(visite tous les jours sauf le lundi et les jours fériés)* illustre la vie de la sainte Marguerite Bourgeois (canonisée en 1982) par une série de petites vitrines naïves et charmantes, un véritable théâtre de poupées dont les décors et les costumes sont réalisés avec le plus grand soin.

Marché Bonsecours★. – Rue St-Paul, à côté de l'église, se dresse ce bel édifice classique orné de frontons et d'un dôme central. Il fut construit entre 1845 et 1852 pour abriter l'Hôtel de ville et le marché ; il est occupé aujourd'hui par des services municipaux.

MONTRÉAL★★★

Place d'Armes★. – C'est une petite place fort animée à la jonction de la vieille ville et du quartier financier. Au centre, une statue de Maisonneuve commémore sa victoire sur les Iroquois en 1644 *(illustration p. 166)*.

Basilique Notre-Dame★. – *Visite accompagnée de mai à octobre ;* ☎ *842 2925.*

Sa façade néo-gothique (1829) dotée de deux tours carrées (1841-42) fait face à Maisonneuve victorieux. L'intérieur surprend par son ampleur et par la richesse et la polychromie de son décor, entièrement gothique lui aussi, conçu par l'architecte Victor Bourgeau ; on remarque particulièrement l'imposant maître-autel (statues du sculpteur français Bouriché), la chaire monumentale (statues de Philippe Hébert) et le baptistère, décoré de peintures d'**Ozias Leduc**.

Par les nefs latérales, on accède, derrière le chœur, à la chapelle du Sacré-Cœur, ornée à profusion dans un style plus composite. Remarquer le magnifique **retable★** en bronze dû à Charles Daudelin (1982).

Séminaire de St-Sulpice. – A droite de l'église, à demi caché derrière un mur, ce bâtiment remonte à 1685. La **Compagnie de St-Sulpice,** fondée à Paris en 1641 par l'abbé Jean-Jacques Olier et qui venait de mettre sur pied la mission de Ville-Marie, se trouva liée à la fondation de la ville. En 1663, elle reprend les droits de la Société de Notre-Dame ; ainsi le supérieur du séminaire de St-Sulpice de Paris devient seigneur de Montréal, et à ce titre concède les terrains, nomme le gouverneur militaire et le juge du tribunal : c'est dire le rôle capital que joua cette Compagnie dans le développement de Montréal, et cela même longtemps après la conquête anglaise, car le régime seigneurial ne fut aboli qu'en 1854, et subsista à Montréal jusqu'en 1880.

Banque de Montréal★. – Tout petit par rapport aux gratte-ciel qui l'entourent, ce bâtiment néo-classique (1847) est fort élégant avec sa colonnade, son fronton et sa coupole. Il abrite le siège de la Banque de Montréal, la plus ancienne des banques canadiennes, créée en 1817 ; c'est elle qui émit la première monnaie canadienne après la conquête anglaise. A l'intérieur, on remarque le hall majestueux, aux belles colonnes de marbre noir ; à gauche de l'entrée, un petit **musée** *(visite du lundi au vendredi ;* ☎ *877 6892)* est consacré à l'histoire de la Banque de Montréal.

A ses pieds passe la **rue St-Jacques,** où se financèrent des opérations d'envergure comme la construction de chemins de fer à la fin du 19ᵉ s. *(p. 36).* Supplantée aujourd'hui dans son rôle de centre financier du pays par Bay Street, à Toronto, elle conserve, souvenir de ses jours de gloire, de beaux bâtiments victoriens, sièges de banques et de compagnies d'assurances.

Place Royale. – Sur la petite place carrée, adossée à l'ancien bâtiment des douanes (1836), se dresse un obélisque élevé à la mémoire des premiers habitants de Ville-Marie qui débarquèrent en ce lieu ; la petite rivière St-Pierre, aujourd'hui souterraine, passait devant la place Royale avant de rejoindre le St-Laurent, dont la rive longeait alors les rues de la Commune et des Commissaires (le port actuel est construit sur des remblais) ; de l'autre côté de la rivière, sur la **« pointe à Callières »** (où se dresse la statue de John Young, à qui le port de Montréal doit son essor au 19ᵉ s.) se trouvait le fort bâti par Maisonneuve à son arrivée en 1642.

La place Royale fut longtemps le cœur de la ville ; au 18ᵉ s. s'y tenait le marché, le crieur public y lisait les proclamations officielles, les condamnés y étaient mis au pilori ou pendus, bref toute la population y venait aux nouvelles.

Place d'Youville★. – Dominée par l'ancienne caserne des pompiers, édifice de briques rouges surmonté d'une tour qui abrite aujourd'hui le Centre d'histoire de Montréal, la place d'Youville est bordée à l'Est par la longue façade lisse et noble des Écuries d'Youville, rythmée de deux frontons classiques.

Centre d'histoire de Montréal★★ (F). – *Visite accompagnée (1 h) tous les jours sauf le lundi. Fermé fin décembre à début janvier. $2.00.* ☎ *845 4236.*

Ce centre présente un rappel de l'histoire de Montréal au fil des temps à l'aide d'expositions, de diapositives, de films.

Écuries d'Youville★ (G). – Derrière la façade, s'ouvre une vaste cour entourée de bâtiments (1825-1860) qui ne servirent jamais, semble-t-il, d'écuries, mais plutôt de remises à voitures et d'entrepôts ; aujourd'hui restaurés, ils ont beaucoup de cachet avec leurs toits percés de lucarnes, et abritent des bureaux et un restaurant ; en été, la cour devient un agréable jardin et terrasse de café ; au fond à droite, une partie sert de théâtre.

Non loin de là, entre les rues St-Pierre et Normand, se trouve l'**Hôpital Général (K)**, fondé en 1692 et agrandi plus tard par Marie d'Youville, qui fonda l'Ordre des Sœurs Grises en 1753.

■ LE MONT ROYAL★★ *plan p. 174*

Jacques Cartier, en 1535, baptisa Mont Royal (ou Réal, comme on disait à l'époque) la hauteur qui dominait alors la cité iroquoise d'Hochelaga. Familièrement appelée aujourd'hui **« la Montagne »,** cette colline boisée (240 m) aux rebords abrupts domine un paysage généralement plat. C'est la plus connue des huit collines montérégiennes semées du St-Laurent aux Appalaches *(voir la carte p. 154)* ; les monts St-Bruno, St-Hilaire, Rougemont, Yamaska, Shefford, Brome, St-Grégoire, comme le Mont Royal sont les restes de volcans éteints formés à l'époque dévonienne, il y a environ 350 millions d'années.

Le parc du Mont Royal★★. – *Accès à pied : 20 mn depuis l'angle des rues Peel et Ste-Catherine ; en voiture : stationnement payant sur le Chemin Remembrance, accès par la Côte des Neiges et la Voie Camillien-Houde. Le parc est interdit aux voitures. Promenades en calèches. Cafétérias au lac des Castors et au Chalet.*

Situé au cœur de la zone urbaine, ce parc est un des grands attraits de Montréal avec ses sentiers qui contournent et escaladent la montagne, offrant de jolies vues sur la ville. Son aspect naturel est en fait une habile composition, créée en 1874 par le paysagiste américain Frederic Law Olmstead, auteur entre autres de Central Park à New York.

Comme le parc de New York ou celui de Vancouver, celui-ci est devenu le lieu de détente favori des Montréalais en toutes saisons. En été on se promène, on pique-nique, les enfants lancent leurs petits voiliers sur le bassin du lac des Castors ; en hiver, la terrasse voisine est livrée aux patineurs, les pentes sont envahies par les luges ou les skis alpins, tandis que les promeneurs glissent en skis de fond ou chaussent leurs raquettes, et que les calèches font place aux traîneaux.

Points de vue et sentiers. – La terrasse en face du **Chalet** (A) offre une très belle **vue★★** générale de la ville, et la nuit de ses illuminations ; de là on domine le centre-ville qui semble coincé entre le fleuve et la montagne. Sur la gauche du belvédère, au pied du mont, se trouve l'Université McGill. Derrière les gratte-ciel du centre, belle vue sur le St-Laurent qui, en hiver, charrie de gros blocs de glace, et au-delà sur quelques autres collines montérégiennes ; par temps clair, on aperçoit, vers le Sud, les monts Adirondack dans l'État de New York.

Du chalet, le chemin contourne le sommet du mont, passant au pied de la haute **croix** (B) (33,5 m) illuminée la nuit ; elle remplace celle que planta au même endroit Maisonneuve en 1643. De là, s'offrent des échappées à travers les arbres sur l'« Est » de la ville, où l'on distingue le stade olympique et les raffineries de pétrole. En revenant sur le flanc « Nord », nouvelles vues, particulièrement au pied de la tour de transmission de Radio Canada.

Voie Camillien-Houde★. – Nous conseillons de descendre cette route en voiture depuis le parc de stationnement. **Vues★** sur l'« Est » de Montréal (du stationnement, un sentier mène à la croix). Lors des jeux olympiques de 1976 une épreuve cycliste se déroula sur cette côte, que les concurrents durent grimper 19 fois.

L'Université de Montréal. – *Accès boulevard Edouard-Montpetit et avenue Decelles.*

Assis sur le flanc « Nord » du mont, ce bâtiment imposant, avec sa tour centrale et ses deux ailes symétriques, abrite la plus grande Université du Québec (40 000 étudiants) qui est aussi la plus grande Université francophone hors de France. Ses facultés de médecine et d'études dentaires sont renommées, ainsi que son école polytechnique et l'institut de Hautes Etudes Commerciales.

Belvédère de Westmount★. – *Monter depuis Côte des Neiges par Belvédère Road, puis prendre à gauche sur Summit Circle.*

Sur le sommet « Ouest » de la colline, ce petit parc offre une belle **vue★** sur la ville. Sur la pente au pied de la terrasse se cachent parmi les arbres de belles maisons : c'est le très chic Westmount, le cœur du Montréal anglais. Vers la gauche un ensemble de tours de métal et de verre noir, d'un dessin très pur, compose **Westmount Square★** *(accès par le métro Atwater),* élégant ensemble comprenant appartements, bureaux et centre commercial, dessiné par l'architecte Mies van der Rohe.

Oratoire St-Joseph★★. – *Chemin Queen Mary. Visite toute l'année.* ☎ *733 8211.*

Cet imposant sanctuaire fut érigé par l'extraordinaire dévotion d'un humble frère convers dont la foi et les guérisons attirèrent les foules. C'est aujourd'hui l'un des principaux lieux de pèlerinage au Québec, avec 2 millions de visiteurs par an, au même titre que Ste-Anne-de-Beaupré *(voir p. 184).*

Le frère André. – Né en 1845 à St-Grégoire, Alfred Bessette était le huitième d'une pauvre famille de 12 enfants. En 1870 il entra au noviciat de la Congrégation de la Sainte-Croix, où il fut portier pendant 40 ans sous le nom de frère André. Très pieux, il venait souvent prier sur le mont, et en 1904 y éleva une petite chapelle de bois ; il y prêcha la confiance en saint Joseph pour qui il avait une grande dévotion, et guérit les malades qui venaient à lui de plus en plus nombreux ; beaucoup laissaient en ex-voto leurs cannes ou leur fauteuil roulant. La chapelle devenant insuffisante, il entreprit de construire la basilique actuelle, dont les travaux commencèrent dès 1915 ; elle ne fut achevée qu'en 1967. Quand le frère André mourut en 1937, à 91 ans, sa renommée était si grande que 1 million de personnes vinrent défiler devant son cercueil.

Intérieur de la basilique★. – *Accès par les escaliers extérieurs jusqu'à la grande terrasse, puis un escalier mécanique, ou bien entrée au niveau de l'église inférieure (crypte) et 4 escaliers mécaniques.*

La beauté et la pureté du décor de cette vaste église (elle peut contenir 10 000 personnes debout), l'ampleur des volumes et la simplicité des lignes, sont d'un effet saisissant. On admirera les très belles grilles de bronze, à l'entrée et derrière le chœur, dessinées par Robert Prévost, ainsi que les grandes statues des apôtres (dans le transept) et le crucifix, sculptés par Henri Charlier. *Récital d'orgue le dimanche à 15 h 30 ; récitals de carillon tous les jours sauf lundi et mardi ; le dimanche à 11 h, petits chanteurs de Montréal.*

Chapelle primitive. - *Quitter la basilique par le transept (signalé).* C'est le premier oratoire construit par le frère André, qui avait sa chambre juste au-dessus *(accès par escalier extérieur).*

■ **ILE STE-HÉLÈNE et ses abords★★** *plan p. 175*

Accès : en voiture par le pont Jacques Cartier ou en été par le pont de la Concorde, stationnement payant. Autobus 169 (station Papineau) et 167 (station McGill). Métro station Ile Ste-Hélène.

Samuel de Champlain baptisa ainsi l'île en l'honneur de sa jeune femme Hélène Boulé.

En 1967, l'île fut aménagée pour accueillir la grande exposition internationale Expo 67, organisée pour le centenaire de la Confédération du Canada. Aujourd'hui c'est un lieu de divertissement avec les attractions décrites ci-dessous. En hiver, son parc est fréquenté par les amateurs de ski de fond ou de raquettes.

Terre des Hommes (Man and his world). – *Visite de fin juin à fin août. Restaurants, cafétérias.* ☎ *872 6222.*

Les pavillons bâtis pour l'Expo 67 abritent en été de multiples centres d'animation sur des pays du monde entier, avec expositions et films sur leurs attraits touristiques, spectacles folkloriques, concerts, restaurants exotiques, etc. **Vues★** sur le fleuve et les gratte-ciel du centre-ville, depuis la rive Ouest de l'île.

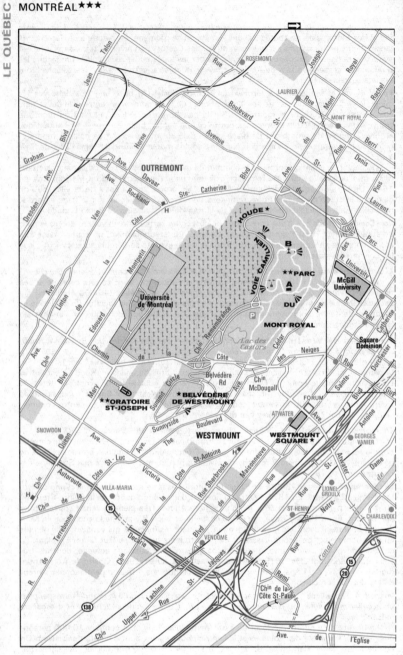

Vieux Fort★. – *Visite tous les jours sauf le lundi en hiver. $1.50.* ☎ *861 6738.*

Le fort fut construit sur l'ordre du duc de Wellington en 1822, mais l'île accueillait depuis longtemps les militaires en garnison. De 1683 à 1760 les Compagnies Franches de la Marine s'y installèrent ; ces troupes d'infanterie, créées par Richelieu en 1622, tinrent tous les forts de la Nouvelle France jusqu'à la Nouvelle-Orléans *(carte p. 146)*. Lorsqu'en 1760 Montréal capitula, le Chevalier de Lévis, commandant en chef de l'armée française, brûla ses drapeaux sur l'île Ste-Hélène.

En été, des étudiants en costume d'époque répètent pour le public les manœuvres de ces compagnies.

Musée de l'île Ste-Hélène★. – Il raconte l'histoire des armées de Nouvelle France et du Canada jusqu'à la Seconde Guerre mondiale, exposant armes, uniformes, et quelques maquettes, où l'on note particulièrement la **maquette**★ de Montréal en 1760 ; à l'étage est présentée la collection d'**armes à feu**★ du monde entier, remontant parfois au 16ᵉ s.

La Ronde. – *Visite de mi-juin à fin août tous les jours ; de début mai à mi-juin les samedis, dimanches et jours fériés seulement. $2.50 ; accès illimité aux manèges $10.00.* ☎ *872 6622.*

C'est un grand parc d'attractions, avec grande roue, montagnes russes et autres trains-fantômes.

Aquarium. – *Visite tous les jours sauf le 1ᵉʳ janvier et le 25 décembre. $2.00.* ☎ *872 4656.*

Le Pavillon Alcan abrite dans ses aquariums poissons et animaux marins, tortues, manchots, etc.

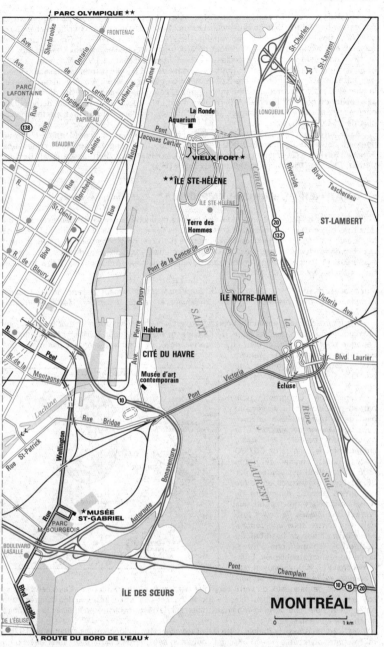

Île Notre-Dame. – Voisine de l'île Ste-Hélène à laquelle elle est reliée par des ponts, l'île Notre-Dame fut créée lors de l'aménagement de la Voie Maritime *(p. 176).*

Depuis les Floralies Internationales de 1980, elle est aménagée en **parc floral**★ *(ouvert en été et en janvier et février pour les sports d'hiver).* Chaque année, se dispute sur l'île le Grand Prix automobile du Canada.

Musée d'art contemporain. – *Cité du Havre. Visite tous les jours sauf les lundis, 1ᵉʳ janvier et 25 décembre.* ☎ *873 2878. Fréquentes expositions temporaires d'art moderne.*

Cet austère bâtiment de béton présente des expositions temporaires et, par roulement, une partie de sa collection permanente d'art québécois depuis 1940, avec des tableaux de Paul-Émile Borduas (1905-1960), Alfred Pellan, Jean-Paul Riopelle.

Non loin du musée, l'ensemble **Habitat** est fait de blocs modulaires superposés, apparemment pêle-mêle ; il fut bâti pour l'exposition internationale de 1967 sur les plans de l'architecte Moshe Safdie et sert de logement.

Écluse de la Voie Maritime. – *A St-Lambert, sur la rive droite du St-Laurent, au pont Victoria. Belvédère ouvert de mai à fin octobre.* ☎ *672 4110.*

C'est la première écluse de la Voie Maritime ; du belvédère, on observe le passage des énormes navires océaniques qui remontent jusqu'aux Grands Lacs ou des navires des lacs qui descendent le St-Laurent jusqu'à Port-Cartier et Sept-Iles. On y trouve aussi des explications sur l'écluse et sur l'ensemble de la Voie Maritime.

MONTRÉAL★★★

La Voie Maritime du St-Laurent. – C'est l'ensemble des écluses et canaux qui permettent la navigation de Montréal au lac Supérieur. Les rapides du St-Laurent à partir de Lachine *(voir p. 177)*, ainsi que les chutes et rapides des rivières qui relient les Grands Lacs ont toujours entravé la navigation en amont de Montréal ; les premiers canaux creusés aux 18ᵉ et 19ᵉ s. pour contourner ces obstacles devinrent vite insuffisants. La Voie Maritime, réalisée et gérée en collaboration avec les États-Unis, date de 1959 ; elle permet le passage d'énormes bateaux qui peuvent atteindre 222 m de long et 23 m de large. A cause du gel hivernal, le chenal n'est ouvert que d'avril à mi-décembre, ce qui ne l'a pas empêché de devenir un axe capital du commerce mondial, particulièrement utilisé pour les produits pondéreux : blé, minerais, feuillards d'acier, charbon, etc. Les navires des lacs peuvent transporter chacun plus de 25 000 tonnes de blé.

Ainsi, en reliant le vaste bassin des Grands Lacs à l'océan, la Voie Maritime ouvre un parcours navigable de plus de 3 800 km à l'intérieur du continent, jusqu'aux Prairies *(voir Thunder Bay p. 132)* et aux grands centres industriels de Hamilton (au Canada), Buffalo, Détroit, Chicago, Milwaukee et Duluth (aux Etats-Unis).

■ QUARTIER DU PARC OLYMPiQUE★★ – *schéma ci-dessous*

Ce quartier de Montréal était jadis une localité distincte, la **cité de Maisonneuve,** créée au début du siècle. Des hommes d'affaires Canadiens Français voulaient en faire une rivale de Montréal ; on traça de larges boulevards bordés d'arbres, on y construisit de belles demeures comme le château Dufresne ; les bâtiments municipaux étaient grandioses et les parcs nombreux. Malheureusement, le coût des travaux dépassa les prévisions et la cité en faillite fut annexée à Montréal en 1918.

Parc olympique★★. – *Métro Pie IX ou Viau ; stationnement payant. Visite accompagnée (1 h) tous les jours sauf le 1ᵉʳ janvier et le 25 décembre. $4.00. Cafétéria.* ☎ *252 4737.*

Cet impressionnant ensemble sportif aux lignes audacieuses fut construit pour les jeux olympiques de 1976, sur les plans de l'architecte français Roger Taillibert. Fort critiqué à l'époque pour son coût, et bien qu'encore inachevé, ce complexe n'en est pas moins une réalisation architecturale remarquable, tant par son ampleur que par la grâce et la pureté de ses lignes.

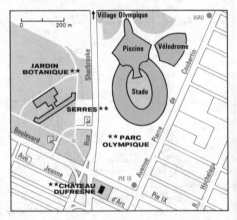

L'ensemble comprend trois parties principales : la **piscine,** au pied de la **tour** *(surélévation prévue, pour servir de support à la toiture du stade)* ; le **stade,** immense ovale de plus de 60 000 places, dont l'anneau de béton (305 m sur 259) est soutenu par 38 consoles extérieures en forme d'énormes pinces ; au centre, le terrain découvert qui répond aux normes olympiques *(le projet prévoit de l'abriter sous une toiture)* accueille matches de base-ball ou de football, compétitions d'athlétisme ou réunions publiques. Enfin le **vélodrome** (7 400 places) est une gracieuse voûte de 190 m de portée, équipée de panneaux de verre acrylique diffusant la lumière du jour ; l'aire centrale est souvent utilisée pour des spectacles de sports (basket-ball, boxe, lutte) ou des congrès, et le public peut pour une somme modique rouler sur la piste cycliste, ou utiliser la patinoire aménagée au centre.

Au Nord, se dresse la double crête du **village olympique** où logèrent les athlètes en 1976 ; relié au parc olympique par un passage souterrain sous la rue Sherbrooke, il est devenu un ensemble d'appartements privés.

Château Dufresne★★ (Musée des arts décoratifs). – *Entrée boulevard Pie IX. Visite du jeudi au dimanche l'après-midi. $1.00. Aire de stationnement : entrée avenue Jeanne-d'Arc.* ☎ *259 2575.*

La luxueuse résidence, entourée de jardins, fut construite vers 1915-1919, à la grande époque de la cité de Maisonneuve, par Marius Dufresne pour lui-même et son frère Oscar. On ne peut qu'être saisi par le décor : parquets de marqueterie, murs entièrement lambrissés, plafonds peints, etc. évoquent une vie mondaine fastueuse. Plusieurs pièces présentent des éléments décoratifs (vases, tissus précieux, etc.) ; à l'étage inférieur, est rassemblée une intéressante collection de mobilier traditionnel québécois, rehaussée de quelques sculptures et courtepointes.

Jardin botanique★★. – *Visite toute l'année ; cafétéria, stationnement payant les fins de semaine.* ☎ *252 1173.*

Fondé en 1931 par le frère Marie-Victorin, qui créa également l'Institut botanique de l'université de Montréal, le jardin botanique de Montréal est le plus complet du Canada. D'une superficie de 73 ha – un tour en mini-train *($0.55, durée 20 mn)* en fera mesurer l'étendue – ce vaste jardin possède quelque 26 000 espèces de plantes groupées scientifiquement par catégories : jardin des plantes annuelles et vivaces, jardin médicinal, jardin aquatique, extraordinaire jardin des Bonzaï, etc.

De magnifiques **serres★★** *(ouvertes de 9 h à 18 h ou 19 h de juin à août, $2.00)* abritent les plantes tropicales et les plantes des climats arides, une étonnante collection de cactus, d'orchidées et de bégonias, et, surtout l'hiver, de très belles expositions florales.

■ ROUTE DU BORD DE L'EAU★

33 km du square Dominion à la Pointe Claire – compter 1 h sans les visites – schémas p. 175 et 177.

Dans cette ville si marquée par sa situation sur le St-Laurent, cette route est presque la seule façon de voir ce fleuve immense, sa fougue, sa puissance. Elle longe presque continûment la rive agrémentée de parcs jusqu'à Ste-Anne-de-Bellevue.

Du square Dominion, prendre la rue Peel vers le Sud jusqu'au bout, puis à droite la rue Wellington et le tunnel. Après 3 km, tourner à gauche au parc Marguerite Bourgeois.

Musée St-Gabriel★. – *2146 rue Favard, Pointe St-Charles. Signalé. Schéma p. 175. Visite accompagnée (1 h 30) de mi-avril à mi-décembre l'après-midi. Fermé le lundi.* ☎ *935 8136.*

Cette vénérable maison de pierre au toit pointu (1698) appartient à la Congrégation Notre-Dame, ordre religieux fondé par Marguerite Bourgeois *(voir p. 171)*. Dès 1668, la Congrégation possédait ici une ferme et un couvent, où elle accueillait à l'occasion les « filles du roi », le temps qu'elles trouvent à se marier, ce qui souvent ne demandait pas plus de 15 jours.

La bâtisse, aux murs massifs, aux énormes poutres, à la charpente entièrement chevillée, est une sorte de musée où revit soudain le 17ᵉ s. A l'étage, on a reconstitué une chambre destinée aux « filles du roi ».

Les « filles du roi ». – A cette époque, la colonie comptait surtout des hommes ; pour aider à la peupler, le ministre Colbert fit offrir aux jeunes filles qui consentiraient à aller prendre époux au Canada de leur payer sur le trésor royal (d'où leur nom de filles du roi) leurs frais d'équipement et de voyage, ainsi qu'une dot de 50 livres. De 1663 à 1673, il en vint 961, qui furent embarquées à Dieppe ou à La Rochelle ; ces filles de petits artisans ou d'agriculteurs, outre quelques « demoiselles » de bonne naissance, sont les ancêtres d'une grande partie des Québécois d'aujourd'hui.

Reprendre la rue Wellington, puis 1 km plus loin tourner à gauche dans le boulevard Lasalle.

On atteint bientôt la rive du St-Laurent. En pénétrant dans la ville de Lasalle *(9 km du départ)*, belles **vues★** des rapides de Lachine, surtout depuis la jetée que forme une ancienne centrale hydro-électrique, en face de la 8ᵉ avenue.

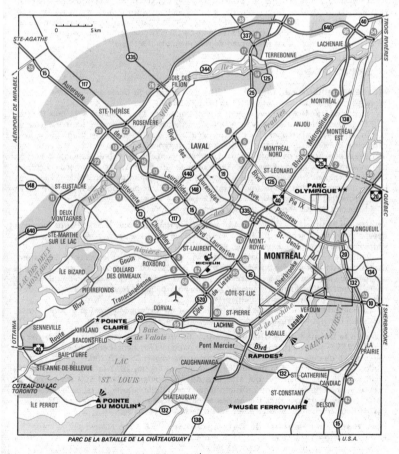

Les rapides de Lachine et leur canal★. – *Schéma ci-dessus.* Malgré la baisse du niveau du fleuve depuis la construction de la Voie Maritime, ces rapides sont encore impressionnants. Longtemps ils empêchèrent la navigation en amont de Montréal. Ce sont eux qui arrêtèrent Jacques Cartier en 1535 ; en 1611 Champlain les baptisa **Sault-St-Louis** lorsqu'un de ses compagnons prénommé Louis s'y noya. Avec un peu de cran et à condition de décharger l'embarcation en amont, on parvenait à descendre les rapides ; mais les remonter était impossible, et il fallait acheminer toute la cargaison par voie de terre sur 13 km.

Dès 1670, prit corps le projet de creuser un canal latéral au Nord du St-Laurent, mais l'entreprise ne put être réalisée qu'en 1824.

MONTRÉAL ★★★

Dès lors, le canal joua un rôle capital dans le développement du Canada ; grâce à lui, Lachine devint une ville industrielle active. Depuis la construction de la Voie Maritime, le rôle commercial du canal a bien diminué ; il est devenu de nos jours un axe de loisirs grâce à Parcs Canada. Un **centre d'interprétation** *(à l'angle de la 7ᵉ avenue et du boulevard St-Joseph à Lachine, ouvert de mi-mai à mi-septembre)* explique son histoire.

Passer sous le pont Mercier puis sous un pont ferroviaire avant d'entrer à Lachine (km 18).

La ville de Lachine. – Cette terre en amont des rapides fut concédée en seigneurie à Robert Cavelier de La Salle en 1667. Le grand explorateur rêvait de découvrir, en remontant le St-Laurent, l'introuvable « passage du Nord-Ouest » qui aurait permis d'atteindre la Chine sans avoir à contourner le Cap Horn... de là le sobriquet donné à son fief, d'où partaient les expéditions. A défaut de Chine, il organisa la traite des fourrures dans les régions du lac Erié et de l'Ohio (1669), du lac Michigan et du haut Illinois (1671) ; en 1682, il fut le premier à descendre le Mississipi jusqu'à son embouchure, ouvrant ainsi à la France le vaste territoire qu'il nomma Louisiane en l'honneur de Louis XIV.

Le massacre de Lachine. – En 1689, Lachine devenait un village florissant lorsqu'eut lieu la plus terrible attaque iroquoise subie par les Français. S'introduisant de nuit dans le village, les Indiens tuèrent les habitants et brûlèrent les deux-tiers des maisons. Malgré cette épreuve, Lachine se rebâtit et devint le grand point de départ du commerce des fourrures et des explorations vers l'Ouest.

On traverse le canal de Lachine.

La route longe presque continûment le rivage, bordé d'agréables parcs, du **lac St-Louis,** un élargissement du fleuve ; en traversant Dorval, elle s'écarte un moment de la rive, qu'elle rejoint sur la **baie de Valois** en entrant à Pointe Claire, agréable cité aux belles demeures entourées de jardins, qui appartient au secteur cossu et anglophone de « West Island ». Plusieurs yacht-clubs équipent la rive ; aussi l'été le lac est-il tout semé de voiliers.

La Pointe Claire★. – *A 32 km du départ, prendre à gauche la rue Ste-Anne sur 1 km – schéma p. 177.*

La pointe du rivage qui donna son nom à la localité et où se dresse face au fleuve la jolie église St-Joachim, offre une belle **vue★** sur Montréal, dont on aperçoit le versant « Nord » du Mont Royal où pointe le dôme de l'oratoire St-Joseph et la tour de l'Université de Montréal. Non loin de là, derrière le couvent de la Congrégation Notre-Dame, se dresse un vieux moulin à vent, privé de ses ailes ; il est le seul vestige d'une ligne de moulins semblables, construits au début du 18ᵉ s. après le massacre de Lachine pour former une défense avancée de Montréal : leur tour de pierre servait de refuge en cas d'attaque.

EXCURSIONS

Musée ferroviaire canadien★. – *120 rue St-Pierre, à St-Constant – schéma p. 177. Visite de mai à fin octobre. $3.00. ☏ (514) 632 2410.*

Accès : quitter Montréal par le pont Champlain, suivre la direction U.S.A., puis la route 132 Ouest jusqu'à la sortie 42 (Valleyfield, Pont Mercier) ; à la 4ᵉ lumière tourner à gauche.

Un tramway mène d'abord les visiteurs jusqu'à une gare de campagne (Barrington), avec ses salles d'attente distinctes pour hommes et femmes, près des grands entrepôts qui abritent la plus grande partie du musée. Le premier contient une impressionnante collection de trains : énormes locomotives à vapeur, comme la CPR 5935 avec son immense chaudière à l'avant ; wagons privés comme le « Saskatchewan », voiture personnelle de William van Horne, qui mena à bien la construction du CPR *(voir p. 36)* ; ou encore ce train-école qui en 1928 accueillait 22 enfants sur la ligne de Chapleau à White River (Ontario).

Le second hangar abrite les anciens tramways de Montréal.

Pointe du Moulin★. – *40 km de Montréal par la route 20, puis sur l'île Perrot tourner à gauche (signalé) – schéma p. 177. Parc historique provincial ouvert de mi-mai à début septembre. Repas légers, pique-nique. ☏ 453 5936.*

Venteuse comme elle l'est, la pointe de l'île Perrot, que lèchent les eaux du St-Laurent, était un endroit tout indiqué pour bâtir un moulin à vent. Celui-ci fut construit en 1708 par le seigneur de l'île, Trottier Desruisseaux. Restauré, garni d'une charpente et d'un mécanisme neufs, le moulin fonctionne à nouveau ; le guide en explique le fonctionnement, ainsi que le **film** *(15 mn)* présenté au centre d'interprétation.

La quiétude du lieu, les **vues★** sur le fleuve et au loin sur Montréal et le Mont Royal, ajoutent à l'intérêt historique et documentaire, et à l'agrément de ce parc.

Parc de la bataille de la Châteauguay. – *53 km du centre ville par le pont Mercier et la route 138 – schéma p. 154. Parc historique national bien signalé entre Howick et Ormstown. Visite de début mai à début septembre ; pique-nique. ☏ 829 2003.*

Ici même, au bord de la rivière Châteauguay, eut lieu en 1813 la bataille où s'illustra Charles-Michel de Salaberry, qui à la tête de 460 soldats arrêta 1 500 Américains en marche vers Montréal. Le centre d'interprétation raconte la bataille, en rappelle le contexte historique, évoque la vie quotidienne des soldats de l'époque *(film de 30 mn)*. De l'étage, **vue** sur l'ancien champ de bataille devenu un paisible paysage agricole.

Parc historique national de Coteau-du-Lac. – *58 km à l'Ouest par la route 20 jusqu'à la sortie 17 – schéma p. 154. Visite de mi-mai à début septembre, en semaine seulement jusqu'à mi-octobre ; ☏ 763 5631.*

On y voit les restes de l'un des premiers **canaux** à écluses d'Amérique, construit en 1779-80, et abandonné après la construction du canal de Beauharnois (1845), et ceux du **fort,** qui fut d'abord un simple poste de péage sur le canal et un entrepôt. La crainte d'une invasion américaine en 1812 *(voir p. 105)* le fit fortifier : on peut voir, reconstituée, la **redoute octogonale** qui fut construite alors ; à l'intérieur, intéressante exposition sur l'histoire du fort et son importance commerciale. Au **centre d'interprétation,** maquette du fort au temps de son activité.

Les rapides, devant le fort, ont beaucoup perdu de leur impétuosité depuis la construction de barrages en amont sur le St-Laurent.

QUÉBEC ★★★

Carte Générale **K 5** – Carte des Principales Curiosités p. 10 – *Schémas p. 155 et 156* – Agglomération : 576 075 h. - Office de Tourisme. ☎ (418) 643 2280.

Perchée sur un promontoire dominant le fleuve (Québec vient d'un mot Mic-Mac signifiant escarpement ou rétrécissement), la « vieille capitale » séduit par son site remarquable, ses vieilles maisons, ses murailles (c'est la seule ville fortifiée d'Amérique du Nord) et son caractère français ; contrairement à Montréal, on n'y parle l'anglais que pour les besoins du tourisme, et toute la vie se déroule dans la langue de Molière et de Champlain. Pour un Américain, Québec représente le dépaysement assuré : c'est l'Europe sans franchir l'océan.

Pourtant, hors les murs, Québec est aussi une ville moderne aux gratte-ciel altiers, ville d'hommes politiques, de fonctionnaires, d'étudiants, centre industriel et portuaire.

Québec, c'est la flânerie, le plaisir de découvrir au hasard des rues ces jolies maisons basses au toit pentu percé de fenêtres, ou les boutiques d'art et d'artisanat ; c'est aussi nombre de restaurants à la cuisine savoureuse, et ces cafés-terrasses où il fait si bon s'attabler en été, en particulier le long de la Grande Allée et de la rue St-Jean *(en été réservée aux piétons après 19 h)*.

Le Carnaval. – Chaque année en février, la semaine du carnaval est une période privilégiée, où la fête est dans la rue, orchestrée par le Bonhomme Carnaval, un joyeux bonhomme de neige vêtu de sa tuque rouge (bonnet de laine) et de sa ceinture fléchée (pièces du vêtement traditionnel québécois) ; la rue Ste-Thérèse (**A**), devenue pour l'occasion « rue du Carnaval », est jalonnée de statues de glace. Pour se réchauffer, on s'entasse dans les cafés à l'ambiance chaleureuse, avant d'aller voir le défilé de chars ou la célèbre course de canots à travers les glaces mouvantes du St-Laurent *(voir l'île aux Coudres, p. 157)*.

L'arrivée sur Québec. – Pour qui vient de la rive Sud du St-Laurent, le **traversier de Lévis** *($1.10 pour les piétons ; $2.20 pour une voiture avec son chauffeur et $1.10 par personne supplémentaire)* offre des **vues**★★ spectaculaires sur le site de la ville, sa falaise dominée par le Château Frontenac et les gratte-ciel construits sur le plateau. Sur la rive Nord, l'arrivée par le boulevard Champlain procure de jolies vues le long du fleuve.

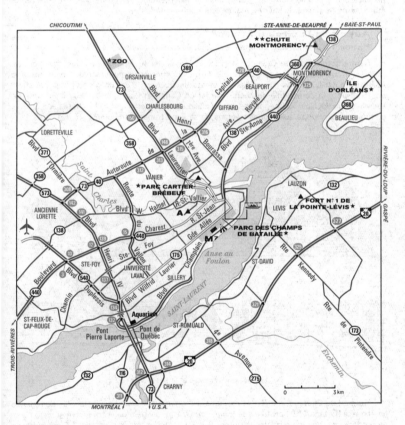

UN PEU D'HISTOIRE

Le berceau de la Nouvelle France. – Malgré les voyages de Jacques Cartier *(voir p. 183)*, il faut attendre 1608 pour que naisse une petite colonie, fondée par Champlain ; on y pratique le commerce des fourrures au pied de la falaise tandis que sur le plateau Louis Hébert, ancien apothicaire parisien, devient le premier Blanc cultivateur au Canada. C'est de Québec que Champlain, trafiquant, marin, soldat, géographe et explorateur, part à la découverte de la nouvelle colonie, jusqu'à l'Ontario et l'État de New York actuels. Très vite, Québec devient le centre administratif de la colonie, où s'installent le gouverneur, l'intendant et les ordres religieux ; l'industrie s'y développe : chantier naval, brasserie, tannerie.

Capitale de la colonie, Québec subit les assauts de l'Angleterre, en guerre contre la France. Vulnérable malgré sa situation de forteresse naturelle, elle est prise dès 1629 par David Kirke, puis rendue à la France par le traité de St-Germain. En octobre 1690, l'amiral William Phips assiège la ville, avec 34 navires et 2 300 hommes ; mais le mauvais temps joue contre les Anglais qui doivent lever le siège. Ce n'est que partie remise.

QUÉBEC★★★

La conquête. – En juin 1759, arrive une flotte anglaise (43 vaisseaux, 2 000 canons) renforcée d'une armée de 9 000 hommes commandée par le général James Wolfe. Les troupes, basées à l'île d'Orléans, à Lévis, et sur la rive Est de la rivière Montmorency, bombardent la ville ; une attaque par terre sur la côte de Beaupré est un échec. Le 13 septembre, Wolfe et 5 000 soldats débarquent à l'Anse au Foulon *(plan p. 179)* et se hissent sur le plateau, aux plaines d'Abraham. La bataille s'engage, à découvert. Sous le feu meurtrier, Wolfe et Montcalm, le général français, tombent ; en vingt minutes, c'est la déroute des Français. Cinq jours plus tard, Québec est occupée, et les troupes françaises se sont retirées à Montréal pour l'hiver, commandées désormais par Lévis.

En avril suivant, Lévis revient, bat les Anglais à la bataille de Ste-Foy et assiège Québec. C'est la fin de l'hiver ; le sort de la ville dépend du premier bateau amenant des renforts. Il arrive le 9 mai ; il est anglais : la prise de Montréal, désormais, n'est plus qu'une formalité ; la Nouvelle France est perdue. En 1763, le traité de Paris la cède à l'Angleterre.

Le siège américain. – L'époque des fusils et des canons n'est pas terminée pour autant. En 1775, les « Treize colonies » américaines en guerre contre leur métropole envahissent le Québec, tentant de persuader les Canadiens de se joindre à eux. Après avoir pris Montréal, Montgomery retrouve Benedict Arnold devant Québec. Le 31 décembre, ils tentent l'assaut de la ville ; Arnold est grièvement blessé, Montgomery est tué, c'est l'échec. Le siège se poursuit tout l'hiver, sans résultat, et au printemps l'arrivée d'une frégate anglaise, la « Surprise », provoque la déroute des assaillants.

■ VIEILLE VILLE★★★

La vieille ville *(plan p. 181)*, haute et basse, aux rues étroites et encombrées, se visite plus aisément à pied. Les automobilistes laisseront leur voiture dans les garages aménagés à cet effet *(stationnement payant)* ou dans le Parc des Champs de Bataille, d'où part la Promenade des Gouverneurs, qui rejoint la place d'Armes en offrant de jolies vues sur le fleuve. La haute ville offre un grand choix d'hébergement, de l'hôtel de luxe aux petits établissements pleins de charme malgré leur confort modeste.

Autour de la place d'Armes★★★
Environ 1 h de marche - compter 1/2 journée avec les visites

Centre touristique de Québec, la place d'Armes est le rendez-vous des calèches qui proposent aux visiteurs un tour de la ville et de ses principaux monuments. Là se dresse le **Château Frontenac**, le plus connu des bâtiments de Québec ; c'est un grand hôtel, construit en 1892 pour la compagnie de chemin de fer du Canadien Pacifique *(p. 36)* ; il est orné de tourelles médiévales, échauguettes et mâchicoulis typiques du « style châteaux » que la compagnie développa aux grandes étapes de sa ligne transcanadienne.

Le Château Frontenac et la Basse Ville

Au pied du Château, derrière le monument à Champlain fondateur de la ville, commence la **Terrasse Dufferin**★★★, promenade longue de 671 m, suspendue entre fleuve et ciel ; c'est le rendez-vous des flâneurs venus humer l'air du fleuve et admirer les **vues**★★ sur la basse ville, le St-Laurent, et au-delà sur la côte de Beaupré, la pointe de l'île d'Orléans, et la rive Sud vers Lévis et Lauzon. En hiver y est ouverte une triple piste de luge où l'on glisse à toute vitesse en hurlant de joie et de peur. La **Promenade des Gouverneurs**★★, mi-escalier mi-passerelle, prolonge la terrasse vers le Sud jusqu'au Cap Diamant *(ouverte de mai à octobre, environ 20 mn)*.

Au Sud du Château Frontenac, dans les tranquilles **jardins des Gouverneurs** bordés de maisons au charme désuet, se dresse l'obélisque dédié à Wolfe et Montcalm, généraux ennemis réunis dans la mort.

Traverser le Château Frontenac et la place d'Armes.

Musée du Fort★ **(M 1)**. – *Visite toute l'année. Fermé du 1ᵉʳ au 20 décembre. Spectacle toutes les 1/2 h, en anglais ou en français. $2.75.* ☎ *692 2175.*

Sur une grande maquette du site de Québec au 18ᵉ s., un spectacle « Son et lumière » raconte l'histoire de la ville et explique en détail les divers sièges et batailles dont elle fut l'enjeu. La maquette rend sensible le relief si particulier de la ville.

Rue du Trésor★. – Petite rue pittoresque où, durant l'été et pendant le carnaval, étudiants et artistes exposent leurs œuvres ou font le portrait des touristes.

A l'angle de la rue du Trésor a été aménagé le **musée de cire (M 2)**, *(visite toute l'année ; $2.00.* ☎ *692 2289).* Il est installé dans une maison du 17ᵉ s. et présente diverses scènes de l'histoire du Québec, illustrant par exemple le martyre du père Brébeuf *(voir p. 108),* Dollard des Ormeaux au Long Sault *(voir p. 166),* ou la mort de Montcalm.

Poursuivre la rue du Trésor.

Basilique Notre-Dame (B). – Sa sobre façade classique fut dessinée par Thomas Baillairgé en 1844.

En face, sur l'ancienne place du Marché, trône sur un socle baroque de granit rose la statue du cardinal Taschereau (1820-1898) : professeur puis recteur à l'Université Laval, il fut le premier Canadien à porter la pourpre.

Séminaire★. – *Visite accompagnée (1 h) de mi-mai à mi-août. $0.50 ;* ☎ *692 3981.*

Fondé en 1663 par Mgr de Laval, le premier évêque du Québec et de la Nouvelle France, pour former les prêtres de la jeune colonie, le séminaire ouvrit un cours classique en 1765, après la fermeture du collège des Jésuites. En 1852, le séminaire développait encore son rôle éducatif en fondant la première Université francophone au Canada, l'**Université Laval**. Celle-ci occupa d'abord les bâtiments qui longent la rue Ste-Famille et la rue de l'Université ; jusqu'en 1970, le recteur de l'Université fut toujours, de plein droit, le supérieur du séminaire.

Aujourd'hui installée au campus de Ste-Foy, à l'Ouest de Québec, et dirigée par un recteur laïc, l'Université Laval accueille plus de 23 000 étudiants.

La visite est intéressante pour l'ancienneté des bâtiments : l'aile de la Procure, la plus ancienne, remonte à 1678. Après une étape à la chapelle du séminaire où repose Mgr de Laval, on pénètre dans les longs corridors aux murs blanchis, qui mènent au réfectoire, aux belles poutres de bois clair, et à l'ancienne cuisine pourvue d'une grande cheminée. Le grand escalier de la résidence des prêtres date de 1880.

L'**oratoire de Mgr Briand**★ (1785) forme un rare ensemble de boiseries délicatement sculptées, lambris, placards et portes, conservés intacts depuis le 18ᵉ s. ; le prélat s'était fait aménager cette chapelle après la destruction de son évêché lors du siège de 1759.

QUÉBEC Vieille ville

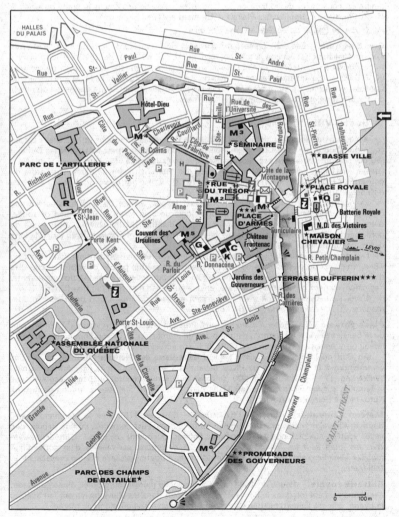

Musée du séminaire★ (M 3). – *9 rue de l'Université. Visite tous les jours sauf les lundis, 1ᵉʳ janvier et 25 décembre. $2.00. ☎ 692 2843.*

Outre une importante collection de peintures, le musée possède diverses pièces d'orfèvrerie, un cabinet d'instruments de physique, une salle d'art oriental et une autre d'art québécois. Un cabinet d'estampes et de dessins permet de voir l'exceptionnelle série de gravures.

Suivre les rues Couillard, Collins et Charlevoix.

Hôtel-Dieu. – *32 rue Charlevoix. Visite accompagnée (1 h à 3 h) le matin et l'après-midi. Fermé le matin des dimanches et jours fériés. ☎ 692 2492.*

Fondé en 1637, installé en cet endroit depuis 1644, l'hôpital des Augustines n'a pas cessé depuis de prodiguer ses soins. On visite le **musée (M 4)** (beaux meubles canadiens, vaisselle ancienne et instruments médicaux, peinture et orfèvrerie religieuses) et les **voûtes** (caves) qui servaient d'atelier de tissage durant l'hiver, de remise pour le jardinage en été, et où se réfugièrent les religieuses pendant les bombardements de 1759.

Revenir par la rue Collins, puis Côte de la Fabrique et rue des Jardins.

Cathédrale anglicane (F). – Ce temple entouré de hauts arbres, d'une architecture pure et sobre, fut la première cathédrale anglicane consacrée hors du Royaume-Uni (1804). Auparavant, le culte anglican était célébré au monastère des Récollets qui s'élevait au même endroit. Remarquer à l'intérieur les bancs fermés, en chêne anglais, ainsi que le banc royal, réservé au souverain d'Angleterre ou à son représentant.

Tourner à droite dans la petite rue Donnacona.

Couvent des Ursulines. – Première institution scolaire pour jeunes filles en Nouvelle France, le monastère poursuit de nos jours son œuvre éducatrice. Il accueillit ses premières pensionnaires françaises et indiennes dès 1639, selon le vœu de sa fondatrice, Mme de la Peltrie, qui voulut consacrer sa fortune à l'éducation des Indiennes, et grâce à l'activité inlassable de sa première supérieure, Mère Marie de l'Incarnation. Celle-ci établit les premiers dictionnaires d'Iroquois et d'Algonquin ; grande mystique, elle mourut en odeur de sainteté en 1672 et fut béatifiée en 1980.

La **chapelle** *(ouverte de mai à octobre)* a conservé son décor d'avant la conquête, chaire, autels, retables et statues, sculptés vers 1730 par Pierre-Noël Levasseur ; la Bienheureuse Marie de l'Incarnation repose dans une chapelle adjacente.

Le **musée★** **(M 5,** *12 rue Donnacona, visite le matin et l'après-midi ; fermé le dimanche matin, les lundis et jours fériés ; $1.00. ☎ 694 0694)* conserve le souvenir des premiers temps du couvent et de l'œuvre de sa fondatrice ; il garde également le crâne du général Montcalm, tué à la bataille des Plaines d'Abraham en 1759.

Par la rue du Parloir on accède à la rue St-Louis.

Rue St-Louis. – Elle doit son cachet à plusieurs vieilles maisons : le restaurant réputé **Aux Anciens Canadiens (G)** occupe la maison Jacquet (1677), où vécut de 1815 à 1824 Philippe Aubert de Gaspé, auteur du roman Les Anciens Canadiens. En face, au nᵒ 25, la **maison Kent (K)** (1648) abrita quelque temps le duc de Kent entre 1792 et 1794 et maintenant le Consulat de France ; juste à côté (nᵒ 17) la **maison Maillou (C)**, maison bourgeoise du milieu du 18ᵉ s. est aujourd'hui la Chambre de Commerce.

Basse Ville★★ *visite : 2 h*

Accès à pied, depuis la haute ville, soit par la Côte de la Montagne et l'escalier « cassecou » qui aboutit rue Petit-Champlain, soit par le funiculaire qui part de la terrasse Dufferin *($0.60)* ; sa gare inférieure occupe la maison que **Louis Jolliet** se fit construire en 1684. Né à Québec en 1645, celui-ci fit d'abord la traite des fourrures avant de partir, sur l'ordre du gouverneur Frontenac, explorer le Mississipi (1673) ; il fit d'autres voyages, jusqu'à la baie d'Hudson (1679) et à la côte du Labrador (1694).

Le quartier qui entoure la place Royale est le plus ancien de la ville. C'est ici que Champlain bâtit son « habitation » en 1608, logis de bois fortifié d'un chemin de ronde, d'une palissade et de fossés. Bientôt s'établirent alentour les marchands, à proximité du port ; cette classe aisée quitta la basse ville vers 1832, pour s'établir plus au large, le long des remparts puis sur le plateau hors les murs.

Dégradé peu à peu au fil des années, le quartier a retrouvé aujourd'hui son aspect du 18ᵉ s., maisons de pierres à un ou deux étages, toits pentus percés de lucarnes, couverts d'ardoises, de planches, de bardeaux ou de tôle ; des boutiques d'artisanat, des restaurants, des cafés animent ce quartier historique, unique au Canada, et où il fait bon flâner.

L'été, visites accompagnées en s'adressant au centre d'information de la maison Soumandre, 29 rue Notre-Dame ; ☎ 643 6631.

Place Royale★★. – Réservée aux piétons. Presque entièrement restaurée, c'est le cœur de la basse ville. Elle fut longtemps une place de marché, et reçut son nom actuel en 1686 lorsqu'on y érigea un buste de Louis XIV (le buste actuel est une copie).

Au Sud de la place, se dresse l'église **Notre-Dame des Victoires** (1688) dont le nom commémore à la fois l'échec de Phips devant la ville en 1690 et le désastre de l'amiral Walker en 1711 (71 voiles, 9 400 soldats) qui, venu prendre Québec, s'échoua dans la tempête sur les récifs de l'Ile aux Œufs dans le golfe du St-Laurent, le long de la Côte Nord, face à Pointe aux Anglais.

Maison Chevalier★ (Musée de l'Habitation). – Bâtie en 1752 pour le marchand Jean-Baptiste Chevalier, cette grande demeure en fer à cheval est demeurée intacte depuis, des caves voûtées aux plafonds à la française (à poutres) qui ornent ses pièces. L'intérieur *(visite tous les jours sauf les lundis, 1ᵉʳ janvier et 25 décembre)* est meublé d'un authentique mobilier canadien, armoires à pointes de diamants, buffets, vaisselle d'étain dressée sur la table, etc.

Batterie royale. – Erigée en 1691, faite d'une solide muraille surmontée d'une palissade, elle formait un éperon dans le fleuve. Englobée depuis dans les alluvions qui ont fait avancer le rivage, elle est aujourd'hui dégagée et entourée d'un fossé où monte la marée.

Maison Fornel★ (Q). – *Entrée place Royale. Visite de fin juin à début septembre.* Une projection de diapositives présente l'histoire de la place Royale et sa restauration.

Dans les caves voûtées *(entrée rue St-Pierre ; visite tous les jours de fin juin à début septembre, moins fréquemment le reste de l'année ; téléphoner au préalable au 643 6631)* exposition sur l'histoire de la ville et la restauration du quartier.

Excursion en bateau★ (E). – *Sur le M/V Jolliet. Tous les jours de mai à mi-septembre ; excursion de durée variable, à partir de $6.00 ; départ du quai Chouinard dans la Basse Ville ;* ☎ *692 1159.*

Cette agréable excursion procure de belles **vues★★** sur la ville, le port, l'île d'Orléans et, au loin, la chute Montmorency.

■ LES FORTIFICATIONS★

Un des traits qui donnent à Québec son air de ville du « vieux continent » sont ces remparts qui ceignent la vieille ville haute. Pourtant ces murailles ne furent pas construites par les Français, qui croyaient imprudemment que le site perché de la ville offrait une protection suffisante ; ce sont les Anglais, craignant une nouvelle attaque américaine après le siège de 1775, qui dressèrent ces fortifications finalement inutiles, puisqu'elles n'eurent à subir aucun assaut.

Le chemin de ronde sur les remparts est accessible au public entre la citadelle et le Parc de l'Artillerie *(1/4 h environ).*

Un centre d'accueil et d'interprétation (D) installé dans la poudrière de l'Esplanade *(100 rue St-Louis ; ouvert toute la journée sauf le lundi matin ; lieu historique national ;* ☎ *694 4206)* est une bonne introduction aux fortifications et aux visites *(de mi-mai à début septembre).*

Citadelle★. – *Accès en voiture. Visite accompagnée (50 mn) de mi-juin à début septembre tous les jours ; le reste de l'année du lundi au jeudi midi ; fermé de décembre à février. $2.25.* ☎ *694 3563.*

Bâtie à partir de 1820 sur le cap Diamant qui domine le fleuve de près de 100 m (c'est ici que Jacques Cartier aurait récolté ses « diamants », *voir ci-dessous),* sa muraille en étoile, renforcée de fossés et de demi-lunes, sert aujourd'hui de quartier au Royal 22ᵉ Régiment, unité de francophones formée en 1914. On visite le **musée militaire (M 6)** dans la poudrière construite en 1750. En été se déroulent diverses cérémonies en grand uniforme, veste rouge et bonnet à poil *(relève de la garde à 10 h ; retraite à 19 h les mardis, jeudis, samedis et dimanches).*

Parc de l'Artillerie★. – *Parc historique national, à l'angle des rues St-Jean et d'Auteuil. Visite tous les jours en juillet et août sauf le lundi matin ; horaires réduits en hiver.* ☎ *694 4205.*

Vaste terrain longtemps consacré à des fins militaires, le parc de l'Artillerie est encombré de bâtiments d'époques et d'usages divers, récemment désaffectés, illustrant les besoins de la défense au fil des âges, depuis l'époque française jusqu'à celle du Dominion.

Le bastion St-Jean, au Sud de la rue Richelieu, abrite les entrepôts d'affûts de canons (1810) et une fonderie (1902) où le **centre d'interprétation (R)** présente une magnifique **maquette★★** de Québec (1806-1808) et un rappel de l'histoire militaire.

Au Nord de la rue Richelieu se trouvent, outre divers entrepôts et ateliers, la redoute Dauphine datant de 1712, simple bâtisse en pierres renforcée de contreforts, l'alignement des Nouvelles Casernes (1749), également d'époque française et le **Logis des Officiers**, centre d'initiation pour enfants.

■ HORS LES MURS

Parc Cartier-Brébeuf★. – *Parc historique national. Plan p. 179. Prendre la direction de la route 73 ; tout de suite après le pont sur la rivière St-Charles tourner à droite dans la rue de l'Espinay puis suivre la signalisation.*
Visite tous les jours sauf le lundi matin et les jours fériés. ☎ *694 4038. Centre d'accueil et d'interprétation.*

Cette boucle de la rivière St-Charles fut le théâtre de deux événements historiques : l'hivernement de Jacques Cartier en 1535, et l'arrivée en 1625 des premiers jésuites au Canada, parmi lesquels le père Jean de Brébeuf, qui fut martyrisé en Huronie *(voir p. 107).*

Jacques Cartier. – Chargé par François-1ᵉʳ, roi de France, d'explorer la « grande baie » près de Terre Neuve où peut-être se cache un passage vers l'Asie, ce marin breton fit trois voyages de découverte au Canada : en 1534, il reconnut les côtes du golfe du St-Laurent ; revenant l'année suivante, il remonta le fleuve jusqu'à Hochelaga sur l'île de Montréal, puis vint hiverner dans ce repli de la rivière St-Charles, près du village iroquois de Stadaconé. Après un hiver terrible, enfoui sous la neige et la glace et n'ayant échappé au scorbut que grâce aux remèdes indiens, il rentra en France. D'un troisième voyage il rapporta une pleine cargaison d'or et de diamants, pour apprendre, de retour à St-Malo, qu'il s'était inutilement chargé de pyrites de fer et de quartz, qui firent naître le dicton aujourd'hui oublié : « faux comme un diamant du Canada ».

La Grande Hermine★. – C'est l'exacte reconstitution du plus grand des vaisseaux qui hivernèrent en 1535-36. Quelle surprise pour le visiteur moderne, habitué aux navires profilés pour la vitesse, que cette petite coque ronde (24 m hors tout) qui sut pourtant traverser l'Atlantique et abriter 60 hommes d'équipage. Le gréement, la timonerie et tout l'équipement sont ceux d'un navire de l'époque.

Assemblée Nationale du Québec★. – *Plan p. 181. Visite accompagnée (1/2 h) de juin à août tous les jours ; le reste de l'année, en semaine seulement ; fermé durant les sessions parlementaires. Restaurant.* ☎ *643 7239.*

Construit vers 1880, le siège de l'Assemblée est aujourd'hui au centre d'une véritable « cité parlementaire » regroupant les divers ministères et services gouvernementaux.

On visite le Salon Bleu où siège l'Assemblée et le Salon Rouge des commissions parlementaires. Le guide explique en outre l'organisation politique de la province et la composition de l'Assemblée. *Pour assister aux débats s'adresser aux hôtesses à l'entrée.*

QUÉBEC★★★

Parc des Champs de Bataille★. – *Plans p. 179 et 181. Parc historique national.* C'est un vaste parc dont le nom rappelle les célèbres batailles des Plaines d'Abraham (1759) et de Ste-Foy (1760) qui se sont déroulées ici même, sur le plateau. En été, c'est un lieu de promenade et de plein air bien agréable ; en hiver, on y pratique le ski de fond et la luge ; plusieurs belvédères offrent d'agréables **vues**★★ sur le fleuve et sa rive Sud. On voit dans le parc deux tours Martello *(voir p. 207)* construites vers 1812 dans la crainte d'une invasion américaine. Dans la partie Sud du parc une rue, la Côte Gilmour, descend vers l'Anse au Foulon où Wolfe fit débarquer ses troupes en 1759.

Musée du Québec★ (M 7). – *Plan p. 179. Visite toute l'année. Entrée à l'arrière du bâtiment.* ☎ *643 2150.*

Ce musée contient d'excellentes collections d'art québécois ancien et contemporain, peintures, sculptures, objets d'art décoratif, présentées par roulement au gré d'expositions temporaires. C'est aussi un centre d'animation artistique, avec atelier pour enfants.

Zoo★. – *A Charlesbourg, 11 km au Nord de Québec. Plan p. 179. Accès par le boulevard Laurentien (autoroute 73). Visite toute l'année ; $2.75. Rafraîchissements, restaurant, pique-nique. Repas des animaux entre 14 h et 15 h 30.* ☎ *622 0312.*

On y trouve de très bons spécimens de la faune canadienne, dans un vaste parc agrémenté d'arbres et de jardins où sont disséminés les nombreuses volières, les bassins d'animaux aquatiques, les fosses aux ours, le bâtiment des fauves et des singes, les enclos des ongulés (orignaux, bisons, chameaux, éléphants, etc.).

Aquarium. – *A Ste-Foy ; 11 km par autoroute 73. Plan p. 179. Visite toute l'année. $2.00. Repas des animaux à 10 h 15 et 15 h 15.* ☎ *659 5264.*

Poissons de mer et d'eau douce, du Québec et du monde entier ; bassins aux phoques à l'extérieur.

EXCURSIONS

Côte de Beaupré★. – *Schémas p. 156 et 185.* De Québec à la côte de Charlevoix *(voir p. 156)* s'étire la côte de Beaupré dont le nom dit assez l'aspect verdoyant. Au-dessus de l'étroite plaine côtière qu'utilise la route 138 court une terrasse fertile parsemée de fermes qui fut le berceau du Québec rural ; sur le rebord de la terrasse, la route 360 traverse ce paysage pittoresque en offrant de belles vues sur la côte et l'île d'Orléans.

Chute Montmorency★★. – *Prendre la route 360, et tourner à droite immédiatement après le pont sur la rivière Montmorency.* Sur la rive Est de la rivière, le **parc Montmorency** *(sentier en sous-bois, pique-nique)* donne accès à deux excellents points de vue sur cette puissante chute qui dévale les 83,5 m de la terrasse de Beaupré.

(D'après photo Musée du Québec)

La rivière Montmorency en hiver, de Cornelius Krieghoff

Une première **vue**★★ s'offre près de l'entrée du parc, en haut de la chute ; une autre au fond du parc dévoile l'ensemble du cirque creusé par la chute, la falaise rocheuse, et les bois qui l'entourent ; la cataracte apparaît sur toute sa hauteur, accompagnée d'une gerbe d'embruns qui, en hiver, gèlent sur place formant un pittoresque « pain de sucre » ; on voit en face une grande maison blanche, la maison Montmorency, aussi appelée « Kent House » car elle abrita de 1791 à 1794 le duc de Kent, père de la reine Victoria.

Au pied de la chute *(accès par route 138, juste à l'Est du pont de l'île d'Orléans ; depuis la route 360, revenir sur la rive Ouest de la rivière, puis descendre par le boulevard des Chutes et la Côte St-Grégoire)*, une bonne **vue**★★ s'offre, des passerelles aménagées jusque sous les embruns. Une filature au bord de la route utilise l'énergie de la chute.

Ste-Anne-de-Beaupré★. – 3 292 h. Une première chapelle à sainte Anne, érigée ici en 1658, attira bientôt les pèlerins ; la tradition se perpétue de nos jours, où Ste-Anne-de-Beaupré est devenue l'un des pèlerinages les plus célèbres d'Amérique du Nord. Chaque année, près d'un million de fidèles viennent y prier sainte Anne, mère de la Vierge, et vénérer ses reliques dans la grande basilique néo-romane (1932). En été, procession aux flambeaux le soir. Outre la basilique, on visite l'**Historial**, musée de cire sur sainte Anne et l'histoire du sanctuaire *(visite accompagnée de mai à octobre ; $1.00)* et le **cyclorama** *(ouvert d'avril à octobre ; $3.00)*, spectaculaire panorama en trompe-l'œil, peint en 1882, reconstituant Jérusalem et les Lieux Saints au temps du Christ.

Réserve de faune du Cap Tourmente★. – *Accès signalé à Beaupré. Visite accompagnée et projection de films de mi-avril à octobre ;* ☎ *827 3776.* Ici, la plaine littorale vient mourir contre les roches de la côte de Charlevoix ; sur les battures inondées par la marée font étape en avril et en octobre les colonies d'oies blanches en migration, entre leurs nids de l'île Baffin *(voir carte générale J 2 à L 3)* et leurs quartiers d'hiver sur la côte des États-Unis.

Ile d'Orléans★. – 6 436 h. *Schémas p. 156 et ci-dessous.* L'« île de Bacchus », comme l'appela d'abord Jacques Cartier, est une longue terre plate (32 km de long sur 8 de large) placée à la pointe de l'es-

tuaire du fleuve. Habitée depuis 1648, l'île a conservé comme un écho de la vie rurale en Nouvelle France, avec ses églises au toit pointu et aux clochers effilés, et plusieurs maisons du 18ᵉ s. L'artisanat (tissage) est resté vivant, comme les traditions gastronomiques (pain de ménage, plats typiques, fromage crémeux disponible seulement au printemps) que l'on peut déguster à Ste-Famille à « **L'Atre**★ », ancienne ferme (aménagée en restaurant) où l'on retrouve une atmosphère « d'époque », et où l'on se rend en voiture à cheval *(ouvert l'été seulement ; réserver :* ☎ *829 2474).*

QUÉBEC Excursions

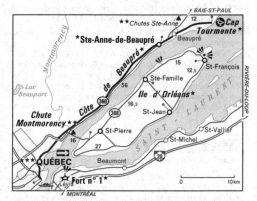

L'île est restée traditionnellement agricole (pommes de terre, prunes, fraises, pommes), mais son parfum de vieille France y attire les touristes ; si les villégiatures ont parfois altéré son caractère rural, l'animation culturelle de l'été (théâtre et chanteurs populaires au **Théâtre de l'Ile**, à St-Pierre), est un attrait supplémentaire.

Une visite de l'île permet d'admirer les petites églises de St-Pierre (1717) et de Ste-Famille, de s'arrêter à **St-Jean,** joli **site**★ au bord d'une grève rocheuse, où l'on apercevra le manoir Mauvide Genest (1734), et à **St-François**, à la pointe Nord de l'île, pour admirer sa petite église d'une touchante simplicité ; non loin de là, un belvédère offre une large **vue**★, depuis Ste-Anne-de-Beaupré sur la rive Nord du fleuve jusqu'à la rive Sud.

De St-François à Ste-Famille, la route 368 offre de belles **vues**★ sur la côte de Beaupré derrière laquelle apparaissent les hauteurs boisées des Laurentides. On distingue le sanctuaire de Ste-Anne-de-Beaupré au pied du mont Ste-Anne, et sur la droite le Cap Tourmente.

Fort nᵒ 1 de la Pointe-Lévis★. – *Parc historique national. Chemin du Gouvernement, Lauzon. Ouvert de mai à début septembre ;* ☎ *694 2470.*

Ce fort, situé à l'endroit le plus élevé de la rive Sud en face de Québec, a été construit de 1865 à 1871 pour protéger la ville d'une éventuelle attaque américaine. C'est un massif ouvrage de terre pentagonal, offrant un bon exemple des techniques de fortifications en Europe au milieu du 19ᵉ s.

Belles **vues**★ sur la chute Montmorency et l'île d'Orléans.

La légende p. 32 donne l'explication des signes employés sur les cartes et plans de ce guide.

RICHELIEU (Vallée du) ★

Carte des Principales Curiosités p. 10 – *Schéma p. 154.*

De la frontière des États-Unis, où il prend sa source dans le lac Champlain, le Richelieu coule vers le Nord jusqu'au St-Laurent, à travers une plaine fertile. A son embouchure, **Sorel** (20 347 h.) est un port maritime et une ville industrielle (construction navale, métallurgie, industries chimiques). En amont, la vallée est une région de vergers et de villégiature, proche de Montréal, et propice à la navigation de plaisance.

L'axe Richelieu - lac Champlain, prolongé au Sud par la vallée de l'Hudson, forme un passage aisé de Montréal à New York à travers les Appalaches. Ce fut depuis toujours une voie d'échanges commerciaux... et belliqueux ! Emprunté par les Iroquois aux premiers temps de la Nouvelle France pour leur commerce de fourrures (le Richelieu fut d'abord appelé rivière des Iroquois), la vallée fut jalonnée dès le 17ᵉ s. d'une série de forts, les forts Richelieu (aujourd'hui Sorel), Chambly, St-Jean (où se trouve encore aujourd'hui un collège militaire), et de l'île aux Noix ; c'est pourtant la voie qu'empruntèrent les Anglais en 1760, puis les Américains en 1775 et lors de la guerre de 1812.

Chambly★. – 12 190 h. Elégante villégiature dans un joli **site**★ sur un élargissement de la rivière, et port de plaisance ; régates en été. On verra, dans la ville, **rue Richelieu,** de jolies maisons pour la plupart de style géorgien (début du 19ᵉ s.) ; celle du nᵒ 18 fut construite vers 1812 par Charles de Salaberry, le vainqueur de la Châteauguay *(voir p. 178).*

Fort Chambly★. – *Parc historique national. Visite tous les jours sauf le lundi hors saison et les 1ᵉʳ janvier et 25 décembre.* ☎ *658 1585.* C'est un fort carré dont il reste trois murs de pierre flanqués de bastions d'angles gardant la rivière au débouché des rapides dans le bassin de Chambly. Un premier fort, en bois, fut créé ici vers 1665 par Jacques de Chambly, du régiment de Carignan-Salières, alors que s'installaient les premiers colons. Reconstruit en pierres en 1709, il ne put cependant résister à l'invasion anglaise en 1760, ni à l'attaque américaine en 1775.

On y voit quelques souvenirs historiques sur l'histoire du fort.

RICHELIEU (Vallée du)★

Fort Lennox★. – *Parc historique national ; accès par traversier depuis le centre d'accueil à St-Paul-de-l'Ile-aux-Noix ($1.25 AR) ; visite tous les jours de mi-mai à début septembre, les fins de semaine seulement jusqu'à mi-octobre.* ☎ *(514) 291 5700.*

Dans un **site**★ agréable sur une île aujourd'hui entretenue comme un parc, le fort Lennox est une forteresse en étoile, défendue par un talus de terre entouré de douves. A l'intérieur, les **bâtiments militaires★**, en pierre, ornés de frontons et d'arcades, sont d'une élégance rare ; on y visite une exposition sur l'histoire de l'île et du fort. La caserne, la poudrière et le corps de garde ont retrouvé leur aspect des années 1830.

Fortifiée par les Français en 1759, l'Ile aux Noix était prise dès l'année suivante par les Anglais ; en 1776, un fort anglais au même endroit servit de base à la flotte du lac Champlain ; en 1812, on y créa même des chantiers navals. Le fort actuel, construit de 1819 à 1829, n'eut par contre à connaître aucun conflit.

Parc Safari★★. – *Près de Hemmingford, à 7 km de la route 15, sortie 6 ; ouvert de mai à septembre ; entrée $6.50 par personne ou $20.00 par voiture. Pique-nique ; spectacles de dauphins. Durée du parcours : 1 h.* ☎ *(514) 247 2727.*

Au cœur d'une région de bois et de pommiers au cidre réputé, le Parc Safari est un parc zoologique où les animaux vivent dans de vastes enclos que le visiteur parcourt enfermé dans son automobile ; chaque conducteur reçoit gratuitement une bande enregistrée expliquant les mœurs et caractéristiques des girafes, zèbres, rhinocéros, dromadaires, éléphants, ours, bisons ou babouins, tout le long d'un parcours de 9 km.

Le SAGUENAY ★★

Carte des Principales Curiosités p. 10 – *Schéma p. 156-157.*

Puissant cours d'eau qui relie le lac St-Jean au St-Laurent, le Saguenay occupe dans son cours inférieur un fjord magnifique encaissé dans des rives sauvages et escarpées. Au contraire, le cours supérieur de la rivière, aux rives plates, a profité de cette voie navigable toute l'année et d'abondantes ressources hydro-électriques (le Saguenay dévale 90 m du lac St-Jean à Shipshaw) pour devenir une importante artère industrielle.

Un fjord spectaculaire. – Pour le géologue, le Saguenay est un long fossé d'effondrement bordé de failles, surcreusé lors des grandes glaciations du quaternaire qui ont raboté ses parois abruptes. Il constitue le chenal d'écoulement des eaux du lac St-Jean ; mais la marée y remonte au-delà de Chicoutimi où elle atteint, à l'équinoxe, 6 m d'amplitude ; à marée descendante, le courant de jusan porte jusqu'à l'île aux Basques, face à Trois-Pistoles, où au 16ᵉ s., les Basques utilisaient sa poussée pour hisser sur la berge les baleines à dépecer.

Diverses sortes de baleines fréquentent encore le fjord, ainsi que des bélugas, ou marsouins des mers polaires, cétacés blancs qui peuvent atteindre 5,5 m de long et qui, pense-t-on, viennent mettre bas dans une de ses baies. *En saison (généralement en août) excursions en bateau à l'embouchure du fjord pour voir les bélugas depuis l'hôtel Tadoussac,* ☎ *(418) 235 4421.* Ils sont attirés par l'abondance de crevettes et de capelans, leur principale nourriture, aux endroits où les courants confrontent l'eau douce de la rivière à l'eau salée et glacée de la marée qui s'infiltre par-dessous. Particulièrement forts à l'embouchure, où le fond du lit forme un seuil bien moins profond que le reste du fjord, ces courants y créent souvent une zone de brumes.

Le Royaume du Saguenay. – Les Indiens Montagnais appelaient la région « Sakini », nom que Jacques Cartier transforma en « royaume du Saguenay » où, pensait-il, abondait l'or tant convoité. S'il ne trouva pas d'or, il découvrit les autres richesses de la région : pêcheries, forêts et fourrures.

Vallée industrielle. – Elle s'étend d'Alma à La Baie et accumule le long de la rivière centrales hydro-électriques (Alma, Shipshaw, etc.), usines de pâte à papier (Alma, Jonquière, La Baie) et d'aluminium (Alma, La Baie, et surtout l'immense usine d'Arvida à Jonquière, la plus grande du Canada). C'est au port de **La Baie** que les océaniques déchargent la bauxite directement importée de la Jamaïque, du Brésil et de Guyane, tandis que **Chicoutimi** est le centre commercial et universitaire, et **Jonquière** le centre administratif de la région.

Folklore et gastronomie. – A Chicoutimi, se déroule chaque année pour mardi-gras un pittoresque **carnaval-souvenir** où la population revêt les costumes d'antan et fait revivre le temps des pionniers, des bûcherons et des scieries, avec courses de portageurs et de raquetteurs, vente à l'encan, marché public à l'ancienne, et plats régionaux comme la tarte à la farlouche, la soupe aux gourganes ou le cipailles *(voir p. 149).*

VISITE

Croisières sur le Saguenay★★. – *Croisières en été depuis Tadoussac : s'adresser à l'hôtel Tadoussac,* ☎ *(418) 235 4421. Depuis Chicoutimi : de juin à septembre ; durée : 1 journée, ou excursions plus courtes ; renseignements* ☎ *(418) 543 7630.*

La meilleure façon d'apprécier le site grandiose du Saguenay est d'y faire une croisière. Large de 1,5 à 2,5 km, profonde par endroits de près de 300 m, la rivière est encaissée, de la baie des Ha ! Ha ! à Tadoussac, entre des rives abruptes, couvertes de sombres forêts ou découpées de falaises de roche nue, hautes de 100 m à plus de 400 m.

Le site le plus spectaculaire est sans conteste la **baie de la rivière Éternité**, encadrée par les imposants caps Éternité et Trinité (510 m et 457 m).

Le **cap Trinité**, très reconnaissable à son profil en trois paliers, porte sur sa première croupe une statue de la Vierge haute de 8 m, offerte par un voyageur sauvé de la mort.

Points de vue★★. – Quelques points de la rive offrent aussi de belles vues sur le fjord ; ainsi sur la rive Nord, depuis le joli village de **Ste-Rose-du-Nord★★** au site superbe *(3 km de la route 172 - musée de la Nature, $1.50),* et de la petite communauté d'**Anse de Roche★** *(19 km de Tadoussac par les routes 138 et 172 – puis par un mauvais chemin depuis Sacré-*

Cœur), et sur la rive Sud depuis la **baie Eternité**★★ *(8,5 km de route asphaltée depuis Rivière Éternité, route ouverte en été ; accès et stationnement : $3.25)* qui jouit d'un site splendide entre les caps Trinité et Éternité, et d'où un sentier coupé de nombreux escaliers dans les parties les plus raides, *(au moins 4 h AR, prévoir de bonnes chaussures ;* ☎ *(418) 272 2267)* grimpe jusqu'à la statue de la Vierge, offrant une **vue**★★ superbe sur le fleuve.

Enfin à la **baie des Ha ! Ha !** la route 170 offre de belles **vues**★ sur quelques kilomètres le long de la rive Est, comme les descentes sur la ville de La Baie par la route 381 et depuis Chicoutimi par la route 170.

Tadoussac★. – 900 h. Aujourd'hui station de villégiature (port de plaisance, pêche au saumon, ski d'été sur la falaise de sable qui plonge dans le St-Laurent), Tadoussac fut le premier poste de traite établi au Canada, avant même la naissance de l'Acadie. Dès 1600, Pierre Chauvin y construisait un magasin et entreprenait le commerce des fourrures ; en 1615 était créée la première mission. Longtemps, avec Québec, Trois-Rivières et Montréal, l'un des principaux postes de Nouvelle France, Tadoussac est resté un poste de traite jusqu'à la colonisation du haut-Saguenay, au milieu du 19ᵉ s.

La petite ville s'insère entre la route 138 et la rive du St-Laurent. Devant la longue façade de l'hôtel Tadoussac au charme désuet, une agréable promenade de planches longe la plage de l'Anse à l'Eau ; à chaque extrémité de la promenade, on peut visiter un monument historique : d'un côté, entourée d'une palissade, la maison de bois au toit pointu, reconstitution récente du **magasin de Pierre Chauvin,** qui abrite une boutique d'artisanat ; de l'autre la **chapelle** de bois, au toit peint en rouge, construite en 1747, qui est l'une des plus anciennes églises du Canada et dont la cloche remonte à 1647. C'est un émouvant témoignage de la Nouvelle France.

On notera la jolie vue sur le Saguenay depuis la route 138 en descendant vers le traversier de Baie-Ste-Catherine, et l'agréable promenade sur la plage le long du St-Laurent, qui de l'Anse-à-l'Eau mène au lieu-dit **Le Désert** *(3 km),* falaise de sable haute de 112 m que dévalent en été les amateurs de ski sur sable.

ST-JEAN (Lac) ★

Carte Générale **K 5** – Carte des Principales Curiosités p. 10 – *Schéma p. 156.*

Bassin d'effondrement niché au creux du Bouclier canadien, relié au St-Laurent par le couloir du Saguenay *(voir p. 186),* la région du lac St-Jean bénéficie d'un site, d'un sol et d'un climat très particuliers.

Le climat, par l'action modératrice de la grande masse du lac (42 km de long et 26 km de large) est plus doux que dans les régions voisines, et propice à l'agriculture ; le sol est fait d'argiles fertiles et de sables déposés après le retrait des glaciers lorsque la mer envahit temporairement cette cuvette ; enfin, contrastant avec le relief de hauts plateaux boisés qui l'entourent, ce bassin est une région de basses terres agricoles à l'horizon plat comme le lac lui-même.

La région est connue pour ses **bleuets,** gros fruits bleus de la famille des myrtilles qui poussent après un feu de forêt, et sont très utilisés en pâtisserie ; la récolte se fait en août.

Une autre particularité du lac est la **ouananiche,** saumon de l'Atlantique resté prisonnier du lac quand la mer s'en est retirée, et acclimaté à l'eau douce ; il est apprécié des pêcheurs pour sa combativité.

La manifestation régionale la plus célèbre est la **traversée du lac à la nage** qui, depuis 1955, a lieu chaque année le dernier dimanche de juillet ; de Péribonka à Roberval, la course dure 8 h.

Val Jalbert★. – *Visite de fin mai à début septembre ; parc provincial ; restaurant, pique-nique. Aire de stationnement : $3.25.* ☎ *275 3132.*

Un peu en retrait de la route 169, ce village abandonné, en partie restauré, rappelle la vie de la région au début du siècle. Sur la chute de la rivière Ouiatchouane, qui dévale les 72 m du rebord du Bouclier canadien pour rejoindre le lac St-Jean, Damase Jalbert construisit en 1901 un moulin à pulpe ; pour loger ses employés et leurs familles, il créa le village de Val Jalbert, avec ses confortables maisons de bois, toutes semblables, dotées déjà d'eau courante et de l'électricité, son couvent d'Ursulines qui faisaient l'école aux filles, son hôtel pour les visiteurs, etc. Quand l'usine ferma en 1927, le village perdit sa raison d'être et fut déserté.

Un film *(20 mn)* raconte l'histoire du village, et plusieurs maisons exposent de l'artisanat régional. Le sentier du belvédère *(1/4 h à pied AR)* mène au sommet de la chute, d'où l'on a une large **vue**★ sur le lac St-Jean, ce qui est rare étant donné la platitude des rives ; au pied de la chute, le vieux moulin (scierie) a été restauré. Le sentier du village *(1/2 h à pied)* mène aux maisons des ouvriers.

Zoo de St-Félicien★. – *Sur la route 169, à 11 km de la localité. Visite de mai à septembre ; $4.00.* ☎ *(418) 679 0543.*

Fosse aux ours, cage aux singes, volières, bassin des otaries, enclos des cerfs ou des bisons, c'est un zoo traditionnel. Mais ce qui en fait l'originalité c'est le « **parc des sentiers de nature** » *(à partir de juin).* On n'accède qu'en petit train *(départ tous les 1/4 h ; durée 1 h 1/4 ; $3.50)* dans la vaste zone close qui préserve la végétation naturelle de la région et les animaux qui l'habitent en liberté ; le conducteur du train guide les visiteurs à travers la forêt d'épinettes noires, la tourbière ou la forêt mixte, leur montrant orignaux, caribous, marmottes, ours noirs, oiseaux aquatiques.

Péribonka. – 675 h. Charmant village situé à l'embouchure de la large rivière Péribonca. 5 km à l'Est, se trouvent la maison de ferme où vécut Louis Hémon et le **musée Louis Hémon** *(visite de fin mai à début septembre ; $2.50.* ☎ *374 2177).* C'est ici qu'entre juillet et décembre 1912, le romancier écrivit « Maria Chapdelaine » en s'inspirant de la vie des habitants. L'écrivain mourut tragiquement l'année suivante à Chapleau (Ontario), écrasé par un train, et ne connut jamais le succès de son roman, qui ne parut qu'en 1914, en feuilleton, dans le journal « Le Temps » à Paris. Le roman eut un grand retentissement en Europe, où il contribua à faire connaître le Canada Français.

TROIS-RIVIÈRES ★

Carte Générale K 5 – Carte des Principales Curiosités p. 10 – *Schéma p. 154* – Agglomération : 111 453 h. - Bureau de Tourisme : 168 rue Bonaventure ; ☎ (819) 375 9628.

Située à l'embouchure de la St-Maurice, à mi-chemin de Montréal et de Québec, Trois-Rivières doit son nom aux trois chenaux qui forment le delta de la rivière. Port maritime et ville universitaire, c'est surtout une ville industrielle toute enveloppée par l'odeur de ses trois usines de pâtes à papier, et fière d'être l'un des principaux centres mondiaux du papier journal. La vocation industrielle de Trois-Rivières remonte au début du siècle, en prolongement de l'exploitation forestière qui commença vers 1825 dans la vallée de la St-Maurice.

Une histoire ancienne. – Pourtant Trois-Rivières n'est pas née de la pâte à papier ; ce fut même l'une des toutes premières « habitations » construites au bord du St-Laurent, après Tadoussac et Québec. Dès 1610 s'y tenait la traite des fourrures, et en 1634 la construction d'un fort marqua les débuts de la ville, qui devint bientôt le point de rencontre des marchands, « voyageurs », Indiens, missionnaires et soldats ; plusieurs de ses habitants furent de grands explorateurs de la Nouvelle France, comme Pierre-Esprit Radisson et Médard Chouart, sieur des Groseilliers, fondateurs de la Compagnie de la Baie d'Hudson *(p. 98)*, Jean Nicolet qui explora le lac Michigan en 1634, Nicolas Perrot et la famille de la Vérendrye *(voir p. 146)*. Il reste aujourd'hui peu de souvenirs de ces temps héroïques, car la ville fut presque entièrement rasée dans l'incendie de 1908.

■ CURIOSITÉS *visite : 3 h*

Promenade en bateau★. – *De mai à mi-septembre ; départ au pied de la rue des Forges ; durée 2 h 1/2 ; prix $5.00. Rafraîchissements.* ☎ 375 3000.

Du St-Laurent, on voit les énormes usines de pâtes à papier et papiers, le port où le grain de l'Ouest, apporté par les bateaux des Grands Lacs par la Voie Maritime du St-Laurent *(p. 176)*, est chargé sur des océaniques pour l'exportation, le pont Laviolette qui enjambe le St-Laurent et le sanctuaire du Cap-de-la-Madeleine.

Accompagnée d'un intéressant commentaire, la visite est une bonne présentation de la ville et de la région.

Rue des Ursulines. – *Au centre-ville, près de la jonction du boulevard Laviolette et de la rue Notre-Dame où se trouve le bureau de poste.*

C'est une petite rue tranquille et ombragée bordée de maisons au toit pentu percé de fenêtres : elles datent de la fin du 17ᵉ s. et du 18ᵉ s., et sont les seuls vestiges de la vieille ville de Trois-Rivières.

Le plus imposant bâtiment de la rue, le **couvent des Ursulines,** construit à partir de 1700, servait aussi d'école et d'hôpital ; son cadran solaire fut installé en 1860. Au n° 834, la **maison de Gannes** date de 1756 ; en face se trouve l'**église anglicane St-James,** à l'origine église du couvent des Récollets (18ᵉ s.). En suivant la rue qui prend à l'angle de l'église, on débouche sur la **Terrasse Turcotte** (vue sur le St-Laurent) ; un monument honore plusieurs trifluviens célèbres, parmi lesquels Pierre Gaultier de la Vérendrye, né ici-même en 1685.

EXCURSIONS

Forges du Saint-Maurice★. – *13 km au Nord de la ville par le boulevard des Forges. A l'intérieur du parc historique national. Visite de mi-mai à début septembre ; visite guidée 1 h 1/2.* ☎ (819) 378 1663.

En 1730 naquit en ce lieu, d'un gisement de fer et de l'abondance de bois, le premier centre sidérurgique de Nouvelle France ; jusqu'en 1883, les forges produiront charrues, chaudrons, poêles de chauffage, et en temps de guerre canons et boulets.

Ce n'est plus aujourd'hui qu'un champ de fouilles archéologiques où l'on ne voit guère qu'une cheminée de haut-fourneau et les fondations de quelques bâtiments. Le **centre d'interprétation** retrace l'histoire des forges et explique le procédé de fabrication du fer ; un agréable sentier mène près de la rivière à la « **fontaine du diable** » où jaillit un gaz naturel qui s'enflamme dès que l'on approche une flamme du foyer.

Cap-de-la-Madeleine★. – *32 626 h. Schéma p. 154.* Ville industrielle sœur de Trois-Rivières, qui lui fait face de l'autre côté de la St-Maurice, Cap-de-la-Madeleine est aussi depuis 1889 une grande ville de pèlerinage.

Deux prodiges. – En 1879, la petite église de 1714 avait besoin d'être agrandie ; les pierres nécessaires à la construction étaient rassemblées sur la rive Sud du St-Laurent, et l'on attendait que le fleuve gèle pour les transporter ; mais l'hiver passa sans que les plaques de glace se soudent sur le fleuve, et le curé Désilets désespérait de pouvoir bâtir son église cette année ; alors il implora la Vierge, et fit le vœu de consacrer l'église au Rosaire si un pont de glace se formait sur le St-Laurent : contre toute attente, le fleuve gela fin mars, assez longtemps pour transporter toutes les pierres nécessaires. De nombreux fidèles vinrent se recueillir dans la nouvelle église, et c'est devant trois d'entre eux que se produisit, en 1888, le second miracle : la statue de la Vierge ouvrit les yeux.

Le sanctuaire★. – *Rue Notre-Dame, face à la rue du Sanctuaire.* Aujourd'hui un agréable parc, propice au recueillement, entoure la vieille église, et une vaste **basilique★** octogonale fut construite en 1964 pour accueillir les foules ; on admirera ses **vitraux★** dont les couleurs et la composition en médaillons rappellent la splendeur des vitraux gothiques.

La Mauricie★. – *Schéma p. 154.* Collines laurentiennes au dense manteau boisé drainées par la puissante rivière St-Maurice, la Mauricie est l'arrière-pays naturel de Trois-Rivières. Depuis le 19ᵉ s., des millions de troncs (la « pitoune », *p. 148*) y flottent chaque printemps jusqu'aux usines de La Tuque, Grand-Mère, Shawinigan et Trois-Rivières.

La **route★** de Grand-Mère à La Tuque *(121 km)*, qui longe continûment la rivière souvent couverte de bois flottant, révèle la beauté sauvage de cette région de forêts et de rivières. Pour les sportifs, le **parc national de La Mauricie** offre l'occasion de vivre dans cette nature vierge réputée pour la pêche et surtout pour le canot-camping *(accès au parc par St-Jean-des-Piles ou par St-Mathieu ; Centre d'accueil ;* ☎ (819) 536 2638. *Tarif voir p. 24).*

PROVINCES MARITIMES

On réunit communément sous le nom de Provinces Maritimes les trois plus petites provinces du Canada, Nouveau-Brunswick, Nouvelle-Écosse, et Ile-du-Prince-Édouard *(carte générale L 5)*. Battues d'un côté par les vagues de l'Atlantique, baignées de l'autre par les eaux plus calmes du golfe du St-Laurent, leurs côtes sont si profondément échancrées que la plus grande partie de cette région se trouve à moins de 50 km de la mer, dont l'influence imprègne profondément le climat, l'histoire, l'économie et la culture.

L'intérieur est fait, particulièrement dans le Nord du Nouveau-Brunswick et l'île du Cap-Breton, de croupes montagneuses appartenant aux Appalaches, densément boisées et peu habitées ; la plus grande partie de la population se trouve sur les côtes qui, par leur variété, leur beauté et le pittoresque des modes de vie, sont le grand attrait de la région. Il est des côtes plates et marécageuses où les Acadiens construisirent leurs « aboiteaux », des côtes sablonneuses bordées de dunes, au **parc national de Kouchibougouac** ou à l'île du Prince-Édouard, des falaises comme au Cap-Breton, au parc national de Fundy, à Hopewell Cape ou The Ovens, des côtes rocheuses et découpées parsemées d'îlots, comme au Sud d'Halifax et dans la baie de Passamaquoddy, et tout autour de la baie de Fundy des rivières envahies par des marées spectaculaires *(voir Moncton p. 209)* où l'on a enregistré, à Burncoat Head sur la côte de Nouvelle-Ecosse *(schéma p. 191)*, les plus fortes amplitudes du monde atteignant 16,60 m.

Mais la variété de ces côtes ne se réduit pas à celle des paysages : il y a les côtes acadiennes où on parle français, les régions écossaises où toute festivité s'accompagne de cornemuseux en kilt, les petits ports de pêche où s'entassent en saison les casiers à homards, les stations de villégiature cossues à l'ambiance raffinée, déjà en vogue au siècle dernier, et les régions minières au passé douloureux. Aussi cette région est-elle fort attachante : l'on y sent, dans l'art de vivre des habitants, le poids des siècles, car ces côtes furent colonisées parmi les premières au Canada.

Les Provinces Maritimes sont aussi une région de gastronomie : fruits de mer de première fraîcheur, huîtres, coques, pétoncles, palourdes, et surtout homards, poissons de mer, truites et saumons, sans oublier les délicieuses « crosses de fougère » (fiddlehead) du Nouveau-Brunswick, tendres pousses au goût délicat de champignon, et les célèbres pommes de terre.

Un climat maritime. – La présence de la mer adoucit les températures, en modère les écarts été comme hiver, et apporte un air constamment humide ; ici les courants marins y ajoutent leur influence propre : le **courant froid du Labrador** qui pénètre par le détroit de Belle-Isle dans le golfe du St-Laurent *(carte générale M 4)*, contribue à la formation des glaces, en hiver, le long de ses côtes, tandis que la baie de Fundy et la côte Atlantique de la Nouvelle-Ecosse, frôlées par le **courant chaud du Gulf Stream,** ne gèlent pas. Mais les vents d'Ouest, dominants à cette latitude, confrontent ces influences marines aux masses d'air continentales, plus froides en hiver, plus chaudes en été, d'où un climat extrêmement changeant ; sur la côte, au contact des masses d'air de températures différentes, se forment souvent des **brouillards,** moins fréquents pourtant en août et septembre que durant les deux mois précédents. Enfin les **précipitations** (en moyenne 1 372 mm par an à Halifax, 1 194 mm à St-Jean) réparties assez également tout au long de l'année sont plus abondantes sur les côtes.

Les températures (moyennes des maximums quotidiens) sont en janvier de 0 °C à Halifax, – 2 °C à St-Jean, – 3 °C à Charlottetown et – 4 °C à Fredericton ; en juillet, 23 °C à Halifax et Charlottetown, 21 °C à St-Jean et 24 °C à Fredericton.

Acadiens, Écossais et les autres. – Au total, les trois provinces comptent plus d'un million et demi d'habitants (847 440 en Nouvelle-Ecosse, 696 400 au Nouveau-Brunswick et 122 505 sur l'Ile du Prince-Édouard). Dans chaque province, la majorité des habitants est originaire des îles britanniques ; mais il existe aussi de notables minorités francophones, généralement acadiennes : 4 % de la population de Nouvelle-Ecosse, 5 % à l'Ile du Prince-Édouard, et 34 % au Nouveau-Brunswick *(voir carte p. 192)*. Près de 30 % de la population de Nouvelle-Ecosse est d'origine écossaise, groupée surtout dans l'île du Cap-Breton et la région de Pictou et Antigonish ; 4 % est d'origine allemande, et vit sur la côte Sud dans les comtés de Lunenburg et Queens.

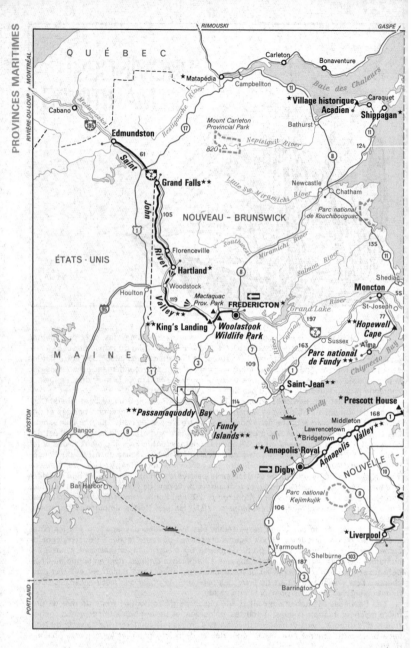

Les ressources. – La prospérité du 19ᵉ s. appartient au passé, et l'économie des Maritimes a connu, depuis, un déclin certain, malgré le développement du tourisme. L'**agriculture,** qui régresse d'une façon générale, n'est florissante que dans des secteurs bien organisés : l'île du Prince-Edouard et la vallée de la rivière St-Jean produisent 80 % des pommes de terre de semence du pays, et assurent 90 % des exportations de ce tubercule ; la vallée d'Annapolis est une riche région fruitière *(p. 194).* La **forêt** est surtout exploitée au Nouveau-Brunswick. L'**exploitation minière** produit zinc, plomb et cuivre près de Bathurst (N.-B.), antimoine près de Fredericton, potasse près de Sussex (N.-B.), gypse, sel et charbon en Nouvelle-Ecosse ; autrefois facteur important de l'économie *(voir p. 204 et 218),* l'exploitation du charbon s'effondra après la Seconde Guerre mondiale ; mais les hausses récentes des cours du pétrole engendrèrent une reprise de cette activité. Isolée des marchés du Canada central, l'**industrie** locale repose principalement sur la préparation du poisson et la production de pâte à papier, malgré l'aciérie de Sydney, et les usines d'assemblage automobile en Nouvelle-Ecosse. Avec trois usines en Nouvelle-Ecosse, la Société Canadienne des Pneus Michelin est la plus importante compagnie privée de la province.

La pêche. - Elle est pratiquée tout le long des côtes. La plus rentable, la pêche au homard, est strictement réglementée et limitée à une courte saison pour préserver le renouvellement de l'espèce ; on garde ces crustacés dans des viviers d'où ils sont expédiés, à la demande, vivants, dans le monde entier *(voir Deer Island p. 210).* Les huîtres de Malpèque (I.P.-E.) et les pétoncles de Digby (N.-É.) figurent parmi les autres spécialités des Maritimes. On pêche aussi le thon au large des trois provinces, la sardine et le saumon de l'Atlantique depuis les ports du Nouveau-Brunswick, et la morue sur les bancs au large de la Nouvelle-Ecosse.

Pour trouver la description d'une ville ou d'une curiosité isolée, consulter l'index alphabétique à la fin du volume.

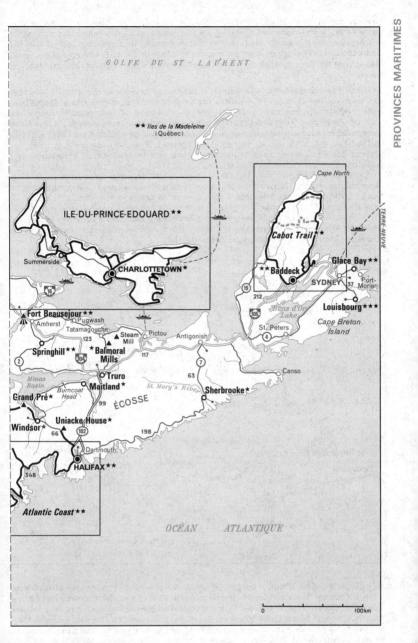

UN PEU D'HISTOIRE

L'Acadie

Comme l'origine du nom, qui viendrait de l'Arcadie, région de Grèce dont les poètes antiques avaient fait le séjour de l'innocence et du bonheur, les limites de l'Acadie sont assez vagues. En 1603, Henri IV roi de France et de Navarre concède à **Pierre Du Gua de Monts** le territoire compris entre le 40e et le 46e degré de latitude Nord (du site actuel de Philadelphie à mi-hauteur du Cap-Breton). En fait, au cours de l'histoire, l'Acadie sera où seront les Acadiens... et ceux-ci verront du pays.

L'Acadie française. – Après l'échec de l'île Ste-Croix en 1604, et la fondation l'année suivante de Port-Royal qui prospère, mais est rasée par les Anglais en 1613 *(voir p. 195),* le traité de St-Germain-en-Laye reconnaît l'Acadie à la France en 1632. De nouveaux colons viennent alors de France, s'installent d'abord à La Hève puis à Port-Royal, puis essaiment à Beaubassin, à Grand Pré, etc. *(voir schéma p. 192) ;* les cultures prospèrent sur les terres fertiles gagnées sur la mer grâce aux « aboiteaux » *(voir p. 218),* technique typiquement acadienne. Mais les Anglais sont installés un peu plus au Sud, sur la côte de Nouvelle-Angleterre ; à la faveur des guerres franco-anglaises *(voir tableau p. 147)* ils attaquent ces colonies rurales qui changent plusieurs fois de mains. Le traité d'Utrecht (1713) tranche : l'Acadie, limitée à la péninsule de Nouvelle-Écosse, passe à l'Angleterre.

Le régime anglais. – Le traité offre deux possibilités aux Acadiens : s'installer en territoire resté français, l'île Royale par exemple (île du Cap-Breton), ou demeurer sur place, devenir sujets britanniques et prêter serment d'allégeance. Les Acadiens, refusant l'un et l'autre, se déclarent neutres et n'acceptent de prêter serment qu'à condition d'être exemptés du service militaire. Le gouverneur d'Annapolis Royal accepte tout d'abord ; il lui faut bien, pour nourrir ses troupes, le ravitaillement fourni par les Acadiens. Mais un nouveau conflit franco-anglais éclate en Europe, la colonie de Nouvelle-Écosse se sent menacée par la forteresse de Louisbourg sur l'île Royale, et par les indéniables sympathies des Acadiens pour la cause des Français : n'étaient-ils pas de connivence, quand en 1747 les troupes de Québec attaquèrent par surprise le village de Grand-Pré où étaient cantonnés 500 soldats de Nouvelle-Angleterre, et qu'une centaine d'entre eux furent tués pendant leur sommeil ?

Le Grand Dérangement. – Désormais la position britannique se durcit : en 1749, pour fortifier la colonie, la forteresse d'Halifax est fondée ; en 1755, le gouverneur **Charles Lawrence** présente un ultimatum : partir ou jurer. Les Acadiens refusent cette alternative. En août, Lawrence signe l'ordre de déportation. Un à un les villages sont investis ; la population rassemblée en hâte est entassée sur des bateaux, parfois en séparant les familles, tandis que le bétail est confisqué, les fermes et les églises brûlées *(voir Grand-Pré p. 195)* ; les caprices des vents et des courants décident du lieu de débarquement, du Massachusetts à la Géorgie.

On estime qu'en huit ans, 14 600 Acadiens furent déportés. Dépourvus de tout, ils devinrent des errants, tâchant de se regrouper et de retourner au pays. Une communauté se fixa en Louisiane, qui subsiste encore sous le nom de **Cajuns** (déformation d'Acadiens). A force d'acharnement, d'autres regagnèrent la Nouvelle-Écosse. La paix était signée depuis 1763, mais leurs terres fertiles avaient été distribuées à des colons britanniques. Alors il fallut tout recommencer, trouver des contrées vierges, défricher à nouveau, fertiliser, sur de nouvelles côtes où vivent encore leurs descendants.

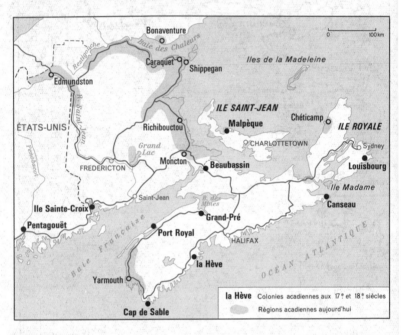

Carte : la Hève — Colonies acadiennes aux 17e et 18e siècles / Régions acadiennes aujourd'hui

Acadiens d'aujourd'hui. – Longtemps repliée sur elle-même, la communauté acadienne a pris conscience de son originalité *(voir Moncton p. 209)* et s'est fait connaître des francophones du Québec et de France par l'intermédiaire d'artistes de talent, comme la chanteuse Angèle Arsenault, le groupe de chanteurs Beausoleil Broussard, ou l'écrivain Antonine Maillet, célèbre auteur de « La Sagouine », « Pélagie la Charette », etc., dont l'œuvre raconte l'histoire, les traditions, la misère et l'humour de cette communauté obstinée à survivre *(1)*.

Une « Nouvelle Ecosse »

Première tentative. – La Nouvelle-Écosse naquit au temps de l'Acadie française, et voici comment. En 1606, le roi d'Angleterre Jacques 1er concède à deux compagnies le territoire côtier compris entre le 34e et le 45e degré de latitude Nord, ce qui recouvre en partie la concession de Monts en Acadie. Mais pourquoi Westminster aurait-il à tenir compte d'une signature de Paris, alors qu'aucun traité ne les départage ? En 1621 il va plus loin, concédant à Sir William Alexander, Ecossais comme lui, tout le territoire de la rivière Ste-Croix au St-Laurent ; Sir William appelle la future colonie Nova Scotia (Nouvelle-Écosse en latin), et offre le titre de baronet à quiconque s'engage, pour la peupler, à faire traverser 6 hommes. Le traité de 1632 remet ce territoire disputé à la France, mais les armes accordées en 1621 figurent aujourd'hui au blason de la province.

Un repeuplement britannique. – Après la déportation des Acadiens, les autorités britanniques offrent des terres gratuites en Nouvelle-Écosse à qui veut bien s'y installer : de nombreux colons arrivent de Nouvelle-Angleterre, d'autres des îles britanniques, quelques-uns d'Allemagne.

Les 200 Écossais qui abordent à Pictou (N.-É.) en 1773 sont les premiers d'une importante vague d'immigrants, fuyant les « Highlands » où ils étaient sans ressources depuis que les grands propriétaires avaient reconverti dans l'élevage des moutons les terres jusqu'alors louées aux paysans ; beaucoup s'établissent dans l'île du Cap-Breton, mais aussi autour de Pictou et d'Antigonish et dans l'île du Prince-Edouard.

(1) Pour plus de détails, lire : « l'Acadie pour quasiment rien » (Ed. Leméac), par Antonine Maillet et Rita Scalabrini, « Le pays d'Acadie » de Melvin Gallant (éd. L'Acadie, Moncton 1980) ou « les Acadiens » de Jean-Claude Vernex (Éditions Entente-Paris 1979).

En 1775, éclate la guerre d'Indépendance américaine : la Nouvelle-Ecosse, qui aurait pu se joindre aux 13 colonies rebelles, préfère demeurer britannique. Au traité de paix de 1783, elle devient donc terre d'asile des **Loyalistes** chassés de chez eux *(voir p. 105 et 214)* qui s'installent sur la côte Atlantique, dans la vallée de la rivière St-Jean et sur l'île du Prince-Edouard. Au total 30 000 s'établissent dans la colonie, qui se trouve transformée par ces apports de population entreprenante et souvent influente. Dès 1784 est créée la colonie du Nouveau-Brunswick.

L'âge d'or des voiliers. – La construction navale était florissante au 19ᵉ s. Les forêts de la région fournissaient à profusion la matière première, et tout le long des côtes se multipliaient les chantiers navals dont les grands centres étaient St-Jean (N.-B.), Windsor et Yarmouth (N.-É.). Clippers, goélettes, bricks et trois-mâts nés dans la région, en portaient la renommée sur toutes les mers du globe.

Sur la côte Sud de Nouvelle-Ecosse, les goélettes passèrent à la légende, tout comme leurs équipages surnommés en raillant par les Américains « Bluenoses » (les nez bleus – à cause du climat froid de la région). A la fin du siècle, le Nouveau-Brunswick était la région la plus prospère du Canada.

Hélas vers 1900 la vapeur avait pris le pas sur la voile, les coques d'acier remplacèrent celles de bois, et bien peu de chantiers de la région s'adaptèrent à cette mutation. A la Première Guerre mondiale on ne construisait plus de bateaux de bois ; la grande époque des Maritimes s'achevait.

SPORTS ET LOISIRS

Tous les renseignements sur ces sujets, et les règlements de chasse et de pêche, sont fournis par le département touristique de chaque province.

Nautisme. – Une infinité de côtes se prêtent à la navigation de plaisance, qu'elle soit à voile ou à moteur ; mais si vous trouvez l'océan trop agité, pensez aux eaux abritées du lac Bras d'Or, au centre de l'île du Cap-Breton, ou de la rivière St-Jean *(p. 216)*.

Pêche. – La pêche en mer est l'un des plaisirs favoris des visiteurs des Maritimes, qui peuvent louer un bateau dans l'un des nombreux petits ports de pêche. La pêche au thon bleu géant est assurément la plus prestigieuse et la plus prisée des sportifs.

Dans les rivières, on pêche le saumon de l'Atlantique, surtout dans les vallées réputées de la Miramichi, de la Restigouche (N.-B.) et de la Margaree (N.-É. *p. 197*).

Plages. – Elles sont légion sur toutes les côtes, et particulièrement appréciées pour leurs eaux plus chaudes le long du détroit de Northumberland et du golfe du St-Laurent, et sur l'île du Prince-Edouard.

Autres activités. – Parcs nationaux et provinciaux offrent d'autres possibilités : **canoë** au parc national Kéjimkujik (N.-É.), **sentiers de randonnée** au parc national des Hautes Terres du Cap-Breton, au parc national de Fundy et au parc provincial du Mont Carleton (N.-B.) ; on pratique **bicyclette et équitation** sur l'île du Prince-Edouard, et partout tous les **sports d'hiver ;** il y a même quelques pistes de ski alpin au Nord du Nouveau-Brunswick et sur l'île du Cap-Breton.

Le terrain de **golf** du parc national de l'Ile du Prince-Edouard est réputé, ainsi que celui d'Ingonish (N.-É.).

Vacances à la ferme. – Elles sont populaires sur l'île du Prince-Edouard.

RENSEIGNEMENTS PRATIQUES

Accès maritimes à l'Ile-du-Prince-Edouard. – Deux traversiers sont en service toute l'année sur le détroit de Northumberland :

Depuis le Nouveau-Brunswick. - De Cape Tormentine à Borden : *service ininterrompu en période de pointe (durée environ 3/4 h)* ; pas de réservation. Renseignements auprès de CN Marine, P.O. Box 250, North Sydney (N.-É.) B2A 3M3 (☎ *(800) 565 9470). Pour éviter l'affluence en période de pointe, il est préférable de traverser avant 10 h ou après 18 h.*

Depuis la Nouvelle-Ecosse. – De Caribou à Wood Islands : *départs de mai à décembre ; fréquence des traversées suivant les saisons ; durée : environ 1 h 1/4. Pas de réservation.* Renseignements sur les horaires et les tarifs auprès de : *Northumberland Ferries Ltd, P.O. Box 634, Charlottetown (I.P.-E.) C1A 7L3.* ☎ *894 3473, ou aux embarcadères* ☎ *962 2016 et 485 6580). Longues files d'attente en période de pointe.*

Liaison avec les îles de la Madeleine. - En été ; *voir p. 164.*

Liaisons maritimes de la Nouvelle-Ecosse. – Trois traversiers relient la péninsule au continent.

Du Nouveau-Brunswick. - De St-Jean à Digby : *tous les jours toute l'année ; durée 3 h.* Renseignements et réservations auprès de CN Marine. ☎ *(902) 245 2116 à Digby et (506) 672 9270 à St-Jean.*

Du Maine. - De Bar Harbor à Yarmouth : *tous les jours en juillet et août, moins fréquemment le reste de l'année ; durée environ 6 h.* Renseignements et réservations auprès de CN Marine.

De Portland à Yarmouth *(durée de la traversée 11 h) : départs tous les jours de mai à octobre en s'adressant à Prince of Fundy Cruises, Portland, Maine 04 101* ☎ *(207) 775 5616 ou (902) 742 5164 à Yarmouth.*

Liaison avec Terre-Neuve. - *Voir p. 222.*

Fuseau horaire. – Les trois provinces maritimes vivent à l'**heure de l'Atlantique,** en avance d'1 h sur la côte des États-Unis, le Québec et l'Ontario ; elles adoptent l'heure avancée d'été *(p. 20).*

Taxes. – Une taxe de 10 % s'ajoute à tout achat, sauf sur la nourriture et l'habillement dans les trois provinces. Une taxe de 10 % est perçue sur les notes d'hôtels et de restaurants dépassant $3.00, au Nouveau-Brunswick et en Nouvelle-Ecosse.

Les routes. – Sauf indication contraire, la vitesse est limitée à 90 km/h au Nouveau-Brunswick et dans l'Ile du Prince Edouard, et à 100 km/h en Nouvelle-Ecosse.

Cartes routières, hébergement. – Chaque province publie chaque année la liste, mise à jour, des modes d'hébergement, incluant les terrains de camping. Cette brochure est fournie gratuitement avec la carte routière de l'année par les bureaux de Tourisme provinciaux, ou le département gouvernemental :

Tourisme Nouveau-Brunswick : C.P. 12 345, Fredericton (N.-B.) E3B 5C3 ☎ (506) 453 2377.

P.E.I. Tourist Information Centre : C.P. 940, Charlottetown (I.P.-E.) C1A 7M5 ☎ (902) 892 2457 (un guide touristique bilingue répond).

Nova Scotia Department of Tourism : C.P. 130, Halifax, (N.-E.), B3J 2M7 ☎ (902) 424 4247.

Réglementation des alcools. – On ne sert bière, vin ou boissons alcoolisées que dans les établissements licenciés ; ces produits ne sont en vente que dans les magasins gouvernementaux. L'âge minimum requis pour consommer les boissons alcoolisées est de 18 ans dans l'Ile du Prince-Edouard et 19 ans dans les deux autres provinces.

PRINCIPALES MANIFESTATIONS

En été, presque chaque localité a sa fête, et le visiteur peut toujours assister à une fête dans la région où il se trouve. Nous ne citons ici que les plus connues.

LIEU ET DATE	NATURE DE LA MANIFESTATION
Antigonish (N.-É.) .... Juillet	Highland Games (Jeux écossais).
Campbellton (N.-B.) .... Juin-Juillet	Festival du saumon.
Caraquet (N.-B.) .... Août	Festival Acadien (p. 218).
Charlottetown (I.P.-E.) .... Juin-début septembre	Summer Festival (p. 212).
Edmundston (N.-B.) .... Juillet-août	Foire Brayonne.
Halifax (N.-É.) .... 24 juillet	Natal Day.
- .... Août	Nova-Scotia Festival of the Arts.
- .... Septembre	Joseph Howe Festival.
Lunenburg (N.-E.) .... Septembre	N.S. Fisheries Exhibition and Fishermen's Reunion (p. 201).
Pugwash (N.-É.) .... Juillet	Gathering of the Clans (Rassemblement des Clans).
St-Ann's (N.-É.) .... Août	Gaelic Mod (festival gaélique, p. 199).
St-Jean (N.-B.) .... Juillet	Loyalists Days (p. 214).
Shediac (N.-B.) .... Juillet	Festival du homard.
Shippagan (N.-B.) .... Juillet	Provincial Fisheries Festival.
Vallée d'Annapolis (N.-É.) .... Mai-juin	Blossom Festival (festival des fleurs).

ANNAPOLIS (Vallée d') ★★ Nouvelle-Écosse

Carte des Principales Curiosités p. 10.

Célèbre pour la douceur de son climat et ses pommiers en fleurs à la fin de mai, la vallée d'Annapolis est protégée de part et d'autre des vents et des brouillards par les monts North et South, de douces collines de 250 m. Les Acadiens, jadis, avaient déjà reconnu la fertilité du sol et établi des fermes prospères avant que le « Grand Dérangement » ne les en chasse. Aujourd'hui, les célèbres vergers alternent, dans ce paysage doux et verdoyant, avec les cultures (légumes, céréales, maïs) et les prés où paissent les vaches laitières.

De Digby à Windsor

168 km par la route 1 – compter 1 journée – schéma p. 190-191

Digby. – 2 558 h. Bien abrité au creux du bassin d'Annapolis, qui communique avec la baie de Fundy par un étroit goulet, Digby est un port de pêche réputé pour ses pétoncles, et l'arrivée du traversier de St-Jean (N.-B.).

La route longe le bassin d'Annapolis, offrant de jolies **vues**★, notamment sur l'estuaire de la Bear River.

Annapolis Royal★★. – *Page 195.*

La route traverse la rivière Annapolis et en remonte l'estuaire ; les pommiers couvrent les collines, les prés bordent la rivère et le paysage se fait de plus en plus rural. On traverse **Bridgetown**★ aux rues bordées d'arbres splendides, où quelques belles maisons datent de l'époque des Loyalistes, puis les charmantes localités de **Lawrencetown** et **Middleton**.

Prescott House★. – *A Greenwich prendre à gauche la route 358 pour Starr's Point, à 5 km (signalé). Musée de Nouvelle-Ecosse, ouvert de mi-mai à mi-octobre ;* ☎ *(902) 542 3984.*

Cette grande maison de brique au style géorgien, sise au milieu de beaux jardins, fut construite au tout début du 19ᵉ s. par Charles Prescott, marchand prospère et passionné d'horticulture. A force de soins, il mit au point diverses variétés de fruits (poires, cerises, pommes) et de céréales parfaitement adaptées à la région, en donna des boutures à de nombreux fermiers de la vallée, et se trouve ainsi en quelque sorte à l'origine des vergers aujourd'hui célèbres.

Parc historique national de Grand-Pré★. – *4 km à l'Est de Wolfville ; signalé. Visite de mi-mai à mi-octobre tous les jours, le reste de l'année en semaine seulement ;* ☎ *(902) 542 3631.*

Grand-Pré était, au début du 18ᵉ s., le principal établissement acadien de l'actuelle Nouvelle-Ecosse, avec environ 200 fermes échelonnées le long du bassin des Mines, où, grâce à leur ingénieux système de digues et d'aboiteaux *(p. 218)*, les habitants avaient gagné sur la mer de grandes superficies de terres fertiles utilisées surtout en pâturages, d'où le nom du lieu. Mais en 1755, les Acadiens sont déportés *(voir p. 192)*, leur bétail confisqué, leurs fermes incendiées, leurs églises brûlées ; leurs terres sont distribuées à des colons venus de Nouvelle-Angleterre, les « planteurs », puis après l'Indépendance des États-Unis, à des Loyalistes *(p. 105)*. Le parc est maintenant le seul souvenir des premiers colons de la région.

S'inspirant de la tragique déportation de 1755, l'américain **Henry Longfellow** écrivit en 1847 un long poème, « **Evangéline** », devenu le symbole des malheurs du peuple acadien. C'est l'histoire de deux jeunes gens arrachés l'un à l'autre dans la tourmente du « Grand Dérangement ».

Le **parc** est un mémorial à la mémoire des Acadiens : dans la petite **église** (1922-1930) construite à l'emplacement supposé de l'église acadienne, on peut voir une intéressante évocation de la colonisation acadienne, des problèmes qui ont surgi avec la domination britannique et de la déportation finale ; dans les jardins alentour se dressent un buste de Longfellow et une statue de son héroïne Évangéline.

Windsor★. – 3 646 h. Au confluent des rivières Avon et Ste-Croix, à l'emplacement de l'ancienne localité acadienne de Piziquid, Windsor est un port exportant du bois et du gypse exploité dans les environs. Une digue sur l'Avon ferme maintenant le cours supérieur de la rivière aux marées de la baie de Fundy.

« Clifton »★. – *Sur Clifton Avenue, signalé depuis la digue. Musée de Nouvelle-Ecosse ; Visite accompagnée (20 mn) de mi-mai à mi-octobre. Fermé le dimanche matin.* ☎ *798 2915.*

C'était au 19ᵉ s. la résidence de **Thomas Haliburton,** juge et homme politique en vue, mais surtout écrivain et humoriste, créateur du célèbre Sam Slick. Sam Slick le yankee parcourt la Nouvelle-Ecosse pour y vendre ses horloges, tout en faisant des commentaires moqueurs sur le manque d'esprit d'entreprise des habitants ; ses aventures, parues à partir de 1836, connurent un grand succès ; c'est lui qui a créé des expressions devenues familières même en français : « la réalité dépasse la fiction », ou « qui est propre à tout n'est propre à rien ».

La résidence, bâtie en 1833, témoigne par son élégance, par la beauté de son parc, du rôle éminent que jouait Haliburton dans la société de son temps : admirer le vaste hall d'entrée, l'élégante salle à manger, le salon ; de nombreuses illustrations des aventures de Sam Slick décorent les murs.

Fort Edouard. – *Près de la digue. Parc historique national. Visite de juin à début septembre.* ☎ *542 3631.*

Le blockhaus de bois est le seul bâtiment subsistant du fort construit en 1750 ; le fort, qui devait établir l'autorité britannique dans cette région acadienne et protéger la voie de communication entre Halifax et la baie de Fundy, servit aussi de principal lieu de rassemblement des Acadiens pendant la déportation. Le blockhaus est le plus ancien bâtiment de ce type au Canada : l'étage supérieur en saillie sur le rez-de-chaussée permettait de tirer sur d'éventuels agresseurs parvenus au pied du bâtiment. Bonnes **vues★**, par-delà le talus de terre, sur la baie et la rivière Avon.

ANNAPOLIS ROYAL ★★ Nouvelle-Écosse _____
Schéma p. 190 – 631 h.

La « ville de la reine », nommée en l'honneur de la reine Anne Stuart au 18ᵉ s. lorsqu'elle devint la première capitale de Nouvelle-Ecosse *(voir p. 19)*, est une petite localité tranquille dans un **site★** agréable, sur l'estuaire de la rivière d'Annapolis, où deux fois par jour s'engouffrent les puissantes marées de la baie de Fundy *(voir p. 189)*. Une chaussée au sommet de la digue offre des vues de ce phénomène et sur l'usine marémotrice expérimentale *(voir p. 196)*.

Le berceau de l'Acadie. – En mars 1604, le **sieur de Monts**, à qui le roi de France, Henri IV, a concédé l'Acadie avec l'obligation d'y fonder une colonie, *(voir p. 191)*, embarque pour l'Amérique avec le navigateur Samuel de Champlain, futur fondateur de Québec. Les Français s'installent sur l'île Ste-Croix *(voir schéma p. 192)* ; mais l'hiver est très dur, le ravitaillement difficile, et 35 des 80 hivernants périssent du scorbut ; il faut trouver un site plus protégé. C'est alors qu'ils construisent l'« habitation » de Port Royal (1605), où la petite colonie peut prospérer ; le commerce avec les Indiens s'organise, les récoltes sont bonnes sur la terre fertile. Brusquement, en 1607, on retire à de Monts son monopole : Port-Royal est abandonné. Trois ans plus tard, l'un des premiers colons, **Poutrincourt**, nommé lieutenant-général de la concession de Port-Royal, revient en Acadie ; il trouve l'établissement en bon état, grâce aux soins des Indiens, et la colonie refleurit. Une nouvelle épreuve l'attend en 1613, quand une expédition des colons anglais de Virginie vient raser Port-Royal en l'absence de ses habitants ; si Poutrincourt rentre en France, son fils **Biencourt** reste avec quelques colons et continue la traite des fourrures. Pourtant la colonie agonise, et l'Angleterre tente de s'en emparer en créant à sa place une « Nouvelle-Ecosse » *(voir p. 192)*.

Rendue à la France en 1632, par le traité de St-Germain-en-Laye, l'Acadie revivra pourtant. **Charles de Menou d'Aulnay** installe sa capitale non loin de l'ancienne « habitation », et encourage le peuplement, le défrichement et la mise en culture ; d'autres établissements prospèrent, à La Hève (aujourd'hui La Have, *voir p. 201*), au Cap de Sable (pointe Sud de la péninsule) et à la Rivière St-Jean. Mais Port-Royal est repris par les Anglais de Boston en 1654, et il faut attendre le traité de Bréda (1667) pour que la France retrouve tout le territoire occupé.

Le vieux centre-ville (Lower Saint George Street) est actuellement en rénovation. Des maisons, des boutiques, un théâtre et une auberge ont été restaurés. Une agréable promenade des planches borde le bassin d'Annapolis.

ANNAPOLIS ROYAL★★

■ **CURIOSITÉS** *visite : 1/2 journée*

Fort Anne★. – *Parc historique national. Visite de mi-mai à mi-octobre tous les jours ; le reste de l'année en semaine seulement.* ☎ *523 2397.*

Cet endroit aujourd'hui paisible fut l'un des plus disputés au Canada ; il subit 14 sièges pendant les guerres franco-anglaises *(tableau p. 147)*, sans compter quelques raids de pirates, et changea de mains à de nombreuses reprises. Derrière les talus herbeux, construits par les Français de 1702 à 1708, qui forment les remparts du fort, se dressent les hautes cheminées du **quartier des officiers★** reconstruction du bâtiment élevé en 1797 sur les ordres du prince Edouard.

A l'intérieur, un **musée historique★** présente des documents anciens sur la vieille colonie acadienne et les luttes entre Anglais et Français ; le drapeau bleu roi à croix blanche exposé ici, qui ressemble à l'actuel drapeau du Québec sans les fleurs de lys, était au 17ᵉ s. le pavillon des navires de commerce français. Sur le fort flotte le drapeau de la Grande Union : sur lui, figuraient la croix anglaise de St-George et la croix écossaise de St-André, mais non la croix irlandaise de St-Patrick qui se joignit aux précédentes pour former l'Union-Jack en 1800.

Des remparts, belle **vue★** sur le bassin d'Annapolis.

Jardins historiques★ (Historic Gardens). – *Sur la Upper St George Street (route 8) au Sud du Fort Anne. Ouvert de mi-mai à mi-octobre ; $2.00 ;* ☎ *532 5104.*

Les allées serpentent à travers plusieurs types de jardins, dominant le cours de la rivière Allain, affluent de l'Annapolis : le jardin Acadien renfermant une maison traditionnelle et une réplique du système d'aboiteaux *(voir p. 218)* ; le jardin du Gouverneur, du début du 18ᵉ s. ; le jardin Victorien et la roseraie.

Usine marémotrice de l'Annapolis★. – *Sur la chaussée (route 1). Centre d'information ouvert de mi-mai à mi-octobre ;* ☎ *532 5104.*

Cette usine expérimentale est la première centrale marémotrice construite en Amérique du Nord. Des générateurs à turbines permettent d'étudier l'exploitation de l'énergie des marées de la baie de Fundy. Le centre d'information offre aux visiteurs un aperçu de l'usine et fournit des explications sur son fonctionnement.

EXCURSIONS

North Hills Museum★. – *A Granville Ferry sur la route de Port Royal. Musée de Nouvelle-Ecosse. Ouvert de mi-mai à mi-octobre ; fermé le dimanche matin ;* ☎ *532 2168.*

Cette petite maison à pans de bois du 18ᵉ s. offre un cadre approprié à la collection de meubles et d'objets anciens, pour la plupart du 18ᵉ s., qui appartenait à un banquier de Toronto et qui fut léguée à la province en 1974.

L'Habitation de Port-Royal★★. – *D'Annapolis Royal, suivre la route 1 Est qui traverse la rivière Annapolis sur la chaussée, puis prendre à gauche le long de la rive sur 10 km (signalé). Parc historique national. Visite de mi-mai à mi-octobre.* ☎ *532 2898.*

On se trouve ici devant la réplique fidèle de l'« Habitation » construite par Champlain en 1605. D'austères bâtiments de bois noirci se serrent autour d'une cour carrée, formant une sorte de fort aux toits aigus, face au bassin d'Annapolis. Entièrement en bois, sauf les cheminées de pierre, et assemblées par des chevilles comme on faisait alors, ces bâtisses abritaient le logis du gouverneur, du prêtre, des artisans, etc. Leur mobilier reproduit les styles en vigueur au début du 17ᵉ s. On voit la forge, le cellier, la chapelle, la salle de traite où les Indiens venaient échanger leurs fourrures *(projection de diapositives sur la vie jadis à Port-Royal, sur demande)*, ainsi que le logis de Louis Hébert, apothicaire et premier cultivateur Blanc au Canada qui s'établit un peu plus tard à Québec.

L'Habitation de Port-Royal

L'Ordre du Bon Temps. – En visitant la cuisine et la salle communautaire, il faut imaginer l'animation qu'y faisaient régner les banquets de l'« Ordre du Bon Temps », créé ici-même en 1606 par Champlain soucieux de la santé et de la bonne humeur de ses compagnons. Chacun à tour de rôle, soit une fois tous les quinze jours, investi de la charge de Maître d'hôtel, mettait un point d'honneur à dénicher gibier et poissons pour régaler ses invités ; le repas s'ouvrait en grande cérémonie, Maître d'hôtel en tête, portant serviette sur l'épaule, bâton d'office en main et collier de l'Ordre au col ; les convives suivaient, chargés des plats. La recette de Champlain fit merveille : l'hiver 1606 se passa presque sans maladie.

L'« Habitation » connut d'autres réjouissances, en particulier la première pièce de théâtre jouée au Canada, « Le théâtre de Neptune », écrite en 1606 par l'avocat Marc Lescarbot pour fêter Poutrincourt et Champlain au retour de leurs explorations.

Le tableau p. 16 rappelle les grandes dates de l'histoire du Canada.

BALMORAL MILLS ★ Nouvelle-Écosse _____

10 km au Sud-Est de Tatamagouche, par la route 311 – _Schéma p. 191._

Prendre à gauche une route de terre signalée « the Falls ». Moulin ouvert de mi-mai à mi-octobre ; fermé le dimanche matin ; pique-nique. ☎ _(902) 657 3016._

Un joli site dans le bois où court une rivière est un cadre idéal pour ce moulin à eau, bâti en 1830 et qui continua ses activités commerciales jusqu'en 1954. Restauré par le Musée de Nouvelle-Ecosse, il a aujourd'hui repris ses activités (quelques heures par jour), pour le plus grand intérêt des visiteurs curieux des techniques anciennes : on peut voir, au milieu des courroies et des engrenages, les meules d'origine, pesant 1 tonne et demie, moudre l'avoine, le blé, l'orge ou le sarrasin. _Farine en vente sur place._

EXCURSION

Scierie Sutherland (Steam Mill). – _A 10 km au Nord-Est par la route 311, une petite route et la route 326, à Denmark. Musée de Nouvelle-Ecosse. Ouvert de mi-mai à mi-octobre ; fermé le dimanche matin ;_ ☎ _657 3365._

Lorsqu'Alexander Sutherland construisit cette scierie en 1894, la vapeur commençait à remplacer l'énergie hydraulique. Il fabriquait des traîneaux et des voitures à cheval, tandis que son frère et associé produisait des portes et des fenêtres. Toutes les machines sont en état de marche et l'usine fonctionne une fois par mois _(le samedi, téléphoner pour connaître la date)._

CABOT TRAIL ★★ Nouvelle-Écosse _____

Carte des Principales Curiosités p. 11 – _Schémas p. 191 et 198._

La piste Cabot, du nom de l'explorateur qui aurait débarqué à la pointe Nord de l'île du Cap Breton en 1497 _(voir p. 199)_, est célèbre pour la beauté des paysages surtout sur la côte Ouest où les montagnes plongent dans le golfe du St-Laurent. C'est une région de « hautes terres » (Highlands), sauvage, rocheuse et boisée, qui rappelle les Highlands d'É-cosse, dont elle connaît aussi les brumes et les vents ; la ressemblance d'ailleurs ne s'arrête pas au paysage, car une grande partie de la population, d'origine écossaise, a marqué la contrée d'une forte empreinte gaélique, sauf dans la région acadienne de Chéticamp.

■ **BADDECK**★★ – _schémas p. 191 et 198_

Baddeck (972 h.) est un village au **site**★ charmant et un petit port sur le lac Bras d'Or où plongent des collines couvertes de forêts ; de nombreuses maisons d'hôtes, nichées dans la verdure, offrent des chambres aux touristes.

Alexander Graham Bell (1847-1922), inventeur et philanthrope, fit en 1885 un premier voyage à Baddeck, qui lui rappela son Ecosse natale ; séduit, il décida d'y construire une maison, baptisée « Beinn Bhreagh » (prononcer Benn Vria), ce qui signifie « belle montagne » en gaélique. Il fut d'abord professeur d'élocution pour les sourds-muets ; ses travaux sur le son l'amenèrent à inventer le téléphone _(voir p. 109)._

C'est à Baddeck qu'il fit la plupart de ses expériences en aéronautique, construisant des cerfs-volants géants pour étudier la portance de l'air, et qu'il mit au point le tétraèdre (pyramide à base triangulaire), forme à la fois légère et solide à partir de laquelle il étudia divers engins.

En 1907, il créait, avec quelques pionniers de l'aviation, l'Aerial Experiment Association qui réussit, le 23 février 1909, le premier vol piloté au Canada, avec le Silver Dart, au-dessus de la baie de Baddeck. Il s'intéressa aussi à la navigation, mettant au point avec ses amis un hydroglisseur (hydrofoil), le HD4, qui, en 1919, atteignit sur le lac Bras d'Or la vitesse record de 114 km/h.

Musée Alexander Graham Bell★★. – _En ville, sur la route 205. Parc historique national. Visite toute l'année._ ☎ _(902) 295 2069._

Remarquablement présenté et très complet, le musée comprend trois parties. La **première salle,** découpée en triangles en hommage au tétraèdre de Bell, présente le personnage et l'homme : le niveau moyen est consacré à son enfance et son éducation ; dans la fosse, intéressante explication de ses travaux sur le son et l'invention du téléphone ; en galerie haute, riche collection de photos d'A.G. Bell en famille à Baddeck.

La **galerie des inventions** présente en détail les recherches de Bell dans les domaines les plus variés : appareils de survie (comment sauver de la soif les marins en détresse en condensant l'humidité de l'air), appareils médicaux (« gilet à vide », ancêtre du poumon d'acier, et sonde chirurgicale utilisée avant l'invention des rayons X), ainsi que les spectaculaires expériences aériennes. Enfin la **salle de l'HD4** expose une reproduction de l'appareil complet et ce qui reste de l'original.

De la **terrasse** en sortant du musée, jolie **vue**★ panoramique sur le lac Bras d'Or et le port de Baddeck ; on aperçoit derrière les arbres, au loin à gauche, la splendide demeure (privée) de l'inventeur.

■ **DE BADDECK A CHÉTICAMP**★ – _88 km – environ 3 h – schéma p. 198_

Suivre d'abord la Transcanadienne que l'on quitte bientôt pour remonter la vallée de la Middle River, puis en longeant les lacs O'Law retrouver la belle **vallée de la Margaree**★, verdoyante, boisée, et dont le fond est occupé par des prés et de petits lacs. Cette vallée est réputée comme l'une des meilleures rivières à saumon au Canada.

North East Margaree. – 325 h. Ce village perdu dans les bois possède deux musées.

Juste à l'angle de la route qui quitte Cabot Trail pour Margaree se trouve un petit « musée du patrimoine » (**Museum of Cape Breton Heritage**★ – _visite de mi-juin à mi-octobre ; $0.50._ ☎ _248 2551)._ Il présente l'artisanat traditionnel de la région, surtout celui des Écossais des Highlands, avec une très riche collection de tartans, de tissages décoratifs, dentelles, broderies, etc.

CABOT TRAIL★★

Sur la route de Margaree, 800 m après Museum of Cape Breton Heritage, se situe le musée du saumon (**Margaree Salmon Museum** – *signalé* – *visite de mi-juin à mi-octobre* ; *$0.50.* ☎ *(902) 248 2848*). Contrairement à celui du Pacifique *(voir p. 44)* le saumon de l'Atlantique peut plusieurs fois dans sa vie revenir frayer en rivière. On y explique ici le cycle de vie de ce saumon, et l'on y voit une collection d'ancien matériel de pêche, mouches, moulinets, cannes, etc., et même du matériel prohibé utilisé par les braconniers.

Rejoindre la côte à travers les vertes prairies de la vallée de la Margaree.

A **Belle-Côte** commence le pays acadien. Traverser l'estuaire de la rivière et prendre vers le Nord ; la route offre des vues intéressantes sur l'estuaire du St-Laurent ; le cadre change aussitôt, dominé par l'atmosphère marine ; on sent la rudesse du climat sur ce plateau nu et herbeux, qui s'arrête brusquement en falaise au-dessus du rivage.

Chéticamp. – 1 022 h. Petit port de pêche dominé par l'imposante église St-Pierre et son clocher pointu, Chéticamp est le principal centre acadien de cette côte où flotte fièrement le drapeau tricolore étoilé *(voir p. 218).*

La coopérative artisanale vend des tapis de laine crochetés, spécialité des femmes de Chéticamp ; au sous-sol, le **musée acadien** *(de mai à mi-octobre ;* ☎ *224 2170)* expose des objets anciens et toutes sortes d'articles au crochet, et présente de temps à autre des démonstrations de crochetage, filage, tissage, etc. ; à la cafétéria, dégustation des spécialités acadiennes : selon l'heure, gâteau à la mélasse, pâté à la viande, soupe (chowder), ou parfois saumon et morue...

■ PARC NATIONAL DES HAUTES-TERRES DU CAP-BRETON★★

De Chéticamp au Cap Smoky

124 km – environ 5 h – schéma ci-dessous

Bureau d'information peu après Chéticamp, bureau principal à Ingonish. ☎ *(902) 285 2270. Camping ; sentiers de randonnée ; pêche sportive.*

Le parc englobe la partie la plus spectaculaire des « hautes terres », dont les sommets arrondis comptent le point culminant de la province (532 m). La route longe les bords du parc : l'intérieur, couvert de forêts et de marécages, est le domaine du chevreuil, de l'orignal, du lynx et du castor, ainsi que du rare aigle à tête blanche. Sur la côte, ces hauteurs plongeant dans la mer réservent les plus belles vues du circuit.

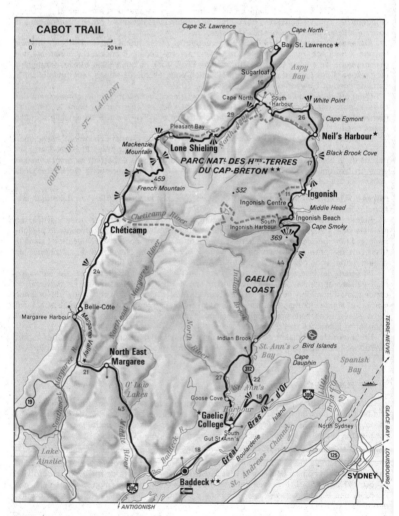

En quittant Chéticamp, le paysage change : le plateau herbeux vient butter au pied des énormes masses sombres, brisées, bossues et impressionnantes, des hauteurs du parc. Des **belvédères**★★ permettent d'apprécier à loisir la grandeur du paysage : d'abord sur une route en **corniche** suspendue entre le roc et l'océan, et plus loin, après un paysage plus monotone dans la forêt du plateau, sur une **crête (French Mountain,** 459 m) qui révèle des vallées profondes de part et d'autre ; en descendant, la route suit quelques-unes de ces vallées, escalade les monts Mackenzie, et offre encore de jolies **vues**★★ sur la côte en arrivant sur Pleasant Bay. Puis on s'enfonce dans la forêt, avec de nombreux lacets assez raides.

« Lone Shieling ». – *A 6,5 km à l'Est de Pleasant Bay, s'engager (1/2 h à pied AR) sur un court sentier.* « L'abri solitaire » est le nom en gaélique de cette chaumière, réplique des humbles logis paysans que l'on rencontre communément sur les Highlands d'Écosse, érigée pour faire sentir les liens profonds qui relient les nombreux Écossais du Cap Breton à leur pays d'origine.

La route franchit les monts North (altitude : 449 m), descend en pente raide dans les gorges du ruisseau MacGregor, et rejoint la North Aspy River. Belles **vues**★ à nouveau, en descendant vers le village de Cape North, sur les rochers découpés qui s'avancent en mer.

La pointe Nord de l'île ★★. – *Excursion de 16 km au départ de Cape North.*

Cette jolie route longe la baie d'Aspy en offrant des vues sur la longue barre de sable qui ferme la baie, puis s'enfonce à l'intérieur des terres parmi des collines herbeuses parsemées de roches roses.

En passant à **Sugarloaf,** jolie plage dominée par une colline en « pain de sucre » (Sugar Loaf Hill), on évoquera le navigateur Jean Cabot qui, selon certains, débarqua pour la première fois en Amérique du Nord ici même, en 1497.
En arrivant dans le minuscule village de pêcheurs de **Bay St-Lawrence**★ au bord d'un petit lac qu'un étroit goulet relie à la mer, on découvre une **vue**★★ superbe, juste devant la grande église blanche, toute en bois, dont la voûte adopte la forme d'une coque de bateau.

Revenir à Cape North.

Laissant la piste Cabot qui coupe le cap Egmont, suivre la route de la côte qui s'offre peu après South Harbour : jusqu'à White Point, on jouit de belles **vues**★ sur la baie d'Aspy, sa barre de sable et les rochers roses qui s'effritent dans l'eau au pied de Cape North. Après White Point *(section de route gravelée sur 2 km)* : bonnes vues en arrivant à New Haven.

Neil's Harbour★. – Charmant village de pêcheurs doté d'un port artificiel à côté d'une baie sablonneuse.

Rejoindre la piste Cabot.

La route désormais suit la côte : belles vues, particulièrement à Black Brook Cove, sur les caps rocheux qui séparent des anses et de petites baies *(belvédères ; pique-nique)* ; au Sud pointent en mer Middle Head et le cap Smoky.

Ingonish. – Ingonish, Ingonish Centre, Ingonish Beach, stations de villégiature échelonnées autour d'une baie, contrastent avec la relative solitude du parc ; ce sont des stations fréquentées en été pour la pêche, le bateau, la natation (belle plage de sable), le golf ou le tennis, et en hiver pour le ski. De nombreux bateaux de croisière font escale à Ingonish Harbour. La baie d'Ingonish est séparée en North Bay et South Bay par **Middle Head,** longue et étroite presqu'île rocheuse où niche « Keltic Lodge », célèbre hôtel de villégiature ; de là, vue sur le cap Smoky (369 m), parfois caché par les nuages, ce qui lui a valu son nom d'« enfumé ».

Vue du Cap Smoky★★. – *Télésiège peu après le pont sur la rivière Ingonish, tous les jours en été, de 9 h à 17 h ; $3.00 ; compter 1/2 h AR.* ☎ *285 2880.*

Si l'hiver le **télésiège** promet de belles descentes aux skieurs, l'été il ne fonctionne que pour la vue que l'on découvre du sommet (et pendant toute la descente) sur North et South Bay, Middle Head et Ingonish Harbour.

■ LA CÔTE GAÉLIQUE

Du Cap Smoky à Baddeck – *89 km –*
environ 2 h – schéma p. 198

Après avoir gravi le Cap Smoky, la route retrouve la côte, offrant de belles **vues**★ vers le Sud, puis s'éloigne un peu du rivage et traverse une suite de villages de pêcheurs gaéliques. Au large des **Bird Islands,** refuge ornithologique, accueillent durant l'été un grand nombre d'oiseaux de mer. On retrouve de belles vues en longeant St. Ann's Harbour, particulièrement à partir de Goose Cove et à South Gut St. Ann's.

Gaelic College★. – *Entre North Gut St. Ann's et South Gut St. Ann's.* ☎ *295 2877.*

C'est le seul collège d'Amérique du Nord qui enseigne le gaélique (cours d'été seulement), aussi les jeunes gens y viennent-ils de tout le continent se plonger dans cette culture et apprendre la langue, les arts et l'artisanat des Highlands (cornemuse, loi du clan, chants, danses, tissage de tartans). Le visiteur favorisé par la chance pourra assister aux cours de danses. En août a lieu, pendant une semaine, le **Gaelic Mod** (rassemblement gaélique), durant lequel sont couronnés les meilleurs exécutants dans chaque domaine.

(D'après photo Office de Tourisme du Canada)

Fête écossaise

CABOT TRAIL★★

Sur le campus, le **Giant MacAskill Highland Pioneers Museum** *(de fin mai à début septembre)* conserve quelques vêtements et objets personnels d'Angus MacAskill, un géant de 2,36 m (7 pieds 9 pouces) et 193 kg (425 livres) originaire du Cap Breton ; il mourut en 1863 à l'âge de 38 ans, après avoir parcouru les États-Unis en compagnie du nain Tom Pouce qui dansait sur la paume ouverte de sa main.

Variante par la route 312★. – *22 km sur la route 312 et sur la Transcanadienne.* La route 312 quitte la piste Cabot un peu au Sud d'Indian Brook, et traverse la baie St. Ann's sur une langue de terre qui ferme presque St. Ann's Harbour, laissant un goulet large de seulement 270 m ; corner pour appeler le traversier *(service 24 h sur 24 ; prix $0.50 pour une voiture).*

En retrouvant la Transcanadienne, prendre à gauche vers le Great Bras d'Or.

Great Bras d'Or★. – *18 km sur la Transcanadienne au Nord-Est de South Gut Street Ann's.* La route franchit les monts Kelly d'où on a une belle **vue★** sur St. Ann's Harbour et l'étroite bande de terre que suit la route 312, puis traverse la presqu'île du Cap Dauphin et redescend vers le Great Bras d'Or, offrant de belles **vues★** sur ce bras de mer qui rejoint le lac Bras d'Or, sur le pont qui le traverse et au loin sur la ville de Sydney (29 444 h.) et les cheminées de ses aciéries. Tous ces noms français dans la toponymie sont un souvenir du temps où l'île du Cap-Breton, alors appelée Ile-Royale, était le dernier bastion de l'Acadie.

Reprendre la Transcanadienne vers le Sud ; environ 5 km au Sud de South Gut St. Ann's, prendre à gauche la route 205 qui longe la baie de Baddeck et offre d'agréables **vues** sur le site avant d'entrer dans ce village.

CÔTE ATLANTIQUE ★★ Nouvelle-Ecosse

Carte des Principales Curiosités p. 10 – *Schéma p. 191.*

De Canso à Yarmouth, la côte Atlantique de Nouvelle-Ecosse n'est qu'une suite de caps rocheux et de plages de sables, d'anses et de baies ; la partie décrite ci-dessous en est la section la plus belle et la plus intéressante, avec ses pittoresques villages de pêcheurs et ses aimables petites villes aux avenues bordées d'arbres centenaires et d'élégantes demeures, qui rappellent la grande époque de la construction navale. Notre parcours emprunte de petites routes, étroites et sinueuses, qui révèlent mieux que la route principale le charme de cette région paisible. Le brouillard, un des éléments du caractère de la région, peut tomber à tout moment, mais il est relativement moins fréquent entre la mi-juillet et le mois d'octobre.

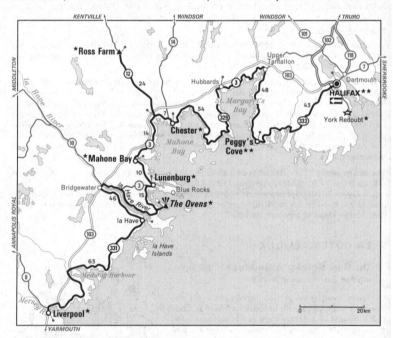

D'Halifax à Liverpool – *300 km – compter 2 jours – schéma ci-dessus*

Quitter Halifax (p. 204) par la route 333. La route d'abord s'enfonce dans la forêt, puis en retrouvant la côte, offre de belles vues sur les criques qui rongent le littoral. Alors le paysage se transforme, le sol devient roc nu jonché de blocs de granit abandonnés à la fonte des glaciers, donnant au lieu un caractère désolé et impressionnant.

Peggy's Cove★★. – *54 h.* Minuscule village de pêcheurs dont le pittoresque et le site sauvage ont inspiré peintres et photographes, Peggy's Cove est resté étonnamment tranquille et préservé. On verra le charmant petit port bordé de cabanes sur pilotis, et à l'écart, dressé parmi d'énormes blocs de granit, le phare qui abrite, durant l'été, un bureau de poste bénéficiant d'une oblitération spéciale. Remarquer les sculptures représentant les habitants du village taillées dans le roc par W. De Garthe.

La route continue le long de la **baie St. Margaret's,** traversant d'autres jolis petits ports, offrant de belles vues sur la côte rocheuse jalonnée de petites îles. *A Upper Tantallon prendre la route 3 sur la gauche, puis après Hubbards prendre à gauche la route 329 qui longe la côte ; on retrouve la route 3 peu avant Chester.* La côte découpée, bordée de forêt, est jalonnée de petites plages et de stations de villégiature.

Chester★. – 1 131 h. Villégiature de bon ton, perchée sur les falaises qui dominent la baie de Mahone, la ville est dotée de belles maisons et d'arbres magnifiques, où aiment se retirer des Canadiens fortunés. Elle fut fondée en 1759 par des habitants de Nouvelle-Angleterre.

Ross Farm★. – *24 km au Nord par la route 12. Visite de mi-mai à mi-octobre ; $1.50 ;* ☎ *(902) 389 2210.*

Depuis 1816, année où William Ross défricha cette terre, la ferme est restée à la famille Ross pendant cinq générations avant d'être achetée par le Musée de Nouvelle-Ecosse, comme musée vivant de l'agriculture au 19ᵉ s. Les petites fermes familiales comme celle-ci étaient alors légion dans la province. Ici pas de reconstitution, tout est authentique, l'écurie sent le cheval, l'atmosphère respire les travaux des champs, auxquels participent deux bœufs majestueux. Promenades en charrette à cheval.

Mahone Bay★. – 1 228 h. En approchant de cette petite ville par la route 3, jolie **vue★** d'ensemble dominée par les trois églises qui se reflètent dans les eaux de la baie.

Fondée en 1754 par le capitaine Ephraim Cook, Mahone Bay a une histoire aventureuse : comme bien d'autres ports de Nouvelle-Ecosse entre 1756 et 1815, elle était un repaire de corsaires qui, avec la permission royale, allaient attaquer vaisseaux français, espagnols, hollandais et américains pour s'emparer de leurs richesses. Leur activité était réglementée : il fallait une autorisation, n'attaquer que des bâtiments ennemis, et apporter toutes les prises à Halifax où la cour de la vice-amirauté se prononçait sur leur légalité et prélevait sa part. Malgré tout, les profits étaient considérables et ces communautés côtières prospères. Aujourd'hui, Mahone Bay a un aspect plus honorable, avec ses pimpantes maisons de bois, ses rues bordées d'arbres et ses constructions navales.

Lunenburg★. – 3 014 h. Lunenburg doit son nom à la ville de Lüneburg, près de Hambourg en Allemagne fédérale, d'où vinrent ses premiers colons en 1753, sous l'impulsion de George II roi de Grande-Bretagne et duc de Hanovre. Depuis toujours, la ville est connue pour sa flotte de pêche et ses chantiers navals. Comme Mahone Bay, elle fut autrefois un repaire de corsaires, ce qui lui valut d'être mise à sac par des corsaires américains en 1782. Parmi les nombreuses goélettes qui sortirent de ses cales pour aller pêcher sur les bancs, figurent le fameux **Bluenose** lancé en 1921, et sa réplique le **Bluenose II** (1963) que l'on voit aujourd'hui à Halifax. *(p. 206).* A quatre reprises, le Bluenose remporta le Trophée International des Pêcheurs (en 1922, 1923, 1931 et 1938), course de vitesse réservée aux bateaux de pêche ; tant de victoires lui valurent une extrême popularité au Canada : c'est lui qui figure sur la pièce de 10 cents.

Chaque année a lieu, en septembre, une grande fête de la pêche, **Nova Scotia Fisheries Exhibition** avec courses de doris et de goélettes, concours de préparation de poissons et de pétoncles, parade, etc.

Fisheries Museum★ (Musée de la pêche). – *Sur le port. Visite de mi-mai à mi-octobre. $2.00.* ☎ *(902) 634 4794.*

Ce musée comprend un hangar où évoluent en aquarium les poissons de mer pêchés au large des côtes, et trois bateaux à quai. Le « **Theresa E. Connor** », goélette de 1938 qui pêcha sur les bancs pendant 25 ans, remis à neuf et tout équipé pour la pêche hauturière, illustre la pêche traditionnelle à la morue avec les doris sur lesquels deux hommes partaient dévider puis remonter les longues lignes de fond, puis ramenaient le poisson à la goélette où il était salé ; dans les cales de ce bateau, documents sur le Bluenose. Le « **Cape North** » est un chalutier de bois construit en 1945 ; halant directement le chalut (grand filet qui ramasse le poisson), sans utiliser de doris ; les chalutiers remplacèrent les goélettes. Le troisième bâtiment, le « **Réo II** » date de l'époque de la prohibition (1930), où il fit avec profit la contrebande du rhum entre les îles de St-Pierre et Miquelon et les côtes américaines.

Reprendre la route 3 vers Bridgewater, puis tourner à gauche sur la route 332 sur 15 km. La **route★**, *très pittoresque, offre de jolies vues sur Lunenburg Harbour parsemé d'îlots.*

The Ovens★. – *Signalé sur la route 332. Parc naturel ouvert de mi-mai à la mi-septembre. $1.00.* ☎ *766 4621. Camping. Pique-nique.*

A cet endroit, la côte schisteuse, déchiquetée, est creusée de grottes par l'océan. Le sentier *(3/4 h à pied AR)* mène par une jolie forêt d'épinettes et d'érables jusqu'au bord de la falaise découpée de caps pittoresques, offrant de belles **vues★** sur la baie de Lunenburg et Blue Rocks ; plusieurs points de vue sont aménagés sur l'entrée de ces grottes battues des vagues, leurs rochers en strates obliques, et l'eau transparente qui les lèche.

Poursuivre sur la route 332 puis à gauche sur la route 3. On longe l'estuaire de La Have, jolie rivière sillonnée de bateaux et bordée de petites maisons sur ses rives boisées, avant de traverser la rivière à **Bridgewater** (6 669 h.), ville industrielle (usine de pneumatiques Michelin).

Prendre à gauche la route 331. La route suit l'autre rive de l'estuaire avant d'atteindre, presque à l'embouchure, la localité de **La Have** (195 h.), ancien poste acadien de La Hève où Razilly fit construire un fort en 1632, et qui fut capitale de l'Acadie jusqu'en 1635.

Liverpool★. – 3 304 h. Fondée en 1760 par des colons de Nouvelle-Angleterre, sise comme son célèbre homonyme anglais au bord de la rivière Mersey, Liverpool est une jolie ville aux maisons coquettes à plusieurs étages, entourées de jardins, le long des rues bordées d'arbres ; elle dut sa prospérité, jadis, aux courses en haute mer, à la pêche et à la réparation navale ; aujourd'hui elle compte parmi ses industries une usine de pâte à papier.

Simeon Perkins House★. – *Signalé sur Main Street. Musée de Nouvelle-Écosse ; visite de mi-mai à mi-octobre.* ☎ *(902) 354 4058.*

Perdue sous de grands arbres parmi d'autres jolies maisons, cette demeure basse, simple de style, fut bâtie en 1767 par le colonel Simeon Perkins qui venait de Cape Cod (Massachusetts) ; celui-ci était négociant et armateur, colonel de la milice du comté, juge, et membre de l'assemblée législative. Toutes ces activités, il les décrit en détail dans son journal, inestimable document sur la vie d'une ville coloniale de 1766 à 1812, date de sa mort, et dont la maison conserve un exemplaire dactylographié. Il y raconte par exemple les démêlés de ses concitoyens avec les Américains pendant la guerre d'Indépendance, ou ceux des corsaires de Liverpool aux prises avec les corsaires français et espagnols qui ruinaient le commerce qu'il pratiquait lui-même avec les Antilles.

FORT BEAUSÉJOUR ★★ Nouveau-Brunswick _____

Carte des Principales Curiosités p. 10 – *Schéma p. 191.*

Parc historique national près d'Aulac, sur la Transcanadienne, à la frontière de la Nouvelle-Ecosse. Ouvert de mi-mai à mi-octobre. Pique-nique. ☎ *(506) 536 0720.*

Le fort Beauséjour est situé sur l'isthme de Chignectou, large d'à peine 30 km en cet endroit, qui relie le Nouveau-Brunswick à la Nouvelle-Écosse. Par beau temps, s'y découvre une splendide **vue**★★ panoramique, face au bassin de Cumberland, pointe de la baie de Chignectou qui prolonge la baie de Fundy. Autour du fort, à perte de vue, s'étend la plaine verdoyante, partiellement occupée par les marais de Tantramar, ainsi nommés par les Acadiens pour le tintamare qu'y faisaient les milliers d'oiseaux migrateurs. Un peu à l'Est du fort, sur la rive gauche de la Missaguash qui sert de frontière entre Nouveau-Brunswick et Nouvelle-Écosse, les Acadiens en 1672 fondèrent **Beaubassin,** qui fut l'un des centres les plus prospères d'Acadie, grâce aux digues et « aboiteaux » dont le quadrillage régulier subsiste encore autour du fort Beauséjour.

Le traité d'Utrecht, en 1713, cédait à l'Angleterre « l'Acadie », sans en préciser les limites, ce qui engendra incontinent un conflit de frontières, les Anglais soutenant que l'Acadie comprenait l'actuel Nouveau-Brunswick, et les Français qu'elle s'arrêtait à la rivière Missaguash. Pour faire valoir leurs droits sur la région, les Anglais élèvent en 1750 le Fort Lawrence sur la rive gauche de la Missaguash : les habitants de Beaubassin ont juste le temps de brûler leurs récoltes et leurs maisons et de se réfugier sur la rive droite, où les Français décident alors de bâtir Fort Beauséjour.

Malgré ses remparts de terre, ses fossés, ses palissades et ses casemates maçonnées, le fort ne put résister à la première attaque anglaise : le 16 juin 1755, Fort Beauséjour se rendait. En septembre de la même année, le gouverneur Lawrence ordonnait la déportation des Acadiens *(voir p. 192).* Rebaptisé Fort Cumberland, le fort reçut une garnison britannique durant les périodes de tension avec la France d'abord, puis avec les États-Unis, et subit même un siège infructueux des Américains en 1776, avant d'être abandonné en 1833.

Du fort, il ne subsiste que les talus herbeux, des casemates souterraines et quelques ruines. Au Centre d'accueil, exposition sur l'histoire du fort, des Acadiens, etc.

FREDERICTON ★ Nouveau-Brunswick _____

Carte Générale **L 5** – Carte des Principales Curiosités p. 10 – *Schémas p. 190 et 192.* –
43 723 h. – Office de Tourisme : ☎ (506) 455 9426.

La capitale du Nouveau-Brunswick, sise au bord de la tranquille rivière St-Jean, est une cité calme aux élégantes demeures dispersées dans la verdure. Jadis importante ville de garnison, elle est aujourd'hui centre administratif et centre culturel de la province, avec l'Université du Nouveau-Brunswick.

Fredericton fut fondée par des Loyalistes en 1783, à l'emplacement d'un village acadien abandonné ; dès l'année suivante, lorsque fut créée la province du Nouveau-Brunswick, le gouverneur Thomas Carleton en fit la capitale provinciale, en raison de son site plus central et moins exposé aux attaques maritimes que celui de St-Jean.

Lord Beaverbrook, bienfaiteur de la province. – Né à Maple (Ontario) en 1879, **William Maxwell Aitken** fut élevé à Newcastle dans le Nouveau-Brunswick ; d'abord homme d'affaires au Canada, il s'installa en Angleterre en 1910, entra dans la carrière politique et fut élevé à la pairie en 1917, prenant le titre de Lord Beaverbrook, du nom d'une petite localité près de Newcastle.

A Londres, il se bâtit un empire dans la presse, fut à plusieurs reprises ministre pendant la Seconde Guerre mondiale, exerçant une influence reconnue dans le gouvernement de Churchill. Il mourut en 1964. Jamais il n'oublia le Nouveau-Brunswick : en plus de ses nombreux dons à sa ville de Newcastle, il fonda à Fredericton la Galerie d'Art, participa au financement du théâtre, The Playhouse, qui abrita la première compagnie théâtrale de la province, et finança la construction de plusieurs bâtiments de l'Université du Nouveau-Brunswick.

■ **CURIOSITÉS** visite : 3 h

Les principaux bâtiments de Fredericton sont groupés le long d'un très agréable parc, le **Green**★, qui borde la tranquille rivière St-Jean.

Beaverbrook Art Gallery★★. – *Visite tous les jours sauf les 1ᵉʳ janvier et 25 décembre. Fermé le matin des lundis et dimanches. $1.00* ☎ *455 6551.*

Construit et conçu par Lord Beaverbrook qui en choisit lui-même les tableaux avant d'en faire don à la province (1959), ce petit musée est devenu le principal centre artistique du Nouveau-Brunswick. Dès l'entrée, qui offre une jolie vue sur la rivière, on remarque l'immense toile de Salvador Dali, « Santiago el Grande », saisissante présentation de l'apôtre sur son cheval dressé contre la voûte céleste.

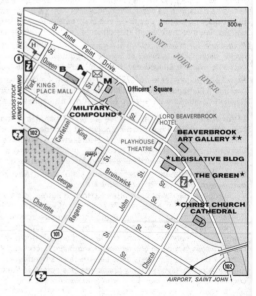

La salle de droite est consacrée à la **peinture européenne** avec surtout des peintres britanniques du 18ᵉ s. (Gainsborough, Reynolds, Stubbs, Romney, etc.) et quelques œuvres plus récentes, comme le portrait de Lord Beaverbrook par Graham Sutterland. Dans la salle de gauche sont exposées par roulement des **œuvres canadiennes** parmi lesquelles de belles toiles de Cornelius Krieghoff, Tom Thomson, Emily Carr.

Le musée vient d'ouvrir une nouvelle aile comprenant les salles Hosmer-Pillow-Vaughan et Sir Max Aitken. La première présente des peintures de l'Europe continentale, des tapisseries et du mobilier du 15ᵉ au 19ᵉ s. ; la seconde salle montre des portraits et des paysages d'artistes anglais du 17ᵉ au 19ᵉ s.

Le musée possède également une importante collection de porcelaines anglaises des 18ᵉ et 19ᵉ s.

Legislative Building★. – *Visite tous les jours sauf les samedis, dimanches et jours fériés hors saison.* ☎ 453 2527.

De cet élégant bâtiment construit en 1880, on visite la **salle des séances,** d'une impressionnante hauteur sous plafond, ornée des portraits du roi George III et de la reine Charlotte par Reynolds. Un remarquable escalier central à cage arrondie mène aux galeries du public, en haut de la salle de l'Assemblée, et à la bibliothèque parlementaire, célèbre pour ses inestimables recueils de **gravures d'Audubon** (une seule gravure est exposée au public).

Le Nouveau-Brunswick est aujourd'hui la seule province officiellement bilingue.

Christ Church Cathedral★. – Entourée d'arbres et d'élégantes demeures en bois comme les construisaient les Loyalistes à la naissance de la ville, la cathédrale anglicane est un gracieux bâtiment de style gothique, élevé vers 1850 sur le modèle de l'église de Snettisham en Angleterre. A l'intérieur, remarquer la charpente en bois, les vitraux, et, au fond du bas-côté droit, le gisant de marbre du Rt. Rev. John Medley, premier évêque de Fredericton ; cette forme de tombeau, répandue en Europe au Moyen Age, est extrêmement rare en Amérique du Nord.

Military Compound★. – Jadis les bâtiments militaires s'étendaient, au cœur de la ville, de Regent à York Street : c'est dire l'importance de la garnison britannique ; aujourd'hui, l'armée canadienne a quitté la ville pour s'installer à la base de Gagetown, environ 40 km au Sud-Est de Fredericton.

Sur l'ancienne Place d'Armes, devenue un jardin public (**Officers' Square**), a lieu en été la cérémonie de la **relève de la garde** *(de mi-juillet à fin août, à 10 h du lundi au vendredi, et petite parade militaire (« tattoo ») à 14 h les mêmes jours ;* ☎ 455 9426)*,* exécutée par des étudiants vêtus d'uniformes du Régiment Royal Canadien au début du siècle. L'ancien Quartier des Officiers est transformé en musée historique *(voir ci-dessous)* ; de l'autre côté de la rue Carleton se trouvent l'ancien corps de garde de 1827 (**Guard House : A**), remeublé selon l'état de 1866, et les casernes (**Soldiers' Barracks : B**), long bâtiment de pierre garni de galeries de bois à chaque étage, élevé sur de puissantes casemates voûtées qui occupent le rez-de-chaussée *(visite de fin mai à début septembre ; fermé le matin des dimanches ;* ☎ 453 3747).

Musée historique (York-Sunbury Historical Society Museum) (**M**). – *Visite de début mai à début septembre tous les jours sauf le dimanche matin en juillet et août ; le reste de l'année, l'après-midi seulement des lundis, mercredis et vendredis.* $1.00. ☎ 455 6041.

L'ancien **Quartier des Officiers,** seul bâtiment du complexe militaire britannique subsistant autour d'Officer's Square, se signale par une rangée de solides arcades au rez-de-chaussée, surmontées d'une galerie couverte. Le musée présente une section militaire (vie mondaine de Fredericton lorsqu'elle était ville de garnison britannique, reconstitution d'une tranchée de la Première Guerre mondiale) et une section civile avec une salle victorienne, etc.

EXCURSION

Village historique de King's Landing★★. – *37 km à l'Ouest – description p. 216.*

FUNDY (Parc national de) ★★ Nouveau-Brunswick ──────────────

Carte des Principales Curiosités p. 10 – *Schéma p. 190.*

Carte du parc au bureau d'information près de l'entrée Est du parc. Pêche, sentiers de randonnée ; camping en saison ; programme d'interprétation en été, dirigé par les naturalistes du parc. Entrée payante pour séjourner dans le parc (voir tarifs p. 24). ☎ (506) 887 2000.

Les brouillards sont fréquents dans la baie de Fundy.

Le parc occupe un territoire de fortes collines boisées, dressées en falaises abruptes sur 13 km, le long de la baie de Fundy. Les marées de la baie de Fundy *(voir p. 189 et Moncton p. 209)* atteignent en cet endroit une amplitude de 9 m, découvrant dans les anses, à l'embouchure des rivières, de vastes estrans peuplés de coquillages (patelles ou berniques, anatifes), d'anémones de mer ou de puces de sable.

Entrée Est du parc. – Jolie **vue★** sur **Alma,** petit village de pêcheurs adossé au promontoire rocheux de Owl's Head, sur la longue plage qui borde la baie de Fundy, et sur la tranquille rivière Salmon bordée vers le Nord de collines boisées.

Herring Cove. – *11 km de l'entrée du parc ; signalé.* Intéressantes explications sur les marées de la baie de Fundy et belles **vues★** sur la côte.

Point Wolfe★★. – *10 km de l'entrée du parc ; signalé.* La route qui mène vers la péninsule de Point Wolfe traverse la rivière du même nom par un charmant pont couvert ; non loin de lui subsiste un barrage de bois qui retenait jadis les troncs destinés à la scierie établie à l'embouchure de la rivière ; des goélettes venaient les charger aux embarcadères de l'anse. Aujourd'hui, la petite localité de Point Wolfe a disparu avec la scierie. Plusieurs sentiers offrent de belles **vues★★** sur ce site accidenté bordé de falaises roses et de hauteurs boisées, ou descendent jusqu'au rivage largement dégagé à marée basse et grouillant de toute une faune enfouie sous le sable et les rochers.

GLACE BAY ★★ Nouvelle-Écosse _____

Carte des Principales Curiosités p. 11 – *Schéma p. 191* – 21 466 h.

Le bassin houiller de l'île du Cap-Breton est connu depuis l'époque française, lorsque des soldats de Louisbourg découvrirent du charbon dans les falaises de Port Morien ; ils baptisèrent l'endroit « baie de glace » en raison des glaces qu'ils y trouvèrent : le nom est resté. Dans toute la région, le sous-sol contient des couches de houille grasse qui se prolongent sous l'océan. L'exploitation minière se développa dans la seconde moitié du 19ᵉ s., encouragée par la création d'une industrie sidérurgique à Sydney, grâce au minerai de fer découvert à Terre-Neuve. Alors les immigrants, Écossais pour la plupart, affluèrent dans la région, sûrs d'y trouver du travail, sans même savoir dans quelle partie du monde se trouvait Glace Bay. La grande époque du charbon devait durer jusque vers 1950, quand l'usage du pétrole et du gaz commença à se généraliser ; des mines fermèrent, et le Cap-Breton connut alors une régression économique. Le charbon connaît aujourd'hui un regain d'intérêt ; trois mines extraient du charbon de cokerie pour les aciéries et du combustible pour centrales thermiques.

Musée des mineurs du Cap Breton★★. – *A Quarry Point, signalé en ville. Visite tous les jours sauf les samedis, dimanches et jours fériés hors saison. $1.00. Restaurant.* ☎ *849 4522.*

Ce musée montre la formation du charbon, les premières méthodes d'exploitation, l'équipement, et les méthodes actuelles. Un film *(20-30 mn)* présente l'industrie au Cap Breton.

Village de mineurs. – Juste devant le musée, est reconstituée une portion de village qui évoque la vie des mineurs au début du siècle : tout appartenait à la compagnie minière, qui gérait le magasin où les familles de mineurs s'approvisionnaient. Le restaurant du village sert une cuisine familiale (clam chowder, etc.).

Visite de la mine. – *Durée : 1/2 h. $2.00. Vêtements de protection fournis.* Des mineurs en retraite guident les visiteurs par les galeries basses (environ 1,50 m de hauteur sous voûte). Devant les parois de houille (on peut ramasser quelques échantillons en souvenir), les guides expliquent les différentes méthodes d'exploitation en y mêlant de nombreuses anecdotes personnelles. L'une des mines en activité de la région s'étend plus de 17 km sous la mer et il faut 1 h de train pour se rendre de l'entrée de la mine à la couche de charbon.

HALIFAX ★★ Nouvelle-Écosse _____

Carte Générale L 5 – Carte des Principales Curiosités p. 10 – *Schémas p. 191 et 200* – Agglomération : 277 727 h. – Bureau de Tourisme : ☎ (902) 421 8736.

Capitale de la Nouvelle-Écosse, métropole commerciale et financière des Provinces Maritimes, Halifax est avant tout, avec **Dartmouth** *(plan ci-dessous)*, sa ville jumelle, un grand port (16 millions de tonnes de fret), particulièrement actif l'hiver, quand la Voie Maritime du St-Laurent est fermée à la navigation, car il reste libre de glaces toute l'année.

C'est aussi un centre de chantiers navals et la base atlantique de la marine canadienne.

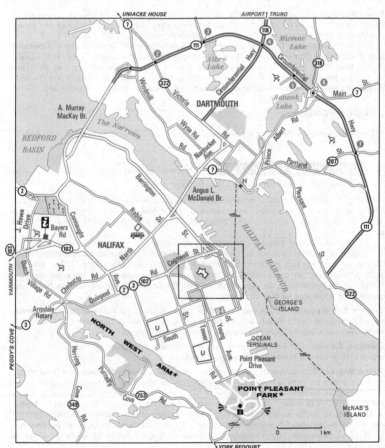

La **rade** d'Halifax, profonde échancrure de la côte Atlantique, est l'un des meilleurs sites portuaires du monde. Elle comprend un vaste bassin intérieur, le **bassin de Bedford,** long de 5 km sur 2,5 de large, dont l'entrée est protégée par une large presqu'île où est bâti le cœur de la ville ; le long du détroit que forme cette presqu'île, s'alignent la plupart des docks et des quais du port, tandis que la colline qui domine la presqu'île et les îles qui ferment l'entrée de la rade constituent d'excellents emplacements de défense.

Une vocation militaire. – Halifax fut fondée en 1749, sur l'anse appelée par les Indiens Chebucto (ou Chibouctou), « la grande rade », pour faire échec à la forteresse française de Louisbourg qui représentait pour l'Angleterre une menace, et qui, assiégée et conquise, fut cependant rendue à la France en 1748 *(voir p. 208).* Ainsi, dès le début, Halifax fut-elle une place forte emplie de soldats et de marins ; la citadelle et d'autres points fortifiés abritaient les garnisons ; dans la rade, étaient ancrés en permanence des vaisseaux de la Royal Navy. La présence militaire donnait le ton ; elle animait les bals et les réceptions de l'aristocratie (composée des officiers de l'armée et de la marine), et favorisait la fréquentation de maisons accueillantes, établies le long des quais et au pied de la citadelle. Les règlements militaires régissaient alors la ville, et il fallut près de cent ans avant qu'Halifax obtienne, avec le statut de cité, le droit pour ses habitants de contrôler quelque peu leurs propres affaires.

Les princes royaux. – Interdits de séjour en Angleterre pour leur inconduite par le roi George III (1738-1820), deux de ses fils vécurent à Halifax. Le futur **Guillaume IV** y fêta son 21e anniversaire en ripailles dans le quartier du port, et souvent il appréciait la compagnie de Frances Wentworth, épouse du futur lieutenant-gouverneur.

Son frère **Edouard** passa six ans à Halifax comme commandant en chef de la place ; il équipa la ville d'ouvrages fortifiés qui en firent l'un des points forts de la défense stratégique britannique, avec Gibraltar et les Bermudes. Partisan d'une discipline rigide, le prince Edouard faisait fouetter ou pendre ses hommes au moindre méfait ; il fit installer un système de sémaphore pour pouvoir transmettre ses ordres à ses troupes depuis Annapolis, de l'autre côté de la péninsule, ou de sa retraite sur le bassin de Bedford ; là il retrouvait la belle Julie Saint-Laurent, avec qui il entretint une liaison de 20 ans avant d'épouser, pour raison d'Etat, la princesse Victoria Marie-Louise de Saxe-Cobourg, future mère de la reine Victoria.

L'explosion de 1917. – Au cours des deux guerres mondiales, les navires se groupaient en convois pour mieux se protéger des sous-marins allemands durant la traversée de l'Atlantique, et le bassin de Bedford, vaste et sûr, se prêtait au rassemblement de tels convois. En décembre 1917, le Mont-Blanc, transport de munitions français, qui venait se joindre à un convoi, heurta dans le détroit l'Imo, navire de ravitaillement pour la Belgique, qui quittait le bassin. Bourré d'explosifs, le Mont-Blanc explosa : on n'en retrouva qu'un canon dans le lac Albro, derrière Dartmouth, et une ancre d'une tonne et demie qui atterrit dans les bois de l'autre côté de North West Arm, à plus de 3 km du lieu de la collision. Tout le Nord de la ville fut soufflé, la gare de triage et les docks détruits ; les vitres se brisèrent jusqu'à Truro à 80 km de là, et le bruit de l'explosion fut entendu à plus de 160 km ; l'équipage avait pu être évacué à temps, mais 1 400 personnes furent tuées sur le coup, 600 autres périrent de leurs blessures, 900 furent blessées, 199 avaient perdu la vue ; la moitié de la ville se trouva logée, en plein hiver, sous la tente ou dans des maisons sans fenêtre.

■ **CURIOSITÉS** *visite : 1 journée – Plan p. 206*

La citadelle★★. – Dominant le centre-ville, Citadel Hill, autrefois falaise boisée, fut nivelée et dénudée, au 18e s., pour y bâtir la citadelle en étoile, point central de toutes les fortifications de la rade. La construction actuelle, commencée en 1828 sur l'ordre du duc de Wellington, et la quatrième sur ce site, resta propriété militaire jusqu'à la Seconde Guerre mondiale. On y accède soit en voiture par Citadel Road qui contourne l'ouvrage en offrant de très belles **vues**★★ sur la ville, le port, la petite île George, la rive de Dartmouth et le pont Angus MacDonald, soit à pied, par l'escalier de Brunswick Street qui longe la tour de l'Horloge (**Clock Tower**★). Construite en 1803 sur ordre du prince Edouard, la petite tour octogonale, portant l'horloge à quatre cadrans qui est devenue le symbole de la ville, et les cloches qui sonnent les heures, perpétuent le souvenir de ce prince amoureux de la ponctualité.

La tour de l'horloge

Visite. – *Parc historique national. Visite tous les jours sauf les 1er janvier, Vendredi saint et 25 décembre.* ☎ *426 5080.*

La visite guidée *(en anglais et français ; 3/4 h)* raconte l'histoire de la ville et celle de la citadelle, explique les trois lignes de fortifications qui défendaient la rade, la technique de construction et la valeur stratégique du plan en étoile. Sur la place d'armes, au centre de la citadelle, des soldats, en uniforme du 19e s., montent la garde ou font l'exercice ; on peut monter sur les remparts garnis de canons, d'où se découvrent des vues sur la ville, la rade et les îles qui la ferment ; on accède ensuite aux « demi-lunes », ouvrages extérieurs construits par delà les douves, et à la caponnière, passage ceinturant l'extérieur des douves, conçu pour faire feu sur un ennemi qui aurait réussi à pénétrer dans les douves.

Les Marées de l'histoire★★ (Tides of History). – Cet intéressant montage audio-visuel *(durée : 50 mn en anglais)* illustre les hauts et les bas de l'histoire d'Halifax.

Musée de l'Armée. – Il rassemble, dans les casemates, des collections d'armes, d'uniformes, de décorations et d'intéressantes **maquettes** de l'ensemble des fortifications d'Halifax.

Autres curiosités. – On verra une ancienne poudrière et une casemate transformée en prison.

HALIFAX★★

Le port★★. – Tandis que le port moderne d'Halifax étire ses installations commerciales et industrielles tout le long de la péninsule, un vieux quartier d'entrepôts, rénové et réservé aux piétons est devenu, sous le nom d'**Historic Properties★★**, un secteur très attrayant.

Les vieux bâtiments de pierre ou de bois logent boutiques, ateliers d'artistes, restaurants et pubs dont les terrasses débordent sur les quais.

Excursion dans la rade★★ (Halifax Water Tour). – *Départ de Privateers' Wharf tous les jours de juin à fin octobre à bord du Haligonian III (A). Durée 2 h. $9.25.* ☎ *423 7783.*

Véritable visite du site portuaire d'Halifax, l'excursion montre, vers le Nord, des chantiers navals et le port militaire garni de destroyers, sous-marins, etc., de la Marine Canadienne, et le centre d'études océanographiques sur la rive de Dartmouth ; vers le Sud, le port des conteneurs et ses grues à portique, le terminal céréalier, les forts qui gardaient le port (sur l'île George par exemple) ; elle contourne ensuite Point Pleasant Park pour remonter **North West Arm★**, jadis fermé par une chaîne pour éviter une éventuelle attaque de la citadelle par l'Ouest, et qui, bordé de clubs nautiques et d'agréables résidences pourvues de leur quai privé sert maintenant de port de plaisance à Halifax.

Musée maritime★★ (Maritime Museum of the Atlantic). – *Ouvert tous les jours sauf les lundis et jours fériés en hiver ;* ☎ *429 8210.*

Situé en bordure du front de mer avec vue sur la rade d'Halifax, ce musée présente une variété de petites embarcations, des maquettes de bateaux ainsi qu'une exposition sur l'histoire de la navigation. Remarquer en particulier le magasin d'accastillage restauré, installé dans un vieil entrepôt où l'on voit l'équipement des marins.

A l'extérieur, le CSS Acadia, navire à vapeur construit en 1913 pour le service hydrographique canadien est amarré au quai *(visite en été seulement)*. Parfois se dresse l'élégante silhouette du **Bluenose II**, réplique de la goélette de Lunenburg *(p. 201)*. Le Bluenose II, doté du gréement de l'original mais aussi d'un moteur moderne, sert d'« ambassadeur » de la province.

Durant l'été, lorsqu'il n'est pas en mission, il propose aux visiteurs des excursions dans le port d'Halifax *(trois fois par jour, tous les jours sauf lundi en juillet et août ; durée 2 h. Prix $10.00 ;* ☎ *422 2678).*

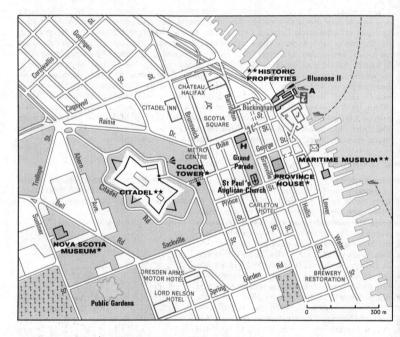

Province House★. – *Entrée sur Hollis Street. Visite de juin à août tous les jours sauf le dimanche, le reste de l'année, en semaine seulement.* ☎ *424 5982.*

L'Assemblée Législative de Nouvelle-Écosse, institution qui remonte à 1758, loge dans ce bâtiment géorgien de 1819.

On visite la Chambre Rouge, où jadis se réunissait le Conseil, garnie des portraits de George III et de la reine Charlotte, la salle des séances, et la bibliothèque de l'Assemblée, au bel escalier de ferronnerie, qui abrita la Cour Suprême de la province. Dans cette pièce, en 1835, le célèbre journaliste et orateur **Joseph Howe** dut se défendre de l'accusation de diffamation, pour avoir critiqué dans son journal « Novascotian » l'administration des magistrats d'Halifax ; son acquittement assura la liberté de la presse dans la province ; peu après, il entamait une carrière politique, où il se montra vigoureux partisan du gouvernement responsable ; en 1866, il lutta contre les confédéralistes, mais finit par accepter de participer au gouvernement du dominion à Ottawa ; sa statue orne la bibliothèque et les jardins qui entourent le bâtiment.

La visite se termine par une salle (Office of the Chief Clerk), où l'on remarque deux sculptures de faucons privées de tête ; les malheureuses ressemblaient trop à l'aigle américain pour les violents sentiments anti-américains des années 1840.

Grand Parade. – Transformé en jardin public bordé d'un côté par l'Hôtel de ville (**H**) et de l'autre par la petite **église anglicane St-Paul**, qui fut la première église protestante du Canada (1750), le lieu était jadis plus animé : c'était la place centrale de la ville où le crieur proclamait les nouvelles, où la milice se rassemblait, et où l'on trouvait des chaises à porteur à louer.

Shippagan
Springhill
Halifax
Côte atlantique
Vallée d'Annapolis
(l'Habitation de Port-Royal)
(Grand Pré)
Hopewell Capes
Rleod. Fundy (p. 211)
Parc nat. Acadia (n. 51)
Camden (p. 63)
mont Washington (p. 157)

Musée de Nouvelle-Ecosse★ (Nova Scotia Museum). – *Visite tous les jours sauf le lundi en hiver et le 25 décembre. Fermé le dimanche matin.*☎ *429 4610.*

Explications détaillées sur la géologie, l'histoire, la vie sociale et la nature (faune et flore) de la province ; intéressante section sur les indiens Micmacs, le mobilier et la verrerie des premiers colons, et beaux dioramas sur la faune de la province. Une salle est consacrée à la vie marine, notamment les baleines et les requins.

Point Pleasant Park★. – *Plan p. 204. Le parc est fermé aux véhicules : stationnement sur Point Pleasant Drive près de Tower Road, et près du terminal des conteneurs. Baignade, sentiers, pique-nique.* ☎ *422 2921.*

Il occupe toute la pointe Sud de la péninsule d'Halifax et offre de belles **vues★★** sur North West Arm et sur la rade, où à l'occasion, évolue, toutes voiles dehors, le Bluenose II.

Tour Martello (B). – *Lieu historique national. Visite de mi-juin à début septembre.* ☎ *426 5080.*

Le parc fut longtemps zone militaire, renforcée de batteries et de fortifications pour défendre l'entrée de la rade. Cette **tour du Prince de Galles,** érigée en 1796 par le prince Edouard, fut la première en Amérique du Nord d'un type qui devait s'y répandre sous le nom de « tour Martello », et dont fut garnie plus tard toute la côte anglaise pour prévenir une éventuelle invasion par les troupes de Napoléon. Sa forme s'inspire d'une tour située en Corse, sur la pointe Mortella, qui s'était révélée presque imprenable : elle est ronde, en pierre, de construction particulièrement robuste ; elle constitue une unité de défense autonome, à la fois caserne, magasin, et plate-forme de tir, dont l'unique entrée, à l'étage supérieur, était protégée par un escalier escamotable. Ces tours perdirent leur intérêt défensif vers 1870, avec le développement de l'artillerie légère et des cuirassés à vapeur.

Dans la tour du Prince de Galles, aujourd'hui entourée d'arbres qui cachent la vue, on verra la poudrière et, sur la terrasse, l'emplacement des canons.

Jardin public (Public Gardens). – *Ouvert de mai à octobre de l'aube au coucher du soleil.*

Ce parc de 7 ha est un bel exemple de jardin victorien agrémenté d'un kiosque ouvragé, d'arbres pleureurs, de petits lacs, d'une fontaine, de statues et de parterres de fleurs.

EXCURSIONS

Peggy's Cove★★. – *43 km par les routes 3 puis 333. Description p. 200.*

York Redoubt★. – *11 km au Sud d'Halifax ; prendre la route 253 à Armdale Rotary. Lieu historique national ouvert toute l'année. Visite de mi-juin à début septembre.* ☎ *426 5080.*

Une batterie rudimentaire existait déjà sur la **pointe Sandwich,** point fort naturel qui domine la mer de 50 m au plus étroit de l'entrée de la rade, quand en 1794 le prince Edouard prit le commandement militaire à Halifax. Aussitôt celui-ci renforça la position, et y fit construire une tour reliée à son système de signaux télégraphiques. La redoute servit encore au cours des deux guerres mondiales, comme centre de coordination de défense de la rade et de la ville contre les attaques allemandes.

Le **poste de commandes** est un dédale de tunnels creusés sous une tour, où une exposition montre les défenses d'Halifax. Par beau temps, s'offrent des **vues★** étendues sur la rade. Le long des murs de la redoute, se trouvent des canons de 10 pouces (250 mm), et dans les bâtiments voisins une collection de matériel militaire ; observer le four utilisé pour chauffer les boulets de canon à l'époque des armes à âme lisse (jusqu'en 1863), et les outils qui permettaient de transporter les boulets chauds jusqu'à la gueule du canon.

Uniacke House★. – *A Mount Uniacke, sur la route 1, à 40 km au Nord-Ouest d'Halifax ; signalé. Schéma p. 191. Musée de Nouvelle-Ecosse. Visite de mi-mai à mi-octobre. Fermé le dimanche matin.* ☎ *429 4610.*

La résidence de **Richard Uniacke,** attorney général de Nouvelle-Ecosse de 1797 à 1830, est une belle maison (1815) dans le style colonial du Sud, précédée d'un noble portique à fronton sur toute la hauteur de la façade. Elle est meublée dans le style d'époque, et contient des souvenirs de la famille Uniacke. Un joli parc, garni d'une pièce d'eau, l'entoure.

HOPEWELL CAPE ★★ Nouveau-Brunswick _____

35 km au Sud de Moncton par la route 114 – *Schéma p. 190.*

Parc provincial signalé sur la route 114 un peu au Sud de la localité. Restaurant. Pique-nique.

Au débouché de la rivière Petitcodiac, sur la baie de Shepody, ce cap est célèbre pour ses falaises de conglomérat rouge dont l'érosion a détaché de pittoresques **rochers★★** parfois coiffés d'épinettes noires et de quelques sapins baumiers. A marée haute, ils forment de petits îlots, accessibles à pied à marée basse quand la mer dégage leur base étrangement rétrécie par le frottement de l'eau. Un escalier de fer descend jusqu'à la plage au pied des falaises et de ces

Hopewell Cape

impressionnants « pots de fleurs » géants ; veiller à l'heure indiquée en haut de l'escalier car la marée montante peut atteindre près de 10 m d'amplitude *(voir p. 189).* Falaise et rochers sont plus particulièrement saisissants sous les rayons du soleil matinal.

LOUISBOURG ★★★ Nouvelle-Écosse

Carte des Principales Curiosités p. 11 – *Schémas p. 191 et 192.*

Parc historique national. Visite de juin à septembre. $2.00. Du centre d'accueil, une navette mène à la forteresse. ☎ 733 2280.

Le petit port de pêche qui porte aujourd'hui le nom de Louisbourg, et où se trouve le centre d'accueil du parc historique, est sans rapport avec ce que fut Louisbourg au début du 18ᵉ s., l'une des plus riches villes et des plus puissantes forteresses d'Amérique du Nord. Détruite en pleine prospérité, elle fut soudain rayée de la carte et ne fut plus pendant deux siècles qu'un champ de ruines. La grave crise économique que connut la région vers 1960 *(voir Glace Bay p. 204)* fit germer l'idée d'un grand chantier pour employer les mineurs au chômage à reconstruire la forteresse déchue. L'ampleur de la réalisation est saisissante ; un quart de la forteresse sera reconstruit suivant les plans originaux.

Une forteresse « imprenable ». – Après le traité de 1713 où la France avait perdu Terre-Neuve et l'Acadie *(tableau p. 147)*, il lui fallait pour consolider sa position en Amérique du Nord une place forte qui défendît l'accès au golfe du St-Laurent et à Québec. On choisit une échancrure de l'Isle Royale (maintenant l'île du Cap-Breton), où dès 1719 commencèrent les travaux d'une forteresse dont le plan s'inspirait de celui des forteresses dont Vauban avait couvert la France sous Louis XIV. Le projet était grandiose, mais la construction traîna en longueur et devint vite un gouffre ; le terrain marécageux ne se prêtait pas à la fondation d'ouvrages solides et la discipline laissait à désirer, au point qu'en 1744, la garnison se mutina. Pourtant quelle belle ville que Louisbourg alors ! Le port, toujours libre de glaces, connaissait une activité fébrile : pêche à la morue, base navale, commerce avec la France, Québec, les Antilles, et fructueuse contrebande avec les villes de Nouvelle-Angleterre. Cela faisait bien des envieux à Boston et à New York...

La construction n'était pas achevée qu'en 1745 Louisbourg subissait son premier siège ; 4 000 volontaires de Nouvelle-Angleterre profitèrent de l'état de guerre entre Paris et Londres pour réduire à merci cette rivale redoutée : en moins de deux mois, la ville était prise, et les Français purent faire l'amer constat du mauvais choix de son site, entouré de collines, et de l'insuffisance de ses défenses.

Trois ans plus tard, au grand dépit des Anglais, le traité d'Aix-la-Chapelle rend la ville à la France. On renforce hâtivement les fortifications, mais l'argent manque, et quand en 1758 une forte troupe britannique, appuyée par 150 navires, vient attaquer la ville, Louisbourg tombe pour la seconde fois. Cette fois-ci, pour que les Français ne puissent plus s'y réinstaller, on rase les fortifications ; l'orgueilleuse ville française avait vécu 40 ans.

VISITE : *environ 4 h*

Animation de la ville jusqu'à 19 h par une population en costume d'époque. Visites guidées (en français et en anglais) jusqu'à 18 h ; durée 2 h 1/2. Suivre d'abord un guide pour une vue d'ensemble avant de se promener à loisir dans les diverses maisons.

Pluie et brouillard font partie de la visite à Louisbourg : tel était déjà le climat au 18ᵉ s.

Le **centre d'accueil** offre une présentation audiovisuelle sur l'histoire et la reconstruction de Louisbourg. Puis le bus mène à la **Porte Dauphine,** *(illustration p. 24)*, entrée d'honneur dont l'élégance n'a rien à envier aux constructions royales en France à cette époque.

En franchissant le pont-levis, on franchit aussi les siècles : vous voici en 1744, et la sentinelle s'assure avant de vous laisser entrer que vous n'êtes pas un espion. De pierre ou de bois, toits pentus percés de lucarnes, les maisons s'alignent selon le plan régulier des villes construites de toutes pièces ; parmi celles ouvertes au public, la **boulangerie** propose du pain comme au temps des soldats de Louis XV ; à l'**Hôtel de la Marine,** on peut prendre un repas comme au 18ᵉ s., sur une table à tréteaux et dans une vaisselle de terre et d'étain ; dans les rues passent les habitants, dont une centaine en costume d'époque.

Les remparts des quais, revêtus de bois pour consolider une maçonnerie trop fragile, sont jalonnés d'échauguettes, tourelles de guet et de tir, et percés d'une entrée d'honneur également en bois, la **Porte Frédéric.**

Bastion du Roi★★. – Ce bâtiment était le plus imposant et le plus prestigieux de l'ensemble, réservé au gouverneur et à l'armée. Dans l'**aile du gouverneur★★**, aux 10 pièces meublées avec luxe et délicatesse, éclate la vie raffinée de l'aristocratie : meubles d'époque ou fidèles copies, rideaux, tentures, soies et brocarts, vaisselle d'argent et de porcelaine. Plus loin, les **logements des officiers,** quoique plus modestes, ne manquent pas de confort ; mais l'état des **casernes** explique l'allure négligée des soldats, qui montent la garde sans conviction tout comme en 1744.

MAITLAND ★ Nouvelle-Écosse

Carte des Principales Curiosités p. 10 – 95 km au Nord-Est de Halifax – *Schéma p. 191* – 230 h.

Jadis important centre de construction navale sur la baie de Cobequid, tout au fond du bassin des Mines, Maitland est surtout connue pour la construction du William D. Lawrence, le plus gros navire de bois jamais construit au Canada. Les chantiers navals sont fermés, mais de cette ère de prospérité, la ville garde de belles demeures.

W.D. Lawrence House★. – *Signalé sur la route 215 ; musée de Nouvelle-Écosse. Visite de mi-mai à mi-octobre. Fermé le dimanche matin. ☎ (902) 261 2628.*

L'entrepreneur William Dawson Lawrence fit élever sa maison en 1870 sur une hauteur dominant ses chantiers navals à l'embouchure de la Shubenacadie : c'est là qu'il fit construire le W.D. Lawrence, trois-mâts de 80 m de long, en partant du calcul qu'il pouvait doubler la longueur d'un bateau normal sans doubler ses frais de fonctionnement ; il dut hypothéquer sa maison pour financer l'achèvement du bateau, mais l'investissement s'avéra rentable : lancé en 1874, le trois-mâts sillonna toutes les mers du monde.

Cachée sous les arbres, la maison contient la plupart des meubles d'origine et une maquette du W.D. Lawrence longue de 2 m. De la route, belle **vue★** sur le rivage.

MONCTON Nouveau-Brunswick

Carte Générale L 5 – Carte des Principales Curiosités p. 10 – *Schémas p. 190 et 192* – 54 743 h. – Bureau de Tourisme : ☎ (506) 853 3333.

Nommée d'après Robert Monckton, qui s'empara du Fort Beauséjour en 1755 *(voir p. 202)*, Moncton est un grand centre ferroviaire, siège de la direction du Canadien National pour toute la région atlantique, et atelier de réparation du matériel roulant.

Les premiers habitants, des Allemands venus de Pennsylvanie en 1763, furent bientôt rejoints par des Acadiens revenant de déportation *(voir p. 192)*. Aujourd'hui, la population est francophone pour plus d'un tiers, et Moncton fait un peu figure de « capitale acadienne » avec son Université francophone, ferment du renouveau acadien et connue pour son musée acadien (à la bibliothèque Champlain).

Le mascaret★. – Deux fois par jour, toutes les 12 h en moyenne, la marée monte le long des côtes, avec une ampleur accentuée dans certaines baies en entonnoir comme la baie de Fundy. Celle-ci, large de 77 km à l'embouchure, se rétrécit à la fois en largeur et en profondeur tout le long de ses 233 km : ainsi comprimée au fond de la baie, la marée s'engouffre avec force dans le lit des rivières, précédée d'une onde de front, le « mascaret ». C'est lors des grandes marées que le mascaret atteint sa hauteur maximum (jusqu'à 60 cm à Moncton).

Boreview Park. – *Le long de Main Street. Se renseigner sur les heures du mascaret. Arriver 1/4 d'heure avant pour voir la rivière à son niveau le plus bas, et si possible y retourner 2 h plus tard, pour la voir à marée haute.*

Ce parc est le meilleur point de vue de la ville sur le mascaret et le changement de niveau dans la rivière Petitcodiac, à 40 km de son embouchure ; petit cours d'eau à marée basse au centre d'un vaste lit de boue rouge, la rivière monte de 7 m à marée haute, emplit tout son lit et atteint 1,6 km de large !

EXCURSION

La Survivance du peuple acadien. – *30 km au Sud-Est par la route 6 à St-Joseph. Visite de mi-mai à mi-octobre.* ☎ *(506) 758 9783.*

Des cartes, des objets et des montages audio-visuels retracent la lutte des Acadiens pour conserver leur culture, et illustrent leur importance actuelle.

Le **collège St-Joseph★**, le premier institut acadien d'études supérieures est devenu un **site historique national.** C'est dans ce collège, fondé par le révérend Camille Lefebvre en 1864, qu'étudièrent les personnalités acadiennes pendant près de cent ans, avant sa fusion avec l'université de Moncton. C'est également là qu'eut lieu la première convention nationale des Acadiens en 1881. La vallée de Memramcook qui comprend la communauté de St-Joseph est un des rares endroits où se sont maintenus les Acadiens malgré la déportation *(p. 192)*.

PASSAMAQUODDY (Baie de) ★★ Nouveau-Brunswick

Carte des Principales Curiosités p. 10 – *Schémas p. 190 et 210.*

La baie de Passamaquoddy, à l'entrée de la baie de Fundy, présente une côte déchiquetée, semée de caps et d'îles, partagée entre le Nouveau-Brunswick et l'État américain du Maine. C'est une région de villégiature connue, célèbre également pour ses homards et ses algues comestibles appelées rhodyménies *(voir p. 211)* spécialités de la province.

En 1604 la première expédition acadienne, conduite par De Monts et Champlain, hivernait à l'île Ste-Croix (aujourd'hui dans le Maine), dans l'estuaire de la rivière Ste-Croix qui de nos jours sépare le Maine du territoire canadien, avant de trouver un meilleur asile à Port Royal *(p. 195)*. La région ne fut vraiment colonisée qu'à partir de 1783, avec l'arrivée de Loyalistes qui s'installèrent à St. Stephen, St. Andrews, St. George, et dans les îles Deer et Campobello ; ils imprimèrent à la baie son paisible charme rural en y développant un art de vivre qui fait toujours son caractère distinctif.

St. Andrews★. – 1 760 h. Charmante petite station de villégiature, St. Andrews est située à l'extrême pointe de la péninsule qui sépare l'estuaire de la rivière Ste-Croix de la baie proprement dite. La rue principale, au bord de l'eau (**Water Street**), est animée de nombreux restaurants et boutiques de luxe (tweed, porcelaine, etc.), tandis que le long des avenues tranquilles, cachées sous les arbres, s'alignent d'élégantes maisons vieilles de plus d'un siècle ; certaines, construites sur la rive Sud de la rivière Ste-Croix avant que le traité de 1842 n'en fasse la frontière entre les États-Unis et le Nouveau-Brunswick, furent transportées à St. Andrews pour rester en territoire britannique.

C'est à St. Andrews que se trouve l'**hôtel Algonquin,** peut-être le plus fameux hôtel de villégiature de la province. Des personnalités en vue eurent une maison ici, parmi lesquelles Sir William Van Horne, directeur général du Canadien Pacifique *(voir p. 36)* ; sa résidence était sur l'île Minister, qui à marée basse est reliée à la côte Est de la péninsule par une route appelée Bar Road, sur un isthme submergé à marée haute.

Blockhaus St. Andrews. – *Lieu historique national, sur Joe's Point Road. Visite accompagnée (20 mn) de juin à mi-septembre.*

Le bâtiment de bois, en saillie à l'étage supérieur, fut construit, fait exceptionnel, aux frais des habitants, pour protéger la ville durant la guerre de 1812 ; l'intérieur présente des explications sur l'histoire de la ville et ses démêlés avec les corsaires venus des ports américains.

Huntsman Marine Laboratory Museum and Aquarium★. – *Brandy Cove ; du blockhaus St. Andrews, continuer la route vers le Nord sur 2 km. Visite de juin à début septembre. $2.00.* ☎ *529 3979.*

Ce petit aquarium présente divers spécimens de la faune marine peuplant la zone de pêche de 200 milles, comprise dans la baie de Passamaquoddy : la morue, l'étoile de mer, le saumon qui se reproduit dans les rivières des provinces atlantiques. Les trois phoques joueurs en sont la plus populaire attraction, surtout aux heures de repas *(Attention : ils mordent)*. On verra aussi une carte des fonds sous-marins autour de St. Andrews.

PASSAMAQUODDY (Baie de)★★

■ LES ILES DE FUNDY★★

Une excursion aux îles de Fundy (Deer, Campobello et Grand Manan) peut être magnifique, mais il faut savoir que même en été le brouillard peut tomber soudain, très localement, et se lever avec la même rapidité.

Deer Island★. – *Accès par traversier depuis Letete (N.-B.), départ toutes les 1/2 h, durée 20 mn. Traversier depuis Eastport (Maine, USA) de mi-juin à mi-septembre ; durée 15 mn ; prix $6.00 pour voiture et conducteur, et $1.00 par passager ;* ☎ *747 2168. Traversier depuis l'île de Campobello : schéma p. 210. Affluence aux traversiers les fins de semaine et jours fériés.*

La **traversée★**, effectuée sur le bateau de Letete, louvoyant parmi une série d'îlots couverts d'oiseaux, est un plus agréable moyen d'accès à l'île qui ferme presque la baie de Passamaquoddy. Tranquille, habitée par des pêcheurs, l'île compte de jolis petits ports de pêche, comme **Lords Cove** au Nord ou **Leonardville** plus au Sud ; à **Northern Harbour** se trouve le plus grand vivier à homards du monde, où de simples clôtures dans cette baie étroite forment les enclos qui gardent ces crustacés à longueur d'année dans une eau de mer renouvelée par le jeu des marées. L'île a aussi une usine de conditionnement des sardines à **Fairhaven**.

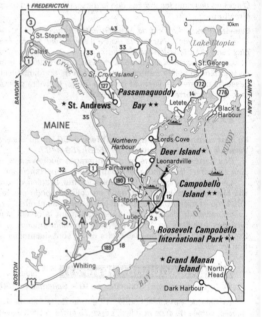

A la pointe Sud, un grand remous baptisé **Old Sow** (la vieille truie) pour ses effets sonores, s'observent – en particulier par très forte marée – depuis Deer Island Point ou du traversier pour l'île de Campobello.

Campobello Island★★. – *Accès par traversier de fin juin à début septembre depuis Deer Island (sauf en cas de mauvais temps) ; durée 25 mn ; prix $8.00 pour une voiture et son conducteur et $2.00 par passager.* ☎ *(506) 747 2168. Accès également par le pont de Lubec (Maine, USA) ; pour rejoindre le Nou*-veau-Brunswick par Lubec, voir les formalités frontalières en p. 20. Schéma ci-dessus.

La **traversée★**, sur un simple bac, constitue par elle-même un véritable voyage d'agrément, accompagné du vol des oiseaux, parmi les îles de cette baie déchiquetée ; on longe le remous de « la vieille truie », on aperçoit la ville d'Eastport sur la côte du Maine, avant d'aborder à « l'île bien-aimée » du président F.D. Roosevelt.

Située dans l'embouchure de la baie de Fundy, Campobello Island fait partie du Nouveau-Brunswick mais jouit d'un statut international en raison de son Parc dédié au souvenir de Franklin Roosevelt.

Une île pleine d'attraits. – Samuel de Champlain et le sieur de Monts la découvrirent en 1604. Elle fut baptisée en 1767 en l'honneur du gouverneur de Nouvelle-Écosse William Campbell. De Campbell, on fit Campo Bello, évoquant ainsi la beauté de ses paysages.

A la fin du 19ᵉ s., quelques riches New-Yorkais et Bostoniens découvrirent à leur tour le charme de Campobello et en firent leur lieu de vacances. Ils séjournaient dans de grands hôtels victoriens ou des « cottages » comme celui des Roosevelt. Les publicités de l'époque ne manquaient pas d'humour : on pouvait lire que « les bains de brouillard sont aussi nécessaires à la santé et aux nerfs que le soleil ».

Aujourd'hui, Campobello reçoit de nombreux visiteurs attirés par Campobello International Park ainsi que par ses falaises, ses grandes plages et ses ports de pêcheurs. On peut y voir d'étranges filets de pêche accrochés à des pieux disposés en rond avec une ouverture laissée vers la côte, héritage des Indiens.

Roosevelt Campobello International Park★★. – *Visite de fin mai à mi-octobre.* ☎ *(506) 752 2922.*

Dès 1883, il avait alors 1 an, Franklin D. Roosevelt passa tous ses étés à Campobello, nageant, pêchant, pratiquant la voile. Après son mariage avec Eleanor il continua à venir se reposer entre ses occupations politiques de plus en plus prenantes. En 1921, après une chute dans l'eau glaciale de la baie de Fundy, il fut gravement atteint par la poliomyélite. Il ne devait revenir dans l'île que 12 ans plus tard alors qu'il venait d'être élu Président des États-Unis. Ce fut un de ses derniers voyages dans son île tant aimée. En 1964 ses enfants firent don de leur propriété qui devint un Parc dédié à la mémoire de leur père.

Dans le **pavillon d'accueil** (Visitors'Centre), des films présentent Campobello Island et rappellent la vie de Franklin Roosevelt ici.

Roosevelt Cottage★, grande maison de 34 pièces faisant face à Eastport, est meublée simplement. De nombreux souvenirs : lettres, photos, objets évoquent les vacances des Roosevelt à Campobello.

Plusieurs **promenades dans le Parc★★**, vaste de 4 hectares, permettent de découvrir des paysages superbes de forêts, de marais et de bords de mer. Le climat extrêmement humide y favorise une végétation très dense et très caractéristique. De **Friars Head,** à l'Ouest, on a une très belle vue sur Lubec et la côte du Maine. De **Con Robinson's Point,** on peut admirer la large baie de **Herring Cove** que prolonge une pointe, **Herring Cove Head.** A **Lower Duck Pond,** une plage de galets longe la côte rocheuse plantée de sapins. Cet endroit est une étape privilégiée des oiseaux migrateurs.

Le tour de l'île. – *12 km au départ du Visitors'Centre.* Suivre, à l'Ouest de l'île, la route qui longe Friars Bay puis Harbour de Loutre. Ce nom rappelle l'occupation française. A Wilsons Beach, on trouve quelques boutiques et, un peu plus au Nord, la route se poursuit par un simple chemin.

Le phare, **East Quoddy Head Lighthouse★**, est situé dans un cadre ravissant et offre une belle vue sur Head Harbor Island.

Grand Manan Island★. – *Accès par traversiers depuis Black's Harbour, Nouveau-Brunswick ; durée 2 h ; prix $9.00 par voiture et $3.00 par adulte. Pas de réservation. Affluence en saison. Renseignements* ☎ *(506) 662 3606 à Grand Manan et* ☎ *(506) 642 7317 à St-Jean. Schéma p. 210.*

La plus grande des îles de Fundy est connue pour ses paysages sauvages, aux falaises hautes de 120 m par endroits, ses ports pittoresques, et sa large population d'oiseaux : 230 espèces, dont macareux, aigles à tête blanche et sternes de l'arctique... Mais la grande spécialité de l'île est la rhodyménie (« dulse »), algue rouge comestible que l'on ramasse à marée basse sur les rochers ; séchée au soleil, elle se mange crue, grillée, en soupe ou en légume cuit à l'eau ; son goût fort et salé, riche en iode, est particulier.

La baie de Dark Harbour, sur la côte Ouest de l'île, est l'un des principaux endroits de cueillette, la mer ayant construit une barre rocheuse naturelle idéale pour le ramassage et le séchage de cette algue.

PRINCE-ÉDOUARD (Ile du) ★★

Carte Générale **L 5** – Carte des Principales Curiosités p. 10 – *Schémas p. 191 et 212.*

Accès par traversier voir p. 193. Longues files d'attente en saison touristique.

Baignée par le golfe du St-Laurent et coupée du continent par le détroit de Northumberland, l'île du Prince-Edouard, la plus petite province canadienne, est une région charmante, paisible et soignée. Chaque été, un demi-million de touristes viennent, sur cette île de 122 505 habitants, attirés par son calme, ses longues plages, ses célèbres soupers de homards, ou pour pratiquer en mer la pêche sportive au thon bleu géant.

Les couleurs sont violentes sur l'île : rouges, la terre ferrugineuse, le sable des plages, le grès des falaises, le lit des rivières et les routes non revêtues ; bleus le ciel et la mer, et vert tendre la campagne. Car l'île est presque entièrement cultivée ; l'agriculture en constitue la principale ressource, et ses pommes de terre sont réputées dans tout le pays. La pêche joue aussi un rôle important : homard, pétoncles, thon, etc., ainsi que l'ostréiculture dans la baie de Malpèque.

Un peu d'histoire. – L'île fut d'abord française : baptisée Ile St-Jean par Jacques Cartier et déclarée dès lors possession du roi de France, elle ne fut pourtant colonisée qu'au 18e s., lorsqu'après le traité d'Utrecht (1713) de nombreux Acadiens quittèrent l'Acadie péninsulaire devenue Nouvelle-Ecosse. Ils furent rejoints après 1755 par un grand nombre de pauvres hères fuyant le Grand Dérangement *(voir p. 192)*, mais 3 ans plus tard, l'île était prise par les Anglais qui déportèrent la population acadienne, sauf un petit groupe devenu la souche de la population francophone actuelle de l'île *(voir carte p. 192)*.

Sous le régime anglais, l'île d'abord rebaptisée St John's Island et rattachée à la Nouvelle-Ecosse fut constituée en colonie indépendante dès 1769 ; mais ce n'est guère qu'après la guerre d'Indépendance américaine qu'une véritable population britannique vint s'y installer, avec l'arrivée de Loyalistes. En 1799, elle recevait son nom actuel en l'honneur du prince Edouard, duc de Kent.

Le 19e s. fut une période d'expansion, marquée par l'arrivée de nouveaux colons Irlandais ou Ecossais, le développement de l'agriculture et la construction navale, responsables du déboisement presque total de cette terre jadis couverte de forêts.

Les Pères de la Confédération. – En 1864, s'ébaucha à Charlottetown la Confédération canadienne. A cette date, en effet, les représentants des trois provinces maritimes, réunis pour étudier une union économique et la construction en commun d'un chemin de fer, furent rejoints par une délégation du Canada-Uni (les provinces actuelles d'Ontario et de Québec), qui leur soumit un projet de Confédération. Les « Pères de la Confédération » virent aboutir leurs efforts par l'Acte de l'Amérique du Nord Britannique, qui le 1er juillet 1867 créait le dominion du Canada. Ironie du sort, l'Ile du Prince-Edouard refusa d'abord d'adhérer à la Confédération ; il fallut la menace d'une faillite, et de fortes pressions des autorités britanniques, pour la décider. En 1873, elle devenait province canadienne.

PRINCE-ÉDOUARD (Ile du)★★

■ CHARLOTTETOWN★ *visite : 2 h*

Office de Tourisme : Royalty Mall, University Avenue, ☎ (902) 892 2457.

Capitale de la province, centre commercial de l'île, au cœur d'une riche région agricole, Charlottetown (15 282 h.) est un port abrité, sur une baie du détroit de Northumberland. Elle doit son nom à la reine Charlotte, épouse du roi George III.

La ville conserve de belles et spacieuses maisons ombragées de grands arbres ; un des quartiers les plus agréables se situe auprès de **Victoria Park,** où se trouvent les restes du **Fort Edward,** construit vers 1800, ainsi que **Government House,** l'imposante résidence du lieutenant-gouverneur de la province. Du bord du parc, belles **vues★** sur la baie.

Province House★. – *Lieu historique national. Richmond Street. Fermée les fins de semaine et jours fériés en hiver. Visite accompagnée en anglais et français.* ☎ *892 6278.*

Dans ce bâtiment de grès (1847), on visite, au deuxième niveau, la **Salle de l'Assemblée** actuelle ainsi que la **Chambre de la Confédération** où s'est tenue la célèbre conférence de 1864 ; tout y est disposé comme lors de cette rencontre historique *(exposition et projection de diapositives).*

Centre des Arts de la Confédération★★. – *Près de Province House ; visite toute l'année. Visite guidée (en anglais et en français) de mi-juin à mi-septembre. Restaurant.* ☎ *(902) 892 2464.*

Construit en 1964 pour le centenaire de la conférence de Charlottetown, grâce à un financement de toutes les provinces, c'est un centre culturel (théâtres, salles d'exposition, bibliothèque, etc.) intéressant par son architecture et par les œuvres d'art qui le décorent.

Au creux d'une fosse face à Province House, l'entrée principale donne accès à la Salle Commémorative (Memorial Hall), directement éclairée par un toit de caissons vitrés ; le long des murs et couloirs, sont exposées des œuvres d'artistes de tout le Canada : on remarque en particulier les grandes mosaïques sur les bateaux de l'amiral Nelson ; à l'étage, la **Galerie d'Art★** *(fermée le lundi en hiver - $1.00 en été)* présente par roulement quelques œuvres de l'importante collection de peinture canadienne que possède le centre.

■ ROUTES TOURISTIQUES★★

L'importance du flux touristique sur l'île y a engendré de multiples attractions ; mais le véritable charme de cette petite province tient à ses paysages, sa campagne et ses côtes. Trois routes touristiques balisées en montrent les divers aspects *(compter 1 journée pour chacune ; carte et renseignements dans les bureaux de tourisme de l'île).*

1 Route Lady Slipper★ – *Circuit de 287 km, à l'extrémité Ouest de l'île – schéma ci-dessous. Centre d'information sur la route 1A à l'Est de Summerside (ouvert début juin à mi-octobre).*

Cette route porte le nom anglais du sabot de Vénus, fleur choisie comme emblème de la province. Elle traverse de charmants villages et offre de très jolies vues, surtout à la pointe Ouest. Partant de **Summerside** (7 828 h.), la principale localité de cette partie de l'île, elle parcourt les régions acadiennes autour du Cap Egmont, et contourne la **baie de Malpèque** célèbre pour ses huîtres et ses belles plages de sable.

Parc provincial de Green Park★. – *Près de Port Hill sur la route 12. Ouvert habituellement de fin juin à début septembre. Se renseigner par téléphone. $1.50.* ☎ *(902) 892 9127. Pique-nique et plage à proximité.*

Green Park était la résidence de James Yeo Jr. qui possédait au siècle dernier de prospères chantiers navals. La demeure (1860), coiffée d'un lanternon d'où les dames pouvaient suivre le mouvement des bateaux dans la baie, est cossue et agréable. Dans le **centre d'interprétation,** d'intéressantes explications exposent l'histoire et les techniques de la construction navale. Près du rivage, est reconstitué un chantier naval où l'on peut observer un bateau en cours de construction.

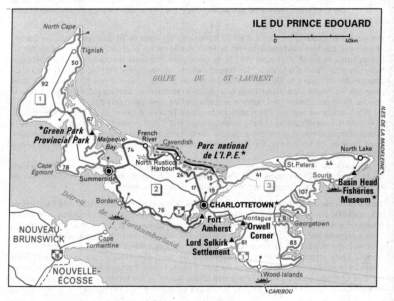

② Route Blue Heron★★ – *Circuit de 191 km, au centre de l'île – schéma p. 212*

La route frôle les belles plages de la côte Nord, de charmants petits ports de pêche comme **North Rustico Harbour** ou **French River** ; elle traverse une campagne particulièrement vallonnée et pittoresque et longe les côtes de grès rouge du rivage Sud. Bien des localités le long de la route proposent des soupers de homard qui sont une tradition de l'île : la salle à manger est souvent dressée dans une salle paroissiale, et l'on choisit son homard au vivier avant de passer à table... à moins que l'on ne préfère pétoncles, crabes ou autres fruits de mer.

Port de pêche

Parc national de l'île du Prince-Edouard★. – *24 km au Nord de Charlottetown. Centre d'information à Dalvay Beach, à l'extrémité Est du parc, et près de Cavendish. Plages, nautisme, pique-nique, camping.* ☎ *672 2211. Entrée $1.00 pour la voiture pour une journée (voir p. 24).*

C'est l'un des plus petits mais des plus populaires des parcs nationaux canadiens (plus d'un million et demi de visiteurs par an). Il s'étire sur quelque 40 km de plages le long de la rive Nord de l'île, au bord du golfe du St-Laurent ; sur cette côte très irrégulière et creusée de bassins aux profondes indentations, les courants marins ont formé de longues langues de sable à l'entrée des baies qu'elles ferment presque entièrement, créant des plages superbes, bordées de dunes de sable ou de falaises de grès, de quelques marais d'eau saumâtre et de bassins d'eau douce.

Une route, **Gulf Shore Road,** dessert la plus grande partie du parc, longeant plages et falaises (par exemple à Orby Head). Le **centre d'accueil**, à Cavendish, présente le parc et une projection de diapositives *(ouvert tous les jours de mi-juin à début septembre).*

Green Gables. – *Dans le parc national, près de Cavendish. Visite de mi-mai à mi-octobre.* ☎ *963 2675. Guides bilingues.*

La petite maison, peinte en vert et blanc, est celle où vécut Lucy Maud Montgomery avant de publier en 1908 Anne of Green Gables, livre qui devait devenir l'un des plus populaires contes pour enfants de la littérature anglaise. La maison où vécut l'auteur est maintenant meublée comme la ferme décrite dans son livre. Chaque été, le **festival de Chalottetown** présente une comédie musicale tirée de l'histoire d'Anne à Green Gables.

Parc historique national du Fort Amherst. – *32 km au Sud de Charlottetown sur la route 19 à Rocky Point. Ouvert de juin à mi-octobre ;* ☎ *675 2220.*

Seuls les remparts de ce fort britannique, construit en 1758, tiennent encore debout. Ils se trouvent à l'emplacement de Port La Joie, établissement français de 1720. Un centre d'accueil présente une projection de diapositives.

③ Kings Byway★ – *Circuit de 367 km à l'Est de l'île, comté de Kings – schéma p. 212. Centre d'information sur la route 4 à Pooles Corner au Nord de Montagne (ouvert début juin à mi-octobre).*

La côte Nord de ce circuit est la région la moins cultivée de l'île, jalonnée surtout de villages de pêcheurs où s'empilent les casiers à homard. **North Lake** est un grand centre de pêche au thon et de récolte d'« Irish Moss », algue que l'on fait sécher et que l'on mange en soupes, qui est utilisée dans l'industrie alimentaire. La partie Sud au contraire est plus rurale et offre de jolies vues sur la mer.

Basin Head Fisheries Museum★. – *A basin Head. Visite généralement de mi-juin à mi-septembre. $1.50.* ☎ *357 2966.*

Entouré de dunes, cet intéressant musée surplombe le golfe du St-Laurent. Dédié à la pêche côtière et à la vie du pêcheur, il rassemble tout l'équipement nécessaire à cette activité, bateau, filets, etc. Sur le rivage sont reconstituées les cabanes où les pêcheurs entreposaient leur matériel, et une ancienne usine de conserverie. On peut voir aussi une fabrique de casiers pour les différentes tailles de poissons séchés.

Lord Selkirk Pioneer Settlement. – *A l'écart de la route 1 près de Eldon, auprès du parc provincial Lord Selkirk. Visite de mi-juin à mi-septembre. $2.50. Boutique d'artisanat.* ☎ *659 2425.*

La misère était grande en Ecosse au début du 19e s., lorsque les grands propriétaires fonciers décidèrent de consacrer leurs terres à l'élevage des moutons, et que leurs fermiers se trouvèrent privés de ressources. Pour aider ces derniers, **Lord Selkirk** organisa plusieurs colonies *(voir p. 98)*. En 1803, trois bateaux débarquaient sur l'île du Prince-Edouard un groupe de ces Ecossais qui, après de nombreuses difficultés, parvinrent à créer une colonie florissante.

Sur les lieux mêmes où débarquèrent les colons, on voit un exemple du premier abri qu'ils purent se construire en arrivant, un wigwam rudimentaire ; très vite, ils le remplaçaient par des cabanes de rondins au toit d'herbe et de branches, et finalement, une fois mieux installés, par des maisons à étage solidement faites de bois équarri assemblé à queue d'aronde.

Musée de la vie rurale Orwell Corner. – *Ouvert généralement de fin juin à début septembre - téléphoner au préalable au 651 2013 ; $1.50.*

Orwell Corner reconstitue l'atmosphère d'un petit village de la fin du 19e s. On peut visiter la ferme qui servit également de bureau de poste et de magasin, l'église, l'école, le centre communautaire, la forge et la fabrique de bardeaux.

ST-JEAN ★★ (SAINT JOHN) Nouveau-Brunswick

Carte Générale L 5 – Carte des Principales Curiosités p. 10 – *Schémas p. 190 et 192* – Agglomération : 114 048 h. – Bureau de Tourisme : ☎ (506) 658 2990.

C'est la plus grande ville de la province, son principal port, libre de glaces toute l'année, et son centre industriel (pâte à papier, port pétrolier, pétrochimie, chantiers navals). Elle s'est développée à l'embouchure de la rivière St-Jean, dans une région de collines rocheuses et nues qui resserrent soudain le cours de la rivière en lui imposant un tracé tortueux ; la ville occupe ainsi plusieurs péninsules reliées par un réseau routier où le visiteur a bien du mal à ne pas se perdre. Les denses brumes marines qui montent fréquemment de la baie de Fundy ont valu à St-Jean le surnom de « cité du brouillard » ; mais, par un beau jour d'été, St-Jean ne manque pas d'attraits.

Charles de La Tour. – En 1631, naît à l'embouchure de la rivière St-Jean un poste de traite des fourrures, créé par un personnage entreprenant, Charles de La Tour. Venu en Acadie en 1606, à l'âge de 14 ans, avec Poutrincourt, il y mène une vie aventureuse et mouvementée, en s'alliant à l'occasion avec l'Angleterre (il reçoit le titre de baronet en 1630). En 1638, le roi de France place l'Acadie sous l'autorité conjointe de Charles de La Tour et de **Charles de Menou d'Aulnay** qui devront se partager les bénéfices de la traite des fourrures ; très vite la discorde s'installe entre eux. En 1645, en l'absence de La Tour, d'Aulnay s'empare du Fort La Tour, malgré une résistance acharnée menée par Mme de La Tour, et passe au fil de l'épée toute la garnison ; Mme de La Tour en mourut de chagrin, dit-on, peu après. Mais en 1650 d'Aulnay meurt ; La Tour qui s'était réfugié à Québec revient et épouse la veuve d'Aulnay : il est maître de l'Acadie. Cependant en 1654, en pleine paix, les Anglais de Boston s'emparent du fort de St-Jean où La Tour est fait prisonnier ; mais il fait valoir son titre de baronet et en 1656 Cromwell lui concède le tiers du territoire acadien. Fin diplomate, Monsieur de La Tour !

La ville des Loyalistes. – Le traité de Paris (1763) cédant la région à l'Angleterre, un poste de traite anglais succéda à Fort La Tour. C'est seulement 20 ans plus tard qu'allait vraiment naître la ville. En 1783, le traité de Versailles reconnaissait l'indépendance des États-Unis ; de nombreux Loyalistes *(voir p. 105)* cherchèrent alors refuge au Canada : le 18 mai toute une flotte jeta l'ancre à l'embouchure de la rivière St-Jean, débarquant 3 000 Loyalistes ; ils étaient 4 200 avant l'hiver.

De nombreux arrivants continuèrent leur route pour s'établir dans la vallée et à Fredericton. La plupart étaient des gens aisés, mais ruinés par la confiscation de leurs biens, et fort peu préparés à une vie de pionniers. Ils parvinrent pourtant à créer une ville prospère et mondaine vivant du commerce et de la construction navale ; à la création de la colonie du Nouveau-Brunswick (1784), leur localité fut élevée au rang de « cité de St-Jean » : c'était la première ville canadienne à recevoir cet honneur.

Chaque année en juillet, durant **Loyalists Days**, la ville célèbre sa fondation en grande pompe. Chacun s'habille en costume du 18ᵉ s., on répète le débarquement historique de 1783, et un grand défilé couronne la fête, tandis que l'on danse dans la rue et que l'on y distribue à déjeuner.

■ **CURIOSITÉS** visite : 1 jour

Chutes réversibles★★ (Reversing Falls Rapids). – A l'embouchure de la rivière St-Jean, les marées de la baie de Fundy *(voir p. 189)* atteignent 8,50 m d'amplitude : à marée basse, l'eau de la baie est à plus de 4 m au-dessous du niveau de la rivière, dont les eaux se

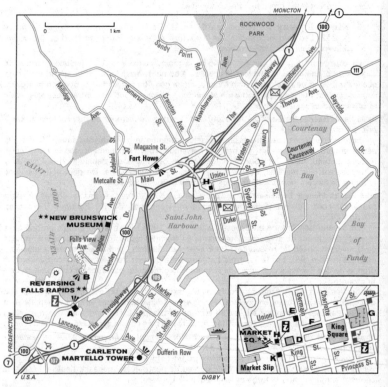

précipitent alors vers la mer ; à mesure que la mer monte, le courant de la rivière se ralentit, s'arrête, puis s'inverse, et quand les eaux de la baie surplombent de plus de 4 m le niveau de la rivière, un courant rapide remonte la vallée avec une telle force qu'il se fait sentir jusqu'à Fredericton, environ 130 km en amont.

Le phénomène est particulièrement visible au plus étroit de la rivière où rapides et tourbillons se créent alternativement dans l'un et l'autre sens, ce que l'on appelle les « chutes réversibles ».

Pour apprécier pleinement le phénomène, il faut voir la rivière à marée basse, à marée haute et à mi-parcours quand les courants de la rivière et de la marée s'annulent. Pour connaître les heures des marées consulter le bureau de tourisme.

Belvédère de Reversing Falls Bridge★ (A). – *Aire de stationnement à l'entrée Ouest du pont ; restaurant.*

A l'étale de nombreux bateaux se croisent sous le pont : c'est le seul moment où ils peuvent passer les rapides ; en amont, le fleuve est navigable jusqu'à Fredericton.

Belvédère de Falls View Park★ (B). – *Sur la rive Nord : accès par Douglas Avenue et Falls View Avenue ; prendre à gauche jusqu'au bout de la route.*

Très jolie promenade au bord de la rivière. Si le site est moins spectaculaire que vu du pont, il offre de belles perspectives sur la rivière, fâcheusement dominée par une imposante usine de pâte à papier.

Points de vue sur St-Jean★★. – Par temps clair, deux points élevés choisis jadis pour les défenses du port donnent une bonne idée d'ensemble du site de la ville.

Fort Howe. – *De Main Street prendre Metcalfe Street puis à angle aigu à droite Magazine Street.*

Le fort *(on ne visite pas)*, un blockhaus de bois perché sur une croupe rocheuse caractéristique du site de St-Jean, domine les collines qui s'étendent au Nord-Ouest, et vers le Sud-Est offre une large **vue★★** sur la ville, la rade et les installations portuaires.

Tour Martello de Carleton★. – *Lieu historique national, sur Lancaster Avenue. Visite de mi-mai à mi-octobre.* ☎ *672 5792.*

Construite en 1813 pour parer à toute attaque américaine, cette tour Martello *(voir p. 207)* fut également utilisée pendant les deux guerres mondiales ; au cours de la seconde, elle fut rehaussée pour abriter le poste de commandement de la défense anti-aérienne. Dans la tour, des guides en costume d'époque évoquent la vie des soldats au 18e s. ; explications de l'histoire militaire de St-Jean.

De la tour, large **vue★★** sur le port, ses docks, le terminal ferroviaire, la jetée de Partridge Island vers le Sud, ainsi que sur la ville et son environnement de collines.

Musée du Nouveau-Brunswick★★. – *277 Douglas Avenue. Visite de mai à septembre tous les jours ; le reste de l'année l'après-midi seulement et le samedi toute la journée. $2.00.* ☎ *693 1196.*

Des maquettes de bateaux, aquarelles et autres objets font revivre l'âge d'or de la construction navale au Nouveau-Brunswick au 19e s. L'importance de St-Jean à cette époque en tant que centre de commerce et de construction navale est soulignée par une exposition sur les importations et les exportations.

Une exposition bicentenaire sur l'histoire de la province est en cours d'organisation *(ouverture en 1984).* Des objets de l'artisanat indien (écorce de bouleau, travaux de plumes et de perles), meubles d'époque, costumes, etc. montrent le développement du Nouveau-Brunswick. Le musée possède une collection d'aquarelles, d'esquisses et de photos exposées par roulement selon différents thèmes.

Les salles consacrées aux sciences naturelles donnent un aperçu de la faune locale : oiseaux, insectes, poissons et mammifères et expliquent la structure géologique de la province.

Centre-ville★★. – Rénové, le centre de St-Jean est devenu un endroit agréable à parcourir à pied.

Market Square★★. – Le complexe de Market Square, ouvert en 1983, comprend un centre commercial avec un atrium central et plusieurs niveaux, un hôtel, un centre de congrès et des logements. Une rangée d'entrepôts de la fin du 19e s. y ont été incorporés et donnent sur une charmante place entourant le **Market Slip** où les Loyalistes débarquèrent en 1783. De nos jours, un remorqueur, l'Ocean Hawk II, est ancré à la cale.

Sur le côté Sud de la place se trouve le **Barbour's General Store (K)** *(fermé de mi-avril à mi-mai).* Cette coquette petite bâtisse de couleur brique et crème (1867) était un magasin de village dont les établissements G.E. Barbour ont fait don à la ville à l'occasion de leur centenaire. L'intérieur est abondamment pourvu de toutes les marchandises vendues il y a un siècle.

Une passerelle au-dessus de Dock Street relie Market Square à l'**hôtel de ville (H)** dont une galerie panoramique occupe le dernier étage *(ouvert en semaine).* On longe ensuite **Brunswick Square (D),** moderne complexe de bureaux, hôtel et boutiques élégantes.

Loyalist House (E). – *120 Union Street. Visite accompagnée (3/4 h) de juin à septembre. Fermé le dimanche matin. $2.00.* ☎ *(506) 652 3590.*

Construite en 1817 par David Merritt, qui avait fui l'État de New York en 1783, cette maison, parmi les plus anciennes de la ville, est l'un des rares édifices à avoir échappé à l'incendie de 1877.

L'extérieur est revêtu de planches sur les deux côtés les plus exposés à la pluie, et de bardeaux moins onéreux sur les deux autres ; sur la rue Germain, l'assise de la maison est posée directement sur le rocher qui affleure partout dans la ville. Sous cette façade très simple, se cache un intérieur géorgien raffiné : noter les arcs surbaissés entre les deux parties du salon du rez-de-chaussée, et entre les deux grandes chambres à l'étage ; remarquer l'escalier à cage arrondie, dont la porte de l'office épouse la courbe.

King Square. – Considéré comme le centre de St-Jean, c'est un agréable jardin public aux allées tracées comme le drapeau de l'Union *(voir Fort Anne p. 196)* avec son kiosque à musique à deux étages. Dans un angle, le vieux **marché (F)** propose tous les produits de la province et en particulier la rhodyménie *(voir p. 211).* De l'autre côté du square s'étend le **cimetière Loyaliste (G)** utilisé de 1784 à 1848.

ST-JEAN (Vallée de la rivière) ★★ Nouveau-Brunswick

Carte Générale **L 5** – Carte des Principales Curiosités p. 10 – *Schéma p. 190*.

De sa source dans le Maine à son embouchure dans la baie de Fundy, la rivière St-Jean traverse d'abord une région de hautes collines boisées, avant d'arroser une vallée de plus en plus rurale, parsemée des fermes les plus prospères du Nouveau-Brunswick, réputées pour leur production de pommes de terre. Au Sud de Fredericton, son cours emprunte un dédale de bras, de lacs et de baies avant de rejoindre la côte à St-Jean.

C'est Champlain qui baptisa la rivière, où il aborda le jour de la St-Jean 1604 ; mais sa vallée ne fut guère colonisée avant l'arrivée des Loyalistes *(p. 214)* qui s'établirent tout le long des rives ; leurs liaisons étaient assurées par des bateaux à vapeur. Aujourd'hui, la rivière reste un axe de passage important où se glisse la Transcanadienne, tandis que le fleuve est livré à la navigation de plaisance, surtout sur les larges étendues de son cours inférieur.

■ De Fredericton à Edmundston

285 km – compter 1 journée – schéma p. 190

Suivant la rive du fleuve, la Transcanadienne (route 2) atteint bientôt le barrage de Macta-quac, le plus grand barrage de la province. Sur la rive Nord de la retenue supérieure, se trouve le **parc provincial de Mactaquac** *(km 24 de Fredericton par la Transcanadienne et la route 105)*, fréquenté par les plaisanciers.

Revenir sur la Transcanadienne, qui longe le lac de retenue et présente de belles **vues★** dans un paysage aux formes douces et de plus en plus rural.

Woolastook Wildlife Park. – *Visite de fin mai à septembre. $3.25.* ☎ *(506) 363 2352.*

Ce petit zoo est installé dans un agréable site boisé ; il présente quelques animaux sauvages du Nouveau-Brunswick. Du parc de stationnement, belle **vue★** sur la rivière.

King's Landing★★. – *Visite de juin à début octobre. $4.00. Restaurant.* ☎ *(506) 363 3081.*

Village reconstitué, typique des établissements loyalistes qui jalonnèrent la rivière St-Jean, King's Landing occupe un très joli **site★★** dans la vallée d'un petit affluent de la St-Jean. Ce terrain avait été accordé après la guerre d'Indépendance aux vétérans des King's American Dragoons, qui s'y établirent comme bû-cherons, fermiers ou cons-tructeurs de bateaux. La plu-part des édifices ont été transportés ici lorsque le lac de barrage inonda les terres voisines : chacun a conservé le caractère de son propriétai-re, et près de 100 personnes au total animent le village, ex-pliquant volontiers les tâches quotidiennes de l'époque, en-tre 1790 et 1870. On voit les fermes et leurs champs culti-vés, l'église, l'école, la forge et le magasin général du vil-lage. Le **théâtre** donne des représentations *(renseigne-ments à l'entrée du village)* ; la **scierie** fonctionne, sa large roue à aubes entraînant la scie qui taille les troncs ; l'**auberge** (King's Head Inn), typique des relais routiers du 19e s., sert des repas et rafraîchissements. La rési-dence de Morehouse, à l'aspect confortable, voisine avec l'élégante maison Ingraham

(D'après photo Tourisme Nouveau Brunswick)

La scierie

dont le joli jardin domine le fleuve. Au débarcadère (qui a donné son nom au village, car « landing » signifie débarquement) est amarré un « **wood boat★** », réplique réduite de moitié d'un chaland qui charriait le bois scié et le foin des fermes jusqu'au marché.

Après King's Landing, excellentes **vues★★** le long de la route sur la rivière large et tranquille dans un paysage doucement vallonné où alternent bois et cultures.

Un peu avant Woodstock, quitter la Transcanadienne pour la route 103 qui continue le long du fleuve.

Hartland★. – 846 h. En arrivant par la route 103 qui domine le fleuve, **vue★** spectaculaire sur le **pont couvert★** qui relie les routes 103 et 105 *(1 seule voie)* ; il constitue la curiosité la plus connue de Hartland, au centre d'une prospère région de culture de pommes de terre. Ce pont de bois (391 m) coiffé d'un complexe réseau de puissants madriers, serait le plus long pont couvert du monde. Sous le rude climat canadien, couvrir les ponts prolongeait leur durée : alors qu'un pont ordinaire pouvait servir 10 ou 20 ans, un pont couvert durait 70 ou 80 ans ; par contre en hiver, lorsqu'on circulait en traîneaux, il fallait revêtir, à la pelle, tout le tablier du pont d'une couche de neige.

Continuer par la route 105 sur la rive Est.

La route 105 offre de belles vues sur la rivière jusqu'à **Florenceville**, où l'on reprend la Transcanadienne qui retrouve la rive Ouest dans une région principalement agricole, offrant de belles **vues★** sur la rivière et les fermes.

Grand Falls★★. – 6 203 h. *Bureau de Tourisme.* ☎ *(506) 473 3080.*

Ici la rivière jusque-là large et calme change radicalement d'aspect ; la ville est construite sur un plateau où s'ouvre soudain une **gorge★★** profonde, longue d'environ 1,5 km, où le fleuve se précipite en larges chutes qui ont donné son nom à la ville (on l'appelle aussi **Grand-Sault**) ; un barrage retient les eaux et une centrale en détourne la plus grande partie ; cependant, deux points de vue permettent d'admirer l'ampleur de la gorge.

Quitter la Transcanadienne pour entrer en ville et laisser la voiture sur Broadway, juste à l'entrée du pont ; les deux points de vue sont sur la rive Ouest.

Falls Park★. – *Accès du Centre d'accueil sur la route Madawaska. Visite de juin à mi-septembre.* ☎ *473 4538.*

Un sentier coupé d'escaliers longe la gorge jusqu'au barrage, offrant de belles vues sur les rochers gris, impressionnants, aux strates bouleversées, et la centrale en arrière-plan.

La Rochelle in Centennial Park★. – *Accès du Centre d'accueil sur la route Madawaska. Visite de juin à mi-septembre. $1.00.*

Un escalier descend au fond de la gorge qui par endroits atteint 70 m de profondeur. Dans le lit rocheux, le courant a creusé de profondes « marmites » appelées ici « puits dans les rochers » ; mais on admire surtout la **gorge★★** impressionnante vers l'aval avec ses falaises verticales et ses rochers cahotiques.

Reprendre la Transcanadienne.

La rivière St-Jean redevient calme et large ; en amont de Grand Falls, elle forme la frontière entre le Nouveau-Brunswick et l'État américain du Maine.

Edmundston. – 12 044 h. *Bureau de Tourisme.* ☎ *(506) 739 8191 en été et 739 8181 en hiver.*

Cité industrielle qui contraste avec la région essentiellement agricole (culture de pommes de terre), Edmundston est dominée par les deux flèches de la cathédrale de l'Immaculée Conception. A cause des rapides de la Madawaska à son confluent avec la rivière St-Jean, elle s'appelait encore Petit-Sault (par opposition au Grand-Sault en aval), lorsqu'en 1856 elle prit son nom actuel en l'honneur du gouverneur de la province, Sir Edmund Head. Elle est la métropole d'une région largement francophone et catholique, la « république du Madawaska ».

La République du Madawaska. – Depuis Grand Falls, la plupart des localités qui longent la route portent des noms français car le comté, enclavé entre le Québec et le Maine, fut colonisé à partir de 1785 par des colons acadiens, qui s'installèrent sur les deux rives de la rivière St-Jean ; le traité de 1842, qui fixa les frontières entre États-Unis et Nouveau-Brunswick coupa donc en deux la colonie, mais la région garde encore une unité profonde sur les deux versants de la vallée.

Longtemps isolée, elle vécut sur elle-même, développant un esprit régional affirmé que ses habitants rappellent plaisamment en parlant de leur « République » toute symbolique. Pour donner corps à cette image, ils ont créé leur drapeau, un aigle à tête blanche entouré de six étoiles, représentant les origines ethniques des habitants : Acadiens, Québécois, Indiens, Américains, Anglais et Irlandais.

Le **musée Madawaska** *(195 boulevard Hébert - ouvert tous les jours sauf les lundis et jours fériés en hiver ; $1.00)* présente l'histoire de cette région.

SHERBROOKE ★ Nouvelle-Écosse _____

Carte des Principales Curiosités p. 11 – *Schéma p. 191* – 390 h.

Sherbrooke est une charmante petite ville aux coquettes maisons de bois, bâtie au bord de la rivière St Mary à l'emplacement d'un fort français. A première vue, rien ne laisse supposer que ses maisons tranquilles ont vécu la fièvre de l'or. Et pourtant... C'était en 1861 ; le village qui, jusque-là vivait de la forêt et des constructions navales, attira alors toutes sortes de gens, mineurs, artisans, marchands et taverniers. Vingt ans de vie folle, et à nouveau ce fut le calme.

Village de Sherbrooke★. – *Signalé sur la route de Sonora. Visite de mi-mai à mi-octobre. $1.50. Restaurant-salon de thé d'époque.* ☎ *522 2400.*

Pour présenter aux visiteurs la ville, de 1860, on a simplement fermé aux voitures une partie de la localité dont les maisons n'étaient plus habitées, et ouvert au public quelques ateliers et boutiques : imprimerie, pharmacie, forge, construction de bateaux ; le photographe propose aux visiteurs de faire leur portrait sur ambrotype, en costume du 19ᵉ s. Le palais de justice de 1854 est toujours utilisé.

On ira voir, 500 m plus loin sur la route de Sonora, la **scierie★** (McDonald Brothers' Mill), qui est maintenue en état de fonctionnement (démonstration). Alentour est reconstitué un camp de bûcherons des années 1880.

SHIPPAGAN ★ Nouveau-Brunswick _____

Carte des Principales Curiosités p. 10 – *Schéma p. 190* – 2 471 h.

Cette ville de la péninsule acadienne *(voir p. 218)* est un important centre de pêche et d'extraction de la tourbe. Un pont la relie à l'île Lamèque et ses vastes tourbières d'où un traversier conduit à l'île de Miscou bordée de belles plages sur le golfe du St-Laurent.

Centre Marin★. – *Ouvert de mai à septembre ; $2.00 ;* ☎ *(506) 336 4771.*

Cet agréable musée est consacré à la vie maritime dans le golfe du St-Laurent. Une présentation audio-visuelle *(20 mn)* explique l'histoire de l'industrie de la pêche, la découverte des bancs *(p. 220)* et leur exploitation. Des aquariums présentent toutes les espèces de poissons vivant dans ces eaux. On montre également les différents types de bateaux de pêche et leur mode de construction. Pour finir, les visiteurs peuvent pénétrer dans la cabine d'un chalutier moderne (reconstitué) pour voir les appareils électroniques utilisés aujourd'hui dans l'industrie de la pêche.

SPRINGHILL ★★ Nouvelle-Écosse

Carte des Principales Curiosités p. 10 – *Schéma p. 191* – 4 896 h.

Une chanson a fait connaître jusqu'en Angleterre « la ville de Springhill, Nouvelle-Écosse », ses mines de charbon et ses catastrophes minières. En 1891, une terrible explosion dévaste la mine : on compte 125 morts, soit par l'explosion, soit par les gaz toxiques ; en 1916, un incendie éclate dans les galeries, entraînant des dégâts importants ; en 1956, une nouvelle explosion tue 39 personnes. Deux ans plus tard, un mouvement de terrain cause la mort de 76 hommes.

Depuis lors, les mines sont fermées, car pétrole et gaz ont détrôné le charbon.

Miners' Museum★★. – *Black River Road, signalé sur la route 2 vers Parrsboro. Visite de mai à octobre. Visite de la mine $2.00 ; durée 3/4 h ; imperméable, bottes et casque sont fournis.* ☎ 597 3449.

Après un tour au musée où de nombreuses photos commémorent les catastrophes qui endeuillèrent Springhill, la visite guidée de la mine, commentée *(en anglais)* par un ancien mineur, expose les méthodes anciennes d'extraction du charbon (au pic) et les méthodes mécanisées plus modernes. On descend sur près de 300 m dans l'ancienne « Syndicate Mine », dont le couloir central a été élargi pour en faciliter l'accès.

TRURO Nouvelle-Écosse

Schéma p. 191 – 12 552 h. – Bureau de Tourisme ☎ (902) 893 2922 en été.

Centre industriel et siège du collège agricole de Nouvelle-Écosse, Truro fut colonisée au 18ᵉ s. par des immigrants venus du Nord de l'Irlande et du New-Hampshire, à l'emplacement de l'ancienne localité acadienne de Cobequid. Située tout au fond de la baie de Cobequid, l'une des deux pointes du bassin des Mines, Truro est connue pour le mascaret.

Le mascaret★. – *Point de vue : quitter la route 102 à la sortie 14 ; en venant de Halifax, prendre la rue Robie vers l'Est, puis tourner à gauche sur Tidal Bore Road ; stationnement à côté du restaurant Palliser. Une pendule indique l'heure de la prochaine marée (ou bien téléphoner au bureau de tourisme) ; arriver 1/4 h avant la marée, et rester environ 1 h.*

Deux fois par jour, la marée remonte la rivière Salmon avec une telle force qu'elle en inverse momentanément le cours ; le front de la marée produit alors une vague déferlante ou « mascaret » *(voir p. 209)*, qui peut n'être qu'une simple ride à la surface de l'eau ou atteindre près d'1 m de hauteur. Pourtant le mascaret lui-même n'est pas toujours aussi spectaculaire que le phénomène de la marée, quand la rivière, perdue sur son lit de boue rouge, s'enfle soudain et réussit à occuper tout son lit en un peu plus d'une heure.

VILLAGE HISTORIQUE ACADIEN ★ Nouveau-Brunswick

Carte des Principales Curiosités p. 10 – 11 km à l'Ouest de Caraquet, sur la route 11 – *Schéma p. 190.*

Visite de juin à septembre. $4.00. Cafétéria. ☎ 727 3468.

Le village est reconstitué, avec des bâtiments provenant de toute la province, en témoignage de la vie des Acadiens entre 1780 et 1880. Toute cette région à la pointe Sud de la baie des Chaleurs est peuplée d'Acadiens, qui s'y sont installés surtout au retour du Grand Dérangement *(voir p. 192)* et sont encore aujourd'hui pêcheurs et agriculteurs. A **Caraquet** (4 315 h.), la ville voisine, a lieu chaque année en août le festival acadien inauguré par la traditionnelle **Bénédiction de la Flotte,** où quelque 60 bateaux de pêche, parés de pavillons multicolores, reçoivent la bénédiction de l'évêque.

Les « défricheurs d'eau ». – En arrivant dans ce pays plat et gorgé d'eau qui s'effrange jusqu'à l'île de Miscou, les Acadiens reprennent leurs techniques d'« aboiteaux », comme à Grand Pré et à Beaubassin avant leur déportation *(voir p. 195 et 202)* ; pour drainer les terres basses fertilisées par les grandes marées, ils les quadrillent de canaux d'assèchement et les entourent d'une forte levée qui désormais les protège de la marée ; les **aboiteaux,** percés dans la levée pour l'écoulement des eaux de drainage, sont des conduits de bois munis à chaque extrémité de clapets que ferme la pression de la marée montante. Le marais ainsi asséché produit un foin légèrement salé excellent pour le bétail ; une fois coupé, on l'entrepose sur les « chafauds à foin » en curieuses meules sur pilotis, jusqu'aux gelées qui permettront l'accès des charrettes sur les marais, pour rentrer la récolte.

Visite. – Au centre d'accueil un **film** *(1/4 h)* présente l'histoire des Acadiens, leur position pendant les guerres franco-anglaises, leur retour au pays, et ce qu'ils y sont devenus.

Le village s'étire le long d'un chemin de 1,5 km (des charrettes servent de transport en commun) au bord de la Rivière du Nord bordée de prés et d'aboiteaux ; des Acadiens en costume traditionnel expliquent les techniques anciennes : construction des maisons, filage et tissage, séchage de la morue, etc.

Sur le village flotte le drapeau acadien, adopté en 1884 : tricolore comme le drapeau français, et frappé dans le bleu de l'étoile de la Vierge ; il faut savoir que les Acadiens ont également choisi comme hymne national le cantique Ave Maris Stella, et fixé leur fête nationale au 15 août, jour de l'Assomption.

(D'après photo Office de Tourisme du Canada)

Démonstration de filage

TERRE-NEUVE

Battue des vents de l'Atlantique, l'île de Terre-Neuve, marquée par des siècles d'isolement et par la vie dans un milieu difficile, frappe le visiteur par son individualité profonde. Dans des sites sauvages, les petits villages, abris précaires accrochés à la côte rocheuse, portent des noms pittoresques comme Heart's Desire (désir du cœur), Little Heart's Ease (petite satisfaction) ou Seal Cove (l'anse au phoque) ; mais surtout les habitants y ont développé une culture originale et fortement enracinée, un art de vivre qui sont pour beaucoup dans le charme de l'île.

Terre-Neuve et Labrador. – La province de Terre-Neuve (en anglais : Newfoundland) comprend l'île du même nom et, sur le continent, une étendue bien plus vaste, le **Labrador** (*carte p. 10-11 et carte générale* L4-M4-N5). Jacques Cartier le décrit comme « la terre que Dieu donna à Caïn », tant cette côte lui parut désolée et inhospitalière. De fait, c'est un plateau de granit ondulé, partie du Bouclier canadien fortement marqué par les glaciers et semé de lacs et de tourbières. Au Nord, se dressent les monts Torngat (1 676 m), qui plongent directement dans la mer. L'intérieur ne porte guère, sauf dans quelques endroits abrités, qu'une forêt clairsemée et rabougrie qui au Nord cède la place à la toundra ; la population (environ 15 000 h.) se compose de quelques villages inuit et indiens, de petits villages de pêcheurs accrochés sur la côte déchiquetée, et des villes minières du « fossé du Labrador », riche gisement de minerai de fer le long de la frontière québécoise.

L'**île de Terre-Neuve,** qui rassemble la quasi-totalité de la population de la province (567 685 h.), est une grande île rocheuse aux côtes fortement découpées. Semée de baies, d'anses, d'îles et d'îlots tout le long de quelque 9 600 km, la côte est d'une beauté rude ; à l'Ouest, le long des monts Long Range (814 m) qui forment le maillon extrême de la chaîne des Appalaches, les falaises imposantes et les fjords profonds créent un paysage grandiose ; de ces hauteurs, l'île s'incline vers l'Est, revêtue par endroits de denses forêts qui alimentent l'industrie des pâtes à papier et papiers, tandis qu'ailleurs de longues étendues ne sont que landes rocheuses et tourbières, héritage des glaciers qui ont laissé une marque profonde sur l'île.

Le climat. – Changeant, souvent maussade, le climat est fortement influencé par la mer, qui modère la température été comme hiver, mais charrie aussi les eaux froides chargées d'icebergs du courant du Labrador et qui, l'hiver, est largement prise dans la banquise. L'été par contre compte de beaux jours, bien que parfois froids, chargés de vent et de pluie.

L'hiver est froid, mais un peu moins sur les côtes qu'à l'intérieur (la moyenne des maximums quotidiens en janvier est de – 1 °C à St-Jean et de – 3 °C à Gander) ; les étés sont frais le long des côtes, un peu plus chauds à l'intérieur (21 °C en juillet, à St-Jean, 22 °C à Gander). Les précipitations, abondantes partout et surtout sur la partie Est de l'île, se répartissent également sur toute l'année (1 346 mm à St-Jean, 1 016 mm à Gander) ; enfin le brouillard peut se former en toute saison le long de la côte, moins souvent toutefois à la fin de l'été.

Au Labrador, le climat est beaucoup plus sévère, et les températures plus extrêmes : à Goose Bay, les moyennes sont de – 14 °C en janvier et 21 °C en juillet, avec 737 mm de précipitations annuelles.

Les Newfies. – Les Terre-Neuviens, ou les Newfies comme disent les autres Canadiens anglophones, constituent la population la plus homogène du pays : plus de 94 % sont nés dans la province, un cas unique au Canada. Ils sont un même nombre à parler l'anglais qui est leur langue maternelle ; le pourcentage restant englobe les Acadiens installés sur la baie St-Georges, des Québécois qui vivent dans l'Ouest du Labrador et les Inuit dans le Nord.

Dans les petites communautés de l'île longtemps isolées du reste du monde et même entre elles (les routes ne furent tracées que tardivement), quiconque vient d'une autre province canadienne fait figure d'étranger. L'humour omniprésent des habitants, qui répliquent avec verve aux plaisanteries qui courent sur leur compte dans tout le Canada, leur anglais savoureux, émaillé de multiples expressions imagées, et leur accent très particulier, font partie intégrante de la couleur locale au même titre que les « outports », ces petites localités où vit une grande partie de la population ; jadis le terme désignait tout établissement en dehors de St-Jean ; mais depuis le développement de centres industriels comme Corner Brook, il ne s'applique plus qu'aux minuscules villages de la côte, caractérisés par leurs quais sur pilotis battus par les vagues, leurs doris rangés le long du rivage et leurs maisons vivement colorées.

Les bancs de Terre-Neuve. – Sur les hauts-fonds de la plate-forme continentale qui s'étend au Sud et à l'Est de Terre-Neuve, se trouvent les eaux les plus poissonneuses du monde. C'est la rencontre du courant chaud du Gulf-Stream et du courant froid du Labrador qui, en faisant proliférer le plancton, attire le poisson en bancs si denses qu'un explorateur nota qu'ils « gênaient la marche du navire ». Depuis 500 ans, les pêcheurs de toutes nationalités viennent récolter cette manne (la morue surtout, mais aussi beaucoup de harengs) sur les bancs aux noms souvent poétiques : Grand Banc au large de la péninsule d'Avalon, banc de St-Pierre plus à l'Ouest, Rose Blanche près de Port-aux-Basques, Misaine et Artimon vers l'île du Cap-Breton (Nouvelle-Écosse), Émeraude au Sud d'Halifax.

La pêche. – Toujours importante dans l'économie provinciale, la pêche, côtière ou hauturière, est une vieille tradition à Terre-Neuve.

La pêche côtière. – Au début de l'été, lorsque le capelan vient en bancs serrés pondre près du rivage, la morue, son principal prédateur, abonde près de la côte. Il suffit alors de plonger dans l'eau de grandes cages carrées en filet pour les remonter pleines ; souvent les pêcheurs tirent la plus grande partie de leur subsistance des quelques semaines de pêche au capelan. A d'autres périodes, on pêche la morue à la palangre ou « mitraillette », grosse ligne de fond munie sur toute sa longueur de cordelettes garnies d'hameçons ; enfin, quand la morue ne réagit pas à l'appât vivant, on la pêche encore « à la dandinette », avec un leurre muni de miroirs que l'on fait frétiller dans l'eau.

La pêche hauturière. – Les méthodes ont évolué ; au 19ᵉ s., de grandes goélettes partaient pêcher sur les bancs pour plusieurs mois ; quand l'équipage avait localisé un banc de poissons, il mettait à l'eau les **doris**, petites barques ouvertes à fond plat transportées sur le pont de la goélette, qui revenaient au bateau chargées de poisson *(voir p. 201)*. La prise pouvait être salée sur le pont de la goélette et entreposée en cale (c'était la « pêche mouillée »), ou bien mise à sécher à terre sur des vigneaux, sortes de tables en treillis, ou directement sur les « graves », ou plages de gravier (c'était la « pêche sèche »).

Depuis 1945, goélettes et doris ont laissé la place aux chalutiers plus modernes et plus efficaces, tandis qu'à terre les usines de congélation et de traitement du poisson remplacent vigneaux et salaison.

La chasse au phoque. – Aussi ancienne que la colonisation de l'île, la chasse au phoque est une tradition séculaire à Terre-Neuve, et apporte à bien des familles de pêcheurs un appréciable complément de ressources. Au printemps, les phoques de l'Arctique descendent vers le Sud, poussés par le courant du Labrador, et mettent bas sur la banquise à proximité de Terre-Neuve ; alors la flotille des chasseurs part à la recherche de la mouvée, en quête des précieuses peaux de blanchons *(voir p. 165)*.

Autres ressources. – Depuis quelques années, la pêche est dépassée, en valeur de production, par les industries minières et forestières. Les mines de la Dépression du Labrador (Labrador Through) à l'Ouest du Labrador, produisent le minerai de fer de la province. C'est à Labrador City que se trouve la plus grande mine de fer à ciel ouvert. D'autre part, une importante industrie de **pulpe et papier** née de l'exploitation des forêts de Terre-Neuve est localisée à Grand Falls et à Corner Brook. Enfin l'énorme potentiel **hydro-électrique** du Labrador connaît un début d'exploitation à la centrale de Churchill Falls dont toute l'énergie est vendue au Québec ; une autre centrale est prévue sur le cours inférieur de la rivière Churchill.

UN PEU D'HISTOIRE

Peaux rouges et Béothuks. – L'île serait, d'après les archéologues, habitée depuis près de 6 000 ans. Les premiers habitants connus avaient coutume de badigeonner leur corps d'ocre rouge, et c'est de là, semble-t-il, que viendrait le terme « peau rouge » qu'à la suite de Jean Cabot les Européens appliquèrent aux indigènes des nouvelles contrées découvertes.

Les **Béothuks** étaient des Indiens des forêts de l'Est *(voir p. 17 et 104)*, qui vivaient dans l'île lorsqu'y débarquèrent les premiers Blancs. Très vite les relations se tendirent entre les deux groupes, les Béothuks pratiquant la mise en commun des biens, alors que les Blancs n'appréciaient pas de voir disparaître leurs provisions et le produit de leur pêche ; au point qu'aux 17ᵉ et 18ᵉ s., une certaine forme de chasse au Béothuk fut pratiquée par les colons. Quand vers 1800 le gouvernement interdit ce sport homicide, il était trop tard, la population était décimée ; la dernière survivante connue s'éteignit à St-Jean en 1829.

Découvertes et escales de pêche. – Dès l'an mil les **Vikings** s'installaient sur l'île, à l'Anse aux Meadows *(p. 223)*. Ils étaient en somme les premiers Européens à découvrir Terre-Neuve, à moins que des Irlandais n'aient touché ces rivages au 6ᵉ s. ; mais l'oubli retomba sur leurs voyages. Plus tard, au 14ᵉ s., les pêcheurs basques vinrent pêcher près de l'île, mais gardèrent jalousement le secret de leurs pêches miraculeuses. C'est l'Italien Giovanni Caboto ou **Jean Cabot** qui, voyageant pour le roi d'Angleterre, dévoila l'existence de l'île et de ses riches bancs de pêche après avoir, peut-être, débarqué à Terre-Neuve en 1497 ; dans l'Europe enfiévrée par les premières découvertes de Christophe Colomb (1492), la nouvelle se répandit rapidement. Très vite, les pêcheurs basques, anglais, français, portugais et espagnols vinrent chercher dans ces eaux poissonneuses les morues de plus en plus demandées en Europe : séchées sur le rivage, celles-ci devenaient légères, faciles à transporter et presque imputrescibles. Ainsi s'établit sur les côtes une activité saisonnière, les marins retournant l'hiver dans leur pays.

Lente naissance d'une colonie. – Lorsqu'en 1583 l'Angleterre prit possession de l'île, c'était pour faciliter la pêche, et non dans l'intention de fonder une colonie. D'ailleurs, la puissante corporation des marchands propriétaires de la flotille de pêche (English West Country Merchants) s'y opposait énergiquement par crainte de l'éventuelle concurrence de la population locale, et obtint l'interdiction de toute installation permanente. Néanmoins, quelques communautés de pêcheurs se constituèrent dans les anses de la péninsule d'Avalon à la fin du 16e s., et au 17e s. la couronne anglaise accorda quelques privilèges pour l'établissement de colons sur l'île. Mais celle-ci n'avait toujours pas le statut d'une colonie, dirigée par un gouverneur ; au contraire, en vertu d'un privilège de 1634 qui resta en vigueur près de 150 ans, c'était « l'amiral des pêches » qui exerçait l'autorité dans un port, c'est-à-dire le capitaine du premier bateau britannique à entrer dans ce port, sans souci de l'éventuelle présence de la population.

Ce fut la crainte des Français qui fit décider une véritable colonisation. Ceux-ci, installés depuis 1662 à Plaisance *(p. 226)*, attaquèrent à plusieurs reprises les ports anglais de l'île, et spécialement St-Jean, et continuèrent pendant tout le 18e s., même après que le traité d'Utrecht eut cédé toute l'île à la Grande-Bretagne. Finalement, Terre-Neuve reçut le statut de colonie britannique en 1824.

La dernière province canadienne. – Lorsqu'en 1867 se forma la Confédération canadienne *(voir p. 19)*, Terre-Neuve, qui pourtant avait participé à la conférence finale de Québec, décida de ne pas s'y joindre. Ce n'est qu'après la Seconde Guerre mondiale que le dominion changea d'avis, et encore seulement au second référendum, par 52 % de oui. Le 31 mars 1949, Terre-Neuve devenait la 10e province du Canada.

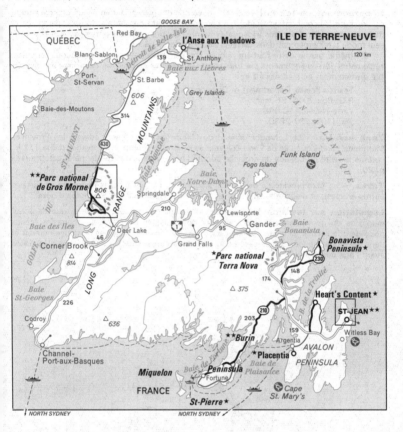

SPORTS ET LOISIRS

Terre-Neuve et le Labrador sont réputés pour la **pêche à la truite et au saumon,** sans égale dans l'Est de l'Amérique du Nord : un des endroits les plus réputés pour voir remonter les saumons (en août) est le **parc Squires Memorial** (près de Deer Lake) ; la Division du Tourisme fournit tous les détails sur la saison, les zones et l'équipement pour la pêche et la chasse.

Terre-Neuve a également un bon réseau de parcs provinciaux pour le camping et autres activités (voir la Division du Tourisme), et deux parcs nationaux où l'on peut faire du bateau et de la randonnée à pied. En hiver, ski de fond et patinage sur les lacs gelés sont populaires ; près de Corner Brook, Marble Mountain offre les plus belles pentes de ski alpin du Canada atlantique.

L'observation des oiseaux. – Des 520 espèces d'oiseaux recensées au Canada, 300 vivent à Terre-Neuve : beaucoup sont des oiseaux de mer migrateurs, mais un nombre important demeure sur l'île toute l'année, et spécialement les oiseaux de proie. Des pyrargues à tête blanche, et même quelques aigles royaux, fréquentent la côte Sud ; trois sanctuaires d'oiseaux (zones protégées), au **Cap Ste-Marie**, à **Witless Bay** et à l'**île Funk,** attirent de nombreux ornithologues pour voir fous de Bassan, guillemots, mouettes tridactyles, pingouins Torda, macareux et mergules.

Pour voyager au Canada,

les bureaux de tourisme provinciaux fournissent gracieusement carte routière de la province, répertoire annuel des hôtels, motels ou terrains de camping, et tous renseignements sur les parcs provinciaux.

Accès par bateau. – Traversées quotidiennes toute l'année de North Sydney (N.-E.) à Port-aux-Basques *(durée environ 6 h ; réservation obligatoire et détails auprès de CN Marine, Box 250, North Sydney, N.-E. B2A 3M3).*

L'été, CN Marine assure également la traversée entre North Sydney et Argentia *(de mi-juin à mi-septembre, 3 fois par semaine, durée environ 18 h dont une nuit).* De nombreux touristes arrivent par l'une de ces traversées et repartent par l'autre.

CN Marine assure également les services côtiers qui desservent les côtes Nord et Sud de l'île, ainsi que la côte du Labrador *(de mai ou juin à novembre ou décembre ; renseignements auprès de CN Marine, P.O. Box 520, Port-aux-Basques, T.-N. A0M 1C0).*

Accès de Terre-Neuve au Labrador par le traversier de St. Barbe à Blanc-Sablon *(tous les jours de mai à décembre ; durée environ 1 h 1/2 ; pas de réservation ; renseignements auprès de Puddister Trading Co., P.O. Box 38, St-Jean, Terre-Neuve A1C 5H5).*

Les routes. – La Transcanadienne (910 km de Port-aux-Basques à St-Jean) est revêtue et maintenue en bon état. La vitesse y est limitée à 90 km/h. Sur les autres routes, les sections non revêtues peuvent être difficiles ; pourtant, ce n'est qu'en quittant les voies principales que l'on apprécie le véritable visage de Terre-Neuve.

Hébergement, carte routière. – Le gouvernement provincial met à jour, chaque année, sa brochure (Accomodation Guide) qui comprend la liste des hôtels, motels, campings et maisons particulières agréées (Hospitality homes) qui prennent des hôtes payants et sont le seul mode d'hébergement dans certains petits ports de pêche.

De même que la carte routière publiée chaque année, et que les brochures contenant règlements et renseignements sur tous sports et activités de plein air, cette liste est disponible gratuitement en s'adressant à :

Tourism Branch, Department of Development
P.O. Box 2016, St-Jean
Terre-Neuve A1C 5R8
☎ (709) 737 2830.

Zone horaire. – Le Labrador dépend de l'heure de l'Atlantique, comme les Provinces Maritimes, tandis que l'île de Terre-Neuve a sa propre zone horaire, en avance d'une 1/2 h ; comme le reste du Canada, la province adopte l'heure avancée d'été de mai à octobre *(voir p. 20).*

Taxes. – La taxe provinciale de 12 % s'ajoute à tout achat (sauf la nourriture et certains autres articles), et s'applique également aux notes de restaurant et aux notes d'hôtel.

Législation sur les alcools. – Le vin et les alcools ne sont en vente que dans les magasins du gouvernement, sauf dans quelques villages isolés où les magasins locaux possèdent la licence de vente ; la bière est en vente dans les magasins du gouvernement et dans les magasins locaux licenciés. La loi interdit la consommation de boissons alcoolisées avant l'âge de 19 ans.

Caribou

L'ANSE AUX MEADOWS

Carte des Principales Curiosités p. 11 – 453 km au Nord de la Transcanadienne par les routes 430 et 436 – *Schéma p. 221.*

Parc historique national. Centre d'interprétation ouvert de mi-juin à mi-octobre ; fermé en fin de semaine et les jours fériés en hiver. ☎ *(709) 623 2108 ou 2608. Hébergement possible à St Antony, à 48 km ; camping proche sur Pistolet Bay.*

À l'extrême pointe, venteuse et nue, de la grande péninsule Nord de Terre-Neuve, face au détroit de Belle-Isle, l'Anse aux Meadows est un site tranquille connu pour son grand intérêt archéologique ; son nom serait vraisemblablement une déformation de « l'Anse aux Méduses ».

La saga des Vikings. - La « saga des Groenlandais » et la « saga d'Erik le Rouge », récits épiques qui appartiennent aux traditions scandinaves, racontent les voyages des Vikings, hardis guerriers, navigateurs et marchands, qui furent vers l'an mil les premiers Européens à découvrir et à habiter le Canada.

Selon ces récits anciens, **Erik le Rouge,** fils du Norvégien Thorvald qui avait dû s'exiler en Islande pour meurtre, est lui-même banni pour le même motif en 982 ; il embarque donc sur son drakkar et fait voile vers l'Ouest. Il découvre ainsi une côte bordée de glaces qu'il nomme « Groenland » (le vert pays) sans doute pour tromper de futurs colons, et, sa peine accomplie, retourne en Islande, d'où il repart fonder au Groenland une colonie qui subsista 500 ans.

En 986, un navire en route pour le Groenland est détourné par la tempête et aperçoit des côtes inconnues. Alors **Leif Erikson**, le fils d'Erik le Rouge, organise une expédition vers ces côtes, découvre tout au Nord une terre qu'il nomme « Helluland » (le pays des pierres plates), probablement l'île Baffin ; plus au Sud, il longe une côte boisée aux plages de sable blanc (sans doute le Labrador) qu'il nomme « Markland » ; enfin il aborde une terre hospitalière, riche de bois, de pâturages et de saumons, et l'appelle « Vinland », le pays des vignes.

On chercha longtemps, mais sans succès, le Vinland sur les côtes des États-Unis où le climat aurait permis la croissance de vignes sauvages. Vers 1960, les Norvégiens Helge et Anne Ingstad entreprirent des recherches plus au Nord, et découvrirent, à l'Anse aux Meadows, les preuves formelles d'un établissement viking. Est-ce là le Vinland recherché ? Rien ne le prouve. On sait seulement que ce site fut habité par des Vikings, sans doute de façon saisonnière et sur une courte période, vers l'époque de la découverte du Vinland, et c'est à ce jour ce seul point d'Amérique du Nord où aient été trouvées de telles traces.

Les vestiges. – *Visite accompagnée, durée : 20 mn.*

Une série de tertres artificiels avait attiré l'attention des chercheurs ; les fouilles ont mis au jour les fondations de huit maisons aux murs de terre comme celles que les Vikings construisaient en Islande, des objets d'origine scandinave, des traces du travail du fer (art inconnu des Indiens d'Amérique du Nord), ainsi que des ossements, et du charbon de bois datés des environs de l'an mil. Un **centre d'interprétation** évoque la vie quotidienne des Vikings, montre les maquettes de ce que furent leurs maisons, et présente des répliques des objets trouvés lors des fouilles.

À l'écart du site préservé, sont reconstitués trois des **bâtiments des Vikings,** avec leurs épais murs de terre et leurs grands toits de bois protégés d'une couche de terre.

BONAVISTA (Péninsule de) ★

Carte Générale **M 5** – Carte des Principales Curiosités p. 11 – *Schéma p. 221.*

119 km de la Transcanadienne au cap Bonavista par la route 230.

Quelques pittoresques villages de pêcheurs font tout l'attrait de cette excursion. En quittant la Transcanadienne, belles **vues**★ sur deux bras de la baie de la Trinité, Northwest Arm d'abord, Smith Sound.

Trinity★. – *Au km 74, quitter la route 230 pour 5 km environ.* Ce petit village (375 h.), placé sur un promontoire vallonné qui avance dans la baie de la Trinité, occupe un **site**★ pittoresque avec son petit port bien abrité, ses maisons terre-neuviennes vivement colorées, ses champs cultivés aux alentours et ses vues sur la mer et les rochers. Habité de longue date, Trinity s'enorgueillit d'avoir été en 1615 le siège de la première cour maritime de l'histoire du Canada ; Sir Richard Witbourne y fut envoyé de Grande-Bretagne, pour régler un conflit entre les pêcheurs locaux et ceux qui ne venaient que pour la saison de pêche.

La **maison Hiscock** (Hiscock House) *(ouverte en juillet et août ; lieu historique provincial)* a été restaurée et montre un intérieur typique d'un marchand de Terre-Neuve au début du siècle.

Port Union et Catalina. – *Au km 110.* Ce sont deux villages de pêcheurs situés sur une agréable baie.

Bonavista★. – *Au km 114.* Plus important que les précédents, ce village de pêcheurs (4 460 h.) possède de jolies maisons rangées autour d'un port extérieur protégé par une jetée, et d'un port intérieur, plus abrité, pour les petits bateaux. Durant tout le 16e s., les pêcheurs européens de toutes nationalités venaient relâcher et sécher leurs morues dans ce port, avant que vers 1600 la Grande-Bretagne n'y fondât une colonie. À côté du port, subsistent des cabanes de pêche et des vigneaux, de moins en moins utilisés depuis que la plus grande partie du poisson (morue et saumon surtout) est traitée directement en usine.

Cap Bonavista★★. – *A 5 km du village ; signalé.* Une agréable **route**★ parmi les champs, offrant des vues sur la mer, mène au cap où Jean Cabot aurait pour la première fois pris pied en Amérique du Nord ; on suppose même que c'est au grand navigateur italien que le cap devrait son nom. Une statue de Cabot commémore l'événement, bien que les historiens modernes doutent de son authenticité *(voir p. 199).* Battu des vagues, baigné d'une mer aux eaux claires, ce cap rocheux est superbe.

Sur le cap se dresse un **phare** achevé en 1843, restauré dans son état de 1870, et animé l'été par des guides en costume d'époque qui expliquent son fonctionnement *(lieu historique provincial ; visite en juillet et août).*

BURIN (Péninsule de) ★★

Carte des Principales Curiosités p. 11 – Schéma p. 221.

Presqu'île rocheuse, montagneuse et désolée qui s'étire entre les baies de Plaisance et de Fortune, la péninsule de Burin, proche des célèbres bancs de Terre-Neuve, vit presque entièrement de la pêche, des poissonneries et des chantiers navals.

■ ROUTE 210★

203 km de la Transcanadienne à Fortune – environ 3 h

Après un long parcours à travers une région sauvage et déserte, la route arrive à **Marystown** dans un joli **site**★ au bord de Little Bay, sur la baie de Plaisance ; ses chantiers navals sont les plus importants de la province. Puis la route traverse la péninsule dans sa largeur et descend vers la baie de Fortune, dont on aperçoit au loin la côte Nord ; en arrivant sur Grand Bank, jolie **vue**★ sur cette côte, sur l'île Brunette au milieu de la baie, et vers l'Ouest jusqu'à la côte française de Miquelon.

Grand Bank★. – *Au km 199* ; 3 901 h. Centre de pêche important dans un fort beau **site**★, Grand Bank a gardé de sa grande époque quelques jolies maisons au toit garni d'une galerie ouverte, la « promenade des veuves », où les femmes montaient guetter le retour des marins.

Southern Newfoundland Seamen's Museum★ (Musée des pêcheurs du Sud de Terre-Neuve). – *Visite tous les jours sauf le 25 décembre.* ☎ *(709) 832 1484.*

Musée moderne (c'était le pavillon de la Yougoslavie à l'Expo 67 de Montréal), il présente l'histoire de la pêche sur les bancs et la vie des pêcheurs. Les photographies de bateaux et de scènes de pêche sont particulièrement intéressantes ; des maquettes montrent les différents types de bateaux, comme cette goélette avec tout son équipement et ses doris ; on voit aussi un véritable doris. Remarquer également une carte du relief de Terre-Neuve et des fonds marins, qui situe les bancs.

De Fortune, village de pêcheurs doté d'un port artificiel, on embarque pour l'île française de St-Pierre.

■ ST-PIERRE-ET-MIQUELON★ (France)

Accès. – Seulement depuis Terre-Neuve ou la Nouvelle-Écosse. *La traversée par mer, même depuis Fortune, peut être agitée, et les vols retardés en cas de brouillard.*

De Terre-Neuve. – Par bateau depuis Fortune *(de fin juin à début septembre, passagers seulement, traversée 2 h, prix $40.00, réservations et renseignements auprès du Lloyd G. Lake Ltd.* ☎ *(709) 8321955).*

En avion depuis St-Jean par Atlantic Airways *(*☎ *(709) 576 4100).*

De Nouvelle-Écosse. – Par bateau depuis Halifax *(seulement le mercredi, traversée 30 h, Prix $114 AR par passager et $193 AR pour une voiture. Réservation auprès de Paturel Frères, P.O. Box 80, St-Pierre,* ☎ *41 32 97).*

Par avion depuis Sydney, N.-E., ou Halifax, N.-E., par Air St-Pierre ; ☎ *(902) 562 3140.*

Formalités et renseignements divers. – Les visiteurs doivent présenter une pièce d'identité à leur arrivée. L'heure locale est celle de l'Atlantique (1/2 h de retard sur Terre-Neuve) ; la monnaie en usage est le franc français (1FF = $ 0.20 environ).

La meilleure saison se situe en août et début septembre, qui offrent de belles périodes ensoleillées propices aux promenades en mer. Pour les possibilités d'hébergement (en hôtel, pension de famille ou chez l'habitant) et pour tous renseignements s'adresser à l'**Office départemental du Tourisme,** B P 4274, St-Pierre et Miquelon, ☎ *41 22 22,* ou à Montréal aux **Services Officiels Français du Tourisme,** 1840, rue Sherbrooke Ouest, H3H 1E4, ☎ *(514) 931 3855.*

Un petit coin de France. – Dernier reste des possessions françaises d'Amérique du Nord après le traité de 1763 *(voir tableau p. 147),* St-Pierre et Miquelon sont de petites îles rocheuses (en tout 242 km²), à la pauvre végétation, battues des vents et souvent noyées de brume, ancrées à quelque 25 km de la péninsule de Burin. Depuis 1976, elles constituent un département français à part entière, représenté à l'Assemblée Nationale de Paris par un député et un sénateur.

En débarquant à **St-Pierre,** les visiteurs canadiens et américains ne peuvent qu'être dépaysés tant l'atmosphère qui y règne, si près des côtes américaines, est européenne. Les voitures françaises, l'uniforme des policiers, les boulangeries à l'odeur de pain chaud, les rues étroites, les maisons de pierre sur le port, les cafés et bistrots rappellent la France continentale ; l'accueil chaleureux des habitants (d'origine basque, bretonne ou acadienne), la bonne cuisine et les boutiques de produits français détaxés (vins, parfums, etc.) offrent un charme supplémentaire.

Les Saint-Pierrais fêtent avec entrain non seulement la **Fête Nationale** (14 juillet) mais encore la **Fête de Jacques Cartier** (1er août) qui en 1536 prit possession des îles au nom du roi de France, et la **Fête du Travail** (première fin de semaine de septembre) comme en Amérique du Nord.

La base des « terre-neuvas ». – Au 19ᵉ s. on appelait « terre-neuvas » les marins et bateaux qui partaient des ports français pêcher la morue sur les bancs ; ils relâchaient à St-Pierre pour y faire sécher leurs prises sur les « graves » ou plages de galets, et l'archipel connut alors la prospérité. Au début du 20ᵉ s., la pêche décline, mais un bref regain d'activité survient lorsque la prohibition (1920-1933) contraint au régime sec les États-Unis ; les contrebandiers venaient alors se ravitailler en territoire français, où rhum et alcools arrivaient sans contrainte. Aujourd'hui, l'archipel tente de trouver à la pêche, toujours essentielle à son économie, de nouveaux compléments, comme le ravitaillement des bateaux étrangers en carburant et provisions de bord, ou la station de quarantaine créée en 1969 pour le bétail charolais acheté en France par les éleveurs canadiens et américains. Enfin le tourisme est en développement et chaque été des étudiants de l'Université de Toronto viennent à St-Pierre perfectionner leur français.

VISITE

Des deux principales îles de l'archipel, celle de St-Pierre, la plus petite, regroupe autour d'une rade bien protégée la majeure partie de la population (5 600 h.), tandis que Miquelon, qui ne compte qu'une bourgade de 600 h, est reliée par un long isthme de sable, la Dune, à **Langlade,** qui jusqu'au 18ᵉ s. constituait une troisième île.

St-Pierre★. – Après une promenade à travers la petite ville, une visite s'impose au **musée,** qui retrace l'histoire des îles, les techniques de pêche et les traditions de l'archipel.

Le visiteur pourra faire le tour de l'île en taxi, louer bicyclette ou vélomoteur, ou organiser une partie de pêche à la morue en mer.

Miquelon. – *Accès en été par traversier (prix 50 F AR) ou par avion.*

C'est l'île des dunes et des plages de sable fin ponctuées çà et là d'épaves, restes des quelque 600 naufrages survenus depuis le début du 19ᵉ s. (Langlade est un petit hameau de résidences secondaires).

GROS MORNE (Parc national de) ★★

Carte des Principales Curiosités p. 11 – 84 km au Nord de Corner Brook – *Schémas p. 221 et ci-dessous.*
Camping. Centre d'accueil à Rocky Harbour ☎ (709) 458 2066.

Ce parc doit ses paysages spectaculaires aux hauteurs tabulaires des monts Long Range, axe de la grande péninsule Nord de l'île, découpées de fjords profonds ou de lacs étroits bordés de falaises vertigineuses. Malgré sa grandeur, le paysage est désolé et nu, et semé de plaques de neige jusqu'au mois d'août. Une étroite plaine côtière court le long du rivage jalonné de petits villages de pêcheurs et ourlé tour à tour de falaises, de plages de sable et de rochers découpés.

Bonne-Baie★★. – *Circuit de 83 km. Prendre la route 431 à Wiltondale juste avant d'entrer dans le parc.*

Bonne-Baie, ou Bonne Bay, est un fjord profond divisé en plusieurs bras où plongent les monts Long Range. Jusqu'à Glenburnie, la route traverse une région vallonnée et semée de lacs, avant de longer **South Arm★★**jusqu'à Woody Point ; cette section de route est magnifique, dominée par les montagnes (en particulier le Gros Morne, 806 m), tandis que les petites maisons et les barques de pêcheurs se détachent sur les eaux sombres.

De Woody Point à Norris Point *(20 mn ; $4.00),* la **traversée★** découvre de jolies vues sur Bonne-Baie.

Sur la rive Nord du fjord, la route s'élève bientôt, découvrant la plus grande partie de Bonne-Baie.

Rocky Harbour★. – Village niché à l'entrée de la baie dans un ravissant site entouré de falaises et de rochers où pointe un phare.

Suivre ensuite la route 430 vers l'Est, qui redescend vers Deer Arm puis longe longuement **East Arm★,** offrant des vues superbes de falaises abruptes et de collines arrondies, avant de quitter la profonde dépression glaciaire de Bonne-Baie pour retrouver la route de Corner Brook.

Route 430 vers le Nord★★. – *54 km de Rocky Harbour à la sortie Nord du parc.*

Construite sur l'étroite plaine côtière, la route après Baker's Brook offre des **vues★** vers le Sud sur les montagnes qui bordent Bonne-Baie.

Souvent, de petits jardins clôturés jalonnent la route loin de toute habitation, car les habitants cultivent la moindre parcelle fertile et la protègent ainsi des animaux.

Parfois, la route court au niveau de la mer ; ailleurs, elle surplombe une côte rocheuse ; tout le long, les monts Long Range suivent la côte et ressemblent, avec leurs sommets plats, à une marche de géant.

Western Brook Pond★★. – *Illustration, voir p. 226. Sentier de 4 km, puis excursions en bateau de 2 ou 3 h, se renseigner au Centre d'accueil (voir ci-dessus).*

[Carte du Parc national de Gros Morne]

L'ANSE AUX MEADOWS
0 20km
18
St. Paul's *St. Paul's Inlet*
MOUNTAINS
Western Brook Pond ★★
36
Sally's Cove
430
PARC NATIONAL DE GROS MORNE ★★
Baker's Brook
Rocky Harbour★
△ 806 Gros Morne
RANGE
★★*Bonne Bay*
Deer Arm
Norris Point
11
East Arm★
Woody Point
Trout River
431
South Arm ★★
38
Glenburnie
431
430
34
Wiltondale
LONG
CORNER BROOK

Le ruisseau appelé Western Brook traverse, avant d'atteindre la côte, des gorges spectaculaires, ancienne vallée glaciaire aux falaises hautes de 600 m qui découpe profondément la montagne tabulaire. Si la route 430 offre des belles **vues★** sur ces gorges, elle ne laisse rien supposer du lac majestueux qu'elles retiennent en amont, et que l'anglais particulier de Terre-Neuve appelle « pond », c'est-à-dire étang. Pour voir le lac, il faut suivre le sentier qui traverse la plaine côtière marécageuse, et effectuer une excursion en bateau qui seule permet de pénétrer dans la gorge et d'apprécier ses falaises impressionnantes.

(D'après photo Parcs Canada)

Western Brook Pond

GROS MORNE (Parc national de)★★

Après Western Brook Pond, la route court entre les montagnes tachetées de neige et le rivage semé de rochers et de bois flotté, avant d'atteindre **St. Paul's**, village de pêcheurs qui s'abrite à l'embouchure d'un fjord profond entouré de montagnes, St. Paul's Inlet.

Au-delà du parc, la route 430 continue le long de la côte jusqu'à la pointe de la péninsule, offrant des vues semblables sur la côte, tandis que les vues vers l'intérieur perdent leur caractère spectaculaire à mesure que les montagnes s'abaissent et s'écartent de la rive.

HEART'S CONTENT ★

Carte des Principales Curiosités p. 11 – 58 km au Nord de la Transcanadienne par la route 80 – *Schéma p. 221* – 625 h.

La **route**★ depuis la Transcanadienne est fort agréable, et traverse au passage de charmants villages de pêcheurs comme Dildo, Green's Harbour, Whiteway, Cavendish et Heart's Delight ; des filets de pêche sèchent au bord de la route, tandis que d'étranges rochers pointent parfois dans la baie, en particulier à Whiteway. Pourtant la petite ville de **Heart's Content** doit sa renommée, non pas à son joli **site**★, mais à un épisode récent de son histoire déjà longue, car elle fut fondée en 1650.

Le câble transatlantique. – Depuis des années, **Cyrus Field** et sa « New York, Newfoundland and London Telegraph Company » tentait de relier par câble télégraphique Londres à New York. Une première tentative en 1858 permit à la reine Victoria et au président américain James Buchanan d'échanger les messages inauguraux, après quoi le câble cessa de fonctionner ; un second essai en 1865 échoua également. Le succès devait venir l'année suivante, lorsque le paquebot « Great Eastern » eut posé un nouveau câble entre Valencia (Irlande) et Heart's Content, qui fut relié par un autre câble à New York. Ainsi Heart's Content, devint-il, pour près d'un siècle, la principale station-relais d'Amérique du Nord. Les télégrammes alors coûtaient $5.00 le mot ; mais au début du 20e s. le tarif baissa jusqu'à 20 cents le mot, et la station traitait 3 000 messages par jour. Mais l'automatisme fut fatal à Heart's Content, et la station dut fermer en 1965.

Musée de la station-relais★ (Cable Station Museum). – *Lieu historique provincial. Visite en juillet et août,* ☎ *(709) 737 2460.*

L'ancien relais est devenu un musée intéressant et bien organisé, sur l'histoire des communications avant et depuis l'invention du télégraphe. On explique la pose des câbles transatlantiques, et l'on y montre le premier bureau de Heart's Content en 1866, avec le matériel d'origine, qu'il est intéressant de comparer à l'équipement complexe de la station en 1965.

PLACENTIA ★

Carte des Principales Curiosités p. 11 – 42 km au Sud de la Transcanadienne par la route 100, et 8 km au Sud du traversier d'Argentia – *Schéma p. 221* – 2 204 h.

L'ancienne Plaisance jouit d'un **site**★★ magnifique sur une petite presqu'île entourée de collines au bord de la baie de Plaisance ; un étroit chenal, « the Gut » (le Goulet), relie la baie à deux criques profondes, presque des fjords, qui s'enfoncent profondément vers l'intérieur. Comme à sa fondation, Placentia vit principalement de la pêche.

Plaisance, base française. - Avec un bon mouillage, de l'eau douce en abondance et une longue plage de galets pour faire sécher les morues, le site avait tout pour attirer les morutiers dès le 16e s. Au milieu du 17e s., les Français y disposent d'un petit établissement permanent, quand en 1662 Louis XIV fait de Plaisance la base principale des flottes françaises à Terre-Neuve et y nomme un gouverneur qui entreprend de fortifier la place ; c'est de Plaisance qu'en 1696, d'Iberville part conquérir St-Jean. Si la ville résiste victorieusement à plusieurs attaques anglaises, elle est pourtant cédée à la puissance britannique, avec toute l'île de Terre-Neuve, par le traité d'Utrecht (1713).

La Charte de l'Atlantique. – Lors de la Seconde Guerre mondiale fut créée, à la ville voisine d'**Argentia,** une grande base navale américaine, centre d'une patrouille de chasse anti-sous-marine. C'est au large d'Argentia qu'eut lieu, en 1941, la rencontre entre Churchill et Roosevelt, d'où devait naître la Charte de l'Atlantique, qui posait les principes de la politique des Alliés après la défaite allemande.

Castle Hill★. – *Parc historique national, entre Placentia et la route 100, signalé. Ouvert toute l'année. Pique-nique.* ☎ *(709) 237 2401.*

C'est l'ancien Fort Royal, construit par les Français sur une colline dominant Placentia. Un intéressant centre d'interprétation présente l'histoire de la région. Puis un sentier monte jusqu'aux ruines du fort, construit en 1693 par les Français et repris au 18ᵉ s. par les Anglais.

De là, une **vue★★** splendide embrasse l'entrée du port, le fjord, une grande partie de la baie de Plaisance et de la ville, et la plage où les pêcheurs faisaient sécher le poisson ; on peut aussi y observer le mouvement, assez impressionnant, de la marée dans « le goulet ».

Le sentier du **Gaillardin** *(1/2 h à pied AR),* mène à la redoute, construite en 1692 sur une autre colline, d'où l'on jouit également de fort belles **vues.**

ST-JEAN ★★ (ST. JOHN'S)

Carte Générale M 5 – Carte des Principales Curiosités p. 11 – *Schéma p. 221* – Agglo-mération : 154 820 h. – Office de Tourisme à l'hôtel de ville : ☎ (709) 737 2830.

La capitale de Terre-Neuve est située face à l'Atlantique, sur la péninsule d'Avalon, à l'extrême Est de la province et du Canada. La ville est construite en amphithéâtre au bord d'une **rade★★** spectaculaire (environ 1,6 km de long sur 800 m de large) et remarquable-ment abritée, qui constitue un excellent abri portuaire ; elle débouche sur l'océan par un étroit chenal, **the Narrows,** encadré de hautes falaises qui atteignent 150 m de haut à Signal Hill, sur la rive Nord.

Né de la pêche, St-Jean est resté avant tout un port de pêche, mais la ville connaît une impulsion nouvelle depuis les années 1970 grâce aux recherches pétrolières qui se poursui-vent en mer.

Une longue histoire. – Jean Cabot, serait, selon la tradition, entré dans la rade le jour de la St-Jean de l'année 1497, d'où le nom de la ville. Au tout début du siècle, il est certain que les pêcheurs de divers pays d'Europe utilisaient cet abri sûr comme base de leurs campagnes de pêche. En 1583, la reine Elizabeth 1ʳᵉ d'Angleterre décida de prendre posses-sion de Terre-Neuve et chargea Sir Humphrey Gilbert de cette mission : celui-ci, devant l'assemblée des marchands et des pêcheurs, proclama officiellement l'île possession anglai-se, et par la même occasion attribua aux marchands leurs « espaces de pêche » pour la saison, c'est-à-dire les emplacements de séchage des morues sur la grève ; ainsi commença l'ère des « amiraux de pêche » *(voir p. 221).*

L'Angleterre ne voulait pas de colons à St-Jean ; mais quand, en 1696, Le Moyne d'Iberville, parti de la base française de Plaisance, prit et détruisit la ville, les autorités durent convenir qu'une population locale aurait sans doute pu efficacement défendre la ville, et la colonisation s'organisa. Cependant St-Jean fut encore prise deux fois par les Français, en 1709 et en 1762 ; dès leur retour, les Britanniques s'empressèrent de fortifier Signal Hill pour parer à toute attaque éventuelle ; mais St-Jean ne fut plus jamais menacé.

Les régates. - Chaque année, depuis 1828, ont lieu sur le lac Quidi Vidi les régates de St-Jean, le premier mercredi d'août ou le premier beau jour qui suit. Si c'est le cas, à 7 h du matin le cri jaillit « C'est la course ! », et la population accourt au bord du lac, dans une atmosphère de carnaval.

■ CURIOSITÉS *visite : 1 jour*

La ville et le port★★. – St-Jean est pittoresque, à la fois pour son cadre, son port animé et ses petites maisons de bois peintes de couleurs vives qui grimpent à l'assaut des rues escarpées. Il faut s'y promener à loisir pour apprécier son charme et découvrir de temps à autre des **vues★** sur le port ou sur Signal Hill et l'entrée de la rade, qui font l'originalité de la ville.

Le long de **Harbour Drive,** s'étire le port où attendent à quai de gros navires de pêche portugais, espagnols, polonais, russes, japonais, ou même des îles Feroé.

La rade de St-Jean

TERRE-NEUVE

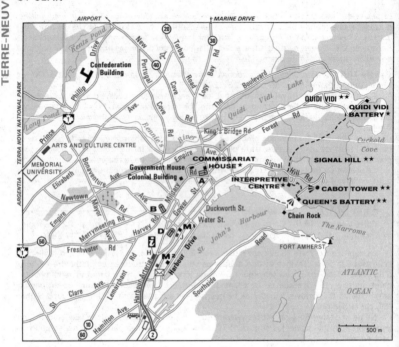

Newfoundland Museum★ (M1). – *Duckworth Street. Visite toute l'année.* ☎ *737 2460.*

C'est une bonne présentation de la province. Le second niveau expose les civilisations indigènes de Terre-Neuve et du Labrador, la vie ancestrale des Inuit dont on verra une hutte faite d'os de baleine et de peaux de caribous, la civilisation Dorset qui précéda celle des Inuit, le mode de vie des Indiens Naskapis et Montagnais, Béothuks et Micmacs, qui vécurent sur le territoire provincial. Le troisième niveau, celui de l'époque historique, recrée le mode de vie des anciens colons, leur mobilier, leurs maisons de bois, leurs vêtements, les outils de pêche.

Musée de Terre-Neuve dans les locaux Murray (Newfoundland Museum at the Murray Premises) **(M2).** – *Harbour Drive. Visite toute l'année ;* ☎ *737 2834.*

Située dans les locaux Murray, série de bâtiments commerciaux datant de 1847, récemment restaurés pour abriter des boutiques, restaurant, bureaux, cette section du musée de Terre-Neuve (ouverte en 1983) est consacrée à l'histoire maritime de la province. Les objets exposés retracent le développement du commerce maritime depuis les chasseurs de baleines basques du 16e s. aux marchands de poissons du début du siècle.

Commissariat House★ . – *King's Bridge Road. Visite en juillet et août.* ☎ *737 2460.*

Commissariat House est une élégante demeure de bois qui, avec le bâtiment voisin de l'**église anglicane St-Thomas (A)**, ancienne église de la garnison, compose un ensemble pittoresque, à demi caché sous les arbres. Bâties respectivement vers 1820 et 1836, elles sont toutes deux parmi les rares rescapées des grands incendies qui ravagèrent la ville au siècle dernier.

Le Commissariat, qui abritait l'intendance du poste militaire de St-Jean, est restauré dans son état de 1830 ; le centre d'interprétation expose la vie de la garnison au 19e s. et l'histoire de ce bâtiment qui, après avoir servi de presbytère à l'église voisine, connaît aujourd'hui une nouvelle vie.

Tout près de là, le long de Military Road, subsistent deux autres vestiges de la même époque, mais bâtis en pierre : **Government House** (1830), au style géorgien, précédée d'un vaste parc, et **Colonial Building** (1850), dont la noble façade à l'antique s'orne de colonnes et d'un fronton, qui abritait autrefois l'Assemblée et aujourd'hui les archives provinciales.

Basilique catholique St-Jean-Baptiste (B). – *A l'angle de Bonaventure Avenue, Harvey Road et Military Road.*

Sa silhouette altière, flanquée de deux tours carrées en façade, domine la colline, d'où s'offre une belle **vue★** sur l'entrée de la rade. L'église date de 1850 ; à l'intérieur, remarquer la riche décoration et, dans le transept gauche, une statue de Notre-Dame de Fatima donnée à la basilique par des marins portugais rescapés d'un naufrage sur les bancs de Terre-Neuve.

Cathédrale anglicane St-Jean-Baptiste (D). – *A l'angle de Gower Street et Church Hill.*

C'est un élégant bâtiment de pierre, aux pures lignes gothiques tant à l'intérieur qu'à l'extérieur. Construite à l'origine par Sir Gilbert Scott en 1843 et deux fois incendiée, elle fut rebâtie au début du 20e s., mais attend encore la tour et la flèche prévues à la croisée du transept.

Signal Hill★★. – *Parc historique national ; parc de stationnement près du centre d'accueil.* ☎ *772 5367.*

Partout, de St-Jean, on voit ce puissant rocher couronné d'une tour qui garde l'entrée de la rade à quelque distance de la ville. Sur place, se révèle la beauté de ce paysage de roc nu, couvert çà et là de plaques d'herbe, tapissé de plantes ou de quelques buissons, tandis que de la colline le promeneur jouit de **vues★★** superbes, de jour sur le paysage, et de nuit sur les lumières de la ville.

Durant l'été a lieu sur la colline le **Tattoo**★★ , exécuté par des cadets portant le costume du Régiment Royal de Terre-Neuve au 19e s., qui raconte la bataille de Signal Hill en 1782, dernier affrontement entre Anglais et Français en Amérique du Nord *(près de la batterie de la Reine, du 15 juillet à fin août, les mardis, jeudis, samedis et dimanches à 15 h et 17 h ; durée 1/2 h).*

Les trois points d'intérêt du parc sont accessibles en voiture et reliés entre eux par des sentiers.

Musée★. – *Visite toute l'année.* Aménagé dans le centre d'accueil, ce musée présente un fort intéressant panorama de la pêche à la morue, ainsi que de l'histoire de Terre-Neuve et plus particulièrement de St-Jean.

Batterie de la Reine★★ (Queen's Battery). – De cette fortification qui gardait la rade, il ne reste que quelques canons et des fondations ; mais le **panorama**★★ est superbe sur la passe et la rade ; remarquer, au pied de la falaise, marqué d'une bouée, le rocher où s'accrochait au 18e s. la chaîne qui fermait la rade (chain rock) ; sur l'autre rive, se trouvent les ruines du Fort Amherst aujourd'hui surmontées d'un phare.

Tour de Cabot★★. – Elle occupe le meilleur point de surveillance de la passe, d'où se découvre par temps clair un superbe **panorama**★★ sur la côte Atlantique déchiquetée, depuis Cuckold Cove (l'Anse au Cocu) au Nord, jusqu'au Cap Spear, l'extrême pointe orientale du Canada, au Sud-Est, ainsi que sur la rade et la ville. *Plusieurs sentiers balisés offrent des promenades aux alentours.*

La **tour** elle-même n'a rien de militaire. Elle fut construite en 1897 pour commémorer le quadricentenaire de la visite de Jean Cabot à Terre-Neuve (1497) et le jubilé de diamant de la reine Victoria, qui monta sur le trône en 1837. A l'intérieur, une petite exposition sur l'histoire des communications développe surtout le rôle de l'italien Guglielmo Marconi, qui en 1901 réussit à prouver que l'on pouvait communiquer par ondes électromagnétiques en recevant, ici-même sur la colline, le premier message transatlantique sans fil : émis de Poldhu en Cornouailles, à 2 700 km de là, le signal était simplement trois points, c'est-à-dire en Morse la lettre S. A l'étage, exposition sur Signal Hill ; au sommet de la tour, belle **vue**★★ panoramique.

Quidi Vidi ★★. – Petit village de quelques maisons accroché sur la côte rocheuse, Quidi Vidi, qui a pourtant administrativement fait partie de la ville de St-Jean, est le type même de l'« outport » ou village de pêcheurs de Terre-Neuve. Le **site**★★ est superbe ; la petite anse qui abrite le village débouche dans l'océan par un goulet si étroit par endroits que seules des modestes barques peuvent le franchir ; de part et d'autre du goulet, de puissantes falaises ferment le port. A leurs débarcadères sur pilotis, les pêcheurs vendent sur place le poisson frais du jour.

Batterie de Quidi Vidi★. – *Visite en juillet et août. Lieu historique provincial.* ☎ *737 2460.*

Dominant l'entrée de la rade de Quidi Vidi, accrochée à la falaise qui ferme la crique, la batterie, c'est-à-dire un ensemble de canons, défendait ainsi l'accès de St-Jean par l'arrière. Elle fut installée d'abord par les Français lors de leur brève occupation de la ville en 1762, puis renforcée en 1811 quand menaçait la guerre avec les États-Unis ; c'est dans le goût de cette époque qu'est restauré le logement de la garnison, une maison de bois de style colonial.

Confederation Building. – *Renseignements au rez-de-chaussée,* ☎ *737 3630.* Le Parlement de Terre-Neuve et les bureaux du gouvernement occupent ce grand bâtiment (1960) qui domine de très haut le reste de la ville et offre une bonne **vue** sur la rade et sur Signal Hill. On visite l'**Assemblée Législative** (au 10e niveau - *visite guidée en anglais du lundi au vendredi, durée : 20 mn)* où, fait inhabituel, les bancs du gouvernement se trouvent à la gauche de la chaise de l'Orateur ; cette tradition remonte à l'époque où l'Assemblée siégeait au Colonial Building, dont la salle n'avait qu'une cheminée, à gauche de l'Orateur ; le gouvernement profitait alors de son avantage pour se tenir près du feu.

EXCURSION

Marine Drive★. – *29 km par la route 30 jusqu'à Torbay, puis par la route 20.*

La route, agréable, serpente le long de la côte, monte et descend, dans cette région presque sans arbres, offrant des vues infinies sur la mer, les promontoires rocheux, les falaises, ainsi que sur les champs, les bateaux, les cabanes de pêche et les filets. Elle traverse de petits villages de pêcheurs : **Outer Cove, Middle Cove, Torbay, Flat Rock.**

Pouch Cove★. – But de l'excursion, ce village typique agrippe au-dessus du rivage quelques vigneaux sur pilotis où les pêcheurs font sécher le poisson, pratique de plus en plus délaissée au bénéfice de la congélation. Du village, belle vue sur le cap St-François au Nord de la péninsule.

229

TERRA NOVA (Parc national) ★

Carte des Principales Curiosités p. 11 – sur la Transcanadienne – *Schéma p. 221.*

Camping, sentiers de randonnée, bateau – Cartes du parc disponibles à l'entrée ; tarifs : voir p. 24 – Bureau d'information sur Newman Sound , ☎ *(709) 533 2801.*

Dans cette région ondulée, rabotée jadis par les glaciers, la côte est profondément échancrée de fjords (« sounds »), parsemés au début de l'été d'icebergs venus du Nord avec le courant du Labrador. La Transcanadienne qui traverse le parc procure quelques bonnes vues sur les fjords, mais nous conseillons vivement de quitter la grande route pour bien apprécier cette région.

Belvédère de Bluehill Pond★★. – *A 7 km de l'entrée Nord du parc, prendre une route latérale (environ 1,5 km).*

D'une tour d'incendie, on découvre une **vue**★★ panoramique sur tout le parc, ses criques profondes, ses falaises, ses rochers et ses lacs, ses forêts, ses collines et ses fondrières, distinguant clairement Newman Sound, la baie Alexander et Southwest Arm.

Newman Sound★. – *A 12 km de l'entrée Nord du parc, une route (environ 1,5 km) mène au bureau d'information du parc et au rivage.*

Un court sentier longe le rivage de ce profond bras de mer bordé de falaises basses sortant tout droit de l'eau ; le rivage est semé de blocs erratiques.

Ochre Lookout Tower★. – *A 23 km de l'entrée Nord du parc, route d'accès d'environ 3 km.*

De ce belvédère, la **vue**★ s'étend sur le parc, où les rades de Clode et Newman Sounds se détachent clairement. Au pied de la tour, une exposition explique l'action des glaciers sur le paysage de Terre-Neuve.

Hutte de castor

TERRITOIRES DU NORD-OUEST

Ne cherchez pas les Territoires, comme on les appelle couramment, au Nord-Ouest du pays, occupé aujourd'hui par le Yukon. La géographie a de ces surprises, insidieusement préparées par l'histoire : quand, en 1869, l'ancienne Terre de Rupert, c'est-à-dire le bassin hydrographique de la baie d'Hudson, est jointe au jeune Canada *(voir p. 98)*, elle prend le nom de territoires du Nord-Ouest, à juste titre, si l'on pense à ce qu'était, alors, la confédération canadienne *(voir la carte p. 19)*. Agrandis ensuite jusqu'à l'Alaska, grossis en 1880 de l'archipel Arctique, progressivement amputés au Sud par la création des provinces des Prairies et à l'Ouest par celle du Territoire du Yukon (1898), ils ne méritent plus tout à fait leur nom. Qu'importe ?

C'est une immense région quasi vide (le tiers du territoire canadien et seulement 0,17 % de sa population) qui s'étend au Nord du 60ᵉ parallèle et s'étire loin vers le Pôle. Cette terre de pionniers aux ressources à peine exploitées, domaine des Inuit et des Indiens, des compagnies minières et des sportifs aventureux, est réputée glacée et stérile. Pourtant, quiconque s'y aventure durant le bref été ne peut manquer d'être surpris par l'agrément d'un ensoleillement continu et le débordement de vie qui s'empare alors du monde végétal et animal.

UN PEU DE GÉOGRAPHIE

Le Pays. – Deux chaînes de montagnes encadrent les Territoires *(voir p. 14 et la carte générale)* ; sur la côte Est de l'archipel Arctique, une série de pics glacés atteignent 2 900 m, tandis que le long de la frontière du Yukon se dressent les monts Richardson et Mackenzie qui appartiennent aux Cordillères qui ourlent tout le continent américain. A leur pied, drainée par le Mackenzie, s'étend une bande de basses terres qui prolonge les grandes plaines du Canada central. Plus à l'Est, les Grands Lacs de l'Ours et des Esclaves marquent le bord du Bouclier canadien, roc ancien raboté par les glaciers qui y ont laissé un inextricable semis de lacs et des monceaux de débris glaciaires, blocs erratiques, moraines, eskers (crêtes sinueuses de sable et de gravier) et drumelins (collines ovoïdes).

Trois grandes zones climatiques. – Connu pour la rigueur de son climat et la longue nuit de l'hiver, l'Arctique est aussi le pays des aurores boréales, fréquentes surtout en automne, où le ciel semble se dissoudre en mouvants rideaux de lumières changeantes, et du soleil de minuit qui illumine l'été au Nord du cercle Arctique. Dans l'ensemble, la dureté du climat s'accentue du Sud-Ouest vers le Nord-Est.

La région du Mackenzie et des Grands Lacs bénéficie encore, comme le Nord de toutes les provinces canadiennes, du climat de « Moyen-Nord », aux hivers certes très longs, sombres et très froids, mais aux brefs étés étonnamment lumineux et chauds (21 °C de moyenne des maximums quotidiens à Yellowknife en juillet) ; elle correspond grossièrement à la zone boisée, dont les arbres s'espacent et se rabougrissent progressivement sur la frange Nord-Est.

Plus à l'Est, règne le climat du « Grand-Nord », plus sévère (8 mois de gel, – 25 °C de moyenne en février). Le dégel de l'été, qui cause l'affaissement des routes et constructions diverses, n'y est que superficiel, car en profondeur le sol reste gelé en permanence (c'est le pergélisol), empêchant l'infiltration des maigres précipitations que reçoivent les Territoires ; c'est la région de la **toundra**, végétation de mousses, de lichens et de maigres buissons, qui se couvre en été d'un tapis de fleurs multicolores, et que parcourent de grands troupeaux de caribous et de rares bœufs musqués ; par endroits, quand le sol mal drainé devient marécageux, on l'appelle « muskeg » ou tourbière.

Tout au Nord, enfin, où aucune végétation ne couvre la roche nue, sévit le véritable climat polaire de l'« Extrême-Nord », où il peut geler pratiquement toute l'année (moyenne de juillet : – 3,9 °C à Alert, *carte générale* L1).

Les Hommes. – Parmi les quelque 45 000 habitants des Territoires, figurent deux importants groupes indigènes ; celui des Indiens Athapascans ou **Dénés**, quelque 10 500 personnes, vit encore dans une large proportion de la chasse et de la pêche dans la forêt boréale, selon leur mode de vie traditionnel, dressant le camp au gré des caprices du gibier ; quant aux Esquimaux ou Inuit, ils représentent environ 16 000 personnes, réparties le long des côtes de l'Arctique.

Les Inuit. – Appelés par dérision Esquimaux, c'est-à-dire « mangeurs de viande crue » dans la langue des Indiens Algonquins, les Inuit (dans leur langue ce mot signifie : « les Hommes » ; le singulier est Inuk) sont, comme les Indiens, venus d'Asie par le détroit de Béring alors émergé, et ont atteint la côte Arctique il y a environ 6 000 ans. Ils vivaient essentiellement de la chasse au phoque, au morse ou à la baleine, qui leur fournissaient la viande pour se nourrir, la graisse pour se chauffer et s'éclairer, les peaux pour fabriquer vêtements, abris et bateaux (les fameux **kayaks** individuels dont les Blancs ont fait un sport, ou les **oumiaks** collectifs recevant jusqu'à 12 personnes) ; l'os et l'ivoire servaient à fabriquer armes et outils. En saison, délaissant la côte, ils partaient à la recherche des troupeaux de caribous dont les peaux feraient de chaudes couvertures.

Peuple nomade, les Inuit vivaient en groupes de quelques familles, se déplaçant en traîneaux à chiens selon les nécessités de la chasse, et se construisaient en hiver des **igloos,** habitations circulaires faites de bloc découpés dans la neige ; en été, ils vivaient dans des tentes de peaux.

Depuis quelques années, la technique moderne a bouleversé cette vie ancestrale, de plus en plus remplacée par la civilisation de la radio et de la télévision, des conserves, des maisons préfabriquées, du chauffage à mazout, des motoneiges et des avions.

Les Ressources. – Les **fourrures,** qui furent longtemps la seule richesse des Territoires, y jouent encore un rôle important, et la Compagnie de la Baie d'Hudson y maintient de nombreux postes de traite et d'approvisionnement. Renard blanc, rat musqué, castor, vison, martre et hermine doivent, en effet, aux rigueurs de l'Arctique la beauté de leur fourrure.

Cependant, la grande richesse du Nord est aujourd'hui minérale. Sans parler des énormes gisements de fer, zinc, argent, nickel et cuivre non encore exploités, on trouve des **mines** d'or à Yellowknife, de zinc et de plomb à Pine Point sur le Grand Lac des Esclaves (*carte générale* G 3) et à Nanisivik près d'Arctic Bay au Nord de l'île Baffin (J 2) et sur la petite île Cornwallis, de tungstène et cuivre près de la frontière du Yukon.

On extrait le gaz naturel à Fort Liard (F 3) et l'on exploite le pétrole à Norman Wells, sur le Mackenzie (F 3) ; les forages se poursuivent dans le delta du Mackenzie et en mer de Beaufort.

Les problèmes de transport conditionnent l'exploitation de toutes ces ressources. Outre le chemin de fer du Grand Lac des Esclaves et les quelques routes qui pénètrent dans les territoires, c'est le grand fleuve du Mackenzie qui s'avère, en été, la grande artère commerciale, sillonnée de barges sur tout son cours. Partout ailleurs, l'avion est le principal mode de transport, sauf en hiver où les matières pondéreuses peuvent être acheminées par route d'hiver, grâce à la solidité du sol gelé.

UN PEU D'HISTOIRE

Le passage du Nord-Ouest. – *Voir la carte p. 18.* Pendant des siècles, dès que les Européens eurent compris que l'Amérique était un continent distinct de l'Asie, ils cherchèrent une route maritime par le Nord entre l'Atlantique et le Pacifique pour le fructueux commerce avec l'Orient.

Le premier navigateur à s'aventurer dans les eaux arctiques, en 1576, fut l'Anglais **Martin Frobisher** qui atteignit la baie qui porte son nom, dans l'île Baffin ; il fut bientôt suivi par **John Davis, Henri Hudson** et **William Baffin,** dont les noms sur la carte des Territoires marquent la progression. Le récit qu'ils firent de mers bloquées par les glaces refroidit l'ardeur d'éventuels émules : il n'y eut pas d'autre tentative avant le 19ᵉ s.

Le voyage de Mackenzie jusqu'à la mer de Beaufort (1789) raviva l'intérêt pour le passage du Nord-Ouest : plusieurs expéditions navales se succédèrent, menées en particulier par **Edward Parry** (de 1819 à 1825). En 1845, **John Franklin** s'embarqua à son tour ; mais les mois passèrent, et point de nouvelles ; 38 expéditions de secours partirent à sa recherche, pour découvrir finalement qu'il avait péri avec tout son équipage, après avoir atteint l'île du Roi-Guillaume et être resté bloqué plusieurs années par les glaces. En dépit du sort tragique que connurent Franklin et ses compagnons, ils permirent d'explorer une grande partie des Territoires et d'établir une route maritime dans l'archipel Arctique. Enfin en 1850, **M'Clure** trouva lui aussi moyen de passer, mais il dut abandonner son navire, l'Investigator, l'équipage était sauf.

Le Norvégien **Roald Amundsen** fut le premier à réussir la traversée, de 1903 à 1906, en reliant Oslo à Nome en Alaska, près du détroit de Béring. Dès lors divers pays envisagèrent de prendre position dans les îles de l'Arctique. Aussi, pour affirmer la souveraineté canadienne sur ces immensités quasi inoccupées, le St-Roch fut-il envoyé, sous le commandement du capitaine Henri Larsen, sergent de la GRC d'origine norvégienne. Parti de Vancouver en juin 1940 il ne put joindre Halifax qu'en octobre 1942, tant il fut bloqué par les glaces ; le retour fut plus rapide : parti le 22 juillet 1944, il était à Vancouver le 16 octobre, après avoir franchi 7 295 milles en moins de 3 mois. C'était le premier bateau à franchir le passage dans les deux sens, et à faire le voyage Est-Ouest en une seule saison.

Aujourd'hui, l'Arctique s'ouvre au trafic commercial, depuis le passage en 1969 du pétrolier géant américain « Manhattan » aidé d'un brise-glace canadien.

Les compagnies de fourrures. – Tandis que la recherche d'un passage maritime vers l'Ouest était abandonnée, le commerce des fourrures s'étendait dans les Territoires, sur les voies ouvertes par quelques explorateurs dont **Samuel Hearne** et **Alexander Mackenzie** *(voir p. 18).*

ARTISANAT

Habiles sculpteurs, les artistes Inuit façonnent dans l'ivoire de morse, l'os ou la saponite (une pierre gris-vert au doux poli, appelée aussi pierre à savon) des scènes de la vie traditionnelle que les adultes d'aujourd'hui ont connues dans leur enfance ; les formes pures et pleines de ces sculptures ont depuis longtemps retenu l'attention des collectionneurs. Des localités comme Cap Dorset (île Baffin) sont également réputées pour leurs estampes. Sculptures, lithographies, tentures décorées d'appliques, sont en vente sur place et dans toutes les grandes villes canadiennes.

Autres créations originales, ces vêtements particulièrement adaptés au climat que sont l'anorak ou le parka des Inuit, ou encore les « mukluks » (bottes) des Indiens, décorées de superbes broderies de perles.

SPORTS ET LOISIRS

Vastes et sauvages, les Territoires plairont à tous ceux qui cherchent la solitude et l'aventure. Naturalistes, randonneurs, pêcheurs ou canoéistes peuvent se faire déposer en avion n'importe où, en prenant toutefois la précaution élémentaire de signaler leur départ comme leur retour au poste de la Gendarmerie Royale du Canada le plus proche.

La **randonnée** se pratique beaucoup au parc national d'Auyuittuq *(p. 234)*. Pour le **canoë**, il existe une grande variété de parcours de toutes difficultés, y compris la superbe et dangereuse Nahanni *(p. 236)* ; on peut louer un canot dans un poste de la Compagnie de la Baie d'Hudson et le laisser à un autre poste *(réserver à l'avance auprès de Hudson's Bay Company, U-Paddle Canoe Service, 77 Main Street, Winnipeg, MAN. R3C 2RI, ☎ 943 0881.*

Les **pêcheurs** trouveront sur l'ensemble des Territoires des « **lodges** » spécialement établis au bord de lacs isolés où la pêche est excellente (omble et ombre arctiques, grand brochet du Nord, etc.). Pour la **chasse** au gros gibier (orignal, caribou, grizzli, ours noir, ours polaire, loup), les non résidents doivent être accompagnés d'un pourvoyeur licencié. Pour tous renseignements sur les règlements, la liste des pourvoyeurs, les routes de canoë, les voyages organisés, etc., s'adresser à Travel Arctic.

Le parc national de Wood Buffalo *(carte des principales curiosités p. 6)* possède le plus grand troupeau de bisons libres et constitue le dernier refuge naturel des grues huantes. En outre, le delta des rivières de la Paix et d'Athabasca est compris dans les limites du parc ; c'est une région importante pour les oiseaux aquatiques car les principaux vols migratoires d'Amérique du Nord la traversent au printemps et à l'automne. *Pour plus de détails, s'adresser à la direction du parc : Box 750, Fort Smith (T.N.-O.) X0E 0P0.*

Près de Bathurst Inlet *(carte des principales curiosités p. 6)*, dans une région réputée pour la variété de sa faune et de sa flore, le **Naturalist Lodge** propose des excursions de découverte de la nature, ainsi que le transport par avion depuis Yellowknife. *De mi-juin à fin août ; renseignements : BOX 820, Yellowknife (T.N.-O.) X1A 2N6 ☎ (403) 873 2595.*

PRINCIPALES MANIFESTATIONS

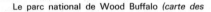

Lieu et date	Nature de la manifestation
Inuvik .... Pâques	Top of the World Ski Meet.
Yellowknife .... Mars	Caribou Carnival.
Yellowknife .... Juin	Midnight Golf Tournament *(p. 237)*.
Yellowknife .... Juin	Folk on the Rocks.
par roulement............ Été	Northern Games : festival annuel de sports, danses et techniques traditionnelles des Inuit et des Indiens.

RENSEIGNEMENTS PRATIQUES

Carte routière, logement etc. – Le gouvernement territorial publie chaque année la brochure « **Explorers' Guide** » qui contient la liste complète des hôtels, motels, lodges, camps, terrains de camping, ainsi qu'une liste de voyages organisés et de croisières, et tous renseignements sur les transports, aériens ou autres, la location de véhicule, et divers autres renseignements pratiques. Elle est distribuée gratuitement, ainsi qu'une carte routière des Territoires, par : **Travel Arctic,** Government of N.W.T. - Yellowknife (N.W.T.) X1A 2L9 - ☎ (403) 873 7200.

Taxes, prix, conseils. – Il n'y a pas de taxe sur les ventes dans les Territoires du Nord-Ouest. Par contre, les prix des hôtels et motels sont en moyenne plus élevés que dans les provinces du Sud. Une précaution utile en été : se munir d'un anti-moustiques.

Loi sur les alcools. – A partir de l'âge de 19 ans, les consommateurs peuvent acheter et se faire servir alcools, vins ou bières dans les débits de boissons licenciés. Ces boissons sont en vente, dans les magasins du gouvernement. La bière est également en vente dans les hôtels licenciés. Quelques localités, par règlement municipal, interdisent la détention d'alcool dans leurs limites : les visiteurs sont naturellement soumis à cette règle.

Zone horaire. – Les Territoires s'étirent sur 3 zones distinctes : des Rocheuses, du Centre et de l'Est *(voir p. 20)*.

Sur la route. – Pour conduire sur les quelques routes des Territoires, voir les conseils que nous donnons pour la route de l'Alaska *(p. 39)*. Les traversiers en service à Fort Providence, Fort Simpson, Arctic Red River et Fort McPherson sont remplacés en hiver par des routes de glace, mais la route est coupée en ces endroits de 3 à 6 semaines en mai et novembre, au moment de la débâcle et des premières glaces.

QUELQUES LIVRES

Chiens de traîneaux par Paul-Émile VICTOR *(Flammarion)*.

Nunaga, 10 ans chez les Esquimaux par Duncan PRYDE *(Calman-Lévy 1971)*.

La petite barbe par André STEINMAN *(Éd. de l'Homme - Montréal - 1977)* : un missionnaire 40 ans chez les Esquimaux.

BAFFIN (Ile) ★★★

Carte Générale J 2 à L 3 – Carte des Principales Curiosités p. 11 – 8 300 h.

Vols réguliers tous les jours depuis Montréal et Toronto pour Frobisher Bay ; les autres localités sont desservies à partir de Frobisher Bay. On trouve à se loger dans les principales localités : Pangnirtung, Pond Inlet, Cap Dorset et Frobisher Bay. Voyage d'une journée à Frobisher Bay en été pour voir le soleil de minuit – contacter Travel Arctic (p. 233) pour les détails.

L'île Baffin est la plus grande des îles de l'Arctique canadien, et celle dont les paysages sont les plus spectaculaires, avec des montagnes élevées, culminant à plus de 2 000 m et couronnées de calottes glaciaires, et des côtes découpées de fjords profonds. Comme les deux tiers de l'île se situent au Nord du cercle polaire, l'ensoleillement continu de l'été y couvre la toundra d'un manteau changeant de millions de petites fleurs.

La plupart des habitants sont Inuit et vivent dans de petites communautés le long des côtes, conservant sur bien des points un mode de vie traditionnel *(voir p. 232)* tout en adoptant, pour les vêtements ou le logement par exemple, certaines habitudes des Blancs. Dans certaines localités comme **Cap Dorset,** ils produisent des lithographies et des sculptures très appréciées des amateurs d'art du monde entier.

Frobisher Bay, la principale localité de l'île et son centre administratif, rassemble la quasi-totalité des Blancs qui vivent sur l'île.

(D'après photo West Baffin Eskimo Co-opérative, copyright 1975.)

Caribou et chasseur par Soroseelutu

Pangnirtung★★. – 839 h. La petite communauté jouit d'un **site**★★ spectaculaire, à l'entrée d'un fjord couronné de montagnes enneigées ; c'est un centre idéal pour qui veut apprécier l'accueil chaleureux des autochtones et étudier la flore et la faune de la toundra (oiseaux et petits mammifères) et les mammifères marins (phoques et bélugas surtout) qui fréquentent le fjord. On y vient aussi voir la « clarté » de minuit (car sa situation, à quelque 50 km au Sud du cercle arctique, ne lui permet pas tout à fait de jouir du soleil de minuit), et acheter à la coopérative inuit les produits de l'artisanat local (sculptures sur saponite, tissage).

Pangnirtung est aussi la porte du parc national d'Auyuittuq. Le **bureau du parc** *(ouvert tous les jours sauf les samedis, dimanches et jours fériés de septembre à mai, ☎ (819) 473 8962)* présente films et expositions sur les divers aspects du parc, son relief, sa faune et sa flore.

Excursion en bateau★. – *3 h AR ; vêtements chauds indispensables.*

En juillet et août, quand la banquise se défait dans le fjord *(les dates varient selon les années)* les gens du village, spécialement licenciés, peuvent conduire les visiteurs en canot jusqu'à l'entrée du parc, au fond du fjord. C'est une excursion impressionnante jusqu'à l'entrée du col de Pangnirtung au profil en U caractéristique des vallées glaciaires, même si l'on n'envisage pas une expédition dans le parc d'Auyuittuq qui commence à cet endroit.

Parc national d'Auyuittuq★★. – *Bureau du parc à Pangnirtung.*

En raison des conditions climatiques extrêmement difficiles et changeantes de l'Arctique, encore accentuées par la violence des vents qui peuvent souffler en toute saison, un séjour dans le parc ne peut être qu'une expédition sportive préparée avec le plus grand soin. Alpinistes amateurs de sommets inviolés, randonneurs et campeurs convenablement entraînés et équipés pourront alors admirer le paysage spectaculaire du **col de Pangnirtung** (390 m), ancienne vallée glaciaire devenue un défilé de 96 km entre deux fjords de part et d'autre de la péninsule de Cumberland.

« Le pays des glaces éternelles », Auyuittuq comme disent les Inuit, le parc bien nommé dont plus du quart est recouvert par les 6 000 km² de la calotte glaciaire de Penny, s'étend juste au Nord du cercle polaire. C'est un paysage de roc et de glace, de pics escarpés, de vallées en auges prolongées de fjords bordés de falaises qui peuvent atteindre 900 m de haut, et où sur le roc dénudé ne poussent plus guère, sur les terrains les plus abrités, que lichens, mousses, graminées et quelques arbustes comme la bruyère arctique et le saule rampant, parmi les multiples dépôts rocheux, moraines ou blocs erratiques, laissés par d'anciens glaciers.

Pond Inlet. – 705 h. Cette charmante localité du Nord de l'île fait face aux montagnes de l'île Bylot qui servent de refuge en été à des milliers d'oies blanches. On peut y acheter des objets sculptés dans de la saponite ou de l'os de baleine, ainsi que des parkas inuit.

MACKENZIE (Delta du) ★★

Carte Générale E 3 – Carte des Principales Curiosités p. 4.

Accès routier. – *Par la route Dempster : 798 km de Dawson à Inuvik ; les automobilistes doivent être équipés pour tout cas d'urgence ; la route est fermée durant les migrations des caribous.*

Pour survoler le delta. – *Départs d'Inuvik.*

Rien de plus stupéfiant que le spectacle vu d'avion de cet enchevêtrement de chenaux boueux, où se mêlent le Mackenzie et la Peel, et de milliers de lacs aux eaux claires.

Un peu de géographie. – Nettement délimité à l'Ouest par les monts Richardson, montagnes plates et souvent enneigées, et à l'Est les basses ondulations des collines Caribou, le delta à mesure qu'il avance vers le Nord fait la part de plus en plus large à l'eau, comme s'il se dissolvait peu à peu avant d'atteindre la mer. Entre lacs et bras du fleuve, la terre est couverte d'arbustes (saules nains et genévriers) qui à la première gelée (généralement fin août) se parent d'un jaune éclatant. Le long de la côte, s'étendent des zones de toundra, chatoyantes, durant le court mais lumineux été arctique, de mousses, de lichens et de fleurs multicolores.

La faune. – La faune du delta est l'une des plus riches de l'Arctique canadien ; le rat musqué y prolifère, largement recherché pour sa peau, ainsi que castors, visons, martres, renards, ours, etc. ; le poisson abonde et les bélugas (baleines blanches ou marsouins) viennent mettre bas dans ces eaux relativement chaudes, par rapport aux eaux glacées de la mer de Beaufort.

Population. – Les communautés d'Inuvik, Aklavik, Fort McPherson, Arctic Red River et Tuktoyaktuk vivent traditionnellement de la chasse et de la pêche ; mais la découverte de pétrole et de gaz naturel en mer de Beaufort amènera sans doute de rapides changements dans toute la région.

VISITE

Inuvik. – 3 147 h. *Sur la route Dempster ; aéroport ; hébergement.*

Bâtie sur le chenal Est du Mackenzie, Inuvik, dont le nom signifie « où vit l'Homme », est le centre régional du commerce et des transports. Ville neuve, créée en 1959 pour les services administratifs des Territoires du Nord-Ouest, elle est dotée du confort le plus moderne (eau courante, chauffage urbain, collecteur d'eaux usées).

Comme dans tout le delta, le pergélisol s'y rencontre tout près de la surface du sol, empêchant toute construction normale ; la chaleur dégagée par une habitation aurait tôt fait de dégeler partiellement le sol et de créer alentour un marécage, aussi les maisons furent-elles bâties sur pilotis. De même les canalisations ne purent être enterrées sous peine de geler ; réunies en une gaine unique appelée « utilidor » elles sillonnent la ville, passant d'un bâtiment à l'autre, au-dessus du sol, ce qui contraint les piétons à les escalader par des passerelles.

Église catholique. – Ronde comme un igloo, elle est fort belle à l'**intérieur**★, où l'on remarque en particulier le Chemin de Croix peint par une jeune Inuit, Mona Thrasher, en 1960.

Tuktoyaktuk★. – 772 h. *Vols quotidiens depuis Inuvik ; route de glace en hiver ; hébergement.*

Dans le Nord, on appelle simplement « Tuk » cette charmante petite localité sise au bord de la mer de Beaufort, à la fois base des forages pétroliers qui se poursuivent en mer et station de la Ligne d'Alerte Préliminaire (ou DEW Line), chaîne de radars disposés tout le long du 68ᵉ parallèle pour prévenir une attaque aérienne de l'Amérique par le Nord. La Coopérative Nanuk vend les parkas et autres vêtements typiques de l'Arctique, réalisés sur place.

La particularité de la région est de rassembler la plupart des mille « **pingos** » que compte le Nord canadien. Ces étranges reliefs, buttes coniques hautes de plusieurs dizaines de mètres, pointent sur la plate toundra comme de petits volcans, sous l'effet du pergélisol, qui forme par endroits d'énormes boules de glace dure qui soulèvent le sol.

(D'après photo Musées Nationaux du Canada)

Ours blancs sur la banquise

NAHANNI (Parc national) ★★★

Carte des Principales Curiosités p. 5 et 6.

C'est une région de paysages grandioses, dont l'intérêt s'accroît encore de son isolement et de sa sauvage beauté. Aussi l'organisation du parc a-t-elle décidé de la préserver en ne construisant ni route ni hébergement ; les visiteurs seront récompensés de leurs efforts en pénétrant dans la splendeur de la nature vierge.

La vallée maudite. – Au début du 20ᵉ s., la fièvre de l'or *(voir p. 72)* attira les prospecteurs dans la vallée de la Nahanni du Sud. En 1908, on retrouva le corps de deux d'entre eux, dans leur cabane, décapités, mais leur chevelure à proximité... Aussitôt courut le bruit d'Indiens féroces qui hantaient ces montagnes, et la toponymie garde le souvenir de cette macabre découverte : vallée des Hommes Morts, chaîne des Hommes sans Tête, chaîne des Funérailles... Les disparitions continuèrent, on en comptait 44 en 1969 ; deux de ces morts étaient peut-être criminelles, rivalités de chercheurs d'or sans doute ; beaucoup furent accidentelles. Les autres ont sans doute été simplement victimes de la solitude de la vallée, où il suffisait d'une puissante fièvre pour mourir de faim ; tel fut probablement le sort des deux prospecteurs de 1908, dont les ours en maraude ont dû bousculer les cadavres.

La Nahanni aujourd'hui ne fait plus peur qu'aux canoteurs, par la brutalité de ses changements de niveau (1,50 m d'un jour à l'autre) et la violence de ses rapides *(1)*.

■ LA NAHANNI DU SUD★★★

Accès routier et aérien. – *Depuis la Colombie Britannique : prendre la route de l'Alaska jusqu'à Fort Nelson (p. 40), la route aux Liards jusqu'à Fort Liard et l'avion. Du Yukon : prendre la route de l'Alaska jusqu'à Watson Lake (p. 40) et l'avion. Dans les Territoires du Nord-Ouest : prendre la route du Mackenzie jusqu'à Fort Simpson et l'avion ou la route aux Liards jusqu'à Fort Liard et l'avion.*

Accès par la rivière. *Des spécialistes proposent de descendre la rivière en radeau ou en canoë. Les sportifs expérimentés peuvent utiliser leur propre canoë. S'adresser au préalable à la direction du parc. Il est également possible de remonter la rivière en hors-bord.*
Pour tout renseignement, s'adresser à la direction du parc : Postal Bag 300, Fort Simpson (T.N.-O.) X0E 0N0 ; ☎ (403) 695 3151, ou à Travel Arctic (p. 233).

La Nahanni du Sud est une rivière puissante, tumultueuse et qui, à Nahanni Butte, se jette dans la rivière aux Liards, l'un des affluents du Mackenzie. De là, on remonte d'abord une section (environ 80 km) où la rivière se sépare en multiples bras, avant d'atteindre les **sources chaudes** (hot springs), où l'eau sulfureuse jaillit à près de 37 °C, faisant naître alentour, sur un sol qui ne gèle jamais, une végétation rare (fougères, églantiers, merisiers).

Aussitôt après les sources, s'ouvre le premier des impressionnants canyons qui enserrent la rivière de leurs immenses falaises, dépassant par endroits 1 200 m de haut. Après les 27 km du Premier Canyon, on débouche sur **Deadmen Valley** (la vallée des Hommes Morts), avant d'aborder le Deuxième Canyon (34 km), particulièrement vertigineux, puis le Troisième Canyon qui tourne à angle droit à l'endroit appelé **The Gate** (la Porte), surplombé d'une puissante aiguille rocheuse nommée Pulpit Rock.

(D'après photo Parcs Canada)

Les chutes Virginia

En amont des canyons, il faut encore franchir le tumultueux rapide « en 8 » autrefois appelé Hell's Gate (la Porte de l'Enfer) pour la violence de ses tourbillons, puis un quatrième canyon, avant de déboucher soudain devant les célèbres **chutes Virginia**★★★, joyau du parc, dans leur site grandiose. Haut de 90 m (près de deux fois les chutes du Niagara), le puissant rideau liquide, coupé en son milieu par une aiguille rocheuse, se précipite dans un vaste cirque bordé de falaises déchiquetées. Contourner les chutes par le portage Albert Faille *(1,6 km),* d'où un sentier menant au bord de la cataracte offre une belle vue sur les rapides.

(1) Pour plus de détails, lire : « Nahanni » par Frison-Roche, édité en Livre de Poche, 1974 et « Nahanni, la vallée des hommes sans tête » par Jean Poirel, éd. Stanké, Montréal.

YELLOWKNIFE ★

Carte Générale **G 3** – Carte des Principales Curiosités p. 6 – 9 483 h. – Office de Tourisme : ☎ (403) 920 4944.

Accès routier. – *Par la route 3, reliée à Edmonton, et le traversier gratuit sur le Mackenzie (en été) ou route de glace en hiver ; la route est coupée à l'automne lors des premières glaces et au printemps au moment de la débâcle.*

Yellowknife (« couteau jaune ») ne doit pas son nom, comme on pourrait le penser, à l'or qu'on y exploite, mais à une tribu indienne qui savait utiliser le cuivre avant l'arrivée des Blancs. Bâtie sur une péninsule de granit au bord de la baie de Yellowknife sur le Grand Lac des Esclaves, la capitale des Territoires du Nord-Ouest (depuis 1967) est aussi un centre de sports de plein air (bateau, canoë, pêche et camping), et l'on y trouve une sélection d'artisanat inuit et indien.

Le grand événement annuel de Yellowknife a lieu la fin de semaine la plus proche du 21 juin : **Midnight Golf Tournament,** tournoi de golf au soleil de minuit, se déroule un peu comme un défi, sur le sable, et sous la menace permanente des énormes corbeaux du Nord voleurs de balles...

Les mines d'or. – Les premiers explorateurs qui s'arrêtèrent dans la baie (Samuel Hearne, Alexander Mackenzie, John Franklin, *voir p. 232*) et même les chercheurs d'or en route pour le Klondike *(p. 72)* ne soupçonnèrent rien du trésor qui y dormait. Par contre, la découverte de pechblende (minerai riche en uranium) au bord du Grand Lac de l'Ours, en 1930, attira les prospecteurs dans la région ; en 1934, on découvrit que l'or affleurait au bord de la baie de Yellowknife ; une ville naquit aussitôt, qui allait mourir, le filon épuisé, quand on découvrit en 1945 un second gisement, en profondeur celui-là, qui est encore exploité de nos jours.

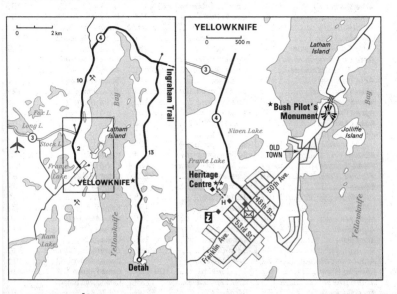

■ **CURIOSITÉS** *visite : 1 journée*

Prince of Wales Northern Heritage Centre★★. – *Visite tous les jours sauf le mercredi hors saison, les 1ᵉʳ janvier et 25 décembre.* ☎ *873 7551.*

Ce musée moderne (1979), qui est aussi le centre des recherches archéologiques et ethnologiques dans les Territoires du Nord-Ouest, comporte trois centres d'intérêt : une collection de superbes sculptures inuit, la galerie Sud qui explique, avec maint détail concret, le mode de vie traditionnel des Indiens Déné et des Inuit, et la galerie Nord, consacrée à l'histoire des Territoires depuis les premiers explorateurs et la traite des fourrures jusqu'aux modernes exploitations minières. L'ensemble donne une bonne idée des traditions et de l'actualité vivante des Territoires.

Mémorial au pilote de brousse★ **(Bush Pilot's Monument).** – *Accès par escalier depuis Ingraham Drive.*

Juché sur le plus haut rocher de la vieille ville, ville minière de 1934 bâtie sur la presqu'île qui pointe dans la baie de Yellowknife, le monument est un **belvédère**★ d'où l'on découvre simultanément : le site de la ville, construite sur le socle de granit qui affleure partout ; l'île Latham, où le long de Otto Drive sont semées de curieuses maisons sur pilotis ; la baie de Yellowknife, où fourmillent les petits hydravions, de retour d'un camp minier ou prêts à aller approvisionner quelque équipe de forage pétrolier ; aux alentours, dans la taïga aux arbres clairsemés, les sites des mines d'or.

Excursions en bateau. – *Croisières dans la baie de Yellowknife et autour des îles, ou sur le Grand Lac des Esclaves. S'adresser à Fred Henne, Great Slave Cruises, Box. 1470, Yellowknife, NWT, X0E 1H0 ;* ☎ *873 2138 ; en été seulement. Pour d'autres possibilités, contacter Travel Arctic.*

Ces croisières donnent aux passagers la possibilité de connaître quelques aspects de cet immense lac de 28 930 km², dans lequel se jettent les affluents de la rivière Mackenzie, et qui offre une importante zone de pêche.

Detah et Ingraham Trail. – Cette excursion permet de voir le paysage de la région dans la zone de transition entre la forêt boréale et la toundra. La route de **Detah** *(25 km)* offre des **vues** sur Yellowknife et sa baie ; ce village d'Indiens Plats-côtés-de-chien occupe un joli **site**★ au bord du Grand Lac des Esclaves. **Ingraham Trail** *(64 km jusqu'à Reid Lake)* longe cinq lacs, dans un paysage idéal pour les amateurs de camping et de canoë.

INDEX ALPHABÉTIQUE

Rogers' Pass ....Villes, curiosités et régions touristiques.

Cavendish ....Autres localités ou lieux-dits cités.

Aboiteau ....Noms historiques et termes faisant l'objet d'une explication.

Whitehorse, Amherstburg ....Parc national ou localité possédant un parc national.

Les Provinces et les Territoires (abréviations)

Alb.	: Alberta	Ont.	: Ontario
C.-B.	: Colombie Britannique	Qué.	: Québec
I. P.-E.	: Ile du Prince-Edouard	Sask.	: Saskatchewan
Man.	: Manitoba	T.-N.	: Terre-Neuve
N.-B.	: Nouveau-Brunswick	T. N.-O.	: Territoires du Nord-Ouest
N.-E.	: Nouvelle-Ecosse	Yuk.	: Territoire du Yukon

MANUFACTURE FRANÇAISE DES PNEUMATIQUES MICHELIN

Société en commandite par actions au capital de 700 000 000 de francs

Place des Carmes-Déchaux - 63 Clermont-Ferrand (France)

R.C. Clermont-Fd B 855 200 507

© Michelin et Cie, Propriétaires-Éditeurs, 1985

Dépôt légal, 1-85 – ISBN 2.06.005.161-4 – ISSN 0293-9436

Printed in France. - 9.84.15

Photocomposition : Istra, Strasbourg - Impression : Lescure, Paris 3651

D'un bout à l'autre du pays...

en ville ou
à la campagne...